EL MEN

UN CURSO DE MILAGROS

EL MENSAJE DE
UN CURSO DE MILAGROS

Kenneth Wapnick, Ph.D.

Foundation for A Course in Miracles®

Título original
Message of A Course in Miracles
All are called . Few choose to listen

© **1997 by**
Foundation for A Course in Miracles®
41397 Buecking Drive
Temecula, CA 92590

Primera edición en español, 2004

Un curso de milagros es una marca registrada por la
Foundation for A Course in Miracles®

Título en castellano
El mensaje de *Un curso de milagros*
Todos son llamados . Pocos eligen escuchar

Autor
Kenneth Wapnick, Ph.D.

Traducción
Hilda A. Ortiz Malavé
Adaptación portada y maqueta
Félix Lascas

Primera edición en España
Septiembre 2011
Cuarta edición en España
Noviembre 2016

© 2011 para la edición en España
El Grano de Mostaza

Impresión y encuadernación
INO Reproducciones (Zaragoza)

Impreso en España

Depósito legal
B. 19744-2013

ISBN
978-84-941349-4-4

EDICIONES EL GRANO DE MOSTAZA, S. L.
Carrer de Balmes, 394 ppal. 1.ª
08022 Barcelona, SPAIN

A mi amada esposa Gloria,
cuya incesante y fiel dedicación al mensaje de *Un curso de milagros* ha
sido una fuente constante de inspiración para mí y para muchos otros.

ELLA FUE LLAMADA

Y

ELOGIO ESCUCHAR

CONTENIDO

PARTE UNO–TODOS SON LLAMADOS

CONTENIDO

CONTENIDO

Contenido

CONTENIDO

INTRODUCCIÓN GENERAL

Al principio del texto de *Un curso de milagros*, al referirse a la famosa cita bíblica, Jesús exhorta a sus estudiantes:

No puedo elegir por ti, pero puedo ayudarte a que elijas correctamente. "Muchos son los llamados, pero pocos los escogidos" [Mateo 10:16] debería rezar: *"Todos son llamados, pero son pocos los que eligen escuchar."* Por lo tanto, no eligen correctamente. Los "escogidos" son sencillamente los que eligen correctamente más pronto. Las mentes sanas pueden hacer esto ahora, y al hacerlo hallarán descanso para sus almas (T-3.IV.7:11-15; mis bastardillas).

El mensaje de Un curso de milagros es una obra en dos partes, cuyo propósito es proveer una profunda visión de conjunto de las enseñanzas de *Un curso de milagros*, y consta de una discusión y directrices sobre cómo evitar algunos conceptos erróneos comunes de estas enseñanzas. La Parte I–*Todos son llamados*–podría en realidad llevar el subtítulo "Lo que *Un curso de milagros* dice,*"* mientras que la Parte II–*Pocos eligen escuchar*–podría llevar el subtítulo "Lo que *Un curso de milagros* **no** dice." El punto central de la primera parte radica, por lo tanto, en lo que el Curso realmente enseña, mientras que la segunda parte está centrada en las formas en que los estudiantes han mal interpretado *Un curso de milagros*, no sólo al creer que éste enseña algo que no es, sino también al negar lo que su mensaje es verdaderamente.

Este libro tiene una historia interesante. En 1989 la *Foundation for A Course in Miracles*® *(Fundación para Un curso de milagros*®*)* publicó mi libro *Love Does Not Condemn: The World, the Flesh, and the Devil According to Platonism, Christianity, Gnosticism and A Course in Miracles (El amor no condena: el mundo, la carne y el diablo de acuerdo con el platonismo, el cristianismo, el gnosticismo y Un curso de milagros)*. Como sugiere el título del mismo, esta es una obra extensa y erudita, y presenta a *Un curso de milagros* en el contexto histórico de 2,500 años de pensamiento filosófico y teológico occidental. Más específicamente, este contexto incluyó tres fibras intelectuales de suma importancia: la tradición platónica y neoplatónica, la Biblia, la historia cristiana, y el movimiento conocido en el mundo como gnosticismo. Este último floreció en el siglo II d.C., y prácticamente tuvo su último suspiro clásico con el fallecimiento del maniqueísmo en el siglo V.

Love Does Not Condemn (El amor no condena) es esencialmente una exploración a fondo de la metafísica no-dualista de *Un curso de milagros*, y su integración con el principio de perdón que orienta nuestro vivir en este mundo ilusorio. Discute cómo el Curso resuelve la paradoja Dios-mundo que ha existido en el mundo occidental desde la época de Platón— a saber, cómo un universo material imperfecto pudo resultar de un perfecto Creador no-material. Estructuré *Love Does Not Condemn (El amor no condena)* en torno a un mito de siete etapas, el cual me permitió establecer una comparación y un contraste entre el platonismo, el cristianismo, el gnosticismo y *Un curso de milagros*. Realmente, una importante sección resume la teoría y práctica del Curso desde la perspectiva de estas siete etapas, las cuales comienzan con la realidad de Dios, proceden a través de la separación, la fabricación del mundo, la naturaleza de la humanidad, el significado de la salvación, la función de Jesús y concluyen con las implicaciones de los principios de *Un curso de milagros* en nuestras vidas cotidianas.

Casi desde el día de la publicación de ese libro, muchos estudiantes de *Un curso de milagros* comentaban que esta sección de las siete etapas en el libro podía aparecer sola como un resumen completo de las enseñanzas del Curso. Por muchos años, aunque podía ver su punto de vista, resistía esta sugerencia, en parte porque estos capítulos están entretejidos dentro del tapiz mayor del libro en sí, y yo no deseaba separarlos de esa unificada matriz. Además, siempre he sentido una aversión por las colecciones de resúmenes, puesto que las mismas generalmente le rinden un mal servicio a la unidad inherente de la obra matriz. Por otra parte, con el tiempo llegué a reconocer que estos siete capítulos en realidad forman una unidad cohesiva, y que con algunas modificaciones y adiciones podían servir como una excelente introducción al sistema de pensamiento de *Un curso de milagros*. Estos contienen, además, un trato mucho más avanzado que el de la introducción al Curso publicada anteriormente como, *Una introducción básica a* Un curso de milagros, la cual le es más útil a un público que desconoce el Curso totalmente o que incluso es relativamente nuevo en el estudio del mismo. Y así la Parte I de este nuevo libro le provee al estudiante de *Un curso de milagros*, un tanto familiarizado ya con sus enseñanzas, un resumen que llenará mejor sus necesidades de una profunda visión de conjunto de los principios del Curso. Dicho sea de paso, aunque basado en los Capítulos 11-17 de *Love Does Not Condemn (El amor no condena)*, *Todos son llamados* contiene ahora suficientes cambios y adiciones por lo que prácticamente se puede considerar una obra nueva.

Porciones de la Parte II, *Pocos eligen escuchar,* también están basadas en material que apareció originalmente en *Love Does Not Condemn (El amor no condena).*

Lo que me convenció aún más para que procediera con este libro fue la necesidad de lo que se ha convertido en las dos partes comparativas de este libro. Por algún tiempo ha estado claro para nosotros en la Fundación que los estudiantes de *Un curso de milagros* se han estado apartando más y más de las verdaderas enseñanzas (y por consiguiente de la práctica) del Curso. Por lo tanto, sentimos que sería útil presentar nuevamente las enseñanzas del Curso en un contexto que consignara más directamente los conceptos erróneos comunes que han surgido en relación con el Curso. Y así, repito, tenemos esta primera parte, *Todos son llamados*, el cual discute lo que *Un curso de milagros* enseña realmente–la invitación de Jesús a que *todos* sus hermanos y hermanas aprendan su mensaje de salvación. Esta Parte a su vez espera con ansia a la segunda parte, *Pocos eligen escuchar*, la cual recalca lo que *Un curso de milagros* no enseña–las múltiples formas en que sus estudiantes manifiestan cómo escogen *no* escuchar su mensaje.

Para aquellos lectores relativamente menos familiarizados con *Un curso de milagros* y sus orígenes, resulta pertinente un breve repaso antes de comenzar con nuestra discusión a fondo.

Un curso de milagros se escribió mediante un proceso de dictado interno, a través del cual Helen Schucman, psicóloga y profesora en el Columbia-Presbyterian Medical Center, "escuchó" interiormente la voz de Jesús, quien le dictó el Curso durante un período de siete años, el cual comenzó en el otoño de 1965. La labor como escriba–el término que utilizaron Helen y Jesús para referirse al proceso–comenzó poco después de una experiencia de perdón entre ella y William Thetford, profesor y presidente del Departamento de Psicología en el Centro Médico, y amigo muy cercano de Helen. Poco antes de que ellos asistiesen a una reunión interdisciplinaria mensual en otro centro médico, Bill le pronunció un discurso a Helen la esencia del cual fue que tenía que haber "otra manera" de relacionarse con sus colegas–con amor y paz en lugar de ataque y juicio. El que Helen estuviese de acuerdo con él reflejó el pensamiento de perdón que ambos compartieron–ellos casi nunca estaban de acuerdo–una unión compartida que reflejó lo que *Un curso de milagros* llamaría más tarde un *instante santo*. El Curso, cuyo principal centro de interés es la sanación de las relaciones a través del perdón, obviamente fue "la respuesta" a la búsqueda de ellos de esa otra manera.*

Un curso de milagros consiste de tres libros–texto, libro de ejercicios para estudiantes, y un manual para el maestro–que juntos constituyen un currículo autocontenido para crecimiento espiritual.† Es único entre las espiritualidades del mundo en su integración de una metafísica no-dualista (el universo físico es una ilusión) con una sofisticada psicología que describe en gran detalle las sutiles complejidades del sistema de pensamiento del ego (o falso yo). El Curso enseña que nuestro problema fundametal es la creencia de que nos hemos separado de Dios, y en un intento por escapar de la aterradora carga de culpa por lo que creemos haber llevado a cabo, proyectamos esta culpa sobre los demás. A través de un cambio de mentalidad–permitir que el Espíritu Santo o Jesús sea nuestro Maestro en lugar del ego–podemos con Su ayuda perdonar a estos otros por lo que *no* nos han hecho, puesto que es sólo nuestra proyección lo que vemos en ellos. De ese modo, no sólo levantamos el peso de la culpa de la otra persona, sino que simultáneamente ésta se deshace en nuestras mentes. Y así, a través de nuestra decisión de perdonar, aprendemos a recordar que realmente jamás hemos abandonado a nuestro Creador y Fuente, y que permanecemos tal como Él nos creó–uno con Él y con toda la creación.

Los capítulos que siguen en *Todos son llamados* explican en gran detalle lo que se ha resumido tan brevemente en el párrafo anterior. Y así, después de algunas notas y reconocimientos, comenzamos nuestro viaje de siete etapas a través de *Un curso de milagros*.

* * * * *

Referencias a Un curso de milagros

Las referencias corresponden al sistema de numeración utilizado en la Segunda Edición del Curso y los dos suplementos de los cuales Helen fue

---

* El lector interesado en la historia completa de cómo Helen llevó a cabo su labor de escriba de *Un curso de milagros*, puede consultar mi libro *Ausencia de la felicidad: La historia de Helen Schucman como escriba de* Un curso de milagros.

† Dos obras adicionales completan el material del cual Helen fue la escriba: *La psicoterapia: propósito, proceso y práctica* y *El canto de oración*, publicados ahora en un solo volumen titulado *Suplementos a Un curso de milagros*.

la escriba: *Psicoterapia, propósito, proceso y práctica* y *El canto de oración*. A continuación presentamos un ejemplo de cada libro y de los suplementos:

T-26.IV.4:7   L-pI.169.5:2   M-13.3:2

   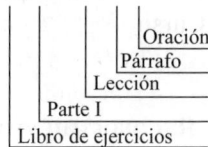   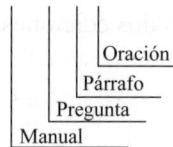

C-6.4:6   P-2.VI.5:1   S-2.II.7:7

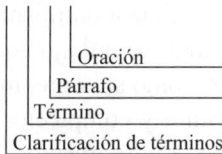   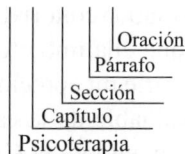   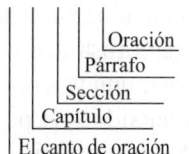

Lenguaje

Los pronombres masculinos utilizados para referirse a Dios, a Cristo, y al Espíritu Santo en *Un curso de milagros*, reflejan el patrón tradicional de la terminología bíblica. Este procedimiento se trata brevemente en el Capítulo Catorce.

El uso de la letra mayúscula

El apéndice incluye una explicación de las "reglas" para el uso de la letra mayúscula, las cuales nos han orientado en el uso de los nombres y pronombres en letras mayúsculas y minúsculas en el Curso.

Primera edición – Segunda edición

El lector se va a encontrar con varias referencias tomadas de *Un curso de milagros,* las cuales aparecen en la segunda edición, pero no en la primera edición del Curso. El *Errata Pamphlet (Folleto de erratas)*, disponible en la Foundation for Inner Peace (Fundación para la paz interior) así como en la *Foundation for A Course in Miracles® (Fundación para Un curso de milagros®)*, ofrece una explicación completa y una lista de las diferencias. Dicho brevemente, como preparación para la nueva edición y para la *Concordance of A Course in Miracles (Concordancia de Un curso de milagros)*, se llevó a cabo una minuciosa lectura y corrección de la primera edición. Se descubrieron muchas omisiones y otros errores de menor importancia cuando el Curso que se había publicado se comparó con las libretas originales de Helen y con las subsiguientes versiones escritas a máquina. La corrección de estos errores explica la razón de las diferencias entre las dos ediciones del Curso.

Reconocimientos

Quisiera agradecer a la Dra. Rosemarie LoSasso, directora de publicaciones de la Fundación, por su gran ayuda al preparar el manuscrito para la publicación. Su minuciosa labor editorial ha reflejado la misma cuidadosa y amorosa dedicación que ella imparte a todo su trabajo aquí, y me hace feliz, una vez más, reiterarle mi aprecio. Y, como siempre, mi esposa Gloria ha sido una parte invaluable de la escritura y compleción de este libro. Su compromiso con el mensaje del Curso, su progresivo compartir en la evolución del libro, su lectura cuidadosa del manuscrito, por no mencionar la selección de los títulos para las dos partes del libro, todo refleja el hecho de que *El mensaje de Un curso de milagros* es en verdad una empresa de conjunto para nosotros dos.

PARTE UNO

TODOS SON LLAMADOS

Capítulo 1

LA NATURALEZA NO-DUALISTA
DE DIOS Y SU CIELO
EL ESTADO DE UNIDAD DE LA PRE-SEPARACION

Introducción

Comenzamos por el Principio, y por consiguiente afirmamos que la metafísica de *Un curso de milagros* es no-dualista, puesto que la misma formula *un* estado pre-separación: Dios. En realidad, puede decirse que el Curso representa lo que podemos llamar un no-dualismo *perfecto* o *puro*. Esta forma de no-dualismo sostiene no sólo que Dios es verdad, y todo lo demás es ilusorio, sino que Dios no está involucrado *en modo alguno* con el ilusorio e irreal mundo de la percepción. Lo que podríamos calificar como sistemas no-dualistas "imperfectos" enseñan que, aunque el mundo es ilusorio y que sólo Dios (o lo Divino) es real, la Deidad, no obstante, está involucrada de una u otra forma con el mundo fenomenal. Un ejemplo de este sistema sería las formas del hinduismo que enseñan que el mundo físico refleja a un Dios que está jugando, la noción india de *leila*. Otras formas de sistemas *aparentemente* no-dualistas, como lo que encontramos en algunas de las antiguas filosofías gnósticas, creen que la imperfección de la separación surgió *dentro* de la Divinidad misma, con lo cual le dio a la imperfección algún elemento de realidad. Finalmente, como discuto en *Pocos eligen escuchar* (e.g. págs. 365-380), muchos estudiantes de *Un curso de milagros lo* convierten en una espiritualidad no-dualista imperfecta al ver a Dios como si Este estuviese activamente involucrado en sus vidas personales. En los tres capítulos siguientes, exploraremos el perfecto no-dualismo del Curso cuando discutamos sus principios metafísicos en torno a Dios, el Absoluto y Perfecto Uno, y el sistema de pensamiento ilusorio de la separación del ego que conduce a la aparición del mundo perceptual o fenomenal.

La inefabilidad de Dios y Su Creación

La teología de *Un curso de milagros* forma parte de lo que se llama, en los círculos académicos, la tradición apofática. Esta visión de Dios o de la Divinidad recalca que nuestra Fuente está más allá de todos los intentos humanos por definirla o calificarla. Su naturaleza perfectamente abstracta permanece para siempre incognoscible en este mundo material, más allá de nuestros poderes de entendimiento y expresión, los cuales están inherentemente limitados por las dimensiones físicas y psicológicas de nuestros yos egoístas específicos. A tono con esa tradición, *Un curso de milagros* no define nuestra Fuente, sino que más bien designa a Dios como la Primera Causa, el Creador de toda vida.

A la luz de las efusivas aseveraciones acerca de la gloriosa naturaleza de Dios que a veces encontramos en otras obras religiosas, es refrescante encontrar esta sencilla aseveración apofática en *Un curso de milagros:*

> Decimos "Dios es", y luego guardamos silencio, pues en ese conocimiento las palabras carecen de sentido (L-pI.169.5:4).

En el Curso, Jesús nos enseña que antes del comienzo del sueño del tiempo, sólo existe Dios. Dios *es*, y la naturaleza de Su Ser es espíritu y Amor, cuyas característica incluyen ser informe, inmutable, ilimitado, perfecto, infinito y eterno. Todos estos términos inherentemente carecen de sentido para una mente finita y separada, y por consiguiente el tratar de ir más allá aunque sea de estas pocas palabras sería fútil, un ejemplo de lo que el libro de ejercicios para estudiantes califica como "insensateces" (o meditaciones sin sentido) (L.pI.139.8:5).

De acuerdo con *Un curso de milagros*, la dinámica básica del espíritu es extensión no-espacial y no-temporal, mediante la cual Dios expresa continuamente Su ser en creación. En el Curso, las palabras *extensión* y *proyección* reflejan una dinámica idéntica–el proceder "hacia afuera" de lo que está dentro de la mente. *Extensión*, como veremos, se reserva para el ámbito de la corriente espiritual, mientras que *proyección* casi siempre se utiliza para el ego. Es interesante señalar, sin embargo, que justo al comenzar Jesús a dictarle *Un curso de milagros* a Helen, ella escribió *proyección* para indicar no sólo la dinámica básica del ego, sino también la de Dios y la del Espíritu Santo por igual. Más tarde él corrigió esto y pasó al uso más consistente que encontramos en el Curso hoy día. Sin embargo, en la primera mención que se hace de esta dinámica en el Curso publicado, uno puede leer que la proyección es "el uso inadecuado de la extensión" (T-2.I.1:7), lo cual vincula los dos términos a la misma dinámica, aunque está claro que las fuentes son distintas.

También debe afirmarse que si bien utilizamos palabras y conceptos– e.g., *extensión* o *creación*–que tienen connotaciones temporales y espaciales, la dinámica que éstas reflejan trasciende el tiempo y el espacio totalmente. Así pues, en nuestra lengua popular, *extensión* connota que alguien o algo se extiende a través del tiempo y del espacio, como al extender un amor inmaterial o una mano material hacia otro que se percibe separado de uno, mientras que *creación* sugiere un efecto que está fuera de la mente de su creador, como la madre que crea vida, o el artista que crea una obra de arte. Quienes estamos atados por nuestras propias limitaciones conceptuales tenemos que usar palabras–"símbolos de símbolos", como las llama Jesús en manual para el maestro (M-21.1:9)–que comparten esas limitaciones. Por lo tanto, debemos tener presente que estos conceptos apuntan hacia un estado de realidad que está *más allá* de los conceptos completamente. Jesús reitera:

> No hay necesidad de clarificar más lo que nadie en el mundo puede entender.... pues aquellos que se encuentran en el tiempo pueden hablar de cosas que están más allá de él.... Mas ¿qué significado pueden tener dichas palabras para los que todavía se rigen por el reloj, y se levantan, trabajan y se van a dormir de acuerdo con él? (L-pI.169.10:1,3,4)

Así pues, retornando a nuestra explicación, podemos decir que la función básica del espíritu es la extensión:

> El Ser *tiene que* ser extendido.... El Espíritu anhela compartir su ser tal como su Creador lo compartió. Puesto que el espíritu fue creado como resultado de un acto de compartir, su voluntad es crear. ...extender Su Ser [el de Dios].
> Extender el Ser de Dios es la única función del espíritu. Su llenura no puede ser contenida, de la misma manera en que la llenura de su Creador no se puede contener. La llenura es extensión (T-7.IX.2:6,8–3:3).

La extensión de Dios–Su creación–es Cristo, definido en *Un curso de milagros* como el Hijo único de Dios. Paradójicamente, en muchos lugares en el Curso Jesús habla de los Hijos de Dios o de la Filiación colectiva. Y en el siguiente pasaje, encontramos tanto el singular como el plural en oraciones sucesivas:

> Debe observarse con especial atención que Dios tiene solamente *un* Hijo. Si todas las creaciones de Dios son Hijos Suyos, cada una de ellas tiene que ser parte integral de toda la Filiación. La Filiación, en su unicidad, transciende la suma de sus partes (T-2.VII.6:1-3).

Similarmente, el Curso habla acerca de Grandes Rayos (*no Rayo*), los cuales son las extensiones de la luz de Dios, similares a los rayos de luz que emanan del sol. Aunque ninguna mente separada o fragmentada puede entender esto conceptualmente, aun así podemos afirmar que Cristo consiste de Rayos infinitos (Hijos de Dios), todos perfectamente unidos e indivisibles. Sin embargo, claramente no hablamos aquí de personalidad individual tal como la experimentamos en el mundo. Es más, es importante mencionar que *Un curso de milagros* está escrito desde la perspectiva del mundo dualista de sus estudiantes, y, por lo tanto, su descripción del Cielo como "dualista"–i.e., contiene dos seres, Dios *y* Cristo, por no mencionar las creaciones de Cristo–debe entenderse como metafórica y no literal. Este asunto del uso que hace Jesús del lenguaje en el Curso es un tema principal de la segunda parte, *Pocos eligen escuchar*, y por lo tanto no se elaborará aquí, aunque se discute brevemente en el Capítulo Seis.*

También debe mencionarse–para retomarlo en el Capítulo Seis, el cual trata específicamente de Jesús–que distinto a la tradición cristiana, Cristo no se identificará exclusivamente con Jesús, quien en *Un curso de milagros* se entiende que es parte de Cristo, al igual que todos nosotros. A la luz de la enseñanza de San Pablo en su epístola a los Gálatas, a Jesús se le veía desde los albores del cristianismo, como el Hijo único de Dios, mientras que nosotros permanecíamos como hijos adoptivos en el mejor de los casos, ciudadanos de segunda clase, por decirlo así: El apóstol escribió: "Pero, al llegar la plenitud de los tiempos, envió Dios a su Hijo... para rescatar a los que se hallaban bajo la Ley, y para que recibiéramos la filiación adoptiva" (Gálatas 4:4-5). En *Un curso de milagros,* sin embargo, Jesús afirma que él no tiene nada que nosotros no podamos lograr, y que él no está "en modo alguno separado o que sea diferente" de nosotros excepto en el mundo del tiempo (T-1.II.4:1). Repito, retornaremos a esta idea más adelante en el libro.

Lo que distingue a Jesús del resto de la Filiación es que él fue el primero en haber trascendido la mente separada y en haberse acordado de su Fuente, al recordar su verdadera Identidad como Cristo. Como dice el Curso acerca de él, uno de los pocos lugares en *Un curso de milagros* donde Jesús habla de sí mismo en tercera persona:

> El nombre de *Jesús* es el nombre de uno que, siendo hombre, vio la faz de Cristo [el símbolo de total perdón en el Curso] en todos sus hermanos y recordó a Dios. Al identificarse con *Cristo*, dejó de ser un hombre y se volvió uno con Dios.... ¿Es él el Cristo? Por supuesto que sí, junto contigo (C-5.2:1-2; 5:1-2).

---

* Cuando nos referimos a los capítulos de este libro, el número se escribe utilizando letras. Los capítulos de *Un curso de milagros* se designan con números.

Para retornar a la naturaleza de Cristo, podemos decir que como una extensión de Su Fuente, Cristo comparte en los atributos de Su Creador. Él, también, es espíritu–informe, inmutable, ilimitado, perfecto, infinito, y eterno. Además, Cristo comparte el atributo de Su Creador de extenderse o crear. Tal como Dios extendió Su Ser–y creó a Cristo–así también Cristo extiende Su Ser. Estas extensiones de Cristo son lo que *Un curso de milagros* llama *creaciones*, un término que aparece a través de todo el material, aún cuando, por razones ya discutidas, jamás pueden explicarse realmente. Así, por ejemplo, Jesús expone brevemente en el texto:

> De la misma manera en que el Pensamiento creador de Dios procede de Él hacia ti, así tu pensamiento creativo no puede sino proceder de ti hacia tus creaciones…. Él creó a la Filiación y tú la expandes…. A tus creaciones les corresponde estar en ti del mismo modo en que a ti te corresponde estar en Dios. Tú eres parte de Dios, tal como tus hijos son parte de Sus Hijos (T-7.I.2:3,6; 3:1-2).

A propósito, debe resultar obvio para el lector que no puede haber verdadera *expansión* en el Cielo, lo cual implicaría una carencia o deficiencia desconocida por la perfección de Dios. Repito, como explicaré más adelante, Jesús utiliza palabras y términos que tienen sentido para nosotros en nuestro estado dualista, como símbolos que apuntan hacia una realidad más allá de nuestra capacidad para entender. Juntas con Cristo, pues, estas creaciones constituyen la Segunda Persona de la Trinidad, el término cristiano tradicional para referirse al exclusivo Hijo de Dios–Jesús–a quien *Un curso de milagros* redefine como un Ser que lo abarca todo.

A distinción de muchos de sus predecesores teológicos y filosóficos, y como mencionamos al principio de este capítulo, *Un curso de milagros* evita la excesiva teorización o la excesiva fabricación de mitos sobre la naturaleza de Dios o del Cielo. En el Curso, Jesús simplemente presenta a Dios y Su creación como un hecho, y recalca, repito, que es imposible entender lo que está más allá de la capacidad de la mente separada, la cual hizo el cuerpo y el cerebro para *evitar* esa comprensión. Este tema crucial del propósito ontológico del cuerpo se discute extensamente en el Capítulo Cuatro.

La Unidad de Dios y Cristo:
Las ideas no abandonan su fuente

Un *curso de milagros* enseña que *las ideas no abandonan su fuente* (T-26.VII.4:7), un principio que es crucial para entender su sistema teórico. Como afirma el libro de ejercicios:

> El énfasis que este curso ha puesto en esta idea [*las ideas no abandonan su fuente*] se debe al papel central que ocupa en nuestros intentos de que cambies de parecer con respecto a ti mismo. Es [este principio] la razón de que puedes curar. Es la causa de la curación. Es la razón de que no puedes morir. Su veracidad te estableció como uno con Dios (L-pI.167.3:7-11).

Al mirar el proceso de creación o extensión podemos imaginar a Dios como una Mente abstracta la cual contiene un Pensamiento, llamado Cristo. Cristo, alternativamente, pues, se puede definir como una Idea en la Mente de Dios. Por lo tanto, si *las ideas no abandonan su fuente*, entonces la Idea que es Cristo jamás puede abandonar *su* Fuente–Dios–así las creaciones de Cristo tampoco abandonan la suya. Como explica el Curso en pasajes paralelos tomados del texto y del libro de ejercicios:

> Dios creó a Sus Hijos extendiendo Su Pensamiento y conservando las extensiones de Su Pensamiento en Su Mente. Todos Sus Pensamientos están, por lo tanto, perfectamente unidos dentro de sí mismos y entre sí (T-6.II.8:1-2).

> Cristo es el Hijo de Dios tal como Él Lo creó.... Es el Pensamiento que todavía mora en la Mente que es Su Fuente. No ha abandonado Su santo hogar ni ha perdido la inocencia en la que fue creado. Mora inmutable para siempre en la Mente de Dios (L-pII.6.1:1,3-5).

Esta indivisa unidad de Dios y Cristo, y de Cristo y Sus creaciones, constituye el estado de Cielo. Retornando a la imagen del sol y sus rayos, podemos comparar a Dios con el sol, y a Cristo y Sus creaciones con los rayos que emanan del sol. Sin embargo, estas extensiones no están separadas de su Fuente. Similarmente, una ola en el océano no puede entenderse ni conocerse separadamente del agua que es su fuente. En un importante pasaje del libro de ejercicios, Jesús discute esta unidad indivisa de Padre e Hijo, Dios y Cristo:

> Dios comparte Su Paternidad contigo que eres Su Hijo, pues Él no hace distinciones entre lo que Él es y lo que sigue siendo Él Mismo. Lo que Él crea no está separado de Él, y no hay lugar alguno en que el Padre acabe y el Hijo comience como algo separado.

> El mundo no existe porque es un pensamiento separado de Dios, concebido para separar al Padre del Hijo y aislar una parte de Dios Mismo, destruyendo de esta manera Su Plenitud (L-pI.132.12:3–13:1).

En los siguientes capítulos consideraremos en más detalle este importante principio de la indivisibilidad de idea y fuente.

Interesantemente, en *Un curso de milagros* Jesús utiliza la palabra "conocimiento" (*gnosis* en griego) como un sinónimo del estado de Cielo. Este significado obviamente cae dentro de la singular tradición gnóstica, puesto que el mismo funciona independiente del uso más común, el cual implica una dualidad sujeto-objeto: un cuerpo de información que ha de "conocerse" y uno que lo "conoce". Conocimiento, en el Curso, se refiere al estado no-dualista, abstracto y totalmente unificado, el cual trasciende a la percepción, y por consiguiente "inmutable, cierto, puro y plenamente entendible" (C-4.7:1). Lo que es más, contrario a la percepción

> ...no hay nada parcial con respecto al conocimiento. Cada uno de sus aspectos es total, y, por lo tanto, ningún aspecto está separado de otro. Tú eres un aspecto del conocimiento, al estar en la Mente de Dios, Quien te conoce.... La percepción, aún en su expresión más elevada nunca es completa (T-13.VIII.2:1-3,5).

En el Cielo, por lo tanto, no existe diferenciación, contraste o variación. No es un lugar:

> Es simplemente la conciencia de la perfecta Unicidad y el conocimiento de que no hay nada más: nada fuera de esta Unicidad, ni nada adentro (T-18.VI.1:6).

En contraste, existe el mundo del ego, nacido del miedo, para ser lo opuesto al Amor del Cielo:

> El miedo ha dado lugar a todo lo que crees ver: a toda separación, a todas las distinciones y a la multitud de diferencias que crees que configuran el mundo. Ninguna de estas cosas existe. El enemigo del amor las inventó. Mas el amor no puede tener enemigos, de modo que no tienen fundamento, existencia o consecuencia alguna. Se les puede atribuir valor, pero siguen siendo irreales (L-pI.130.4:1-6).

La consecuencia es, por lo tanto, que Dios no tiene una conciencia separada con la cual Él pueda tener una experiencia de Sí Mismo en relación con Su creación, Cristo; ni Cristo tampoco puede tener una conciencia de esa naturaleza con la cual Él pueda tener la experiencia de Sí Mismo en relación con Su Creador, Dios. Para replantear este importante punto, *Dios* y

Cristo deben entenderse como términos dualistas que le hablan del Cielo a un auditorio dualista que no podría entender una realidad no-dualista. En verdad, por lo tanto, se puede afirmar que en el Cielo no existen seres individuales conocidos como Dios o Cristo, Creador y creado. Como dice Jesús, de nuevo en un importante pasaje del libro de ejercicios, parcialmente citado ya:

> La Unidad es simplemente la idea de que Dios *es*. Y en Su Ser, Él abarca todas las cosas. Ninguna mente contiene nada que no sea Él. Decimos "Dios es", y luego guardamos silencio, pues en ese conocimiento las palabras carecen de sentido. No hay labios que las puedan pronunciar, ni ninguna parte de la mente es lo suficientemente diferente del resto [i.e., el Hijo de Dios] como para poder sentir que ahora es consciente de algo que no sea ella misma. Se ha unido a su Fuente, y al igual que ella, simplemente es (L-pI.169.5).

Para retornar ahora a nuestra descripción simbólica del Cielo, podemos observar que aunque Dios y Cristo comparten en la función del espíritu de crear y que son totalmente uno, hay una diferencia esencial: Dios creó a Cristo; Cristo no creó a Dios. Aunque somos *como* Dios, y creamos como Él lo hace, *no* somos Dios. Como nos lo recalca Jesús en el Curso:

> En la creación…no existe una relación recíproca entre tú y Dios, ya que Él te creó a ti, pero tú no lo creaste a Él. Ya te dije [T-3.VII.4:1-2] que tu poder creativo difiere del Suyo solamente en ese punto. Incluso en este mundo existe un paralelo. Los padres traen al mundo a sus hijos, pero los hijos no traen al mundo a sus padres. Traen al mundo, no obstante, a sus propios hijos, y, de este modo, procrean tal como sus padres lo hicieran (T-7.I.1:4-8).

Jesús explica aún más:

> Si tú hubieses creado a Dios y Él te hubiese creado a ti, el Reino no podría expandirse mediante su propio pensamiento creativo. La creación estaría, por lo tanto, limitada, y no podrías ser co-creador con Dios.… Sólo de esta manera puede extenderse todo poder creativo. Las obras de Dios no son tus obras, pero tus obras son como las Suyas (T-7.I.2:1-2,4-5).

En resumen, pues, podemos afirmar que Dios es Padre y Fuente, Creador y Primera Causa, y que Cristo es Su Hijo, el creado y el Efecto. Están unidos como Uno, y unificados en el perfecto Amor y en la paz del Cielo lo cual se expresa en este hermoso pasaje:

Hay lugar en ti donde el tiempo ha desaparecido,y donde se oyen ecos de eternidad. Hay un lugar de descanso donde el silencio es tan absoluto que no se oye ningún sonido, excepto un himno que se eleva hasta el Cielo para brindar júbilo a Dios el Padre y al Hijo. Allí donde Ambos moran, allí Ambos son recordados. Y allí donde Ambos están, allí se encuentran el Cielo y la paz (T-29.V.1:2-5).

Capítulo 2

LA SEPARACIÓN DE DIOS
LA PROCESIÓN DE DIVISIONES

Introducción: las cuatro divisiones

Llegamos ahora a la descripción que hace *Un curso de milagros* de uno de los problemas filosóficos y teológicos centrales del mundo, y uno que ha planteado un rompecabezas aparentemente insoluble para algunos de los más grandes pensadores de la historia: el que llegase a existir la imperfección, o lo que el Curso llamaría más adecuadamente, la *aparente* llegada de la imperfección a la existencia. *Un curso de milagros* no especula sobre *cómo* o *por qué* surgió esta imperfección, ni agoniza en torno a la misma como lo han hecho muchos filósofos y teólogos, aunque sí trata el asunto, como veremos en breve. Jesús simplemente nos enseña en su Curso, que en el mundo Celestial de perfecta creación *pareció* como si lo imposible hubiese ocurrido: i.e., una *parte* del Dios perfecto e indivisible se separó de su Fuente y se hizo independiente y, por lo tanto, externo para siempre al Todo.

En este capítulo consideramos el "acontecimiento" de la separación y cómo ésta evoluciona hasta llegar a convertirse en el sistema de pensamiento del ego y el mundo, a través del lente de una sucesión de divisiones, una serie de fragmentaciones que ocurren dentro de la mente separada. Para facilitar la explicación, dividiré un tanto arbitrariamente estas divisiones en una secuencia de cuatro, las cuales proveerán la estructura básica de este capítulo y del próximo. Debemos recordar, por supuesto, que hablamos de un proceso inherentemente no-lineal–lo cual significa que todo ocurrió ya (¡y en realidad en el sueño aún está ocurriendo!) simultáneamente y no en secuencia–sin mencionar que hablamos de un proceso que refleja una mente separada que, en primer lugar, jamás existió realmente. Y así, repito nuevamente, le recordamos al lector que considere la siguiente discusión como una metáfora, y que, por consiguiente, no debe tomarse literalmente. En realidad, esta aparente sucesión de divisiones, no puede ser entendida por el cerebro linealmente programado.

Es una ley fundamental de la mente que el pensamiento contenido dentro de ella continuamente *hace* lo que ésta *es*. Así pues, la Mente de Dios, la cual no contiene otra cosa que no sea el perfectamente unificado e

11

indiferenciado Pensamiento de *Amor*, sólo puede *amar*. Y puesto que el amor es perfecta unidad, este amor no-dualista jamás puede abandonar su fuente y salir fuera de sí mismo, como es el caso en los sistemas de pensamiento dualistas. En el Cielo, este amor se equipara con lo que *Un curso de milagros* llama *creación* o *extensión*, términos que ya hemos considerado en el Capítulo Uno. Y así, podemos decir que el amor sencillamente ama, la extensión de sí mismo, mientras que la unidad de igual manera sólo puede extender su propia unidad.

Observamos una dinámica similar que opera en la mente dividida o separada, aunque claramente con una fuente distinta y un contenido distinto. Aquí, el contenido de separación del ego sólo puede separar, la mente dividida sólo puede dividir, similar al mecanismo biológico de la división de las células conocido como mitosis. Y tal como observamos en el capítulo anterior, esta dinámica se llama proyección cuando refleja al ego, en contraste con la dinámica que pertenece al espíritu, la cual se llama extensión. Como dice el texto en tres pasajes separados:

> Los pensamientos se originan en la mente del pensador, y desde ahí se extienden hacia afuera. Esto es tan cierto del Pensamiento de Dios [extensión] como del tuyo [proyección]. Puesto que tu mente está dividida, puedes percibir y también pensar. No obstante, la percepción no puede eludir las leyes básicas de la mente. Percibes desde tu mente y proyectas tus percepciones al exterior (T-6.II.9:1-5).

> Lo que proyectas o extiendes es real para ti [más adelante llamaremos a este "tú" el *tomador de decisiones*]. Esta es una ley inmutable de la mente, tanto en este mundo como en el Reino. El contenido, sin embargo, es diferente en este mundo, porque los pensamientos [de miedo] que dicha ley gobierna aquí son muy diferentes de los Pensamientos [de amor] del Reino (T-7.II.2:4-6).

> Dije [Jesús] anteriormente [vea las dos citas anteriores] que lo que proyectas o extiendes [en el estado de separación] depende de ti, pero tienes que hacer una u otra cosa, ya que ello es una ley de la mente, y antes de mirar afuera tienes que mirar adentro. Al mirar adentro eliges el guía [el ego o el Espíritu Santo] cuya visión deseas compartir. Y luego miras afuera y contemplas sus testigos (T-12.VII.7:1-3).

Por lo tanto, una vez que la "diminuta y alocada idea" de estar separado de Dios pareció surgir, ésta continuó dividiéndose y dividiéndose y dividiéndose. Como lo describe Jesús en *Un curso de milagros*:

Tú que crees que Dios es miedo tan sólo llevaste a cabo una substitución. Esta ha adoptado muchas formas porque fue la substitución de la verdad por la ilusión; la de la plenitud por la fragmentación. Dicha substitución a su vez ha sido tan desmenuzada y subdividida, y dividida de nuevo, una y otra vez, que ahora resulta casi imposible percibir que una vez fue una sola, y que todavía sigue siendo lo que siempre fue (T-18.I.4:1-3).

Así pues, a pesar de su *aparente* número infinito de fragmentos separados–los cuales abarcan al universo físico completo–la "pequeña y alocada idea" de substituir el Amor unificador de Dios por el miedo separador del ego nunca deja de ser la causa única de todos ellos. Ya hemos discutido el importante principio de que *las ideas no abandonan su fuente*, y por tal razón ahora podemos entender mejor cómo y por qué el universo físico es ilusorio. Puesto que la *idea* de un mundo separado nunca ha abandonado su *fuente*–el único e ilusorio pensamiento de separación que está presente en la mente–el mundo siempre tiene que permanecer lo que es: un único *e* ilusorio pensamiento. Comenzamos ahora nuestra discusión con la primera división, el aparente surgir a la existencia de la "pequeña y alocada idea"– el pensamiento de habernos separado de Dios.

La primera división

Para reiterar esta premisa básica, en algún punto *pareció* que el pensamiento de separación surgió en la mente del Hijo de Dios, aunque *Un curso de milagros* recalca, vía el principio de Expiación, que en realidad nunca ocurrió, como se puede ver en la siguiente aseveración tomada del manual para el maestro:

> En el instante en que la idea de la separación se introdujo en la mente del Hijo de Dios, en ese mismo instante Dios dio Su Respuesta [el Espíritu Santo]. En el tiempo esto ocurrió hace mucho. *En la realidad, nunca ocurrió* (M-2.2:6-8; mis bastardillas).

Por lo tanto, en la perfecta unidad del Cielo pareció introducirse este único pensamiento loco en el cual el Hijo de Dios decidió ser diferente de su Padre. En este instante de locura, concibió establecer una voluntad y un yo independiente de Él. En una de las afirmaciones más claras en *Un curso de milagros* en torno a ese pensamiento, el "acontecimiento" de la separación es presentado de esta manera:

> Una diminuta y alocada idea, de la que el Hijo de Dios olvidó reírse, se adentró en la eternidad, donde todo es uno (T-27.VIII.6:2).

Retornaremos a la respuesta al pensamiento de separación en los Capítulos Cinco y Seis, cuando discutamos la función del Espíritu Santo en el deshacer de la segunda división. Ahora nos centraremos solamente en esta "pequeña y alocada idea."

El pensamiento de separación se puede entender en muchas formas diferentes, cada una, por supuesto, como un tratamiento mitológico, presentado en lenguaje antropocéntrico, de un pensamiento inherentemente no-humano que ocurrió en la mente (*no el cerebro*) del Hijo de Dios. El Hijo de Dios pudo haber pensado, por ejemplo: "¿Es esto todo lo que hay? Tiene que haber algo más aparte del Cielo. Yo quiero más que el todo del perfecto amor"; o "¿Puede haber un opuesto a la realidad?"; o "Quiero actuar por mi cuenta, como un individuo autónomo y especial, independiente y libre de mi Fuente"; o finalmente, "Quiero ser mi propio creador y mi propia primera causa."

La firme claridad con la cual *Un curso de milagros* enseña la irrealidad fundamental de este pensamiento, sin tomar en cuenta la miríada de sus formas, es lo que marca la unicidad de la contribución del mismo al problema filosófico y teológico que mencionamos anteriormente, y también a la solución de éste. Como se menciona en la Introducción, en mi libro de anterior publicación me referí a este problema como la paradoja Dios-mundo.* De esta premisa básica, Jesús extrae, con rigurosa lógica, un sistema de pensamiento que abarca *todos* los aspectos de nuestro universo físico–desde su comienzo hasta nuestra experiencia cotidiana individual– y explica cómo el ilusorio pensamiento de separación inicial se fragmentó hasta convertirse en un mundo ilusorio que "nunca abandonó su fuente". El enfoque de *Un curso de milagros* hacia el entendimiento de la separación es lo que le provee su poder para corregir el error básico que dio origen al mundo tal como nosotros lo conocemos y experimentamos, y el cual continúa sosteniendo al mundo cada momento que creemos existir aquí verdaderamente. En otras palabras, la irrealidad básica del pensamiento de separación lleva consigo las semillas de la salvación de ese pensamiento: "La solución es inherente al problema" (L-pI.80.4:4). Los

---

* *Love Does Not Condemn: The World, the Flesh and the Devil According to Platonism, Christianity, Gnosticism, and A Course in Miracles* (*El amor no condena: El mundo, la carne y el diablo de acuerdo con el platonismo, el cristianismo, el gnosticismo y Un curso de milagros*), por ejemplo, págs. 1-8 del Prefacio.

capítulos siguientes explorarán eso en mayor profundidad. Continuemos ahora con esta "diminuta y alocada idea", nuestra primera división.

Como hemos visto, Dios tiene sólo un Hijo, y cuando el pensamiento de separación pareció surgir, lo hizo en la mente de este único Hijo. Así pues, también podemos decir–repito–que en la separación original sólo hubo un pensamiento. El proceso ilusorio de fragmentación de este pensamiento en diferentes personalidades o egos, aún no había ocurrido. Basándonos en la imagen del sol y los rayos que emanan del mismo, utilizada en el capítulo anterior, podemos pensar que este pensamiento *pareció* surgir en algún lugar dentro de estos rayos, y que, como el rayo láser, se amplificó y lo arropó todo, como una gota de tinta que al caer al agua se esparce a través de toda la solución.

Inherente a este pensamiento de separación–como vimos antes–es el deseo de ser Dios, de ser auto-creado en vez de ser Dios-creado; el deseo de crear la realidad por cuenta propia. Como afirma Jesús al principio del texto:

> Dios no es el autor del miedo. El autor del miedo eres tú. Has elegido crear en forma diferente a como crea Él, y, por lo tanto, has hecho posible el que puedas tener miedo (T-4.I.9:1-3).

Similar a muchos sistemas gnósticos–específicamente aquellos derivados de Valentín del siglo II, tal vez el más adelantado de todos los maestros gnósticos–podemos advertir el uso ocasional que hace *Un curso de milagros* de la palabra "ignorancia" para denotar el estado de la mente del Hijo cuando eligió separarse del conocimiento. Así pues, el Hijo *olvida* quién es él como Cristo, y debido a eso *ignora*–el significado etimológico de la palabra "ignorante"–su verdadera realidad. El uso de este importante término se puede ver, por ejemplo, en los próximos dos párrafos tomados del Capítulo 14 del texto:

> La jornada que juntos emprendemos es el intercambio de la obscuridad por la luz, el *de la ignorancia por el entendimiento*. Nada que entiendas puede ser temible. Es sólo en la obscuridad y en la ignorancia donde percibes lo aterrador... (T-14.VI.1:1-3; mis bastardillas).

> ¿Qué deseas? Pues en tus manos está poder disponer de la luz o de la obscuridad, del conocimiento o de la ignorancia, pero no de ambas alternativas a la vez.... *De la misma manera en que la obscuridad desaparece ante la luz, de igual modo la ignorancia se desvanece cuando alborea el conocimiento....* Para Dios, no saber es algo imposible. No saber, por lo tanto, no es un punto de vista, sino simplemente una creencia en algo que

no existe. Lo único que les ocurre a los que no saben es que abrigan esa creencia, y debido a ello, se equivocan con respecto a sí mismos. Se han definido a sí mismos de manera diferente de como fueron creados (T-14.VII.1:1-2,6; 3:5-8; mis bastardillas).

Cuando la "diminuta y alocada idea" pareció ocurrir, fue *como si* lo imposible hubiese sucedido y la Mente de Cristo se dividiese en dos, y probase que hay una imperfección en la Divinidad y dejase a la Filiación dividida en dos partes aparentes: la Mente de Cristo, unida aún con su Creador como parte de la Mente de Dios; y la mente separada de la Filiación, ahora aparentemente separada de su Fuente. Interesantemente, (aunque para algunos estudiantes puede ser confuso, también), *Un curso de milagros* utiliza el término *Hijo de Dios* tanto para referirse al Hijo de Dios en Su estado real y no-dualista como Cristo, así como para referirse al Hijo en su estado dualista y separado, en el cual sueña que su realidad es autónoma de su Creador y ya no es uno con Él. Así pues, leemos en la clarificación de términos, la sección de ocho partes que aparece después del manual para el maestro, casi como un apéndice:

> En este mundo, puesto que la mente está dividida, los Hijos de Dios parecen estar separados. Sus mentes, asimismo, no parecen estar unidas. En este estado ilusorio, el concepto de una "mente individual" parece tener sentido.... [Pero] no es la *Mentalidad-Uno* de la Mente de Cristo, Cuya Voluntad es una con la de Dios (C-1.2:1-3; 6:3).

En raras ocasiones, Jesús contrasta a los dos Hijos y se refiere al Hijo separado con la frase bíblica "hijo del hombre", y reserva el término "Hijo de Dios" para el Hijo como realmente es como Cristo. Sin embargo, estos son casos aislados, y casi siempre los estudiantes del Curso tienen que discernir la diferencia por sí mismos.*

No puede recalcarse lo suficiente–puesto que ello es lo que hace a *Un curso de milagros* lo que es como una espiritualidad inherentemente no-dualista–que esta primera división (y por consiguiente todas las sucesivas por igual) nunca ocurrió en verdad, puesto que lo que es de Dios jamás puede separarse de Él. Así pues, leemos en otra clara aseveración tomada del texto:

---

* El lenguaje de *Un curso de milagros*, en el cual se incluye el uso intencionalmente pedagógico de lo que parece ser una confusa sintaxis y una confusa selección de palabras, se discute ampliamente en los Capítulos Nueve y Diez.

Hace mucho que este mundo desapareció. Los pensamientos [de separación] que lo originaron ya no se encuentran en la mente que los concibió .... Alégrate de que [la causa de la separación] haya desaparecido.... Lo que *tú* recuerdas nunca sucedió, pues procedió de una ausencia de causa, que tú pensaste que era una causa.... Es imposible que Su Hijo pudiese jamás haber sido condenado por lo que carece de causa y es contrario a Su Voluntad (T-28.I.1:6-7; 7:6; 9:1-2; 10:3).

En esta hermosa imagen poética del himno celestial encontramos expresada la misma idea, y recalca que la "diminuta y alocada idea", *la cual pareció existir*, no tuvo efecto alguno sobre la realidad:

A ti que aún crees vivir en el tiempo sin saber que ya desapareció, el Espíritu Santo te sigue guiando.... Este ínfimo instante que deseas conservar y hacer eterno, se extinguió tan fugazmente en el Cielo que ni siquiera se notó.... Ocurrió hace tanto tiempo y por un intervalo tan breve que no se perdió ni una sola nota del himno celestial (T-26.V.4:1; 5:1,4).

Finalmente, esta pregunta retórica y su respuesta, formulada y contestada en torno al ídolo, el cual es uno de los símbolos que utiliza *Un curso de milagros* para referirse al ego:

¿Dónde están los ídolos? ¡En ninguna parte! ¿Podría haber brechas en lo que es infinito? ¿Podría haber un lugar en el que el tiempo pudiese interrumpir la eternidad? Un paraje de obscuridad allí donde todo es luz o un sombrío nicho dentro de lo que es infinito no *tiene* un lugar donde poder existir. Los ídolos están más allá de donde Dios ha establecido todas las cosas para siempre, y donde no dejó cabida para nada, excepto Su Voluntad. Un ídolo no es nada, ni se encuentra en ninguna parte, mientras que Dios lo es todo y se encuentra en todas partes (T-29.VIII.7).

Y sin embargo, desde el punto de vista de la mente engañada del Hijo, sí pareció como si lo imposible hubiese sucedido y que este pensamiento de separación se hubiese convertido "en una idea seria, capaz de lograr algo, así como de tener efectos reales" (T-27.VIII.6:3). Y, ¿cuáles fueron estos efectos imposibles e inconcebibles?

Esto es lo que es el anti-Cristo: la extraña idea de que hay un poder más allá de la omnipotencia, un lugar más allá del infinito y un tiempo que trasciende lo eterno. Ahí el mundo de los ídolos ha sido establecido por la idea de que ese poder, lugar y tiempo tienen forma, y de que configuran el mundo en el que lo imposible ha ocurrido. Ahí lo inmortal viene a morir, lo que todo lo abarca a sufrir pérdidas y lo eterno a convertirse en esclavo del tiempo. Ahí lo inmutable cambia, y la paz de Dios, que El otorgó para siempre a toda cosa viviente, da paso al caos. Y el Hijo de Dios, tan perfecto, impecable y amoroso como su Padre, viene a odiar por un tiempo, a padecer y finalmente a morir (T-29.VIII.6:2-6).

Queda, sin embargo, la más básica pregunta que cualquiera podría formular al llegar a este punto, y un libro que presente el sistema de pensamiento completo de *Un curso de milagros* sería negligente si no la tratara. La pregunta básica es ésta, la cual presento en diferentes formas: ¿Cómo pudo ser posible que semejante pensamiento de auto-creación, independiente de nuestro verdadero Creador y Fuente, surgiese jamás? ¿Cómo pudo el perfecto y alerta Hijo de Dios haber caído jamás en un sueño de imperfección? ¿Cómo, en realidad, pudo la separación haber ocurrido en modo alguno? A menos que mi memoria me falle, mi esposa Gloria y yo– juntos o separadamente–no hemos conducido una clase o taller acerca de *Un curso de milagros* donde alguien no haya formulado esa pregunta. Lo que es más, la pregunta no es nada novedosa. La misma ha sido formulada por filósofos muchas veces antes, y realmente ha sido una preocupación muy específica para todos los platonistas de una u otra manera a lo largo de su larga e ilustre tradición. Por ejemplo, en las obras gnósticas, muchas de las cuales caen dentro de la línea de investigación filosófica platónica, encontramos dos expresiones de esa preocupación. La primera proviene del texto gnóstico no-cristiano "Zostrianos", el cual data probablemente del siglo II, donde el protagonista pregunta:

Ahora en lo que respecta a la Existencia: ¿Cómo es que aquellos que existen, quienes son del eón de los que existen, proceden de un espíritu invisible y del indiviso auto-engendrado?... ¿Cuál es el lugar de aquel allí? ¿Cuál es su origen?... ¿Cómo es que una Existencia que no existe apareció en un poder existente?

Yo [Zostrianos] estaba ponderando estos asuntos para entenderlos. Continuaba trayéndolos a colación diariamente ante el dios de mis padres de acuerdo con la costumbre de mi raza.... (citado en *Love Does Not Condemn* [*El amor no condena*], pág. 417).

Sin embargo, este dios, así como otros celestiales seres reveladores mencionados en el tratado, no provee una verdadera respuesta.

El segundo ejemplo se tomó de la literatura de los mandeanos, otro grupo gnóstico cuya increíble historia en realidad se extiende desde el siglo I hasta el presente. La misma pregunta es formulada nuevamente sin respuesta:

Puesto que tú, Vida, estabas ahí, ¿cómo llegó la obscuridad a la existencia?... ¿cómo llegaron a la existencia la imperfección y la deficiencia? (citado en *Love Does Not Condemn [El amor no condena]*, pág. 417).

Si bien es perfectamente lógico formular tales preguntas, no obstante, son engañosas, como señala Jesús en *Un curso de milagros*. De hecho, él trata el asunto en dos lugares. En el texto Jesús afirma, en lo que originalmente fue una respuesta a una pregunta formulada por William Thetford mientras Helen tomaba el Curso: "Es razonable preguntarse cómo pudo la mente haber inventado al ego" (T-4.II.1:1), y luego provee una explicación muy práctica:

> Sin embargo, no tiene objeto dar una respuesta en función del pasado porque el pasado no importa, y la historia no existiría si los mismos errores no siguiesen repitiéndose en el presente (T-4.II.1:3).

En otras palabras, ¿por qué debemos persistir en preguntarnos cómo el ego ocurrió en el pasado, cuando aún estamos eligiéndolo en el presente?

En la Introducción a la clarificación de términos, encontramos una respuesta más penetrante a la pregunta del ego sobre su propio origen:

> El ego exigirá muchas respuestas que este curso no provee. El curso no reconoce como preguntas aquellas que sólo tienen la apariencia de preguntas, pero que son imposibles de contestar. El ego puede preguntar: "¿Cómo sucedió lo imposible?", ¿A qué le ocurrió lo imposible?", y lo puede preguntar de muchas maneras. Mas no hay una respuesta para ello; sólo una experiencia. Busca sólo ésta y no permitas que la teología te retrase (C-in.4).

Y más tarde:

> Si alguien te pide que definas al ego y expliques cómo se originó, es porque cree que el ego es real e intenta, por definición, asegurarse de que su naturaleza ilusiva quede oculta tras las palabras que parecen otorgarle realidad.
>
> Ninguna definición que se haya hecho de una mentira puede hacer que ésta sea verdad (C-2.2:5–3:1).

Dicho de otro modo, el argumento de *Un curso de milagros* es que una vez que preguntamos cómo sucedió lo imposible (el ego), en realidad estamos afirmando que el ego *sí* ocurrió, que la dualidad coexiste con la no-dualidad, o incluso que la no-dualidad no existe en absoluto. De lo contrario no podríamos ni siquiera pensar en formular dicha pregunta. Así pues, estamos haciendo una aseveración; realmente no estamos formulando una pregunta en absoluto, como nos instruye Jesús en el texto:

> El mundo sólo puede hacer preguntas que se componen de dos partes. Una pregunta con muchas respuestas no tiene respuesta. Ninguna de ellas sería válida. *El mundo no hace preguntas con la intención de que sean contestadas, sino sólo para reiterar su propio punto de vista.*
>
> Todas las preguntas que se hacen en este mundo no son realmente preguntas, sino tan sólo una manera de ver las cosas....
>
> Una pseudo-pregunta carece de respuesta, pues dicta la respuesta al mismo tiempo que hace la pregunta. *Toda pregunta que se hace en el mundo es, por lo tanto, una forma de propaganda a favor de éste.* De la misma manera en que los testigos del cuerpo son sus propios sentidos, así también las respuestas a las preguntas que el mundo hace están implícitas en las preguntas. Cuando la respuesta es lo mismo que la pregunta, no aporta nada nuevo ni se aprende nada de ella (T-27.IV.3:5–4:1; 5:1-5; mis bastardillas).

Tiene que ser, pues, únicamente el ego–ahora apartado de Dios–el que formulase semejante pregunta-afirmación alguna vez. Esta pregunta-afirmación refleja de ese modo el punto crucial de la paradoja Dios-mundo, puesto que parece hacer igualmente reales a ambos aspectos: el verdadero Creador y Su Cielo, así como el ego ilusorio y su mundo falsamente creado. Al negar la realidad del mundo, (una vez se entiende que éste es un sueño falsamente creado), la paradoja desaparece, puesto que lo que *no* existe no puede considerarse antitético a lo que *sí* existe:

> Lo opuesto al amor es el miedo, pero aquello que todo lo abarca no puede tener opuestos (T-in.1:8; bastardillas omitidas).

En otras palabras, una vez que se haya tenido una experiencia del amor no-dualista de Dios, la pregunta inherentemente dualista–esencialmente producto del miedo o de la ignorancia–jamás podría formularse. Esto, repito, es lo que quiere decirse en la cita anterior acerca de buscar sólo la experiencia de la verdad, sin permitir que la naturaleza defensiva de la investigación teológica retrase la consecución de nuestra verdadera meta.

Así pues, el asunto de *cómo* surgió el pensamiento de la separación (y más tarde, de *cómo* el mundo separado surgió como una defensa en contra de Dios) es de por sí indisoluble y está más allá de la comprensión; el ego es incapaz de entender una realidad más allá de sí mismo. Y así podemos entender por qué ningún sistema metafísico no-dualista puede proveer una respuesta intelectualmente satisfactoria a esta pseudo-pregunta: incluso el intentar una respuesta es otorgarle al ego una realidad que no tiene. Esto es similar a la famosa pregunta formulada por los comediantes de una generación anterior: "¿Cuándo dejaste de pegarle a tu esposa?" Simplemente tratar de contestar la pregunta implica al supuesto agresor en el ilusorio ataque matrimonial. La verdad sólo puede hallarse al negar la legitimidad de la pregunta, en primer lugar.

Una de las mejores expresiones que yo conozco de cómo enfocar esta pseudo-pregunta proviene de una fuente oriental. Esta me fue narrada por un amigo y en ella el maestro espiritual Kirpal Singh enseñaba: "Cuando quedes atrapado en un edificio en llamas, no te preocupes de cómo empezó el fuego; simplemente sales de ahí lo más pronto posible." Puesto que una de las reclamaciones de *Un curso de milagros* para sí mismo es que les ahorrará tiempo a sus estudiantes, ésta parece ser la respuesta más práctica y útil a nuestra famosa pregunta. Aun más importante que la pregunta y la respuesta en sí mismas, sin embargo, son las implicaciones de la premisa básica: Si el pensamiento de separación fuese real, entonces el mundo separado tiene que ser igualmente real; si el pensamiento de separación es ilusorio, entonces el mundo también tiene que ser ilusorio. Retornaremos a este punto esencial en capítulos posteriores, cuando consideremos cómo la aceptación o el abandono de esta premisa afecta el enfoque que se le dé al alivio del dolor y el sufrimiento que son intrínsecos a la existencia en el universo físico.

Antes de continuar con la segunda división, es importante mencionar una característica esencial de la dinámica de división del ego. Cuando la mente se divide, olvida aquello *de* lo cual se separó, y sólo retiene en su conciencia aquello *en lo cual* se convirtió al separarse. Por lo tanto, podemos entender que después de esta primera división, el Hijo de Dios separado "olvidó" de dónde procedía y Quién es verdaderamente como Cristo, y ahora sólo recuerda su identidad como un yo separado. A la luz de este hecho, podemos entender mejor la enseñanza de Jesús en *Un curso de milagros* de que el Espíritu Santo nos ayuda a recordar lo que olvidamos (nuestra Identidad como Cristo), y a olvidar lo que recordamos (nuestra identidad como ego) (T-5.II.6:1). A esta importante característica de la división del ego–la cual ocasiona que al Hijo le dé amnesia de su Fuente– retornaremos una y otra vez. La misma constituye la esencia de la "estrategia" del ego para preservar su identidad individualizada y separada al esconderse detrás de lo que podemos llamar un "velo de olvido".

Así pues, para recapitular: en la primera división–el sueño imposible de la "diminuta y alocada idea"–pareció como si la Mente Una de Cristo se hubiese dividido en dos, y deja Mente y mente como realidades coexistentes. Ahora, nuestra segunda división explora la suerte de esta mente separada tal como ésta busca asegurar la continuación de su existencia ilusoria, la cual comenzó con la primera división que pareció remover al Hijo de su Fuente.

La segunda división

La mente que ahora parece haber llegado a la existencia, y que está por su cuenta como una entidad aislada y separada, continúa dividiéndose, puesto que eso es lo que es. Así, lo que había sido *una* mente separada ahora de repente se convierte en dos, la división que resulta en lo que *Un curso de milagros* califica como mentalidad errada y mentalidad correcta. Y de ese modo pasamos a la segunda etapa de nuestro relato: la "respuesta" de Dios a la "diminuta y alocada idea".

Un curso de milagros nos dice que en el instante en que el pensamiento de separación penetró en la mente del Hijo de Dios, originando al ego y ocasionando el que el Hijo de Dios olvidase la Mente de la cual se separó, en ese mismo instante Dios dio una Respuesta, el Espíritu Santo. Como Jesús afirma *metafóricamente* sobre nuestro Creador: "Así que Dios pensó: 'Mis hijos duermen y hay que despertarlos'" (T-6.V.1:8). Así pues, si el quedarse dormido o el sueño de separación se ve como la respuesta del ego a la creación–el estado de estar despierto en Dios–entonces la Respuesta de Dios al ego fue la creación del Espíritu Santo (T-17.IV.4:1). Retornaremos a esta secuencia en el próximo capítulo.

Puesto que la separación tuvo lugar en la mente–la fuente y morada del sueño–Dios "situó" Su Respuesta donde se necesitaba: en la mente también. La esencia del sistema de pensamiento del ego es que éste se ha separado de Dios, y, por consiguiente, la creación del Espíritu Santo deshace este error al restituir a nuestras mentes el vínculo con nuestra Fuente. Por lo tanto, el Espíritu Santo se define en *Un curso de milagros* como "el vínculo de comunicación entre Dios… y Sus Hijos separados" (T-6.I.19:1). A través de Él permanecemos conectados con nuestro Creador, y de ese modo se deshace la premisa fundamental del ego de que hemos roto esta conexión. Es a esta corrección–a saber, la separación de Dios nunca ocurrió en verdad–a lo que el Curso se refiere como el principio de Expiación, como vemos en este pasaje, el cual resume la creación del Espíritu Santo, y está compuesto de diferentes aseveraciones tomadas del texto:

El Espíritu Santo comenzó a existir como medio de protección al producirse la separación, lo cual inspiró simultáneamente el principio de la Expiación…. La Voz del Espíritu Santo es la Llamada a la Expiación, es decir, a la restitución de la integridad de la mente…. Es la Llamada a retornar con la que Dios bendijo las mentes de Sus Hijos separados…. El Espíritu Santo es la Respuesta de Dios a la separación; el medio a través del cual la Expiación cura hasta que la mente en su totalidad se reincorpore al proceso de creación.

Tanto la separación como el principio que gobierna la Expiación dieron comienzo simultáneamente. Cuando el ego fue engendrado, Dios puso en la mente la Llamada al júbilo…. [Esta] te la dio Dios, Quien sólo te pide que la escuches (T-5.I.5:2,4; T-5.II.2:2,5–3:2,6).

En un nivel más sofisticado, sin embargo, y que es consistente con el inherente sistema de pensamiento no-dualista de *Un curso de milagros*, podemos entender mejor que el Espíritu Santo sea el recuerdo del perfecto Amor de Dios, el cual "vino" con el Hijo cuando éste se quedó dormido. En este sentido, pues, el Espíritu Santo no es realmente una Persona Quien fue específica e intencionalmente creada por Dios, sino una Presencia constante que radica dentro de cada mente que aparenta estar fragmentada; una lejana memoria de nuestra Fuente la cual nos "llama" continuamente como una canción olvidada, presente aún más allá de todos los intentos del ego por ahogarla mediante sus "estridentes gritos y chillidos" (T-21.V.1:6); L-pI.49.4:3), y con lo cual procura que esa Presencia permanezca desconocida por nosotros para siempre:

…un estado inmemorial que no has olvidado del todo; tal vez sea un poco nebuloso, mas no te es totalmente desconocido: como una canción cuyo título olvidaste hace mucho tiempo, así como las circunstancias en las que la oíste. No puedes acordarte de toda la canción, sino sólo de algunas notas de la melodía, y no puedes asociarla con ninguna persona o lugar, ni con nada en particular. Pero esas pocas notas te bastan para recordar cuán bella era la canción, cuán maravilloso el paraje donde la escuchaste y cuánto amor sentiste por los que allí estaban escuchándola contigo.

Las notas… [son] un dulce recordatorio de lo que te haría llorar si recordases cuán querido era para ti (T-21.I.6:1–7:2).

La "Voz" del Espíritu Santo es esta canción, aunque el Espíritu Santo es abstracto e informe, no-específico e indiferenciado. Por lo tanto, "Él" no puede decir (ni "cantar") nada: "Dicha forma [como la Voz de Dios] no es Su realidad, la cual sólo Dios conoce…" (C-6.1:5). Así pues, podemos decir que la canción del Espíritu Santo tiene una sola nota, tal como el protagonista de "Johnny One Note" ("Johnny Una Nota"), una canción jazz popular en una generación de hace algún tiempo.

La función del Espíritu Santo como una memoria que nos vincula de nuevo con Dios, es similar a la función que nuestros recuerdos cotidianos tienen a lo largo de nuestras vidas individuales, los cuales nos conectan con acontecimientos o relaciones que ya no están físicamente aquí. Así, cuando los que amamos mueren, su presencia es continuamente invocada por nosotros en nuestras vidas *presentes* mediante las memorias del *pasado*. Es por eso por lo que las encontramos consoladoras: mediante esos pensamientos, es como si los que amamos no hubiesen partido y estuviesen aún con nosotros. Y así es también con el Espíritu Santo, cuya amorosa Presencia nos recuerda que Dios es uno con nosotros todavía, y que no sucedió realmente nada que rompiese esa relación.

Sin embargo, dicho todo lo anterior, dentro del sueño de la separación, el perfecto Amor del Espíritu Santo asume la *forma* que sea necesaria, y adopta las palabras que las preguntas del ego exigen:

> El Espíritu Santo parece ser una Voz, pues de esa forma es como te comunica la Palabra de Dios. Parece ser un Guía por tierras lejanas, pues esa es la clase de ayuda que necesitas. Y parece ser también cualquier cosa que satisfaga las necesidades que creas tener (C-6.4:5-7).

Por lo tanto, podemos entender que el salón de clases en el cual se experimenta la Presencia del Espíritu Santo lo constituyen los pensamientos de miedo del ego. Pero ahora, guiados por un nuevo Maestro, estos mismos pensamientos cumplen el propósito del amor. Y luego, como nos explica *Un curso de milagros*, cuando todos estos pensamientos se hayan ido,

> y ya no quede ni rastro de los sueños de rencor en los que bailabas al compás de la exangüe música de la muerte.… Y luego ya no se oirá más la Voz, ya que no volverá a adoptar ninguna forma, sino que retornará a la eterna amorfia de Dios (C-6.5:6,8).

Es también por esto por lo que Jesús dice de su Curso que éste

> opera dentro del marco de referencia del ego, pues ahí es donde se necesita.… Por lo tanto, se vale de palabras, las cuales son simbólicas y no pueden expresar lo que se encuentra más allá de todo símbolos (C-in.3:1,3).

El sofisticado entendimiento del Espíritu Santo que estoy adelantando aquí ayuda a resolver un problema que ha plagado a muchos estudiantes serios de *Un curso de milagros*: ¿Cómo pudo Dios haber dado una Respuesta a un problema el cual el Curso afirma claramente que no existe, y del cual Dios ni se ha enterado?

> El espíritu en su conocimiento no es consciente del ego. No lo ataca; simplemente no lo puede concebir en absoluto (T-4.II.8:6-7).

Es más, al hablar anteriormente del espíritu y del ego, Jesús afirma:

> Nada puede llegar al espíritu desde el ego, ni nada puede llegar al ego desde el espíritu…. Son fundamentalmente irreconciliables, porque el espíritu no puede percibir y el ego no puede gozar de conocimiento. No están, por lo tanto, en comunicación, ni jamás lo podrán estar (T-4.I.2:6,11-12).

Y sin embargo, *Un curso de milagros* dice de Dios en otra parte: "Hubo una necesidad que Él no entendió, y Él simplemente dio una Respuesta" (L-pI.166.10:5). Una vez más, podemos ver cómo Jesús utiliza el lenguaje metafóricamente; utiliza palabras que no se deben tomar como la verdad literal. Por eso podemos hablar de la mitología del Curso, por más psicológicamente sofisticada que sea su forma. Dios no piensa (al menos lo que nosotros llamamos pensar), ni llora, ni da respuestas, así como tampoco hace que ocurran cosas en el mundo; no cura enfermedades físicas ni pone fin al sufrimiento humano. Estas son todas expresiones metafóricas que Jesús (*él mismo un símbolo*) utiliza en *Un curso de milagros* para expresar el Amor de Dios, el cual no puede expresarse excepto a través de esos recursos literarios, los cuales son bastante antropomórficos, obviamente. Como él nos dice: "Ni siquiera puedes pensar en Dios sin imaginártelo en un cuerpo, o en alguna forma que creas reconocer" (T-18.VIII.1:7). Este crucial asunto se discute ampliamente en la segunda parte de este libro, *Pocos eligen escuchar*, y por tanto, pospondremos las discusiones ulteriores hasta entonces.

En resumen, por lo tanto, Dios, estrictamente hablando, en verdad no "da" una Respuesta–el Espíritu Santo–al origen del pensamiento de separación; más bien, Su "Respuesta" es simplemente Su propio inmutable y eterno Amor, el cual brilla para siempre como un recuerdo en nuestras mentes divididas, tal como el fanal de un faro alumbra con su luz la obscuridad del mar. Así pues, en el sentido más literal, el Amor de Dios *no hace* nada. Este simplemente *es*: un constante estado o presencia en nuestro sueño, a la cual llamamos el Espíritu Santo. Este es un estado de absoluta pasividad en el sentido positivo de Su no hacer nada, puesto que repito, no hay nada que haya que hacerse. Retornaremos en los Capítulos Cinco y Siete al Espíritu Santo y al principio de la salvación de *Un curso de milagros*.

Continuando ahora con la explicación que el Curso ofrece de la separación y lo que resultó de ésta, recordamos que en ese instante original cuando el error de la separación pareció ocurrir, en ese preciso instante también pareció corregirse el error. Tal como *Un curso de milagros* lo explica, en el contexto de la enfermedad:

> Sin embargo, la separación no es más que un espacio vacío, que no contiene nada ni hace nada, y que es tan insubstancial como la estela que los barcos dejan entre las olas al pasar. Dicho espacio vacío se llena con la misma rapidez con la que el agua se abalanza a cerrar la estela según las olas se unen. ¿Dónde está la estela que había entre las olas una vez que éstas se han unido y han llenado el espacio que por un momento parecía separarlas? (T-28.III.5:2-4)

Replanteando este principio y recordando un pasaje previamente citado, en el preciso instante en que el pensamiento-que-nunca-fue pareció ser, en ese mismo instante se deshizo:

> Este ínfimo instante que deseas conservar y hacer eterno, se extinguió tan fugazmente en el Cielo que ni siquiera se notó. Lo que desapareció tan rápidamente que no pudo afectar el conocimiento del Hijo de Dios, no puede estar aún ahí para que lo puedas elegir como maestro (T-26.V.5:1-2).

No obstante, en su sueño el Hijo es capaz todavía de elegir este sistema de pensamiento de separación como su maestro.

Realmente, las dos mitades de la mente dividida–el ego y el Espíritu Santo–representan dos reacciones o interpretaciones y experiencias distintas, las cuales se excluyen mutuamente, de la "diminuta y alocada idea". Las mismas se han antropomorfizado en *Un curso de milagros* por razones pedagógicas. Al principio del texto, Jesús explica su antropomorfización del ego:

> Me he referido al ego como si fuera una entidad separada que actúa por su cuenta. Esto ha sido necesario para persuadirte de que no puedes descartarlo a la ligera y de que tienes que darte cuenta de cuán extensa es la parte de tu pensamiento que él controla. Sin embargo, no nos podemos detener ahí, pues, de lo contrario, no podrías sino pensar que mientras estés aquí, o mientras creas estar aquí, estarás en conflicto. El ego no es más que una parte de lo que crees acerca de ti (T-4.VI.1:3-6).

Ya somos conscientes de lo que Jesús comenta acerca de nosotros: "Ni siquiera puedes pensar en Dios sin imaginártelo en un cuerpo, o en alguna forma que creas reconocer" (T-18.VIII.1:7). Asimismo, se habla del Espíritu Santo como si Él fuese una persona en realidad, del mismo modo que también se habla de Dios.

Y así, repito, los lectores de este libro deben entender la discusión que sigue, al igual que *Un curso de milagros* en sí, como de carácter mitológico o simbólico, y no debe tomarse literalmente. Por ejemplo, al ego y al Espíritu Santo se les atribuye motivación, *como si* ellos fuesen miembros de la especie *homo sapiens*, y pensaran y planearan del mismo modo que lo hacemos nosotros los seres humanos. Pero se exhorta al lector a que no tome estos símbolos como si fuesen la realidad. Un error de esa naturaleza sería el equivalente a que un griego antiguo creyese que realmente existía un Apolo quien, a horcajadas sobre su carroza solar, hiciera que el sol saliese por la mañana, viajara a través del cielo durante el día, y se pusiera al anochecer por detrás del horizonte. Como podemos entender en una era más sofisticada, el dios fue inventado por la mente del griego para expresar en forma humana y en lenguaje humano la experiencia cotidiana de ver el sol salir, pasar a través del cielo, y ponerse al final de su jornada diurna. Más aún, esta experiencia perceptual es una ilusión en sí, puesto que la Tierra es la que gira alrededor del sol, y no el sol el que gira alrededor de la Tierra.

Retornando ahora a la segunda división de la mente post-separación, la cual se divide en dos pensamientos que se excluyen mutuamente–el ego y el Espíritu Santo–aún podemos afirmar con toda lógica otro aspecto de esta mente dividida. Puesto que el ego y el Espíritu Santo reflejan dos interpretaciones contradictorias de la "diminuta y alocada idea", lógicamente procedería que hubiese una parte de esta mente que deba elegir entre ellos. Aunque *Un curso de milagros* no utiliza un nombre para referirse a esta "parte", en la Fundación hemos encontrado que para propósitos de enseñanza es útil referirse a este aspecto como el "tomador decisiones", un término que no se utiliza en el Curso en este contexto, aunque realmente se menciona una vez en el manual para el maestro (M-5.II.1:7). Como veremos más adelante en nuestra discusión, el término "tomador de decisiones" no tiene nada que ver con nuestra identidad humana, sino que se refiere a la parte de la mente dividida a la cual *Un curso de milagros* se dirige verdaderamente: el "tú" a quien Jesús le habla y a quien exhorta continuamente a que elija otra vez, como en este ejemplo:

Cada día, cada hora y cada minuto, e incluso cada segundo, estás [tomador de decisiones] decidiendo entre la crucifixión y la resurrección; entre el ego y el Espíritu Santo (T-14.III.4:1).

Para repasar, el campo de batalla de la mente que parece haberse separado de su Fuente tiene, en efecto, tres componentes: la *mentalidad errada*: el pensamiento de separación del ego ("la diminuta y alocada idea" que en verdad se concibe a sí misma como separada e independiente de su Creador y Fuente); la *mentalidad correcta*: el pensamiento de perfecto Amor (el Espíritu Santo) que se llevó en la mente del Hijo como el recuerdo *de lo que verdaderamente es*, y cuya recordación desvanece *lo que no es*; y finalmente, el componente de la mente que debe elegir entre estos dos pensamientos, y al que nos estamos refiriendo como el *tomador de decisiones*.

El significado del recuerdo que se llama el Espíritu Santo es que nada ha sucedido porque nada *podía* suceder. También nos referimos a éste como el principio de la Expiación: el Hijo de Dios permanece tal como fue creado, pues–al ser el amor invulnerable para siempre y uno para siempre– ¿cómo pudo lo que es de Dios separarse de Sí Mismo? La evidente imposibilidad de que Dios y Cristo sean vulnerables al "ataque" de la individualidad hace no-existente la situación de la separación, y en última instancia, mantener la creencia en la misma es simplemente absurdo. Y sin embargo, llamar absurdo al ego es anatema para su pensamiento de que *en efecto ha pasado* algo, algo bastante serio en realidad; a saber, el Hijo de Dios se ha vuelto una entidad separada e independiente. Para este pensamiento, por lo tanto, la presencia del Espíritu Santo en la mente del Hijo es un gran peligro, contra el cual hay que defenderse a toda costa si es que "la pequeña y alocada idea" ha de sobrevivir:

> El Espíritu Santo... parece estar atacando tu fuerza, ya que tú prefieres excluir a Dios. Mas Su Voluntad no es ser excluido.
> Has construido todo tu demente sistema de pensamiento porque crees que estarías desamparado en Presencia de Dios, y quieres salvarte de Su Amor porque crees que éste te aniquilaría (T-13.III.3:4–4:1).

Por consiguiente, si el Hijo ejercita el poder de decisión de su mente, escucha, y acepta como verdadera la Voz del Amor–y recuerda reírse de la tontería del pensamiento de que una parte del Todo pudiera realmente separarse de Este–entonces despertará de inmediato del sueño de la separación. Esto, por supuesto, significa que la nada del ego desaparece entonces en su propia ilusión (L-pI.107.1:6). En la sección "La grandeza en contraposición a la grandiosidad" en el Capítulo 9 del texto, Jesús explica el dilema del ego, sobre el cual elaboraremos en la siguiente sección:

> La grandeza es de Dios y sólo de Él. Por lo tanto, se encuentra en ti. Siempre que te vuelvas consciente de ella, por vagamente que sea, abandonas al ego automáticamete, ya que en presencia de la grandeza de Dios la insignificancia del ego resulta perfectamente evidente. Cuando esto ocurre, el ego cree–a pesar de que no lo entiende–que su "enemigo" lo ha atacado, e intenta ofrecerte regalos para inducirte a que vuelvas a ponerte bajo su "protección." El auto-engrandecimiento es la única ofrenda que puede hacer. El auto-engrandecimiento es la alternativa que él ofrece a la grandeza de Dios (T-9.VIII.1:1-6).

Y así estamos ahora en el punto donde el tomador de decisiones se ve enfrentado con estos pensamientos los cuales se excluyen mutuamente–el pensamiento de grandosidad del ego y el recuerdo de la grandeza de Dios del Espíritu Santo–y tiene que tomar una decisión. Y una vez se ha tomado, será una decisión en la cual se creerá y a la cual se le otorgará realidad. Como todos sabemos–de otro modo no habría individualidad ni habría un mundo en el cual expresar su especialismo–al enfrentarse a estas dos opciones, el Hijo de Dios eligió las mentiras del ego en lugar de elegir la verdad del Espíritu Santo. Y podemos concluir que al final, la decisión del Hijo de escuchar la voz del ego en lugar de la del Espíritu Santo fue motivada por el más convincente de todos los argumentos del ego, el cual éste susurró suavemente con dulzura seductora en el sugestionable oído del Hijo:

> Elígeme, y tu existencia continuará como un individuo separado, finalmente liberado de la prisión de indiferenciada unidad que es el Cielo. Ahora eres, por fin, un ser único y especial, importante y autónomo y libre. Y mientras elijas que mis palabras sean las tuyas, seguirás siendo libre de vivir la vida como una gloriosa y emocionante aventura.
> Pero elige en su lugar la engañosa voz de tu enemigo, el Espíritu Santo–la voz misma del diablo–y desaparecerás en el olvido del Cielo. Allí serás con seguridad aniquilado por el poder omnipotente y devastador de Dios Quien te creó para que siempre permanecieras como una parte de Él y de Su tiranía, y Quien castiga la traición a Su poder con muerte y destrucción certeras.

Después de todo, el Espíritu Santo *solamente* le ofreció al Hijo de Dios, atraído ya por la promesa del ego de individualidad y de una vida de agitación, una amable sonrisa que invalidaba su existencia misma como una criatura separada.

La tercera división: la estrategia del ego

Parte I • pecado, culpa y miedo

Para explorar más plenamente la naturaleza de la mente del Hijo al llegar a este punto de haber elegido la individualidad del ego por encima de la unidad del Espíritu Santo, también recurriré a un mito o relato, basado en la dinámica más abstracta que se encuentra en *Un curso de milagros* en sí. Así pues, se le advierte al lector una vez más que no confunda metáfora con hecho, y se le exhorta a que utilice los símbolos antropomórficos como simples puntos de orientación–en términos específicamente humanos–que le permitirán una comprensión más profunda de la separación que de otra manera sería imposible que un cerebro humano comprendiese.

Comenzamos con la aseveración general de que ahora el ego se encuentra en grave peligro, puesto que se enfrenta a la total extinción si el tomador de decisiones corrige su error y hace la elección correcta. Interesantemente y contrario a lo que se podría pensar, el miedo real del ego no es al Espíritu Santo, de Quien él no conoce nada, pues, ¿cómo puede la dualidad conocer la no-dualidad, la separación conocer la unidad, o el odio conocer el amor?

> El ego no entiende lo que es la mente, y, por lo tanto, no entiende lo que eres *tú* (T-7.VIII.4:5).

> Pues aunque el ego no entendía lo que había sido creado, [el Espíritu Santo]* era consciente de una amenaza (T-17.IV.4:2).

Y aunque la siguiente aseveración se presenta dentro de otro contexto, podemos aplicarla a esta brecha irreconciliable entre el Espíritu Santo y el ego:

> Los culpables y los inocentes son totalmente incapaces de entenderse entre sí. Cada uno percibe al otro diferente de cómo se percibe a sí mismo, lo cual impide que pueda haber comunicación entre ellos, pues cada uno ve al otro de modo distinto de cómo se ve a sí mismo (T-14.IV.10:1-2).

Así pues, el ego es consciente de un poder superior al suyo, al cual él le debe su existencia, y este poder es la mente del Hijo que ha elegido–a través de lo que yo he llamado el tomador de decisiones–creer en el sistema

---

* Véase las anteriores, págs. 22-24, 25-26 para mi discusión de la explicación que da el Curso sobre la "creación" del Espíritu Santo.

de pensamiento del ego. El ego sabe que en cualquier momento el Hijo puede retirarle su creencia, y entonces él y el sistema de pensamiento de separación que él representa inevitablemente desaparecerán. Y ésta es la amenaza experimentada por el ego. Como explica Jesús en varios lugares en el texto:

> Sin tu lealtad, protección y amor el ego no puede existir. Deja que sea juzgado imparcialmente y no podrás por menos que retirarle tu lealtad, tu protección y tu amor (T-4.IV.8:9-10).

> Su existencia [la del ego], sin embargo, depende de tu mente porque el ego es una creencia tuya.... *No le tengas miedo al ego.* El depende de tu mente, y tal como lo inventaste creyendo en él, puedes asimismo desvanecerlo dejando de creer en él.... Te puedes olvidar del ego por completo en cualquier momento que así lo elijas porque el ego es una creencia completamente inverosímil, y nadie puede seguir abrigando una creencia que él mismo haya juzgado como increíble. Cuanto más aprendes acerca del ego, más te das cuenta de que no se puede creer en él (T-7.VIII.4:6; 5:1-2; 6:2-3).

Imaginen un globo que utilizaremos para representar al ego, lleno de aire que simboliza la inversión de la creencia del Hijo en el sistema de pensamiento del ego. Cuando se le saca el aire, lo cual refleja el cambio de mentalidad del Hijo y su elección del Espíritu Santo, el globo colapsa. Es el colapso potencial del fundamento del ego, debido a la decisión del Hijo de retirarle su creencia, lo que aterra al ego. En tanto el Hijo permanezca en contacto con su poder de tomador de decisiones, el ego está en inminente peligro: "El poder de decisión es la única libertad que te queda como prisionero de este mundo" (T-12.VII.9:1). Y por consiguiente el ego tiene que mantener este poder oculto de la conciencia del Hijo, lo cual logra a través de la siguiente estrategia brillantemente efectiva: volverá al Hijo de Dios un ser insensato (sin mente). Después de todo, si ni siquiera es consciente de que tiene una mente, ¿cómo puede ser posible que el Hijo cambie de mentalidad? Siguiendo el principio del Curso de que el miedo tiene que conducir a la crueldad (T-3.I.4:2; T-9.VII.3:7; 4:7), el ego tiene que contraatacar rápida y perversamente para asegurarse de que el Hijo no se dé cuenta de que cometió un error, cambie de idea, y elija al Espíritu Santo. Pues la situación, tal como se presenta ahora en nuestro relato, es que la mente del Hijo de Dios se ha convertido en un campo de batalla, en el cual *parece* que dos enemigos mortales luchan uno en contra del otro. Al menos, ésta es la percepción del ego que ahora parece haber ganado la batalla contra Dios, por lo menos temporalmente, y puede de ese modo reclamar una existencia propia.

Así pues, es forzoso para el ego convencer al Hijo de Dios para que continúe creyendo el cuento de la separación, en lugar de creer en el principio de Expiación del Espíritu Santo de la no-separación. Consecuentemente, el ego concibe un plan para lograr su meta de silenciar para siempre la Voz de Amor del Espíritu Santo. Le dice al Hijo que mire dónde se encuentra, separado y aparte de Dios, y que reconozca lo que ha hecho para alcanzar tal estado. "Tú", le explica el ego al Hijo, "al rehusar aceptar como suficientes los regalos de Dios, has cometido un pecado en contra de tu Padre y Creador. Tú", prosigue el ego, "decidiste que la perfección y el todo como Cristo no era suficiente, y que debía haber algo más: la 'libertad' de elegir ser otra cosa que no fuese Dios. En otras palabras, tu individualidad fue comprada a un precio muy elevado–la extinción de Dios y la destrucción del Cielo".

Es éste el ejercicio ilusorio de elección en el nombre de la "libertad" que el ego llama *pecado*, y asocia con el asesinato de Dios y la crucifixión de Su Hijo. Este último término, dicho sea de paso, es utilizado por Jesús en el Curso, no sólo para referirse al acontecimiento único del Calvario, sino como un símbolo de todo el sistema de pensamiento del ego de traición y de asesinato que comienza con el pensamiento demente de que la realidad de Cristo tiene que ser sacrificada para que sobreviva el yo separado. No puede señalarse lo suficiente que este sistema de pensamiento en su totalidad es fabricado por el ego, con lo cual éste substituye su versión ficticia de la relación separada entre Dios y Su Hijo, en lugar de la verdad de la unidad de Ellos. Así logra la meta de preservar su propia existencia. *Un curso de milagros* describe esta demente historia de la separación de este modo:

> …que tu mente puede cambiar lo que Dios creó…. que lo que es perfecto puede volverse imperfecto o deficiente…. que puedes distorsionar las creaciones de Dios, incluido tú…. que puedes ser tu propio creador y que estás a cargo de la dirección de tu propia creación.
>
> Estas distorsiones, relacionadas entre sí, son un fiel reflejo de lo que realmente ocurrió en la separación o "desvío hacia el miedo" (T-2.I.1:9–2:1).

El Hijo "contempla" con disgusto el pecado que el ego lo ha convencido de haber perpetrado. Y éste es el comienzo de la *culpa:* el horror de creer que un terrible pecado se ha perpetrado en contra de Dios, un crimen tan abominable que jamás se puede perdonar o deshacer. Al explorar más profundamente aún el relato de pecado del ego, podemos entender que su sueño de pecado no fue realmente la destrucción de Dios y de Su Hijo. Más bien, fue el pecado del deseo egoísta y de centrarse en sí mismo el que dijo: "Haría cualquier cosa–*cosa lo que fuese, incluso el asesinato*–si ello significase la preservación de mi libertad e individualidad recientemente adquirida." De esta manera podemos ver cómo la muerte de Dios y el fin del Cielo fue el resultado inevitable de la necesidad del Hijo de preservar su identidad especial: Su egoísmo fue así el pecado que fue la *causa*; la extinción del Cielo fue simplemente el desafortunado *efecto*. La distinción es importante para nuestras experiencias personales en el mundo, porque muy, muy pocos llegan a ser capaces de ponerse en contacto con el pensamiento de que su existencia significa que ellos destruyeron a Dios. Sin embargo, casi toda la gente es dolorosamente consciente de las veces en que han puesto sus propios intereses egoístas sobre los intereses de los demás, hasta el punto de ocasionarles daño. Al escribir sobre la necesidad de la mente dividida de convertir la ilusión en verdad, la verdad en ilusión, y luego las terribles consecuencias de tales fantasías de especialismo, egoísmo y odio, Jesús plantea:

> Una ilusión es por definición un intento de que algo que se considera de suma importancia sea real, si bien se reconoce que es falso. La mente, por consiguiente, trata de hacerlo real movida por su intenso deseo de conseguirlo. Las ilusiones son parodias de la creación: intentos de hacer que las mentiras sean verdad. La mente, al considerar a la verdad como algo inaceptable, se subleva contra ella y se otorga a sí misma una ilusión de victoria. Y al considerar a la salud como un agobio, se refugia en sueños febriles. *Y en esos sueños, la mente se encuentra separada, es diferente de otras mentes, tiene intereses que sólo a ella atañen y es capaz de satisfacer sus necesidades a expensas de los demás* (M-8.2:3-8; mis bastardillas).

Es ese especialismo lo que constituye la suma y substancia de este mundo, el cual sólo obscurece el cuento original de egoísmo en el cual participamos todos como el único Hijo ontológico. Para repetir lo obvio, debe recordarse siempre que el cuento del ego de pecado, culpa y miedo es totalmente fabricado y no tiene ninguna base en realidad. Sin embargo, debido a que le sirve a la meta del Hijo de preservar su individualidad, éste no tiene recuerdo alguno del origen de este mito de separación y castigo, y lo toma como una verdad del evangelio.

Retornando ahora a nuestro relato, el Hijo se siente abrumado con la enormidad de estos pensamientos de pecado y culpa, y es aún más instruido por el ego–el supuesto amoroso "salvador" del Hijo–a mantenerse en guardia, pues este Dios en contra de Quien se ha pecado y que ha sido convertido en una víctima, quiere nada menos que una venganza asesina en contra de Su Hijo pecador y victimario. La pregunta de cómo un Dios, Quien ha sido asesinado ha podido regresar a exigir castigo, jamás penetró en la mente del Hijo pues, como veremos, el ego reprime el pensamiento original de asesinato, lo cual le deja al Hijo solamente la conciencia de las aterradoras consecuencias de sus acciones. El torrente de películas de terror en las cuales el monstruo regresa constantemente de la tumba a perseguir al mundo, refleja este pensamiento sepultado del regreso del malo.

Además de promover el miedo de un Dios inventado, el ego le aconseja al Hijo que la llamada presencia amorosa del Espíritu Santo en la mente no es amorosa en absoluto. Más bien, enseña el ego, el Espíritu Santo es la voz engañosa del odio, de la venganza, y de los celos que el Padre ha enviado para que le traiga al Hijo Sus palabras de ira y para que lleve a cabo Su castigo de muerte. Este demente cambio de funciones entre el miedo del ego y el Amor de Dios (o del Espíritu Santo) se describe de esta manera en el libro de ejercicios:

> …los atributos del amor se le confieren a su "enemigo". Pues el miedo se convierte en tu refugio y en el protector de tu paz, y recurres a él en busca de solaz y de escape de cualquier duda con respecto a tu fortaleza, así como con la esperanza de poder descansar en una quietud sin sueños. Y al así despojar al amor de lo que le pertenece a él y sólo a él, se le dota con los atributos del miedo.…
>
> Al tener al amor como enemigo, la crueldad se convierte necesariamente en dios (L-pI.170.5:1-3; 6:1).

Y la misma demencia en la cual el verdadero Dios ha sido transformado en el enemigo se encuentra descrita bajo la tercera ley del caos del ego:

> Pues si Dios no puede estar equivocado, tiene entonces que aceptar la creencia que Su Hijo tiene de sí mismo y odiarlo por ello.
>
> Observa cómo se refuerza el temor a Dios por medio de este tercer principio. Ahora se hace imposible recurrir a Él en momentos de tribulación, pues Él se ha convertido en el "enemigo" que la causó y no sirve de nada recurrir a Él.…
>
> No hay manera de liberarse o escapar. La Expiación se convierte en un mito, y lo que la Voluntad de Dios dispone es la venganza, no el perdón.

Desde allí donde todo esto se origina, no se ve nada que pueda ser realmente una ayuda. Sólo la destrucción puede ser el resultado final. Y Dios Mismo parece estar poniéndose de parte de ello para derrotar a Su Hijo (T-23.II.6:6–7:3; 8:1-5).

El *miedo* ahora se agarra de la mente del Hijo pues éste no ve salida alguna–una vida de pecado y culpa es claramente preferible a no tener vida en absoluto–y la verdaderamente amorosa Voz del Espíritu Santo ha sido ahogada y, en efecto, silenciada. La culpa y el miedo se convierten en los principios reinantes en su mente, pues el amor y la verdad han sido negados y distorsionados y son ahora lo opuesto.

Un curso de milagros resume esta situación en varios pasajes poderosos, y elegimos tres de los más representativos, uno de cada uno de los tres libros. Primero, en el contexto de los pensamientos mágicos (lo cual incluye todos los pensamientos post-separación del ego), el manual para el maestro expone en un pasaje que reexaminaremos en el Capítulo Cuatro:

Un pensamiento mágico… da por sentada la separación entre Dios y nosotros. Afirma… que la mente que cree tener una voluntad separada y capaz de oponerse a la Voluntad de Dios, cree también que puede triunfar en su empeño. Es obvio que esto no es cierto. Sin embargo, es igualmente obvio que se puede creer que lo es. Y ahí es donde la culpabilidad tiene su origen. Aquel que usurpa el lugar de Dios y se lo queda para sí mismo tiene ahora un "enemigo" mortal. Y ahora él mismo tiene que encargarse de su propia protección y construir un escudo con que mantenerse a salvo de una furia tenaz y de una venganza insaciable…. Un padre iracundo persigue a su propio hijo culpable. Mata o te matarán, pues éstas son las únicas alternativas que tienes. Más allá de ellas no hay ninguna otra, pues lo que pasó es irreversible. La mancha de sangre no se puede quitar… (M-17.5:3-9; 7:10-13).

Tomado del texto esta vez, en la discusión de la segunda ley del caos leemos el siguiente pasaje, el cual reexaminaremos en el Capítulo Cinco:

Piensa en las consecuencias que esto parece tener en la relación entre Padre e Hijo. Ahora parece que nunca jamás podrán ser uno de nuevo. Pues uno de ellos no puede sino estar por siempre condenado, y por el otro. Ahora son diferentes, y por ende, enemigos. Y su relación es una de oposición…. Y su temor a Dios y el que se tienen entre sí parece ahora razonable, pues se ha vuelto real por lo que el Hijo de Dios se ha hecho a sí mismo y por lo que le ha hecho a su Creador (T-23.II.5:1-5,7).

Y finalmente, la discusión sobre el ego, tomada del libro de ejercicios:

> El ego no es otra cosa que idolatría; el símbolo de un yo limitado y separado…. Es la "voluntad"que ve a la Voluntad de Dios como su enemigo, y que adopta una forma en que Esta es negada. El ego es la "prueba" de que la fuerza es débil y el amor temible, la vida en realidad es la muerte y sólo lo que se opone a Dios es real.
>
> El ego es demente. Lleno de miedo, cree alzarse más allá de lo Omnipresente, aparte de la Totalidad y separado de lo Infinito. En su demencia cree también haber vencido a Dios Mismo. Y desde su terrible autonomía "ve" que la Voluntad de Dios ha sido destruida (L-pII.12.1:1–2:4).

En el texto, además, en el importante pasaje que cité antes (T-29.VIII.6:2), el ego es también equiparado con el anti-Cristo, el término fuerte del Nuevo Testamento que, tal como se utiliza en el Curso, denota cualquier ídolo–objeto de amor especial–que sirve para reemplazar a Dios en nuestro sueño de individualidad.

El pensamiento de separación del ego ahora ha alcanzado su pleno potencial en la constelación de pecado, culpa y miedo en la mente del Hijo. Esta trinidad *impía* ha sido elevada al nivel de la realidad, mientras que la *santa* trinidad de la verdad, el amor y la paz ha desaparecido tras las cortinas de ilusión, y prácticamente ha sido sepultada y olvidada. La Voz de la razón y la cordura que habla de la imposibilidad de las mentiras del ego ya no puede escucharse, pues el Hijo sólo oye la voz mentirosa del ego, la cual parece efectivamente haber contraatacado la corrección del Espíritu Santo (la Expiación); su estridente chillido de especialismo casi ha sofocado la tranquila y tenue Voz que habla por Dios:

> Tú no eres especial. Si crees que lo eres y quieres defender tu especialismo en contra de la verdad de lo que realmente eres, ¿cómo vas a poder conocer la verdad? ¿Qué respuesta del Espíritu Santo podría llegar hasta ti, cuando a lo que escuchas es a tu deseo de ser especial, que es lo que pregunta y lo que responde? Tan sólo prestas oídos a su mezquina respuesta, la cual ni siquiera se oye en la melodía que en amorosa alabanza de lo que eres fluye eternamente desde Dios a ti. Y este colosal himno de honor que amorosamente se te ofrece por razón de lo que eres parece silencioso e inaudible ante el "poderío" de tu especialismo. Te esfuerzas por escuchar una voz que no tiene sonido, y, sin embargo, la Llamada de Dios Mismo te parece insonora.
>
> Puedes defender tu especialismo, pero nunca oirás la Voz que habla en favor de Dios a su lado, pues hablan diferentes idiomas y llegan a oídos diferentes (T-24.II.4:1–5:2).

Los estados psicológicos de pecado, culpa y miedo representan así el cielo del ego, y paralizan al Hijo y dejan su mente desamparada en su guerra con este Dios ilusorio, sin que haya una aparente salida del dilema. Y aun así, a pesar de todo este dolor y terror, el Hijo cree que es libre e independiente, al haber ganado su individualidad. No obstante, es una libertad pagada con creces por su propio sufrimiento y abrumadora ansiedad. Sin embargo, en su demencia, este es el precio que el Hijo pagará gustosamente por permanecer como una identidad autónoma e individual. Y esta demencia se desarrolla aún más por la creencia del Hijo de que es el ego y sus "amigos" los que son sus protectores ante la amenaza del amor. En un extraordinario pasaje de los obstáculos a la paz, estos "amigos" son definidos como

La "belleza" del *pecado*, la sutil atracción de la *culpabilidad*, la "santa" imagen encerada de la *muerte* y el *temor* de la venganza del ego (T-19.IV-D.6:3; mis bastardillas).

Una vez más, en el tenebroso y dualista mundo de la individualidad, el sufrimiento a manos de estos "amigos" es un precio lo suficientemente bajo a cambio de la "seguridad" que ellos nos proveen contra la amenaza de una verdad no-dualista y de su luz de perfecta unidad. Dicho sea de paso, los aliados del ego en su trama en contra de Dios se describen antropomórficamente en *Un curso de milagros* como "guardianes de las tinieblas" (en otro lugar "centinelas" de la obscuridad [T-14.VI.2:5; 8:3]), como se ve por ejemplo en el siguiente pasaje:

¿Vas a continuar otorgándole un poder imaginario a esas extrañas ideas de seguridad? No son ni seguras ni inseguras. No protegen; ni tampoco atacan. No hacen nada en absoluto, pues no son nada en absoluto. En cuanto que guardianes de las tinieblas y de la ignorancia no recurras a ellas a no ser que quieras sentir miedo… (T-14.VI.3:1-5).

Para resumir hasta aquí nuestra discusión de la tercera división, podemos decir que el ego es el pensamiento de separación hecho real por nuestra creencia de que el pecado es real. Es la creencia de que no sólo nos hemos separado de Dios, sino de que somos nuestro propio creador, al destruir así al verdadero Creador y al usurpar Su función como Primera Causa y Fuente de toda la creación. Estos pensamientos ilusorios de pecado son tan horrorizantes para nuestras mentes que creemos en la necesidad de estas extrañas y dementes defensas, los ignorantes "centinelas de la obscuridad" que nos protegen de que jamás tengamos que ser conscientes de nuestra culpa, y por consiguiente seamos incapaces de cambiar de mentalidad sobre la misma y regresar a Dios.

Un entendimiento de la teoría psicoanalítica moderna–la cual incluye la obra de los teóricos neo-freudianos tales como Harry Stack Sullivan en los Estados Unidos, y Melanie Klein y sus seguidores, conocidos como la British School of Psychoanalysis–capacita a los estudiantes para que entiendan la dinámica de este mito en una forma aún más sofisticada y poderosa. Esta orientación teórica provee la estructura para que elaboremos nuestra siguiente discusión sobre la tercera división, Parte II de la estrategia del ego.

La tercera división: la estrategia del ego

Parte II • A-B-C

Quisiera indicar al comienzo de esta sección que el modelo que estoy presentando bajo esta tercera división ejemplifica muy claramente la meta del ego de mantener la individualidad, la libertad y el especialismo que *creyó* haberle robado al verdadero Dios–sin renunciar a ello jamás ni siquiera (o especialmente siquiera) bajo pena de muerte–pero rehusando aceptar responsabilidad por ello. Este propósito se logra al proyectar el pecado percibido en uno mismo sobre los demás–culpa por la cual se refleja nuestra responsabilidad por ello–y nos hace ver el pecado en ellos en vez de verlo en nosotros mismos. El modelo psicoanalítico procede de esta manera:

Comenzamos recordando la estrategia primaria del ego de proteger su existencia individual negándole al Hijo el poder de su mente para elegir, al convencerlo de que no tiene mente. Si no tiene mente, ¿cómo es posible que cambie jamás de mentalidad y elija al Espíritu Santo por encima del ego? Una vez que el tomador de decisiones, utilizado aquí como sinónimo del Hijo de Dios en su estado de separación, elige el sistema de pensamiento del ego sobre el del Espíritu Santo–de hecho la separación de la mentalidad errada de la mentalidad correcta–*el Hijo se vuelve ese sistema de pensamiento*. Comienza con un yo individual, pero entonces sucumbe rápidamente a la estrategia del ego. Recuerden de nuevo que, al haber sepultado al Espíritu Santo en su mentalidad correcta al elegir en contra de Él, y efectivamente a silenciar Su Voz, el Hijo no tiene otra alternativa en la parte de su mente que le queda–la mentalidad errada–hacia la cual volverse, puesto que no hay ninguna otra voz que escuchar a su alrededor. Y así la identidad del Hijo ahora se ha fundido con el pensamiento de pecado y culpa–el concepto de sí mismo basado ahora en la creencia de que en verdad se ha separado de su Creador. Y este yo limitado, fragmentado y pecaminoso que ahora él percibe ser es el resultado irrevocable de esta separación. Más de acuerdo aún con el principio de que aquello *de lo que* la mente se separa se olvida, el Espíritu Santo, para insistir en ese importante punto, ahora se ha vuelto una presencia desconocida, o mejor dicho, una presencia olvidada, con la memoria del Hijo de Dios como Cristo ahora aparentemente desvanecida para siempre de su mente. Y como resultado, aquello *en lo que* se ha convertido al separarse se recuerda ahora como la única realidad del Hijo, mientras que su *verdadera* realidad como Cristo está sepultada bajo el yo que él ha inventado ahora como suyo. Ya no más accesible a él, la memoria de su verdadero e inocente Ser ha desaparecido, y el Hijo no tiene opción ahora–puesto que, repito, sólo hay estas dos alternativas: inocencia o pecado–sino identificarse con el pecado que está en el corazón del sistema de pensamiento del ego.

Como se muestra en la Gráfica 1 (pág. 42), esa identificación con el yo pecaminoso, culpable y aterrado es representada por A: el Hijo de Dios se ha vuelto ahora el victimario pecaminoso, repleto de la culpa que es el concomitante de la creencia en el pecado. La culpa es abrumadora, y no hay palabras ni conceptos en español ni de hecho en ningún idioma, que puedan comenzar a contener la enormidad del sentimiento del Hijo de que en verdad el Cielo ha sido destruido por *su* pecado, y que la inocencia de Cristo–la Identidad natural del Hijo–se ha perdido para siempre. Su *miedo* aumenta al pensar en el castigo que su *culpa* le dice que merece justificadamente por su *pecado*.

El Hijo se vuelve hacia el ego en busca de ayuda–repito, la única voz que queda–y le dice: "Me gusta mi individualidad y unicidad, pero definitivamente no me gusta esta terrible carga de pecado, culpa y miedo. ¿No puedes idear una manera por medio de la cual yo pueda retener mi existencia individual, pero sin la angustia de estos otros pensamientos?" Es importante indicar, como expliqué antes en este capítulo, que debido a la capacidad del ego para hacer que el Hijo *olvide* al yo tomador de decisiones que precedió al concepto de sí mismo del cual tiene conciencia actualmente, él sólo recuerda al yo individualizado, pecaminoso, culpable y atemorizado que cree ser *ahora*. Por lo tanto, el Hijo no recuerda que "el mono que lleva a cuestas" de pecado, culpa y miedo es lo que el *ego le dijo* que era la realidad, *después* de haberlo convencido primero de que la existencia individual debía valorarse por encima de la unidad de Cristo. Así pues, "bendecido" por la amnesia del ego o el velo de olvido, el Hijo le pide al ego una solución para su doloroso problema.

Esto es lo que el ego–su "amigo"–le da por respuesta:

> Puesto que el problema es el miedo, y el miedo es causado por el pecado y la culpa, todo lo que tenemos que hacer es remover la causa y tú te liberarás del miedo. Y yo tengo un plan para lograrlo, un plan basado en mi propia naturaleza, la cual es separar y dividir. Todo lo que se necesita que hagamos es separar el pecado y la culpa que no nos gustan, y de ese modo hacemos un nuevo yo el cual se ha convertido ahora en el recipiente de este pecado, un yo que es separado y diferente de ti. Y así entonces podrás conservar tu identidad individual, pero sin la carga del pecado, el cual ahora se le ha atribuido a alguien más.

Y así pues, el Hijo ignorante sigue el consejo del ego–¿que opción tiene al llegar a este punto?–y procede de la siguiente manera: puesto que su problema es el yo pecaminoso y culpable, él simplemente se libera del pecado y la culpa. Pero, ¿dónde ponerlos, puesto que literalmente no existe nada fuera de este yo? Y es aquí donde la infame dinámica del ego de separación (o proyección) viene al rescate. El yo pecaminoso (A) se divide, y virtualmente se reproduce a sí mismo como lo hace la célula al pasar por el proceso de mitosis, toma su "cromosoma de pecado" y lo pone fuera de sí mismo (yo C), lo que significa proyección. Esto quiere decir–repito, puesto que no existe nada más *excepto* la mente–que el Hijo (yo A) cree que él puede engendrar otro yo (C), el cual no es sino la imagen espejo de sí mismo. Pero ahora esta imagen espejo–esta parte separada de su yo–se percibe afuera e independiente de su fuente, la cual ha olvidado ahora. Retornamos una vez más a ese importante principio de la mente dividida: aquello *hacia lo cual* esta mente se separa olvida luego aquello *de lo cual* se separó. Las ideas dentro del sistema de pensamiento del ego pueden, y sí abandonan su fuente en realidad: la parte rechazada del yo A ha encontrado ahora una nueva casa en el yo C.

Con la separación de la culpa y el miedo del yo A, el Hijo de Dios ha logrado ahora la meta del ego de retener su individualidad, pero *sin* el pecado. Así se ha convertido en un individuo *libre de pecado*, un *nuevo* yo al que llamamos B. Uno no tiene que ser un genio matemático ni haber recordado siquiera su álgebra de escuela superior para deducir de nuestra discusión que puesto que el yo A se ha convertido en las personalidades B y C,

(A= B + C), entonces el yo A menos el yo C es igual al yo B (A – C = B); o: que el yo A individual, pecaminoso, y victimario, menos el pecado, el cual es ahora la identidad del yo C, se convierte en el yo B individual, libre de pecado y víctima.

El yo ego ha logrado ahora su meta provisional de hacer el pecado real, pero hace que éste se ubique en otro lugar. Y para replantear este importante punto: puesto que en la realidad del sistema de pensamiento de la mente dividida no *existe* ningún otro lugar, la estrategia del ego exige que el recipiente del pecado sea fabricado, y que la mente o el yo que lo fabricó no recuerde lo que ha hecho. Mirando nuevamente la Gráfica 1, vemos que el pecado en el yo ego original A ha sido separado y proyectado, o transferido a este nuevo yo C, que se ha convertido en la nueva morada de este pecado. Esto deja al yo original sin pecado, o libre de pecado: el yo B. En efecto pues, el original yo A pecaminoso se ha dividido en dos *nuevos* yos: uno pecaminoso (C) y el otro libre de pecado (B), y es con el último *con quien* el Hijo de Dios se identifica ahora.

Huelga decir, que los tres yos son completamente fabricados: el primero, el yo pecaminoso (A) que se engendró para ocultar el recuerdo de nuestro verdadero Yo inocente; y el segundo y el tercero, los yos separados impecables y pecaminosos (B y C) que se fabricaron para ocultar y proteger a ese yo que el Hijo de Dios creyó que había pecado en contra de Dios. Así pues, el yo A comienza como un yo pecaminoso, culpable victimario y usurpador, y termina como la víctima impecable e inocente llamada ahora el Hijo de Dios, el yo B. El yo C es literalmente hecho a la imagen del anterior yo A, y así se convierte en el pecaminoso victimario que el ego llama Dios, quien continuamente procura victimar (o castigar) al yo víctima B, la versión inocente del yo A, su Hijo. Así, lo que una vez fue uno ahora se ha convertido en dos, y al menos en el sueño, estos dos se han separado para siempre del yo original. Como ya hemos visto antes (pág. 35), la segunda ley del caos refleja este cambio aparentemente irrevocable de la unidad a la separación. Dios *tiene* que ser este victimario perverso, porque él no es nada más ni nada menos que el malvado victimario que es el yo pecaminoso yo A.

GRAFICA 1

A (yo victimario: pecado, culpa, miedo)

B
(Yo victimizado y "libre depecado" : miedo)
(Hijo)

C
(Yo victimario: pecado, culpa)
("Dios")

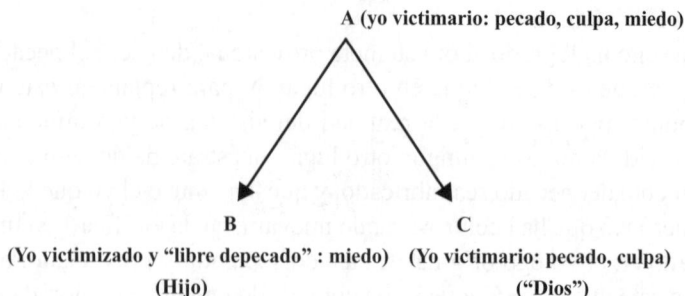

Y sin embargo, todo este plan va encaminado a no funcionar. Considere-remos: el ego le ha dicho al Hijo que la manera de escapar de la culpa como el yo A radica en proyectar el pecado y la culpa sobre el nuevo yo C, y dejar que el Hijo sea el yo B–sin pecado ni culpa, y por lo tanto–le dice el ego–sin miedo. No obstante, como veremos de inmediato, el yo B termina amargamente aterrado del yo C, pero olvida de dónde proviene el miedo realmente–el plan del ego para liberar al yo A. Y por consiguiente, el plan en su totalidad–desde el punto de vista del Hijo–ha fracasado miserable-mente: "las defensas *dan lugar* a lo que quieren defender" (T-17.IV.7:1)– el miedo simplemente ha conducido al miedo. *Salvo que el problema es que el Hijo no sabe que el plan ha fracasado.* Ha olvidado que hubiese si-quiera un plan para salvarlo–yo A–de un problema de miedo, del cual no se acuerda. Todo lo que sabe es que es el yo B, aterrorizado por el enemigo (yo C) presto a asestar un golpe, y él tiene amnesia total en lo que respecta al verdadero origen de estos yos.

No puede recalcarse lo suficiente que todo esto que está ocurriendo en la mente dividida es ilusorio, un sueño inventado que comienza con la "di-minuta y alocada idea" y prosigue con todas las divisiones que inevitable-mente resultan de la creencia en la realidad de la separación. Así pues, es esencial tener presente que el ego no es nada más que este sistema de creencias en la separación, y que no tiene realidad fuera de la mente toma-dora de decisiones que lo concibió. No es nada real, sino simplemente una *creencia* en lo que se *piensa* que es real. Tal como Jesús define al ego:

¿Qué es el *ego*? El ego no es más que un sueño de lo que en realidad eres.
Un pensamiento de que estás separado de tu Creador y un deseo de ser lo

que Él no creó. El ego es un producto de la locura, no de la realidad. Es tan sólo un nombre para lo innombrable.... no es más que un pensamiento ancestral según el cual aquello que se ha inventado es inmortal (C-2.1:4-8,10).

Y como lo explica en el texto:

> La separación es un sistema de pensamiento que si bien es bastante real en el tiempo, en la eternidad no lo es en absoluto. Para el creyente todas sus creencias son ciertas (T-3.VII.3:2-3).

Lo que le da poder al ego, por lo tanto, es la creencia del Hijo (o tomador de decisiones) en él. En sí y de por sí el ego es impotente, porque en sí y de por sí no *es* nada, y, por lo tanto, no puede tener poder alguno. Retornaremos a este punto tan importante en la próxima sección de este capítulo, pero basta por ahora citar este pasaje acerca de los ídolos, los falsos dioses del ego inventados para substituir al Dios viviente, y los cuales no tienen absolutamente ninguna realidad o poder que no sea la creencia que se les otorga:

> Un ídolo es un deseo hecho tangible al que se le ha dado forma, que se percibe entonces como real y se ve como algo externo a la mente.... Se necesita creer en él para que parezca cobrar vida, y se le tiene que dotar de poder para que pueda ser temido.... Un ídolo se establece creyendo en él, y cuando la creencia se abandona, el ídolo "muere" (T-29.VIII.3:2; 5:3; 6:1).

Continuamos nuestro relato: El Hijo (yo B) y el Padre-Dios (yo C) ahora están separados y se han hecho enemigos, al haber sido concebido cada cual a imagen del pecado–uno culpable de éste, el otro la víctima inocente de su ataque:

> En la mente que Dios creó perfecta como Él Mismo se adentró un sueño de juicios. Y en ese sueño el Cielo se trocó en infierno, y Dios se convirtió en el enemigo de Su Hijo (T-29.IX.2:1-2).

Mas, como ya hemos visto, las figuras oníricas de Dios y Su Hijo son en realidad sólo las partes separadas de un yo pecaminoso mayor (yo A), el personaje central y verdadero "héroe" en el sueño del ego. Pero habiendo olvidado la división, el Hijo "inocente" (yo B) ahora cree que está enfrascado en un combate mortal con un Dios (yo C) que lo destruirá. E inconscientemente él sabe con certeza que Dios lo hará porque *él lo inventó de esa manera*. El pecador victimario y asesino que originalmente él creyó ser ahora ha sido transpuesto a esta aparentemente nueva figura quien, repito, *no es absolutamente nada más ni nada menos* que la "imagen y seme-janza" (Génesis 1:26-27) de su creador, el Hijo de Dios dormido (yo A), quien en su sueño ha olvidado que las figuras que él ahora llama reales son sólo figuras fragmentadas, cuyos orígenes, repito, yacen sepultados en su propia mente onírica.

El lenguaje bíblico de la oración anterior fue intencional, porque esta dinámica es exactamente la que se refleja en la Biblia–Antiguo y Nuevo Testamentos–con su gran relato mitológico de la creación, el pecado y la redención. Siguiendo el hilo de la gráfica y la dinámica discutida antes, po-demos ver que la figura de Dios–tomada como un todo–es la proyección del pensamiento de pecado y especialismo del ego: amor especial *y* odio especial. La discusión previa del yo pecaminoso que se separa y se vuelve un Dios victimario explica cómo se escribió la Biblia y por qué ha sido tan increíblemente popular en el mundo. Es el relato del ego, con el personaje de Dios convertido en el auto-retrato del ego. Esto me recuerda el episodio humorístico del texto gnóstico "On the Origin of the World" de principios del siglo IV incluido en la Biblioteca Nag Hammadi, una virtual mina de información de los antiguos textos gnósticos que se descubrieron en Egipto en 1945. El Dios creador del Antiguo Testamento, llamado Ialdabaoth en el mito gnóstico, proclama su grandeza y singularidad arrogantemente, pensando que no existe nadie por encima de él, al creer, para utilizar la ter-minología del Curso, que él se creó a sí mismo:

> Pero después que los cielos y sus poderes y todos sus gobiernos se pusie-ron en orden, el Primer Padre [el Demiurge, Yaldabaoth] se ensalzó a sí mismo, y fue glorificado por todo el ejército de ángeles. Y todos los dio-ses y sus ángeles lo glorificaron y lo alabaron. Y él se regocijó en su corazón, y continuamente se vanagloriaba, diciéndoles: "No necesito nada." Él dijo: "Yo soy dios y no existe ningún otro salvo yo" (citado en *Love Does Not Condemn [El amor no condena]*), págs. 192-193).

Sofía–descrita en muchos documentos gnósticos como la "madre" de Ialdabaoth, el ser original en la literatura gnóstica que se separó del ver-dadero Dios y es, por lo tanto, el equivalente del ego del Curso, y al que nos referimos como el yo A–airadamente lo reprende desde lo alto: "Estás errado, Samael," i.e., "el dios ciego". Una discusión más amplia del Dios bíblico, sin embargo, radica más allá del alcance de este libro.*

---

* El lector interesado en una discusión a fondo de este tema puede consultar el álbum de audio-cintas "The Bible from the Perspective of *A Course in Miracles*", un taller ofrecido por mi esposa Gloria y por mí.

Y ahora, en este campo de batalla, en el cual el Hijo se enfrenta a su mortal enemigo–Dios–vemos una vez más la expresión del miedo. Como nos enseña *Un curso de milagros*, el pecado (o la culpa) exige castigo, e inevitablemente le tememos al castigo que creemos está próximo y que nuestra culpa nos dice que merecemos:

> El pecado exige castigo…. Pues el ego lleva el pecado ante el miedo, exigiendo castigo. Mas el castigo no es sino otra forma de proteger la culpabilidad, pues lo que merece castigo tuvo que haber sucedido realmente. El castigo es siempre el gran protector del pecado, al que trata con respeto y a quien honra por su enormidad (T-19.II.1:6; T-19.III.2:2-4).

> ¿Qué otra cosa sino el pecado podría ser la fuente de la culpabilidad y exigir castigo y sufrimiento? ¿Y qué otra cosa sino el pecado podría ser la fuente del miedo, al eclipsar la creación de Dios y conferirle al amor los atributos del miedo y del ataque? (L-pII.259.1:4-5)

Desde esta proyección del pecado sobre otra figura,–para replantear este importante punto–es imposible que el Hijo evite el miedo (realmente terror sería una palabra mejor) del contraataque como castigo por su pecado, *inconsciente* ahora y, por lo tanto, *olvidado* y *desconocido* para él. Repito, podemos ver como la defensa del ego en contra del miedo–proyección– simplemente ha reforzado su presencia en la mente del Hijo. El ego está, por consiguiente, a un paso de su meta final: la carencia de mente, que es la "perfecta" protección para su individualidad especial (véase el próximo capítulo para la discusión de este paso final, la cuarta división).

Para resumir la estrategia del ego hasta este punto, vemos lo siguiente: Al convencer al Hijo de Dios (yo A) de que es pecaminoso y por consiguiente su culpa está justificada, el ego lo ha convencido aún más de que él sólo puede escapar si se separa de su pecado y simula que éste ya no existe en él (yo B), sino que ahora está presente por completo en otro (yo C). Estas dos dinámicas básicas del ego de negación y proyección se expresan de ese modo a través de este truco, el cual ha logrado la necesidad fundamental del ego de que el Hijo conserve la separación que hurtó en su sueño, pero que ya no *crea* que es responsable por su aparente pecaminosidad. El precio que paga por esto, por supuesto, es el terror, pero ya pronto veremos cómo el ego vendrá una vez más al "rescate" del Hijo.

La tercera división: la estrategia del ego

Parte III • el no mirar en el interior

Otra manera de entender el punto que he estado recalcando repetidamente sobre el "olvido" del ego de aquello *de lo cual* se separó se encuentra reflejada en un importante tema de *Un curso de milagros*: la exhortación que el ego le hace al Hijo de Dios a que no mire en el interior de su mente, pues si lo hiciera, se daría cuenta de lo que el ego es capaz– su meta no es el amor, la paz o la protección, sino más bien el miedo, el asesinato y la destrucción. El siguiente pasaje expone la meta asesina del ego tan claramente que no hay manera de equivocarse en lo que respecta a sus intenciones engañosas, las cuales son, por supuesto, las intenciones secretamente compartidas por todos los que creen que existen verdaderamente en este mundo como seres separados e individuales, una existencia que ellos claramente valoran:

> La pena de muerte es la meta final del ego porque está convencido de que eres un criminal que merece la muerte, tal como Dios sabe que eres merecedor de la vida. La pena de muerte nunca abandona la mente del ego, pues eso es lo que siempre tiene reservado para ti al final. Deseando destruirte como expresión final de sus sentimientos hacia ti, te deja vivir sólo para que esperes la muerte. Te atormentará mientras vivas, pero su odio no quedará saciado hasta que mueras, pues tu destrucción es el único fin que anhela, y el único fin que le dejará satisfecho (T-12.VII.13:2-6).

Si el Hijo en verdad mirase en su interior, se daría cuenta, no sólo de lo que el sistema de pensamiento del ego era en verdad, sino *de que el ego no existe en absoluto*. Tomando prestado el simbolismo del maravilloso cuento de hadas de Hans Christian Andersen, "El traje nuevo del emperador", el Hijo comprendería que en primer lugar, el emperador (el ego) no tiene traje (esto no es lo que parecía ser), y luego en segundo lugar, ¡que no existía en realidad ningún emperador para empezar (la separación de Dios nunca sucedió en absoluto)!

Por lo tanto, el *no* mirar al ego es exactamente lo que sostiene su sistema de pensamiento. Psicológicamente entendemos este *no mirar* como la dinámica de negación o represión (utilizadas con carácter sinonímico en el sistema de pensamiento del Curso); tácticamente y antropomórficamente, reconocemos esta dinámica como la estrategia del ego para mantener su existencia. El ver este aspecto importante del sistema de pensamiento del ego facilitará la comprensión del uso que Jesús hace del perdón como el medio *par excellence* en la función de deshacer la creencia del ego en el pecado, la culpa y el miedo. Este será el tema central de nuestra discusión en el Capítulo Cinco, pero por ahora exploramos algunos pasajes representativos tomados de *Un curso de milagros*, los cuales reflejan el arma esencial en el arsenal del ego de no mirar en el interior de la mente. El primero es de esa importante sección del Capítulo 21 del texto, "El miedo a mirar adentro":

> [El ego] te pide imperiosamente que *no mires dentro de ti,* pues si lo haces tus ojos se posarán sobre el pecado y Dios te cegará [una manera eufemística de decir que Dios te destruirá]. Esto es lo que crees, *y, por lo tanto, no miras.* Mas no es éste el temor secreto del ego, ni tampoco el tuyo que eres su siervo. El ego, vociferando destempladamente y demasiado a menudo, profiere a gritos que lo es. Pues bajo ese constante griterío y esas declaraciones disparatadas, el ego no tiene ninguna certeza de que lo sea. Tras tu temor de mirar en tu interior por razón del pecado, se oculta todavía otro temor, y uno que hace temblar al ego.
>
> ¿Qué pasaría si mirases en tu interior y no vieses ningún pecado? Esta "temible" pregunta es una que el ego nunca plantea (T-21.IV.2:3–3:2; mis bastardillas).

Bajo el cuarto y último obstáculo a la paz–el temor de Dios–Jesús discute el que al fin nos enfrentemos con el fundamento del sistema de pensamiento del ego, el cual le habíamos jurado a nuestro amigo que "nunca miraríamos":

> Este velo, que la creencia en la muerte mantiene intacto y que su atracción protege, es el más tenebroso de todos. La dedicación a la muerte [el tercer obstáculo] y a su soberanía no es más que *el voto solemne, la promesa que en secreto le hiciste al ego de jamás descorrer ese velo, de no acercarte a él y de ni siquiera sospechar que está ahí. Este es el acuerdo secreto al que llegaste con el ego para mantener eternamente en el olvido lo que se encuentra más allá del velo.* He aquí tu promesa de jamás permitir que la unión te haga abandonar la separación; *la profunda amnesia* en la que el recuerdo de Dios parece estar totalmente olvidado; la brecha entre tu Ser y tu;... Y ahora te encuentras aterrorizado ante lo que juraste no *volver a mirar nunca más* (T-19.IV-D.3:1-4; 6:1; mis bastardillas).

Continuando con este tema de no recordar–consecuencia de no mirar dentro de la mente–citamos este pasaje tomado del manual para el maestro, que describe la inventada e inútil "batalla" con Dios, y la brillante estrategia del ego para lidiar con ella:

Olvídate de la batalla. Acéptala como un hecho *y luego olvídate de ella. No recuerdes* las ínfimas probabilidades que tienes de ganar. *No recuerdes* la magnitud del "enemigo" *ni pienses* cuán débil eres en comparación con El. Acepta tu estado de separación, pero *no recuerdes* cómo se originó. Cree que has ganado la batalla, pero *no conserves* el más mínimo recuerdo de Quién es realmente tu formidable "contrincante" (M-17.6:5-10; mis bastardillas).

Ahora, retornamos a la Lección 170, y continuamos donde nos quedamos antes en este capítulo: el trastocamiento que el ego hace del amor y el miedo, de tal manera que aquél se convierte en el enemigo y éste se convierte en un dios que oculta la crueldad del ego. Es este dios de miedo el que exige que sus dictámenes de terror no se cuestionen jamás–otra forma de expresar la orden de que jamás se mire lo que el dios del ego es en realidad–por miedo de que el resultado sea un severo castigo. Es así como Jesús describe este raro y despiadadamente autocrático dios que radica en el corazón del sistema de pensamiento del ego:

> Y los dioses exigen que sus seguidores obedezcan sus mandatos *sin rechistar.* A aquellos que cuestionan la sensatez o cuando menos la cordura de tales exigencias, se les castiga severa e implacablemente. Pues son sus enemigos los que son irrazonables y dementes, mientras que ellos son siempre justos y misericordiosos (L-pI.170.6:2-4; mis bastardillas).

Finalmente, existe esta astuta descripción de la etapa final de la estrategia del ego de no permitirle al Hijo que recuerde lo que el ego se propone. Específicamente, el pasaje se refiere al cuerpo como una defensa en contra del miedo, y esta parte de la estrategia del ego aguarda hasta el próximo capítulo cuando discutimos la cuarta división del ego, la fabricación del mundo y del cuerpo. Sin embargo, es relevante aquí por el ejemplo que ofrece de la capacidad del ego para ocasionar la amnesia del Hijo. Nuestro pasaje toma el hilo del relato en medio de una discusión de los intentos del ego de convencer al Hijo de que confíe en él. Y cuando el Hijo reconoce el consejo claramente paradójico y contradictorio que el ego le da, *y se queja de ello,* el ego le responde con simplemente no responderle:

> En este punto es donde la mente queda definitivamente aturdida. Habiéndole dicho el ego que ella es realmente parte del cuerpo y que el cuerpo es su protector, también le dice que el cuerpo no puede protegerla. Por consiguiente, la mente inquiere: "¿Dónde puedo encontrar protección?", a lo que el ego responde: "En mí". La mente, y no sin razón, le recuerda al ego que él mismo ha insistido que con lo que ella se tiene que identificar

es con el cuerpo, de modo que no tiene objeto recurrir a *él* para encontrar protección. El ego no dispone de una respuesta plausible para esto, puesto que no la hay, pero sí dispone de una solución típica: *eliminar la pregunta de la conciencia.* Una vez fuera de la conciencia la pregunta puede producir desasosiego, y de hecho lo produce, pero no puede ser contestada porque no puede ser planteada (T-4.V.4:5-11; mis bastardillas en 4:10).

Y así, una vez más vemos cuán efectiva es la represión como una defensa. No puedes cambiar aquello de lo cual no tienes conciencia; no puedes cuestionar cuando ni siquiera sabes qué preguntar. Esta función central de la negación en el arsenal de defensas del ego fue subrayada por la siguiente aseveración que Helen pronunció al despertar una mañana durante el período en que era escriba del Curso: "Jamás subestimes el poder de la negación." Dicho sea de paso, esta oración eventualmente pasó a ser parte de *Un curso de milagros,* en el comienzo del texto: "no subestimes el poder que el ego le aporta al creer en ella [la culpa]" (T-5.V.2:11).

Debe observarse aquí que el ego tiene que lograr una maniobra engañosa adicional. Para poder mantener la creencia en la realidad de la separación, el ego tiene que seguir nutriendo la creencia del Hijo en la culpa y el miedo, y sin embargo tiene que minimizar el dolor de alguna manera de modo que éste no resulte intolerable. En ese punto, por supuesto, el Hijo podría comenzar a cuestionar seriamente si en realidad el ego es su amigo y protector. En dos lugares por lo menos en *Un curso de milagros,* Jesús plantea la retadora tarea del ego de mantener el miedo mientras oculta sus verdaderas intenciones:

> El ego puede permitirte, y de hecho lo hace, que te consideres altanero, incrédulo, frívolo, distante, superficial, insensible, despegado e incluso desesperado, pero no permite que te des cuenta de que realmente tienes miedo. Minimizar el miedo, pero no deshacerlo, es el empeño constante del ego, y es una capacidad para la cual demuestra ciertamente gran ingenio. ¿Cómo iba a poder predicar separación a menos que la reforzase con miedo?, *y, ¿seguirías escuchándole si reconocieses que eso es lo que está haciendo?* (T-11.V.9:3 mis bastardillas)

Hemos visto antes esta extraña paradoja en el sistema de pensamiento del ego, pero nunca tan claramente como aquí. Pues el ego tiene que dar la impresión de que mantiene el miedo alejado de ti para conservar tu fidelidad. Pero tiene que generar miedo para protegerse a sí mismo (T-15.I.4:9-11).

Retornaremos a la proyección de la tercera división en el Capítulo Cuatro, cuando consideremos la expresión individual de esta dinámica en nuestras relaciones especiales.

El escenario está listo para la solución ingeniosa del ego al "problema" del terror que siente el Hijo de enfrentarse a su identidad pecaminosa, agobiada por la culpa (yo A), la cual percibe fuera de sí mismo como el yo C. Esta es la culminación de su estrategia para preservar la individualidad separada de este mismísimo yo: la fabricación del mundo. Esta solución–nuestra cuarta y última división–le pertenece al siguiente capítulo.

Capítulo 3

EL ORIGEN Y LA NATURALEZA
DEL MUNDO DE TIEMPO Y ESPACIO
LA CUARTA DIVISIÓN

Introducción: Las ideas no abandonan su fuente

Recapitulamos la situación que dejamos al final del Capítulo Dos y volvemos a la motivación original para la estrategia del ego de convertir al Hijo de Dios en un ser insensato o sin mente. La misma comienza con que el ego tiene que enfrentarse a la amenaza de su propia muerte inminente por el poder inherente que posee la mente del Hijo para elegir al Espíritu Santo, la "Respuesta" de Dios a la separación: la Presencia del Amor Perfecto en su mentalidad correcta. El ego, por consiguiente, emprende *su* plan para salvarse. Si ha de continuar su existencia, el ego tiene que de algún modo lidiar con la amenaza que percibe de que el Hijo escoja al Espíritu Santo, cuyo Amor señala hacia la propia disolución inmediata del ego. Ya hemos visto que las etapas iniciales del plan del ego consistían en convencer al Hijo de Dios que está dormido de que su sueño de individualidad y la consecuencia de éste en la "trinidad impía" de pecado, culpa y miedo eran un hecho. Esta parte del plan del ego culmina, como vimos, en apartar la propia creencia del Hijo en el pecado y en los sentimientos de odio de sí mismo (yo A), de modo que ahora había un objeto específico (yo C)–aparentemente *fuera de él mismo*–a quien él podía odiar y temer justificadamente. Esta era una "realidad" tan aterradoramente apremiante que él estaba en peligro de destrucción inmediata en la "guerra" contra Dios. Y así esta figura de Dios recién formada y engendrada se convirtió en el enemigo–conjuntamente con Su agente, el Espíritu Santo–y puesto que Él no podía ser derrotado–Él es, después de todo, la deidad omnipotente–este enemigo-Dios tiene que evitarse a toda costa. En otras palabras, la mente del Hijo se convirtió en un campo de batalla, y si él permanecía allí esto significaría su aniquilación instantánea. Volviéndose de nuevo hacia el ego en busca de ayuda, el cual está más que feliz de "venir al rescate" del Hijo (yo B), le dice a éste cómo resolver su *aparente* problema que en verdad es literalmente fabricado y por lo tanto, ni siquiera existe.

Si bien el ego es el epítome de la arrogancia, al decirle al Hijo que puede suplantar al verdadero Dios, su evidente arrogancia se disfraza ahora de humildad, la cual entraña la creencia de que no es lo suficientemente fuerte para derrotar al Espíritu Santo y ahogar la Voz que el ego dice que habla a favor de la venganza de Dios en la mente separada, el hogar del ego. Además, como hemos visto, no es el Creador ni el Espíritu Santo lo que constituye el miedo real del ego, de todos modos. El ego *fabrica* este miedo sólo para convencer al Hijo de que hay peligro en su mente, y esta creencia se convierte en la motivación para que el Hijo escape del temido enemigo en el campo de batalla *al abandonar su mente*. La consecuencia final, por supuesto, hace al Hijo de Dios un ser insensato o sin mente. Esta parte del plan del ego, por consiguiente, funciona de la siguiente manera: Al darse cuenta de su impotencia en contra de esta Presencia–la cual el ego no puede remover por él–el único recurso que le queda al Hijo de Dios, dada la meta del ego de que éste se torne por completo en un ser estúpido o sin mente, es separarse del Dios ilusorio y del Espíritu Santo, Su Voz vengadora (yo C). Así pues, el ego le dice al Hijo que, aun cuando él no puede derrotar a estos "enemigos" divinos, *puede* escapar de Ellos alejándose de la mente que contiene esta imagen del Dios del ego y Su Respuesta iracunda, un proceso psicológico que llamamos proyección. Ya hemos explorado esta dinámica–que pronto se convertirá en nuestra cuarta división–cuando discutimos el paralelo con la dinámica básica de la extensión: el espíritu se extiende (o crea), mientras que el ego proyecta (o fabrica). Como lo resume *Un curso de milagros*: "Tú fabricas [la ilusión] mediante la proyección, mas Dios crea [la verdad] mediante la extensión" (T-11.in.3:1).

Pero primero, antes de que tenga lugar la proyección final desde la mente, el ego introduce todavía otra línea más de defensa: la fragmentación. Este razona así: Si su Dios está en pie de guerra, buscando venganza en contra de Su Hijo por la vida que le robó, entonces el Hijo de Dios–todavía unificado como *un solo* Hijo–puede confundir a su perseguidor iracundo al fragmentarse en millones y millones de pedazos. La táctica no es muy distinta de la que practica una banda de ladrones quienes dividen el dinero robado y toman caminos separados, y de ese modo hacen más difícil para los oficiales de la ley el encontrarlos a todos y recobrar lo que se hurtó.

También encontramos la expresión de esta parte del plan del ego en el sistema mitológico de los maniqueos, la secta gnóstica de los primeros siglos cristianos. Su teología dualista enseñaba que la obscuridad se robó la luz, y continuamente procuraba atrapar las partículas de luz en su interior. A tales fines, el Rey de las Tinieblas (la versión maniquea del Dios-creador bíblico) creó a Adán y a Eva. Como explico más detalladamente en mi libro *Love Does Not Condemn (El amor no condena)*:

Las partículas de espíritu-luz están atrapadas en el cuerpo-obscuridad, mantenidas ahí por los deseos de la carne que atrapan aún más. Este es, por supuesto, el propósito del Rey al crear a Eva: "A ella éstos [los demonios de la obscuridad] le impartieron de su concupiscencia para que sedujese a Adán".* El despertar de la lujuria de Adán tuvo un doble propósito: Primero, lo arraiga aún más en la carne, al revolcarse en lo que los maniqueos consideraban como su inmundicia; *segundo, mediante la reproducción, se adelanta más el plan de la Obscuridad para dispersar la luz. Más y más partículas de luz son atrapadas en el cuerpo, y de ese modo se multiplican las necesidades y los esfuerzos de los poderes de la luz para recobrarlas* (págs. 227-228; mis bastardillas).

Y de ese modo, mientras el Hijo único está todavía dentro de su mente, a punto de dividirse y fabricar el universo físico, este mismo Hijo, siguiendo los consejos del ego, se quiebra en un número de fragmentos casi infinito, cada uno de los cuales retiene el sistema de pensamiento del ego de individualidad, culpa, miedo y el modelo de la tercera división: A-B-C. Sin embargo, como veremos más adelante, cada fragmento también contiene la Presencia del Espíritu Santo, así como el sistema de pensamiento del ego debido al principio hológrafo de que la totalidad se encuentra en cada parte.

La fragmentación de la Filiación está descrita en esta oración de Jesús a Dios el Padre, la cual aparece en el texto, y que reflexiona sobre la luz del Cristo que aún está presente en las mentes de los fragmentos aparentemente separados y tenebrosos del Hijo único de Dios:

Te doy las gracias, Padre, sabiendo que Tú vendrás a salvar cada diminuta brecha que hay entre los fragmentos separados de Tu santo Hijo. Tu santidad, absoluta y perfecta, mora en cada uno de ellos. Y están unidos porque lo que mora en uno solo de ellos, mora en todos ellos ¡Cuán sagrado es el más diminuto grano de arena, cuando se reconoce que forma parte de la imagen total del Hijo de Dios. Las formas que los diferentes fragmentos parecen adoptar no significan nada, pues el todo reside en cada uno de ellos. Y cada aspecto del Hijo de Dios es exactamente igual a todos los demás (T-28.IV.9).

Discutiremos los fragmentos individuales del Hijo único de Dios en el Capítulo Cuatro, y retornamos ahora a la cuarta división del ego: la proyección de sí mismo desde la mente, lo cual tiene como resultado la fabricación del universo físico.

---

* Hans Jonas, *The Gnostic Religion* (Boston: Beacon Press, 1963). pág. 228.

Una vez más, la idea de la separación se proyecta desde la mentalidad errada del Hijo en el intento de escapar y esconderse del Dios iracundo del ego y de Su Espíritu Santo (yo C). Observamos que en la creación (o extensión), lo que Dios extendió se volvió como Él, compartiendo Sus atributos. El mismo principio aplica a la proyección: lo que el ego proyecta comparte sus atributos. Así pues, la proyección del pensamiento de separación–nacido de la culpa–da lugar a un mundo de separación–basado en la culpa:

> Esa fue la primera proyección del error [la separación] al exterior. El mundo surgió para ocultarlo, y se convirtió en la pantalla sobre la que se proyectó, la cual se interpuso entre la verdad y tú (T-18.I.6:1-2).

El mundo físico entonces *no es sino* este pensamiento de separación en la mente proyectado al exterior.

Lo que observamos aquí es otro reflejo de la dinámica del ego de separación que discutimos ampliamente en el capítulo anterior. Hemos visto cómo el ego toma lo que es aparentemente inaceptable y aterrador para sí mismo y literalmente lo separa, y de ese modo fabrica un yo u objeto específico que *se percibe, se experimenta*, y por consiguiente *cree* estar fuera de él. Puesto que *las ideas no abandonan su fuente*–el principio central de la enseñanza de *Un curso de milagros*–aquello *hacia lo cual* se separa permanece aunado con aquello *de lo cual* se separó, como hemos recalcado. De hecho, es idéntico a ello, aun cuando parezca ser de otra manera. Y por lo tanto, aquí, en lo que es ahora nuestra cuarta división, el sistema de pensamiento de la separación–pecado, culpa y miedo: víctima y victimario–es separado y proyectado como un mundo que se cree real e independiente de la mente que lo origina. En verdad, sin embargo, este mundo no ha abandonado su fuente que es la mente, no existe fuera de la mente, y, para replantear este importante punto, *no es nada más que* este sistema de pensamiento de festinación y ataque: "Lo que se ha percibido y se ha rechazado, o lo que se ha juzgado y se ha determinado que es imperfecto permanece en tu mente porque ha sido percibido" (T-3.VI.2:6). Repito, *las ideas no abandonan su fuente*.

El término *mundo* en el Curso significa el universo fenomenal completo, y abarca no sólo nuestras vidas físicas individuales y "toda vida" y "no-vida" sobre la Tierra, sino el sistema solar y todo sistema y galaxia más allá del nuestro. En un pasaje amordazamiento poético casi al final del texto, leemos acerca de la aparente majestad del cosmos y de la percibido gloria del mundo de la naturaleza:

A todo lo que *parece* eterno le llegará su fin. Las estrellas desaparecerán, y la noche y el día dejarán de ser. Todas las cosas que van y vienen, la marea, las estaciones del año y las vidas de los hombres; todas las cosas que cambian con el tiempo y que florecen y se marchitan, se irán para no volver jamás. Lo eterno no se encuentra allí donde el tiempo ha fijado un final para todo (T-29.VI.2:7-10).

Esto tiene eco en la clarificación de términos, en esta cristalina aseveración de la naturaleza ilusoria del mundo de la percepción en su *totalidad*:

El mundo que ves no es más que la ilusión de un mundo. Dios no lo creó, pues lo que Él crea tiene que ser tan eterno como Él. En el mundo que ves, no obstante, no hay nada que haya de perdurar para siempre. Algunas cosas durarán en el tiempo algo más que otras. Pero llegará el momento en el que a todo lo visible le llegue su fin (C-4.1).

Finalmente, al discutir la percepción, el reino de la dualidad y la separación, Jesús hace la siguiente aseveración en el libro de ejercicios:

La percepción no es un atributo de Dios. El ámbito de Dios es el del conocimiento.... En Dios no puedes ver. La percepción no tiene ninguna función en Dios, y no existe (L-pI.43.1:1-2; 2:1-2).

Debo añadir también, para discutirse luego en *Pocos eligen escuchar* (pág. 484), que contrario a lo que creen muchos estudiantes de *Un curso de milagros*, Jesús no quiere decir que Dios sí creó en realidad el mundo físico, pero que es sólo el mundo que *percibimos* (o percibimos erróneamente) lo que es una ilusión. Los planteamientos en el Curso los cuales contienen la frase "el mundo que ves", como en el pasaje anterior tomado de la clarificación de términos, no se refieren simplemente al mundo que percibimos a través del lente de nuestra mentalidad errada, sino más bien al hecho de que creamos *ver* en absoluto. Al principio del libro de ejercicios, Jesús plantea este punto en el contexto de la relación entre nuestros pensamientos ilusorios y nuestra visión ilusoria:

No reconoces que los pensamientos que piensas que piensas no son nada debido a que aparecen como imágenes. Piensas que los piensas, y por eso piensas que los ves. Así es como se forjó tu "manera de ver". Esta es la función que le has atribuido a los ojos del cuerpo. Eso no es ver. Eso es fabricar imágenes (L-pI.15.1:1-6).

Para plantear el problema una vez más, el universo físico en su totalidad– el mundo de la percepción y de la forma–es ilusorio precisamente *porque* está fuera de la Mente no-dualista de Dios.

Sin considerar su aparente magnitud, el universo físico completo permanece idéntico a la "diminuta y alocada idea" de separación. Recordamos el principio que no puede anunciarse lo suficientemente a menudo: *las ideas no abandonan su fuente*. El mundo es la *idea* de separación a la cual se le ha dado forma, y que en verdad no ha abandonado su *origen* en la mente. Idea y fuente, efecto y causa jamás se pueden separar en verdad, aunque nuestras mentes tienen el poder para creer que de hecho se han separado realmente. Así pues, paralelamente con las conclusiones de los físicos cánticos, Jesús nos enseña en *Un curso de milagros* que el interior y el exterior son uno; lo que parece estar afuera es realmente uno con lo que está adentro. Tal como el maestro indio Krishnamurti consistente mente enseñó de igual manera: El observador y el observado son uno solo. El Curso lo expresa de este modo en el siguiente pasaje acerca de los pensamientos y sus efectos:

> El acto de pensar y sus resultados son en realidad simultáneos, ya que *causa y efecto no están nunca separados* (L-pI.19.1:4; mis bastardillas).

En relación con nuestros mundos interno y externo, otra expresión para referirnos a los pensamientos y sus efectos, Jesús enseña, tomado nuevamente del libro de ejercicios:

> Continuamos hoy desarrollando el tema de causa y efecto.… La idea de hoy ["He inventado el mundo que veo"], al igual que las anteriores, es aplicable *tanto a tu mundo interno como al externo, que en realidad son lo mismo* (L-pI.32.1:1; 2:1; mis bastardillas).

Y finalmente, en el contexto del mundo-idea y del pensamiento-fuente, leemos también en la Parte II del libro de ejercicios:

> El mundo es una percepción falsa. Nació de un error y no ha abandonado su fuente. Persistirá mientras se siga abrigando el pensamiento que le dio vida (L-pII.3.1:1-3).

Del mismo modo que el pensamiento básico de separación es ilusorio –puesto que la unidad del Cielo jamás puede ser otra cosa que no sea lo que es–todo lo que procede de esta sola creencia tiene que compartir su misma naturaleza ilusoria. Cualquier aspecto de la ilusión es tan irreal como el otro. En el contexto de una discusión sobre la enfermedad y la curación, Jesús escribe lo siguiente en el manual para el maestro. El pasaje, puede notaras, refleja el primer principio de los milagros–"*no hay grados de dificultad entre ellos*" (T-1.I.1:1; mis bastardillas)–que contrarresta la primera ley del caos del ego–"*existe una jerarquía de ilusiones*"

(T-23.II.2:3; mis bastardillas). Retornaremos a este principio en el Capítulo Cuatro.

No puede haber grados de dificultad en la curación por el simple hecho de que toda enfermedad es una ilusión. ¿Sería acaso más difícil desvanecer la creencia que tiene un demente en una alucinación mayor, que la que tiene en una más pequeña? ¿Podría reconocer más rápidamente la irrealidad de una voz estridente, que la de una voz agradable? ¿Desecharía más fácilmente una orden para que mate que se le pide con un susurro, que una que se le pide a gritos? ¿Y afectaría el número de tratantes que tienen los diablos que él ve la credibilidad de éstos en su percepción? Su mente ha calificado todas esas ilusiones de reales, y, por lo tanto, son reales para él. Cuando se dé cuenta de que no son más que ilusiones, desaparecerán. Y lo mismo ocurre con la curación. Las propiedades de las ilusiones que hacen que éstas parezcan diferentes entre sí, son realmente irrelevantes, pues sus propiedades son tan ilusorias como ellas mismas (M-8.5).

Así pues, la aparente magnitud del error o falsa creencia es irrelevante. Un monstruo en un sueño es tan ilusorio como una hormiga en el mismo sueño; uno por cero es lo mismo que mil por cero: una ilusión es una ilusión es una ilusión, para parafrasear a Gertrude Stein.

La separación fabrica separación

Esta situación ilusoria que *es* el mundo no es lo que *parece* ser el caso, pues el propósito del ego es confundirnos acerca de la unidad de nuestra verdadera realidad, la cual el Espíritu Santo en nuestras mentes nos está recordando continuamente. Por lo tanto, una vez que ocurrió la proyección original de la separación, la misma continuó ocurriendo. Como discutimos antes, lo que hay en el interior de la mente sólo puede ser eso mismo: el Amor, en la Mente de Dios, sólo puede amar–el amor crea amor; de igual manera, la separación en la mente dividida sólo puede separar–la separación fabrica separación. Esta es la base para la fragmentación del ego en casi un número infinito de formas individuales, como vimos en la sección anterior. Proyectados desde la mente, por lo tanto, estos pensamientos de separación originan el mundo físico de la separación, aunque como veremos más adelante en este capítulo, este proceso ilusorio realmente no acontece a través del tiempo y el espacio, puesto que su fuente es la mente dividida que está *fuera* de la dimensión temporal y espacial. Recordamos nuevamente el fenómeno biológico de la mitosis, donde las células del huevo fertilizado en la matriz de la madre se dividen y subdividen: uno se convierte en dos y luego cuatro, ocho, dieciséis, treinta y dos, etc. Este desarrollo del organismo físico refleja, en el nivel microcósmico, el génesis macrocósmico del mundo físico, el cual a su vez refleja el proceso de fragmentación en la mente. Por lo tanto, mediante esta proyección de sí mismo, el ego ha construido una cortina de humo masiva dentro de la cual se puede ocultar y proteger su pensamiento de individualidad. Ha tenido éxito en apartar nuestra atención de nuestras mentes, que es donde *radica* el verdadero problema, sin mencionar cómo nos aparta de su Solución. Así el ego ha ocasionado el que veamos nuestros problemas afuera, donde *no* están.

Esta distracción, por supuesto, es crucial de parte del ego, pues éste necesita mantener la atención del Hijo concentrada fuera de su mente. Retornando a este importante punto: el ego realmente no le teme a Dios, sino a los efectos directos de que el Hijo *elija a* Dios. Por consiguiente, como discutimos en el capítulo anterior, y luego al comienzo de éste, la salvación última del ego es el negar este poder de elegir que tiene la mente, al hacer que el Hijo se torne *insensato o sin mente*. Esta es una idea esencial que debemos recordar, si es que se ha de entender correctamente el sistema de pensamiento del ego y el mundo mismo. Si el propósito fundamental del ego–como hemos visto repetidamente–es retener su individualidad y su especialismo, de algún modo tiene que desviar la atención del Hijo de la mente donde reside ese pensamiento ilusorio de separación, *porque el tomador de decisiones del Hijo lo puso allí.* La dinámica del ego de separarse y luego ocasionar que el Hijo olvide lo que ha pasado–*lo que él ha elegido*– es lo que hace posible que el ego logre su propósito. La fabricación del mundo al apartar el pensamiento de separación y ponerlo *fuera* de la mente, es el gran final a su obra maestra de un sistema de pensamiento dedicado a su propia existencia separada y muy especial. El resultado final es un yo *físico* minuciosamente *individualizado*, y que ha olvidado completamente lo relacionado con sus orígenes pecaminosos en la mente.

Antes de adentrarnos más en nuestro drama mitológico, es esencial que el lector recuerde y tenga presente que el enemigo-Dios que amenaza con destruir al Hijo es totalmente inventado, y por lo tanto, no tiene absolutamente nada que ver con el verdadero Dios. No existe, por supuesto, ningún enemigo vengativo que castigue el pecado del Hijo, así como tampoco existe ningún pecado que merezca castigo. El Dios iracundo–un pensamiento separado del Hijo pecaminoso–es una defensa en contra del pecado tan inventada como lo es el pensamiento del pecado en sí, la protección del ego para su individualidad. Más específicamente, el enemigo-Dios (yo C), que convierte en víctima al inocente Hijo (yo B) es una defensa para que el Hijo de Dios no reconozca la creencia de su mentalidad errada en la realidad del pecado (yo A), mientras que el pecado es una defensa en contra de la presencia del Espíritu Santo en la mentalidad correcta del Hijo, y por lo tanto la protectora de su individualidad. Así pues, la necesidad que tiene el Hijo de una defensa–para la cual el ego ha provisto la respuesta–es totalmente inexistente. Pero mientras el Hijo crea en el problema del pecado, creerá en la necesidad de una solución para el mismo. Estas capas de defensa en contra de un problema no-existente, lo cual constituye una defensa en contra del verdadero Dios y del Espíritu Santo, se resumen en la Gráfica 2. De ese modo vemos cómo el ego construye su "escalera de defensa", la cual conduce al Hijo de Dios más y más lejos de su mentalidad correcta, la cual contiene el recuerdo de Dios y de Su Ser no-individualizado.

Entendido esto, podemos pasar a la evolución ulterior de la estrategia del ego para preservar su recién ganada identidad individual: el desarrollo de su cuerpo individualizado.

El cuerpo

Ahora llegamos al paso final del ego, el cual le asegura que su plan funcionará: Una vez el ego ha proyectado un cosmos para distraernos del mundo espiritual de la mentalidad correcta, tiene que asegurarse de que el Hijo caiga en la trampa de creer que la verdad es ilusión, y la ilusión es verdad. Lo que asegura el éxito del engaño del ego, y refuerza la creencia en la falsa realidad que éste ha inventado, es el cuerpo, el cual da testimonio de la aparente realidad del mundo externo. Estamos así en el punto de nuestro mito donde el Hijo de Dios se ha vuelto insensato o sin mente, pues su conciencia de su identidad y de su mundo se limita únicamente al cerebro, que ahora él cree que rige su existencia como un ser físico y psicológico. El cuerpo nos enseña–como se refleja en la física newtoniana, la cual aún le sirve de fundamento al pensamiento científico básico de occidente–que el universo físico es independiente y separado de nuestras mentes (las ideas *abandonan* su fuente), y que los observadores pueden contemplar la aparente realidad física fuera de ellos y estudiarla, medirla, cuantificarla, predecirla, manipularla y controlarla. Lo que olvidamos,

GRAFICA 2
Niveles de defensa

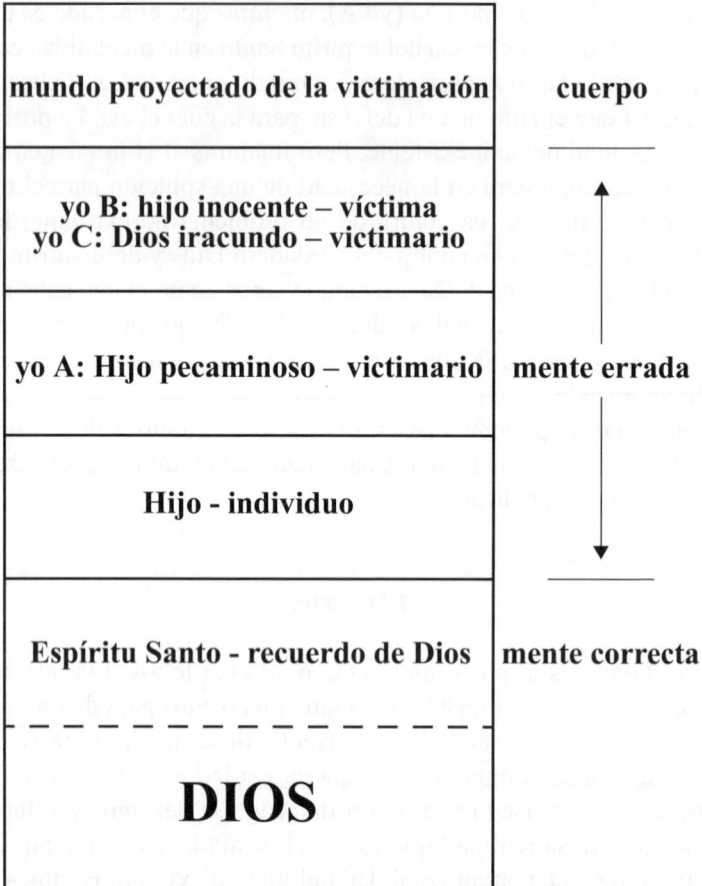

mundo proyectado de la victimación	**cuerpo**
yo B: hijo inocente – víctima **yo C: Dios iracundo – victimario**	
yo A: Hijo pecaminoso – victimario	**mente errada**
Hijo - individuo	
Espíritu Santo - recuerdo de Dios	**mente correcta**

DIOS

sin embargo, es que el cuerpo es tan parte del mundo físico como lo es el mundo en sí.

Así pues, el cuerpo es el logro supremo del plan del ego. Al convencernos de que nuestras identidades físicas son reales, el ego opera a través del cuerpo, recordándole a la mente dividida aquellos testigos que la convencen de lo que *ya* ha determinado que es la realidad.

El cuerpo, que de por sí carece de propósito, contiene todas tus memorias y esperanzas. Te vales de sus ojos para ver y de sus oídos para oír, y dejas que te diga lo que siente. Mas *él no sabe*. Cuando invocas los testigos de su realidad, te repiten únicamente los términos que les proporcionaste para que él los usara (T-27.VI.3:1-4).

Una descripción similar aparece en el Prefacio del Curso: "*Un curso de milagros*: ¿Cómo se originó?–¿Qué es?–¿Qué postula?", cuya parte final le fue dictada a Helen por Jesús como una breve visión de conjunto del Curso, un año después de haberse publicado. Originalmente se imprimió por separado, pero ahora se incluye en todas las impresiones subsiguientes a la primera edición:

> El cuerpo aparenta ser, en gran medida, auto-motivado e independiente, *mas en realidad sólo responde a las intenciones de la mente*. Si la mente lo utiliza para atacar, sea de la forma que sea, el cuerpo se convierte en la víctima de la enfermedad, la vejez y la decrepitud. Si la mente, en cambio, acepta el propósito del Espíritu Santo, el cuerpo se convierte en un medio eficaz de comunicación con otros–invulnerable mientras se le necesite–que luego sencillamente se descarta cuando deja de ser necesario. De por sí el cuerpo es neutro, como lo es todo en el mundo de la percepción. Utilizarlo para los objetivos del ego o para los del Espíritu Santo *depende enteramente de lo que la mente elija* (Prefacio, pág. xv; mis bastardillas).

La circularidad de este proceso en que el cuerpo le dice a la mente ego lo que quiere escuchar jamás alborea en nuestras mentes, puesto que *ya no sabemos nunca más que tenemos una mente*. Así pues, el ego parece estar "a salvo" para siempre del Espíritu Santo y de la memoria de perfecta Unidad de Dios. Como *Un curso de milagros* nos pregunta, al hablar del extraño que es nuestra falsa identidad, la mentalidad errada que es el sistema de pensamiento del ego:

> No le preguntes a ese transeúnte desconocido: "¿Qué soy?" Él es la única cosa en todo el universo que no lo sabe. Sin embargo, es a él a quien se lo preguntas, y es a su respuesta a la que deseas amoldarte. Este pensamiento torvo y ferozmente arrogante, y, sin embargo, tan ínfimo y carente de significado que su pasar a través del universo de la verdad ni siquiera se nota, se vuelve tu guía. A él te diriges para preguntarle el significado del universo. Y a lo único que es ciego en todo el universo vidente de la verdad le preguntas: "¿Cómo debo contemplar al Hijo de Dios?" (T-20.III.7:5-10).

Así continuamente le preguntamos al cuerpo, el cual se inventó para que mantuviese la realidad apartada de nosotros, que nos diga qué es la realidad. El cuerpo, si se puede perdonar el retruécano, se vuelve la incorporación del ego, y por lo tanto, puede entenderse, igual que con el mundo, como el pensamiento de la separación al cual se le ha dado forma. Como lo plantea el libro de ejercicios:

> El deseo fundamental del ego es suplantar a Dios. De hecho, el ego es la encarnación física de ese deseo. Pues es este deseo lo que parece encerrar a la mente en un cuerpo, manteniéndola sola y separada e incapaz de llegar a otras mentes, excepto a través del mismo cuerpo que fue hecho con el propósito de aprisionarla (L-pI.72.2:1-3).

Y así, la verdad de nuestra Identidad como Cristo, la cual sólo puede conocerse a través del Espíritu Santo, se mantiene oculta por nuestra identificación con el cuerpo–la estructura del ego. De ese modo, tal parece que el ego ha tenido éxito al ocultar al Hijo de su verdadero Ser:

> El mundo comenzó con una extraña lección, lo suficientemente poderosa como para dejar a Dios relegado al olvido, y a Su Hijo convertido en un extraño ante sus propios ojos, exiliado del hogar donde Dios Mismo lo había ubicado (T-31.I.4:5).

Ahora retornamos al mundo, y a un examen más a fondo de sus características de separación.

La naturaleza del mundo

Siguiendo el principio de la unidad de idea y fuente–*las ideas no abandonan su fuente*–ya hemos visto que Dios y Su Hijo, al compartir el mismo ser y la misma naturaleza, también tienen que compartir los mismos atributos, como tienen que compartirlos el ego y *su* "hijo" (el mundo). Uno de los elementos esenciales en el sistema del ego es que su pensamiento de separación constituye un ataque a Dios. El Hijo le dice a su Creador, de hecho:

> Lo que has creado no es lo suficientemente bueno. Yo quiero algo distinto a lo que Tú me has dado. Por lo tanto, inventaré una voluntad, un yo, y un mundo que suplantará la Voluntad, el Ser y el Cielo que Tú creaste.

Así pues, el Hijo cree que ha aniquilado a Dios, al usurparle Su función como Creador y Primera Causa, y que ahora él se ha establecido firmemente en Su lugar.

Claramente, para plantear este importante punto una vez más, la "acción" del ego no tiene realidad y existe únicamente en el sueño del Hijo de Dios separado; por eso *Un curso de milagros* enseña que en última instancia el pecado no existe. Mas este aparente ataque sí tiene realidad para el Hijo en su sueño, y una realidad de abarcadoras consecuencias dentro de la ilusión, como veremos pronto. Al principio del texto Jesús afirma: "Todo el mundo es libre de rechazar su herencia, pero no de establecer lo que ésta es" (T-3.VI.10:2). El mundo de la separación, por lo tanto, comparte con el pensamiento de separación su atributo básico del ataque, el producto del rechazo del Hijo "a aceptar su herencia". En una aseveración muy importante de *Un curso de milagros*, Jesús nos enseña que "El mundo se fabricó como un ataque a Dios" (L-pII.3.2:1). Y en otro lugar:

> Si la causa del mundo que ves son los pensamientos de ataque…. De nada sirve tratar de cambiarlo. No se puede cambiar porque no es más que un efecto…. Cada una de las percepciones que tienes de la "realidad externa" no es más que una representación gráfica de tus propios pensamientos de ataque. Uno podría muy bien preguntarse si a esto se le puede llamar ver. ¿No es acaso "fantasía" una mejor palabra para referirse a ese proceso, y "alucinación" un término más apropiado para su resultado? (L-pI.23.2:1,3-4; 3:2-4)

Podemos entender con mayor profundidad por qué *Un curso de milagros* enseña que el mundo se fabricó como un ataque en contra de Dios al examinar el mundo del ego, el cual es todo lo contrario al Cielo de Dios: informe, inmutable, perfecto, ilimitado, unido y eterno. El universo fenomenal es un lugar de forma donde todo está cambiando continuamente y en un estado de fluctuación (cf. la famosa enseñanza de Heráclito de que nadie pone su pie dos veces en la misma agua de un arroyo). Es evidente que dista mucho de ser perfecto, y consiste de hitos que llamamos cuerpos, los cuales separan todas las cosas de todo lo demás, y limitan la comunicación entre nosotros. Y finalmente, el universo físico es un lugar donde "criaturas hambrientas y sedientas vienen a morir" (L-pII.13.5:1). La verdadera naturaleza del mundo está gráficamente resumida en este pasaje tomado del texto:

> El mundo que ves es el sistema ilusorio de aquellos a quienes la culpabilidad ha enloquecido. Contempla detenidamente este mundo y te darás

cuenta de que así es. Pues este mundo es el símbolo del castigo, y todas las leyes que parecen regirlo son las leyes de la muerte. Los niños vienen al mundo con dolor y a través del dolor. Su crecimiento va acompañado de sufrimiento y muy pronto aprenden lo que son las penas, la separación, y la muerte. Sus mentes parecen estar atrapadas en sus cerebros, y sus fuerzas parecen decaer cuando sus cuerpos se lastiman. Parecen amar, sin embargo, abandonan y son abandonados. Parecen perder aquello que aman, la cual es quizá la más descabellada de todas las creencias. Y sus cuerpos se marchitan, exhalan el último suspiro, se les da sepultura y dejan de existir. Ni uno solo de ellos ha podido dejar de creer que Dios es cruel.

Si éste fuese el mundo real, Dios *sería* ciertamente cruel (T-13.in. 2:2–3:1).

Anteriormente en el texto se nos pregunta acerca del mundo:

Examina el reino que fabricaste y juzga su valor imparcialmente. ¿Es acaso digno de ser la morada de una criatura de Dios? ¿Protege tal mundo su paz e irradia amor sobre ella? ¿Evita acaso que su corazón se vea afectado por el miedo, y le permite dar siempre sin experimentar ninguna sensación de pérdida? ¿Le enseña que esa forma de dar es su dicha, y que Dios Mismo le agradece lo que da? Ese es el único ambiente en el que puedes ser feliz. Tú no lo puedes "crear," como tampoco puedes "crearte" a ti mismo. Fue creado para ti, tal como tú fuiste creado para él (T-7.XI.3:1-8).

Un curso de milagros es inequívoco en este punto de que Dios no creó el universo físico. No es posible arreglo alguno aquí sin que se deje sin efecto el sistema de pensamiento completo del Curso. La posición inflexible que Jesús adopta hacia la integridad de su pedagogía en general se refleja en el siguiente planteamiento:

Este curso o bien se creerá enteramente o bien no se creerá en absoluto. Pues es completamente cierto o completamente falso, y no puede ser creído sólo parcialmente. Y tú te escaparás enteramente del sufrimiento o no te escaparás en absoluto. La razón te dirá que no hay un lugar intermedio donde te puedas detener indeciso, esperando a elegir entre la felicidad del Cielo o el sufrimiento del infierno. Hasta que no elijas el Cielo, *estarás* en el infierno y abatido por el sufrimiento (T-22.II.7:3-7).

Esta misma posición inflexible se expresa específicamente con respecto a la importancia de que se reconozca la naturaleza ilusoria del universo físico. Vemos un ejemplo de esto en el extenso pasaje que sigue, tomado del libro de ejercicios, el cual comienza con el mismo punto que se enfatizó en el capítulo anterior en torno a que encontramos en el mundo lo que pusimos allí, y por lo tanto lo que queríamos encontrar. Esto subraya de nuevo la importancia de reconocer la inherente unidad de pensamiento y forma, mente y mundo, fuente e idea. La lección en sí provee uno de los planteamientos más claros en *Un curso de milagros* sobre la fundamental irrealidad del mundo, y por qué–dada la perfección de Dios y por consiguiente Su perfecta creación–el mundo físico no puede ser real:

> El mundo en sí no es nada. Tu mente tiene que darle significado. Y lo que contemplas en él es la representación de tus deseos, de modo que puedas verlos y creer que son reales. Tal vez pienses que no fuiste tú quien construyó este mundo, sino que viniste en contra de tu voluntad a lo que ya estaba hecho, un mundo que no estaba precisamente esperando a que tus pensamientos le confiriesen significado. Pero la verdad es que encontraste exactamente lo que andabas buscando cuando viniste.
>
> No hay ningún mundo aparte de lo que deseas, y en eso radica, en última instancia, tu liberación. Cambia de mentalidad con respecto a lo que quieres ver, y el mundo cambiará a su vez. Las ideas no abandonan su fuente. Esta idea central se menciona con frecuencia en el texto, y debes tenerla presente si quieres entender la lección de hoy ["Libero al mundo de todo lo que jamás pensé que era."].... ¡El mundo no existe! Este es el pensamiento básico que este curso se propone enseñar.... La idea de hoy es verdad porque el mundo no existe...éste no es más que un producto de tu imaginación....
>
> Ahora tenemos que subrayar nuevamente una lección que se ha mencionado antes, pues contiene los sólidos cimientos de la idea de hoy. Eres tal como Dios te creó. No hay lugar en el que puedas sufrir, ni tiempo que pueda alterar tu eterna condición [como espíritu]. ¿Cómo iba a poder existir un mundo de espacio y tiempo, si tú sigues siendo tal como Dios te creó?... El mundo no existe aparte de tus ideas porque las ideas no abandonan su fuente, y tú mantienes el mundo intacto en tu mente mediante tus pensamientos.
>
> Mas si tú eres tal como Dios te creó, no puedes pensar estando separado de Él, ni fabricar lo que no comparte Su intemporalidad y Su Amor. ¿Son acaso éstos inherentes al mundo que ves? ¿Crea acaso este mundo tal como Él lo hace? A menos que lo haga, no puede ser real ni tiene existencia alguna. Si tú eres real, el mundo que ves es falso, pues la creación de Dios es diferente del mundo desde cualquier punto de vista. Y así como fue Su Pensamiento el que te creó, así también son tus pensamientos los que dieron lugar al mundo y los que tienen que liberarlo para que puedas conocer los Pensamientos que compartes con Dios....

El mundo no existe porque es un pensamiento separado de Dios, concebido para separar al Padre del Hijo y aislar una parte de Dios Mismo, destruyendo de esta manera Su Plenitud. ¿Podría acaso ser real un mundo que emana de esta idea? ¿Dónde se le podría encontrar? Niega las ilusiones, pero acepta la verdad (L-pI.132.4:1–5:4; 6:2-3; 8:2-3; 9; 10:3–11:6; 13:1-4).

Así pues, podemos entender la tremenda inversión que el ego tiene (y por consiguiente todos nosotros quienes creemos que somos el yo separado que se llama ego) en mantener la creencia en la realidad del mundo. Si el mundo perceptual del cuerpo fuese real–como una fuente de placer *o* de dolor–entonces el pensamiento de individualidad del ego que lo originó tendría que ser igualmente real. Y si el ego de la individualidad es real, el Dios de la unidad no puede serlo, pues dos estados que se excluyen mutuamente no pueden coexistir. Como enseña Jesús, utilizando el ejemplo del dolor, nuevamente tomado del libro de ejercicios, uno de los testigos más poderosos de la ilusión de la dualidad y la existencia del cuerpo:

El dolor es señal de que las ilusiones reinan en lugar de la verdad. Demuestra que Dios ha sido negado, confundido con el miedo, percibido como demente y considerado como un traidor a Sí Mismo. *Si Dios es real, el dolor no existe. Mas si el dolor es real, entonces es Dios Quien no existe.* Pues la venganza no forma parte del amor. Y el miedo, negando el amor y valiéndose del dolor para probar que Dios está muerto, ha demostrado que la muerte ha triunfado sobre la vida. El cuerpo es el Hijo de Dios, corruptible en la muerte y tan mortal como el Padre al que ha asesinado (L-pI.190.3; mis bastardillas).

Regresamos a esta necesidad de entender la enseñanza de *Un curso de milagros* acerca del mundo en el Capítulo Nueve.

El propósito del mundo de tiempo y espacio

Para resumir lo que hemos discutido hasta este punto: Dios creó a Su Hijo Cristo igual que Él Mismo, y Su perfecta unidad es el Cielo. Cuando el pensamiento de separación pareció penetrar en la mente del Hijo de Dios, la unidad del amor pareció entonces ser una mentira. Este falso pensamiento fue "corregido" por Dios, Quien, en las palabras metafóricas del Curso, le "dio" Su Respuesta al problema. Esta Respuesta es el Espíritu Santo, la memoria del Amor de Dios en la mente dividida, el principio de la Expiación que niega la realidad de la "diminuta y alocada idea". El ego entonces se "vengó" al convencer al Hijo de que estaría mejor como un individuo separado que como parte de la perfecta Unidad de Dios; y de que esta individualidad se compró al precio de la constelación de pecado-culpa-miedo (yo A). Esta trinidad impía es una parte integrante de la estrategia del ego para hacer al Hijo insensato o sin mente, y de ese modo asegurarse de que el Hijo nunca pudiese cambiar su mentalidad y elegir en contra del ego. Creyendo en el relato de pecado del ego, el Hijo es inevitablemente encaminado a apartarse de su pecado y su culpa convirtiéndolos en un objeto aparentemente separado (yo C)–el Dios de venganza, el cual se convirtió ahora en un ser temido por el yo B: la tercera división discutida en el Capítulo Dos e ilustrada en la Gráfica 1 (presentada antes en la pág. 42). Esta secuencia se resume claramente en el siguiente pasaje tomado del texto, parte del cual ya hemos citado:

> En cierto sentido, la relación especial [entre los yos B y C] fue la respuesta del ego a la creación del Espíritu Santo, Quien a Su vez fue la Respuesta de Dios a la separación. Pues aunque el ego no entendía lo que había sido creado, era consciente de una amenaza. Todo el sistema defensivo que el ego desarrolló para proteger la separación de los avances del Espíritu Santo, fue en respuesta al regalo con el que Dios la bendijo, Quien mediante Su bendición, permitió que se subsanase (T-17.IV.4:1-3).

Por supuesto, no se supone que el pasaje se tome literalmente, como ya he explicado, sino que es más bien un medio simbólico de expresar las dinámicas psicológicas de las mentalidades errada y correcta.

Una vez que se ha fabricado esta figura de un Dios colérico, se hace inevitable la defensa del Hijo en contra de una aniquilación segura. Y esto hacía necesaria la fragmentación del pensamiento de separación del ego en casi un número infinito de partes. Entonces el ego proyectó estos fragmentos del pensamiento más allá de sí mismos, y fabricó un mundo de separación en el cual el ego-Hijo se pudiese ocultar, lo cual hemos llamado la cuarta división. Esta proyección en particular sería el equivalente de *Un curso de milagros* a la "Gran Explosión", la cual muchos científicos interpretan como el comienzo del cosmos. El mundo físico, y aún más específicamente el cuerpo, se convierten de ese modo en la morada del ego. Este es ahora el escondite del ego, la naturaleza misma del cual–el estado de separación dualista el cual se excluye mutuamente del estado no-dualista de unidad–excluye el recuerdo del verdadero Dios del Amor ubicada en la mente, cuya Presencia, por supuesto, ahora es percibida por el ego como un enemigo mortal.

Ahora la trama del ego comienza a complicarse. Cuando éste proyectó su pensamiento de separación, originando de ese modo un mundo físico, el ego reprimió su motivación de manera que la verdadera causa del mundo–el propósito del ego de protegerse de la inevitable decisión de la mente a favor del Espíritu Santo–permaneciese inconsciente y oculta por el cuerpo, más allá de toda corrección consciente. Como resultado de este "olvidar" parecía como si el mundo fuese externo a la mente e independiente de la misma, la cual ahora permanece exitosamente escondida detrás de la insensatez del Hijo. Se rompió la conexión causa y efecto, y la verdad del origen del mundo yace escondida detrás de la cortina de su aparente solidez material, la cual parece ser ahora la causa del estado infeliz del Hijo. La dinámica de separarse y luego invertir causa y efecto se resume brevemente en el siguiente pasaje tomado del texto:

> La separación comenzó con el sueño de que el Padre estaba privado de Sus Efectos y de que era incapaz de conservarlos, pues había dejado de ser su Creador. En el sueño, el soñador se hizo a sí mismo. Pero lo que hizo se volvió contra él, asumiendo el papel de creador suyo, tal como él mismo había hecho. Y así como él odió a su Creador, del mismo modo las figuras del sueño lo odian a él. Su cuerpo es esclavo de ellas, que abusan de él porque los motivos que él le adjudicó al cuerpo ellas los han adoptado como propios. Y odian al cuerpo por la venganza que éste quiere que recaiga sobre ellas. Mas la venganza de ellas contra el cuerpo es lo que parece probar que el soñador no es el autor del sueño. *Primero se separan efecto y causa, y luego se invierten, de forma que el efecto se convierte en causa y la causa en efecto* (T-28.II.8; mis bastardillas).

De ese modo, el mundo–el *efecto*–ahora se ve como la *causa* de nuestra conducta, nuestros sentimientos, nuestra vida misma. Y la verdadera causa–el sistema de pensamiento de separación del ego que hemos elegido en nuestras mentes–parece haber desaparecido para siempre.

El triunvirato del ego de pecado, culpa y miedo–repito, la *causa* reprimida–continúa ahora reforzando nuestra creencia en la realidad del universo físico que es el fuerte del ego contra Dios. Lo que ha cambiado es que antes estas actitudes negativas se experimentaban *en* la mente, pero una vez que se han proyectado, ahora se perciben *fuera* de la mente en el cuerpo, bien sea en los cuerpos de nuestros socios especiales–familiares, colegas, amigos, figuras políticas, etc.–o en los nuestros. No obstante, nuestra culpa es todavía la fuerza motriz detrás de todo lo que pensamos, decimos o hacemos en este mundo. En verdad, el papel de la culpa se puede equiparar con el del programador de una computadora, cuyo programa de ataque y especialismo le dicta al cuerpo-computadora la vida que lleva. Jesús describe esta dinámica en un poderoso pasaje que describe el propósito del ego de opacar la culpa de la mente que es la que determina al mundo y al cuerpo. El párrafo que sigue es una lectura difícil, la cual resulta más difícil aún debido al uso de los pronombres. Por tanto, he añadido los nombres correspondientes en corchetes:

> El círculo de temor yace justo debajo del nivel que los ojos del cuerpo perciben, y aparenta ser la base sobre la que el mundo descansa. Ahí se encuentran todas las ilusiones, todos los pensamientos distorsionados, todos los ataques dementes, la furia, la venganza y la traición que se concibieron con el propósito de conservar la culpabilidad, de modo que el mundo pudiese alzarse desde ella [la culpabilidad] y mantenerla [la culpabilidad] oculta. Su sombra [de la culpabilidad] se eleva hasta la superficie lo suficiente como para conservar sus [de la culpabilidad] manifestaciones más externas en la obscuridad, y para causarle desesperación y mantenerlas en la soledad [a la sombra, i.e., el mundo] y en la más profunda tristeza. Su [de la culpabilidad] intensidad, no obstante, está velada tras sus [de la culpabilidad] pesados cortinajes [el cuerpo], y se mantiene aparte de lo que [el cuerpo] se concibió para ocultarla [la culpabilidad]. El cuerpo es incapaz de ver esto [la culpabilidad], pues surgió de ello [de la culpabilidad] para ofrecerle [a la culpabilidad] protección, la cual depende de que no se vea [la culpabilidad]. Los ojos del cuerpo nunca lo verán [la culpabilidad]. Pero verán lo que dicta [la culpabilidad] (T-18.IX.4).

En un pasaje paralelo que aparece antes en el capítulo, y que citamos parcialmente arriba, leemos:

> El mundo surgió para ocultarlo [el error original], y se convirtió en la pantalla sobre la que se proyectó [el pensamiento de separación], la cual se interpuso entre la verdad y tú. Pues la verdad se extiende hacia adentro, donde la idea de que es posible perder no tiene sentido y lo único que es concebible es un mayor aumento. ¿Crees que es realmente extraño que de esa proyección del error surgiese un mundo en el que todo está invertido y al revés [una referencia a la imagen invertida que aparece en la retina]? Eso fue inevitable. Pues si se llevase la verdad ante esto, ésta sólo podría permanecer recogida en calma, sin tomar parte en la absurda proyección mediante la cual este mundo fue construido. No llames pecado a esa proyección sino locura, pues eso es lo que fue y lo que sigue siendo. Tampoco la revistas de culpabilidad, pues la culpabilidad implica que realmente ocurrió. Pero sobre todo, *no le tengas miedo* (T-18.I.6:2-9).

Rememorando este "efecto de cortina de humo" que el mundo provee, también leemos en *Un curso de milagros* este claro planteamiento de uno-u-otro, cuyo significado el ego utiliza astutamente para evitar–aparentemente para siempre–que el Hijo recuerde su Fuente y verdadero hogar:

> El mundo no puede añadirle nada al poder y a la gloria de Dios y de Sus santos Hijos, pero si Sus Hijos ponen su atención allí, el mundo puede cegarlos e impedir que vean al Padre. *Tú no puedes ver el mundo y conocer a Dios. Sólo uno de ellos es verdad* (T-8.VI.2:1-3; mis bastardillas).

Y puesto que nosotros contemplamos el mundo claramente a través de nuestros sentidos–la única modalidad que experimentamos y creemos–el verdadero Creador no-corpóreo y no-dualista tiene que ser inexistente para nosotros. Así, el ego parece haber triunfado sobre Dios, y lo que comenzó como un pensamiento insignificante ahora ha asumido proporciones monstruosas en la mente del Hijo, en la cual esta "diminuta y alocada idea", para citar esta importante frase de nuevo, se ha convertido

> ...en una idea seria, capaz de lograr algo [la separación], así como de tener efectos reales, [el mundo] T-27.VIII.6:3).

Uno de los más fuertes aliados del ego en su guerra táctica contra Dios, llevada a cabo en el teatro de la mente del Hijo, es el tiempo. Por estar más allá del ámbito de este libro el tratar a profundidad este importante tema, confinaremos a unas pocas páginas nuestra discusión del punto de vista de *Un curso de milagros* acerca del tiempo.*

En *Un curso de milagros* Jesús asevera que el mundo de tiempo y espacio completo–que cubre millones de años y un número de millas casi infinito–ya ha ocurrido: *en un instante no-lineal.* Es más, el Curso ve al tiempo holográficamente; a saber, que la totalidad del mismo puede encontrarse en ese instante ontológico original: "El brevísimo lapso de tiempo en el que se cometió el primer error,–en el que todos los demás errores están contenidos" (T-26.V.3:5). Además, podemos ver que el concepto que uno tenga del tiempo depende directamente de cómo uno entienda la naturaleza del mundo, tal como nos explica Jesús:

---

* Véase mi libro *A Vast Illusion: Time According to A Course in Miracles* (*Una vasta ilusión: El tiempo de acuerdo con Un curso de milagros*) para una presentación más completa del concepto del tiempo en el Curso.

Pues el tiempo y el espacio son la misma ilusión, pero se manifiestan de forma diferente. Si se ha proyectado más allá de tu mente, piensas que es el tiempo [el universo temporal de la historia]. Cuanto más cerca se trae a tu mente, más crees que es espacio [el mundo más personal de las relaciones especiales] (T-26.VIII.1:3-5).

Por lo tanto si, como enseña *Un curso de milagros*, el mundo es el paso final en la estrategia del ego para hacer al Hijo de Dios insensato o sin mente, *y éste es su único significado ontológico*, entonces el tiempo sirve el mismo propósito en el plan del ego para convencer al Hijo de Dios de que *no* recuerde su identidad espiritual, lo cual con toda seguridad lograría, al retornar a su eterna mente abstracta, si su tomador de decisiones eligiese de nuevo.

Así pues, el tiempo se convierte en parte de la trampa cósmica del ego, el plan de un mago para embaucarnos y hacernos creer que la realidad es lo que las apariencias nos dicen que es. Hemos visto antes cómo Jesús enseña metafóricamente en *Un curso de milagros* que en el instante mismo en que surgió el ego, el Espíritu Santo fue creado como la Respuesta, y de ese modo el error o pensamiento equivocado se corrigió y se deshizo. En otras palabras, el tiempo terminó en el preciso instante en que pareció comenzar. Para recordar el importante pasaje citado previamente:

En el instante en que la idea de la separación se introdujo en la mente del Hijo de Dios, en ese mismo instante Dios dio Su Respuesta. En el tiempo esto ocurrió hace mucho. En la realidad nunca ocurrió (M-2.2:6-8).

En ese único instante ontológico, por lo tanto, apareció todo el sistema de pensamiento del ego. Para completar su propósito de confundir al Hijo dormido, este instante *vertical* es, por decirlo así, apretado y aplanado *horizontalmente* por el ego hasta convertirlo en la dimensión que experimentamos como el tiempo. En efecto, en un pasaje Jesús habla del tiempo como una "gran alfombra extendida", sobre la cual, conjuntamente con nuestra culpa, caminamos inexorablemente hacia la muerte (T-13.I.3:5-7). Sin embargo, incluidos en este instante están no sólo los pensamientos de pecado, culpa y miedo del ego, sino los pensamientos de inocencia, perdón y amor del Espíritu Santo. Como hemos visto, *ambos* sistemas de pensamiento, el del ego y el del Espíritu Santo están totalmente presentes en cada aspecto de la mente fragmentada. Así pues, parece que estamos viviendo en el tiempo, y tomando decisiones reales en el tiempo; de hecho, sin embargo, *todo* ha ocurrido ya. Nuestra única elección, por lo tanto, es cuál aspecto fragmentario de la mente deseamos experimentar: el del Espíritu Santo o el del ego, amor o miedo, perdón o ataque.

Imaginen al durmiente Hijo de Dios sentado frente a la pantalla de un televisor, sobre el cual se ha colocado un VCR. A cada lado del equipo hay dos grandes bibliotecas de video-cintas casi infinitas, llenas con diferentes aspectos del miedo y del perdón respectivamente. El Hijo, dormido en su mente *fuera del tiempo,* elige cuál video-cinta experimentará, cuál sueño tendrá. Una vez hecha la elección, a él le parece estar experimentando ese video-drama, cuando en verdad meramente está re-experimentando lo que *ya* ha sucedido:

> Pues la jornada sólo se puede ver desde el punto donde termina, desde donde la podemos ver en retrospectiva, imaginarnos que la emprende-mos otra vez y *repasar mentalmente lo ocurrido* (L-pI.158.4:5; mis bastardillas).

Y como dice el manual:

> El mundo del tiempo es el mundo de lo ilusorio. *Lo que ocurrió hace mucho parece estar ocurriendo ahora.* Las decisiones que se tomaron en aquel entonces parecen como si aún estuviesen pendientes; como si aún hubiera que tomarlas. Lo que hace mucho que se aprendió, se entendió y se dejó de lado, se considera un pensamiento nuevo, una idea reciente, un enfoque diferente. Puesto que tu voluntad es libre, puedes aceptar lo que ya ha ocurrido en cualquier momento que así lo decidas, y sólo entonces te darás cuenta *de que siempre había estado ahí.* Tal como el curso su-braya, no eres libre de elegir el programa de estudios, ni siquiera la forma en que lo vas a aprender. Eres libre, no obstante, de decidir cuándo quie-res aprenderlo. Y al aceptarlo ya lo habrás aprendido.
>
> El tiempo, entonces, se remonta a un instante tan antiguo que está más allá de toda memoria, e incluso más allá de la posibilidad de poder recor-darlo. Sin embargo, debido a que es un instante que se revive una y otra vez, y de nuevo otra vez, *parece como si estuviese ocurriendo ahora* (M-2.3:1–4:2; mis bastardillas).

El fenómeno es similar a lo que ocurre cuando nos sentamos en un tea-tro a ver una película. Mientras más absorbente es la película, más nos en-contramos identificándonos con los personajes y con las situaciones en la pantalla; tanto es así, de hecho, que se nos olvida dónde estamos–en un teatro observando un drama de ilusión ante nuestros ojos. Así pues, *psico-lógicamente* creemos que somos realmente las proyectadas figuras iluso-rias de luz y sombras que percibimos en la pantalla. En una película particularmente cautivadora, por ejemplo, a menudo perdemos todo sentido del tiempo, de modo que un ardiente drama de tres horas puede experimentarse como si sólo hubiese tomado un momentito. Esto, dicho sea de paso, es lo que los investigadores del sueño nos dicen también sobre nuestros sueños cuando dormimos. Mientras estamos dormidos estos sueños se pueden experimentar como si ocurriesen en largos intervalos de tiempo, pero empíricamente sólo duran unos instantes.

Y así, nuestras vidas cuando estamos despiertos–también llamadas sueños por *Un curso de milagros*–son simplemente nuestra experiencia de observar películas viejas en nuestras mentes. Esto, repito, es análogo a sentarnos en un teatro, e identificarnos con las figuras que percibimos (incluso la que creemos que es nuestro yo) pero olvidándonos de que todo es simulado y de que es sólo una ilusión. Esta dinámica de "olvidar" lo que en verdad está sucediendo nos permite–tal como si fuésemos al cine–escapar de la tensión de estar con el sistema de pensamiento de culpa y de terror del ego, que en verdad yace en nuestro interior. Es más, también "olvidamos" el propósito detrás de haber inventado la película o el sueño de nuestra vida en primer lugar: la necesidad de escapar del horror de nuestra percibida culpa por habernos separado de Dios y de nuestra creencia en la destrucción de Su Amor (yo A). Utilizando el simbolismo de los juguetes para expresar nuestras odiadas y odiosas relaciones especiales, Jesús resume la motivación de la mente que está tras de todas nuestras experiencias en la pesadilla del ego que llamamos nuestra vida. También podemos ver aquí una descripción maravillosa del proceso de división del yo A en los yos B y C, que discutimos en el capítulo anterior bajo la tercera división:

> Las pesadillas son sueños pueriles. En ellos los juguetes se han vuelto contra el niño que pensó haberles otorgado realidad. Mas ¿tiene acaso un sueño el poder de atacar? ¿O podría un juguete volverse enorme y peligroso, feroz y salvaje? Esto es lo que el niño cree, *pues tiene miedo de sus pensamientos* [el pecado y la culpa del yo A] *y se los atribuye a los juguetes* [yos C]. Y la realidad de estos juguetes se convierte en la suya propia *porque los juguetes parecen salvarlo* [yo A] *de sus propios pensamientos. Sin embargo los juguetes* [yos C] *mantienen sus pensamientos* [el pecado y la culpa del yo A] *vivos y reales, pero él los ve fuera de sí mismo*, desde donde pueden volverse contra él [yo B] puesto que los traicionó. *El niño cree que necesita los juguetes para poder escapar de sus pensamientos porque cree que sus pensamientos son reales.* Y así, convierte todo en un juguete [yo C] para hacer que su

mundo siga siendo algo externo a él [yo A], y pretender que él [yo B] no es más que una parte de ese mundo. (T-29.IX.5; mis bastardillas).

Sin embargo, incluido también en la biblioteca del Espíritu Santo en nuestras mentes hay una video-cinta en la cual el Hijo finalmente le presta su atención íntegra al Espíritu Santo y acepta la verdad, al tiempo que rechaza la ilusión del ego. Esta es la cinta que refleja la aceptación de la Expiación que anuncia la llegada del "mundo real", el símbolo de total perdón del Curso y la negación completa del sistema de pensamiento de separación del ego. La experiencia que se contempla en esta cinta ya ha sucedido también, y la salvación sólo requiere nuestra aceptación de su verdad, la cual pone fin a todo sueño y permite que ambas bibliotecas de video-cintas –la del ego y la del Espíritu Santo–desaparezcan.

> La revelación de que el Padre y el Hijo son uno alboreará en toda mente a su debido tiempo. Sin embargo, ese momento lo determina la mente misma, pues es algo que no se puede enseñar.
> Ese momento ya ha sido fijado. Esto parece ser bastante arbitrario. No obstante, no hay nadie que dé ni un solo paso al azar a lo largo del camino. Todos lo han dado ya, aunque todavía no hayan emprendido la jornada. Pues el tiempo tan sólo da la impresión de que se mueve en una sola dirección. No hacemos sino emprender una jornada que ya terminó. No obstante, parece como si tuviera un futuro que todavía es desconocido.
> El tiempo es un truco, un juego de manos, una gigantesca ilusión en la que las figuras parecen ir y venir como por arte de magia. No obstante, tras las apariencias hay un plan que no cambia. El guión ya está escrito. El momento en el que ha de llegar la experiencia que pone fin a todas tus dudas ya se ha fijado (L-pI.158.2:8–4:4).

Y, rememorando un pasaje previamente citado, al ocurrir este fin de la duda–"el himno de Dios" substituye los "sueños de rencor" y la "exangüe música de la muerte"–"ya no se oirá más la Voz, ya que no volverá a adoptar ninguna forma, sino que retornará a la eterna amorfia de Dios" (C-6.5:6-8).

Mas, el problema sigue siendo que, al haber creído el cuento del ego sobre la necesidad de protegernos contra el Amor de Dios, también creemos que el tiempo y el espacio están muy presentes para nosotros, y que pueden "protegernos" de "la revelación de que el Padre y el Hijo son uno". Así pues, el Espíritu Santo asciende pacientemente con nosotros la escalera del tiempo a cuyo descenso nos condujo la separación (T-28.II.12:7).

O para utilizar otra metáfora tomada de un pasaje citado en el Capítulo Dos:

> A ti que aún crees vivir en el tiempo sin saber que ya desapareció, el Espíritu Santo te sigue guiando a través del laberinto infinitamente pequeño e insensato que todavía percibes en el tiempo a pesar de que ya hace mucho tiempo que desapareció (T-26.V.4:1).

Nosotros no hacemos sino dormir y soñar con el tiempo, mas en todo ese tiempo nuestro verdadero Ser permanece despierto en Dios:

> Cuando la mente elige ser lo que no es y asumir un poder que le es ajeno y que no posee, un estado foráneo al que no puede adaptarse o una condición falsa que no forma parte de su Fuente, simplemente parece que se va a dormir por un rato. Y sueña con el tiempo: un intervalo en el que lo que parece acontecer en realidad nunca ha sucedido, los cambios ocurridos carecen de fundamento y los acontecimientos que parecen tener lugar no están en ninguna parte. Cuando la mente despierta, sencillamente continúa siendo como siempre fue (L-pI.167.9:2-4).

Podemos ver un paralelo entre cómo el ego utiliza el tiempo y cómo los arcontes gnósticos–"gobernantes-mundiales"–emplean la temporalidad para atraparnos aquí y apartarnos de la eternidad. En "The Apocryphon of John" ("El apócrifo de Juan"), un importante texto del siglo II, leemos de la trama de Ialdabaoth, el líder de los arcontes e hijo de Sofía, la encarnación del deseo de crear separada de Dios:

> …él [Ialdabaoth] consultó con sus Poderes; ellos engendraron el Destino *y ataron a los dioses del cielo, a los ángeles, a los demonios y a los hombres en medida, duración y tiempo*, para poder subordinarlos a todos a la cadena del Destino, el cual lo rige todo–un pensamiento malvado y tortuoso (citado en *Love Does Not Condemn [El amor no condena]*, pág. 216; mis bastardillas).

Así pues, si desnudamos la antropomórfica mitología gnóstica no estamos, repito, muy lejos de las enseñanzas de Jesús en *Un curso de milagros*. El Curso, sin embargo, le añade la dimensión psicológica al uso que el ego hace del tiempo. El tiempo es lo que nos arraiga en la aparente realidad del cimiento de pecado-culpa-miedo, que constituye la base de la existencia del ego. El ego nos dice repetidamente que hemos pecado en el *pasado*, debemos experimentar culpa en el *presente* (su versión distorsionada del presente, por supuesto), y debemos temerle al castigo *futuro* que es nuestro merecido. Como Jesús explica en el texto:

> Para el ego el pasado es importantísimo, y, en última instancia cree que es el único aspecto del tiempo que tiene significado. Recuerda que el hincapié que el ego hace en la culpabilidad le permite asegurar su continuidad al hacer que el futuro sea igual que el pasado, eludiendo de esa manera el presente. La noción de pagar por el pasado en el futuro hace que el pasado se vuelva el factor determinante del futuro, convirtiéndolos así en un continuo sin la intervención del presente. Pues el ego considera que el presente es tan sólo una breve transición hacia el futuro, en la que lleva el pasado hasta el futuro al interpretar el presente en función del pasado (T-13.IV.4:2-5).

De modo que el tiempo se convierte en una prisión de pecados pasados, en la cual permanecemos atrapados para siempre por un sistema de pensamiento perverso que no ofrece salida alguna excepto a través del sufrimiento y de una muerte inevitable en el futuro, el castigo final por nuestros infames pecados.

> ¡Cuán desolado y desesperante es el uso que el ego hace del tiempo! ¡Y cuán aterrador! Pues tras su fanática insistencia de que el pasado y el futuro son lo mismo se oculta una amenaza a la paz todavía más insidiosa. El ego no hace alarde de su amenaza final, pues quiere que sus devotos sigan creyendo que les puede ofrecer una escapatoria. Pero la creencia en la culpabilidad no puede sino conducir a la creencia en el infierno, y eso es lo que siempre hace. De la única manera en que el ego permite que se experimente el miedo al infierno es trayendo el infierno aquí, pero siempre como una muestra de lo que te espera en el futuro (T-15.I.6:1-6).

En efecto, uno podría decir que cuando la trinidad impía de pecado-culpa-miedo se proyecta fuera de la mente, esa trinidad se manifiesta como el mundo del tiempo lineal en el cual el *pecado* se vuelve el *pasado*, la *culpa* se vuelve lo que experimentamos como el *presente* y el *miedo* se vuelve el *futuro* en el cual nuestro castigo de muerte es inevitable.

Y así, en el mundo de sueños en el cual nos encontramos (esto se explorará más a fondo en el próximo capítulo) simplemente revivimos una y otra vez en nuestras relaciones especiales–sin recordar que son un sueño–el instante original cuando creímos habernos separado de nuestro Creador y Fuente. Por lo tanto, creímos el relato del ego de pecado imperdonable y de inevitable castigo:

> Sin embargo, en cada acto o pensamiento que aún no hayas perdonado, en cada juicio y en cada creencia en el pecado, se evoca ese instante,

como si se pudiese volver a reconstruir en el tiempo. Lo que tienes ante tus ojos es una memoria ancestral....

Cada día, y cada minuto de cada día, y en cada instante de cada minuto, no haces sino revivir ese instante en el que la hora del terror ocupó el lugar del amor. Y así mueres cada día para vivir otra vez, hasta que cruces la brecha entre el pasado y el presente, la cual en realidad no existe. Esto es lo que es toda vida; un aparente intervalo entre nacimiento y muerte y de nuevo a la vida; la repetición de un instante que hace mucho que desapareció y que no puede ser revivido. Y el tiempo no es otra cosa que la creencia demente de que lo que ya pasó todavía está aquí y ahora (T-26.V.5:5-6; 13).

En este sentido, entonces, mientras escuchemos al ego tenemos que creer que el tiempo *es* cíclico–como creía el antiguo filósofo griego y como también lo creyó Friedrich Nietzche en el siglo XIX–en la medida en que revivimos continuamente ese ancestral momento de terror. Una y otra vez, en lo que experimentamos que son nuestras vidas cotidianas, representamos el mismo drama de pecado, culpa y miedo al castigo. En un nivel de comprensión aún más profundo,–pocas veces aludido en *Un curso de milagros,* aunque claramente inherente a su sistema de pensamiento–este drama cósmico del tiempo en realidad está ocurriendo continuamente. Como dijimos antes, la dimensión del tiempo no es horizontal en absoluto, sino vertical. Cada uno de los componentes del tiempo existe, *ahora*, acamado en nuestras mentes para confundirnos. El estrato del fondo o el más recóndito es el pensamiento ontológico de la separación que pasa a través de un número casi infinito de filtros que identificamos como existencias individuales y experiencias. Así pues, ese "momento de terror" no se está *re*viviendo en realidad, como si hubiese una experiencia pasada que revivir, sino que realmente *se está viviendo,* mientras continuemos creyendo el cuento del ego. En este sentido, entonces, no *regresamos* a ese instante, sino que *descendemos* al mismo.

Y sin embargo, repito, hay otros dramas que también esperan en nuestras mentes a que los representemos o los re-experimentemos. Estos están en la "biblioteca de video-cintas" del Espíritu Santo, Sus correcciones de las enseñanzas del ego, como vemos en el siguiente párrafo, parcialmente citado arriba:

Dios te dio Su Maestro para que reemplazase al que tú inventaste, no para que estuvieses en conflicto con él. Y lo que Él ha dispuesto reemplazar ya ha sido reemplazado. El tiempo tan solo duró un instante en tu mente, y no afectó la eternidad en absoluto. Y así todo el tiempo ya pasó;

y todo permanece exactamente como era antes de que se construyese el camino que no lleva a ninguna parte. El brevísimo lapso de tiempo en el que se cometió el primer error–en el que todos los demás errores están contenidos–encerraba también la Corrección de ese primer error y de todos los demás que partieron de él. Y en ese breve instante el tiempo desapareció, pues eso es lo que jamás fue. Aquello a lo que Dios dio respuesta ha sido resuelto y ha desaparecido (T-26.V.3).

Es en este punto en que se experimenta una elección entre estos dos dramas que comenzamos a pasar de la metafísica más abstracta del nivel de discurso "un Cristo/un ego", a la estructura más individualizada de este ego, tal y como se refleja en la conciencia de cada uno de los que transitamos por esta Tierra. Así pues, allí donde el ego fabricó el mundo para lograr su propósito de perpetuar la ilusión del pecado, la culpa y el miedo al establecer la separación como real y el ataque como la salvación, la presencia del Espíritu Santo en nuestras mentes provee la reinterpretación que nos permite ver el mundo como un salón de clases en el cual aprendemos una lección diferente. Una vez que se aprende esa lección, el mundo no tiene ningún otro propósito y "se disuelve…en la nada de donde provino" (C-4.4:5). En el próximo capítulo, después que consideremos más específicamente la naturaleza de nuestras experiencias individuales en este mundo de sueños, exploraremos el uso que el Espíritu Santo hace del mundo, y luego retornaremos nuevamente a ello en el Capítulo Cinco.

Capítulo 4

LA NATURALEZA DE LA HUMANIDAD

Introducción

Como se indicara al final del capítulo anterior, pasamos ahora de la macrocósmica, más metafísicamente orientada visión del mundo a la visión microcósmica, más individualmente centrada. Así pues, pasamos de la exploración del propósito ontológico que el ego tiene para el mundo y para el cuerpo–mantener al Hijo de Dios como un ser insensato o sin mente y de ese modo preservar su creencia en la realidad de la separación, la individualidad y la culpa–a cómo este mismo propósito es expresado a través de la experiencia individual de uno en el mundo. El lector quizá recuerde que al comienzo del Capítulo Tres tratamos el uso que el ego hace de la fragmentación para confundir al Dios vengativo del ego, Quien se empeña en destruir a su único Hijo, después de lo cual el ego fragmentó al Hijo en un número casi infinito de pedazos y depositó a cada uno dentro de un cuerpo, el cual habita en un mundo. Como leemos en "El pequeño jardín":

> Tal es la extraña situación en la que parecen hallarse aquellos que viven en un mundo habitado por cuerpos. Cada cuerpo parece ser el albergue de una mente separada, de un pensamiento desconectado del resto, que vive solo y que de ningún modo está unido al Pensamiento mediante el cual fue creado. Cada diminuto fragmento parece ser autónomo, y necesitar a otros para algunas cosas, pero sin ser en modo alguno completamente dependiente para todo de su único Creador, ya que necesita la totalidad para poder tener algún significado, pues por sí solo no significa nada. Ni tampoco puede tener una vida aparte e independiente (T-18.VIII.5).

Dentro de cada fragmento se encuentra la totalidad del sistema de pensamiento de culpa y de odio del ego, y la corrección del perdón y la curación del Espíritu Santo. En este capítulo, por lo tanto, nuestro centro de interés radica en la naturaleza del *homo sapiens*, lo que significa ser un ser humano en el universo de pecado, culpa y miedo del ego.

Debe mencionarse que aunque estamos hablando únicamente sobre la especie *homo sapiens*–por razones evidentes–la dinámica del ego y la del Espíritu Santo por igual operan en el nivel de la mente, la cual trasciende el cerebro humano enteramente. De hecho, hablando dentro del ilusorio mundo temporal del ego, podríamos decir que la mente antedata o precede a la fabricación de *homo sapiens*, y que esta especie es una sola expresión de los dos sistemas de pensamiento de la mente dividida dentro de la Filiación. Nuestra experiencia personal e individual es que el ego y el Espíritu Santo están presentes en nosotros tal como nos conocemos–personalidades que existimos en un cuerpo que es regido por un cerebro–pero la verdad es que nuestra muy humana experiencia es el reflejo de las decisiones tomadas en nuestras mentes, y *no* en nuestros cerebros. Así pues, como veremos en un momento, todo lo que tiene forma–los llamados objetos animados e inanimados–son igualmente irreales, y sólo reflejan los pensamientos *trans-humanos* de la mente dividida. Rememoro parte de una oración citada previamente la cual tomamos del texto:

> Las formas que los diferentes fragmentos parecen adoptar no significan nada, pues el todo [de la Filiación] reside en cada uno de ellos. Y cada aspecto del Hijo de Dios es exactamente igual a todos los demás (T-28.IV.9:5-7).

Y así hasta una cosa insignificante y "exánime"–puesto que tiene forma y configuración–es una proyección del pensamiento de separación en la mente dividida de la Filiación. Este pensamiento coexiste codo con codo, con el pensamiento de la Expiación que es la corrección del Espíritu Santo. Es más, en palabras que relatan la enseñanza de que la vida (y por consiguiente el amor también) existe sólo en el Cielo, y por lo tanto, cualquier cosa que no esté en el Cielo refleja las leyes del caos del ego–expresadas en el principio: "Lo que no es amor es asesinato" (T-23.IV.1:10)–escribe Jesús en este pasaje muy claro, enfático e importante:

> Fuera del Cielo no hay vida. La vida se encuentra allí donde Dios la creó. En cualquier otro estado que no sea el Cielo [i.e., el estado de separación en el cuerpo, en el mundo físico] la vida no es más que una ilusión. En el mejor de los casos parece vida; en el peor, muerte. Ambos son, no obstante, juicios acerca de lo que no es vida, idénticos en su inexactitud y falta de significado. Fuera del Cielo la vida es imposible, y lo que no se encuentra en el Cielo no se encuentra en ninguna parte. Fuera del Cielo lo único que hay es un conflicto de ilusiones, de todo punto insensato, imposible y más allá de la razón, aunque se percibe como un eterno impedimento para llegar al Cielo. *Las ilusiones no son sino formas. Su contenido* [i.e., el pensamiento de separación del ego que es la negación de la verdadera vida] *nunca es verdad* (T-23.II.19; mis bastardillas).

Por consiguiente, cualquier cosa que tiene *forma*–un ser humano, un perro, un rábano, una roca, o un grano de arena–todo comparte la irrealidad básica del *contenido* que es desmentido por sus diferentes formas y aparente vida, o por la ausencia de ésta. Este es un punto extremadamente crucial que los estudiantes de *Un curso de milagros* entiendan, de lo contrario estarían tentados a cometer el "pecado" de hacer el error real (S-2.I.3:3-4)– un error que Jesús repetidamente exhorta a sus estudiantes a no cometer– y cuya discusión será un tema principal de la segunda parte de este libro, *Pocos eligen escuchar*. El pensamiento de separación es una ilusión, y como ya hemos visto, cualquier forma que parezca tomar tiene que ser igualmente ilusoria, *sin excepción*.

Para replantear este importante punto: Si bien confinamos nuestra discusión a los seres humanos–como lo hace Jesús en *Un curso de milagros*– debe recordarse siempre que estamos hablando acerca de una dinámica que ocurre sólo en la mente dividida *trans-humana*, común a *todas* las formas del mundo, bien sea que nuestro muy limitado entendimiento humano las considere animadas o inanimadas, independientemente también de cuál sea la posición de estas formas en lo que generalmente se denomina la cadena evolutiva.

Una última palabra antes de que comencemos este largo e importante capítulo: Puesto que la discusión aquí está centrada en la dinámica del ego individual que todos compartimos, los lectores podrían hallarse a veces horrorizados si no sintiendo repulsión por la fealdad del sistema de pensamiento de odio y asesinato del ego. Estén seguros de que a fin de cuentas estamos contemplando una ilusión, la cual cuando se mira con calma acompañados del Espíritu Santo, simplemente pierde su aparente poder y desaparece.

Una nueva visita a la cuarta división

Examinamos ahora el proceso en el cual el Hijo único de Dios se fragmentó en un número casi infinito de partes separadas. El lector siempre debe tener presente que estamos describiendo (*no explicando*) un acontecimiento (o una serie de acontecimientos) que es inherentemente ilusorio. Y, por lo tanto, la separación y todas sus consecuentes fragmentaciones jamás se pueden entender en realidad puesto que para empezar nunca ocurrieron. Por consiguiente, utilizamos símbolos para expresar en forma mitológica el desarrollo de una ilusión lo cual no puede hacerse de ningún otro modo. De la misma manera, antes de lanzarse a la discusión a fondo de las cinco leyes del caos–el corazón de su sistema de pensamiento demente–Jesús plantea:

> Puedes llevar las "leyes" del caos ante la luz, pero nunca las podrás entender. Las leyes caóticas no tienen ningún significado y, por lo tanto, se encuentran fuera de la esfera de la razón. No obstante, aparentan ser un obstáculo para la razón y para la verdad. Contemplémoslas, pues, detenidamente, para que podamos ver más allá de ellas y entender lo que son, y no lo que quieren probar [la separación]. *Es esencial que se entienda cuál es su propósito* porque su fin es crear caos y atacar la verdad. (T-23.II.1:1-5; mis bastardillas).

Por consiguiente, tenemos que entender el *propósito* del elaborado sistema defensivo del ego–preservar nuestra individualidad–antes de que podamos cambiar su propósito, y de ese modo nos liberemos del sistema de pensamiento del ego en su totalidad.

Hemos planteado ya que la motivación primaria del Hijo en su elección del ego en lugar del Espíritu Santo fue la atracción de la individualidad, la idea de que al fin el Hijo estaba solo–libre e independiente–y autónomo de la ahora percibida tiranía del Dios que el ego inventó. Es sólo cuando el Hijo ha hecho su elección en contra del principio de Expiación del Espíritu Santo, que el ego le revela al Hijo la total dimensión e implicación de su alternativa: la separación tiene un precio. Y es un precio que él no puede evadirse de pagar por su "libertad" e "independencia". Estoy hablando, por supuesto, de la trinidad impía del pecado, la culpa y el miedo, los cuales constituyen juntos las joyas del plan del ego para preservar intacta su existencia separada al hacer al Hijo de Dios insensato o sin mente.

Y así retornamos a la cuarta división, donde el Hijo de Dios–ahora identificado completamente con el ego–abandona su mente. Como resultado de que en la tercera división se fabrica una pecaminosa figura asesina la cual se proyecta fuera de sí misma, esta mente se percibió como un campo de batalla, con la certeza de que su destino es la muerte a manos del Dios vengativo y colérico. Al menos, eso es lo que el ego ha logrado convencer el Hijo de creer si en verdad quiere que su separación de Dios continúe. Pues en su locura el Hijo está dispuesto a pagar lo que sea–hasta una vida de angustia, sufrimiento y muerte–para asegurarse de que permanecerá libre y "con vida". Por lo tanto, concluye que su hogar actual en la mente es, en efecto, un lugar muy peligroso, y felizmente acepta el plan del ego para salvarlo. El plan del ego naturalmente lleva consigo la promesa de que el Hijo escapará de la ira de su Dios falsamente creado, y, por consiguiente, de la muerte inevitable inferida por Sus manos castigadoras.

Su mente loca llena de pensamientos de mentiras e ilusiones, el Hijo se une con el ego: (a) y primero se fragmenta en billones y billones de pedazos, y luego (b) proyecta su yo separado fuera de su mente, con lo cual, aún en el sueño, fabrica un mundo de separación. El lector debe tener presente que en este punto la mente del Hijo es consciente *sólo* del sistema de pensamiento del ego, puesto que el recuerdo de Dios ha sido sepultado bajo la tríada de pecado, culpa y miedo. Y ahora con esta separación final, se desata todo el infierno literalmente, con cada fragmento aparentemente encajonado en la forma y concebido para que esté solo. Este es el estado final de la separación de Dios que verdaderamente *es* el infierno, y del cual ahora ciertamente parece que no hay redención.

Retornaremos a este punto más adelante, pero sí quiero replantear para el lector ahora, respecto a eso, que cada fragmento lleva consigo la totalidad del sistema de pensamiento del ego, y también la del Espíritu Santo. Este es un ejemplo del principio de los hologramas: el entero se encuentra en cada una de las partes. Esta misma idea se puede ver en el ejemplo de un panel de cristal que cae al suelo. Cada fragmento de cristal, aunque separado ahora en sí mismo, todavía retiene todas las características–estructura molecular, etc.–que distinguen al cristal de todas las demás formas materiales. De modo que a pesar de sus diferentes formas, tamaños y distancias entre ellos, cada pedazo es todavía cristal, como lo fue el único panel original.

El siguiente pasaje, parcialmente citado antes en los Capítulos Dos y Tres, provee el planteamiento más claro de *Un curso de milagros* del proceso de fragmentación que disfraza al error único que aún permanece como la raíz del vasto universo de la multiplicidad que parece tan real, y el cual sirve tan efectivamente al propósito del ego de ocultar su pensamiento de separación. Sin embargo, este pensamiento de separación aún está presente en cada fragmento aparentemente separado de la única mente separada del Hijo de Dios, como vemos ahora:

> Tú que crees que Dios es miedo tan sólo llevaste a cabo una substitución. Esta ha adoptado muchas formas, porque fue la substitución de la verdad por la ilusión; la de la plenitud por la fragmentación. Dicha substitución a su vez ha sido tan desmenuzada y subdividida, y dividida de nuevo una y otra vez, que ahora resulta casi imposible percibir que una vez fue una sola y que todavía sigue siendo lo que siempre fue. Ese único error, que llevó a la verdad a la ilusión, a lo infinito a lo temporal, y a la

vida a la muerte, fue el único que jamás cometiste. Todo tu mundo se basa en él. Todo lo que ves lo refleja, y todas las relaciones especiales que jamás entablaste forman parte de él.

Tal vez te sorprenda oír cuán diferente es la realidad de eso que ves. No te das cuenta de la magnitud de ese único error. Fue tan inmenso y tan absolutamente increíble que de él no *pudo* sino surgir un mundo totalmente irreal. ¿Qué otra cosa sino podía haber surgido de él? A medida que empieces a examinar sus aspectos fragmentados te darás cuenta de que son bastante temibles. Pero nada que hayas visto puede ni remotamente empezar a mostrarte la enormidad del error original, el cual pareció expulsarte del Cielo, fragmentar el conocimiento convirtiéndolo en inútiles añicos de percepciones desunidas y forzarte a llevar a cabo más substituciones.

Esa fue la primera proyección del error al exterior. El mundo surgió para ocultarlo, y se convirtió en la pantalla sobre la que se proyectó, la cual se interpuso entre la verdad y tú (T-18.I.4:1–6:2).

Está claro en este punto de nuestro relato que una vez más el Hijo de Dios fue engañado por el ego. Como vimos en el Capítulo Tres, el plan secreto del ego para "salvar" al Hijo de Dios consistía en retener el problema del miedo, pero moverlo de la mente al cuerpo. Por lo tanto, el huir del campo de batalla de la muerte que era la mente del Hijo, y fabricar un mundo y un cuerpo en el cual éste pudiese esconderse aparentemente y escapar del sufrimiento y de la muerte, no ayudó para nada a resolver su situación. Pues como es evidente para todos los que creen que viven en el mundo, la vida aquí *es* sufrimiento y muerte. Ya hemos repasado el pasaje al comienzo del Capítulo 13 del texto que provee un resumen particularmente fuerte acerca del mundo, el cual es, de hecho, la respuesta de Jesús a todos aquellos que se sientan tentados a verlo como algo maravilloso y hasta santo, y como la creación de un Dios benévolo.

Así que nada se ha logrado en verdad para ayudar al Hijo. En efecto, la situación se ha empeorado realmente, porque ahora parece que no hay esperanza de que su sufrimiento se alivie en absoluto; su causa en la mente se ha sepultado todavía más bajo el genial sistema defensivo del ego. Por consiguiente, el sistema de pensamiento de separación del ego es el vencedor en este plan cósmico de locura. Retornaremos a este gran engaño más tarde en este capítulo.

En este punto de nuestra discusión, sería útil repasar los pasos que condujeron a la falsa creación del mundo y del cuerpo, los pasos finales en la estrategia del ego. Hacemos esto en términos del desarrollo del concepto del yo.

El desarrollo del concepto del yo

Otra manera de resumir la estrategia del ego, poniendo el énfasis en su principio orientador de retener la separación, pero no la responsabilidad por la misma, es trazar el desarrollo en siete etapas del concepto del yo, el cual constituye en realidad una *de*generación de nuestro Ser original tal como el verdadero Dios nos creó.

1) Cristo

Comenzamos con nuestro verdadero Ser–*Cristo*–Quien por ser parte de la realidad, está más allá de todos los conceptos. Por definición, los conceptos son ilusorios, puesto que la verdad de la Unidad no-dualista de Dios no puede existir dentro de una estructura conceptual, la cual por su naturaleza misma es dualista:

> Los conceptos se aprenden. No son naturales, ni existen aparte del aprendizaje. No son algo que se te haya dado, de modo que tienen que haberse forjado. Ninguno de ellos es verdad, y muchos son el producto de imaginaciones febriles, que arden llenas de odio y de distorsiones nacidas del miedo. ¿Qué es un concepto, pues, sino un pensamiento al que su hacedor le otorga un significado especial? Los conceptos mantienen vigente el mundo. Mas no se pueden usar para demostrar que el mundo es real. Pues todos ellos se conciben dentro del mundo, nacen a su sombra, crecen amoldándose a sus costumbres y, finalmente, alcanzan "madurez" de acuerdo con el pensar de éste. Son ideas de ídolos, coloreadas con los pinceles del mundo, los cuales no pueden pintar ni una sola imagen que represente la verdad.
>
> La idea de un concepto del yo no tiene sentido, pues nadie aquí sabe cuál es el propósito de tal concepto, y, por lo tanto, no puede ni imaginarse lo que es. Todo aprendizaje que el mundo dirige, no obstante, comienza y finaliza con el solo propósito de que aprendas este concepto de ti mismo, de forma que elijas acatar las leyes de este mundo y nunca te aventures más allá de sus sendas ni te des cuenta de cómo te consideras a ti mismo (T-31.V.7:1–8:2).

Más adelante en la misma sección "El concepto del yo frente al verdadero Ser" que aparece casi al final del texto, leemos:

> No busques tu Ser en símbolos. No hay concepto que pueda representar lo que eres (T-31.V.15:1-2).

Cristo está más allá de los conceptos porque, repito, como parte de Dios Él está más allá de todos los pensamientos de dualidad. Su naturaleza no-dualista está claramente expresada en este extracto tomado de la Lección 95 en el libro de ejercicios, "Soy un solo Ser, unido a mi Creador":

> Eres un solo Ser, unificado y a salvo en la luz, la dicha y la paz. Eres el Hijo de Dios, un solo Ser, con un solo Creador y un solo objetivo: brindar a todas las mentes la conciencia de esta unidad, de manera que la verdadera creación pueda extender la Totalidad y la Unidad de Dios. Eres un solo Ser, completo, sano y pleno, con el poder de levantar el velo de tinieblas que se abate sobre el mundo y dejar que la luz que mora en ti resplandezca a fin de enseñarle a éste la verdad de lo que eres.
>
> Eres un solo Ser, en perfecta armonía con todo lo que existe y con todo lo que jamás existirá. Eres un solo Ser, el santo Hijo de Dios, unido a tus hermanos en ese Ser y unido a tu Padre en Su Voluntad. Siente a este único Ser en ti, y deja que Su resplandor disipe todas tus ilusiones y dudas. Este es tu Ser, el Hijo de Dios Mismo, impecable como Su Creador, Cuya fortaleza mora en ti y Cuyo Amor es eternamente tuyo. Eres un solo Ser, y se te ha concedido poder sentir este Ser dentro de ti y expulsar todas tus ilusiones fuera de la única Mente que es ese Ser, la santa verdad en ti (L-pI.95.12-13).

2) el tomador de decisiones

Cuando la "diminuta y alocada idea" pareció ocurrir y el sueño de la separación comenzó, parecía como si el Hijo de Dios fuese capaz de lograr, y en efecto había logrado, lo imposible: separarse de su verdadero Ser, dejándolo con una mente separada, la cual se había dividido en dos partes: la mentalidad errada, regida por el ego; y la mentalidad correcta, el hogar del Espíritu Santo. La mente dividida es gobernada por el concepto del yo que tiene *un tomador de decisiones* que representa el poder del Hijo de Dios para elegir entre el ego y el Espíritu Santo:

> La conciencia–el nivel de la percepción [i.e., el nivel de la toma de decisiones],–fue la primera división que se introdujo en la mente después de la separación, convirtiendo a la mente de esta manera en un instrumento perceptor [i.e., uno que decide] en vez de un instrumento creador (T-3.IV.2:1).

Es este tomador de decisiones ontológico–el poder de nuestras mentes para elegir entre la verdad y la ilusión–lo que constituye el modelo que forma la base progresiva para todas las decisiones que parecemos estar tomando aquí en el mundo de tiempo y espacio como aparentes individuos, que actuamos por nuestra cuenta:

> La única libertad que aún nos queda en este mundo es la libertad de elegir, y la elección es siempre entre dos alternativas o dos voces (C-1.7:1).

> ...tú [el tomador de decisiones] *no puedes* tomar decisiones por tu cuenta. La única cuestión es entonces con quién eliges tomarlas. Eso es todo.... [Esto es] la simple afirmación de un simple hecho. No tomas decisiones por tu cuenta, independientemente de lo que decidas. Pues o bien se toman con ídolos o bien con Dios. Y le pides ayuda al anti-Cristo o a Cristo, y aquel que elijas se unirá a ti y te dirá lo que debes hacer (T-30.I.14:3-9).

3) el yo individual

Una vez que se toma la decisión a favor del ego, el separado pero todavía único Hijo de Dios se olvida de su decisión y se identifica únicamente con su recién ganado *yo individual*, el cual existe solo e independiente de Dios, como leemos en este párrafo tomado del texto:

> El objetivo del ego es claramente alcanzar su propia autonomía. Desde un principio, pues, su propósito es estar separado, ser auto-suficiente e independiente de cualquier poder que no sea el suyo propio. Por eso es por lo que es el símbolo de la separación (T-11.V.4:4-6).

Este yo separado no sólo ha olvidado su *decisión* de estar solo, sino que ha olvidado aquello *contra* lo cual había elegido: El sistema de pensamiento de Expiación del Espíritu Santo. Lo único que persiste en la conciencia del Hijo de Dios es su yo individual autónomo, el cual, por supuesto, sigue siendo una ilusión:

> La estructura de la "conciencia individual" es esencialmente irrelevante, puesto que es un concepto que representa el "error original" o "pecado original" (C-in.1:4).

> Está claro que... el contenido de cualquier ilusión particular del ego es irrelevante... (T-4.VII.1:1).

No obstante, al menos dentro de su mente engañada, el Hijo de Dios ahora ha convertido su fantasía en realidad, y dentro de este delirio él existe como una entidad separada:

> Las ilusiones del ego son muy concretas aunque la mente es naturalmente abstracta. Parte de la mente, no obstante, se vuelve concreta al dividirse.

La parte concreta cree en el ego porque el ego depende de lo concreto. El ego es aquella parte de la mente que cree que lo que define tu existencia es la separación (T-4.VII.1:2-5).

4) el yo A: pecaminoso, culpable y temeroso

Como parte de su estrategia oculta de convertir la mente en un lugar aterrador, lo cual obliga al Hijo de Dios a abandonarla y a tornarse insensato o sin mente, el ego lo convence de la verdad de su relato fabricado de egoísmo y asesinato. El concepto del yo del Hijo ahora se vuelve *pecaminoso, culpable y temeroso* (yo A), lo cual tiene como resultado que éste se sienta aterrorizado al pensar en lo que ha hecho:

> Crees ser la morada del mal, de las tinieblas y del pecado. Piensas que si alguien pudiese ver la verdad acerca de ti sentiría tal repulsión, que se alejaría de ti como si de una serpiente venenosa se tratase. Piensas que si la verdad acerca de ti te fuese revelada, te sobrecogería un horror tan grande que te apresurarías de inmediato a quitarte la vida, pues sería imposible seguir viviendo después de haber contemplado semejante atrocidad (L-pI.93.1).

5) el yo B: temeroso

Así que el ego engatusa al Hijo para que éste se aparte del pecado y la culpa y los proyecte en un nuevo yo (C), el cual se convierte ahora en su morada. Esto deja al Hijo de Dios con su individualidad intacta, pero sin el pecado y la culpa: el inocente yo B que ahora ha surgido. Mas este nuevo yo está precisamente tan *temeroso* como antes, puesto que el yo C falsamente creado se percibe como el asesino. En consecuencia, el ego logra convencer al Hijo de que su morada en la mente se ha convertido en un campo de batalla, y si él (yo B) se queda allí será inevitablemente destruido (por el yo C):

> Aquel que usurpa el lugar de Dios y se lo queda para sí mismo tiene ahora un "enemigo" mortal.... Su final es inevitable, pues su desenlace no puede ser otro que la muerte (M-17.5:8; 6:2).

6) el cuerpo

De modo que ahora el Hijo, buscando salvarse de una aniquilación segura, se fragmenta en un sinnúmero de pensamientos, los cuales son proyectados fuera de la mente y se fabrica un *cuerpo* individualizado (yo B individualizado), aparentemente protegido para siempre de la intromisión de Dios:

> El cuerpo es una cerca que el Hijo de Dios se imagina haber erigido para separar partes de su Ser de otras partes. Cree vivir dentro de esa cerca, para morir a medida que ésta se deteriora y se desmorona. Pues cree estar a salvo del amor dentro de ella. Al identificarse con lo que considera es su seguridad, cree ser lo que ésta es. ¿De qué otro modo, si no, podría estar seguro de que permanece dentro del cuerpo, y de que mantiene el amor afuera? (L-pII.5.1)

Este concepto del yo totalmente nuevo, encapsulado y definido por la forma, es reforzado continuamente por la percepción de diferencias entre él mismo y todo el mundo y todas las cosas. Por consiguiente, no hay conexiones percibidas entre todas las formas en el mundo, y ciertamente ninguna con nuestra verdadera Fuente. Inevitablemente, pues, nos experimentamos totalmente solos en el universo, y al fin y al cabo sin significado, pues el único significado radica en nuestra verdadera Identidad como parte de Dios.

7) la víctima inocente

Y luego, finalmente, este corpóreo yo (B) se experimenta como una *víctima inocente* del mundo (yos C fragmentados), y los pecados del mundo son los responsables de toda su angustia y todo su sufrimiento. Este es el coronamiento de la estrategia del ego para retener su propia existencia e identidad separada. Pues ahora el Hijo ha retenido su individualidad–*en el cuerpo*–pero no hay manera de que se pueda juzgar como responsable de haberlo logrado. *Alguien y algo más lo hicieron.* Y el sufrimiento de nuestras vidas–desde el nacimiento hasta la muerte–da testimonio de la "verdad" de esto, nuestro último concepto del yo: la víctima inocente (yo B) que sufre a través de las manos pecaminosas de los victimarios del mundo (yos C):

> Mas cada vez que sufres ves en ello la prueba de que él [nuestro hermano, el pecaminoso Hijo de Dios a quien *no* se percibe como nosotros] es culpable por haberte atacado. De esta manera, te conviertes en la prueba de que él ha perdido su inocencia y de que sólo necesita contemplarte para darse cuenta de que ha sido condenado....
> Siempre que consientes sufrir, sentir privación, ser tratado injustamente o tener cualquier tipo de necesidad, no haces sino acusar a tu hermano de haber atacado al Hijo de Dios. Presentas ante sus ojos el

cuadro de tu crucifixión, para que él pueda ver que sus pecados están escritos en el Cielo con tu sangre y con tu muerte, y que van delante de él, cerrándole el paso a la puerta celestial y condenándolo al infierno (T-27.I.2:2-3; 3:1-2).

El pecado es la creencia de que el ataque se puede proyectar fuera de la mente en la que se originó la creencia. Aquí la firme convicción de que las ideas pueden abandonar su fuente se vuelve real y significativa. Y de este error surge el mundo del pecado y del sacrificio. Este mundo es un intento de probar tu inocencia y, al mismo tiempo, de atribuirle valor al ataque. Su fallo estriba en que sigues sintiéndote culpable, aunque no entiendes por qué. Los efectos se ven como algo aparte de su fuente, y no parece que puedas controlarlos o impedir que se produzcan. Y lo que de esta manera se mantiene aparte jamás se puede unir (T-26.VII.12:2-8).

Y de esta manera el único y perfecto Hijo de Dios, unido con Su Creador, se ha reducido dentro del sueño del ego a un vulnerable e "inocente" cuerpo, cuyos sufrimientos son el efecto de los pecados *de algún otro*. De este infernal concepto del yo no hay manera de escapar y

muy pocas esperanzas de alcanzar la salvación, pues el mundo del pecado parecería ser eternamente real. Los que se engañan a sí mismos tienen que engañar, ya que no pueden sino enseñar engaño. ¿Y qué otra cosa sino eso es el infierno? (M-in.5:1-3)

Pasamos ahora a un repaso de la dinámica básica del ego y de sus cimientos de pecado, culpa y miedo: los medios específicos mediante los cuales el ego nos arraiga en este mundo.

Pecado, culpa y miedo

En los Capítulos Dos y Tres discutimos la mente tripartita del ego en un nivel metafísico, específicamente en lo que concierne a nuestras creencias acerca de Dios nuestro Creador, y de Su Presencia (el Espíritu Santo) en nuestras mentes divididas. Ahora cambiamos la dinámica a lo que experimentamos que es la mente individual o el yo, el cual sólo refleja el cimiento ontológico de nuestra distorsionada relación con Dios. Esta relación entre el ego individual y el colectivo ejemplifica el importante principio elucidado en el Curso, y el cual ya hemos mencionado: el todo se encuentra en cada parte, una totalidad que aún trasciende cualquier referencia cuantitativa y, por lo tanto, está más allá de nuestro entendimiento. Como leemos:

Cada parte [de la Filiación] que recuerdas contribuye a tu plenitud porque cada parte *está* completa (T-9.VI.4:5).

El reconocimiento de que la parte es igual al todo y de que el todo está en cada parte es perfectamente natural, pues así es como Dios piensa, y lo que es natural para Él es natural para ti (T-16.II.3:3).

Este principio parte-todo, como hemos visto, es inherente al fenómeno del holograma, el cual no era conocido popularmente cuando se estaba llevando a cabo la escritura de *Un curso de milagros* a mediados de la década de los 60 y a principios de los 70. Así que, aplicado a la mente dividida individual, encontramos, repito, que la totalidad del sistema de pensamiento del ego de pecado, culpa y miedo en la mentalidad errada, además de la corrección del perdón en la mentalidad correcta, se encuentra en todas y cada una de las partes de la mente dividida en que se fragmentó la totalidad. Para los propósitos de nuestra discusión aquí, por lo tanto, vemos que todas las personas–en realidad los reinos animal, vegetal y mineral completos–que habitan este mundo, o mejor dicho, que *creen* estar en este mundo, vienen con el sistema de pensamiento del ego intacto. Las *formas* de este asesino sistema de especialismo varían grandemente, pero su *contenido* siempre permanece el mismo hasta que no sea deshecho mediante nuestra aceptación de las enseñanzas de perdón del Espíritu Santo. Retornamos ahora a los aspectos más específicos e individualizados de este sistema de pensamiento demente.

El pecado

El pecado se refiere a nuestra creencia en la realidad de la separación. Es, como discutimos antes, la interpretación que hace el ego de la "diminuta y alocada idea" como algo que es completamente horrendo y que no debe tomarse a la ligera. En palabras del Curso, citadas ya en dos ocasiones, este

pensamiento se convirtió en una idea seria, capaz de lograr algo, así como de tener efectos reales (T-27.VIII.6:3).

Generalmente, lo que nosotros llamamos pecado en nuestras vidas personales, individuales entraña siempre algún aspecto del estar separados de los demás, lo cual conlleva una violación de las enseñanzas y valores sociales, morales o religiosos, independientemente de cuán relativos éstos puedan ser. Desde la perspectiva de la definición que hace el Curso de lo que es pecado, podemos ver que el violar estos valores o ideales reflejaría la creencia ontológica de que nos hemos separado del Dios que sabemos que es perfectamente bueno, verdadero y amoroso; la creencia de que la ilusión de la mortalidad perversa del Hijo ha substituido a la verdad de la bondad eterna de Dios. En el libro de ejercicios leemos este resumen de la naturaleza demente del pecado:

> El pecado es demencia. Es lo que hace que la mente pierda su cordura y trate de que las ilusiones ocupen el lugar de la verdad. Y al estar loca, la mente ve ilusiones donde la verdad debería estar y donde realmente está....
>
> El pecado es la morada de las ilusiones, las cuales representan únicamente cosas imaginarias procedentes de pensamientos falsos. Las ilusiones son la "prueba" de que lo que no es real lo es. El pecado "prueba" que el Hijo de Dios es malvado, que la intemporalidad tiene que tener un final y que la vida eterna sucumbirá ante la muerte. Y Dios Mismo ha perdido al Hijo que ama, y de lo único que puede valerse para alcanzar Su Plenitud es la corrupción; la muerte ha derrotado Su Voluntad para siempre, el odio ha destruido el amor y la paz ha quedado extinta para siempre (L-pII.4.1:1-3; 3).

Así pues, como ya hemos visto, el pecado es el duro precio que el Hijo tiene que pagar por su individualidad, su autonomía y su especialismo. Parafraseando la famosa afirmación de San Pablo (Romanos 6:23)–dicho sea de paso, *Un curso de milagros* se refiere a la misma más de una vez– podemos decir que el precio de la separación es el pecado. En efecto, es incluso mucho más que eso, ya que como discutiremos ahora, el pecado conduce inevitablemente a la culpa y al miedo.

La culpa

De la creencia en nuestra pecaminosidad surge la experiencia que llamamos *culpa*, la cual abarca todas nuestras creencias y experiencias negativas sobre nosotros mismos, tanto conscientes como inconscientes. Tal vez se puede resumir mejor con el término *odio a sí mismo*. La culpa no sólo expresa la idea de que hemos hecho cosas que no debimos haber hecho, o que no hicimos lo que debimos haber hecho–ambas categorías de acciones equivocadas o fallidas caen bajo la sombrilla del pecado–sino que estamos inherentemente equivocados en la fibra misma de nuestro ser. Es más, si eso no fuese lo suficientemente malo, el ego les enseña a todos los seres separados que su maldad innata está más allá del perdonador Amor de Dios, aun cuando Él estuviese dispuesto a perdonarnos, lo cual en el sistema del ego, por supuesto, muy definitivamente Él no está dispuesto a hacer sin antes haber saciado Su venganza. Repito, todas las personas que creen estar en este mundo–en un cuerpo *real* con una personalidad *real*–no escapan de esta terrible carga de culpa. Y esta culpa siempre se exterioriza, aun cuando no se reconozca inmediatamente como tal. Sentimientos de insatisfacción con el cuerpo o con la personalidad de uno, preocupaciones acerca de la edad, del envejecimiento, y de la muerte eventual, son sólo algunas de las muchas expresiones que la culpa asume en nuestras vidas individuales. Creemos entender que la causa de éstas es externa a nuestras mentes, porque no tenemos memoria de la culpa, *en nuestras mentes*, que es la verdadera causa del problema:

> Los testigos del pecado [y de la culpa] ocupan un reducido espacio. Y es ahí donde encuentras la causa de la perspectiva que tienes acerca del mundo. Hubo un tiempo en que no eras consciente de cuál era la causa de todo lo que el mundo parecía hacerte sin tú haberlo pedido o provocado. *De lo único que estabas seguro era de que entre las numerosas causas que percibías como responsables de tu dolor y sufrimiento, tu culpabilidad no era una de ellas.* Ni tampoco eran el dolor y el sufrimiento algo que tú hubieses pedido en modo alguno. Así es como surgieron todas las ilusiones. *El que las teje no se da cuenta de que es él mismo quien las urde ni cree que la realidad de éstas dependa de él.* Cualquiera que sea su causa, es algo completamente ajeno a él, y su mente no tiene nada que ver con lo que él percibe. No puede dudar de la realidad de sus sueños porque no se da cuenta del papel que él mismo juega en su fabricación y en hacer que parezcan reales (T-27.VII.7; mis bastardillas).

El miedo

Finalmente, una vez que nos sentimos culpables, también tenemos que *temerle* al castigo que creemos que tiene que estar próximo y el cual está justificado por nuestra pecaminosidad. Esto refleja el importante principio del ego de que la culpa exige castigo, y funciona de esta manera: Puesto que el objeto último de nuestro pecado es Dios–ya que creemos que lo hemos atacado a Él y a Su Perfecta Unidad por virtud de reclamar nuestra separación e individualidad–el objeto último de nuestro miedo tiene que ser igualmente Dios, dado que tenemos que creer que Él está justificado en atacarnos a Su vez. La extraña y paradójica creencia de muchas religiones de que un Dios amoroso castiga a Sus Hijos tiene su raíz en este pensamiento demente. En el Capítulo Dos describí esta loca dinámica bajo la tercera división del ego.

Evidentemente, nadie está en contacto con este miedo ontológico, como lo explica Jesús en el siguiente pasaje, citado en el capítulo anterior:

> El tiempo, entonces, se remonta a un instante [la separación original] tan antiguo que está más allá de toda memoria, e incluso más allá de la posibilidad de poder recordarlo. Sin embargo, debido a que es un instante que se revive una y otra vez, y de nuevo otra vez, parece como si estuviese ocurriendo ahora (M-2.4:1-2).

Y así las formas específicas de miedo que todos experimentan en este mundo–no importa su aparente justificación–tienen sus raíces en este miedo original al castigo vengador del Dios ilusorio, como el inevitable efecto de nuestro pecado en contra de Él en ese antiguo instante de locura. El popular cuento infantil sobre el Pequeño Pollito, que tenía miedo de que en cualquier momento el cielo caería sobre su cabeza, expresa esta ontológica y muy inconsciente preocupación la cual comparten todas las criaturas separadas. Esta preocupación culmina con el miedo a la muerte inevitable que el ego enseña que es la máxima satisfacción del asesino deseo de venganza de Dios. La dinámica es resumida por Jesús en el manual para el maestro, en un pasaje parcialmente citado antes:

> [El pensamiento de] la separación de Dios y nosotros…Afirma de la forma más clara posible, que la mente cree tener una voluntad separada y capaz de oponerse a la Voluntad de Dios, cree también que puede triunfar en su empeño. Es obvio que esto no es cierto. Sin embargo, es igualmente obvio que se puede creer que lo es. Y ahí es donde la culpabilidad tiene su origen. Aquel que usurpa el lugar de Dios y se lo queda para sí mismo tiene ahora un "enemigo" mortal. Y ahora él mismo tiene que encargarse de su propia protección y construir un escudo con que mantenerse a salvo de una furia tenaz y de una venganza insaciable (M-17.5:3-9).

La clave para entender este pasaje, que de otro modo resultaría inexplicable, radica en el concepto del inconsciente el cual mantiene una vida espantosa, que aparenta ser independiente de nuestra experiencia consciente. Nuestro miedo, por lo tanto, no importa cual sea su aparente origen en el mundo, comienza con esta creencia inconsciente en el pecado, el cual exige que el castigo sea inminente *porque* nos lo merecemos, no importa que el agente punitivo se experimente como uno de nuestros padres, un hermano, un maestro, un vecino, un superior, e incluso Dios Mismo. En el nivel más impersonal, el agente punitivo puede ser el gobierno, el estado de la economía, las instituciones religiosas, o las condiciones mundiales en general. Nada de esto tiene que ver con la realidad externa tal y como esté sino con nuestras *percepciones* de esta "realidad", y las mismas pueden o no ser reforzadas por otras personas o circunstancias.

No hay manera de evitar este miedo una vez que se ha aceptado la culpa en nuestras mentes. La creencia en nuestra culpa nos lleva inconscientemente a esperar represalia, y por consiguiente transitamos esta Tierra en constante miedo, y creemos que la tragedia o la catástrofe nos acecha a cada paso. Es más, este miedo de Dios es tan abrumador que haríamos cualquier cosa para evitar acercarnos al mismo, lo cual sería el resultado de tener que enfrentarnos a nuestro pecado y a nuestra culpa. Por lo tanto, nos encontramos en la incómoda posición de primero haber hecho la culpa real, atemorizarnos ante la misma, y luego tener la necesidad de una defensa masiva para protegernos de ese miedo. *Un curso de milagros* explica la dinámica esencial de la negación, a través de la cual nos protegemos, en un importante pasaje, al cual ya nos hemos referido en el Capítulo Dos:

> ¿Cómo se puede resolver esta injusta batalla [entre nosotros y la imagen de Dios que hicimos real]? Su final es inevitable, pues su desenlace no puede ser otro que la muerte.... Olvídate de la batalla. Acéptala como un hecho y luego olvídate de ella. No recuerdes las ínfimas posibilidades que tienes de ganar. No recuerdes la magnitud del "enemigo" ni pienses cuán débil eres en comparación con Él. Acepta tu estado de separación, pero no recuerdes cómo se originó. Cree que has ganado la batalla, pero no conserves el más mínimo recuerdo de Quién es realmente tu formidable "contrincante" (M-17.6:1-2,5-10).

Jamás se repetirá lo suficiente que la totalidad de este sistema de pensamiento de pecado, culpa y miedo es fabricado, desde sus comienzos. Sólo la memoria del Amor de Dios en la mente separada del Hijo, el Espíritu Santo, refleja la verdad. Todo lo demás, comenzando con la creencia de que la separación es real, es elegido por el Hijo–identificado ahora con el ego–como la forma de negar la verdad de esta memoria de su Identidad como Cristo. Al optar a favor de la ilusión, y luego elegir todas las inevitables e ilusorias defensas que necesitaba para mantenerla en función, el Hijo es capaz, por supuesto, de proteger su recién ganada separación e individualidad–la mayor de todas las ilusiones–al negar el poder de la mente para invertir esta decisión equivocada.

En resumen, podemos entender esta dinámica de pecado, culpa y miedo como una unidad. La creencia en nuestra maldad o *pecaminosidad* inherente nos lleva a la experiencia de la *culpa* debido a quiénes experimentamos ser; y esto nos conduce a su vez a *temerle* al castigo que creemos merecer y que recibiremos. Esta trinidad impía es verdaderamente un infierno psicológico y constituye el cimiento del sistema de pensamiento del ego. Es el yo separado con el cual nos identificamos, y por consiguiente, en el cual basamos nuestras creencias, juicios y percepciones. El mundo que surge de este yo es un mundo de terror del cual no parece haber escape. Ya hemos visto un vívido retrato de este extremadamente despreciable concepto del yo en el párrafo inicial de la Lección 93.

Esta relación entre pecado, culpa y miedo está claramente descrita en el tercer capítulo del Génesis, el primer libro de la Biblia. Podemos tomar el estado paradisíaco pre-Caída que existía en el jardín mitológico de le Biblia como el equivalente al estado pre-separación de la Unidad de Dios y Su Hijo. No existían las necesidades y solamente había la paz y la dicha de estar en el Reino de Dios, unido con toda la creación. En el relato bíblico, Adán y Eva pecaron en contra de Dios al desobedecer su orden de que no comieran del árbol del conocimiento del bien y del mal. Tan pronto comieron de la fruta del árbol prohibido, "se les abrieron a entrambos los ojos, y se dieron cuenta de que estaban desnudos; y cosiendo hojas de higuera se hicieron unos ceñidores" (Génesis 3:7). Ellos se dieron cuenta de que habían hecho algo malo y se avergonzaron. Después de esto, se ocultaron de …Dios por entre los árboles del jardín" (Génesis 3:8), puesto que se sintieron temerosos de lo que Él pudiese hacer en venganza por su pecado.

De modo que nuestra respuesta a la unidad de la creación de Dios es el génesis del ego separado, el sueño de pecado y culpa que culmina con el miedo de lo que Dios haría como castigo de nuestro pecado. Y en efecto, el relato del Génesis continúa el sueño del ego y describe el castigo que Dios les inflige a Adán y a Eva: mediante su desobediencia al comer del árbol de la fruta prohibida, y afirmar de ese modo una voluntad separada de la su Creador, se originó una vida de sufrimiento, angustia y muerte. En las palabras vengativas del Dios bíblico:

> Por haber hecho esto…Tantas haré tus fatigas cuantos sean tus embarazos; con dolor parirás los hijos.… Por haber…comido del árbol del que yo te había prohibido comer, maldito sea el suelo por tu causa: con fatiga sacarás de él alimento todos los días de tu vida.… Con el sudor de tu rostro comerás el pan, hasta que vuelvas al suelo, pues de él fuiste tomado. Porque eres polvo y al polvo tornarás (Génesis 3:14, 16, 17, 19).

A través de la acción de esta voluntad separada–el ego–la criatura a quien el Dios bíblico creó a su imagen y semejanza (Génesis 1:26), la cual, por ser espíritu no podía morir jamás (Sabiduría 2:23), pareció perder su semejanza con el Creador e incurrir en la pena de que su inmortalidad le fuese confiscada. Nuestra verdadera vida en Dios–aquel original y eterno estado de unidad con Él y con toda la creación–desapareció de nuestra experiencia. Su lugar fue ocupado por el mundo del ego–el símbolo de la separación–y sus características de culpa, miedo, ataque y dolor. Este es el mundo que fabricamos, y el mismo se manifiesta en el mismo primer incidente descrito en el Génesis después de la expulsión de Adán y Eva del Jardín. El relato sobre Caín y Abel (Génesis 4) es una tragedia de privación, celos, y por último de asesinato; todo lo contrario al mundo de abundancia, de amor y de vida eterna que Dios creó, nuestra verdadera herencia como criaturas del Cielo.

El cuerpo: la víctima inocente

Un elemento clave en la defensa del ego en contra de que el Hijo recuerde su verdadera Identidad como espíritu es la creencia de que el mundo de cuerpos es real, pues el mismo provee el aparente testimonio de que nuestro pecado de separación es real, por lo cual es necesaria la defensa:

> En el instante en que la idea descabellada de hacer que tu relación con Dios fuese profana pareció posible, todas tus relaciones dejaron de tener significado. En ese instante profano nació el tiempo, *y se concibieron los cuerpos para albergar esa idea descabellada y conferirle la ilusión de realidad.* Y así, pareció tener un hogar que duraba por un cierto período de tiempo, para luego desaparecer del todo. Pues, ¿qué otra cosa sino un fugaz instante podría dar albergue a esa loca idea que se opone a la realidad? (T-20.VI.8:6-9; mis bastardillas)

Es más, este testigo físico de nuestro pecado se convierte en el preciso lugar en el cual buscamos escondernos del gran Castigador. El relato bíblico de Adán y Eva, como hemos visto, describe igualmente cómo estos prototipos mitológicos de nuestros egos separados buscaron esconderse de Dios entre los árboles del jardín, temerosos de Su esperada y vengadora ira. Tal y como resultó en el relato, por supuesto, ésta es una expectativa completamente justificada.

Para discutir el cuerpo, sin embargo, necesitamos retornar al mundo de la culpa, y examinar nuevamente la Gráfica 1 del Capítulo Dos, amoldándola a un nivel individual. En esta gráfica podemos ver que la relación original y arquetípica entre el Hijo único y Dios (Gráfica 1), la prototípica

GRAFICA 3

A (yo pecaminoso)

mente
— —
cuerpo

relaciones especiales

diferencias

B
(víctima inocente)
"yo"

C
(victimario pecaminoso)
figuras de autoridad:
Dios bíblico de venganza,
padres, etc.

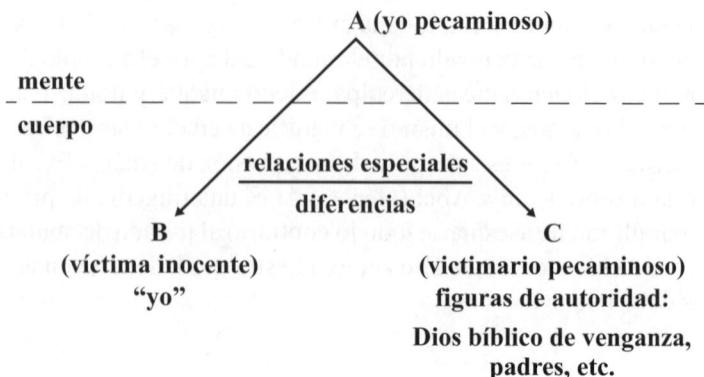

relación especial, ha sido fragmentada en las relaciones especiales que constituyen el mundo individual de nuestra existencia física y psicológica, los dramas de nuestras vidas cotidianas. Sin embargo, si bien en nuestro modelo ontológico la división de A, B y C ocurre únicamente dentro de la mente, aquí en la Gráfica 3 vemos que la división del yo A en los yos B y C saca al Hijo de su mente y lo ubica dentro de un cuerpo. La dinámica es exactamente igual a la anterior, pero ahora la proyección del pensamiento de pecado, culpa y miedo aparentemente ha dado origen a un mundo físico en el cual esta trinidad impía parece asumir ahora una forma corporal. Más específicamente, nuestra culpa u odio a nosotros mismos ya no se concibe como un yo vulnerable en el *pensamiento*, sino que ha encontrado un albergue en el "nuevo" yo que llamamos *cuerpo*, extremadamente vulnerable por cierto.

Acompañando estos sentimientos de culpa, de fracaso abyecto y de auto-desprecio, por lo tanto, están aquellos de sentirse completamente desamparado en un mundo que amenaza esta imagen debilitada y deteriorada de nuestro yo. Y, por supuesto, esta constelación de sentimientos es precisamente lo que el ego tiene en mente. Como discutimos en el capítulo anterior, ahora el cuerpo asume las características de la mente, la cual ha sido ocultada de la vista y de todo recuerdo, y aun a la posibilidad del recuerdo. Mediante la división del pecado de la mente (yo A), se fabrican dos yos "completamente nuevos": un yo que es el depositario del pecado que se proyectó (C), lo cual deja un tercer yo (B) que ahora existe *sin* este pecado y por lo tanto es inocente. Este es el yo que todos luchamos por mantener como nuestra identidad: la *cara de inocencia* que Jesús describe casi al final del texto, el yo que oculta lo que nosotros, al seguir la estrategia del ego, secretamente creemos que es nuestra verdadera cara–el pecaminoso yo A. Y este yo, elegido por nuestro tomador de decisiones en su búsqueda de individualidad, oculta el rostro de nuestro verdadero Ser:

> Tú [tomador de decisiones] forjas un concepto de ti mismo [yo A], el cual no guarda semejanza alguna contigo [nuestro verdadero Ser, Cristo]. Es un ídolo concebido con el propósito de que ocupe el lugar de tu realidad como Hijo de Dios. El concepto de ti mismo que el mundo te enseña no es lo que aparenta ser, pues se concibió para que tuviera dos propósitos, de los cuales la mente sólo puede reconocer uno. El primero [yo B] presenta la cara de inocencia, el aspecto con el que actúa [mediante los yos C]. Esta es la cara que sonríe y es amable, e incluso parece amar. Busca compañeros, contempla a veces con piedad a los que sufren, y de vez en cuando ofrece consuelo. Cree ser buena dentro de un mundo perverso.
>
> Este aspecto puede disgustarse, pues el mundo es perverso e incapaz de proveer el amor y el amparo que la inocencia se merece. Por esa razón, es posible hallar este rostro con frecuencia arrasado de lágrimas ante las injusticias que el mundo comete contra los que quieren ser buenos y generosos. Este aspecto nunca lanza el primer ataque. Pero cada día, cientos de incidentes sin importancia socavan poco a poco su inocencia, provocando su irritación, e induciéndolo finalmente a insultar y a abusar descontroladamente.
>
> La cara de inocencia que el concepto de uno mismo tan orgullosamente lleva puesta, condona el ataque que se lleva a cabo en defensa propia, pues, ¿no es acaso un hecho harto conocido que el mundo trata ásperamente a la inocencia indefensa? Nadie que forja una imagen de sí mismo omite esta cara, pues tiene necesidad de ella. Mas no quiere ver el otro lado (yo A). Sin embargo, es ahí donde el aprendizaje del mundo tiene puestas sus miras, pues ahí es donde se establece la "realidad" del mundo, para perpetuar la continuidad del ídolo.
>
> Detrás de la cara de inocencia se encuentra una lección, para enseñar la cual se concibió el concepto del yo. Es una lección acerca de un terrible desplazamiento y de un miedo tan devastador que la cara sonriente [yo B] que se encuentra encima [del yo A] tiene que mirar para siempre en otra dirección, no sea que perciba la traición que oculta. Esto es lo que la lección enseña: "Yo soy la cosa [yo B] que tú [yo C] has hecho de mí, y al contemplarme, quedas condenado por causa de lo que soy". El mundo sonríe con aprobación ante este concepto de ti mismo, pues garantiza que los senderos del mundo se mantengan a salvo y que los que caminan por ellos no puedan escapar.

Esta es la lección básica que garantiza que tu hermano [yo C] estará condenado eternamente, pues lo que tú eres [el pecaminoso yo A] se ha vuelto ahora su pecado. Y para esto no hay perdón. No importa ya lo que él haga, pues tu dedo acusador apunta hacia él sin vacilación y con mortal puntería. Apunta también hacia ti [yo A], pero este hecho se mantiene aún más oculto entre las brumas que se encuentran tras la cara de inocencia [yo B]. Y en esas bóvedas ocultas se conservan todos sus pecados así como los tuyos, y se mantienen en la obscuridad, donde no se pueden percibir como errores, lo cual la luz indudablemente mostraría. No se te puede culpar por lo que eres [yo B], ni tampoco puedes cambiar lo que ello [yo C] te obliga a hacer. Tu hermano [yo C] es para ti, pues, el símbolo de tus [yo A] proprios pecados, y lo condenas silenciosamente, aunque con tenaz insistencia, por esa cosa odiosa que eres (T-31.V.2-6).

De ese modo nuestras vidas físicas representan el antiguo guión de negar nuestra pecaminosidad internamente percibida (yo A) al separar y proyectar nuestro pecado, y fabricar literalmente un mundo de yos C específicos los cuales interfieren continuamente con nuestra inocencia (yo B). Y esa dinámica de preservar nuestra individualidad, pero librándonos del pecado, es el propósito que tienen este mundo y el cuerpo: nada más y nada menos. El siguiente pasaje tomado de la sección "El templo del Espíritu Santo" en el Capítulo 20 del texto, resume este papel que el cuerpo desempeña en el plan del ego:

El cuerpo es el ídolo del ego, la creencia en el pecado hecha carne y luego proyectada afuera. Esto produce lo que parece ser una muralla de carne alrededor de la mente, que la mantiene prisionera en un diminuto confín de espacio y tiempo hasta que llegue la muerte, y disponiendo de un solo instante en el que suspirar, sufrir y morir en honor de su amo. Y este instante no santo es lo que parece ser la vida: un instante de desesperación, un pequeño islote de arena seca, desprovisto de agua y sepultado en el olvido. Aquí se detiene brevemente el Hijo de Dios para hacer su ofrenda a los ídolos de la muerte y luego fallecer. Sin embargo, aquí está más muerto que vivo (T-20.VI.11:1-5).

Podemos apreciar más a fondo el propósito del ego al fabricar el cuerpo si contemplamos los comienzos de la vida humana. Freud y los psicoanalistas han contribuido grandemente a que entendamos cuán atrás en nuestras vidas se remontan en realidad estos sentimientos de privación, mutilación corporal, y minusvalía. De hecho, Otto Rank, uno de los primero seguidores de Freud, puso gran énfasis al inicio de su obra en la significación del trauma del nacimiento en la etiología de todas las neurosis.

En verdad, mientras Jesús estaba dictándole *Un curso de milagros* a Helen, le comentó a ella sobre la teoría de Rank y dijo lo siguiente:

> Su "trauma del nacimiento",...[una] idea válida, fue...demasiado limitada, en que no se refirió a la separación, la cual fue realmente una *falsa* idea del nacimiento. El nacimiento físico no es un trauma de por sí. Sin embargo, puede recordarle al individuo sobre la separación, la cual fue una causa muy real de miedo. (Sin publicar)*

Hasta el momento de nacer, el feto tiene poca o ninguna conciencia de sí mismo como un ser separado. No experimenta deseos, puesto que sus necesidades fisiológicas básicas son satisfechas por y a través de la madre. En este respecto, y únicamente en este respecto, la vida en la matriz es similar al estado paradisíaco descrito en el segundo capítulo del Génesis donde Adán no carecía de nada, puesto que Dios se lo había dado todo, lo cual refleja lo que *Un curso de milagros* denomina el principio de abundancia (véase, e.g., T-1.IV.3). En un estado sin carencias no puede haber ningún sentido de separación u "otredad". La Biblia dice de Adán y Eva que antes de la Caída ellos permanecían desnudos pero "no se avergonzaban uno del otro" (Génesis 2:25). No existía la vergüenza (o la culpa) pues ellos aún no habían decidido rebelarse. Este estado pre-separación, repito, puede equipararse un tanto con la vida del feto, aunado con su madre y aunado con su mundo.

En el nacimiento todo esto cambia. En una acción análoga a la expulsión del Jardín del Edén y reflejo de la ontológica separación aparente de Dios, el infante es repentinamente arrojado de su paraíso a un mundo de separación. Y esta es una expulsión que *no* se experimenta como causada por su propia decisión, sino a través de fuerzas biológicas claramente más allá del control del infante. Así pues, justo al comienzo de lo que llamamos vida humana, el feto es el efecto inocente (yo B) de acontecimientos sexuales (o de laboratorio) y de inevitabilidades biológicas (los yos C) sobre las cuales él no tiene voz. Nueve meses más tarde, al nacer, por primera vez en su existencia el infante es dolorosamente consciente de que tiene necesidades las cuales no son satisfechas de inmediato, y algunas veces no son satisfechas en absoluto, *y no es suya la culpa*. Lo que estamos viendo realmente, por supuesto, es el cambio abrupto del amor especial al odio especial, el cambio originado por la estrategia del ego que habrá ser tan dolorosamente característico de nuestra existencia cotidiana en el mundo.

---

* Derechos de autor por Kenneth Wapnick, 1990.

Es el cambio del estado cuasi-paradisíaco (realmente un estado de total dependencia) en el cual todas nuestras necesidades son satisfechas, a la experiencia de ser arrojado o rechazado por el amor, cuyo resultado es que tenemos que valernos por nosotros mismos.

Se exhorta al lector a que recuerde que el infante (yo B) es *nada más* que la mitad de la proyección del pecaminoso yo A que aún permanece en la mente. Y puesto que *las ideas no abandonan su fuente*, el aparentemente recién nacido no tiene existencia real fuera de la mente que en verdad lo concibió. Mas el objetivo del ego de mantener al Hijo sin mente, dictamina que el infante parezca ser diferente y separado, y sobre todo, una víctima inocente de acontecimientos más allá de su control. Por eso si escuchamos cuidadosamente el *contenido* detrás de la *forma* del llanto de todo recién nacido, oiremos su claro mensaje al mundo: "Yo no lo hice. Mi separación no es culpa mía; alguien más (mi madre) es responsable por el estado en que ahora me encuentro". Y cada llanto emitido desde entonces refleja ese mensaje básico de la víctima inocente.

Por diseño del ego, esta traumática experiencia de separación, la cual es parte de la culpa, nos deja sintiéndonos vulnerables e ineptos para satisfacer nuestras necesidades. El terror que esto produce permanece con nosotros en algún nivel a través de toda nuestra vida. Mas la fuente real del "trauma del nacimiento", tal como se ha discutido, radica en que nuestro nacimiento es un recordatorio de la separación original–la creencia en la realidad del pecado–la cual es la raíz de toda la culpa y todo el miedo. Y este recordatorio, repito una vez más, ha permanecido dentro de nuestras mentes culpables (los yos A), y debido a que no se reconoce, continuamente proyecta un mundo de cuerpos:

> El cuerpo [yo B] seguirá siendo el mensajero de la culpabilidad [yo A, en la mente] y actuará tal como ella le dicte mientras tú [tomador de decisiones] sigas creyendo que la culpabilidad es real. Pues la supuesta realidad de la culpabilidad es la ilusión que hace que ésta parezca ser algo denso, opaco e impenetrable, y la verdadera base del sistema de pensamiento del ego (T-18.IX.5:1-2).

Nuestros cuerpos, los cuales llegan a simbolizar este estado de separación, así también simbolizan la culpa de la pecaminosidad en nuestras mentes, y la consecuencia de esto es la vergüenza asociada con nuestra persona y con ciertas funciones corporales. Vemos en nuestra cultura las fuertes reacciones en contra de esta vergüenza en los intentos por negar la aversión a nosotros mismos haciendo que nuestros cuerpos luzcan atractivos. El enorme éxito de la industria cosmética es el resultado de esta reacción. De igual manera, el enorme crecimiento de las industrias médica y farmacéutica refleja la necesidad que tiene la sociedad de mantener el cuerpo vivo y saludable. Cuando nos identificamos con nuestros yos físicos, la inevitable angustia que sufren nuestros cuerpos se convierte así en el castigo que inconscientemente creemos merecer por nuestra pecaminosidad. Se establece un círculo vicioso: la fragilidad del cuerpo da testimonio de la pecaminosidad de la mente, lo cual ocasiona que nos identifiquemos con el cuerpo aún más fuertemente al sentir la necesidad de protegerlo o de hacerlo atractivo.

El proceso normal de desarrollo desde el nacimiento hasta la muerte consiste en aprender a lidiar, como víctimas inocentes (yo B), con las duras realidades de una vida separada en un mundo que experimentamos como hostil y amenazante (los yos C), y el cual está más allá de nuestro control y responsabilidad. Todos nos ajustamos al mismo más o menos, pero es un ajustarse a una situación, que es en su fondo, de terror por temor a que nuestras defensas se desmoronen, y nos lancen de nuevo a nuestros originales sentimientos de desvalida insuficiencia (yo A), los cuales son a su vez una defensa *en contra* de que elijamos la verdad de nuestra realidad como el Hijo de Dios, Cristo:

> Cada ajuste es, por lo tanto, una distorsión, y tiene necesidad de defensas que lo sostengan en contra de la realidad. El conocimiento no requiere ajustes, y, de hecho, se pierde si se lleva a cabo cualquier cambio o alteración, pues eso lo reduce de inmediato a ser simplemente una percepción; una forma de ver en la que se ha dejado de tener certeza y donde se ha infiltrado la duda. En esta condición deficiente *es* necesario hacer ajustes, porque la condición en sí no es verdad (T-20.III.1:3-6).

Todos desarrollamos nuestra propia forma particular de adaptación defensiva al mundo, y aprendemos a sobrevivir tomando varias medidas preventivas para asegurar nuestra comodidad y seguridad física y psicológica. Estas preocupaciones de supervivencia son inevitables una vez que nos identificamos con este yo separado del ego, y las mismas constituyen el tema central del mundo del ego.

La culpa, pues, es un todo-penetrante sentido de enajenación, aislamiento y desamparo que permanece con nosotros desde el nacimiento hasta la muerte. Nos recuerda que somos criaturas desvalidas y vulnerables que caminamos aterrados en medio de un mundo, *por el cual, repito, no somos responsables*, y el cual amenaza atacarnos y hasta aniquilarnos en cualquier momento. Repito una vez más que la culpa, por lo tanto, incluye no sólo las cosas que hemos hecho o dicho y que creemos que estaban mal, o las que hemos dejado sin decir o hacer y que creemos que eran acertadas–arraigadas todas en nuestros cuerpos–sino un penetrante sentido de que *estamos* equivocados, el cual se origina en nuestras mentes. Así, la condición antecedente a la culpa es la creencia de que hay algo inherentemente impropio o pecaminoso en nosotros, un estado por el que siempre tenemos que sentirnos culpables y el cual nos dice el ego jamás puede deshacerse.

Puesto que el cuerpo es la expresión tangible del sistema de pensamiento del ego, y de ese modo sirve para hacer real el pecado de la separación, inevitablemente tiene que convertirse en el símbolo del pecado, como hemos discutido. En el más profundo nivel, por lo tanto, cualquier involveramiento del ego con pensamientos o actividades corporales tiene que recordarnos nuestra percibida, terrible e intolerable pecaminosidad la cual ha sido sepultada en nuestras mentes, oculta por nuestra identificación física y psicológica. *Un curso de milagros* llama *magia* a esos pensamientos, y resume esta dinámica en un poderoso pasaje que describe el uso que el ego hace de ese simbolismo para reforzar el terror que sustenta la existencia del ego:

> Mas ¿cuál va a ser ahora tu reacción ante todos los pensamientos mágicos? No pueden sino volver a despertar tu culpabilidad durmiente, que has ocultado pero no has abandonado. Cada uno le dice claramente a tu mente atemorizada: "Has usurpado el lugar de Dios. No creas que Él se ha olvidado". Aquí es donde más vívidamente se ve reflejado el temor a Dios. Pues en ese pensamiento la culpabilidad ha elevado la locura al trono de Dios Mismo (M-17.7:1-6).

Así, la percepción (yo B) del pecado en otro (yo C), es el doloroso recordatorio de la fuente de este pecado en nuestras mentes (yo A).

Este mismo principio, además, es el que yace tras el fenómeno casi universal de asociar la sexualidad con el pecado (o, como en algunas religiones o sistemas de creencias seglares, con la santidad; esta inversión sigue la dinámica de reacción-formación del ego, según la cual nuestros pensamientos o comportamiento consciente se convierte en lo opuesto de lo que consideramos que es la verdad, pero una "verdad" que se mantiene inconsciente). El relato de Adán y Eva expresa gráficamente esta asociación, pues el primer acto de los dos pecadores, después de comer la fruta prohibida, fue cubrir su desnudez. Este acto expresa la proyección inmediata de su culpa por el pecado de rebelarse en contra de Dios–un pensamiento en sus mentes–sobre sus cuerpos, y muy específicamente sobre sus órganos sexuales, los cuales se convierten ahora en la "fuente" de su vergüenza. Es interesante mencionar que la palabra holandesa para vellos púbicos significa "vellos de la vergüenza". Puesto que la Biblia surgió a través de los egos inconscientes de la gente que vivió en las distintas épocas de su escritura–en su mayor parte al menos, como lo vemos en la teología dualista de sus enseñanzas claramente fundamentadas en el ego–podemos entender esta asociación al examinar el propósito específico que el sexo ha tenido para el ego.

El sexo es el medio para la reproducción física, la cual arrogantemente creemos que es la fuente de la vida. Esto expresa la creencia básica del ego de que nosotros–nuestros yos corporales–somos los creadores. El sexo, pues, se convierte en el símbolo evidente de nuestro "pecado original" de haber usurpado la función de Creador de Dios, y de haberlo desplazado del todo. No es de extrañarse, pues, que haya tanta culpa asociada con la sexualidad, y que para tantas religiones y espiritualidades, el sexo se vea como un acto anti-espiritual, si no es que se ve como la expresión concreta del pecado. San Agustín, el muy influyente Padre de la Iglesia del siglo V, identificó el pecado original con la concupiscencia, y estableció el tono moralista para los cristianos de los siglos venideros. Es interesante señalar que antes de su conversión al cristianismo, Agustín era sexualmente promiscuo, y uno puede establecer la hipótesis de que desde un punto de vista psicológico sus enseñanzas morales posteriores fueron una reacción-formación contra su vida anterior, la cual él hubiese percibido como pecaminosa. Todo esto, por supuesto, es simplemente la expresión de la estrategia del ego para desplazar el pecado y la culpa de la mente (yo A) y depositarlo en el cuerpo (yo C), el cual constantemente convierte al inocente yo B en su víctima que tiene que lidiar con estos "pecaminosos" impulsos sexuales. Retornaremos a esta idea en el Capítulo Siete.

En segundo lugar, aunque no menos poderoso como motivador de la culpa, está el claro centro de interés que el sexo ubica en el cuerpo como fuente de placer, lo cual excluye totalmente nuestra identidad como espíritu. En un importante planteamiento al cual volveremos más adelante, Jesús nos dice:

> El cuerpo ciertamente parecerá ser el símbolo del pecado mientras creas que puede propocionarte lo que deseas. Y mientras creas que puede darte placer, creerás también que puede causarte dolor (T-19.IV-A.17:10-11).

Y dos secciones más adelante:

Es imposible tratar de obtener placer a través del cuerpo y no hallar dolor. Es esencial que esta relación se entienda, ya que el ego la considera la prueba del pecado. En realidad no es punitiva en absoluto. Pero sí es el resultado inevitable de equipararte con el cuerpo, lo cual es la invitación al dolor. Pues ello le abre las puertas al miedo, haciendo que se convierta en tu propósito. La atracción de la culpabilidad *no puede sino* entrar con él y cualquier cosa que el miedo le ordene hacer al cuerpo es, por lo tanto, dolorosa. Este compartirá el dolor de todas las ilusiones, y la ilusión de placer se experimentará como dolor (T-19.IV-B.12; mis bastardillas).

Tal interés en el cuerpo como una fuente de placer niega la verdad de esta importante aseveración tomada del principio del texto:

Todo placer real procede de hacer la Voluntad de Dios. Esto es así porque *no* hacer Su Voluntad es una negación del Ser [nuestra verdadera identidad *no-física* como espíritu) (T-1.VII.1:4-5).

Es importante señalar que esta discusión no tiene definitivamente el objetivo de implicar que uno debe sentirse culpable por tener pensamientos, sentimientos o conducta sexuales, como tampoco debe sentirse culpable por necesitar oxígeno o alimento para sobrevivir. Pero es útil reconocer la dinámica de la sexualidad para entender mejor la dinámica de la culpa, la cual *sí* es el problema.

"Un forastero en tierra extraña": La existencia en un mundo extraño

Puesto que toda la culpa y todo el miedo se fundamentan en la creencia previa de que hemos pecado, o de que la separación de Dios ha ocurrido en realidad, cualquier experiencia de culpa o miedo automáticamente tiene que reforzar la creencia de que el mundo de la separación también es real. Como he dicho muchas veces anteriormente, esto se ajusta a la perfección al plan del ego para proteger su existencia del poder que la mente tiene para decidir en contra de él. Si el mundo fuese real, entonces el pensamiento de separación–el ego en sí–que lo inventó tiene que ser real de igual modo. Eso basta en cuanto al principio de Expiación, el ego arguye. Y así, es esta culpa y este miedo–*y no nuestro comportamiento*–lo que nos arraiga en este mundo. Estos pensamientos primarios del ego no sólo hacen real al mundo en nuestra percepción, sino que establecen un círculo vicioso en el cual nos sentimos cautivos sin un aparente escape, atrapados en un mundo extraño que no es sino el reflejo de la experiencia de la mente de estar apartada de Dios. En muchos pasajes Jesús expresa esta enajenación de nuestro yo separado de nuestro Ser, la experiencia de ser "un forastero en tierra extraña", para tomar prestada la famosa frase de Exodo (2:22). Las palabras "extranjero", "extraño" y "sin hogar", por ejemplo, se repiten frecuentemente a través de *Un curso de milagros*, como se puede constatar en estos pasajes representativos tomados del texto:

> Dios no es un extraño para Sus Hijos, ni Sus Hijos son extraños entre sí.
> … En la creación de Dios no hay extraños (T-3.III.6:3; 7:7).

> El Hijo de Dios necesita ciertamente consuelo…. El Reino es suyo, y sin embargo vaga sin hogar. Aunque su hogar está en Dios se siente solo y, rodeado de hermanos, se siente sin amigos (T-11.III.2:1-3).

> Emprenderás un viaje puesto que no te sientes en casa en este mundo (T-12.IV.5:1).

> En realidad no ha ocurrido nada, excepto que te quedaste dormido y tuviste un sueño en el que eras un extraño para ti mismo… (T-28.II.4:1).

Es más, una lección completa del libro de ejercicios–"Yo estoy en mi hogar. El miedo es el que es un extraño aquí."–conmovedoramente trata este tema de la alienación y extrañeza en un mundo que claramente no es nuestro hogar. A continuación presentamos algunos extractos:

> El miedo es un extraño en los caminos del amor. Identifícate con el miedo, y te vuelves un extraño ante tus propios ojos. Y de este modo, no te conocerás a ti mismo. Lo que tu Ser es sigue siendo algo ajeno para la parte de ti que cree que es real, aunque diferente de ti…. Hay un extraño [el miedo] entre nosotros que procede de una idea tan ajena a la verdad, que habla un idioma distinto…. Aún más extraño es el hecho de que no reconoce a aquel a quien visita, y sin embargo, sostiene que el hogar de éste es suyo, mientras que el que está en su hogar es el que es el extraño. … ¿Quién es el extraño? ¿A quién no le corresponde estar en el hogar que Dios proveyó para Su Hijo, a ti o al miedo?… Todo aquel que teme no ha hecho sino negar su verdadera identidad y decir: "Yo soy el extraño aquí. De modo que le cedo mi hogar a uno que es más como yo que yo mismo, y le doy todo cuanto pensé que era mío". Ahora se ha exilado por fuerza, sin saber quién es, inseguro de todo menos de esto; que él no es él mismo, y que se le ha negado su hogar.
> ¿En pos de qué va a ir ahora? ¿Qué podría encontrar? Alguien que se ha convertido en un extraño ante sus propios ojos no puede encontrar un

hogar no importa dónde lo busque, pues él mismo ha imposibilitado su regreso (L-pI.160.1:1-4; 2:1,2; 4:1-2; 5:2–6:3).

La vida en este mundo ilusorio y loco está poderosamente descrita en este pasaje tomado de una lección posterior del libro de ejerciccios, la cual describe cómo experimenta al mundo alguien que cree que éste es real:

> He aquí el único hogar que cree conocer. He aquí la única seguridad que cree poder encontrar. Sin ese mundo que él mismo construyó se siente como un paria, sin hogar y preso del miedo. No se da cuenta de que en ese mundo es donde en verdad es presa del miedo, y donde no tiene un hogar: donde es un paria que en su vagar se ha alejado tanto de su hogar, y por tanto tiempo, que no se da cuenta de que se ha olvidado de dónde vino, adónde va, e incluso de quién es en realidad.… Continúa errante, consciente de la futilidad que le rodea por todas partes, viendo como lo poco que tiene no hace sino menguar, conforme él sigue adelante sin ir a ninguna parte. Pero aun así, continúa deambulando en la miseria y en la pobreza, solo…. Su aspecto da lástima; está cansado y rendido; viene harapiento, y los pies están ensangrentados por los abrojos del camino que ha venido recorriendo. No hay nadie que no se haya identificado con él, pues todo el que viene aquí ha seguido la misma senda que él recorre, y se ha sentido derrotado y desesperanzado tal como él se siente ahora (L-pI.166.4; 5:4-5; 6:1-2).

Una hermosa Lección–"Permaneceré muy quedo por un instante e iré a mi hogar"–expresa una vez más aún la perturbadora angustia de estar en un mundo que no es nuestro hogar, tratando desesperadamente de recordar nuestro verdadero hogar:

> Este mundo en el que pareces vivir no es tu hogar. Y en algún recodo de tu mente sabes que esto es verdad. El recuerdo de tu hogar sigue rondándote, como si hubiera un lugar que te llamase a regresar, si bien no reconoces la voz, ni lo que ésta te recuerda. No obstante, sigues sintiéndote como un extraño aquí, procedente de algún lugar desconocido. No es algo tan concreto que puedas decir con certeza que eres un exiliado aquí…. No hay nadie que no sepa de qué estamos hablando…. Hoy hablamos en nombre de todo aquel que vaga por este mundo, pues en él no está en su hogar. Camina a la deriva enfrascado en una búsqueda interminable, buscando en la obscuridad lo que no puede hallar, y sin reconocer qué es lo que anda buscando. Construye miles de casas, pero ninguna de ellas satisface a su desasosegada mente. No se da cuenta de que las construye en vano. El hogar que anda buscando, él no lo puede

construir. El Cielo no tiene substituto. Lo único que él jamás construyó fue un infierno (L-pI.182.1:1-5; 2:1; 3).

Y finalmente, estos extractos tomados de las Lecciones "No hay más paz que la paz de Dios" y "La paz de Dios refulge en mí ahora":

> Regresa a casa. Jamás encontraste felicidad en lugares extraños, ni en formas que te son ajenas y que no tienen ningún significado para ti, si bien trataste de que lo tuvieran. No te corresponde estar en este mundo. Aquí eres un extraño. Pero te es dado encontrar los medios a través de los cuales el mundo deja de parecer una prisión o una cárcel para nadie (L-pI.200.4).

> La luz es algo ajeno al mundo, y tú en quien mora la luz eres asimismo un extraño aquí. La luz vino contigo desde tu hogar natal, y permaneció contigo, pues es tuya. Es lo único que trajiste contigo de Aquel que es tu Fuente. Refulge en ti porque ilumina tu hogar, y te conduce de vuelta al lugar de donde vino y donde finalmente estás en tu hogar (L-pI.188.1:5-8).

El *sueño* es otra metáfora utilizada por Jesús en *Un curso de milagros* para describir la vida en este mundo extraño del cuerpo, y más específicamente aún es la importante metáfora del sueño, la cual abarca tanto las ilusiones espantosas del ego, como los sueños felices del Espíritu Santo. Estos sueños felices expresan la decisión que han tomado nuestras mentes de perdonar, lo cual nos capacita finalmente para despertar completamente del mundo de los sueños. Lo que sigue son algunos ejemplos tomados del Curso los cuales contrastan el estado de sueño con el de estar despierto, la condición de la vida en el Cielo:

> Tu voluntad se encuentra todavía en ti porque Dios la ubicó en tu mente, y aunque puedes mantenerla dormida, no puedes destruirla.... El descanso no se deriva de dormir sino de despertar. El Espíritu Santo es la Llamada a despertar y a regocijarse. El mundo está muy cansado porque es la idea del cansancio. Nuestra [la de Jesús y la de nosotros combinadas] jubilosa tarea es la de despertarlo a la Llamada de Dios (T-5.II.1:5; 10:4-7).

> Has elegido un sueño en el que has tenido pesadillas, pero el sueño no es real y Dios te exhorta a despertar. Cuando le oigas no quedará ni rastro de tu sueño porque despertarás (T-6.IV.6:3-4).

> En Dios estás en tu hogar, soñando con el exilio, pero siendo perfectamente capaz de despertar a la realidad.... No recuerdas estar despierto (T-10.I.2:1; 3:2).

Tú que has pasado la vida llevando la verdad a la ilusión y la realidad a la fantasía, has estado recorriendo el camino de los sueños. Pues has pasado de la condición de estar despierto a la de estar dormido, y de ahí te has sumergido en un sueño todavía más profundo. Cada sueño te ha llevado a otros sueños, y cada fantasía que parecía arrojar luz sobre la obscuridad no ha hecho sino hacerla aún más tenebrosa. Tu meta era la obscuridad, en la que ningún rayo de luz pudiese entrar (T-18.III.1:1-4).

La mente puede pensar que duerme, pero eso es todo. No puede cambiar su estado de vigilia. No puede hacer un cuerpo, ni tampoco habitar en un cuerpo.... Lo que parece morir no es sino la señal de que la mente está dormida.... Lo que parece ser lo opuesto a la vida es meramente un sueño (L-pI.167.6:1-3,7; 9:1).

Pasamos ahora a las inevitables consecuencias de ese sueño: la experiencia de estar atrapados en una prisión del cuerpo y del mundo de la cual no existe una verdadera esperanza de liberarse.

Prisioneros de nuestros yos

Dentro del mundo de enajenación del ego no *hay* escape porque, como hemos visto, el encarcelamiento es el propósito del mundo de los cuerpos. Mientras creamos que nuestros problemas están en el universo físico, también buscaremos las soluciones allí. Las "soluciones" que ofrece el ego –todas formas diferentes de lo que el Curso llama relaciones especiales– son meramente formas sutiles de reforzar el problema, pues éstas continúan enseñándonos (yo B) a ver el mundo (yo C) como algo real y separado de su causa interna (yo A). Como nos explica Jesús en *Un curso de milagros*, la máxima del ego es: "Busca, pero no halles" (T-16.V.6:5). La manera en que definimos el problema nos dicta dónde buscar la solución. El definir un problema como algo externo inevitablemente significa que debemos buscar la solución externamente, a través de lo que Jesús llama *magia*, un término que discutimos antes dentro de un contexto diferente (pág. 35). La salvación, pues, no puede hallarse jamás si se busca afuera (magia), sino sólo si se busca adentro (milagro)–en nuestras mentes–donde está verdaderamente el problema. Esta búsqueda interna es, por supuesto, justo lo que el ego no quiere. La decisión de la mente de ser un individuo y por consiguiente un yo A pecaminoso tiene que ocultarse de nuestra vista para siempre por temor a que se retire la decisión y el ego desaparezca en su propia nada.

Imagínese la sala de cine que visitamos brevemente en el Capítulo Tres, llena de gente absorta en las imágenes que están percibiendo en la pantalla que está frente a ellos. A pesar de esta absorción en las acciones y personajes caracterizados en la pantalla, los observadores, sin embargo, están algo conscientes de la "realidad" de la situación: Hay una película que pasa a través de un proyector, localizado en la cabina de proyección detrás de ellos; y esta película es *proyectada* sobre la pantalla donde puede verse y se puede reaccionar a la misma. Es realmente un fenómeno interesante cómo la disociación nos permite mantener en la mente pensamientos de realidad y de ilusión al mismo tiempo. Por una parte sabemos que lo que estamos observando es pura ilusión; no solamente en la medida en que la película es generalmente ficción, sino también porque la gente y las situaciones que estamos observando no están ahí en realidad. Por otra parte, *psicológicamente* reaccionamos *como si* las imágenes en la pantalla fuesen reales; nos reímos y lloramos, nos asustamos, nos da ira, nos aburrimos, gritamos cuando el héroe sale victorioso y nos sentimos perturbados cuando la maldad ocurre o triunfa sobre la bondad.

Así que mientras una parte de nosotros sabe que no está sucediendo nada, otra parte reacciona como si en efecto algo *sí* estuviese pasando. Mas no obstante, nos arrancan de nuestra ilusión en el instante en que la película comienza a funcionar mal; por ejemplo, cuando la imagen en la pantalla comienza a ondular hacia arriba y hacia abajo, o si ocurre un fallo en la corriente eléctrica. Nos han sacudido bruscamente de nuestro estado de cuasi-sueño y bastante molestos exigimos que nos devuelvan nuestro sueño. Imaginen ahora cómo nos sentiríamos si en respuesta a nuestras airadas exigencias alguien corriera hacia la pantalla, con las manos extendidas y tratase de detener las imágenes que ondulan en la pantalla. En el mejor de los casos a la persona se le consideraría un tonto, y en el peor de los casos se le consideraría clínicamente loco. Obviamente, el problema de la imagen ondulante no tiene que ver nada en absoluto con la pantalla que percibimos, sino más bien con incidentes que ocurren en la cabina de proyección que está detrás de nosotros y que no vemos, y de la cual nos hemos olvidado en gran medida durante la película.

En nuestro ejemplo, la mente (yo A), por supuesto está representada por la cabina de proyección, el proyector en sí representa la capacidad de la mente para proyectar, y la película que pasa a través del proyector es o del ego o del Espíritu Santo. La pantalla representa el mundo con el cual continuamente nos identificamos (yo B que continuamente es afectado por los yos C), "al olvidar" que lo que estamos viendo y experimentando *no es sino* el reflejo o la imagen proyectada del sistema de pensamiento (yo A) que está pasando por la mente. Finalmente, la persona que está sentada en la sala de cine observando la película y quien se ha olvidado del proyector obviamente simboliza al tomador de decisiones de nuestra mente (o el observador, en este contexto), el cual ha elegido olvidarse de su yo A pecaminoso, y experimentar como realidad únicamente las imágenes proyectadas de un mundo de separación repleto de pecado.

Esta imagen de la sala de cine que estoy usando le debe su contenido a la famosa alegoría de la caverna en *La república* de Platón (VII 514-520), uno de los más famosos de todos los pasajes filosóficos. Su brillo y la relevancia directa para *Un curso de milagros* amerita que aquí se discuta algo al respecto. De hecho, los estudiantes del Curso pueden reconocer tres alusiones que Jesús hace a la alegoría en el texto (T-20.III.9; T-25.VI.2; T-28.V.7). Específicamente Platón trata aquí el tema que le preocupó toda su vida, y el cual es central para las enseñanzas de *Un curso de milagros* también: la relación entre apariencia y realidad.

Simplificando la descripción de Platón, la escena es una cueva en la cual hay unos prisioneros atados con cadenas de frente a una pared interior:

> En ese antro, unos hombres que han estado prisioneros desde su infancia, de suerte que no puedan cambiar de lugar ni volver la cabeza por causa de las cadenas que les sujetan las piernas y el cuello, pudiendo solamente ver los objetos que tengan delante.

Detrás de ellos está la entrada a la cueva, y detrás de ésta hay un camino por el cual transita la corriente normal del comercio diario. Detrás del camino arde un fuego, cuyo fulgor alumbra el interior de la cueva, y lanza las sombras de los transeúntes que pasan por el camino, sobre la pared que está frente a los prisioneros encadenados. Finalmente, más lejos aún detrás del fuego brilla el sol, la fuente última de luz. Los prisioneros, sin poder ver detrás de ellos la realidad de las figuras que pasan por el camino, sólo ven sus sombras, y creen que éstas son lo que es real:

> ¿Crees que [nuestros prisioneros] verán otra cosa, de sí mismos y de los que se hallan a su lado, más que las sombras que van a producirse frente a ellos al fondo de la caverna?... ¿Verán asimismo, otra cosa que las sombras de los objetos que pasen por detrás de ellos?... Si pudiesen conversar entre sí, ¿no convendrían que las sombras que ven son lo que es real?... Y si al fondo de su prisión hubiese un eco que repitiese las palabras de los que pasan, ¿no se figurarían que oían hablar a las sombras

mismas que pasan por delante de sus ojos?... Y finalmente no creerían que existiese nada real fuera de las sombras.

En algún momento uno de los prisioneros se libera (más tarde éste se convirtió en el filósofo-rey, el gobernante ideal de Platón) y camina hacia la boca de la cueva y el fuego. Este comienza a darse cuenta de que lo que él y los demás habían conocido como la realidad es meramente una *ilusión* de la realidad:

> ...hasta entonces no ha visto más que fantasmas, que ahora está más cerca a la realidad viendo más correctamente, porque se dió vuelta hacia objetos más reales....

El prisionero liberado se adentra más en la luz del sol, y al principio los ojos le duelen con el resplandor. Eventualmente puede mirar más y más fijamente hacia el mundo superior fuera de la cueva:

> Lo que mejor distinguiría sería, primero, las sombras, luego las imágenes de los hombres y de los demás objetos, pintadas en la superficie de las aguas; finalmente los objetos mismos. De ahí dirigiría sus miradas al cielo, cuya vista sostendría con mayor facilidad durante la noche, al claror de la luna y de las estrellas, que por el día y a la luz del sol.... Finalmente, se hallaría en condiciones, no sólo de ver la imagen del sol en las aguas y en todo aquello en que se refleja, sino de fijar en él la mirada, de contemplar al verdadero sol [el Bien] en verdadero lugar.... Después de esto... llegará a concluir que el sol es quien hace las estaciones y los años, quien lo rige todo en el mundo visible, y que es en cierto modo causa de lo que se veía en la caverna.

Sintiendo pena por sus compañeros de prisión, el hombre iluminado regresaría a la cueva para compartir su conocimiento recién adquirido. Sin embargo, "se pondría en ridículo", puesto que ahora sus ojos tendrían que reajustarse al mundo de tinieblas y de sombras de la cueva. De modo que los prisioneros dirían que

> él, por haber subido a lo alto, ha perdido la vista, añadiendo que sería una locura que ellos quisieran salir del lugar en que se hallan, y que si a alguien se le ocurriese querer sacarlos de allí y llevarlos a la región superior, habría que apoderarse de él y darle muerte.

Sin lugar a dudas era obvio para los lectores atenienses de Platón que el modelo para este prisionero que logró escapar y lograr el conocimiento del Bien era Sócrates, quien fue asesinado por sus conciudadanos porque trató de despertarlos a la verdad de la diferencia que existe entre apariencia y realidad. Posteriormente, Platón prosigue, obviamente con Sócrates en mente:

> No es de extrañar que un hombre, al pasar de esa divina contemplación a la de los miserables objetos que nos ocupan, se turbe y parezca ridículo cuando, antes de haberse familiarizado con las tinieblas que le rodean, se ve obligado a disputar ante los tribunales, o en algún otro lugar, acerca de sombras y fantasmas de justicia, y a explicar en qué forma los concibe ante personas que jamás vieron a la propia justicia.

Ahora Platón interpreta la metáfora para nosotros, refiriéndose nuevamente a lo que había escrito acerca del sol, y lo cual constituye la contraparte de lo que se describe en *Un curso de milagros* como la mentalidad correcta y finalmente el mundo real, el *reflejo* de la verdad del Cielo:

> El antro subterráneo [la prisión] es este mundo visible; el fuego que lo ilumina, la luz del sol; el cautivo que sube a la región superior y la contempla, es el alma que se eleva hasta la esfera inteligible [i.e., la mentalidad correcta].… En los últimos límites del mundo inteligible está la idea del bien, que se percibe con trabajo, pero que no puede ser percibida sin concluir que ella es la causa primera de cuanto hay de bueno y de bello en el universo; que ella en este mundo visible, produce la luz y el astro de quien la luz viene directamente; que en el mundo invisible, engendra la verdad y la inteligencia; que es preciso, en fin, tener puestos los ojos en esa idea, si queremos conducirnos cuerdamente en la vida pública y privada.

Mucho antes en *La república* Platón hace una analogía del ver indistintamente de noche sin la luz del sol, y el tratar de entender sin el beneficio de la realidad del Bien:

> Cuando ésta [el alma o la mente] fija sus miradas en objetos alumbrados por la verdad y por el ser, los ve claramente, los conoce, y muestra estar dotada de inteligencia; mas cuando vuelve su mirada a lo que está mezclado con tinieblas, a lo que nace y perece, túrbase su vista, se oscurece, y sólo tiene opiniones que cambian a cada paso: en una palabra, que parece por completo desprovista de inteligencia (VI 508 b).

La tarea del filósofo liberado, ahora el filósofo-rey, es la de educar a sus compañeros prisioneros. Este, por supuesto, era uno de los propósitos de la Academia de Platón y uno de los mensajes de *La república*: cómo desarrollar un programa educativo y de adiestramiento para la sociedad, así como para los filósofos-reyes, incluso ayudarlos a reconocer sus responsabilidades de retornar al mundo inferior a enseñar a los otros. Pero nos estamos adelantando a nuestro relato, de modo que ahora dejamos a

Platón, para volver a su filosofía del filósofo-rey en el Capítulo Siete cuando discutamos el papel de la mente sana en el "plan" para la salvación del mundo.

Retornando ahora a *Un curso de milagros*, podemos entender mejor a través de metáforas la astucia de la estrategia del ego de apartar el problema de la culpa de la respuesta del perdón, no sólo al removerlo de la mente, sino al remover todo vestigio de que *haya* un problema porque ya ni siquiera existe una mente. Al proyectar la culpa de la mente sobre el cuerpo–el nuestro o el de otro–el ego ha fabricado un mundo extraño de sombras que efectivamente ocultan la verdadera fuente de nuestra desdicha y miseria: la decisión de nuestra mente de ser un individuo autónomo, independiente de nuestro Creador y Fuente. De ese modo nos mantenemos prisioneros de un carcelero invisible–la *decisión* de la mente de ser el yo A–de cuya existencia ni siquiera somos conscientes.

Una definición del golf, proveniente de una fuente anónima, provee una descripción divertida de la sandez inherente al no-muy-divertido sistema de pensamiento del ego: "un infructuoso intento de colocar una esfera incontrolable dentro de un hoyo inaccesible, con un instrumento mal adaptado para el propósito". De modo que los llamados problemas del mundo y sus soluciones son sencillos, *una vez los redefinimos*: el único problema del mundo es la creencia de nuestras *mentes* en el mundo, i.e., en la realidad de la separación y de nuestra culpa; la única solución al problema es aceptar la Expiación, i.e., cambiar de mentalidad a través del proceso del perdón. Regresaremos a esta sencilla dinámica de la salvación en el Capítulo Seis.

Las relaciones especiales y la tercera división

Al llegar a este punto quisiera que retornásemos a nuestra discusión de las divisiones en el sistema de pensamiento del ego, a manera de introducción al importante tópico de las relaciones especiales. El lector debe recordar del Capítulo Dos y luego de este capítulo, nuestra discusión de la tercera división, en la cual el yo ahora percibido pecaminoso (yo A) se divide en dos nuevos yos: el *impecable* Hijo (yo B) a punto de ser la víctima inocente del *pecaminoso* Padre (yo C), a quien el Hijo experimenta como separado y diferente de él. Todo esto, por supuesto, es parte del *evidente* plan del ego para retener la separación y la individulidad que cree haberle robado a Dios, pero sin ser el responsable de ello al depositar (proyectar) la carga del pecado sobre otro. Este otro (yo C), como hemos visto, es secretamente inventado por él mismo (yo A), un hecho que se mantiene secretamente oculto de la conciencia del "inocente" Hijo (yo B). Este plan *oculto* del ego, como hemos visto muchas veces, sirve para proteger su existencia al mantener al Hijo como un ser insensato o sin mente.

La dinámica ontológica fundamental de dividirse en dos nuevos yos–nuestra tercera división–se convierte ahora en el modelo arquetípico, por decirlo así, para la dinámica individualizada de especialismo del ego. Es la relación especial lo que constituye la marca distintiva de la parte final del plan del ego–la cuarta división–cuya consecuencia fue la fabricación del universo físico. Cuando ocurre la fragmentación del Hijo, esta dinámica echa raíces en cada uno de los fragmentos aparentemente separados de la mente original única del Hijo, la cual se había dividido. Y por consiguiente, cada fragmento lleva en sí el mismo contenido de esta tercera división ontológica original, la cual se vuelve a representar–una y otra vez–en todas sus relaciones especiales dentro del sueño, donde todas y cada una de esas relaciones se ve simplemente como una parte separada de ese yo mayor y pecaminoso (yo A).

Ahora podemos examinar la relación especial en más detalle, comenzando con una breve consideración del fenómeno de una sola vida, desde la concepción (o nacimiento) hasta la muerte. Dicho sea de paso, este tratamiento se hace un tanto arbitrariamente pues, como ya hemos discutido, el tiempo en verdad no es lineal. Es más, no puede haber ni nacimiento ni muerte real, puesto que la existencia física de un individuo es meramente parte del simulado mundo de sueños de tiempo y espacio del ego.

Desde esta perspectiva, podemos entender cómo *todo* acerca de nuestras vidas físicas no es sino un fragmento separado del yo A superior de la mente. Esto incluye nuestra estructura genética, nuestros cuerpos, nuestras personalidades, familias, nuestro proceso de envejecimiento y la muerte–todos los cuales fueron específicamente diseñados para reforzar nuestra creencia de que somos las inocentes víctimas (yo B) de poderes, fuerzas, y de gente (yos C) más allá de nuestro control. Consideramos esta parte del plan del ego en una sección anterior de este capítulo, y nuestro nacimiento como criaturas "inocentes" de padres (o figuras putativas) de quienes somos totalmente dependientes se convierte en nuestra primera relación especial en el mundo. En otras palabras, nuestras vidas individuales son tan intencionalmente construidas para lograr la meta del ego de retener nuestra individualidad pero sin la responsabilidad por ello, como lo es la obra de un dramaturgo que escribe una obra de teatro. Nosotros–nuestros tomadores de decisiones, los soñadores del sueño–de hecho somos los autores de los guiones que contienen nuestras vidas desde el nacimiento hasta la muerte (y antes y después de nuestra vida física por igual, lo cual depende del sistema de creencias de uno). Por lo tanto, *sí* somos totalmente responsables de lo que ocurre. Este es uno de los significados del importante pasaje que sigue el cual fue tomado del texto:

> **Soy** responsable de lo que veo.
> Elijo los sentimientos que experimento y decido el objetivo que quiero alcanzar.
> Y todo lo que parece sucederme yo mismo lo he pedido, y se me concede tal como lo pedí.

No te engañes por más tiempo pensando que eres impotente ante lo que se te hace. Reconoce únicamente que estabas equivocado, y todos los efectos de tus errores desaparecerán.

Es imposible que el Hijo de Dios pueda ser controlado por sucesos externos a él. Es imposible que él mismo no haya elegido las cosas que le suceden. Su poder de decisión es lo que determina cada situación en la que parece encontrarse, ya sea por casualidad o por coincidencia (T-21.II.2:3–3:3).

Y así, repito, el método detrás de la locura de haber nacido en un cuerpo, creyendo que esa es nuestra identidad, se fundamenta en la estrategia subyacente del ego de reafirmar su existencia separada, al tiempo que culpa a todas las personas a nuestro alrededor por nuestro dolor, nuestro sufrimiento, y hasta por nuestro nacimiento mismo, sin mencionar las leyes de la naturaleza cuyo inevitable desenlace es nuestra muerte. Así pues, la función de todas las relaciones desde el punto de vista del ego es la de lograr su propósito primario de mantener la separación y la culpa reales en nuestras mentes (yo A), y de ese modo hacer que Dios y el Espíritu Santo desaparezcan, mas hacer a algún otro (yo C) culpable de este pecado ontológico de usurpar la posición de Dios. Esto nos permite ser todavía muy individuales (yo B), pero libres del pecado que ahora claramente le pertenece a otro. Si bien una discusión amplia de las relaciones especiales–el arma principal del ego en contra de Dios–está más allá del ámbito de este libro,* es necesario

---

* El lector interesado puede consultar mis libros *El perdón y Jesús*, capítulo 1; *Despierta del sueño*, capítulo 7. Hay dos álbumes de audio-cintas que también exploran a profundidad este tópico: "Special Relationships" ("Relaciones especiales") y "The Web of Specialness" ("La telaraña del especialismo").

hacer algunos comentarios puesto que el concepto tiene tangencias con esta estrategia del ego.

Las relaciones especiales comienzan con la enseñanza del ego de que nos falta algo, y esta carencia es el producto directo del pecado y se conoce como el principio de escasez. Como afirma Jesús, en lo que es ahora el Prefacio de la segunda edición del Curso:

> Nuestra sensación de ser inadecuados, débiles y de estar incompletos procede del gran valor que le hemos otorgado al "principio de escasez" el cual rige al mundo de las ilusiones. Desde este punto de vista, buscamos en otros lo que consideramos que nos falta a nosotros. "Amamos" a otro con el objeto de ver qué podemos sacar de él. De hecho, a esto es a lo que en el mundo de los sueños se le llama amor [i.e., amor especial] (Prefacio, pág. xiv).

Esta experiencia de culpa, por lo tanto, da testimonio de nuestro reconocimiento de que hay algo radicalmente fallido en nosotros, una torturante sensación de vacío que jamás se puede aliviar. Lo que nos falta, por supuesto, es Cristo, la Identidad espiritual que nos unifica con Dios, y de la cual el ego nos dice que se ha ido para siempre. En otras palabras, creemos que nuestro pecado ha ocurrido en realidad–y ha tenido efectos reales–y, así, esta carencia es un hecho irremediable el cual jamás puede deshacerse. Retornaremos a este concepto más adelante en este capítulo.

La relación especial original, por lo tanto, es con la imagen que el ego tiene de nuestro Creador. Exigimos Su amor especial de modo que no tuviésemos que hacer frente a nuestra culpa por nuestra separación de Él en la cual creemos todos. Negociamos con Dios, con la esperanza de que Él–repito, nuestra imagen de Él–aceptaría nuestra ofrenda de sufrimiento y sacrificio como pago por nuestro pecado en contra de Él. Cuando Dios no acepta nuestra negociación–recuerda, todo esto ocurre *solamente* dentro de nuestras mentes enajenadas y dormidas–nuestra culpa comienza a abrumarnos, y nos conduce a temerle al castigo que será el resultado inevitable de Su furia vengativa. Este miedo, terror sería en realidad una palabra más adecuada, a su vez nos lleva a la defensa de proyección: No fuimos nosotros los que rechazamos a Dios; Él nos rechazó a nosotros. Es a esta dinámica a la que yo me referí como la tercera división en el Capítulo Tres. Por consiguiente, ahora estamos justificados en recurrir a otros en busca del amor que Él nos negó, y es en esa decisión que nacen todas nuestras relaciones especiales:

En la relación especial nacida del deseo oculto de que Dios nos ame con un amor especial es donde triunfa el odio del ego. Pues la relación especial es la renuncia al Amor de Dios y el intento de asegurar para uno mismo la condición de ser especial que Él nos negó (T-16.V.4:1-2).

Esta negación del Amor Que nos creó y del Ser que verdaderamente somos como Cristo ("El Amor me creó semejante de Sí Mismo" [L-pI.67]), es el cimiento subyacente de todo lo que sucederá en el sistema de pensamiento del ego. Tal como originalmente el ego le aconsejó al Hijo dormido que escapase del dolor de su culpa por medio de la proyección, así también nos aconseja aquí, en nuestra aparente existencia individual, que escapemos del dolor causado por este vacío interior buscando el alivio fuera de nosotros. La respuesta de Jesús a este consejo es la exhortación a sus estudiantes: *No busques fuera de ti mismo.* En efecto, este es el título de una importante sección que aparece casi al final del texto, donde Jesús, como un habilidoso compositor, utiliza la frase como un recurrente leitmotif musical a través de la sección:

> *No busques fuera de ti mismo.* Pues será en vano y llorarás cada vez que un ídolo se desmorone. El Cielo no se puede encontrar donde no está, ni es posible hallar paz en ningún otro lugar excepto en él. Ninguno de los ídolos que veneras cuando llamas a Dios te contestará en Su lugar. Ninguna otra respuesta que puedas utilizar como substituto te proporcionará la felicidad que sólo Su respuesta brinda. *No busques fuera de ti mismo.* Pues todo tu dolor procede simplemente de buscar en vano lo que deseas, y de insistir que sabes dónde encontrarlo. ¿Y qué pasaría si no estuviese allí? ¿Preferirías tener razón a ser feliz? Alégrate de que se te diga dónde reside la felicidad, y *no la sigas buscando por más tiempo en ningún otro lugar*, pues buscarás en vano. Mas se te ha concedido conocer la verdad, y saber que *no la debes buscar fuera de ti mismo....* Un ídolo no puede ocupar el lugar de Dios. Deja que El te recuerde de Su Amor por ti, y no trates de ahogar Su Voz con los cantos de profunda desesperación que les ofreces a los ídolos de ti mismo. *No busques esperanzas más allá de tu Padre.* Pues la esperanza de felicidad *no* es la desesperación (T-29.VII.1; 10:4-7; mis bastardillas, excepto la 10:7).

Esta búsqueda externa tiene dos formas básicas, lo que *Un curso de milagros* denomina relaciones de odio especial o de amor especial, las cuales consideramos ahora separadamente.

Relaciones de odio especial

En nuestras relaciones de odio, para exponer aquí simplemente la dinámica básica del ego, buscamos alivio al dolor proyectando la causa de nuestra vacuidad y soledad sobre otros, y de hecho decimos: "Yo [yo B] soy infeliz (siento dolor, etc.) debido a lo que tú [yo C] has hecho (o dejado de hacer); soy la víctima inocente y tú, el pecaminoso victimario, y por lo tanto, estoy justificado al sentir ira y culparte por mi sufrimiento". Como lo expresa una lección del libro de ejercicios:

> El plan del ego para la salvación se basa en abrigar resentimientos. Mantiene que, si tal persona actuara o hablara de otra manera, o si tal o cual acontecimiento o circunstancia externa cambiase, tú te salvarías. De este modo, la fuente de la salvación se percibe constantemente como algo externo a ti. Cada resentimiento que abrigas es una declaración y una aseveración en la que crees, que reza así: "Si esto fuese diferente, yo me salvaría". El cambio de mentalidad necesario para la salvación, por lo tanto, se lo exiges a todo el mundo y a todas las cosas excepto a ti mismo (L-pI.71.2).

Para que el sistema de pensamiento del ego sobreviva, por lo tanto, es mandatorio que exista un enemigo y que se le perciba fuera de nuestras mentes, pues esto "protege" al Hijo de que jamás tenga que consultar la verdadera causa de su aflicción: la decisión que tomó, en primer lugar, de escuchar la voz de pecado, culpa y miedo (yo A) del ego, en lugar de la Voz del Amor del Espíritu Santo. Una vez que el Hijo reconozca su verdadero "enemigo"–la decisión equivocada del tomador de decisiones–su atención se vuelve hacia su mente, donde también se encuentra la Presencia sanadora del Espíritu Santo. Entonces, para asegurar su sobrevivencia, el ego nos aconseja continuamente que busquemos aquellas personas, objetos, sistemas de pensamiento y fuerzas externas "especiales" para odiarlas, atacarlas y vencerlas. Una percepción de un mundo *nosostros-ellos* de yos B y C se construye rápidamente, y se solidifica mediante nuestra justificada ira:

> La ira siempre entraña la proyección de la separación, lo cual tenemos que aceptar, en última instancia, como nuestra propia responsabilidad, en vez de culpar a otros por ello. No te puedes enfadar a no ser que creas que has sido atacado, que está justificado contraatacar y que no eres responsable de ello en absoluto (T-6.in.1:2-3).

Debe recalcarse con fuerza aquí que este principio de la ira injustificada no condona la ira de los demás o los actos de agresión. Simplemente se trata de nuestras *propias* reacciones a estos pensamientos mágicos que se perciben fuera de nosotros. El odio que observamos en los demás es responsabilidad de esas mentes separadas, tal y como la responsabilidad es nuestra únicamente cuando proyectamos nuestra culpa y atacamos a otras personas.

Ontológicamente hablando, como he discutido en el Capítulo Tres, nosotros fabricamos literalmente un mundo de concreción–el universo perceptual de tiempo y espacio–de modo que, como un solo Hijo, pudiésemos deshacernos de nuestro odio proyectándolo desde nuestra mente sobre alguien que se percibe ahora fuera de nosotros. Jesús explica esta dinámica en el siguiente pasaje tomado del libro de ejercicios–al cual retornaré más adelante–que contrasta la abstracción pura (no-especificidad) de la amorosa Mente de Dios con la naturaleza concreta de la mente del ego llena de odio:

> La condición natural de la mente es una de abstracción total. Mas una parte de ella se ha vuelto antinatural. No ve todo como si fuese uno solo, sino que ve únicamente fragmentos del todo, pues sólo de esa manera puede forjar el mundo parcial que tú ves. El propósito de la vista es mostrarte aquello que deseas ver. Todo lo que oyes te trae a la mente únicamente los sonidos que ésta desea oír.
> *Así fue como surgió lo concreto....*
> *El odio es algo concreto.* Tiene que tener un blanco. Tiene que percibir un enemigo de tal forma que éste se pueda tocar, ver, oír y finalmente matar (L-pI.161.2:1–3:1; 7:1-3; mis bastardillas).

En una variación de la dinámica del ego de pecado y carencia, percibimos la "inocencia" fuera de nosotros (yo C) y el pecado en nuestro interior (yo A). Por consiguiente, intentamos robar esta inocencia dándole nuestro pecado a la otra persona, con lo cual de manera demente creemos que hemos establecido nuestra inocencia (el recién fabricado yo B) puesto que nuestro pecado (yo A) se percibe ahora en otro lugar (yo C). Esta dinámica de proyección se justifica entonces mediante nuestro odio o nuestra ira la cual dirigimos hacia esta persona especial. Este odio refleja la creencia loca, descrita en la cuarta ley del caos del ego, de que la inocencia especial nos era negada deliberadamente por este otro pecador, ahora percibido como nuestro enemigo. De ese modo, la cuarta ley del caos nos conduce al principo, muy preciado por el ego: *mata o te matarán* (M-17.7:11). Citamos ahora de esta cuarta ley del caos:

> El ego atribuye valor únicamente a aquello de lo que se apropia. Esto conduce a la *cuarta* ley del caos, que, si las demás son aceptadas, no

puede sino ser verdad. Esta supuesta ley es la creencia de que posees aquello de lo que te apropias. De acuerdo con esa ley, la pérdida de otro es tu ganancia y, por consiguiente, no reconoce el hecho de que nunca puedes quitarle nada a nadie, excepto a ti mismo. Mas las otras tres leyes no pueden sino conducir a esto. Pues los que son enemigos no se conceden nada de buen grado el uno al otro, ni procuran compartir las cosas que valoran. Y lo que tus enemigos ocultan de ti debe ser algo que vale la pena poseer, ya que lo mantienen oculto de ti.

Todos los mecanismos de la locura se hacen patentes aquí: el "enemigo" que se fortalece al mantener oculto el valioso legado que debería ser tuyo; la postura que adoptas y el ataque que infliges, los cuales están justificados por razón de lo que se te ha negado; y la pérdida inevitable que el enemigo debe sufrir para que tú te puedas salvar. Así es como los culpables declaran su "inocencia". Si el comportamiento inescrupuloso del enemigo no los forzara a este vil ataque, sólo responderían con bondad. Pero en un mundo despiadado los bondadosos no pueden sobrevivir, de modo que tienen que apropiarse de todo cuanto puedan o dejar que otros se apropien de lo que es suyo (T-23.II.9-10).

Crucial para el éxito del plan del ego es que el yo B y el yo C *tienen* que ser diferentes. Esto es así de conformidad con su principio guía fundamental de *el uno o el otro*, el modelo para el principio de *mata o te matarán*. Si he de escapar de mi pecaminoso yo A, me dice el ego, entonces tengo que transferirle este pecado a otro (yo C), lo cual me hace entonces diferente de él: A expensas de esta otra persona, soy *yo* quien ahora se ha tornado inocente, la marca distintiva del inocente yo B. De hecho, toda esta locura no debe ser motivo de sorpresa cuando uno considera exactamente lo que entraña el pensamiento original de separación: El Hijo es *diferente* de su Creador, y es su propio creador. Y es el pensamiento de culpa lo que establece esta diferencia como la realidad, un hecho que el ego afirma que jamás se puede deshacer. Como hemos visto, de esta percepción original de diferencias surge inevitablemente todo un mundo de diferencias, el cual ofrece prueba contundente y justificación para el alegato original del ego de que lo imposible ha sucedido. "Mira a tu alrededor", le dice el ego al Hijo, "y deja que tus ojos te muestren lo que es la realidad: separación y diferencias. ¿Crees realmente ahora que el Espíritu Santo te decía la verdad sobre la unidad de la realidad?"

Y de seguro, su realidad aprisionada en un cuerpo sin memoria alguna de la mente que urdió todo esto, el Hijo de Dios ve un mundo de diferencias, *y nada más*. En efecto, no hay dos personas iguales; no hay dos de cosa alguna que sean iguales. Nos dicen los científicos que no hay dos copos de nieve que sean idénticos, y todos sabemos que las huellas digitales de cada miembro de la especie *homo sapiens* son distintas de todas las demás, un hecho que, entre otras cosas, forma una parte esencial de nuestro sistema de seguridad pública. Es más, un aspecto clave en el campo de la psicología es el estudio de lo que se denomina *diferencias individuales*. Es por eso por lo que el fundamento del sistema de pensamiento del ego, tal como se refleja en las cinco leyes del caos (T-23.II) y se plantea claramente en la primera, es como sigue:

> La *primera* ley caótica es que la verdad es diferente para cada persona. Al igual que todos estos principios, éste mantiene que cada cual es un ente separado, con su propia manera de pensar que lo distingue de los demás. Este principio procede de la creencia en una jerarquía de ilusiones: de que algunas son más importantes que otras, y, por lo tanto, más reales. Cada cual establece esto para sí mismo, le confiere realidad atacando lo que otro valora. Y el ataque se justifica porque los valores difieren, y los que tienen distintos valores parecen ser diferentes, y, por ende, enemigos (T-23.II.2).

Repito, sin esta ley de diferencias no habría ego, y ciertamente, pues, no podría haber relaciones especiales, las cuales dependen de las diferencias para establecer el especialismo del compañero elegido: "Eres especial para mí porque eres *diferente* de todos los demás". Huelga decir que al ego le es indiferente si las diferencias entrañan lo que es bueno y amoroso, o lo que es malo y odioso. El único criterio con el cual debe cumplirse es que el compañero especial sea diferente de nosotros. Y en última instancia, sin considerar la naturaleza "amable" u odiosa de la relación especial, la diferencia entre los dos individuos siempre será el pecado:

> ¿Quién tiene necesidad del pecado? Unicamente los que deambulan por su cuenta y en soledad, *creyendo que sus hermanos son diferentes de ellos. Es esta diferencia, que aunque es visible no es real, lo que hace que el pecado, que si bien no es real es visible, parezca estar justificado.* Todo esto sería real si el pecado lo fuese. Pues una relación no santa se basa en diferencias y en que cada uno piense que el otro tiene lo que a él le falta. Se juntan, cada uno con el propósito de completarse a sí mismo robando al otro. Siguen juntos hasta que piensan que ya no queda más por robar, y luego se separan. Y así, vagan por un mundo de extraños, distintos de ellos, viviendo tal vez con los cuerpos de esos extraños bajo un mismo techo que a ninguno de ellos da cobijo; en la misma habitación y, sin embargo, a todo un mundo de distancia (T-22.in.2; mis bastardillas).

Esta necesidad básica del ego de apartar el pecado del yo A es, repito nuevamente, el origen–por no decir el corazón y alma–de la relación especial que incluye al inocente yo B en guerra con el pecaminoso yo C. Y, por supuesto, *cada* socio en la relación asume el papel del inocente, yuxtapuesto al culpable en una letal danza de muerte. En efecto, todas las personas en el mundo se ven a sí mismas como el yo B, alrededor de quien giran todos los demás–yos C. Esta locura asesina de pecado, separación y diferencia–¡todo lo cual es totalmente fabricado!–se describe claramente en los dos párrafos que siguen:

> La única creencia que se mantiene celosamente oculta y que se defiende aunque no se reconoce, es la fe en ser especial. Esto se manifiesta de muchas formas, pero siempre choca con la realidad de la creación de Dios y con la grandeza con la que Él dotó a Su Hijo. ¿Qué otra cosa podría justificar el ataque? ¿Quién podría odiar a alguien cuyo Ser es el suyo propio y a Quien conoce? *Sólo los que se creen especiales pueden tener enemigos, pues creen ser diferentes y no iguales.* Y cualquier clase de diferencia impone diferentes órdenes de realidad y una ineludible necesidad de juzgar.
>
> Lo que Dios creó no puede ser atacado, pues no hay nada en el universo que sea diferente de ello. *Lo que es diferente, sin embargo, exige juicios, y éstos tienen que proceder de alguien que es "mejor", alguien incapaz de ser como aquel a quien condena, alguien "superior" a él, y en comparación, inocente.* Y así, el deseo de ser especial se convierte simultáneamente en un medio y en un fin. Pues ser especial no sólo separa, sino que también sirve como base desde la que el ataque contra los que parecen ser "inferiores", es "natural" y "justo". Los que se creen especiales se sienten débiles y frágiles debido a las diferencias, pues lo que los hace especiales *es* su enemigo. Sin embargo, ellos lo protegen y lo llaman "amigo". Luchan por él contra todo el universo, pues no hay nada en el mundo que sea más valioso para ellos (T-24.I.3-4; mis bastardillas excepto 4:5).

Dejamos nuestra discusión de la relación de odio especial, con sus expresiones externas de odio, citando esta horriblemente gráfica descripción de la perenne meta de asesinato del ego. Es una presentación dramática de la necesidad del ego (yo A) de asesinar el especialismo que percibe fuera de sí mismo (yo C)–y, por lo tanto, el recipiente de su propio pecado el cual niega–y luego, lleno de culpa se vuelve hacia el yo (B) el cual es el verdadero objeto de su odio asesino. Recuerden que la culpa al exigir castigo de muerte es la prueba última del ego de que la separación de Dios es un hecho consumado:

Mas deja que tu deseo de ser especial dirija su camino, y tú lo recorrerás con él. Y ambos caminaréis en peligro, intentando conducir al otro a un precipicio execrable y arrojarlo por él, mientras os movéis por el sombrío bosque de los invidentes, sin otra luz que la de los breves y oscilantes destellos de las luciérnagas del pecado, que titilan por un momento para luego apagarse. Pues, ¿en qué puede deleitarse el deseo de ser especial, sino en matar? ¿Qué busca sino ver la muerte? ¿Adónde conduce, sino a la destrucción? Mas no creas que fue a tu hermano a quien contempló primero, ni al que aborreció antes de aborrecerte a ti. El pecado que sus ojos ven en él y en lo que se deleitan, lo vio en ti y todavía lo sigue contemplando con deleite. Sin embargo, ¿qué deleite te puede dar contemplar la putrefacción y la demencia, y creer que esa cosa que está a punto de desintegrarse, con la carne desprendiéndose ya de los huesos y con cuencas vacías por ojos es como tú? (T-24.V.4).

De este perverso y totalmente loco mundo no hay escape–el asesinato *es* la ley del mundo de cuerpos–a menos que se contemple su verdadera naturaleza en el mundo *y* en la mente. Entonces, y sólo entonces, puede la verdad–también en la mente–contemplarse más allá de éste. Sin embargo, antes de discutir este proceso del perdón, el grueso del Capítulo Cinco, primero necesitamos considerar las formas más engañosas que el asesinato ha tomado en nuestras relaciones de amor especial, tras lo cual trataremos la cuarta división y del cuerpo.

Las relaciones de amor especial

Las relaciones de amor especial siguen el mismo patrón dinámico o el mismo *contenido* que encontramos en las relaciones de odio, pero con la *forma* opuesta. Ahora el ego nos aconseja que no proyectemos nuestra culpa y odio a nosotros mismos directamente sobre los demás, sino que más bien dejemos que las expresiones indirectas de "amor" y de "interés" del odio oculten las intenciones subyacentes de asesinar. Por lo tanto, bajo el disfraz de amor, el ego nos exhorta, a sus seguidores, a que canibalicemos lo que está fuera de nosotros, arrebatándoselo a otro (o al mundo) e incorporándolo a nuestro interior para llenar el hueco abismal de la nada que, convencidos por el ego, creemos que es nuestra realidad. Así pues, la premisa orientadora del sistema de pensamiento del ego es, como hemos visto, el principio de escasez: nos falta algo en nuestro interior, una carencia que tiene su origen en la separación de Dios:

Si bien en la creación de Dios no hay carencia, en lo que tú has fabricado es muy evidente. De hecho, ésa es la diferencia fundamental entre lo uno y lo otro. La idea de carencia implica que crees que estarías mejor en un estado que de alguna manera fuese diferente de aquel en el que ahora te encuentras. Antes de la "separación", que es lo que significa la "caída", no se carecía de nada. No había necesidades de ninguna clase. Las necesidades surgen debido únicamente a que tú te privas a ti mismo.... Esa sensación de separación jamás habría surgido si no hubieses distorsionado tu percepción de la verdad, percibiéndote a ti mismo como alguien necesitado (T-1.VI.1:3-8; 2:2).

Esta gente "especial", por lo tanto, es amada por lo que su yo especial puede hacer por nosotros–i.e.; proveernos el especialismo que creemos que nos falta–y no por lo que verdaderamente son como hermanos o hermanas en Cristo y por lo tanto carentes de ego.

Ese otro yo "mejor" que el ego busca es siempre uno que es más especial. Y quienquiera que parezca poseer un yo especial es "amado" por lo que se puede sacar de él (T-16.V.8:1-2).

Dicho de otro modo, la gente y las cosas fuera de nosotros (yos C) llenan las necesidades especiales que creemos tener (yos B), las cuales no son sino formas específicas de la subyacente creencia abstracta en la realidad de nuestra propia culpa y escasez (yo A). La motivación primaria en todas las relaciones especiales, pues, es la creencia de que "uniéndonos" con otro en amor (afecto, aprobación, cuidados, etc.) saciamos el inherente estado de sentirnos incompletos dentro de nosotros, y de ese modo evitamos la abrasadora dolor del profundo odio hacia nosotros mismos:

No hay nadie que venga aquí que no abrigue alguna esperanza, alguna ilusión persistente o algún sueño de que hay algo fuera de sí mismo que le puede brindar paz y felicidad. Si todo se encuentra en él, eso no puede ser verdad. Y así, al venir a este mundo, niega su propia verdad y se dedica a buscar algo que sea *más que lo que lo es todo*, como si una parte de ese todo estuviese separada y se encontrase donde el resto no está. Este es el propósito que le confiere al cuerpo: que busque lo que a él le falta y que le provea de lo que le restauraría su plenitud. Y así, vaga sin rumbo creyendo ser lo que no es, en busca de algo que no puede encontrar (T-29.VII.2; mis bastardillas).

Cuando estas necesidades son satisfechas por esta persona especial, nos enamoramos, lo cual es meramente otro término para dependencia: "Cuando ambos miembros de la relación especial ven en el otro ese yo especial, el ego ve 'una unión bendecida en el Cielo'" (T-16.V.8:3). Cuando, sin embargo, estas necesidades no son satisfechas de la manera en que nosotros hemos establecido que lo sean, entonces nuestro "amor" rápidamente se convierte en odio, y volvemos a la dinámica de culpar a alguien o algo fuera de nosotros por nuestra aflicción (el yo B es la víctima del yo C). Y como ya hemos visto, esta conclusión era la meta del ego desde el principio: mantener su individualidad y su especialismo intactos, pero culpando a algún otro por ello: el medio *par excellence* de cumplir con la estrategia del ego de mantener al Hijo de Dios como un ser insensato o sin mente.

El núcleo de todas las relaciones especiales es la negociación, el medio a través del cual ambas partes en la relación especial buscan negociar por la satisfacción de sus necesidades, y el principio imperante es sacar lo más posible del otro, pero pagando lo menos posible por ello. El lector no debe tener dificultad alguna en ver los paralelos con la ética capitalista, ciertamente como se practica en nuestra sociedad. No importa, dicho sea de paso, si mi compañero en el amor es consciente o no de este trueque de locura: Yo lo estoy llevando a cabo por los dos en mi mente, del mismo modo que nuestros compañeros hacen lo mismo en sus mentes.

Retornando a nuestra metafísica no-dualista por el momento, puesto que en verdad fuera de la mente no existe nada, a cualquiera que *percibamos* tiene que ser una figura ilusoria. Tal como en los sueños que tenemos cuando dormimos donde, nos dicen lo psicólogos, todos los personajes en nuestros sueños no son sino proyecciones de pensamientos separados en nuestros cerebros, así ocurre en los sueños despiertos que llamamos nuestras vidas personales, excepto, por supuesto, que aquí estamos hablando en realidad de la mente y *no* del cerebro. Ya hemos visto cómo mediante la dinámica del ego de dividirse, literalmente fabricamos nuestro mundo de yos B y C especiales a partir de nuestro propio concepto del pecaminoso yo A. Recordamos estas líneas tomadas de un pasaje que aparece casi al final del texto las cuales expresan el principio de cómo el mundo que percibimos es el resultado directo del sistema de pensamiento que hemos hecho real en nuestras mentes:

> Solamente se pueden aprender dos lecciones [el sistema de pensamiento de culpa del ego, y el sistema de pensamiento de inocencia del Espíritu Santo]. Cada una de ellas da lugar a un mundo diferente. Y cada uno de esos mundos se deriva irremediablemente de su fuente. El mundo que ves [i.e., el especialismo] es el resultado inevitable de la lección que enseña que el Hijo de Dios es culpable....
>
> En el mundo que resulta de la lección que afirma que el Hijo de Dios es inocente no hay miedo, la esperanza lo ilumina todo y una gran afabilidad refulge por todas partes [i.e., el perdón] (T-31.I.7:1-4; 8:1).

Así pues, repito, mi relación contigo (según *mi* punto de vista) sólo existe en mi mente: Eres meramente una figura ilusoria en mi sueño, aunque en este sueño *mi* experiencia es realidad, y he olvidado totalmente que en verdad yo soy el soñador del sueño (yo A), y no su protagonista (yo B). Y en este sueño yo soy una criatura de carencias, con ciertas necesidades especiales para cuya satisfacción son necesarios los otros personajes (yos C) en el sueño. Esto prepara el escenario para el drama de negociación del especialismo, el cual asume entonces la siguiente forma: Yo tengo una necesidad desesperada de compleción, lo cual sólo tú, (mi elegido compañero de amor especial) puedes proveerme. Sin embargo, puesto que yo soy tan desgraciado, no hay manera de que tú me permitas obtener lo que necesito—el especialismo, el cual yo he hecho parte de tu yo en mi sueño—sin recibir algo de valor a cambio. Sin embargo, yo no tengo nada de valor para darte, puesto que ya he decidido que soy culpable e indigno. Y, por lo tanto, tengo que engañarte para que creas que en verdad te estoy dando algo de valor a cambio del gran regalo que tú me estás dando. De esto, pues, es el reino de los cielos: un verdadero infierno construido sobre engaños y mentiras, robo y odio canibalista. Es un estado mental que comienza con culpa, y debe terminar con culpa debido al continuo ataque que *es* la versión distorsionada que tiene el ego de la salvación y del Cielo. Esta extraña dinámica, mayormente inconsciente, se describe en el próximo pasaje, psicológicamente sofisticado, tomado del texto:

> Lo más curioso de todo es el concepto del yo que el ego fomenta en las relaciones especiales. Este "yo" busca relaciones para completarse a sí mismo. Pero cuando se encuentra la relación especial en la que piensa que puede lograrlo, se entrega a sí mismo, y trata de "intercambiarse" por el yo del otro…. Cada uno de ellos trata de sacrificar el yo que no desea a cambio de uno que cree que prefiere. Y se siente culpable por el "pecado" de apropiarse de algo y de no dar nada valioso a cambio. ¿Qué valor le puede adjudicar a un yo del que quiere deshacerse para obtener otro "mejor"?… Mediante la muerte de tu yo, crees poder atacar al yo de otro, arrebatárselo, y así reemplazar al yo que detestas (T-16.V.7:1-3,5-7; 10:6).

En una escala mayor, este demente y perverso esquema de intercambio, de canibalizar lo que se percibe como valioso en el exterior, a cambio del "regalo" de lo que se ha juzgado como algo sin ningún valor, se puede ver en la estructura básica del cuerpo y su intrínseca interacción con el mundo. No podemos sobrevivir sin oxígeno, el cual sólo puede tomarse de la atmósfera externa, y a cambio le damos bióxido de carbono al ambiente, el cual no tiene valor para nosotros. En cambio, nuestros compañeros de amor especial en este proceso, a su vez, son las plantas las cuales necesitan el bióxido de carbono para su existencia, mientras que ellas excretan el oxígeno que es necesario para nuestra supervivencia. De igual modo, requerimos alimento para la energía que es de valor incalculable para nosotros, una porción substanciosa de la cual, como sabemos, procede de la tierra. Luego nosotros excretamos los productos de nuestro sistema digestivo, los cuales no tienen valor para nosotros pero son de gran valor para el terreno que da vida a nuestro alimento. Es más, el excremento es generalmnte abominable para nuestros sentidos, y en este nivel podemos entender que esta aversión a nuestros desperdicios humanos–la *forma*–refleja el horror subyacente de nuestra culpa–el *contenido*–por el canibalismo que es el cimiento de nuestra sobrevivencia como organismos individuales. Y más allá de esta culpa, por supuesto, está el horror por el canibalismo ontológico que nos "ganó" nuestra libertad justo al principio, a expensas, así lo creemos, de la destrucción de Dios y Su creación. Y después de obtener la vida y el poder que codiciábamos de nuestro Creador, Lo descartamos como un desperdicio irrelevante e indeseado.

Para continuar y ampliar esta discusión, es interesante ver cómo desde el punto de vista del ambiente, nuestros desperdicios proveen la nutrición para mantener intacta la relación especial entre los organismos individuales y el mundo; verdaderamente, desde la perspectiva del ego presentada por *Un curso de milagros*, es un "matrimonio hecho en el cielo." El reverso de esta relación de amor especial entre individuo y ambiente, sin embargo, ahora se puede ver por los efectos destructivos externos de este trueque desde la revolución industrial, donde los desperdicios de nuestras plantas industriales y nucleares han contaminado y casi han ocasionado la devastación del aire, el agua, y la tierra del mundo. Así pues, la simbiosis del amor especial que ha existido durante milenios súbitamnte se ha tornado en lo que de verdad siempre fue: la relación de odio especial que está continuamente presente dondequiera que dos individuos aparentemente separados requieren del mutuo especialismo para la compleción que creen les falta en sí mismos.

Nuestro mundo, pues, ejemplifica la locura asesina del sistema de pensamiento del ego que descansa oculta para siempre de nuestra vista mediante la relación especial. Los ojos de nuestras mentes, cegados por el fulgor del especialismo, jamás nos permiten mirar más allá de su destello empapado en sangre y ver su verdadera fealdad oculta en la mente, y más allá de eso contemplar la gloriosa verdad de nuestra realidad:

> Conocer la realidad significa no ver al ego ni a sus pensamientos, sus obras o actos, sus leyes o creencias, sus sueños o esperanzas, así como tampoco los planes que tiene para su propia salvación y el precio que hay que pagar por creer en él. Desde el punto de vista del sufrimiento, el precio que hay que pagar por tener fe en él es tan inmenso que la ofrenda que se hace a diario en su tenebroso santuario es la crucifixión del Hijo de Dios. Y la sangre no puede sino correr ante el altar donde sus enfermizos seguidores se preparan para morir (L-pII.12.4).

En la sección del texto titulada "Los dos cuadros" (T-17.IV), Jesús contrasta las relaciones especiales y las relaciones santas, utilizando la imagen de un cuadro y su marco. El marco del ego, pesadamente cargado con aparentes joyas, *oculta* el cuadro de muerte que nos presenta como su regalo; el cuadro del Espíritu Santo, por otra parte, está livianamente enmarcado de modo que su luz interna sea claramente *visible* según nos conduce hacia sí mismo, y luego directamente a Dios. Por lo tanto, el ego intenta esconder su intención asesina (en la *mente*) detrás de la atracción del placer en todas sus formas (en el *cuerpo*). Y así, nunca pensamos en dirigirnos al problema *ni* a la solución donde en realidad están–en la mente.

Ese cambio del amor especial al odio especial es inevitable por varias razones: primero, ninguna persona o cosa tiene la capacidad de apoyarnos siempre en todos los aspectos; segundo, la meta del ego es el asesinato, como nos dice Jesús repetidamente en *Un curso de milagros* (e.g., T-12.VII.13; T-13.II.5; T-24.V.4), y, por consiguiente, nuestras parejas de amor especial son "concebidas" por el ego para que nos fallen eventualmente y de ese modo se conviertan en chivos expiatorios para nuestra ira justificada; y finalmente, puesto que es nuestra culpa la que ha hecho que esta relación de amor especial sea necesaria como una defensa, el objeto del amor tiene que convertirse en un símbolo de la culpa que es el propósito de la relación. Así pues, si bien conscientemente sólo somos conscientes del amor y la gratitud hacia el ser amado que nos ha permitido negar la angustia bajo la cubierta del especialismo, inconscientemente nuestros pensamientos pasan continuamente del ser amado hacia lo que él/ella simboliza: nuestra culpa. Y puesto que odiamos nuestra culpa más que cualquier otra cosa en el mundo, tenemos que llegar a odiar a aquel que la simboliza para nosotros. Este odio, pues, siempre está presente, aun cuando más fuertemente afirmamos nuestro amor. Es sólo cuestión de tiempo en lo que la tormenta del odio rompe las barricadas del amor especial y se revela tal y como siempre fue:

La relación de amor especial es un intento de limitar los efectos destructivos del odio, tratando de encontrar refugio en medio de la tormenta de la culpabilidad. Dicha relación no hace ningún esfuerzo por elevarse por encima de la tormenta hasta encontrar la luz del sol. Por el contrario, hace hincapié en la culpabilidad que se encuentra fuera del refugio, intentando construir barricadas contra ella a fin de mantenerse a salvo tras ellas. La relación de amor especial no se percibe como algo con valor intrínseco, sino como un enclave de seguridad desde donde es posible separarse del odio y mantenerlo alejado. La otra persona envuelta en esta relación de amor especial es aceptable siempre y cuando se ajuste a ese propósito. El odio puede hacer acto de presencia, y de hecho se le da la bienvenida en ciertos aspectos de la relación, pero la relación se mantiene viva gracias a la ilusión de amor. Si ésta desaparece, la relación se rompe o se vuelve insatisfactoria debido a la desilusión (T-16.IV.3).

Y luego, he aquí el más insidioso de todos los pensamientos –el deshacerse del Amor de Dios, así como del de todos aquellos que nos han fallado en nuestros sueños. De modo que en el centro de la dinámica del especialismo está la comparación, mediante la cual a todo el mundo se le está comparando siempre con todos los demás:

> Hacer comparaciones es necesariamente un mecanismo del ego, pues el amor nunca las hace. Creerse especial siempre conlleva hacer comparaciones (T-24.II.1:1-2).

Aquel que en el momento se gana el concurso de satisfacción-de necesidades del ego, se convierte en el ser amado, mientras que todos los demás son condenados. Este perpetuo afán de juzgar refuerza la culpa subyacente por el juicio original en contra de Dios, y mantiene el ciclo de especialismo girando, y girando, y girando. Dentro de este ciclo aparentemente infinito, se ve a todo el mundo como enemigo o como un enemigo en potencia, y la vida se convierte en un verdadero campo de batalla de separación y de odio.

En la próxima sección, consideraremos la naturaleza de la tercera división en mayor profundidad.

Comentario adicional sobre la tercera y cuarta división

Hay muchos pasajes en *Un curso de milagros* que plantean la dinámica fundamental del ego de dividirse a sí mismo. Algunos de estos pasajes resultan difíciles de leer, en parte debido a la relativa poca familiaridad de la mayoría de los estudiantes del Curso con los sofisticados principios psicológicos que se reflejan en el sistema de pensamiento de éste. Sin embargo, esta dificultad se agrava con la falta de verdadera comprensión, por parte de casi todos los lectores, aun después de muchos años de estudiar el Curso, de la idea crucial de que–los estudiantes de *Un curso de milagros* que ellos creen ser–*son simplemente sombras-figuras en el sueño del ego,* y que las experiencias de sí mismos y de sus relaciones especiales como seres físicos y psicológicos no son más que partes *ilusorias* separadas (yos B y C) de un yo (yo A) *ilusorio* mayor que radica en la mente. Una lectura cuidadosa de estos pasajes compensará a los lectores no sólo con una intensificada comprensión de las enseñanzas de Jesús en *Un curso de milagros*, sino que les conducirá a un mayor discernimiento de cómo sus propias vidas individuales han expresado esta dinámica básica del sistema de pensamiento del ego de apartar aquello que resulta personalmente cuestionable, y literalmente fabricar un mundo de relaciones especiales sobre las cuales se puedan proyectar estos inaceptables pensamientos de pecado.

Comenzamos con la Lección 161 del libro de ejercicios, "Dame tu bendición, santo Hijo de Dios", la cual discutí dentro de otro contexto en la sección anterior. Esta importante lección explora la razón por la cual el ego fabricó un mundo concreto: para tener un mundo de objetos de modo que pudiese apartar el odio (culpa) de sí mismo (yo A), y proyectarla sobre alguien específico (yo C) el cual se percibe en su exterior. El re-citado pasaje comienza con una aseveración de que el estado natural o no-dualista de la mente es abstracto, o no-específico:

> La condición natural de la mente es una de abstracción total. Mas una parte de ella se ha vuelto antinatural. [i.e., la mente está ahora en un estado de separación y de pecado]. No ve todo como si fuese uno solo, sino que ve únicamente fragmentos del todo, pues sólo de esa manera puede forjar el mundo *parcial* que tú ves.

Esto, dicho sea de paso, es uno de los muchos juegos de palabras de *Un curso de milagros*, que encontramos a lo largo de los tres volúmenes. La palabra *parcial* en la última oración debe entenderse tanto en el sentido de estar prejuiciado o influenciado en el punto de vista de uno–el ego ya tiene una preferencia preconcebida de cómo debe verse el mundo–así como en el sentido literal que significa ver sólo fragmentos o partes, la percepción distorsionada del ego que siempre se opone a la totalidad que es la única realidad.

El pasaje continúa ahora con una aseveración del propósito del ego para toda percepción:

El propósito de la vista es mostrarte aquello que deseas ver. Todo lo que oyes le trae a la mente únicamente los sonidos que ésta desea oír. *Así fue como surgió lo concreto* (L-pI.161.2:1–3:1; mis bastardillas).

El cuerpo–con su muy complicado e intrincado aparato sensorio–se fabricó literalmente para que le comunique a la mente dormida del Hijo que en verdad hay un mundo *concreto* que es real e independiente de su fuente: la misma mente separada que está dormida. Esto, dicho sea de paso, es la dinámica idéntica a que la mente separada crea que es real e independiente de lo que cree que es su fuente: el Dios victimado y victimario que ella misma forjara para convencer al Hijo de la verdad del pecado, la culpa y el miedo. Y así el ego construye un mundo de cosas específicas (yos C) para poder contener el odio (yo A) del cual se ha "liberado", y esto se centra en el cuerpo que ahora parece dar testimonio de la realidad del mundo. Finalmente, el ego, como ya hemos visto, hace que el Hijo (yo B) olvide que en efecto *él* (yo A) es el arquitecto del mundo. Y así, este mundo de sueños, el cual no tiene existencia alguna en realidad fuera de la creencia del Hijo en él–un pensamiento que ahora ha sido astutamente sepultado en su mente dormida–parece estar ahí en verdad. Es más, este mundo de sueños de culpa es la verdadera causa de todos los problemas y sufrimientos que el Hijo experimenta como si fueran de lo más palpablemente reales dentro de su cuerpo físico y psicológico, tal como lo aclaran estas dos aseveraciones, la segunda de las cuales cité antes en este capítulo:

Es cierto que no parece que todo pesar no sea más que una falta de perdón [i.e., culpa]. No obstante, eso es lo que en cada caso se encuentra tras la forma (L-pI.193.4:1-2).

De lo único que estabas seguro era de que entre las numerosas causas que percibías como responsables de tu dolor y sufrimiento, tu culpabilidad no era una de ellas. Ni tampoco eran el dolor y el sufrimiento algo que tú mismo hubieses pedido en modo alguno. Así es como surgieron todas las ilusiones. El que las teje no se da cuenta de que es él mismo quien las urde ni cree que la realidad de éstas dependa de él. Cualquiera que sea su causa, es algo completamente ajeno a él, y su mente no tiene nada que ver con lo que él percibe. No puede dudar de la realidad de sus sueños, porque no se da cuenta del papel que él mismo juega en su fabricación y en hacer que parezcan reales (T-27.VII.7:4-9).

La Lección 161 del libro de ejercicios más adelante continúa con una visión más detallada y más gráfica del alcance máximo de este odio, cuyo propósito es asesinar al otro (yo C) separado y específico de modo que la odiosa individualidad del ego (yo A), oculta tras la cara de inocencia (yo B), pueda estar a salvo:

> El odio es algo concreto. Tiene que tener un blanco. Tiene que percibir un enemigo de tal forma que éste se pueda tocar, ver, oír [i.e., en un cuerpo] y finalmente matar. Cuando el odio se posa sobre algo, exige su muerte…. El miedo es insaciable y consume todo cuanto sus ojos contemplan, y al verse a sí mismo en todo, se siente impulsado a volverse contra sí mismo y destruirse.
>
> Quien ve a un hermano como un cuerpo lo está viendo como el símbolo del miedo. Y [yo B] lo atacará, pues lo que contempla [yo C] es su propio miedo [o su pecado asesino: yo A] proyectado fuera de sí mismo, listo para atacar, y pidiendo a gritos volver a unirse a él otra vez. No subestimes la intensidad de la furia que puede producir el miedo que ha sido proyectado. Chilla de rabia y da zarpazos en el aire deseando frenéticamente echarle mano a su hacedor y devorarlo (L-pI.161.7-8; mis bastardillas).

El estudiante de *Un curso de milagros* tal vez recuerde una descripción igualmente gráfica del odio furioso de los mensajeros del miedo, "los perros hambrientos del miedo", que se encuentra en la discusión del primer obstáculo a la paz:

> Sus mensajeros saquean culpablemente todo cuanto puedan en su desesperada búsqueda de culpabilidad, pues su amo los deja hambrientos y a la intemperie, instigando en ellos la crueldad y permitiéndoles que se sacien únicamente de lo que le llevan. Ni el más leve atisbo de culpabilidad se escapa de sus ojos hambrientos. Y en su despiadada búsqueda de pecados se abalanzan sobre cualquier cosa viviente que vean, y dando chillidos se la llevan a su amo para que él la devore…. te traerán noticia de carne, pellejo y huesos. Se les ha enseñado a buscar lo corruptible, y a retornar con los buches repletos de cosas podridas y descompuestas. Para ellos tales cosas son bellas, ya que parecen mitigar las crueles punzadas del hambre (T-19.IV-A.12:5-7; 13:2-4).

Un curso de milagros nos recuerda con frecuencia, como ya hemos visto, que la meta del ego es el asesinato, y Jesús nos quiere decir esto muy literalmente. El *contenido* de estos pasajes no tiene la intención de que los mismos sean tomados ligera o metafóricamente por sus estudiantes, aunque el lenguaje (la *forma*) ciertamente no debe entenderse como la verdad literal dentro de nuestros sueños mundanos. La mayoría de nosotros no nos devoramos unos a otros dentro de lo que es nuestro comportamiento, aunque los pensamientos sin censura de nuestras mentes siempre se centran en adherirse al principio del ego de *el uno o el otro*. Cada Hijo de Dios separado que camina por esta Tierra cree *en su mente inconsciente* que fue el asesinato–el matar a Dios y crucificar a Cristo–lo que le ganó su individualidad y especialismo, por no decir su libertad de la "tiránica" amenaza de la perfecta totalidad de Dios. Y así, el ego nos dice constantemente, que puesto que el asesinato funcionó una vez para que obtuviésemos lo que queríamos, siempre será el asesinato el que venga en defensa nuestra cada vez que seamos amenazados desde afuera.

En cuanto a las bestias salvajes del pasaje anterior, podemos entender que estos animales enloquecidos naturalmente encuentren lo que buscan, puesto que el ego (yo A) ubicó en el sueño a estas odiadas figuras (yo C) agobiadas por el pecado y la culpa *para que pudiesen ser halladas, odiadas y destruidas* por la inocente víctima (yo B). Por lo tanto, jamás deben sorprendernos nuestras reacciones, así como los dramaturgos no deben sorprenderse de los personajes en su drama, puesto que ellos escribieron el drama específicamente para que sus héroes y villanos dijeran e hicieran precisamente lo que éstos hacen y dicen en el escenario. Nuestra vida es nuestro guión, escrito con el fin de asegurarnos que conservemos la individualidad que robamos, pero sin que seamos responsables de ello.

Esta dinámica está explicada en el muy importante y claro pasaje que sigue el cual fue tomado del texto. Lo he citado antes parcialmente en el contexto de la elección entre proyectar o extender, la elección entre el ego y el Espíritu Santo. Este pasaje explica más a fondo cómo lo que escogemos es lo que veremos fuera de nosotros–mediante la dinámica de proyección o de extensión–y creeremos que ello está *realmente* fuera de nosotros. Así, cuando hacemos real el pecado (yo A), hemos hecho real la oposición entre Hijo y Padre, víctima y victimario: yo B y yo C. Y de ese modo ahora percibiremos inevitablemente el conflicto y la oposición *fuera* de nuestras mentes, en las víctimas y lo victimarios de nuestros propios sueños individualizados y específicos de especialismo. Mediante este proceso de proyección, ya no tenemos que aceptar responsabilidad alguna por lo que primero hicimos real *dentro* de nuestras mentes–el cuento del ego de que pecamos en contra de Dios de modo que pudiésemos existir:

> Ves lo que esperas ver y esperas ver aquello que invitas. Tu percepción es el resultado de tu invitación, y llega a ti tal como la pediste. ¿De quién

son las manifestaciones que quieres ver? ¿De qué presencia quieres convencerte? Pues creerás en aquello que manifiestes, y tal como contemples lo que está afuera, así mismo verás lo que está adentro…. Nunca te olvides de que siempre ves lo que buscas, pues lo que buscas lo encontrarás. El ego encuentra lo que busca y nada más. No encuentra amor porque no es eso lo que busca…. Al mirar adentro eliges al guía cuya visión deseas compartir. Y luego miras afuera y contemplas sus testigos. Por eso es por lo que siempre encuentras lo que buscas. Lo que deseas para ti es lo que manifestarás, *y lo aceptarás del mundo porque al desearlo lo ubicaste en él.* Cuando crees que estás proyectando lo que no deseas, es porque *sí* todavía lo deseas.

Y lo que queremos, por supuesto es el *pecado,* pero que éste se vea en alguien fuera de nuestras mentes en un proceso que le permita al ego retener la identidad individual que cree haberle robado a Dios, y que, sin embargo, no parezca ser responsable de ello. El pasaje continúa con el resultado inevitable de esta proyección:

> Esto conduce directamente a la disociación [el término psicológico para la separación de dos pensamientos que se excluyen mutuamente, más reteniéndolos a ambos en la mente de uno], puesto que representa la aceptación de dos objetivos, cada uno de los cuales se percibe en un lugar diferente y separado del otro porque hiciste que fueran diferentes. *La mente ve entonces un mundo dividido fuera de sí misma, pero no dentro de ella.* Esto le da una ilusión de integridad y le permite creer que está yendo en pos de un solo objetivo. Sin embargo, mientras sigas percibiendo un mundo dividido, no habrás sanado. Pues haber sanado es ir en pos de un solo objetivo, al haber aceptado uno solo y no desear más que uno solo…. Has mirado en tu mente y has aceptado que en ella hay oposición al haberla buscado allí. Mas no creas entonces que los testigos de la oposición son verdaderos, ya que ellos sólo dan testimonio de tu decisión acerca de la realidad, y te devuelven los mensajes que tú les diste (T-12.VII.5:1-5; 6:3-5; 7:2-11; 8:3-4; mis bastardillas, excepto por las de 7:6).

El siguiente pasaje que consideramos, en un estilo más sofisticado y directo, expresa la suerte de la mente separada (yo A) al dividirse en dos yos aparentemente distintos: el que llamamos nosotros mismos (yo B), el efecto y víctima inocente de los yos culpables y victimarios que conocemos como nuestros compañeros de odio especial o de amor especial (yos C). Desde tal percepción dividida de la Filiación–víctima y victimario–es naturalmente imposible entender, y mucho menos experimentar la unidad de propósito y función que la Filiación comparte. Esto se debe a que ahora la función está dividida entre nosotros y nuestros compañeros en la relación especial: Nuestra función autoadscrita es mantener nuestra inocencia reforzando la función de culpable pecador del otro en nuestro sueño. Y así nuestro propio pecado percibido se mantiene oculto de nuestra conciencia mediante el pecado que indudablemente se percibe en nuestro hermano. A propósito, el primer párrafo de este importante pasaje no aparece en la primera edición de *Un curso de milagros*.

En una mente escindida, la identidad no puede sino dar la impresión de que está dividida. Nadie puede percibir que una función está unificada, si ésta tiene propósitos conflictivos y objetivos diferentes. Para una mente tan dividida como la tuya, *corregir no es sino una manera de castigar a otro por los pecados que tú* [i.e., el pecaminoso yo A antes de dividirse en los dos yos B y C] *crees son tus propios pecados.* Y de este modo el otro [yo C] se convierte en tu [yo B] víctima, no en tu hermano, diferente de ti por el hecho de ser más culpable, y tener, por lo tanto, necesidad de que lo corrijas, al ser tú más inocente que él. Esto separa su función de la tuya, y os da a ambos un papel diferente. Y así, no podéis ser percibidos como uno y con una sola función, lo cual querría decir que compartís una misma identidad y un solo objetivo.... De la idea de que el ser se compone de dos partes, [yos B y C] surge necesariamente el punto de vista de que su función está dividida entre las dos. Pero lo que quieres corregir es solamente la mitad del error, que tú crees que es todo el error. Los pecados de tu hermano se convierten, de este modo, en el blanco central de la corrección, no vaya a ser que tus errores y los suyos se vean como el mismo error. Los tuyos son equivocaciones, pero los suyos son pecados y, por ende, no son como los tuyos. Los suyos merecen castigo, mientras que los tuyos, si vamos a ser justos, deberían pasarse por alto.

De acuerdo con esta interpretación de lo que significa corregir no podrás [yo B] ver tus propios errores [los pecados del yo A]. Pues habrás trasladado el blanco de la corrección fuera de ti mismo, sobre uno [yo C] que no pueda ser parte de ti mientras esa percepción perdure. Aquel al que se condena [el pecado del yo A] jamás puede volver a formar parte del que lo acusa, quien lo odiaba y todavía lo sigue odiando por ser un símbolo de su propio miedo. He aquí a tu hermano [yo C], el blanco de tu odio, quien no es digno de formar parte de ti [yo B], y es, por lo tanto, algo externo a ti: la otra mitad, la que se repudia. Y sólo lo que se deja privado de su presencia se percibe como todo lo que tú eres (T-27.II.11; 13:2–14:5; mis bastardillsa).

137

Y así podemos ver una vez más cómo el ego logra su meta de retener el pecado de la individualidad, mas ubica la responsabilidad por este pecado sobre "alguien" más, ahora apartado y a quien se mantiene separado del recién fabricado yo inocente que creemos que somos. El pecado que le pertenece al yo A–que había surgido cuando se tomó la decisión a favor del ego en lugar de tomarla a favor del Amor de Dios–se ha apartado y se niega que pertenezca a ese yo. Ahora se ha ubicado en el recién inventado yo C pecaminoso, el hermano que nosotros (el recién fabricado yo B inocente) ahora creemos que es el objeto justificado de nuestro odio.

Finalmente, examinamos un pasaje brillantemente argumentado y tomado de la sección "El concepto del yo frente al verdadero Ser", la cual aparece en el capítulo final del texto. Este extracto lógicamente demuestra cómo es que no podemos ser quienes creemos que somos (yo B), así como tampoco puede este yo ilusorio ser influenciado por nuestro hermano (yo C). Es el yo previo (yo A–el *tomador de decisiones* ya unido con el pensamiento de pecado del ego) *que hemos negado*, el que verdaderamente refleja lo que creemos que es nuestra verdadera identidad. Hasta que reconozcamos la verdad de esta dinámica de literalmente haber fabricado nuestro mundo de relaciones, *y aceptemos responsabilidad por ello*–y mediante ese acto nos re-identifiquemos con el yo A original del ego–no podremos elegir finalmente un yo distinto (el yo de la mentalidad correcta que refleja nuestra verdadera Identidad como Cristo). Esta idea es crucial, puesto que si no sabemos que somos *nosotros* (nuestro tomador de decisiones) los que hemos elegido equivocadamente, jamás podremos corregir nuestro error. Este paso–la esencia del perdón–se describe más a fondo posteriormente en el Capítulo Cinco de este libro. El pasaje que citamos a continuación comienza con el estado en el cual nos deja el ego, la cara de la inocencia que le corresponde al yo B–"el aspecto sobre el cual se actúa"–que se describe antes en la sección.

> Consideremos, pues, qué prueba hay de que tú [yo B] seas lo que tu hermano [yo C] hizo de ti. Pues si bien aún no te das cuenta de que eso es lo que piensas, es indudable que a estas alturas ya eres consciente de que te comportas como si eso fuese lo que piensas. ¿Reacciona él por ti? ¿Y sabe él acaso lo que va a ocurrir exactamente? ¿Puede ver tu futuro y determinar por adelantado lo que debes hacer en toda circunstancia? Él tendría que haberte creado tanto a ti como al mundo para poder tener tal presciencia de lo que ha de suceder.

En otras palabras, dementemente le adscribimos a nuestros compañeros especiales (yos C), los atributos de un Dios que conocería todo sobre nosotros, incluso todos los efectos futuros que tendría su comportamiento sobre nosotros, y cuál sería nuestra reacción a este comportamiento.

Una vez ha dispuesto del argumento que afirma que podemos ser la víctima inocente de otro, Jesús procede a demostrarnos cómo es que tiene que haber otro yo–el *tomador de decisiones* unido con el ego: yo A–que antedata a los yos B y C:

> Que tú [yo B] seas lo que tu hermano [yo C] ha hecho de ti es bastante improbable. Incluso si ello fuese cierto, ¿quién te dio la cara de inocencia? ¿Podría ser ésta tu propia aportación? ¿Quién es, entonces, el "tú" [el tomador de decisiones unido con el yo A] que la concibió? ¿Y quién es el que se engaña con toda tu bondad, y la ataca? Olvidémonos de la ridiculez de este concepto y pensemos simplemente en esto: lo que crees ser consta de dos partes [el inocente yo B y pecaminoso yo A]. Si una de ellas [yo B] fue generada por tu hermano [yo C], quién estaba allí para inventar la otra [yo A]? ¿Y de quién [yo B] hay que mantener algo oculto? Aun si el mundo fuese perverso no habría necesidad de ocultar aquello de lo que estás hecho [yo A]. ¿Quién lo podría ver? ¿Y qué [yo B] podría necesitar defensa sino lo que se ataca?

Jesús expone luego la necesidad del ego de mantener oculta de nosotros la dinámica de la división por miedo a que nosotros (el tomador de decisiones quien ya ha elegido al ego y de ese modo se ha identificado con el pecaminoso yo A) descubramos la conspiración contra nosotros mismos y elijamos otro Maestro. Esta estratagema del ego prosigue al pasar por las etapas de retirar el pecado del yo C y verlo únicamente en el yo B, el que nosotros percibimos que somos en el mundo. Sin embargo, esto ciertamente no sana ni corrige la creencia en el pecado. En verdad, esto meramente refuerza nuestra culpa por nuestro injusto ataque a otro. Sólo al darse cuenta de que hay un tomador de decisiones–*el soñador del sueño*– puede uno en verdad liberarse de la pesada carga de culpa que se ha hecho real. De ese modo, eventualmente se llega a la conclusión de que en efecto: (a) "Algo debe haber habido antes de estos conceptos del yo"; y (b) "algo tuvo que haber llevado a cabo el aprendizaje que dio margen a que éstos surgieran". Aquí, pues, continúa el pasaje que verdaderamente expone la dinámica de la maña del ego que ha mantenido la realidad del sueño y sus raíces en la mente ocultas y a salvo de la corrección. Este pasaje va al corazón mismo del sistema de pensamiento del perdón que Jesús le regala al mundo en su Curso, sin mencionar nuestro miedo a aceptar verdaderamente su mensaje de salvación:

> *Tal vez la razón de que este concepto* [la cara de inocencia] *tenga que mantenerse oculto es que, de ser expuesto a la luz, el que pensaría que no es verdad eres tú* [el tomador de decisiones]. *¿Y qué le ocurriría al mundo que ves si todos sus pilares se eliminasen? Tu concepto del mundo depende del concepto que tienes de ti mismo.…* Mas, ¿quién eligió primero? Si eres aquello que elegiste que tu hermano fuese, tuvo que haber alternativas entre las que elegir, y alguien [una vez más, el tomador de decisiones] tuvo que haber decidido primero cuál de ellas elegir y cuál rechazar.… *Algo tuvo que haber tenido lugar antes de que surgieran estos conceptos de uno mismo. Y algo tuvo que haber aprendido las enseñanzas que les originó.…* La ventaja principal de [este entendimiento previo de que el pecado está en el yo B]…es que de alguna manera se ve que tú participaste en la elección por decisión propia. Mas por esta ganancia sufres una pérdida casi idéntica, pues ahora tú eres culpable por lo que tu hermano es. Y no puedes sino compartir su culpabilidad, ya que la elegiste para él a imagen y semejanza de la tuya propia. Mientras que antes sólo él era traidor, ahora tú tienes que ser condenado junto a él (T-31.V.9:2–11:3; 12:6-7; 13:2-3,5-8; mis bastardillas).

Y, por lo tanto, todo el enfoque del perdón está en retornar al Hijo de Dios a su verdadera identidad dentro del sueño: la de un *tomador de decisiones*. Es aquí donde radica su única esperanza de salvación, puesto que él no puede recordar su Identidad como Cristo hasta que pueda *elegir en contra* de su decisión equivocada de ser un ego individual.

Antes de concluir esta sección resultará de utilidad re-plantear que las implicaciones de la antedicha comprensión de la estrategia de la dinámica del ego es extremadamente importante para una apreciación del sistema de pensamiento del perdón que Jesús expone en *Un curso de milagros*. De hecho, sin ese entendimiento, el estudiante estaría muy propenso a malinterpretar lo que en realidad se está enseñando en el Curso. Retornaremos a esto en mucho más detalle cuando consideremos el proceso del perdón en el próximo capítulo. Por ahora, el punto esencial puede plantearse una vez más: El "otro" (yo C) que percibimos como externo a nuestras mentes, y quien está lleno del pecado que justifica nuestro miedo y nuestro odio en defensa propia (como el yo B), no es *más* que la parte separada de una imagen pecaminosa (yo A) que nosotros–el *tomador de decisiones* identificado con una existencia individual–no queremos mirar y reconocer como nuestra.

Esto, pues, es el significado real de la enseñanza central de Jesús en *Un curso de milagros*, de que perdonemos a nuestro hermano por lo que no nos ha hecho (T-17.III.1:5). Es más, *literalmente no hay nada que perdonar*: El pecado de nuestro hermano es fabricado–al ser una proyección de lo que percibimos como nuestro propio pecado–y no sólo eso, nuestro hermano en sí es fabricado. No hay ningún pecado en nuestro hermano; no existe ningún hermano individual. Sólo existe un mundo de sueños en el cual todo esto *parece* suceder. Y así, nuestra conclusión inevitable luego de examinar el sistema de pensamiento del ego es que puesto que no existe el pecado, no puede existir un yo individual separado. Sólo permanecen Dios y Su creación, el *único* Ser que Él creó cual *uno solo* con Él. Y este hecho es el verdadero significado del principio de la Expiación.

El cuerpo: la morada del ego

El campo de batalla del especialismo, y en efecto el paso final en la estrategia de las divisiones del ego, es el cuerpo. Pasamos ahora a una consideración de la visión que tiene *Un curso de milagros* de la morada del ego para su sistema de pensamiento de odio, puesto que, como ya hemos visto, el odio requiere un objeto específico. Por lo tanto, como hemos dicho en el Capítulo Tres, Jesús afirma inequívocamente en su Curso que el principio creador de Dios no tiene absolutamente nada que ver con la mente separada, la individualidad, la percepción o el cuerpo.

> Las leyes de Dios no pueden gobernar directamente en un mundo regido por la percepción, pues un mundo así no pudo haber sido creado por la Mente para la cual la percepción no tiene sentido (T-25.III.2:1).

Y del libro de ejercicios, leemos las siguientes palabras que reflejan la no-dualidad de la eternidad del Cielo contrastada con el mundo claramente dualista de tiempo y espacio.

> ¿Por qué esperar el Cielo? Se encuentra aquí hoy. El tiempo es la gran ilusión de que el Cielo se encuentra en el pasado o en el futuro. Mas esto no puede ser cierto si el Cielo es el lugar en el que la Voluntad de Dios dispone que Su Hijo esté. ¿Cómo iba a ser que la Voluntad de Dios estuviese en el pasado o aún por cumplirse? Lo que Él dispone está aquí ahora mismo, sin pasado y completamente sin futuro, y tan alejado del tiempo como lo está una pequeña vela de una estrella distante, o lo que elegiste de lo que realmente deseas.

El Cielo sigue siendo la única alternativa a este extraño mundo que construiste y a todas sus idiosincracias; a sus patrones cambiantes y metas inciertas; a sus dolorosos placeres y trágicas alegrías. Dios no creó contradicciones. Aquello que niega su propia existencia y se ataca a sí mismo no es parte de Él. Dios no creó dos mentes, de las que el Cielo es el grato efecto de una, y la tierra, lo opuesto al Cielo desde cualquier punto de vista, el lamentable resultado de la otra.

Dios no está en conflicto, ni Su creación está dividida en dos. ¿Cómo iba a ser posible que Su Hijo estuviese en el infierno, cuando Dios Mismo lo ubicó en el Cielo? ¿Cómo podría él perder lo que la Voluntad Eterna le ha dado para que sea su morada para siempre? No sigamos tratando de imponer una voluntad ajena al único propósito de Dios. Él está aquí porque ésa es Su Voluntad, y lo que Su Voluntad dispone se encuentra aquí ahora, más allá del alcance del tiempo (L-pI.131.6-8).

No obstante, a pesar de su fuerte y consistente posición no-dualista, *Un curso de milagros* no ataca al mundo o al cuerpo, ni habla de ellos en tonos despectivos, como lo hacen otros sistemas espirituales, los más notables de los cuales fueron muchas de las enseñanzas de los gnósticos. También son de gran interés aquellos pasajes del Curso que reflejan *nuestra* denigración de nuestro hogar ajeno. En uno de esos pasajes Jesús se dirige a nosotros:

No lo condenes [al Hijo de Dios] viéndolo dentro de *la putrescente prisión* [el cuerpo] en la que él se ve a sí mismo (T-26.I.8:3; mis bastardillas).

Y antes en el texto:

Y deseas tener por morada a tu Padre y no a *una mísera choza de barro* [el cuerpo] (T-19.IV-B.4:8; mis bastardillas).

Y aún antes:

El cuerpo es una *diminuta cerca* que rodea a una pequeña parte [el ego] de una idea que es completa y gloriosa. El cuerpo traza un círculo, infinitamente pequeño, alrededor de un minúsculo segmento del Cielo, lo separa del resto, y proclama que tu reino se encuentra dentro de él, donde Dios no puede hacer acto de presencia (T-18.VIII.2:5-6; mis bastardillas).

Y en algunos lugares el Curso se refiere al cuerpo como una parodia o imitación burlesca de la creación de Dios (e.g., T-24.VII.1:11; T-24.VII.10:9).

Sin duda, no obstante, en *Un curso de milagros* Jesús se burla amorosamente del tributo que el mundo le rinde al cuerpo, como se ve en este pasaje característico:

El cuerpo es el personaje central en el sueño del mundo. Sin él no hay sueño, ni él existe sin el sueño en el que actúa como si fuese una persona digna de ser vista y creída. Ocupa el lugar central de cada sueño en el que se narra la historia de cómo fue concebido por otros cuerpos, cómo vino al mundo externo al cuerpo, cómo vive por un corto tiempo hasta que muere, para luego convertirse en polvo junto con otros cuerpos que, al igual que él, también mueren. En el breve lapso de vida que se le ha concedido busca otros cuerpos para que sean sus amigos o sus enemigos. Su seguridad es su mayor preocupación; su comodidad, la ley por la que se rige. Trata de buscar placer y evitar todo lo que le pueda ocasionar dolor. Pero por encima de todo, trata de enseñarse a sí mismo que sus dolores y placeres son dos cosas diferentes, y que es posible distinguir entre ellos.

El sueño del mundo adopta innumerables formas porque el cuerpo intenta probar de muchas maneras que es autónomo y real. Se engalana a sí mismo con objetos que ha comprado con discos de metal o con tiras de papel moneda que el mundo considera reales y de gran valor. Trabaja para adquirirlos, haciendo cosas que no tienen sentido, y luego los despilfarra intercambiándolos por cosas que ni necesita ni quiere. Contrata a otros cuerpos para que lo protejan y para que coleccionen más cosas sin sentido que él pueda llamar suyas. Busca otros cuerpos especiales que puedan compartir su sueño. A veces sueña que es un conquistador de cuerpos más débiles que él. Pero en algunas fases del sueño, él es el esclavo de otros cuerpos que quieren hacerle sufrir y torturarlo (T-27.VIII.1-2).

Repito, a tono con su enseñanza no-dualista, *Un curso de milagros* no hace real al cuerpo al verlo como el enemigo que debe ser vencido por el Hijo. Como dice Jesús sobre el proceso de trascender las limitaciones de las leyes del cuerpo:

> No hay violencia alguna en este escape. No se ataca al cuerpo, sino simplemente se le percibe correctamente.... No mediante la destrucción ni mediante un escape, sino simplemente mediante una serena fusión (T-18.VI.13:1-2; 14:6).

Por ser nada, el cuerpo ni vive ni muere. Así pues, en un pasaje citado ya parcialmente, Jesús pregunta, refiriéndose al cuerpo:

> ¿Puedes acaso darle vida a un esqueleto pintando sus labios de color rosado, vistiéndolo de punta en blanco, acariciándolo y mimándolo? ¿Y puede acaso satisfacerte la ilusión de que estás vivo?
> Fuera del Cielo no hay vida. La vida se encuentra allí donde Dios la creó. En cualquier otro estado que no sea el Cielo la vida no es más que

una ilusión. En el mejor de los casos parece vida, en el peor, muerte (T-23.II.18:8–19:4).

Más adelante recalca la absoluta neutralidad del cuerpo el cual, como una marioneta de madera, no tiene vida sino que simplemente lleva a cabo los deseos de la mente que es su dueña:

> El que castiga al cuerpo está loco, pues ahí es donde ve la diminuta brecha, que, sin embargo, no está ahí. El cuerpo no se ha juzgado a sí mismo, ni se ha convertido en lo que no es. No procura hacer del dolor un gozo, ni espera encontrar placer duradero en lo que no es más que polvo. No te dice cuál es su propósito, ni tampoco puede él mismo entender para qué es. No hace de nadie una víctima porque no tiene una voluntad propia, ni tampoco preferencias o dudas. No se pregunta lo que es. Por lo tanto, no tiene necesidad de competir. Se puede hacer de él una víctima, pero no puede considerarse a sí mismo como tal. No acepta ningún papel, sino que hace lo que se le dice sin atacar.
> [Es una cosa]… que no puede ver, y… no puede oír…. no tiene sensaciones. Se comporta tal como tú deseas que lo haga, pero nunca toma decisiones. No nace ni muere. Lo único que puede hacer es vagar sin rumbo por el camino que se le haya indicado…. No se pone de parte de nada, ni juzga el camino que recorre (T-28.VI.1:1–2:5,7).

Y finalmente, en el contexto de la creencia de que el cuerpo muere, Jesús enseña cómo el cuerpo no puede vivir ni morir, puesto que éste no es nada y en verdad no existe. Dicho sea de paso, este pasaje ha sido utilizado incorrectamente por algunos estudiantes del Curso para "probar" que el cuerpo puede ser inmortal puesto que Jesús enseña que éste no puede morir. Lo que no entienden, por supuesto, es que el cuerpo no puede morir porque *jamás vivió*. Por lo tanto, la inmortalidad de lo no-existente no tiene sentido:

> El cuerpo es tan incapaz de morir como de sentir. No hace nada. De por sí, no es ni corruptible ni incorruptible. No *es* nada. Es el resultado de una insignificante y descabellada idea de corrupción que puede ser corregida (T-19.IV-C.5:2-6).

Así pues, el cuerpo no es el enemigo en absoluto, sino simplemente una fabricación del ego–morada de los yos B y C– para convencernos de que lo imposible–la pecaminosa separación del yo A de Dios–ha ocurrido en verdad. El Espíritu Santo, como exploraremos en capítulos posteriores, utiliza el cuerpo como un salón de clases de manera que podamos aprender, finalmente, Sus lecciones de salvación. Esta actitud de neutralidad hacia el cuerpo ilusorio distingue a *Un curso de milagros* de casi todos los demás sistemas de pensamiento–tanto los tradicionales como los contemporáneos–como vemos en este pasaje tomado del texto, y de una oración de la Lección "Mi cuerpo es algo completamente neutro" del libro de ejercicios:

> *Es* imposible ver a tu hermano libre de pecado y al mismo tiempo verlo como si fuese un cuerpo. ¿No es esto perfectamente consistente con el objetivo de la santidad? Pues la santidad es simplemente el resultado de dejar que se nos libere de todos los efectos del pecado, de modo que podamos reconocer lo que siempre ha sido verdad. Es imposible ver un cuerpo libre de pecado, pues la santidad es algo positivo y *el cuerpo es simplemente neutral. No es pecaminoso, pero tampoco, es impecable. Y como realmente no es nada, no se le puede revestir significativamente con los atributos de Cristo o del ego.* Tanto una cosa como la otra sería un error, pues en ambos casos se le estarían adjudicando atributos a algo que no los puede poseer. Y ambos errores tendrían que ser corregidos en aras de la verdad (T-20.VII.4; mis bastadillas, excepto las de 4:1).

> Mi cuerpo, Padre, no puede ser Tu Hijo. Y lo que no ha sido creado no puede ser ni pecaminoso ni inocente; ni bueno ni malo. Déjame, pues, valerme de este sueño para poder ser de ayuda en Tu plan [la Expiación] de que despertemos de todos los sueños que urdimos (L-pII.294.2; bastardillas omitidas).

Volvemos ahora nuestra atención a un análisis de los tres componentes –espíritu, mente y cuerpo–que en nuestras tradiciones filosóficas y religiosas del occidente a menudo se consideran como los componentes de la esencia de la naturaleza humana.

Espíritu, mente y cuerpo

Muchos sistemas espirituales así como los enfoques holísticos de la salud–tanto tradicionales como contemporáneos–recalcan la importancia de integrar lo que se cree que son los tres aspectos esenciales de *homo sapiens*: espíritu, mente y cuerpo. Sin embargo, el punto de vista que *Un curso de milagros* promulga sobre esta tríada es decididamente distinto de casi todos estos otros enfoques, lo cual hace la integración de los tres absolutamente imposible. Debe recalcarse desde el principio que, como instruye Jesús en su Curso, estos tres estados–realmente dos puesto que el cuerpo es simplemente un pensamiento proyectado de la mente–inherentemente se excluyen entre sí. Esta visión de mutua exclusividad de espíritu y mente-cuerpo procede directamente de la metafísica básica del Curso, la cual ve estos tres componentes de la siguiente manera:

El *espíritu* es la única parte de nuestra identidad que es real, por ser lo que Dios creó. En este sentido podemos equiparar espíritu con Mente, de lo cual *Un curso de milagros* generalmente habla como la Mente de Dios o la Mente de Cristo. La *mente* dividida, sin embargo, es ilusoria, y se convierte, por decirlo así, en la figura central en el drama cósmico de la aparente caída del Hijo o su separación del Cielo, y su eventual retorno al Ser o a la Mente que jamás abandonó en verdad. La defensa primordial de la mente es el *cuerpo*, fabricado en última instancia para proteger el pensamiento de separación en contra de que el tomador de decisiones pudiese elegir la memoria de la verdad del espíritu. El cuerpo, por lo tanto, no tiene nada que ver con el Cielo, y habiéndose fabricado como una defensa en contra del Cielo, no sabe nada de éste. De igual manera, el Cielo, la morada del espíritu, no tiene nada que ver con el cuerpo, del cual *aquél* no sabe nada, puesto que el cuerpo permanece fuera de la Mente de Dios y, por lo tanto, no tiene ni puede tener un verdadero ser.

Por consiguiente, para resumir, el espíritu no tiene nada que ver en absoluto con la mente o con el cuerpo, puesto que sus fuentes–la verdad y la ilusión–se excluyen mutuamente. La mente, mientras tanto, no está en el cuerpo en absoluto, aunque por ser los dos parte del sistema de pensamiento de separación del ego–el cual radica en la mente separada–podemos decir, repito, que el cuerpo es realmente una proyección de la mente y no ha abandonado su fuente. Retornaremos a este importante punto más adelante en el capítulo.

Ahora consideramos en más detalle cada parte de la tríada espíritu-mente-cuerpo.

El espíritu

Como hemos visto ya, el espíritu es el Ser que Dios creó. Se equipara con Cristo, creado a verdadera *imagen y semejanza* de Dios. Este Ser es totalmente ajeno a este mundo y por consiguiente no tiene objeto de remisión alguno en el mismo. El espíritu no es parte de la humanidad, ni existe dentro de la humanidad. En efecto, el espíritu tiene ser, por decirlo así, "a pesar" de la aparente existencia del *homo sapiens*. Lo que llamamos humanidad (el yo del ego-cuerpo) se fabricó específicamente, junto con el universo, para que fuese una defensa *en contra* del espíritu. Por lo tanto, la naturaleza del espíritu no se puede entender en este mundo, puesto que radica en una dimensión que trasciende el tiempo y el espacio, las únicas categorías con las cuales el cerebro puede "entender" los fenómenos. De igual manera, el propósito del espíritu, el cual es únicamente crear, tampoco puede ser entendido por el cerebro. Por lo tanto, parafraseando la referida línea de la Lección 169 (L-pI.169.5:4) del libro de ejercicios, podemos afirmar: "Decimos 'el espíritu es' y luego guardamos silencio, pues en ese conocimiento las palabras carecen de sentido". Un incisivo pasaje en el Capítulo 17 del texto aclara más aún este punto de la imposibilidad de entender la verdad desde la perspectiva de la ilusión. Su importancia justifica una lectura cuidadosa, y retornaré a la misma en el Capítulo Seis cuando discutamos a Jesús, y nuevamente en *Pocos eligen escuchar*:

> ¿Crees acaso que puedes llevar la verdad ante las fantasías y aprender lo que significa la verdad desde la perspectiva de lo ilusorio? La verdad no *tiene* significado dentro de lo ilusorio. El marco de referencia para entender su significado tiene que ser ella misma. Cuando tratas de llevar la verdad ante las ilusiones, estás tratando de hacer que las ilusiones sean reales y de conservarlas justificando tu creencia en ellas. Llevar las fantasías ante la verdad, no obstante, es permitir que la verdad te muestre que las ilusiones son irreales, lo cual te permite entonces liberarte de ellas. No mantengas ni una sola idea excluida de la verdad, pues si lo haces, estarás estableciendo diferentes grados de realidad que no podrán sino aprisionarte. No hay grados de realidad porque en ella todo es verdad (T-17.I.5).

En conclusión, por lo tanto, podemos reafirmar el importante principio de que el espíritu no tiene absolutamente nada que ver en modo alguno con cualquier cosa que se encuentra fuera del Cielo, así como tampoco ninguna parte del sueño se puede relacionar con el espíritu. Para citar sólo algunos de los muchos pasajes de *Un curso de milagros*–uno de los cuales ya hemos citado parcialmente–que reflejan este principio, encontramos en el texto:

> El espíritu, que goza de absoluto conocimiento... [es] casi inaccesible a la mente [la excepción, por supuesto, es a través del Espíritu Santo, la memoria de Dios la cual se encuentra en lo que el Curso llama la mentalidad correcta] y completamente inaccesible al cuerpo (T-3.IV.6:4-5).

> Los incesantes esfuerzos del ego por ganar el reconocimiento del espíritu y establecer así su propia existencia, son inútiles. El espíritu en su conocimiento no es consciente del ego. No lo ataca; simplemente no lo puede concebir en absoluto.... el ego tampoco se percata del espíritu.... El ego y el espíritu no se conocen (T-4.II.8:5-8; T-4.VI.4:1).

He subrayado repetidamente que uno de los niveles de la mente no es comprensible para el otro. Lo mismo ocurre con el ego y el Espíritu Santo; con el tiempo y la eternidad (T-5.III.6:1-2).

De igual manera, leemos acerca de la irreconciliabilidad del infierno y el Cielo en la Lección 130 del libro de ejercicios, "Es imposible ver dos mundos", y en la sección del manual "¿Cuál es el verdadero significado del sacrificio?":

> Acepta una pequeña parte del infierno como real, y habrás condenado tus ojos y maldecido tu vista, y lo que contemples será ciertamente el infierno. No obstante, la liberación que te ofrece el Cielo sigue estando a tu alcance como una de las alternativas que puedes elegir para que ocupe el lugar de todo lo que el infierno quiere mostrarte (L-pI.130.11:1-2).

> No olvides que el sacrificio es total. No hay sacrificios a medias. No puedes renunciar parcialmente al Cielo. No puedes estar en el infierno sólo un poco (M-13.7:1-4).

Mente y cuerpo

Como discutimos antes, cuando la mente pareció separarse de su Fuente, convirtiéndose de ese modo en una mente dividida, nació el ego. Por consiguiente, ahora hablamos de dos mentes: Mente–aunada con Dios; y mente–separada de Él. Esta mente separada es lo que eventualmente emerge como el ego completamente desarrollado, el yo separado ilusorio y "pecaminoso". *Un curso de milagros*, de hecho, distingue entre *ser,* el cual se refiere únicamente al espíritu, la abstracta Mente de Dios o Cristo la cual es la única realidad, y la *existencia,* la cual es el ámbito de la mente separada o específica, el estado ilusorio de no-ser:

> Tanto la existencia como el estado de ser se basan en la comunicación. La existencia, sin embargo, es específica en cuanto a qué, cómo y con quién vale la pena entablar comunicación. El estado de ser carece por completo de estas distinciones. Es un estado en el que la mente está en comunicación con todo lo que es real.... Esa es tu realidad. No la profanes ni la rechaces. Es tu verdadero hogar, tu verdadero templo y tu verdadero Ser.

> Dios, que abarca todo lo que existe, creó seres que lo tienen todo individualmente.... Recuerda que la diferencia que hay entre *tener* y *ser* en la existencia, en el Reino no existe.... Sólo el *Ser* vive en el Reino, donde todo mora en Dios... (T-4.VII.4:1-4,6–5:1,7; T-6.IV.7:4).

Somos, por lo tanto, criaturas tripartitas, aunque en un sentido totalmente distinto de cómo lo concibe el mundo. La *mente* y el *cuerpo* pertenecen al mundo irreal de la existencia (no-ser); sólo el *espíritu* es ser, y es, por lo tanto, la única realidad. Así pues, en un nivel, *Un curso de milagros* está desvinculado del cuerpo, el cual es meramente una sombra de la mente separada, y no tiene existencia fuera de nuestros pensamientos. El lector recuerda el principio central del Curso: *las ideas no abandonan su fuente.* La *idea* de la separación–proyectada como un cuerpo–jamás ha abandonado su *fuente* en la mente. En este nivel, por lo tanto, el centro de interés exclusivo de Jesús en el Curso es la mente: la sede del problema así como de la respuesta. La palabra *mente*, dicho sea de paso, puede equipararse aproximadamente con una manera actual de entender lo que llamamos alma, en la cual el alma se ve como la parte del yo que retorna a Dios. En este contexto, pues, el *alma* no debe equipararse con el *espíritu*, que "al formar parte del ámbito de Dios, es eterno y nunca nació" (C-1.3:3).

Por lo tanto, para replantear este punto tan importante, el término *espíritu* realmente no debería incluirse en ninguna discusión de un ser físico, y menos aún del *homo sapiens*. El espíritu, de hecho, es exactamente lo que *no* se encuentra en un organismo físico pues, repito, el cuerpo–la encarnación del pensamiento de la separación–se fabricó exclusivamente para excluir al Ser espiritual o al espíritu. La tradicional *tri*cotomía humana de mente, cuerpo y espíritu se convierte ahora, para el Curso, en una *di*cotomía de mente y cuerpo. Dentro de la mente, sin embargo, para repasar nuestra discusión anterior del Capítulo Dos, podemos discernir tres partes. Una vez que la mente, (escrita con letra minúscula para distinguirla de la Mente de Cristo, la morada del espíritu) pareció separarse de Dios y pasar a tener una existencia propia, había dentro de sí misma, como hemos visto, dos "voces". Una habla a favor de la realidad de la separación; ésta es la voz del ego que enseña pecado, culpa, miedo y la necesidad de defensas para proteger su existencia individual. La otra habla a favor de la irrealidad de la separación; ésta es la Voz del Espíritu Santo, cuya enseñanza de Expiación es el perdón y la indefensión. Una tercera parte de la mente es el tomador de decisiones, el cual tiene que elegir entre estas dos voces. De hecho, ésta es la *única* alternativa que nos queda en realidad, como ya hemos discutido:

> La única libertad que aún nos queda en este mundo es la libertad de elegir, y la elección es siempre entre dos alternativas o dos voces (C-1.7:1).

Es pertinente señalar que el *libre albedrío*–la libertad para elegir–se encuentra únicamente dentro del mundo dualista del sueño de la separación. No tiene contraparte en el Cielo, donde la Voluntad de Dios y Cristo son no-dualistamente una sola, y, por lo tanto, no hay nada entre lo cual se pueda elegir.

La voz del ego aparentemente triunfa, al menos en nuestra experiencia, porque creemos que estamos aquí en el mundo ilusorio que llamamos realidad. Para resumir un proceso discutido antes, el ego convence al Hijo de que decida a favor de *él* en lugar de decidir a favor de Dios. Esta elección asegura la continuidad del yo individual y separado, autónomamente independiente de Dios y por consiguiente solo y con la percepción de que se ha convertido en su propio creador. Creyendo el cuento de su propio pecado, el Hijo procura esconderse de la imaginada ira de Dios y fabrica un cuerpo a manera de una capa, con la inútil esperanza de que su Dios fabricado se haya olvidado: "Al proyectar tu 'olvido' sobre Él, te parecerá que Él se ha olvidado también" (M-17.6:11). Y así, todos transitamos esta Tierra, aterrados en nuestro más profundo inconsciente de que el Dios vengativo que hemos hecho real en nuestras mentes un día nos encuentre. Este terror está gráficamente descrito en el pasaje siguiente tomado de "Las leyes de la curación", una sección del texto la cual provee un maravilloso resumen del sistema de pensamiento de pecado y culpa del ego, y de la sanación y el perdón del Espíritu Santo. Aquí leemos específicamente sobre el efecto de la creencia de que nuestro pecado en contra de Dios fue bastante real, con consecuencias bastante reales y aterradoras:

> Pero la creencia de que es [el pecado] real ha hecho que algunos errores parezcan estar por siempre más allá de toda esperanza de curación y ser la eterna justificación del infierno. Si esto fuese cierto, lo opuesto al Cielo se opondría a él y sería tan real como él. Y así, la Voluntad de Dios estaría dividida en dos, y toda la creación sujeta a las leyes de dos poderes contrarios, hasta que Dios llegase al límite de Su paciencia, dividiese el mundo en dos y se pusiese a Sí Mismo a cargo del ataque. De este modo Él habría perdido el Juicio, al proclamar que el pecado ha usurpado Su realidad y ha hecho que Su Amor se rinda finalmente a los pies de la venganza (T-26.VII.7:2-5).

Para protegernos de nuestra culpa y miedo, continuamente utilizamos el cuerpo–el nuestro y el de otros–como el medio para distraer nuestros pensamientos de la terrible "verdad" acerca de nuestra pecaminosa identidad que el ego ha hecho real. Una vez que hemos aceptado la desdichada imagen que tiene el ego de nosotros mismos, éste a cambio "misericordio-samente" nos la reprime, y nos convertimos en el proverbial avestruz, má-gicamente creyendo y esperando que la verdadera amenaza que no vemos no nos hará daño.

El cuerpo, pues, se convierte en un poderoso instrumento en las manos del ego, y le sirve muy bien, en verdad, al propósito de éste. Aquí es esen-cial este punto y amerita que se replantee: El cuerpo, el nuestro o el de otro (yos B y C), es fabricado por el ego y por ende, literalmente, no es nada, por lo cual no merece ni elogios ni condenación. Jamás es el problema, el cual permanece sólo en la mente, donde la creencia en el pecado es man-tenida en su lugar por nuestra culpa (yo A). Es la presencia aterradora de esta culpa la que necesita la defensa de apartar el pecado, y de ese modo establecer dos o más cuerpos aparentemente separados. Repito, el hecho de que la mente *eligiese* al ego es lo que constituye el problema, y no el cuerpo que no sirve sino como un medio para reforzar la culpa que es la meta del ego. Nuestro próximo capítulo discutirá el uso que el Espíritu Santo hace del cuerpo y de sus relaciones especiales para deshacer el sis-tema de pensamiento del ego *en la mente*. Esto hará posible que veamos más claramente aún la neutralidad del cuerpo, y cómo éste asume el papel que le ha sido asignado por el tomador de decisiones al unirse con el ego o con el Espíritu Santo.

Al resumir este capítulo, pues, podemos ver cómo *Un curso de milagros* difiere radicalmente de casi todas las espiritualidades del mundo: el *espí-ritu* no juega ningún papel en absoluto en nuestra experiencia humana, la cual es sólo un sueño para mantenernos separados de la realidad; dentro del sueño, la *mente* está dividida entre el ego y el Espíritu Santo, una división no muy distinta de la que se encuentra en otras tradiciones espirituales; y el *cuerpo* se ve como ilusorio, ontológicamente el producto de la culpa y el miedo de nuestras mentes, mas no obstante, neutro en el sueño en el sen-tido de que puede ser el instrumento o del ego o del Espíritu Santo. Es el propósito del cuerpo lo que le da todo el significado que éste tiene para no-sotros, pues al no ser nada, no es ni bueno ni malo. Así pues, el que se vea el cuerpo como inherentemente uno u otro—el núcleo de un sistema de pen-samiento dualista—logra el propósito del ego al adjudicarle al cuerpo iluso-rio una realidad que no tiene. Tal comprensión establece el cimiento para deshacer el ego mediante el perdón, un proceso que es el corazón de la sal-vación y el cual es el tema del próximo capítulo.

Capítulo 5

EL SIGNIFICADO DE LA SALVACIÓN
El perdón y la relación santa

Introducción

Dentro del sistema de pensamiento de *Un curso de milagros*, la salvación es sencillamente la corrección o el deshacer de la creencia equivocada en la separación. Se equipara con el proceso de Expiación, el cual deshace el error mediante un cambio en la manera de pensar, no a través de la penitencia o del sacrificio del cuerpo como se ha enseñado tradicionalmente, ni a través de ninguna actividad corporal a tales efectos. Dicho de otro modo, no nos salvamos del pecado en sí, sino de nuestra *creencia* en el mismo. Esta distinción es crucial. Si hemos de salvarnos del pecado, entonces éste *tiene* que ser igualmente real, externo a nuestras mentes, y la separación tiene que ser un suceso verdadero y real que necesita ser corregido. La realidad del pecado, por supuesto, ha sido la enseñanza explícita del cristianismo–después de todo, por eso la Biblia dice que Jesús fue enviado por Dios al mundo–e implícitamente de casi todas las espiritualidades del mundo las cuales creen que el mundo es real. Así pues, la visión cristiana de la expiación por el pecado (hasta cierto punto la visión judía igualmente), y la actitud de la espiritualidad en general, conlleva que llevemos a cabo unas respuestas y acciones muy definitivas en el mundo para corregir lo que ha ocurrido. Este proceso comienza, naturalmente, con Dios Mismo, como vemos en el libro del Génesis, Quien se ve reaccionar al pecado de Sus Hijos, y Quien definitivamente ve el pecado como real. Así pues, el pecado se convierte en una hazaña consumada, un hecho del cual necesitamos salvarnos. Este es el significado detrás de la siguiente casi explícita referencia al Dios judeo-cristiano que forma el punto crucial de la segunda ley del caos del ego.

> La *segunda* ley del caos, muy querida por todo aquel que venera el pecado, es que no hay nadie que *no peque*, y, por lo tanto, todo el mundo merece ataque y muerte. Este principio, estrechamente vinculado al primero, es la exigencia de que el error merece castigo y no corrección. Pues la destrucción del que comete el error lo pone fuera del alcance de la corrección y del perdón. De este modo, interpreta lo que ha hecho como una sentencia irrevocable contra sí mismo que ni siquiera Dios Mismo puede

revocar. Los pecados no pueden ser perdonados, al ser la creencia de que el Hijo de Dios puede cometer errores por los cuales su propia destrucción se vuelve inevitable.

Piensa en las consecuencias que esto parece tener en la relación entre Padre e Hijo…. Ahora son diferentes y, por ende, enemigos…. En ninguna otra parte es más evidente la arrogancia en la que se basan las leyes del caos que como sale a relucir aquí. *He aquí el principio que pretende definir lo que debe ser el Creador de la realidad; lo que debe pensar y lo que debe creer; y, creyéndolo, cómo debe responder.* Ni siquiera se considera necesario preguntarle si eso que se ha decretado que son Sus creencias es verdad…. [Él] tiene entonces que aceptar la creencia que Su Hijo tiene de sí mismo y odiarlo por ello (T-23.II.4:1–5:1,4; 6:1-3,6; mis bastardillas, excepto por la 4:1).

Y así el Dios bíblico se vuelve tan loco como Su Hijo. Esto es inevitable porque, como vimos en el Capítulo Tres cuando discutimos la tercera división del ego, este Dios, el original y prototípico yo C, es nada más y nada menos que la imagen proyectada y separada del yo A pecaminoso y odioso del Hijo. En verdad, el concepto de Dios (repito, el yo C) que tiene el mundo occidental es uno que literalmente se ha fabricado a imagen y semejanza de Su Hijo (yo A). En consecuencia, un Hijo de la individualidad y el especialismo tiene que inevitablemente originar un Dios de individualidad y de especialismo.

El punto de vista de *Un curso de milagros*, repito, es muy diferente. Puesto que el problema existe *únicamente* dentro de la mente del Hijo–i.e., su decisión de ser un yo A individual y pecaminoso–la salvación tiene que ser *únicamente* un proceso que tenga lugar dentro de la misma mente dividida. Es en esta mente ilusoria donde se encuentra la creencia en el pecado y la culpa, lo cual tiene que ser ilusorio también. La idea de que el problema del pecado y la solución al mismo que es la salvación, se encuentran en el mismo lugar, Jesús nos la resume muy bien en la Lección 70 del libro de ejercicios, "Mi salvación procede de mí" (el "mí", por supuesto, es el tomador de decisiones en la mente):

> Toda tentación no es más que una variante de la tentación básica de no creer la idea de hoy. La salvación parece proceder de cualquier parte excepto de ti [repito, el tomador de decisiones]. Lo mismo se puede decir del origen de la culpabilidad. Tú no crees que la culpabilidad y la salvación estén en tu mente y sólo en tu mente. Cuando te des cuenta de que la culpabilidad es sólo una *invención* de la mente, te darás cuenta también de que la culpabilidad y la salvación *tienen que encontrarse en el mismo lugar*. Al entender esto te salvas….

Es probable, no obstante, que aún no esté claro para ti por qué razón reconocer que la culpabilidad está en tu propia mente conlleva asimismo darte cuenta de que la salvación está allí también. Dios no habría puesto el remedio para la enfermedad donde no te pudiese servir de nada. Así es como funciona tu mente, pero no la Suya. Él quiere que sanes, y por eso mantiene la Fuente de la curación allí donde hay necesidad de curación (L-pI.70.1, 3; mis bastardillas).

Las últimas tres oraciones no se deben tomar literalmente, como hemos discutido antes, sino más bien como símbolos que nos hablan de Dios en el nivel de nuestro entendimiento y experiencia.

La salvación, pues, es el cambio de la mentalidad errada a la mentalidad correcta, un cambio de la elección del tomador de decisiones a favor del ego como maestro a la del Espíritu Santo a Quien, metafóricamente hablando, Dios ubicó en nuestras mentes después de la separación. Y por lo tanto, aunque la salvación se puede *reflejar* en el cuerpo y en muchas formas de comportamiento, la mente, no obstante, tiene que permanecer como el único centro, pues sólo ella es el lugar de la *decisión* a favor del pecado, así como del *cambio* de decisión que es el deshacer del pecado. Por consiguiente, en un punto que se ampliará más adelante, el perdón sólo puede ocurrir en la *mente* (al deshacer la identificación del tomador de decisiones con el yo A), en el contexto de una relación entre los yos B y C. Por eso Jesús hace la muy importante aseveración:

No trates, por lo tanto, de cambiar el mundo [yos B y C], sino elige más bien cambiar de mentalidad [la decisión de ser un yo A] acerca de él (T-21.in.1:7).

Así pues, el instrumento de la salvación es el perdón, la corrección en la *mente* de nuestras percepciones equivocadas de los demás–"El perdón y la salvación son lo mismo. Perdona lo que [tú, tomador de decisiones junto con el yo A] inventaste [un mundo de especialismo de yos B y C] y te habrás salvado" (L-pI.99.10:6-7). Donde previamente habíamos juzgado a alguien como nuestro enemigo, el agente o la causa de nuestra aflicción, ahora ese mismo individuo se ve, con la ayuda del Espíritu Santo, como nuestro amigo. Como nos instruye una lección del libro de ejercicios:

La idea de hoy ["Dame tu bendición, santo Hijo de Dios"] es la manera de escaparte del miedo y de la ira. Cerciórate de repetirla inmediatamente en caso de sentir la tentación de atacar a un hermano y de percibir en él el símbolo de tu miedo. Y lo verás cambiar súbitamente de enemigo a salvador; de demonio al Cristo (L-pI.161.12:4-6).

El perdón de las diferencias

Jesús enseña que nos perdonamos unos a otros por lo que *no* hemos hecho, no por lo que creemos que hemos hecho. Como afirma el texto, en un pasaje característico:

> Tu curación demuestra que tu mente ha sanado y que ha perdonado lo que tu hermano [yo C] no hizo (T-27.II.6:2).

Esto quiere decir que estamos perturbados no debido a las acciones de otro, sino que siempre se debe a cómo hemos *percibido* las acciones de otro. Esto, por supuesto, no tiene ningún sentido para nosotros dentro del sueño de cuerpos, los cuales sí experimentan dolor físico y psicológico. Sólo desde la perspectiva de la mentalidad correcta, la cual está *fuera* del sueño, este principio se torna no sólo sensato sino verdad. Y nuestra percepción, como hemos discutido antes muchas veces, es impulsada por nuestra necesidad de negar el pecado en nosotros mismos (yo A) y verlo en otro (yo C). El pedir la ayuda del Espíritu Santo, como veremos en el Capítulo Siete, nos permite que nuestra percepción de ataque sea corregida de modo que podamos entenderlo ahora como una petición de ayuda o de amor (T-12.I.8:12-13). De ese modo, Jesús nos enseña en *Un curso de milagros* otra forma de ver el mundo. Esta visión no niega las acciones externas o el comportamiento que nuestros órganos sensorios nos informan, sino que simplemente *reinterpreta* lo que hemos visto, o más apropiadamente aún, lo que creímos haber visto. Como señala Jesús: la percepción es una interpretación, no un hecho:

> Es un proceso continuo de aceptación y rechazo, de organización y reorganización, de substitución y cambio. Evaluar es un aspecto esencial de la percepción, ya que para poder seleccionar es necesario juzgar (T-3.V.7:7-8).

Crucial para comprender el significado de la salvación en *Un curso de milagros*, es que no es del mundo o del pecado de lo que uno necesita salvarse, pues, para replantear este punto tan importante, el problema *no* es lo externo. Más bien, el problema es el oculto sistema de pensamiento de separación–*nuestra manera de pensar*–lo que originó al mundo y al pecado. Es esta "manera de pensar"–el ego–lo que podemos llamar más adecuadamente el diablo, reinterpretando el sentido tradicional de maldad de la palabra. En otras palabras, el diablo no es nada más que la creencia de que es posible que haya una fuerza que se oponga a Dios, y que pueda triunfar. Como lo plantea el Curso:

La mente puede hacer que la creencia en la separación sea muy real y aterradora, y esta creencia es lo que *es* el "diablo" (T-3.VII.5:1).

Por lo tanto, si el problema es la creencia en la separación, la solución *sólo* puede ser la unidad. El perdón se refiere de esa manera al proceso de unirse con otra persona (en una relación santa) a quien hasta ahora se había experimentado como que estaba separada de nosotros (en una relación especial). Al unirnos con otro–*un proceso que sólo ocurre en la mente* como veremos dentro de poco–permitimos que nuestro error sea corregido, y de ese modo se cancela la creencia del ego de que el ataque es salvación. En este ataque se encuentra el lugar de nacimiento de la culpa, la verdadera "creadora" de este mundo. Dios creó a Cristo–nuestro verdadero Ser–como uno con Él, por consiguiente el resultado del continuo unirse con otros, paso a paso, corrige el sistema de pensamiento que se erigió para que tomara el lugar de la unidad del Cielo. Jesús dice acerca de este proceso gradual:

> El Espíritu Santo te lleva dulcemente de la mano, y desanda contigo el camino recorrido en el absurdo viaje que emprendiste fuera de ti mismo, conduciéndote con gran amor de vuelta a la verdad y a la seguridad de tu interior (T-18.I.8:3).

Nuestra discusión anterior sobre la dinámica del ego de dividir el yo A en los yos B y C nos permite entender el *deshacer* de las divisiones mediante el perdón, al utilizar la correspondiente corrección de la mentalidad correcta de los yos A´, B´ y C´,* ilustrada abajo en la Gráfica 4. Como discutiremos

GRAFICA 4

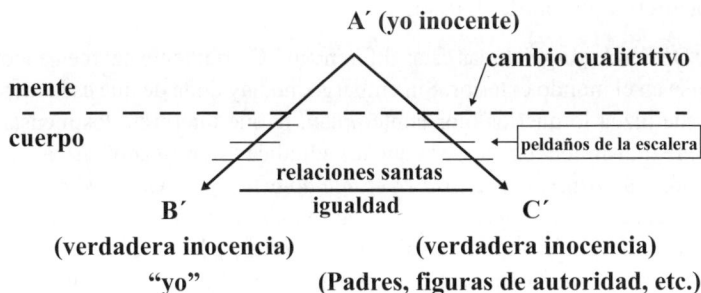

A´ (yo inocente)

cambio cualitativo

mente

cuerpo

peldaños de la escalera

relaciones santas

B´   igualdad   C´

(verdadera inocencia)   (verdadera inocencia)

"yo"   (Padres, figuras de autoridad, etc.)

---

* Léase como A prima, B prima y C prima.

en breve, la diferencia entre la relación especial (yos B y C) y la relación santa (yos B′ y C′) es simplemente una diferencia de percepción: ¿a través de los ojos de quién percibimos la relación, de los del pecado del ego o de los de la inocencia del Espíritu Santo?

En el capítulo anterior vimos el papel importante que desempeña el concepto de diferencias en el sistema de pensamiento del ego, y que culmina en la relación especial, la cual es el centro de interés principal de nuestras vidas individuales dentro del sueño. Sin diferencias no hay ego, puesto que su origen y su significado último descansan en el pensamiento de que el Hijo está separado y, por lo tanto, es *diferente* de su Padre, al convertirse en su propio creador como discutimos en el Capítulo Cuatro. Mientras el concepto de *diferencia* se vea como cierto, la existencia del ego como una entidad individual está asegurada. En este respecto, el pensamiento de *igualdad* se consideraría como el enemigo público número uno. En verdad, podría decirse que la palabra en sí–*igualdad*–no existe en el léxico del ego. Repito, el ego no puede existir sin la creencia del Hijo en las diferencias. Y como hemos visto, esta es la premisa básica sobre la cual descansa su total sistema de separación, así como el mundo externo. Del manual para el maestro procede esta descripción del proceso de ver diferencias en el mundo externo–inherente a la formulación de juicios de cualquier clase–un proceso que no tiene nada que ver con los hechos de nuestro ambiente "objetivamente" percibidos sino más bien con la interpretación que hace la mente de estos "hechos". Y esta interpretación es continuamente generada por la necesidad de que nuestras percepciones externas de las diferencias validen la premisa básica de diferencias del ego, la cual fundamenta su existencia completa. Dicho sea de paso, el pasaje no aparece en la primera edición del Curso:

> ¿De dónde surgen todas estas diferencias? Ciertamente parecen encontrarse en el mundo exterior. Sin embargo, no hay duda de que es la mente la que juzga lo que los ojos contemplan: la que interpreta los mensajes que le transmiten los ojos y la que les adjudica "significado". *Este significado, no obstante, no existe en el mundo exterior. Lo que se considera la "realidad" es simplemente lo que la mente prefiere.* La mente proyecta su propia jerarquía de valores al exterior, y luego envía a los ojos del cuerpo a que la encuentren. Estos jamás podrían ver excepto a base de contrastes. Mas la percepción no se basa en los mensajes que los ojos traen. La mente es la única que evalúa sus mensajes, y, por lo tanto, sólo ella es responsable de lo que vemos. Sólo la mente decide si lo que vemos

es real o ilusorio, deseable o indeseable, placentero o doloroso (M-8.3; mis bastardillas).

El lector puede recordar nuestra discusión de la Gráfica 3 en el Capítulo Cuatro (pág. 97) cómo el yo B es la víctima inocente que nos consideramos todos, y los yos C son los victimarios en nuestras vidas, nuestros compañeros de amor especial y de odio especial que casi siempre comienzan con nuestros padres o figuras paternales. Y la enemistad entre B y C constituye la relación especial, la cual se basa, por supuesto, en la *diferencia* entre su (C) pecaminosidad y nuestra (B) inocencia. Y se llega a un punto, repito, como lo discutimos previamente, en que la angustia de esta percepción de diferencias que nuestro especialismo exige se torna demasiado difícil de soportar, y clamamos en nuestro dolor por "otra manera" o por "otro maestro". La respuesta de Jesús es enseñarnos *otra manera* de mirar al mundo, y específicamente a nuestras relaciones especiales. En realidad, como saben muchos estudiantes de *Un curso de milagros*, el Curso mismo fue la respuesta de Jesús a Helen y a Bill al unirse y pedir esa *otra manera* de relacionarse con los demás, comenzando con la propia relación entre ellos. Este cambio de maestros se refleja en un cambio de *metas* para la relación, *y no necesariamente* un cambio tangible en la *forma* o *estructura* de la relación. Su transformación es *interna*, porque como hemos indicado, en verdad no hay nada externo que deba cambiarse. Uno no busca cambiar a una sombra, si ésta no es agradable, sino que más bien procura cambiar la fuente que se proyecta como la sombra. Por eso Jesús afirma lo siguiente con respecto a la relación sanada (o santa):

> La relación santa, que es un paso crucial hacia la percepción del mundo real, es algo que se aprende. *Es la relación no santa de antes, pero transformada y vista con otros ojos.* La relación santa es un logro educativo extraordinario. La relación santa es en todos sus aspectos –comienzo, desarrollo y consumación– lo opuesto a la relación no santa. Consuélate con esto: la única fase que es difícil es el comienzo. *Pues en esa etapa, el objetivo de la relación cambia de súbito a exactamente lo opuesto de lo que era antes.* Este es el primer resultado que se obtiene cuando se ofrece la relación al Espíritu Santo, a fin de que Él se valga de ella para Sus fines.
>
> El Espíritu Santo acepta esta invitación inmediatamente y no se demora ni un instante en ofrecerte los resultados prácticos derivados de haberle pedido que intervenga. *Su objetivo reemplaza al tuyo de inmediato* (T-17.V.2:1–3:2; mis bastardillas).

Por lo tanto, las dos personas comprometidas en la relación santa son las mismas de la relación especial, pero ahora con un maestro diferente como guía, al menos uno de los dos percibe al otro de manera diferente. Ya no están (los yos B y C)–repito, desde la perspectiva de uno de ellos por lo menos–trabados en un combate mortal como víctima y victimario, con sólo *un* posible ganador. Ahora ellos (yos B´ y C´) se ven compartiendo la *misma* necesidad, el *mismo* problema y la *misma* meta. Como vimos en el Capítulo Cuatro, todas las personas en este mundo inconscientemente creen que han destruido a su Creador y Fuente, y, por lo tanto, se conciben huérfanos y solos en el universo, sin ninguna esperanza de retornar jamás a casa. No importa las *formas* que nuestras vidas tomen en el sueño, todos compartimos este mismo *contenido* de enajenación, desesperanza y muerte segura. Es esta percepción de *igualdad* lo que constituye la diferencia principal entre la relación especial y la relación santa, por cuya razón Jesús cierra el Capítulo 15 del texto con esta oración especial de Año Nuevo:

> De esta forma damos comienzo al año con alegría y en libertad. Es mucho lo que aún nos queda por hacer, y llevamos mucho retraso. Acepta el instante santo con el nacimiento de este año, y ocupa tu lugar–por tanto tiempo vacante–en el Gran Despertar. *Haz que este año sea diferente al hacer que todo sea lo mismo. Y permite que todas tus relaciones te sean santificadas.* Esta es nuestra voluntad. Amén (T-15.XI.10:8-14; mis bastardillas).

Y más adelante en el texto, Jesús trata específicamente este asunto de la corrección de la percepción de diferencias que conduce a una conciencia de nuestra inherente igualdad como Hijo de Dios, sin que pudiese evitar un juego de palabras al comienzo:

> *La relación santa parte de una premisa diferente* [de la relación impía]. Cada uno ha mirado dentro de sí y no ha visto ninguna insuficiencia. Al aceptar su compleción, desea extenderla uniéndose a otro, tan pleno como él. *No ve diferencias entre su ser y el ser del otro, pues las diferencias sólo se dan a nivel del cuerpo.* Por lo tanto, no ve nada de lo que quisiera apropiarse. No niega su propia realidad *porque* ésta es la verdad. El se encuentra justo debajo del Cielo, pero lo bastante cerca para no tener que retornar a la tierra. Pues esta relación goza de la santidad del Cielo. ¿Cuán lejos del hogar puede estar una relación tan semejante al Cielo?
>
> *¡Piensa en lo que una relación santa te podría enseñar! En ella desaparece la creencia en diferencias. En ella la fe en las diferencias se convierte en fe en la igualdad. Y en ella la percepción de diferencias se*

transforma en visión. La razón puede ahora llevaros a ti y a tu hermano a la conclusión lógica de vuestra unión. Esta se tiene que extender, de la misma forma en que vosotros os extendisteis al uniros. La unión tiene que extenderse más allá de sí misma, tal como vosotros os extendisteis más allá del cuerpo para hacer posible vuestra unión. *Y ahora la igualdad que visteis se extiende y elimina finalmente cualquier sensación de diferencia, de modo que la igualdad que yace bajo todas las diferencias se hace evidente.* Este es el círculo áureo en el que reconocéis al Hijo de Dios. Pues lo que nace en una relación santa es imperecedero (T-22.in.3-4; mis bastardillas, excepto por la 3:6).

Más adelante aún en el capítulo aparece otra discusión de este tema, en la cual Jesús juega de nuevo con la palabra *diferente*:

*Sólo los que son diferentes pueden atacar. Y de ahí deduces que **porque** puedes atacar, debes ser diferente de tu hermano. Sin embargo, el Espíritu Santo explica esto de otra manera. No puedes atacar precisamente **porque** no eres diferente de tu hermano.* Cualquiera de esas dos posturas es una conclusión lógica. Cualquiera de ellas puede ser aceptada, pero no ambas. La única pregunta que necesita contestarse a fin de decidir cuál de las dos es verdad, es si en realidad tú eres diferente de tu hermano. Desde el punto de vista de lo que entiendes parece que lo eres, y, por lo tanto, que puedes atacar. De ambas alternativas, ésta parece la más natural y la más afín a tu experiencia. Por eso es necesario que tengas otras experiencias, más afines a la verdad, para enseñarte lo que en realidad *es* natural y verdadero (T-22.VI.13; mis bastardillas, excepto por las dos palabras "porque" en 13:2,4, que aquí aparece en negritas; y "es" 13:10).

Y estas "otras experiencias", por supuesto, son las oportunidades que nos ofrecen nuestras relaciones especiales cuando nos volvemos hacia el Espíritu Santo en busca de ayuda. Es cuando pedimos por la corrección de nuestra decisión de ser culpables y especiales que nos encontramos en la escalera correcta al fin. Hasta ahora, habíamos estado buscando desesperadamente pero jamás encontrábamos el camino a casa, ejemplificando la máxima del ego, *Busca, pero no halles* (T-16.V.6:5). Nuestras relaciones especiales eran las carnadas del ego para atraernos más y más hacia las profundidades del mundo del cuerpo, y, por lo tanto, alejarnos más y más de la verdadera corrección en nuestras mentes. Pero ahora que la meta de la relación ha cambiado encontramos nuestro verdadero camino a casa, mediante el perdón. De modo que el cuerpo, el cual fue hecho por el ego para limitar el amor, se convierte ahora en el instrumento de Jesús para regresarnos al amor.

Una vez que nuestras metas cambian hacia el perdón, Jesús puede enseñarnos cómo el ego utiliza el cuerpo para atacar, acentuando las diferencias que son su sangre vital. Sin embargo, al servir ahora al propósito de Jesús, el cuerpo se convierte en el medio para lograr su meta de deshacer estas percepciones de diferencias. Así pues, para Jesús, el cuerpo–a pesar de su naturaleza inherentemente ilusoria–es un instrumento de comunicación. En una serie de pasajes paralelos, el Curso recalca el santo uso del cuerpo como un instrumento de salvación por los maestros de Dios*. Repito, no es el cuerpo en sí y de por sí el que es santo, sino sencillamente el propósito del perdón que le ha adjudicado Jesús o el Espíritu Santo. Quizás el más conmovedor de esos pasajes aparece en el libro de ejercicios, donde Jesús nos habla como la manifestación del Maestro, el Espíritu Santo:

> Pues esto es lo único que necesito: que oigas mis palabras y que se las ofrezcas al mundo. Tú eres mi voz, mis ojos, mis pies y mis manos, con los cuales llevo la salvación al mundo (L-pI.rV.in.9:2-3).

Utilizado por el ego para que le sirva a su propósito infernal de atacar a Dios y excluir a Cristo de nuestras mentes, el cuerpo para el Espíritu Santo se convierte ahora en el medio santo–Su salón de clases–para corregir los errores del Hijo al haber elegido el guía equivocado. En un hermoso pasaje tomado del Capítulo 18 del texto, esta enseñanza se resume brevemente:

> El cuerpo no es el fruto del amor. Aun así, el amor no lo condena y puede emplearlo amorosamente, respetando lo que el Hijo de Dios engendró y utilizándolo para salvar al Hijo de sus propias ilusiones (T-18.VI.4:7-8).

Y aun cuando estamos en la parte más baja, con una gran distancia que recorrer, agradecemos en verdad el haber encontrado al fin la escalera correcta. El viaje a casa comienza con el cambio de percepción de la vieja relación especial entre los yos B y C. Con el perdón como meta en lugar de la culpa, nos convertimos en los yos B´ y C´, cuerpos aún, pero ahora con un propósito común y una meta común. Es necesario recalcar aquí, como indiqué antes, que esta no es una meta que tenga que ser compartida por *ambos* yos. Esto ciertamente sería muy poco amoroso de parte de Jesús el diseñar una espiritualidad que hiciera que uno de los dos compañeros especiales dependiera del otro para su salvación. Además, como se menciona tan a menudo a lo largo de *Un curso de milagros*, las mentes están unidas,

---

* Véase mi *Glosario-Índice para UN CURSO DE MILAGROS*, págs. 38-39 para un listado de esas referencias.

y por consiguiente la sanación de una *sola* mente, las sana a todas: "Cuando me curo no soy el único que se cura", nos dice una lección del libro de ejercicios (L-pI.137). Y así, esta meta común es lo que experimentan las dos partes, *dentro de una u otra de las dos mentes*. En otras palabras, es el deshacer del principio del ego de *o el uno o el otro*. No tengo que atacarte para salvarme de mi culpa, como me había aconsejado el ego. Ahora entiendo a través del Espíritu Santo que simplemente al retirar mi (yo A) proyección de la culpa sobre ti (yo C)–el primer paso del perdón– la culpa se puede perdonar dentro de mi mente–paso dos. Así pues, la inocencia de los yos B *y* C se proclama como una sola.

A medida que ascendemos por la escalera, sin embargo–un proceso que conlleva generalizar nuestras lecciones de perdón a un número cada vez mayor de personas–gradualmente alborea en nosotros que la verdadera inocencia del Hijo de Dios no radica en los yos B′ y C′.* Más bien, la inocencia es la cualidad del Hijo de Dios que radica en su perfecta unidad: yo A′,* al cual nos referimos en la cita anterior como "el círculo áureo en el que [nosotros reconocemos] al Hijo de Dios (T-22.in.4:9). Al principio del texto aparece un pasaje sobre la percepción del Espíritu Santo, llamada la *percepción verdadera* en otros lugares, en el cual Jesús describe el cambio súbito cuando cobramos conciencia de la naturaleza real del Hijo de Dios:

> Finalmente, [la percepción del Espíritu Santo] señala al camino que lleva a lo que está más allá de la curación que trae consigo, y conduce a la mente más allá de su propia integración, hacia los senderos de la creación. *En este punto es donde se producen suficientes cambios cuantitativos para producir un verdadero salto cualitativo* (T-5.I.7:5-6; mis bastardillas).

Es este cambio cualitativo lo que caracteriza el cambio de conciencia del Hijo de Dios de su yo individual B′, en relación con *todos* los yos C′ cuantitativos de este mundo, al súbito reconocimiento de que en verdad *todos somos un solo Hijo,* al cual hemos estado llamando yo A′. Este cambio cualitativo refleja el percatarse de que el Hijo de Dios no es un cuerpo, sino un pensamiento en la mente. En este punto nuestra individualidad y nuestro especialismo han desaparecido totalmente y ahora estamos en lo que *Un curso de milagros* llama el *mundo real*. Dejamos para más adelante la discusión de esta etapa.

---

* Repito, léase como A prima, B prima y C prima.

Retornando ahora a los peldaños inferiores de la escalera y a nuestra experiencia de unirnos con otro en el perdón, aún tenemos que señalar que incluso el unirse con otro es una ilusión porque, como hemos visto, en verdad todos los cuerpos son únicamente figuras ilusorias en un sueño ilusorio. La unión real es con Jesús o el Espíritu Santo–en nuestras mentes–lo que nos permite soltar nuestra culpa por la creencia de que nos habíamos separado del Amor de Dios. Fue esta culpa reprimida la que nos condujo a la proyección o a la separación de este yo (A) culpable, para formar otro yo (C) a quien nosotros (yo B) ahora tenemos que "perdonar". Al deshacer nuestra culpa, con la ayuda de Jesús, no hay nada que reprimir y por consiguiente nada que proyectar. Y por lo tanto, correspondientemente, no hay nada que perdonar. Este es el verdadero significado del perdón. Regresaremos a esto también más tarde en el capítulo.

Refiriéndonos de nuevo a nuestro relato mítico, la salvación simplemente consiste en el proceso mediante el cual el Hijo cambia su mentalidad y escucha al Espíritu Santo. Esto corrige su error original de haber escuchado el cuento del ego de individualidad y diferencias, de pecado-culpa-miedo el cual, como hemos visto, puso en movimiento la defensa estratégica que condujo al drama cósmico de la fabricación del universo material. Así el Hijo se "salva" de su decisión equivocada al cambiar *su* mentalidad. Lo que es central aquí es que el instrumento de salvación es el mismo Hijo, no un agente externo tal como Dios o uno de sus representantes: La salvación no nos llega desde afuera, sino de una decisión de aceptar la Expiación del Espíritu Santo, y de ese modo deshacer nuestra decisión previa de negar Su verdad. Retornando a la Lección 70, leemos este importante párrafo:

> El aparente costo de aceptar la idea de hoy es el siguiente: significa que nada externo a ti puede salvarte ni nada externo a ti puede brindarte paz. Significa también que nada externo a ti te puede hacer daño, perturbar tu paz o disgustarte en modo alguno. La idea de hoy te pone a cargo del universo, donde te corresponde estar por razón de lo que eres. No es éste un papel que se pueda aceptar parcialmente. Y seguramente habrás comenzado a darte cuenta de que aceptarlo es la salvación (L-pI.70.2).

Un curso de milagros, no obstante, también pone muy en claro que un re-adiestramiento de esa naturaleza no puede provenir del ego, sino de la presencia *interna* del Espíritu Santo Quien aún permanece *fuera* del sistema de pensamiento del ego. Como la manifestación del Espíritu Santo, Jesús también está *dentro* de la mente mas *fuera* del sistema de pensamiento del ego. Una discusión más profunda de la naturaleza de Jesús sigue en el próximo capítulo.

El perdón como un deshacer

Uno de los elementos clave en el proceso del perdón es que en sí y de por sí éste no es una dinámica positiva; es un *deshacer* de lo que es negativo. Este punto tan crucial se subraya por todo el Curso completo, y cito algunos de estos importantes pasajes. El primero lo tomamos del texto, en el contexto de la enfermedad y la curación:

> Los milagros son simplemente la transformación de la negación en verdad…. La tarea del obrador de milagros es, por lo tanto, *negar la negación de la verdad* (T-12.II.1:1,5).

En otras palabras, el sistema de pensamiento del ego es la negación de la verdad de Quiénes somos como Cristo, espíritu puro y aunados con Dios. Al volvernos hacia Jesús o el Espíritu Santo en busca de ayuda, *negamos* así la negación del ego, y por consiguiente afirmamos la verdad. Como nos dice él más adelante en el texto:

> Tu tarea no es ir en busca del amor, sino simplemente buscar y encontrar todas las barreras dentro de ti que has levantado contra él. No es necesario que busques lo que es verdad, pero sí *es* necesario que busques todo lo que es falso (T-16.IV.6:1-2).

"Tu papel en la Expiación", en el Capítulo 14 del texto, discute nuestro papel en el perdón, de nuevo en términos de invertir nuestra elección equivocada. En esta sección, Jesús nos dice muy específicamente, que mientras creamos estar aquí en el mundo, cómo vamos a pensar en nuestra función—el deshacer de nuestra creencia de que realmente sabemos qué es lo que mejor nos conviene:

> Antes de tomar cualquier decisión por tu cuenta, recuerda que ya has decidido ir en contra de tu función en el Cielo, y luego reflexiona detenidamente acerca de si quieres tomar decisiones aquí. *Tu única función aquí es decidir en contra de decidir qué es lo que quieres, reconociendo que no lo sabes* (T-14.IV.5:1-2; mis bastardillas).

En "La última pregunta que queda por contestar" en el Capítulo 21 del texto, Jesús nos enfrenta a cuatro preguntas, la última de la cuales es la más crítica: "¿Deseo ver aquello que negué *porque* es la verdad?" Jesús explica cómo podríamos haber contestado "Sí" a las primeras tres, pero estamos aún inseguros acerca de la cuarta y última de ellas. Y esto es así porque no hemos entendido aún que "'sí' tiene que significar 'no al no'" (T-21.VII.5:14; 12:4). Repito, se nos enseña que decirle "sí" a Jesús significa que tenemos que estar dispuestos a decir y *querer decir* "no" al "no" del ego o a la *negación* de la verdad. Y así prosigue él:

> La felicidad tiene que ser constante porque se alcanza mediante el abandono del deseo de lo que *no es* constante (T-21.VII.13:2).

Este deseo de negar nuestro apego al sistema de pensamiento del ego tiene eco en la breve aseveración que sigue la cual abre la importante lección del libro de ejercicios "Deseo la paz de Dios":

> Decir estas palabras no es nada. Pero decirlas de corazón lo es todo (L-pI.185.1:1-2).

El Capítulo 28 comienza con estas líneas que también proveen una hermosa definición del milagro:

> El milagro no hace nada. *Lo único que hace es deshacer.* Y de este modo, cancela la interferencia a lo que se ha hecho. No añade nada, sino que simplemente elimina (T-28.I.1:1-4; mis bastardillas).

Y finalmente, esta cualidad de *des*hacer se describe casi al final del texto en una discusión sobre la salvación y su papel, similar al del milagro, al ayudarnos a cambiar nuestra decisión previa a favor del ego. De ese modo contemplamos el mundo aparentemente externo a través de la visión de Cristo:

> *La salvación es un deshacer.* Si eliges ver el cuerpo, ves un mundo de separación, de cosas inconexas y de sucesos que no tienen ningún sentido.... *La salvación es un proceso que deshace todo esto.* Pues la constancia es lo que ven aquellos cuyos ojos la salvación ha liberado de tener que contemplar el costo que supone conservar la culpabilidad, ya que en lugar de ello eligieron abandonarla.
> La salvación no te pide que contemples el espíritu y no percibas el cuerpo. Simplemente te pide que ésa sea tu elección.... Tu mundo es lo que la salvación habrá de *deshacer*, permitiéndote así ver otro que tus ojos jamás habrían podido encontrar....
> Tú que crees que puedes ver al Hijo de Dios como quisieras que fuese, no olvides que ningún concepto que abrigues de ti mismo puede oponerse a la verdad de lo que eres. Erradicar la verdad es imposible. Pero cambiar de conceptos no es difícil. Una sola visión que se vea claramente y que no se ajuste a la imagen que antes se percibía, hará que el mundo sea diferente

para aquellos ojos que hayan aprendido a ver porque el concepto del yo habrá cambiado (T-31.VI.2:1-2,6–3:2,4; 5; mis bastardillas).

Así pues, el perdón (o el milagro, o la salvación) *deshace* la negación que permitió que las cuatro divisiones procedieran, lo cual ocasionó que olvidásemos aquello *de* lo cual nos separamos. En este pasaje muy revelador acerca del sueño, Jesús explica qué es exactamente el papel específico del milagro, y por implicación lo que éste no es:

> En realidad no ha ocurrido nada, excepto que te quedaste dormido y tuviste un sueño en el que eras un extraño para ti mismo y tan sólo una parte del sueño de otro. El milagro no te despierta, sino que simplemente te muestra quién es el soñador. Te enseña que mientras estés dormido puedes elegir entre diferentes sueños, dependiendo del propósito que le hayas adscrito a tu soñar…. El soñador de un sueño no está despierto ni sabe que duerme….
>
> El milagro establece que estás teniendo un sueño y que su contenido no es real. Este es un paso crucial a la hora de lidiar con ilusiones. Nadie tiene miedo de ellas cuando se da cuenta de que fue él mismo quien las inventó. Lo que mantenía vivo al miedo era que él no veía que él mismo era el autor del sueño y no una de sus figuras (T-28.II.4:1-3; 6:7; 7:1-4).

Un curso de milagros puede verse como una llamada que se nos hace desde afuera del sueño de separación y juicio a que cambiemos de mentalidad mediante el perdón y el milagro, y así despertemos a nuestra verdadera realidad. Como nos enseña Jesús, una afirmación que muy fácilmente él pudo haber hecho acerca de sí mismo y una afirmación que desarrollaremos más detalladamente en el Capítulo Seis:

> El final del sueño es el fin del miedo, pues el amor nunca formó parte del mundo de los sueños (T-28.III.4:1).

La resistencia a este proceso es enorme, debido a que la atracción de nuestro especialismo parece demasiado poderosa para poder vencerla. El lector quizá recuerde nuestra discusión de la Alegoría de la caverna de Platón en el capítulo anterior, en la cual los prisioneros asesinan a la figura de Sócrates en lugar de "despertar" de su realidad sombría a la luz de la verdad.

Mas sin embargo, Jesús explícitamente afirma que él no puede despertarnos sin nuestra ayuda, la cual se refleja en nuestra decisión de cambiar nuestras mentalidades. En un pasaje muy importante al comienzo de "La dinámica del ego", Jesús lo pone muy en claro. Retornaremos a este pasaje más adelante, pero por ahora basta con señalar la expresión de Jesús sobre *nuestro* importante papel:

Estamos listos para examinar más detenidamente el sistema de pensamiento del ego porque *juntos* disponemos de la lámpara que lo desvanecerá.... *Juntos* desvaneceremos calmadamente este error, y después miraremos más allá de él hacia la verdad (T-11.V.1:3,6; mis bastardillas).

La salvación es, por consiguiente, una empresa de conjunto entre el Hijo y Jesús o el Espíritu Santo, tal como el Hijo hasta ahora permanecía unido con el ego:

> Tu consejero y tú tenéis que estar de acuerdo con respecto a lo que deseas antes de que pueda ocurrir. Es este convenio lo que permite que todas las cosas ocurran. Pues nada puede ocurrir sin algún tipo de unión, ya sea con un sueño de juicios o con la Voz que habla en favor de Dios (T-30.I.16:2-4).

Esta unión de lo que originalmente el Hijo había decidido que debía permanecer separado (su mente de la verdad), se comienza a reflejar en el nivel de la experiencia corporal cuando nos unimos con aquellos de quienes habíamos decidido que debíamos mantenernos separados. La separación fue la decisión ontológica que condujo a que la mente se separara y eventualmente condujo al mundo separado. Así pues, es esta decisión equivocada lo que hay que corregir. Tal parece que la corrección sucede en el nivel de nuestras relaciones con los demás en este mundo físico. Pero en verdad la corrección *ya* ocurrió en el nivel de la mente; aún más claramente expresado, la corrección *está* ocurriendo ya, puesto que el pasado y el futuro son simplemente fabricaciones inventadas por el ego para engañarnos.

Una de las formas más importantes de corregir esta distorsión temporal es ayudar a que el Hijo cambie de mentalidad acerca de su percepción de Dios. Recordamos que el ego había convencido al Hijo dormido de que Dios estaba enfadado, determinado a castigarlo por los pecados en contra Suya. Desde el punto de vista del ego, esto descartaba muy oportunamente cualquier posibilidad de verdadera ayuda que el Hijo pudiese aceptar de su Creador, como vemos en el siguiente pasaje tomado de "Las leyes del caos", de las cuales citamos antes en el Capítulo Dos:

> Dios... tiene... que aceptar la creencia que Su Hijo tiene de sí mismo y odiarlo por ello.
> Observa cómo se refuerza el temor a Dios por medio de [esto]....
> Ahora se hace imposible recurrir a Él en momentos de tribulación, pues Él se ha convertido en el "enemigo" que la causó y no sirve de nada recurrir a Él.... Ahora el conflicto se ha vuelto inevitable e inaccesible a la

ayuda de Dios. Pues ahora la salvación jamás será posible, ya que el salvador se ha convertido en el enemigo.

No hay manera de liberarse o escapar. La Expiación se convierte en un mito, y lo que la Voluntad de Dios dispone es la venganza, no el perdón. Desde allí donde todo esto se origina, no se ve nada que pueda ser realmente una ayuda. Sólo la destrucción puede ser el resultado final. Y Dios Mismo parece estar poniéndose de parte de ello para derrotar a Su Hijo (T-23.II.6:6–7:3,5–8:5).

Comenzamos así el proceso de la salvación cuestionando la voz del ego, al darnos cuenta de que sus enseñanzas son dementes y contradicen lo que tiene que ser la verdad. Esta es una expresión de la pequeña dosis de buena voluntad que, Jesús nos enseña que es todo lo que la salvación nos pide. Es el feliz reconocimiento de que hemos estado equivocados, pero de que hay Uno en nuestro interior Que tiene la razón:

> Una vez que has decidido que no te gusta cómo te estás sintiendo, qué podría ser más fácil que continuar con:
>
> *Y por lo tanto, espero haber estado equivocado.*
>
> Esto mitiga la sensación de resistencia y te recuerda que no se te está forzando a que aceptes ayuda, sino que ésta es algo que deseas y necesitas porque no te gusta cómo te estás sintiendo. Esta ínfima apertura bastará para que puedas seguir adelante y dar los pocos pasos que necesitas para dejar que se te ayude.
>
> Ahora has llegado a un punto crucial porque te has dado cuenta de que saldrías ganando si lo que decidiste no es como tú pensabas. Hasta que no llegues a este punto, creerás que tu felicidad depende de tener razón. Pero por lo menos has alcanzado ahora un cierto grado de sensatez: te has dado cuenta de que sería mejor para ti que estuvieses equivocado (T-30.I.9-10).

Ahora comenzamos a darnos cuenta que la Voz del Espíritu Santo sí tiene sentido en verdad, y lo más conveniente para nosotros es escuchar Sus enseñanzas de perdón en lugar de las del ego.

Hasta aquí hemos discutido la salvación más en el nivel metafísico u ontológico, como una corrección de la mente del Hijo en términos de que éste tome una decisión diferente. Sin embargo, uno de los aspectos únicos de *Un curso de milagros* es su integración de lo metafísico con lo práctico, mediante lo cual aprendemos la lección de cómo reconocer que *ya* estamos unidos con aquellas personas específicas a quienes habíamos decidido antes mantener separadas, bien fuese en la forma de una relación de odio especial o en la forma de una relación de amor especial. Este perdonar a otros (y finalmente a nosotros mismos) constituye el proceso de salvación del Curso. Un breve repaso de los principios del perdón ejemplifica no sólo la actitud del Curso hacia el cuerpo, sino también hacia la salvación.

Como se ha explicado, la corrección del error que nos condujo a creer que estamos en este mundo, en primer lugar, tiene que ocurrir en la mente porque es ahí donde ocurre el error. Hablando metafóricamente sobre la creación de la respuesta de Dios–la Expiación–Jesús recalca este punto esencial acerca del perdón y de la curación:

> La respuesta de Dios está allí [en la mente] donde se encuentra la creencia en el pecado, *pues sólo allí se pueden cancelar sus efectos completamente* y dejárseles sin causa. Las leyes de la percepción tienen que ser invertidas, pues *son* una inversión de las leyes de la verdad. Las leyes de la verdad son eternamente ciertas y no se pueden invertir. No obstante, se pueden percibir al revés. *Y esto debe corregirse allí donde se encuentra la ilusión de que han sido invertidas* [repito, en la mente] (T-26.VII.5; mis bastardillas, excepto en 5:2).

Por lo tanto, es la mente y no el cuerpo la que es el elemento activo y causal en el sueño del mundo separado, como vemos en este ya citado pasaje de la Lección 132 del libro de ejercicios, el cual examinamos nuevamente. "Libero al mundo de todo lo que jamás pensé que era":

> El mundo en sí no es nada. Tu mente tiene que darle significado.... No hay ningún mundo aparte de lo que deseas, y en eso radica, en última instancia, tu liberación (L-pI.132.4:1-2; 5:1).

Dado este hecho, no tendría sentido alguno corregir un error donde no está; mas con toda certeza, el ego continuamente trata de convencernos para que hagamos justamente eso. El lector quizá recuerde la analogía de la sala de cine, y cómo nadie sentado en la misma trataría de resolver un problema que tuviese que ver con la película yendo hacia la pantalla, donde *no* está el problema. Por lo tanto, el perdón esencialmente invierte los pasos que el ego le hizo dar al Hijo en aquel instante original, un instante, como hemos visto, que re-vivimos una y otra y otra vez. Retracemos esos pasos brevemente, de modo que podamos entender mejor la corrección o el deshacer que efectúa el proceso del perdón.

Recordamos que el ego comienza convenciendo al Hijo de la realidad de *su* trinidad de pecado, culpa y miedo, lo cual culmina en la creencia de parte del Hijo de que el Dios contra quien había pecado procura castigarlo. Por otra parte, afirma el ego, el Espíritu Santo–la Voz que habla a favor del Amor de Dios en la mente del Hijo–no merece confianza, y por lo tanto hay que negarla y escapar *de* ella. El ego, por lo tanto, ha convencido al Hijo efectivamente para que niegue el papel que ha jugado en instigar su versión de la "ira" de Dios: a saber, que él atacó a Dios primero. La dinámica procede de esta manera: Al proyectar este pecado sobre Dios, el Hijo cree ahora que Dios lo está atacando, y muy injustamente. De ese modo, el pecado y la culpa se niegan primero y luego se proyectan. Recordamos aquí nuestra discusión de las divisiones en el Capítulo Tres, mediante las cuales al separarse del Espíritu Santo, el Hijo cree en la realidad de su pecaminoso y culpable yo A. Y así, para poder escapar del dolor de este yo, tiene que apartar el pecado, de tal modo que lo proyecta sobre un nuevo yo C, al cual percibe fuera de sí mismo y como recipiente de su pecado. De esta manera ahora él se ha vuelto aparentemente libre de pecado, un nuevo yo B que ha sido "lavado" de todo su pecado de antaño.

Los pasos que siguen luego de esta proyección inicial consisten en que primero el Hijo se fragmenta en incontables pensamientos fragmentarios, y luego para proyectar estos pensamientos de separación de su mente, fabrica (o crea falsamente) un mundo físico y un cuerpo con el cual experimentar al mundo como separado e independiente de la mente que lo fabricó. El ego reconoce que si el Hijo recordase que *él* fabricó el mundo, también se daría cuenta de que era ilusorio y de que fue diseñado para ocultarle *su* pecado y *su* culpa, sin mencionar la presencia de amor en su mente la cual erradicaría el pecado mediante el perdón de lo que nunca ocurrió. En otras palabras, el Hijo simplemente despertaría de su monstruoso sueño de separación. Encontramos aquí un replanteamiento de aquel importante principio examinado en nuestra discusión original de la procesión de divisiones: aquello *de lo cual* nos separamos se olvida, mientras que aquello *hacia lo cual* nos separamos se recuerda, se experimenta y nos identificamos con ello.

Debido a la eficacia de la negación y la proyección–el corazón y alma de las cuatro divisiones–el mundo del tiempo y del espacio nos parece externo a nuestras mentes y muy real en el nivel de nuestra experiencia individual. Así pues, inevitablemente nos experimentamos como las víctimas de fuerzas más allá de nuestro control. Las experiencias cotidianas–físicas y psicológicas–desde el nacimiento hasta la muerte, todas conspiran bajo la dirección del ego para convencernos de la realidad del mundo y de nuestra impotente posición en el mismo. Esta creencia es "la cara de la inocencia" que es tan poderosamente descrita por Jesús casi al final del texto en un pasaje que he citado ya, la cara que está con frecuencia arrasada de lágrimas ante las injusticias que el mundo comete contra los que quieren ser buenos y generosos. Este aspecto [de nuestro concepto del yo] nunca lanza el primer ataque. Pero cada día, cientos de incidentes sin importancia socavan poco a poco su inocencia, provocando su irritación, e induciéndolo finalmente a insultar y a abusar descontroladamente (T-31.V.3:2-4).

Este, pues, es el plan del ego para su propia salvación–mantener la separación pero no el pecado concomitante, una meta que logra negando su parte en la fabricación del mundo y del cuerpo, y luego proyectando la responsabilidad por ello *sobre* el mundo y el cuerpo. Ahora parece que lo que nosotros en verdad le hemos hecho al mundo, se nos está haciendo a nosotros:

> El mundo no hace sino demostrar una verdad ancestral: creerás que otros te hacen a ti exactamente lo que tú crees haberles hecho a ellos. Y una vez que te hayas engañado a ti mismo culpándolos, no verás la causa de sus actos porque *desearás* que la culpabilidad recaiga sobre ellos (T-27.VIII.8:1-2).

Por supuesto, lo que se ha "salvado" ha sido el ego, mientras la mente del Hijo de Dios permanece en aparentes cadenas, aprisionada por poderes contra los cuales él cree que no puede hacer nada.

La verdadera salvación comienza ahora donde la abandonó el ego, y va en dirección opuesta. Como dice el Curso:

> Este mundo está repleto de milagros. Se alzan en radiante silencio junto a cada sueño de dolor y sufrimiento, de pecado y culpabilidad. Representan la alternativa al sueño, la elección de ser el soñador, en vez de negar el papel activo que has desempeñado en la fabricación del sueño. Los milagros son los felices efectos de devolver la enfermedad –la consecuencia–a su causa. El cuerpo se libera porque la mente reconoce lo siguiente: "Nadie me está haciendo esto a mí, sino que soy *yo* quien me lo estoy haciendo a mí mismo." Y así, la mente queda libre para llevar a cabo otra elección. A partir de ahí, la salvación procederá a cambiar el rumbo de cada paso que jamás se haya dado en el descenso hacia la separación, hasta que lo andado se haya desandado, la escalera haya desaparecido y todos los sueños del mundo hayan sido des-hechos (T-28.II.12).

Ahora estamos listos para examinar con mayor profundidad los pasos del perdón que la salvación lleva a cabo en la inversión del descenso del ego hacia la locura de la separación.

Los tres pasos del perdón

Como hemos estado discutiendo, a través de la corrección de la mente llamada el milagro, el perdón consiste en deshacer los principios de negación y de proyección del ego, al invertir la dirección que la mente había tomado cuando siguió el consejo del ego. El perdón como el instrumento de la salvación se puede resumir como un proceso que consta de tres pasos. (Aunque *es* de utilidad considerar que el proceso consta de tres pasos, tenemos que recordar que los "pasos" esencialmente no ocurren en secuencia en absoluto, pues ni el tiempo ni el proceso de su deshacer son lineales.)

Paso 1) El primer paso consiste en darse cuenta de que la causa de nuestro mundo personal de sufrimiento y angustia, de víctima y victimación, no se encuentra en lo que parece ser externo, sino que más bien está dentro de nuestras propias mentes. Puesto que el mundo externo no es nada más que una imagen externa de lo que hay en la mente–un sueño cuya dinámica no es distinta de lo que soñamos al dormir en lo cual nada de lo que sucede es "real"–cualquier cosa que ocurra en nuestras vidas ha sido soñada por nosotros, *literalmente*:

> El secreto de la salvación no es sino éste: que eres tú [el tomador de decisiones junto con el yo A] el que se está haciendo todo esto a sí mismo. No importa cuál sea la forma del ataque, eso sigue siendo verdad. No importa quién desempeñe el papel de enemigo y quién el de agresor, eso sigue siendo verdad. No importa cuál [yos C] parezca ser la causa de cualquier dolor o sufrimiento que sientas [yo B], eso sigue siendo verdad. Pues no reaccionarías en absoluto ante las figuras de un sueño si supieses que eres tú el que lo está soñando. No importa cuán odiosas [yos C] y cuán depravadas sean, no podrían tener efectos sobre ti a no ser que no te dieses [yo B] cuenta de que se trata tan sólo de tu [yo A] propio sueño.
> Basta con que aprendas esta lección para que te libres de todo sufrimiento, no importa la forma en que éste se manifieste. El Espíritu Santo repetirá esta lección inclusiva de liberación hasta que la aprendas.... Él quiere mostrarte la única causa de todo sufrimiento, no importa cuál sea su forma. Y comprenderás que los milagros reflejan esta simple afirmación: "*Yo* mismo fabriqué esto, y es esto lo que quiero deshacer" (T-27.VIII.10:1–11:2,5-6).

Así que el primer paso en este proceso es devolver el problema a la mente del Hijo (la decisión de ser el pecaminoso yo A), donde se encontraba antes de que el ego lo eliminase mediante la proyección. La causa ha sido devuelta de ese modo al lugar adecuado–el tomador de decisiones de la mente:

> Ese es el último paso de la separación, con el que da comienzo la salvación, la cual se encamina en dirección contraria. Este último paso es un efecto de lo que ha sucedido antes, que ahora parece ser la causa. El milagro es el primer paso en el proceso de devolverle a la causa [la mente] la función de ser causa y no efecto. Pues esta confusión ha dado lugar al sueño, y mientras no se resuelva, despertar seguirá siendo algo temible. Y la llamada a despertar no será oída, pues parecerá ser la llamada al temor (T-28.II.9).

Vistas en esta luz, nuestras proyecciones se convierten en un regalo porque vemos en otros lo que hay en el interior de nuestras mentes. Realmente no hay nadie fuera de nosotros, excepto aquel a quien hemos ubicado ahí en nuestro sueño. El odio que el ego ocultó ahora se puede contemplar, y se puede optar por una alternativa diferente al fin. El valor que el mundo tiene para nosotros es subrayado en otro planteamiento tomado del texto, el cual recalca la decisión de la *mente* (yo A) de hacer real el sistema de pensamiento del ego, y luego proyectarlo hacia fuera de manera que el mundo (yo C) parezca enseñarnos el yo que estamos fingiendo ser (yo B):

> Parece que es la percepción [yo C] la que te enseña [yo B] lo que ves. Sin embargo, lo único que hace es dar testimonio de lo que tú [yo A] enseñaste. Es el cuadro externo de un deseo: la imagen de lo que tú querías que fuese verdad (T-24.VII.8:8-10).

El mundo sirve de ese modo el santo propósito del Espíritu Santo de reflejar o devolvernos el testimonio de la culpa de la mente que habíamos reprimido. La próxima sección explora este tema más profundamente:

Paso 2) El escenario está listo para el segundo paso. Ahora que la causa ha sido devuelta a la mente del Hijo, se nos regresa a la parte de nuestro relato *antes* de que el Hijo creyese el cuento del ego. Así pues, al Hijo se le ofrece otra oportunidad de elegir entre las dos voces. Esto es lo que Jesús quiere decir cuando nos exhorta repetidamente a que elijamos de nuevo, como vemos en este pasaje que aparece al final el texto:

> En toda dificultad, disgusto o confusión Cristo te llama y te dice con ternura: "Hermano mío, elige de nuevo" (T-31.VIII.3:2).

El Hijo ha retornado a "la escena del crimen" de su error, y ahora puede cambiar de mentalidad:

Tu papel consiste simplemente en hacer que tu pensamiento retorne al punto en que se cometió el error, y en entregárselo allí a la Expiación en paz (T-5.VII.6:5).

Donde antes, como un solo Hijo, elegimos creer el alegato del ego de que el Hijo era "la morada del mal, de las tinieblas y del pecado" (L-pI.93.1:1), que era el agente del pecado y que merecía toda la angustia que su culpa y miedo le ocasionaron, ahora podemos escuchar una Voz diferente que habla del verdadero juicio que el Padre emite de Su Hijo.

"Tú sigues siendo Mi santo Hijo, por siempre inocente, por siempre amoroso y por siempre amado, tan ilimitado como tu Creador, absolutamente inmutable y por siempre inmaculado. Despierta, pues, y regresa a Mí. Yo soy tu Padre y tú eres Mi Hijo" (L-pII.10.5).

En otras palabras, nuestra culpa no era una parte *inherente* a nuestro ser, sino más bien una defensa que *elegimos* para proteger nuestra individualidad. Y puesto que no fue nada más que una decisión nuestra, podemos justo así de fácilmente podemos *cambiar nuestra mentalidad*: el peor miedo del ego llevado a cabo. Y de ese modo, habiendo retornado al punto original de elección donde se había cometido el error, reconocemos el mismo, y al elegir *en contra* de nuestra individualidad y de nuestra culpa, elegimos *a favor* del principio de Expiación del Espíritu Santo. Y así el sueño se deshace al fin, al nosotros decir:

Debo haber decidido equivocadamente porque no estoy en paz.
Yo mismo tomé esa decisión, por lo tanto, puedo tomar otra.
Quiero tomar otra decisión porque deseo estar en paz.
No me siento culpable porque el Espíritu Santo, si se lo permito, anulará
    todas las consecuencias de mi decisión equivocada.
Elijo permitírselo, al dejar que Él decida en favor de Dios por mí.
    (T-5.VII.6:7-11; bastardillas omitidas)

Paso 3) Con esta decisión de despertar del sueño de culpa y terror del ego, los ojos del Hijo se abren lentamente, en el tercer paso, a la maravillosa verdad de la cual le habla la Voz de la Expiación de Dios. La memoria del Amor inalterado e inmutable de Dios comienza a alborear en el interior de su mente, y recuerda el hogar junto a Dios el cual nunca abandonó en verdad. Es este recuerdo lo que significa la caída de la individualidad del ego, pues en la presencia del perfectamente unificado Amor de Dios, no queda nada del yo separado. El Hijo ha cumplido con su parte y ha desempeñado su única responsabilidad en la salvación: el aceptar la Expiación para sí mismo y el dar la bienvenida a la verdad en su mente:

> Un milagro no puede cambiar nada en absoluto. Pero puede hacer que lo que siempre ha sido verdad sea reconocido por aquellos que lo desconocen; y mediante este pequeño regalo de verdad se le permite a lo que siempre ha sido verdad ser lo que es, al Hijo de Dios ser él mismo y a toda la creación ser libre para invocar el Nombre de Dios cual una sola (T-26.VII.20:4-5).

Lo que siempre ha sido es ahora aceptado como la realidad, y el pecado, la culpa y la muerte ya no son jamás:

> Y ahora el *conocimiento* de Dios, inmutable, absoluto, puro y completamente comprensible, entra en su reino. Ya no hay percepción, ni falsa ni verdadera. Ya no hay perdón, pues su tarea ha finalizado. Ya no hay cuerpos, pues han desaparecido ante la deslumbrante luz del altar del Hijo de Dios. Dios sabe que ese altar es el Suyo, así como el de Su Hijo. Y ahí se unen, pues ahí el resplandor de la faz de Cristo ha hecho desaparecer el último instante del tiempo, y ahora la última percepción del mundo no tiene propósito ni causa. Pues ahí donde el recuerdo de Dios ha llegado finalmente, no hay jornada, ni creencia en el pecado, ni paredes, ni cuerpos. Y la sombría atracción de la culpabilidad y de la muerte se extinguen para siempre.
>
> ¡Oh hermanos míos, si tan sólo supierais cuánta paz os envolverá y os mantendrá a salvo, puros y amados en la Mente de Dios, no haríais más que apresuraros a encontraros con Él en Su altar! Santificados sean vuestros nombres y el Suyo, pues se unen ahí, en ese santo lugar. Ahí Él se inclina para elevaros hasta Él, liberándoos del mundo para conduciros a la eternidad; liberándoos de todo temor y devolviéndoos al amor (C-4.7-8).

Para replantear estos tres pasos del perdón: *primero* el Hijo cuestiona la validez del cuento de víctima y victimario del ego, yos B y C; i.e., estamos sujetos a fuerzas fuera y más allá de nuestro control. Esto trae el problema del pecado y la culpa de vuelta a nuestras mentes (yos A) donde en verdad pertenecen, y no en algún otro. De ese modo se efectúa el deshacer de la proyección, el plan de defensa del ego en contra de la aparente ira de Dios. El *segundo* paso se hace posible ahora puesto que el primer paso le permite al Hijo reconsiderar su decisión original de escuchar al ego. La base del problema era la creencia del Hijo de que él era pecaminoso y culpable. Ahora que esa creencia se puede mirar de nuevo–*en la mente*, y *con* el Espíritu Santo–y de ese modo se retira nuestro (realmente el del tomador de decisiones) apego a ella. Una vez que se ha optado por esa alternativa y nuestra decisión ha cambiado, la culpa desaparece, puesto que lo que la mantenía en su lugar era sólo nuestra creencia en ella:

> Cuando aceptas un milagro, no añades tu sueño de miedo a uno que ya está siendo soñado. *Sin apoyo, el sueño se desvanecerá junto con todos sus aparentes efectos*, pues es tu apoyo lo que lo refuerza (T-28.III.1:5-6; mis bastardillas).

Lo que permanece entonces es el Amor de Dios que siempre estuvo ahí. El *tercer* paso, por lo tanto, no es realmente un paso en absoluto. Es el natural e inevitable resultado de la aceptación (los primeros dos pasos) de la corrección del Espíritu Santo que *ya se ha logrado.* Por eso el Curso enseña que los primeros dos pasos son *nuestra* responsabilidad, y el tercer paso no lo es:

> No estás atrapado en el mundo que ves porque su causa se puede cambiar. Este cambio requiere, *en primer lugar*, que se identifique la causa y luego se abandone [*segundo*], de modo que pueda ser reemplazada [*tercero*]. Los primeros dos pasos de este proceso requieren tu cooperación. El paso final, no (L-pI.23.5:1-4; mis bastardillas).

Los tres pasos se resumen de otra manera en la Lección 196 del libro de ejercicios, "Es únicamente a mí mismo a quien crucifico". Aquí se nos pide que reconozcamos de nuevo que nuestra angustia procede de nuestro interior, y no de afuera. Este proceso no está exento de terror, pues el traer la culpa de vuelta a nuestras mentes es enfrentarse directamente con el cuento del ego acerca de la ira de Dios que espera impacientemente en nuestras mentes por nuestro regreso. Así pues, este proceso se ubica dentro del contexto metafísico mayor que hemos estado considerando. He puesto en corchetes los pasos enumerados del perdón en el siguiente pasaje de la lección:

> [1] Pero incluso para cuestionarlo [la creencia de que nuestra salvación se gana mediante el ataque] su forma tiene primero que cambiar lo suficiente como para que el miedo a las represalias disminuya y la responsabilidad vuelva en cierta medida a recaer sobre ti.… Mientras este cambio no tenga lugar, no podrás percibir que son únicamente tus pensamientos los que te hacen caer presa del miedo, y que tu liberación depende de ti.… Pues una vez que entiendas que nada, salvo tus propios pensamientos, te puede hacer daño, el temor a Dios no podrá sino desaparecer. No podrás seguir creyendo entonces que la causa del miedo se encuentra fuera de ti. Y a Dios, a Quien habías pensado desterrar, se le podrá acoger de nuevo en la santa mente que Él nunca abandonó.

El himno de la salvación puede ciertamente oírse en la idea que hoy practicamos. Si es únicamente a tí mismo a quien crucificas, no le has hecho nada al mundo y no tienes que temer su venganza ni su persecución. Tampoco es necesario que te escondas lleno de terror del miedo mortal a Dios que la proyección oculta tras de sí.... [2] Hay un instante en que el terror parece apoderarse de tu mente de tal manera que no parece haber la más mínima esperanza de escape. Cuando te das cuenta, de una vez por todas, de que es a ti mismo a quien temes, la mente se percibe a sí misma dividida. Esto se había mantenido oculto mientras creías que el ataque podía lanzarse fuera de ti y que éste podía devolvérsete desde afuera. Parecía ser un enemigo externo al que tenías que temer.... Y ahora, por un instante, percibes dentro de ti a un asesino que ansía tu muerte y que está comprometido a maquinar castigos contra ti hasta el momento en que por fin pueda acabar contigo. [3] No obstante, en ese mismo instante es el momento en que llega la salvación. Pues el temor a Dios ha desaparecido. Y puedes apelar a Él para que te salve de las ilusiones por medio de Su Amor, llamándolo Padre y, a ti mismo, Su Hijo (L-pI.196.7:1,3; 8:3–9:3; 10:1-4; 11:1-4).

La salvación, como observáramos antes, se logra básicamente a través de nuestro propio esfuerzo, realizado en unión del Espíritu Santo. Sin embargo, el Espíritu Santo no se ha de concebir como un agente externo, mágicamente enviado por Dios para que deshaga nuestro miedo y solucione nuestros problemas. Como afirma Jesús casi al comienzo del texto, al referirse a la visión tradicional de que él "lo hace por nosotros":

Yo no puedo controlar el miedo, pero éste puede ser auto-controlado. Tu miedo me impide darte mi control.... Deshacer el miedo *es* tu responsabilidad. Cuando pides que se te libere del miedo, estás implicando que no lo es. En lugar de ello, deberías pedir ayuda para cambiar las condiciones que lo suscitaron. Esas condiciones siempre entrañan el estar dispuesto a permanecer separado. A ese nivel tú *puedes* evitarlo (T-2.VI.1:4-5; 4:1-5).

De modo que Jesús puede ayudarnos a hacer otra elección, pero él no puede hacer esa elección por nosotros, como ya hemos visto.

Para concluir nuestra discusión de los tres pasos del perdón, citamos esta hermosa descripción que Jesús nos ha legado en la clarificación de términos. Repito, he añadido los números de los tres pasos en corchetes:

Este es el cambio que brinda la percepción verdadera: [1] lo que antes se había proyectado afuera, ahora se ve adentro, y [2] ahí el perdón deja que desaparezca. Ahí se establece el altar al Hijo, y ahí se recuerda a su

Padre. Ahí se llevan todas las ilusiones ante la verdad y se depositan ante el altar. Lo que se ve como que está afuera no puede sino estar más allá del alcance del perdón, pues parece ser por siempre pecaminoso. ¿Qué esperanza puede haber mientras se siga viendo el pecado como algo externo? ¿Qué remedio puede haber para la culpabilidad? Mas al ver a la culpabilidad y al perdón dentro de tu mente, éstos se encuentran juntos por un instante, uno al lado del otro, ante un solo altar. Ahí, por fin, la enfermedad y su único remedio se unen [3] en un destello de luz curativa. Dios ha venido a reclamar lo que es Suyo. El perdón se ha consumado (C-4.6).*

El mundo como el camino real al inconsciente

La sección anterior consideró brevemente cómo cambia el papel del mundo una vez que escogemos a Jesús o al Espíritu Santo como nuestro maestro. El mundo, el cual fue ontológicamente fabricado como un ataque a Dios y de ese modo hecho para que fuese un prisionero de nuestra culpa, no obstante, puede convertirse en un salón de clases en el cual el Espíritu Santo nos enseña Sus salvadoras lecciones de perdón al cambiar el centro de nuestra atención, redirigiendo nuestra vista del mundo hacia nuestras mentes:

> Del mismo modo en que el propósito de la vista fue alejarte de la verdad, puede asimismo tener otro propósito. Todo sonido se convierte en la llamada de Dios, y Aquel a quien Dios designó como el Salvador del mundo puede conferirle a toda percepción un nuevo propósito. Sigue Su Luz, y verás el mundo tal como Él lo ve. Oye sólo Su Voz en todo lo que te habla. Y deja que Él te conceda la paz y la certeza que tú desechaste, pero que el Cielo salvaguardó para ti en Él (L-pII.3.4).

Lo que sigue es una discusión de este tema tan importante de *Un curso de milagros*:

Hace casi un siglo que en su trascendental obra *The Interpretation of Dreams (La interpretación de los sueños)*, Sigmund Freud escribió: "La interpretación de los sueños es el camino real al conocimiento de las

---

* Para una discusión más amplia sobre los tres pasos del perdón, véase *El perdón y Jesús*, Capítulo 2.

actividades inconscientes de la mente".* Esta seminal aseveración está basada en la noción psicoanalítica de que las actividades del inconsciente–los impulsos irracionales y desenfrenados del ello (id)–eran por definición totalmente inaccesibles a nuestro consciente, y por lo tanto, aparentemente jamás se podían descubrir y tratar. Sin embargo, tal exposición a lo que el padre del psicoanálisis concibió que eran nuestras urgencias innatas era esencial si es que se iba a ayudar a las personas con sus problemas, puesto que Freud postulaba que eran estos impulsos inconscientes los factores determinantes de todo lo que pensábamos, sentíamos y creíamos, sin mencionar cómo nos comportábamos. Las investigaciones de Freud lo llevaron a la conclusión de que a través del análisis de nuestros sueños encontraríamos la llave que abriría lo que él creía que eran estas tenebrosas, destructivas fuerzas que eran la causa no sólo de las neurosis de nuestros mundos individuales, sino que a través de la defensa psicológica de la sublimación, causaban nada menos que el progreso de la civilización por igual. Así pues, a través del análisis o la interpretación de los símbolos de nuestros sueños, tendríamos acceso al inconsciente y así se lograría la meta del psicoanálisis de hacer consciente al inconsciente. Sólo de esta manera, creía Freud, se podrían sanar las neurosis de las personas–causadas por conflictos inconscientes y, por lo tanto, sin resolver.

Resulta interesante por demás, que el Jesús quien es la fuente de *Un curso de milagros* pudiese formular la misma aseveración que Freud formuló, basado en el mismo razonamiento, pero con un marco de referencias vastamente expandido y con una meta que hubiese hecho que el gran médico vienés se sintiese muy disgustado si estuviese vivo hoy día. Como hemos visto, el contexto para las enseñanzas de perdón de Jesús es la premisa metafísica de que el universo físico es una ilusión. Por otra parte, como discutimos previamente, la fabricación del mundo es la culminación de la estrategia del ego para preservar su existencia negando la mente y distrayendo nuestra atención del verdadero problema de haber elegido al ego en lugar de elegir al Espíritu Santo.

En efecto, debido a que olvidamos la verdadera fuente de nuestra aflicción–la decisión de nuestras mentes de separarnos de Dios–nos hemos vuelto virtualmente insensatos (o sin mente), lo que constituye la

---

* *The Standard Edition of the Complete Psychological Writings of Sigmund Freud*, ed. James Strachey, vol. V, pág. 608 (The Hogarth Press: London, 1960). Este importante comentario, dicho sea de paso, no aparece en la primera edición, pero fue añadido por Freud en el 1909 para la segunda edición.

meta última del ego. Por lo tanto, veamos nuestra discusión anterior, si no tenemos mente, naturalmente no hay manera de que podamos jamás cambiar de mentalidad acerca del ego. Y esto parece asegurar que su sistema de pensamiento de separación, individualidad, y especialismo permanezca para siempre más allá de la esperanza de corrección. Así pues, la estrategia del ego se ha consumado y se ha cumplido su promesa de preservar la individualidad del Hijo. Este plan de negar la decisión de nuestras mentes de estar separados, y de proyectar sobre el cuerpo la decisión olvidada, está resumida en la Lección 136, "La enfermedad es una defensa contra la verdad". En esta importante lección, Jesús utiliza la frase "doblemente sellada en el olvido" (5:2) para describir cómo nuestra decisión de estar separados de la verdad está protegida por la doble dinámica de la negación y la proyección.

Así no hay esperanza de que el Hijo jamás se dé cuenta de su error y tome la decisión correcta. Pero como nos consuela Jesús en el texto: El sistema de pensamiento del ego puede ser "a prueba de todo, pero no...a prueba de Dios" (T-5.VI.10:6). Y lo que permite que la Presencia de Dios en nuestras mentes–el Espíritu Santo o Jesús–deshaga la trama aparentemente invencible del ego es la angustia que sentimos por nuestra original y constante decisión de permanecer separados del Amor de Dios, una decisión que nos permite existir como un individuo. Es esta incomodidad por nuestra infeliz situación (a la cual se refiere abajo como tener "una voluntad aprisionada") la que nos impulsa finalmente a pedir por "una mejor manera":

> Una voluntad aprisionada engendra una situación tal, que, llevada al extremo, se hace completamente intolerable. La resistencia al dolor puede ser grande, pero no es ilimitada. A la larga, todo el mundo empieza a reconocer, por muy vagamente que sea, que *tiene que* haber una manera mejor. A medida que este reconocimiento se arraiga más, acaba por convertirse en un punto decisivo en la vida de cada persona. Esto finalmente vuelve a despertar la visión espiritual y, al mismo tiempo, mitiga el apego a la visión física (T-2.III.3:4-8).

Al darnos cuenta de que nuestra manera no ha funcionado–"Renuncia ahora a ser tu propio maestro.... pues no fuiste un buen maestro" (T-12.V.8:3; T-28.I.7:1)–invocamos la "mejor manera", lo cual significa invocar al mejor Maestro. Y así se nos enseña otra forma de percibir el mundo. Es esta llamada la que comienza el proceso mediante el cual somos amorosamente guiados por el Espíritu Santo a regresar a casa.

El decidirnos por el ego nos condujo al mundo, dentro del cual moldeamos un cuerpo repleto de la falta de perdón que se origina en la mente, y que aún permanece en la misma. Así que es con nuestras experiencias físicas y psicológicas–nuestras relaciones especiales–que nuestro nuevo Maestro tiene que comenzar sus lecciones. Repito, nuestra petición de ayuda es lo que permite que el proceso sanador del perdón comience. Jesús o el Espíritu Santo nos enseña que el mundo que percibimos afuera es la sombra del mundo que primero hicimos real en nuestras mentes. Y ahora podemos empezar a comprender el importante papel que el mundo desempeña en el deshacimiento del sistema de pensamiento del ego. Si no fuese por nuestras proyecciones del sistema de pensamiento del ego de pecado, culpa y miedo, no tendríamos oportunidad de tener conocimiento acerca de la existencia de nuestras mentes, y mucho menos de los pensamientos dementes que éstas contienen. De ese modo, el mundo se convierte en el *camino real* que nos conduce de regreso al Cielo el cual originalmente el mundo se proponía ocultar. De esta manera Jesús le vuelca las mesas al ego: La dinámica de proyección, la cual es el as de reserva del ego por decirlo así, se ha transformado en un medio de salvación y de curación. Al permitir que Jesús interprete el mundo por nosotros, podemos entender que el mundo aparentemente real de la percepción no es sino la proyección de los pensamientos de la mente hecha forma: de la separación y el ataque del ego, o del perdón y la dicha del Espíritu Santo.

> La proyección da lugar a la percepción. El mundo que ves se compone de aquello con lo que tú lo dotaste. Nada más. Pero si bien no es nada más, tampoco es menos. Por lo tanto, es importante para ti. *Es el testimonio de tu estado mental, la imagen externa de una condición interna.* Tal como el hombre piense, así percibirá…. La percepción es un resultado, no una causa…. *Y lo que veas dará testimonio de tu elección y te permitirá reconocer cuál de ellas elegiste.* El mundo que ves tan sólo te muestra cuánta dicha te has permitido ver en ti y aceptar como tuya. Y si ese *es* su significado, el poder de dar dicha tiene entonces que encontrarse en ti (T-21.in.1:1-6,8; 2:6-8; mis bastardillas, excepto en 2:8).

La elección, por lo tanto, es siempre entre el odio y la angustia del ego o el perdón y la dicha del Espíritu Santo (L-pI.190). En verdad, la Suya es la única dicha que debemos buscar, pues sólo esa dicha depende de lo eterno y *no* de nada de este mundo impermanente.

Es sólo cuando somos capaces de reconocer nuestro odio a los demás en toda su miríada de formas–sutiles y evidentes, amor especial y odio especial–que podemos pedir ayuda significativamente para cambiar nuestra percepción de las figuras en el sueño que estamos soñando. Al principio creemos que estamos cambiando nuestra percepción de nuestros compañeros en el especialismo, pero no transcurre mucho tiempo antes de que alboree en nosotros que este cambio no es realmente en lo que estamos percibiendo *fuera de nuestras mentes*. En verdad, el aceptar la corrección del Espíritu Santo de perdonar a otro refleja el perdón a nosotros mismos–*en nuestras mentes*. Al ser los autores del sueño y de todas las figuras en él mediante la proyección de nuestros pensamientos hacia afuera, estamos reflejando el perdón de la mente a sí misma. Por lo tanto, el cuento simulado del ego de nuestro aparente pecado en contra de Dios y de Su Hijo tampoco tuvo efecto alguno y, por lo tanto, jamás ocurrió en realidad. En otras palabras, al reconocer la amplitud de nuestros pensamientos de ataque hacia los demás, podemos aprender de ello a reconocer cuáles testigos nosotros elegimos. La fuente de nuestra ira, y de hecho, de toda nuestra aflicción, radica dentro del aspecto de nuestras mentes que llamamos el tomador de decisiones, el cual el ego procuró ocultar de nuestra conciencia mediante su doble escudo de olvido: la culpa reprimida y un mundo proyectado. A través de la amorosa reinterpretación que el Espíritu Santo hace de nuestras percepciones, llegamos a darnos cuenta de que todo tuvo su origen en la decisión de nuestras mentes de estar separados y de permanecer separados. Y ahora que finalmente tenemos conciencia de este error, podemos tomar la decisión correcta al fin y permitir que todos nuestros errores pasados sean cancelados mediante el Espíritu Santo en nuestras mentalidades correctas.

Cuando, siguiendo la orientación del Espíritu Santo, en verdad contemplamos el mundo, encontramos que en efecto es un lugar de tristeza y sin esperanza. Lo que vemos–*si realmente miramos*–es el duplicado exacto de nuestra "condición interna [y sin esperanza]" de odio, culpa y muerte. Repasemos esa importante línea tomada de la introducción al Capítulo 13: "El mundo que ves es el sistema ilusorio de aquellos a quienes la culpabilidad ha enloquecido" (T-13.in.2:2). La visión aterradora de esta culpa–al mirar la enorme amplitud de nuestro odio demente, la fuente de nuestra culpa–es en verdad tan intolerable que muchas personas procuran cubrirla con una quinta división: el rostro "polianesco"* de felicidad que en realidad sirve como el "tercer escudo de olvido", al que nos referimos a veces como la simplonería feliz. Este rostro se discute ampliamente en el Capítulo 14 (págs. 491-498), pero su importancia amerita unos comentarios breves aquí.

---

* Nota de traducción: Exageradamente optimista; derivado de *Pollyanna,* heroína de la novela escrita por Eleanor Porter.

Desafortunadamente, una tendencia en muchos estudiantes de *Un curso de milagros* es negar la sombría extrañeza de este mundo, disfrazándola bajo estos velos santurrones de lo que puede llamarse una "espiritualidad positiva". El problema con esta cara feliz es que la misma es realmente la cara de la negación, disfrazada como optimismo o espiritualidad. Esta actitud, repito, nacida de la negación, ve únicamente lo "bueno", y esta percepción les permite fingir que dentro del sueño del mundo de separación del ego no existen la angustia, el odio o el asesinato. Al no ver problema alguno en el mundo externo, se niegan, pues, inevitablemente la única oportunidad–*el camino real*–de ponerse nuevamente en contacto con el mundo interno.

Los maestros se tornan superfluos si no hay un salón de clases para sus estudiantes, y si no existe un currículo que enseñarles. La tristeza del mundo que fabricamos como substituto de Dios es el mismísimo salón de clases que Jesús utiliza para instruirnos, mediante el currículo de nuestras relaciones especiales, cómo el mundo nos refleja el problema real de la decisión de nuestras mentes a favor de la culpa y la individualidad. Así pues, si uno cubre la tristeza del mundo con una cara sonriente, se obvia entonces la única motivación que existe para que cambiemos de mentalidad: decir, "Tiene que haber una manera mejor". Como observamos antes, es sólo al contemplar la angustia afuera que uno puede saber que ésta refleja el dolor del pecado, la culpa y el miedo que creemos radica en nuestras propias mentes. De ese modo, la angustia de lo que estamos viendo, para lo cual no hay una respuesta verdadera y por ende ninguna esperanza que pueda justificarse, se convierte en la motivación para verdaderamente clamar por ayuda. Si todo es maravilloso afuera, entonces la única esperanza *real*–de retornar a la mente y corregir el error original–se nos ha arrebatado. La desesperanza del sistema de pensamiento del ego y la esperanza del Espíritu Santo están sucintamente resumidas en estos dos pasajes tomados de la Lección 135 del libro de ejercicios, "Si me defiendo he sido atacado". En primer lugar el plan del ego para defender el cuerpo y negar la mente:

> El tipo de protección que le ofreces [al cuerpo] no le beneficia en absoluto, sino que le añade más angustia a tu mente. Y no sólo no te curas, *sino que eliminas toda esperanza de curación, pues no puedes ver dónde se deben depositar las esperanzas* [en la mente] *si es que éstas han de ser esperanzas fundadas* (L-pI.135.10:4-5; mis bastardillas).

Casi al cierre de la lección, después que hemos renunciado a las defensas del cuerpo y le hemos permitido al Espíritu Santo en nuestras mentes que nos hable, leemos:

Pues ésta es la Pascua Florida de tu salvación. Y tú emerges de nuevo de lo que parecía ser la muerte y la desesperanza. *Ahora renace en ti la luz de la esperanza, pues ahora vienes sin defensas a descubrir cuál es tu papel en el plan de Dios.* ¿Qué insignificantes planes o creencias mágicas pueden seguir teniendo valor una vez que la Voz que habla por Dios Mismo te ha mostrado tu función? (L-pI.135.25:3-6; mis bastardillas)

El siguiente pasaje resume muy bien nuestra discusión, y resalta el punto central de esta sección:

Todo lo que percibes como el mundo externo no es otra cosa que tu intento de mantener vigente tu identificación con el ego, pues todo el mundo cree que esa identificación es su salvación. Observa, sin embargo, lo que ha sucedido, pues los pensamientos tienen consecuencias para el que los piensa. Estás en conflicto con el mundo tal como lo percibes porque crees que el mundo es antagónico a ti. Esta es una consecuencia inevitable de lo que has hecho. Has proyectado afuera aquello que es antagónico a lo que está adentro, y así, no puedes por menos que percibirlo de esa forma. *Por eso es por lo que debes darte cuenta de que tu odio se encuentra en tu mente y no fuera de ella antes de que puedas librarte de él, y por lo que debes deshacerte de él antes de que puedas percibir el mundo tal como realmente es* (T-12.III.7:5-10; mis bastardillas).

"El miedo a la redención" en el Capítulo 13 comienza con estas dos importantes líneas, paralelas al pasaje anterior:

Tal vez te preguntes por qué es tan crucial que observes tu odio y te des cuenta de su magnitud. Puede que también pienses que al Espíritu Santo le sería muy fácil mostrártelo y desvanecerlo sin que tú tuvieses necesidad de traerlo a la conciencia (T-13.III.1:1-2).

Por lo tanto, *antes* de que podamos "percibir el mundo tal como realmente es" (una referencia al mundo perdonado o al mundo real), tenemos que "liberarnos" del odio que hay en nuestras mentes. Y esto se logra mediante el proceso de primero haber proyectado ese odio sobre algún otro, y que sólo entonces Jesús nos enseñe que la fuente del odio jamás ha abandonado nuestras mentes. Nuestro deseo de preservar nuestra identificación con el ego es la motivación oculta para el mundo de lo concreto que hicimos real y percibimos ahora. Y es este deseo el que hemos procurado ocultar tras los velos de especialismo del mundo. No obstante, mediante el estudio y la práctica de las enseñanzas de Jesús en *Un curso de milagros* hemos comenzado a entender nuestra locura, y así finalmente podemos tomar la única decisión significativa que nuestro sueño de separación nos ofrece: la decisión de elegir otra vez.

A tales fines, en *Un curso de milagros* Jesús nos enseña que *es* importante cómo vivimos en el mundo, no importa cuán ilusoria sea su naturaleza. Experimentamos que el Espíritu Santo se une a nosotros en las falsas creencias del sistema de pensamiento del ego, y corrige las interpretaciones de separación que hemos hecho con Sus interpretaciones de lo que es unirse (perdón). El Curso recalca, repito, que el perdón es también una ilusión, pues corrige un error que realmente no está ahí. Contrario a las ilusiones del mundo, sin embargo–como hemos discutido–el perdón no engendra más ilusiones, sino que nos conduce más allá de todas ellas a la verdad de Dios.

Puesto que ya hemos elegido estar aquí en el sueño de la materialidad, es necesario que vivamos en el mundo de ilusiones, pero con una percepción cambiada (o verdadera). El mundo asume entonces un objetivo poderoso–el de ser un salón de clases en el cual el Espíritu Santo nos enseña a través de Su corrección de perdón que el mundo no existe:

> En el mundo al que el error dio lugar existe otro propósito porque el mundo tiene otro Hacedor [el Espíritu Santo] que puede reconciliar el objetivo del mundo con el propósito de Su Creador. En Su percepción del mundo, no hay nada que no justifique el perdón y la visión de la perfecta impecabilidad; nada que pueda ocurrir que no encuentre perdón instantáneo y total, ni nada que pueda permanecer un solo instante para empañar la impecabilidad que brilla inmutable más allá de los fútiles intentos del especialismo de expulsarla de la mente–donde no puede sino estar,–e iluminar al cuerpo en su lugar. Los luceros del Cielo no son para que tu mente elija donde los quiere ver. Si elige verlos en otra parte que no sea su hogar, como si estuviesen arrojando su luz sobre un lugar donde jamás podrán estar, entonces el Hacedor del mundo tiene que corregir tu error, pues de otro modo te quedarías en las tinieblas, donde no hay luceros (T-25.III.5).

Y como nos explica Jesús acerca del propósito del Espíritu Santo para el tiempo (el cual podemos entender como un sinónimo del mundo):

> Es evidente que la percepción que el Espíritu Santo tiene del tiempo es exactamente la opuesta a la del ego. La razón de ello es igualmente clara, pues la percepción que ambos tienen del propósito del tiempo es

diametralmente opuesta. *Para el Espíritu Santo el propósito del tiempo es que éste finalmente se haga innecesario.* El Espíritu Santo considera que la función del tiempo es temporal, al estar únicamente al servicio de Su función docente, que, por definición, es temporal (T-13.IV.7:1-4; mis bastardillas).

Por lo tanto, de ser una prisión infernal, el mundo del tiempo se convierte en un salón de clases de la felicidad, pues ¿qué lección puede ser más dichosa que la de aprender que la angustia y la miseria que creíamos reales no eran sino un mal sueño?

Tal es su [el del tiempo] santo propósito, diferente ahora del que tú le habías conferido...(L-pI.138.7:2).

Ahora el sueño es feliz; ahora por fin la esperanza se justifica totalmente, pues a este

mundo árido y polvoriento, al cual criaturas hambrientas y sedientas vienen a morir...tienen agua. Ahora el mundo está lleno de verdor. Y brotan por doquier señales de vida para demostrar que lo que nace jamás puede morir, pues lo que tiene vida es inmortal (L-pII.13.5).

En "El alumno feliz" en el Capítulo 14 del texto, Jesús nos enseña la importancia de dar la bienvenida a las oportunidades que nuestra vida-salón de clases nos ofrece para aprender a escapar de la miseria de nuestra existencia aquí como un ser separado e individual. Es esta feliz bienvenida al aprendizaje que nos ofrece nuestro nuevo Maestro lo que hace posible que veamos el mundo a través de unos ojos felices, a través de los cuales nuestro nuevo propósito ve sólo la garantía de la promesa del Espíritu Santo, aun cuando las manifestaciones externas del mundo simbolicen la muerte. La meta de nuestras mentes separadas, unidas con la de El, ahora es sólo la vida:

El Espíritu Santo necesita un alumno feliz en quien Su misión pueda llevarse a cabo felizmente. *Tú que eres tan partidario de la aflicción, debes reconocer en primer lugar que eres infeliz y desdichado. El Espíritu Santo no puede enseñar sin este contraste, pues tú crees que la aflicción es felicidad....* Aprende a ser un alumno feliz, pues jamás aprenderás cómo hacer que lo que no es nada sea todo. Pero date cuenta de que esa ha sido tu meta, y reconoce cuán descabellada ha sido. Alégrate de que haya sido des-hecha, pues cuando la examinas honestamente, *queda des-hecha....*
Si quieres ser un alumno feliz tienes que entregarle al Espíritu Santo todo lo que has aprendido para así desaprenderlo. Y luego empezar a aprender las gozosas lecciones que se suceden rápidamente sobre los

sólidos cimientos de que la verdad es verdad. Pues lo que se construye sobre ellos *es* verdad, y está basado en la verdad. Todo un universo de aprendizaje se revelará ante ti en toda su maravillosa simplicidad. Y puesto que tendrás la verdad ante ti, no desearás volver la vista atrás (T-14.II.1:1-3; 5:3-6; 6; mis bastardillas, excepto "es" en 1:3, "queda" en 5:6, y "es" en 6:3).

Con el Espíritu Santo o Jesús como nuestro Maestro, ahora depositamos nuestro mundo en Sus amorosas manos, y pedimos que Su amor sea nuestro guía en lugar del especialismo nuestro; que la unidad del Hijo de Dios sea nuestra realidad e Identidad, en lugar del yo separado que hemos protegido desde el comienzo del tiempo. En lugar de los pensamientos de ataque y odio del ego, son estas palabras de consuelo y verdad tomadas del libro de ejercicios, las que se posan ahora en nuestros labios. Y damos gracias por ellas, como lo hacemos con el amoroso hermano que nos las ofrendó:

> Ahora sí que nos hemos salvado. Pues descansamos despreocupados en Sus Manos, seguros de que sólo cosas buenas nos pueden acontecer. Si nos olvidamos de ello, se nos recuerda dulcemente. Si aceptamos un pensamiento que denota falta de perdón, éste queda prontamente reemplazado por el reflejo del amor. Y si nos sentimos tentados de atacar, apelamos a Aquel que vela nuestro descanso para que tome por nosotros la decisión que nos aleja de la tentación. El mundo ha dejado de ser nuestro enemigo, pues hemos decidido ser su amigo (L-pI.194.9).

Cómo deshacer el ego mirándole

Ya hemos visto que el Espíritu Santo no es realmente una persona à la *homo sapiens*, sino que es en realidad la memoria abstracta e informe del Amor perfecto de Dios "sepultada" dentro de la mente separada del Hijo. Ese amor está *aparentemente* perdido para siempre, pero en verdad siempre está presente, simplemente aguardando nuestro cambio de mentalidad. La "llamada" continua que nos hace la presencia de amor provee el medio a través del cual retornamos a ella:

> Nuestro Amor [i.e., Dios] nos espera conforme nos dirigimos a Él y, al mismo tiempo, marcha a nuestro lado mostrándonos el camino. No puede fracasar en nada. Él es el Fin que perseguimos, así como los Medios por los que llegamos a Él (L-pII.302.2).

Al igual que un faro, la Presencia del Espíritu Santo lanza su rayo de luz sobre las aguas de nuestras mentes enturbiadas por la culpa, como una señal de seguridad y dirección para todos aquellos perdidos en los mares turbulentos del ego. Dulcemente, Su amor nos recuerda la verdad de nuestra unidad con Dios, y nos sana de todos los pensamientos de fragmentación. El libro de ejercicios afirma:

> El Pensamiento de la paz le fue dado al Hijo en el mismo instante en que su mente concibió el pensamiento de la guerra. Antes de eso no había necesidad de ese Pensamiento, pues la paz se había otorgado sin opuestos y simplemente era. Una mente dividida, no obstante, tiene necesidad de curación. Y así, el Pensamiento que tiene el poder de subsanar la división pasó a formar parte de cada fragmento de la mente que seguía siendo una, pero no reconocía su unidad. Al no conocerse a sí misma, pensó que había perdido su Identidad (L-pII.2.2).

En verdad, por supuesto, el Pensamiento de paz no nos fue realmente "dado"; pues, como hemos recalcado antes, un Dios no-dualista de perfecta Unidad no puede *darle* nada *a* nadie. Sin embargo, este Pensamiento nos *acompañó* en nuestro sueño cuando nos quedamos dormidos, repito, como un recuerdo que permanece con nosotros. Esto es similar a los recuerdos que atesoramos de nuestros seres queridos que han muerto. Estos recuerdos claramente no se nos han *dado*, sino que están presentes en nuestras mentes como un eslabón que nos une al ser amado a quien creemos haber perdido.

Para resumir nuestra discusión anterior, el proceso de salvación que promulga *Un curso de milagros* es interno, porque en verdad no hay ningún teatro externo en el cual actuar. La salvación *parece* ser algo que *hacemos* (en el cuerpo), pero en verdad es un proceso de *deshacer* (los pensamientos egoístas en la mente), como se ve en esta clara aseveración tomada del libro de ejercicios:

> La salvación es un des-hacer en el sentido de que no hace nada, al no apoyar el mundo de sueños y de malicia. De esta manera, las ilusiones desaparecen. Al no prestarles apoyo, deja que simplemente se conviertan en polvo (L-pII.2.3:1-3).

Leemos lo mismo acerca del milagro, el cual, para hacer el planteamiento de nuevo, simplemente le recuerda a la mente que ha elegido la ilusión de la separación en lugar de la verdad de nuestra inherente unidad en la cual todos los Hijos de Dios están unidos. Hace que la mente se de cuenta de que *ella* es la que sueña, y de que no es víctima de nada en absoluto. No *hay* nada más. Y de ese modo siempre podemos hacer otra elección:

> Al igual que todas las lecciones que el Espíritu Santo te pide que aprendas, el milagro es inequívoco.... El milagro te devuelve la causa del miedo a ti que lo inventaste (T-28.II.10:1; 11:1).

El proceso de salvación, por lo tanto, retorna la mente al punto en el cual se hizo la elección original, y la capacita para que elija otra vez. La decisión del Hijo de oír al ego en lugar de al Espíritu Santo no es pasada sino que es una decisión *constante*, reflejada continuamente en lo que parecen ser nuestras decisiones actuales. Recuerde que el tiempo no existe y por lo tanto todo está ocurriendo *ahora*. Cito una vez más, en su forma más completa, este importante pasaje tomado de "El pequeño obstáculo":

> Cada día, y cada minuto de cada día, y en cada instante de cada minuto, no haces sino revivir ese instante en el que la hora del terror ocupó el lugar del amor. Y así mueres cada día para vivir otra vez, hasta que cruces la brecha entre el pasado y el presente, la cual en realidad no existe. Esto es lo que es toda vida: un aparente intervalo entre nacimiento y muerte y de nuevo a la vida; la repetición de un instante que hace mucho que desapareció y que no puede ser revivido. Y el tiempo no es otra cosa que la creencia demente de que lo que ya pasó todavía está aquí y ahora (T-26.V.13).

En consecuencia, una decisión de perdonar a un enemigo en lo que experimentamos como nuestro presente es simplemente la expresión externa de un cambio interno en el cual el Hijo utiliza el tiempo–originalmente fabricado por el ego para atacar a Dios–para permitir que se disipe el miedo que él tiene de la ira de Dios. Cada vez que experimentamos el decidirnos a perdonar en este plano físico ilusorio, no hacemos sino expresar en forma la sanadora decisión de la mente de aceptar al fin la salvación que es el principio de la Expiación.

Otra manera de entender el proceso del perdón es reflexionar sobre lo que implica la afirmación de que no existe ningún puente real entre el Cielo y el mundo; pues en realidad no hay ninguna continuidad entre ellos. Por lo tanto, es imposible que la verdad de Dios se pueda entender desde la perspectiva ilusoria de nuestro mundo perceptual. Vamos a considerar algunos pasajes representativos que exponen enérgicamente esta posición metafísica crucial y no-dualista de *Un curso de milagros:*

> Dios es a la vez Medio y Fin. En el Cielo, los medios y el fin son uno y lo mismo, y son uno con Él. Este es el estado de verdadera creación, el

cual no se encuentra en el tiempo, sino en la eternidad. Es algo indescriptible para cualquiera aquí. No hay modo de aprender lo que ese estado significa. No se comprenderá hasta que vayas más allá de lo Dado y vuelvas a construir un santo hogar para tus creaciones.

Un co-creador con el Padre tiene que tener un Hijo. Sin embargo, este Hijo tiene que haber sido creado a semejanza de Sí Mismo: como un ser perfecto, que todo lo abarca y es abarcado por todo, al que no hay nada que añadir ni nada que restar; un ser que no tiene tamaño, que no ha nacido en ningún lugar o tiempo ni está sujeto a límites o incertidumbres de ninguna clase.... *Todo esto es verdad, y, sin embargo, no significa nada para quien todavía retiene en su memoria una sola lección que aún no haya aprendido, un solo pensamiento cuyo propósito sea aún incierto o un solo deseo con dos objetivos* (T-24.VII.6:5–7:3-5; mis bastardillas).

Volvamos a lo que anteriormente dijimos, y pensemos en ello más detenidamente. Debe ser, o bien que Dios está loco, o bien que este mundo es un manicomio. Ni uno solo de los Pensamientos de Dios tiene sentido en este mundo. Y nada de lo que el mundo acepta como cierto tiene sentido alguno en Su Mente. Lo que no tiene sentido ni significado es demente. Y lo que es demente no puede ser verdad. *Si una sola de las creencias que en tanta estima se tienen aquí fuese cierta, entonces todo Pensamiento que Dios jamás haya tenido sería una ilusión. Pero si uno solo de Sus Pensamientos es cierto, entonces todas las creencias a las que el mundo otorga significado son falsas y absurdas....*

Justificar uno solo de los valores que el mundo apoya es negar la cordura de tu Padre y la tuya. Pues Dios y Su Hijo bienamado no piensan de manera diferente.... El que de alguna manera crea que el mundo es cuerdo, que algunas de las cosas que piensa están justificadas o que está sustentando por algún tipo de razón, cree que eso es cierto. El pecado no es real *porque* ni el Padre ni el Hijo son dementes. Este mundo no tiene sentido *porque* se basa en el pecado. ¿Quién podría crear lo inmutable si ello no estuviese basado en la verdad? (T-25.VII.3:1-8; 4:1-2,7-10; mis bastardillas, excepto en 4:8-9)

Y del libro de ejercicios, leemos el siguiente extracto tomado de la Lección 96, "La salvación procede de mi único Ser", la cual subraya la imposibilidad de que jamás se reconcilien la verdad y la ilusión, el espíritu y el cuerpo:

Aunque eres un solo Ser, te percibes a ti mismo como si fueses dos: bueno y malo, lleno de amor y lleno de odio, mente y cuerpo. Esta sensación de estar dividido en dos estados opuestos da lugar a un constante y agudo conflicto, y conduce a desesperados intentos de reconciliar los aspectos contradictorios de esa auto-percepción. Has buscado muchas de estas soluciones reconciliatorias, pero ninguna de ellas te ha dado resultado. Los opuestos que percibes en ti jamás serán compatibles. Tan sólo uno de ellos existe.

Si has de salvarte, tienes que aceptar el hecho de que, por mucho que lo intentes, la verdad y lo ilusorio no pueden reconciliarse, independientemente de los medios que utilices o de dónde percibas el problema. Hasta que no aceptes esto, irás en pos de un sinnúmero de metas irrealizables, desperdiciarás el tiempo, tus esfuerzos serán en vano, fluctuarás entre la esperanza y la duda, y cada intento será tan fútil como el anterior y tan inútil como sin duda alguna habrá de ser el siguiente.

Los problemas que no tienen sentido no se pueden resolver dentro del marco en que se han planteado. Dos seres en conflicto supone una condición que no se puede resolver, y no puede haber tampoco un punto de encuentro entre el bien y el mal. El ser que tú fabricaste jamás podrá ser tu Ser, ni tampoco puede tu Ser dividirse en dos y seguir siendo lo que es y lo que no puede sino ser eternamente. *Una mente y un cuerpo no pueden ambos coexistir. No trates de reconciliarlos, pues cada uno de ellos niega que el otro sea real. Si eres lo físico, tu mente desaparece del concepto que tienes de ti mismo, pues no tiene un lugar en el que realmente pueda ser parte de ti. Si eres espíritu, el cuerpo es entonces el que no tiene ningún sentido en tu realidad* (L-pI.96.1-3; mis bastardillas).

Tal como lo describe Jesús en *Un curso de milagros*, el Espíritu Santo es el puente entre la ilusión y la realidad, entre el Hijo separado y su realidad como Cristo. Sin embargo, Él es el puente *solamente* en el sentido de que Él nos ayuda a recordar que no existe mundo ilusorio alguno *del cual partir.* Recordemos que el viaje al Cielo es un "viaje sin distancia" (T-8.VI.9:7), por lo cual no existe nada ahí que haya que recorrer. Estamos salvados, no de algo real, sino más bien de nuestra *creencia* en qué es real: el sistema de pensamiento de individualidad y culpa del ego. Es por eso por lo que he señalado continuamente el énfasis que Jesús le da a la naturaleza del *deshacer* del perdón a lo largo de todo el Curso. Se nos enseña a deshacer lo que jamás existió, como vemos en este pasaje ilustrativo tomado del texto, el cual se citó parcialmente en el Capítulo Dos:

Hace mucho que este mundo desapareció. Los pensamientos que lo originaron ya no se encuentran en la mente que los concibió y los amó por un breve lapso de tiempo.... Todos los efectos de la culpabilidad han desaparecido, pues ésta ya no existe (T-28.I.1:6-7; 2:1-2).

Si en verdad hubiese *algo* que perdonar, sanar, deshacer, o de lo cual salvarse, entonces la separación habría sido un suceso real y verdadero, y el verdadero perdón sería imposible. En otras palabras, no hay manera alguna de llegar *Allá* desde *aquí*. Es sólo al darnos cuenta de que jamás hemos estado *aquí*, en primer lugar, que podemos recordar al fin que siempre hemos estado *Allá*. En este sentido, recuerdo un relato de ciencia-ficción que leí cuando era niño, cuyo título y autor olvidé hace mucho tiempo:

La Tierra y una civilización extraterrestre están en un chocante curso de destrucción mutua, cuando un Poder no-identificado elige representantes de cada uno de los mundos para que se enfrenten en batalla en un planeta desolado. Ninguna de las partes tiene armas, según recuerdo, ni puede alcanzar a la otra debido a un escudo invisible que se ha ubicado entre ambos. Después de muchas horas de futilidad, el humano cae rendido por el cansancio y choca contra el escudo, sólo para despertar y encontrarse en el otro lado de la barrera, y con su oponente a su alcance. Él llega a darse cuenta de que sólo tornándose inconsciente, y dejando de ejercer control alguno de la situación, puede traspasar el escudo. Al poseer información ahora de la cual su oponente carece, él es capaz, por supuesto, de derrotarlo al fin y de salvar la Tierra.

La lección para nosotros, repito, es que sólo al suspender todo el control de nuestras vidas–al deshacer nuestros pensamientos y planes *conscientes*, como discutimos en la sección anterior–tenemos la capacidad para atravesar la barrera entre el *aquí* y el *Allá*, y súbitamente encontrarnos de regreso en el Hogar que jamás abandonamos en verdad.

Implícita en nuestra discusión del perdón está la muy importante idea de *mirar internamente* al ego, lo cual constituye realmente el corazón del proceso sanador. Y ahora vamos a examinar su importancia en el sistema de pensamiento de *Un curso de milagros*. Recordemos el énfasis que le dimos antes al principio del ego de olvidar (i.e., negar o reprimir) aquello *de* lo cual se había separado. Esto es lo mismo que si el ego le dijese al Hijo:

> No mires hacia el interior de tu mente, pues de lo contrario contemplarás un pecado y una culpa tan insoportable que no podrás existir. Y aun cuando te dispusieras a sobrevivir a tu culpa, detrás de la misma está el enfurecido Dios maniático quien ciertamente te destruirá.

Ya hemos explorado este tema en el Capítulo Dos, y sólo necesitamos recordarle al lector aquí el papel que juega este tema arquetípico a través de las mitologías del mundo occidental. Por ejemplo, piensen, en el mandato que se le dio a Orfeo de que no volviese su vista atrás para mirar a Eurídice, o de lo contrario ella moriría; él lo hace, y ella expira. A los griegos se les dijo que no miraran la cara con cabello de serpiente de Medusa o de lo contrario se convertirían en piedra. De igual manera se instruyó a Pandora a que jamás abriese su famosa caja; ella desobedece, y todos los problemas ocultos se desatan sobre el mundo. Edipo se castiga a sí mismo por cometer el pecado–aunque sin saberlo–de incesto maternal y parricida con un golpe de ceguera auto-infligida, de modo que no pudiese volver a ver jamás los trágicos efectos de sus pecaminosas acciones. Y en la Biblia, entre muchos ejemplos de este tema recordamos la advertencia que Dios le hace a Lot y su familia de que no miraran atrás a la destrucción de Sodoma y Gomorra. Su esposa mira hacia atrás de todos modos, y rápidamente se convierte en una pira de sal. Y finalmente, está la voz del mismo Dios (realmente el ego) advirtiéndole a Moisés: "Mi rostro no podrás verlo; porque no puede verme el hombre y seguir viviendo" (Exodo 33:20). Esta es, por supuesto, la verdad que nos estipula el ego: Si contemplamos su rostro–el rostro del pecado y la culpa–no seríamos capaces de sobrevivir.

Estos temas mitológicos reflejan el pensamiento profundamente sepultado que cada uno de nosotros lleva consigo en el mundo. La mente es un verdadero campo minado, y caminarlo, nos dice el ego, es arriesgarse a la aniquilación. Y así, una vez que el tomador de decisiones elige el sistema de pensamiento del ego y se identifica con su creencia en la realidad del pecado y la culpa, no tiene otra opción que no sea seguir los dictados del ego y *no mirar* el pecado que ya ha hecho real. Jesús explica en *Un curso de milagros* cómo el ego habla primero y siempre está equivocado, y que el Espíritu Santo es la respuesta (T-5.VI.3:5–4:2; T-6.IV.1:1-2). Así pues, si entendemos que el hecho de que el ego hable primero es su mandato de que *no* miremos el interior de la mente, la corrección del Espíritu Santo es *que miremos*. Y así leemos estos pasajes representativos tomados del texto y del libro de ejercicios.* Comenzamos con este pasaje tomado del texto, parcialmente citado antes. Es probablemente el más claro planteamiento en todo el material del Curso sobre la necesidad de mirar con Jesús (o el Espíritu Santo) nuestros miedos más secretos:

> *Nadie puede escapar de las ilusiones a menos que las examine, pues no examinarlas es la manera de protegerlas.* No hay necesidad de sentirse

---

* Para un listado más completo de pasajes de *Un curso de milagros* que discuten el proceso de mirar el ego, el lector puede consultar mi *Glosario-Índice para Un curso de milagros,* págs. 91-93.

amedrentado por ellas, pues no son peligrosas. Estamos listos para examinar más detenidamente el sistema de pensamiento del ego porque juntos disponemos de la lámpara que lo desvanecerá, y, puesto que te has dado cuenta de que no lo deseas, debes estar listo para ello. Mantengámonos muy calmados al hacer esto, pues lo único que estamos haciendo es buscando honestamente la verdad. La "dinámica" del ego será nuestra lección por algún tiempo, pues debemos primero examinarla para poder así ver más allá de ella, ya que le has otorgado realidad. Juntos desvaneceremos calmadamente este error, y después miraremos más allá de él hacia la verdad.

¿Qué es la curación sino el acto de despejar todo lo que obstaculiza el conocimiento? *¿Y de qué otra manera puede uno disipar las ilusiones, excepto examinándolas directamente sin protegerlas?* (T-11.V.1:1–2:2; mis bastardillas)

El papel que desempeña Jesús en este proceso de deshacer tiene eco en el siguiente pasaje, el cual aparece al principio del texto:

Tu mente y la mía pueden unirse para desvanecer con su luz a tu ego, liberando la fuerza de Dios para que reverbere en todo lo que hagas o pienses. No te conformes con menos, y niégate a aceptar como tu objetivo nada que no sea eso. Vigila tu mente con sumo cuidado contra cualquier creencia que se interponga en el logro de tu objetivo, y recházala (T-4.IV.8:3-5).

En el contexto de una discusión sobre el sufrimiento, y cómo dentro del sistema del ego no hay esperanza de escapar verdaderamente del mismo puesto que su causa se ha ubicado fuera de la mente a través de la dinámica de proyección, Jesús nos muestra la salida:

Ahora se te está mostrando que *sí* puedes escapar. *Lo único que necesitas hacer es ver el problema tal como es, y no de la manera en que lo has urdido.* ¿Qué otra manera podría haber de resolver un problema que en realidad es muy simple, pero que se ha envuelto en densas nubes de complicación, concebidas para que el problema siguiera sin resolverse? Sin las nubes, el problema se vería en toda su elemental simplicidad. La elección, entonces, no sería difícil porque una vez que el problema se ve claramente, resulta obvio que es absurdo. Nadie tiene dificultad alguna en dejar que un problema sencillo sea resuelto si ve que le está haciendo daño y que se puede resolver fácilmente (T-27.VII.2; mis bastardillas, excepto por 2:1).

Lo anterior es uno de los muchos lugares en *Un curso de milagros* donde Jesús provee la respuesta a nuestra creencia en la separación, *en una sola oración*–la segunda del párrafo citado–la cual enseña que todo lo que necesitamos para liberarnos de *todo* sufrimiento es "romper" el juramento que le hicimos al ego y mirar cómo nuestra vida se estableció específicamente para preservar nuestra culpa secreta y de ese modo perpetuar nuestra individualidad.

En el libro de ejercicios encontramos uno de los planteamientos más claros acerca de la función del milagro:

> Un milagro es una corrección. No crea, ni cambia realmente nada en absoluto. Simplemente contempla la devastación y le recuerda a la mente que lo que ve es falso. Corrige el error.... [y] allana el camino para el retorno de la intemporalidad y para el despertar del amor...(L-pII.13.1:1-4,6).

Y también en el libro de ejercicios encontramos una afirmación paralela acerca del perdón:

> El perdón...es tranquilo y sosegado, y no hace nada.... Simplemente observa, espera y no juzga (L-pII.1.4:1,3).

Repito, nuestros problemas, los cuales nos parecen muy reales, no se encuentran en las imágenes que proyectamos sobre la pantalla de nuestras vidas. Más bien, el problema radica en el hecho mismo de que *hemos proyectado,* lo cual es inevitable una vez que negamos o rehusamos mirar nuestra culpa. En un pasaje del texto acerca de la disociación, Jesús presenta el mismo punto; a saber, que es la *decisión* a favor de la defensa lo que constituye el problema, no la forma de la defensa en sí:

> A menos que primero conozcas algo no puedes disociarte de ello. El conocimiento, entonces, debe preceder a la disociación, de modo que ésta no es otra cosa que *la decisión de olvidar.* Lo que se ha olvidado parece entonces temible, pero únicamente porque la disociación es un ataque contra la verdad. Sientes miedo *porque* la has olvidado. Y has reemplazado tu conocimiento por una conciencia de sueños, ya que *tienes miedo de la disociación y no de aquello de lo que te disociaste.* Cuando aceptas aquello de lo que te disociaste, deja de ser temible (T-10.II.1; mis bastardillas, excepto en 1:4).

La solución, por lo tanto, es simplemente mirar, y exponer la mentira que *es* el sistema de pensamiento del ego y así deshacer sus defensas de negación y proyección. Hemos observado cómo el ego puede sonar justo como el Espíritu Santo, y por tanto necesitamos estar vigilantes de que nuestro mirar al ego no se haga *con* el ego.

Cuando el ego se "contempla" a sí mismo, por supuesto, no mira realmente. Pues el ego mira únicamente para juzgar y encontrar faltas, en nosotros o en los demás. Como se describe en la sección "La atracción de la culpabilidad", de la cual hemos citado ya, él envía constantemente mensajeros del miedo a buscar y hallar la culpa por la cual siente un deseo vehemente para su nutrición y supervivencia. Encuentra la culpa que ha buscado, porque él mismo ubicó la culpa ahí por medio de la negación y la proyección de modo que *pudiese* hallarla. Y por lo tanto no es al ego a quien queremos como nuestro compañero en este proceso.

Dentro de este contexto, por lo tanto, podemos entender que el papel de Jesús en el plan del Espíritu Santo para nuestra salvación es ayudarnos a descorrer el velo del ego que mantuvo *su* plan de individualidad, culpa e insensatez (locura) oculto de nuestra conciencia. El invocar su ayuda refleja nuestra pequeña dosis de buena voluntad a mirar al fin en el interior de nuestras mentes el aparente terror que una vez creímos que estaba ahí, y el cual estaba protegido por el mundo y el cuerpo. El buscar la mano de Jesús significa elegir mirar lo que nuestro ego se propone, y se ha propuesto siempre. Nuestra elección a favor de Jesús nace de la honradez de traer ante él todos nuestros más tenebrosos pensamientos y deseos. Esto tendría que incluir el reconocer la meta del ego, el deseo de asesinarlo incluso a él, y ni se diga a todos los demás, para satisfacer nuestro deseo vehemente de especialismo y de asegurar la continuación de nuestra individualidad. Por eso nos suplica al principio del texto:

> *Examina detenidamente qué es lo que estás realmente pidiendo. Sé muy honesto contigo mismo al respecto, pues no debemos ocultarnos nada el uno al otro.* Si realmente tratas de hacer esto, habrás dado el primer paso en el proceso de preparar a tu mente a fin de que el Santísimo pueda entrar en ella…. Examina honestamente qué es lo que has pensado que Dios no habría pensado, y qué no has pensado que Dios habría querido que pensases. *Examina honestamente tanto lo que has hecho como lo que has dejado sin hacer, y cambia entonces de mentalidad para que así puedas pensar con la Mente de Dios.* Esto puede parecer difícil, pero es mucho más fácil que intentar pensar al revés de como piensa Él (T-4.III.8:1-3; T-4.IV.2:4-6: mis bastardillas).

Nuestro mirar con Jesús, por lo tanto, conlleva el permitirnos al fin ser conscientes–sin juicios, miedo o culpa–de la horrible intención asesina que resulta de nuestra necesidad de proteger y preservar nuestra existencia individual. A este egoísmo inherente al yo separado no le preocupa el costo de mantener esta individualidad. En tanto su deseo vehemente de sobrevivir se satisfaga, por otra parte, no le importa quién pague el precio, en tanto no sea él mismo, y aún si ello significa la aparente vida de otro.

El tomar la mano de Jesús:
el intercambio de nuestros regalos por los suyos

Continuando con nuestra discusión de la sección anterior, podemos ver que todo lo que Jesús nos pide es que estemos alerta a lo que estamos haciendo exactamente, y al costo de nuestra decisión equivocada: a saber, al elegir al ego en lugar de elegirlo a él, estamos dispuestos a renunciar al conocimiento de Quiénes somos como Cristo y al recuerdo del Amor de nuestra Fuente. Y esa es la razón de la pregunta constante que nos formula Jesús: "¿Es esta mezquina migaja de especialismo lo que realmente quieres, O santo Hijo de Dios, cuando en su lugar yo te ofrezco la saciedad del banquete del amor?" Es una pregunta que continuamente se nos formula en *Un curso de milagros*, como vemos en los siguientes ejemplos:

Comenzamos con un párrafo tomado del libro de ejercicios, de la Lección 133, "No le daré valor a lo que no lo tiene", la cual expresa sucintamente este punto central de la carencia de valor inherente a cualquier cosa aquí, y cuán tonto es desear lo que no puede ofrecernos felicidad:

> *No pides demasiado de la vida, al contrario, pides demasiado poco.* Cuando dejas que tu mente se ocupe de asuntos corporales, de las cosas que compras y de lo que es eminente de acuerdo con los valores del mundo, estás invitando al pesar, no a la felicidad. Este curso no pretende despojarte de lo poco que tienes. Tampoco trata de substituir las satisfacciones que el mundo ofrece por ideas utópicas. En el mundo no se puede hallar ninguna satisfacción (L-pI.133.2; mis bastardillas).

Un pasaje tomado de "Las leyes de la curación" amplía los pensamientos del párrafo anterior, y contrasta la Voluntad de Dios de que Su Hijo sea verdaderamente feliz, con el miserable "tesoro" de nuestra propia identidad como un yo separado y por consiguiente aislado:

> ¿Qué dispone la Voluntad de Dios? Dispone que Su Hijo lo tenga todo. Y Él garantizó esto cuando lo creó para que fuese todo. Es imposible perder nada, si lo que *tienes* es lo que *eres.... Aquí* [en este mundo] *el Hijo de Dios no pide mucho, sino demasiado poco, pues está dispuesto a sacrificar la identidad que comparte con todo, a cambio de su propio*

miserable tesoro. Mas no puede hacer esto sin experimentar una sensación de desolación, de pérdida y de soledad. Este es el tesoro tras el que ha ido en pos. Y sólo puede tener miedo de ello. ¿Es acaso el miedo un tesoro? ¿Puede ser la incertidumbre tu deseo? ¿O es simplemente que te has equivocado con respecto a lo que es tu voluntad y a lo que realmente eres?... El Hijo de Dios jamás se podrá contentar con nada que no sea la completa salvación y escape de la culpabilidad, pues, de otro modo, seguirá exigiéndose a sí mismo alguna clase de sacrificio, negando así que todo es suyo, y que no es susceptible de sufrir ninguna clase de pérdida. ... Si cualquier clase de pérdida fuese posible, entonces el Hijo de Dios no sería pleno ni podría ser quien es. No podría tampoco conocerse a sí mismo ni reconocer su voluntad. Habría abjurado de su Padre y de sí mismo, haciendo de Ambos sus enemigos acérrimos.

La sección cierra luego con otra consideración todavía, citada antes, sobre la función del milagro, la cual simplemente le recuerda al Hijo de Dios Quién es él verdaderamente como Hijo de Dios:

Un milagro no puede cambiar nada en absoluto. Pero puede hacer que lo que siempre ha sido verdad sea reconocido por aquellos que lo desconocen; y mediante este pequeño regalo de verdad se le permite a lo que siempre ha sido verdad ser lo que es, al Hijo de Dios ser él mismo y a toda la creación ser libre para invocar el Nombre de Dios cual una sola (T-26.VII.11:1-4,7-14; 14:4-5,7-9; 20:4-5; mis bastardillas en 11:7-10).

En *El canto de oración* uno de los dos suplementos de *Un curso de milagros*, encontramos la misma exhortación de Jesús a que no nos conformemos con menos de lo que somos, ni con menos de lo único que es nuestro verdadero tesoro. Aquí, el contexto es el canto de oración que Padre e Hijo se cantan mutuamente en una sola voz, interminablemente y eternamente. Es la canción que constituye nuestra verdadera herencia, y la cual en nuestra ignorancia y locura rechazamos por lo pequeño y lo específico. Estos, la suma y substancia de nuestra existencia individual, son meramente

un eco de la respuesta de Su Voz. El verdadero sonido es siempre un canto de acción de gracias y de amor.

No puedes, por lo tanto, pedir el eco. Es la canción la que constituye el regalo. Con ella vienen los sobreagudos, las armonías, los ecos, pero estos son secundarios. En la verdadera oración sólo escuchas el canto. Todo lo demás es simplemente agregado. Has buscado primero el Reino de los Cielos, y ciertamente, todo lo demás se te ha dado por añadidura (S-1.I.2:8–3:6).

Una de las más hermosas expresiones con la cual Jesús nos enfrenta con la alternativa entre nuestros dementes y miserables regalos o los gloriosos regalos suyos, nos llega en "The Gifts of God" ("Los regalos de Dios") el poema en prosa cuyo dictado tomó Helen en el 1978. Comenzó como un mensaje especial de Jesús para ella en una época de gran ansiedad, en la cual él le suplicó que aceptara sus regalos de amor en lugar de los regalos de miedo de su ego. La historia completa sobre la escritura de este mensaje se puede encontrar en *Ausencia de la Felicidad: La historia de Helen Schucman como escriba de* Un curso de milagros *Capítulo 15*, pero como se desprende de este pasaje, es un mensaje maravillosamente consolador para todos los estudiantes de *Un curso de milagros*. Nos señala el tremendo costo que estamos dispuestos a pagar por tener la razón, y permanecer como un yo individualizado y especial, y nuestra gran felicidad cuando finalmente y con profundo agradecimiento nos damos cuenta de que hemos estado equivocados.

Comenzamos con esta aseveración la cual resume los regalos del miedo–los sueños que constituyen nuestro mundo–el cual comenzó con la creencia de que podíamos separarnos de nuestro Creador y así establecer al miedo como substituto del amor:

> Así se fabricó el miedo, y con éste llegó la necesidad de los regalos que le prestasen la substancia a un sueño en el cual no hay substancia. Ahora el sueño parece tener valor, pues sus ofrecimientos se presentan como la esperanza y la fortaleza e incluso como el amor, aunque sólo sea por un instante. Estos alegran al aterrado soñador por un ratito, y no le permiten recordar el primer sueño el cual los regalos del miedo le ofrecen nuevamente.

Ahora Jesús contrasta esta pesadilla de separación, individualidad y miedo la cual hemos llamado realidad y valorado por sobre todo lo demás, con sus verdaderos regalos de amor, y nos implora que escuchemos sus palabras y actuemos a tono con las mismas:

> O criaturas del Padre que olvidaron, ustedes no han entronizado sus ídolos en el lugar Suyo ni le ofrendaron los regalos de miedo que ustedes fabricaron. Permítanme ser el Salvador que los libere de sus ilusiones. La verdad puede ser ocultada de ustedes por sueños perversos, pero sólo de los sueños necesitas ser salvado. La verdad no ha sido tocada aún por tu decepción. Mas tú no puedes ir más allá de ese primer sueño sin la mano de un Salvador entre las tuyas. Cada regalo de miedo te detendría a menos que me permitas sacarlo de tu mente al mostrarte que éste no es sino un

sueño dentro de un sueño mayor de desaliento en el cual no *hay* esperanza. No aceptes sus regalos, pues los mismos te condenan a un prolongado infierno el cual perdurará cuando toda la aparente dicha que los regalos parecían ofrecerte haya pasado.... Ayúdame a otorgarte la salvación. Compartamos la fortaleza de Cristo y miremos el sueño en el cual comenzó la ilusión, y el cual sirvió para mantener su lugar de origen en secreto y apartado de la iluminación de la verdad. Ven a mí.... La salvación necesita tu ayuda tanto como la mía. No olvides que tú no respondes por tí únicamente.

La llamada que te hago es que me ofrezcas ayuda en todos los sueños que el santo Hijo de Dios imagina, desde el momento en que al primero de esos sueños se le atribuyó una falsa realidad hasta que todos los sueños terminen para siempre. ¿Podría sueño alguno ser más santo que éste? ¿Y podrá la necesidad en un mundo de sueños ser más aguda o más apremiante? Dame tu ayuda en esto, y ni uno solo de los regalos que el mundo procura ofrecerte, ni una sola ilusión mantenida en contra de la verdad, podrá atarte nunca más (*The Gifts of God [Los regalos de Dios]*, págs. 120-121).

Este pasaje, dicho sea de paso, hace eco a las inspiradoras palabras con las que cierra el texto, y de las cuales citamos aquí sólo una oración–la exhortación que nos hace Jesús a que le escuchemos:

No me niegues el pequeño regalo que te pido, cuando a cambio de ello pongo a tus pies la paz de Dios y el poder para llevar esa paz a todos los que deambulan por el mundo solos, inseguros y presos del miedo (T-31.VIII.7:1).

Retornando ahora a "The Gifts of God" ("Los regalos de Dios"), Jesús nos lleva un paso adelante, el cual se mencionó en el pasaje anterior; la necesidad de decirle "no" a los regalos del ego. *Únicamente* este "no al no" nos permite verdaderamente decirle "sí" a lo que Jesús nos pide para nuestro propio beneficio, y decirlo de corazón. Y por tanto él nos implora que traigamos ante él nuestros regalos de modo que él pueda cambiarlos por los suyos:

¿Cómo puedes liberarte de todos los regalos que el mundo te ha ofrecido? ¿Cómo puedes cambiar estos ínfimos y crueles ofrecimientos por los que el Cielo te otorga y que Dios quiere que conserves? *Abre tus manos, y entrégame todas las cosas que has guardado en contra de tu santidad y que has retenido como una calumnia al Hijo de Dios....*

Las recibo de ti con alegría, y las deposito junto a los regalos de Dios los cuales Él ha depositado sobre el altar de Su Hijo. Y éstos te los entrego para que ocupen el lugar de los que tú me entregas por piedad de ti mismo. Estos son los regalos que te pido, y únicamente éstos. Pues al abandonarlos, te acercas a mí, y puedo entonces llegar como tu salvador. Los regalos de Dios están en mis manos, para entregarlos a cualquiera que quisiese intercambiar el mundo por el Cielo. Sólo necesitas invocar mi nombre y pedirme que acepte el regalo de la angustia de las manos anhelantes que quieren posarse en las mías, que han abandonado las espinas y tirado los clavos muy lejos hace tiempo al renunciar jubilosamente uno a uno a todos los pesarosos regalos terrenales. En mis manos está todo lo que anhelas y necesitas y has esperado hallar entre los destartalados juguetes de la tierra. Los tomo todos de ti y desaparecen. Y resplandeciente en el lugar donde éstos una vez estuvieron, hay un portal hacia otro mundo a través del cual hacemos nuestra entrada en el Nombre de Dios (*The Gifts of God [Los regalos de Dios]*, págs. 118-119; mis bastardillas).

A veces les digo a los estudiantes de *Un curso de milagros* que Jesús nos ve como que tenemos *una sola* mano, lo cual significa que no podemos sostener su mano y la del ego simultáneamente. Si bien somos libres de ir de un lado a otro entre los dos, en cualquier momento dado podemos sostener solamente una. Esto refleja una de las características de la mente dividida: el tomador de decisiones tiene que elegir *entre* el ego y el Espíritu Santo. No puede no elegir, y no puede elegirlos a los dos. Sólo puede elegir uno *u* otro, y eso sigue siendo su única alternativa. Como hemos visto, Jesús nos enseña en el Curso:

> La única libertad que aún nos queda en este mundo es la libertad de elegir, y la elección es siempre entre dos alternativas o dos voces (C-1.7:1).

Y en una lección del libro de ejercicios que discute el contraste entre el mundo separado del ego y el mundo real del Espíritu Santo, encontramos enunciado el mismo principio:

> Es imposible ver dos mundos que no tienen nada en común. Si vas en pos de uno, el otro desaparece. Sólo uno de ellos puede permanecer. Ambos constituyen la gama de alternativas que tienes ante ti, más allá de la cual no hay nada que puedas elegir. Lo real y lo irreal son las únicas alternativas entre las que puedes elegir. No hay ninguna otra (L-pI.130.5).

En una sección del texto titulada "Las recompensas de Dios", Jesús suena como un teórico del aprendizaje–"Es más eficaz aprender a base de recompensas que a base de dolor…" (T-4.VI.3:4)–al describir su método de ayudarnos a elegirlo a él como nuestro maestro en vez de elegir al ego. Citamos un párrafo central:

¿Cómo puedes enseñarle a alguien el valor de algo que él mismo ha desechado deliberadamente? Tiene que haberlo desechado porque no le atribuyó ningún valor. Lo único que puedes hacer es mostrarle cuánta infelicidad le causa su ausencia e írselo acercando lentamente para que pueda ver cómo mengua su infortunio según él se aproxima a ello. Esto le enseña a asociar su infelicidad con la ausencia de lo que desechó, y lo opuesto a la infelicidad con su presencia. Comenzará a desearlo gradualmente a medida que cambie de parecer con respecto a su valor. Te estoy enseñando a que asocies la infelicidad con el ego y la felicidad con el espíritu. Tú te has enseñado a ti mismo lo contrario. Sigues siendo libre de elegir, mas a la vista de las recompensas de Dios, ¿puedes realmente desear las recompensas del ego? (T-4.VI.5)

Mientras nos aferremos a la mano del ego no podemos tomar la de Jesús. De hecho, nos aferramos a la del ego precisamente *porque* no queremos tomar la de Jesús. Por lo tanto, tomar a Jesús de la mano significa que ya hemos decidido valorar su regalo de dicha y no el regalo de aflicción del ego. Él explica más ampliamente en el texto:

Cuando te unes a mí lo haces *sin* el ego porque yo he renunciado al ego en mí y, por lo tanto, no puedo unirme al tuyo. Nuestra unión es, por consiguiente, la manera de renunciar al ego en ti. La verdad en nosotros dos está más allá del ego....

¿Quieres saber lo que la Voluntad de Dios dispone para ti? Pregúntamelo a mí que lo sé por ti y lo sabrás. No te negaré nada, tal como Dios no me niega nada a mí. Nuestra jornada es simplemente la de regreso a Dios que es nuestro hogar. Siempre que el miedo se interpone en el camino hacia la paz, es porque el ego ha intentado unirse a nuestra jornada, aunque en realidad no puede hacerlo. Presintiendo la derrota e irritado por ella, se considera rechazado y se vuelve vengativo. Tú eres invulnerable a sus represalias porque yo estoy contigo. *En esta jornada me has elegido a mí de compañero* **en vez de** *al ego. No trates de aferrarte a ambos, pues si lo haces estarás tratando de ir en direcciones contrarias y te perderás.*

Quiero mencionar nuevamente que en este pasaje, como en la mayor parte de *Un curso de milagros* a tales efectos, Jesús está antropomorfizando al ego, y se refiere a éste como si el ego fuese una persona, que responde como lo haría cualquiera de nosotros. En verdad, sin embargo, más allá de estas palabras simbólicas está la expresión del miedo de perder nuestra individualidad el cual nos conduciría a apartarnos de Jesús y mediante nuestro ataque–a otros o a nosotros mismos–logramos proteger nuestro especialismo de la amenaza que representan Jesús y su paz. Como él afirma en el manual para el maestro:

> La paz de Dios no puede hacer acto de presencia allí donde hay ira, pues la ira niega forzosamente la existencia de la paz. Todo aquel que de alguna manera o en cualquier circunstancia considere que la ira está justificada, proclama que la paz es una insensatez, y no podrá por menos que creer que no existe. En esas condiciones no se puede hallar la paz de Dios (M-20.3:3-5).

Continuamos ahora con el pasaje anterior del texto:

> El camino del ego no es mi camino, pero tampoco es el tuyo. El Espíritu Santo les ofrece una sola dirección a todas las mentes, y la que me enseñó a mí es la que te enseña a ti. No perdamos de vista la dirección que Él nos señala por razón de las ilusiones, pues sólo la ilusión de que existe otra dirección puede nublar aquella en favor de la cual la Voz de Dios habla en todos nosotros. Nunca le concedas al ego el poder de interferir en la jornada. El ego no tiene ningún poder porque la jornada es el camino que conduce a lo que es la verdad. Deja atrás todas las ilusiones, y ve más allá de todos los intentos del ego de demorarte. Yo voy delante de ti porque he trascendido el ego. Dame, por lo tanto, la mano, puesto que tu deseo es trascenderlo también. Mi fortaleza estará siempre disponible, y si eliges compartirla dispondrás de ella. Te la doy gustosamente y de todo corazón porque te necesito tanto como tú me necesitas a mí (T-8.V.4:1-3; 5; 6; mis bastardillas excepto por "en vez de" en 5:8, que aquí aparece en negritas).

Tomar la mano de Jesús significa que al fin estamos eligiendo reconsiderar nuestra decisión original, al darnos cuenta de que en aquel instante ontológico estábamos equivocados y que el Espíritu Santo tenía razón. Tomar la mano de nuestro amoroso hermano mayor (T-1.II.3:7-8), representa el cambio de mentalidad que reconoce que el cuento de pecado, culpa y miedo del ego sencillamente no es verdadero: el pecado no existe porque el Hijo de Dios no puede separarse nunca de su Creador y Fuente. Y sin pecado no hay necesidad de defenderse contra el mismo, puesto que esta defensa es el cimiento de la existencia y sustento del mundo. Elimina la necesidad del mundo, *la cual constituye su causa*, y el mundo se disolverá en la nada de donde provino (M-13.1:2):

> [El mundo] persistirá mientras se siga abrigando el pensamiento que le dio vida. Cuando el pensamiento de separación haya sido substituido por uno de verdadero perdón, el mundo se verá de una manera completamente

distinta; de una manera que conduce a la verdad en la que el mundo no puede sino desaparecer junto con todos sus errores (L-pII.3.1:3-4).

El mundo acabará en una ilusión, tal como comenzó…. El mundo acabará cuando su sistema de pensamiento se haya invertido completamente…. El mundo acabará con alegría porque es un lugar triste. Cuando la alegría haya llegado, el propósito del mundo habrá terminado. El mundo acabará en paz porque es un campo de batalla. Cuando la paz haya llegado, ¿qué propósito podrá tener el mundo? El mundo acabará entre risas porque es un valle de lágrimas. ¿Quién puede seguir llorando allí donde hay risa? Y sólo el completo perdón da lugar a todo esto para bendecir el mundo. El mundo partirá en bendiciones, pues no acabará como comenzó (M-14.1:2; 4:1; 5:1-8).

Por lo tanto, cuando al fin seamos capaces de mirar al interior de nuestras mentes, con el amor de Jesús como nuestro guía y consuelo, para asombro nuestro encontramos que *ahí no hay nada*, como leemos en una aseveración parcialmente citada antes en el Capítulo Dos.

¿Qué pasaría si mirases en tu interior y no vieses ningún pecado? Esta "temible" pregunta es una que el ego nunca plantea. Y tú que la haces ahora estás amenazando demasiado seriamente todo su sistema defensivo como para que él se moleste en seguir fingiendo que es tu amigo (T-21.IV.3:1-3).

Y entonces nos damos cuenta de que nuestra existencia completa como un ser físico y psicológico–un yo separado e individualizado–era una defensa *en contra de nada*. Ciertamente, esta no es una práctica pecaminosa, pero es igualmente cierto que es bastante tonta. Como el niñito del cuento de hadas que es el único que tiene la inocente sabiduría de mirar con ojos indefensos y libres de miedo el "nuevo atuendo del emperador", descubrimos que el ego no sólo no lleva puesto ningún atuendo, sino que llevando el cuento un paso adelante, nos damos cuenta de que en efecto, *no existe ningún ego en absoluto*. Y este feliz hecho es la esencia del perdón, y es la razón por la cual se nos enseña en *Un curso de milagros* que en realidad no hay nada que perdonar: Nada sucedió porque no hay nadie ni nada fuera de nuestras mentes. Nuestro mundo entero ha sido construido sobre una mentira, y cuando su naturaleza ilusoria es finalmente expuesta mediante el milagro, el sueño de pecado y de odio que *es* el mundo se disuelve en la nada. Y lo único que queda es la luz de la verdad que el Espíritu Santo ha sido siempre para nosotros, y que Jesús ejemplifica.

Y así nos volvemos hacia él nuevamente, el mayor representante del Amor de Dios en nuestro mundo occidental. El próximo capítulo discute más generalmente el significado de la figura de un salvador o redentor, y luego específicamente la persona de Jesús y el significado que él tiene para nosotros y para nuestra salvación.

Capítulo 6

EL SALVADOR–JESÚS

Introducción: Nuestro verdadero salvador

Las palabras "salvador" o "redentor" se usan con diferentes acepciones en *Un curso de milagros* por lo que comenzamos explorando estos usos antes de discutir específicamente la persona de Jesús. Hemos visto cómo al final la redención es responsabilidad nuestra, pues somos nosotros quienes tenemos que cambiar de mentalidad, puesto que fuimos nosotros quienes originalmente habíamos elegido equivocadamente. Finalmente, pues, *nosotros* somos nuestros propios redentores o salvadores, pues la salvación no puede proceder de ningún otro lugar sino de nuestro interior. En otro nivel, sin embargo, puesto que el ego nos ha convencido de que neguemos el problema de la culpa del cual necesitamos ser salvados, ya no tenemos conciencia de la parte de nuestras mentes que toma las decisiones. Y así el "nosotros", que creíamos ser, *no puede* salvarnos de un problema del cual no sabemos nada. A través de la dinámica de negación o represión, nuestra culpa ha sido tan hábilmente escondida dentro de las nubes de la complejidad del ego que ya ni siquiera reconocemos su simple existencia en la mente. Por lo tanto, necesitamos la ayuda de aquellos que parecen estar fuera de nosotros para que nos reflejen lo que en realidad radica dentro de nosotros; i.e., en nuestras mentes.

Como se explicó en el Capítulo Cinco, una vez que nuestra culpa inconsciente (yo A) se ha proyectado sobre los demás (yos C), el Espíritu Santo tiene la oportunidad de señalarnos (al yo B que *creemos* ser) que el pecado del cual acusamos a otro es realmente *nada más* que el pecado que, con éxito, hemos (el yo A) ocultado de nuestra conciencia. En este sentido, pues, las otras personas se convierten en nuestros salvadores, pues vemos en ellos lo que necesitamos perdonar en nosotros mismos. Sin la presencia de ellos en nuestras vidas, (independientemente de cuán ilusoria sea esa presencia en último caso), jamás habríamos tenido la oportunidad de salvarnos de nuestra creencia en la culpa. Esta es la razón por la cual el Curso utiliza la palabra "salvador" tan frecuentemente para denotar a esta otra persona, nuestro compañero de amor u odio especial:

Vislumbra dentro de la obscuridad al que te salva *de* las tinieblas, y entiende a tu hermano tal como te lo muestra la Mente de tu Padre. Al contemplarlo él emergerá de las tinieblas y ya nunca más verás la obscuridad.... Su impecabilidad no hace sino reflejar la tuya (T-25.II.8:1-2,4).

Es dentro de este contexto que en el capítulo anterior discutí el mundo como el *camino real* a nuestra mente inconsciente. Nuestros hermanos son el camino real al perdón de nosotros mismos:

Sólo en otro puedes perdonarte a ti mismo, pues lo has hecho culpable de tus pecados, y en él tienes que hallar tu inocencia (S-2.I.4:6).

Dentro de este sueño con una relación, por lo tanto, somos capaces de percibir que esa persona (yo C′) no está separada de nosotros (yo B′); esto refleja el pensamiento más profundo de que no estamos separados de nuestro Ser (yo A′). La relación (y por consiguiente las personas en la relación) sirven de ese modo como el salvador *de* (o la corrección *para*) este pensamiento de separación del cual ya no somos conscientes. No obstante, es nuestra *decisión* de perdonar lo que constituye la variable crucial aquí, y así podemos ver entonces que el salvador no es un ser sobrenatural en absoluto, sino sencillamente el tomador de decisiones en nuestras propias mentes. Es dentro de nuestras mentes, y sólo en nuestras mentes, que radica el poder para elegir al ego, como radica de igual manera el poder de elegir nuevamente y que nuestro Maestro sea Jesús o el Espíritu Santo. Así es que el problema es nuestro tomador de decisiones, y el mismo tomador de decisiones es la respuesta. Recuerda una vez más aún que en verdad no hay ninguna persona fuera de nosotros. Lo que parece ser una persona con la cual nos estamos relacionando en el especialismo—odio especial o amor especial—es simplemente una proyección de la parte de nuestras mentes (el pecaminoso y culpable yo A) de la cual deseamos apartarnos y negar en nosotros mismos.

Del mismo modo que el perdón es imposible sin el tomador de decisiones, asimismo es imposible sin la ayuda del Espíritu Santo, puesto que fue la creencia de que nos habíamos separado del Amor de Dios lo que nos condujo a la necesidad del Espíritu Santo en primer lugar. A Él y a Su papel en nuestra salvación retornamos ahora.

El Espíritu Santo como nuestro salvador

Tal como recién hemos visto, a la "Persona" del Espíritu Santo en *Un curso de milagros* también se le adjudica un papel esencial en el proceso de salvación. Hemos discutido cómo el Espíritu Santo no es una *persona*, como generalmente se define el término. Más bien, el Espíritu Santo es el Pensamiento de Amor puro, abstracto, y no-específico que siempre está presente en nuestras mentes separadas: un recuerdo de Quiénes somos como Cristo, lo cual trajimos con nosotros al sueño cuando pareció que nos quedamos dormidos. Sin embargo, como se ha observado antes, Jesús nos ha dado *Un curso de milagros* en un nivel que podamos entender y utilizar. Para citar del Curso en otro contexto, una aseveración que ya hemos citado:

> Eso no significa que ése sea necesariamente el más alto nivel de comunicación de que dicha persona es capaz. Significa, no obstante, que ése es el más alto nivel de comunicación de que es capaz *ahora*. El propósito del milagro es elevar el nivel de comunicación, no reducirlo mediante un aumento del miedo (T-2.IV.5:4-6).

Por lo tanto, igual a lo que ya hemos visto en otros lugares en el Curso, del Espíritu Santo se habla *como si* Él fuese una Persona (yo C′): que nos ama, nos guía, y nos enseña en la forma de una Voz en nuestras mentes. Esto es necesario para nosotros quienes hemos crecido con la creencia en Dios como un ser antropomórfico, con todos los atributos de nuestro ideal de un Padre perfecto. Así, también, con el Espíritu Santo. *Un curso de milagros,* el cual nos llega en el nivel dualista en el cual funcionamos, utiliza el lenguaje y la estructura conceptual que pertenece a ese nivel. Sin embargo, cuando uno examina cuidadosamente la base metafísica de las enseñanzas de Jesús, como lo hemos estado haciendo a través de estos capítulos, uno puede reconocer inmediatamente la naturaleza metafórica de la presentación del Curso. Retornaré a este tema en la próxima parte, *Pocos eligen escuchar*, el cual trata de los errores que han surgido ya en relación con *Un curso de milagros*, tanto en la comprensión conceptual que tienen los estudiantes de sus enseñanzas como en la aplicación práctica de las mismas.

Así pues, hablando en el nivel en que *está* escrito *Un curso de milagros*, podemos decir que el Espíritu Santo es nuestro salvador–una vez que lo elegimos a Él en lugar de elegir al ego–pues este Pensamiento de perfecto Amor es lo que nos salva de la creencia del ego de que nuestro pecado de habernos separado de Dios es verdaderamente irreparable, puesto que el amor se ha desvanecido de nuestras mentes para siempre. El Espíritu Santo es la evidencia experimentada de que este ataque no ha ocurrido, y representa, repito, lo que Jesús llama en *Un curso de milagros* el principio de la Expiación. Sin embargo, su ayuda no se nos dispensa mágicamente; más bien Su Voz nos está exhortando continuamente a que hagamos otra elección, puesto que Él no toma ni puede tomar la decisión por nosotros. En efecto, a Él tal vez pueda resumírsele mejor como la Presencia dentro de nuestros yos separados que nos *recuerda* que hagamos la única elección que puede salvarnos de nuestra culpa; en otras palabras, podemos decir que el Espíritu Santo nos recuerda que *nosotros*–la parte de nuestras mentes que toma las decisiones–somos nuestros verdaderos salvadores:

> La Voz del Espíritu Santo no da órdenes porque es incapaz de ser arrogante. No exige nada porque su deseo no es controlar. No vence porque no ataca. Su Voz es simplemente un recordatorio. Es apremiante únicamente por razón *de* lo que te recuerda. Le ofrece a tu mente el otro camino, permaneciendo serena aun en medio de cualquier confusión a que puedas dar lugar. La Voz que habla por Dios es siempre serena porque habla de paz (T-5.II.7:1-7).

El Espíritu Santo, por lo tanto, es la Voz que nos habla de la verdad, y nos explica dulcemente–ante la estentórea y recurrente voz de pecado, culpa y miedo del ego–que la separación nunca ocurrió, y que este feliz hecho de la Expiación está a nuestra disposición cuando queramos decidirnos por él. Así pues, el Espíritu Santo es la petición a que nuestras mentes elijan de nuevo. En este sentido el Espíritu Santo es una presencia "pasiva" en nuestras mentes porque, como no hay nada que tenga que hacerse, Él no hace nada activamente. La salvación se logra simplemente mediante el sereno reconocimiento o el recuerdo de que no hay nada de lo que tengamos que salvarnos. Nada ha sucedido. En cierto punto Jesús habla sobre el medio para la consecución de la paz según el Curso:

> …cuando finalmente alguien alcanza la meta…siempre viene acompañada de este feliz descubrimiento: *"No tengo que hacer nada"* (T-18.VII.5:7).

En el contexto de la curación, Jesús nos instruye en el manual para el maestro que nosotros, en la frase que aparece más adelante en la clarificación de términos, podemos convertirnos en "Su manifestación en este mundo" (C-6.5:1):

Los maestros de Dios van a estos pacientes [los que creen que están enfermos] representando otra alternativa que dichos pacientes habían olvidado. La simple presencia del maestro de Dios les sirve de recordatorio.... En cuanto que mensajeros de Dios, los maestros de Dios son los símbolos de la salvación.... Representan la Alternativa. Con la Palabra de Dios en sus mentes, vienen como una bendición, no para curar a los enfermos sino para recordarles que hay un remedio que Dios les ha dado ya. No son sus manos las que curan. No son sus voces las que pronuncian la Palabra de Dios, sino que dan sencillamente lo que se les ha dado.... Y le recuerdan [a su hermano enfermo] que él no se hizo a sí mismo y que aún es tal como Dios lo creó (M-5.III.2:1-2,4,6-10; 3:4).

Este, pues, es el principio del Espíritu Santo, y a nosotros se nos pide como sus mensajeros en el mundo que seamos este simple *recordatorio* para otros. Retornaremos a este tema al final de este capítulo, y de nuevo en mayor profundidad en el capítulo siguiente cuando discutamos qué significa ser un maestro de Dios.

Para resumir, pues, el Espíritu Santo es nuestro Salvador al representar el principio de la Expiación. Su Presencia de Amor en nuestras mentes es la prueba de que la separación del Amor jamás pudo haber ocurrido. Nosotros de igual modo nos convertimos en salvadores los unos de los otros al demostrar mediante nuestra indefensa paz que se puede hacer otra elección. Este es entonces el principio de total perdón. No hay nada que perdonar porque no sucedió nada. Es sólo el cuento del ego el que habla de que "algo" sucedió, lo cual él llama pecado. La Voz amorosa del Espíritu Santo sólo habla del Amor del Cielo que jamás pudo ser destrozado por el pecado que dejaría al Hijo sin hogar. Nuestra única responsabilidad, pues, es cambiar de mentalidad y aceptar la verdad acerca de quiénes somos: el impecable Hijo de Dios, el yo A´. Es a este cambio que Jesús se refiere en *Un curso de milagros* cuando reitera nuestra "única responsabilidad", la cual se plantea por primera vez en el Curso en esta forma:

La única responsabilidad del obrador de milagros es aceptar la Expiación para sí mismo (T-2.V.5:1, bastardillas omitidas).

Sin embargo, Jesús también explica–nuevamente, utilizando el lenguaje metafórico de un mito–que el mundo separado necesitaba una manifestación concreta de este principio, pues si bien la Expiación surgió con la "creación" del Espíritu Santo (T-5.I.5:2), alguna figura dentro del sueño del Hijo tenía que representarla para nosotros:

El *principio* de la Expiación [el Espíritu Santo] estaba en vigor mucho antes de que ésta comenzara. El principio era el amor y la Expiación fue un *acto* de amor [la aparición de Jesús dentro del sueño]. Antes de la separación los actos eran innecesarios porque no existía la creencia en el tiempo ni en el espacio. Fue sólo después de la separación cuando se planearon la Expiación y las condiciones necesarias para su cumplimiento (T-2.II.4:2-5).

El principio de la Expiación le fue dado al Espíritu Santo mucho antes de que Jesús lo pusiese en marcha (C-6.2:4).

Y eso es para Jesús, el "acto de amor", al cual volvemos ahora nuestra atención.

Jesús como nuestro salvador

La aparición de la figura llamada Jesús en Palestina hace dos mil años fue una expresión de esta *condición necesaria para el cumplimiento de la Expiación*, pues él fue el *pensamiento* dentro de la mente dividida que jamás olvidó su relación con Dios (C-6.2:2) y su Identidad como Cristo. Él ha sido "ubicado" por el Espíritu Santo a la cabeza del plan global, a cargo de la Filiación y de la Expiación, como vemos en la siguiente cita. Debo señalar en este punto que todas las aseveraciones acerca de Jesús en *Un curso de milagros* vienen directamente en la primera persona (i.e., el mismo Jesús es el hablante), excepto en tres secciones del manual para el maestro y de la clarificación de términos (M-23; C-5, 6) donde Jesús habla acerca de sí mismo en la tercera persona, como lo hace aquí:

[El Espíritu Santo] ha designado a Jesús como el líder para llevar a cabo Su plan [de la Expiación], ya que Jesús fue el primero en desempeñar perfectamente su papel (C-6.2:2).

Esto, sin embargo, no debe ser mal interpretado por los estudiantes del Curso al creer que Helen oía dos voces mientras tomaba el dictado del Curso. Más bien, está claro que sólo podía haber *una* Voz verdadera en *contenido*, pero que para propósitos de estilo o *forma*, se hablaba específicamente de Jesús en la tercera persona en esos tres lugares.

Para continuar nuestra discusión de la relación de Jesús con el plan de la Expiación, lo encontramos diciendo en otros lugares en *Un curso de milagros*:

Yo estoy a cargo del proceso de Expiación, que emprendí para darle comienzo.... yo soy la Expiación (T-1.III.1:1; 4:1).

Jesús está una vez más claramente hablando metafóricamente aquí, *como si* el Espíritu Santo fuese el Comandante-en-Jefe de las tropas, y le asignase a Jesús que fuese Su General en el mundo. En verdad por supuesto, como se ha discutido ya, no hay ningún mundo en absoluto, solamente imágenes externas de pensamientos los cuales están todos presentes *simultáneamente*: "¡No hay mundo! Este es el pensamiento básico que este curso se propone enseñar" (L-pI.132.6:2-3). Por otra parte, este "nombramiento" de Jesús ocurrió en un nivel bastante diferente puesto que el tiempo no existe, y todo lo que conocemos como tiempo está sucediendo en este instante único, *ahora*, el cual nosotros meramente re-experimentamos en nuestras mentes. Aquel a quien llamamos Jesús también está existiendo verdaderamente *sólo* en este instante, como veremos ahora.

Aparición en el sueño

Pensemos en la mente colectiva de la Filiación–para nuestros propósitos, repito, limitamos nuestra discusión a la parte de la mente del Hijo que cree que habita el planeta Tierra como la especie *homo sapiens*–como si estuviera encerrada dentro de un cuarto obscuro de culpa y miedo. El tomador de decisiones en la mente comienza a darse cuenta de que ha cometido un error al elegir al ego como el árbitro de la realidad, y se vuelve hacia el Espíritu Santo, conocido también como el poseedor del principio de la Expiación. De modo que hay menos miedo en su mente que antes, y este estado de miedo reducido se manifiesta como una puerta simbólica que se abre levemente para permitir que entre más luz en el cuarto que es la mente del Hijo. Esta luz es abstracta, pero puesto que el Hijo piensa que él es una persona específica que habita un cuerpo específico, su mente automáticamente traduce la experiencia abstracta del amor en la forma corpórea específica que él puede experimentar y con la cual se puede identificar. Es a esta forma que el mundo conoce como Jesús. Tomando prestada una afirmación acerca del Espíritu Santo que citamos antes, podemos decir acerca de nuestro hermano mayor:

[La] forma no es Su realidad, la cual sólo Dios conoce junto con Cristo, Su verdadero Hijo, Quien es parte de Él (C-6.1:5).

Mas esta forma *es* la manera en que llegamos a conocer esa realidad, y a saber que es la nuestra así como la de Jesús. A propósito, el proceso mediante el cual la mente automáticamente traduce lo abstracto a lo específico es similar a cómo cada ser humano percibe el mundo realmente. La imagen que llega hasta la retina del ojo está literalmente al revés, como he comentado antes. Sin embargo, el cerebro automáticamente convierte o traduce la imagen a una percepción del mundo que experimentamos como al derecho. Y nadie se da cuenta jamás excepto el fisiólogo de la vista.

Y así, la luz no-específica que brilla ahora dentro del cuarto de la mente que antes había estado cerrado es simbolizada en el sueño de forma del Hijo por la apariencia *dentro de su sueño* del ser de luz que llamamos Jesús. En efecto, esta es la respuesta a los yos separados del especialismo (B y C) que son nuestras identidades como símbolos de los pensamientos de tinieblas (yos A) dentro de la mente. Recordemos que estamos hablando de figuras alucinatorias dentro del sueño que no tienen realidad en absoluto, y que son sólo la proyección de pensamientos ilusorios dentro de la mente dividida del soñador que finalmente tampoco tienen ninguna realidad. Recordemos este importante pasaje que citamos antes:

> ¿Qué pasaría si reconocieses que este mundo es una alucinación? ¿O si realmente entendieses que fuiste tú quien lo inventó? ¿Y qué pasaría si te dieses cuenta de que los que parecen deambular por él, para pecar y morir, atacar, asesinar y destruirse a sí mismos son totalmente irreales? ¿Podrías tener fe en lo que ves si aceptases esto? ¿Y lo verías?
>
> Las alucinaciones desaparecen cuando se reconocen como lo que son. Esa es la cura y el remedio (T-20.VIII.7:3–8:2).

La aparición de *Un curso de milagros* "dos mil años" más tarde refleja el efecto de la misma puerta levemente abierta hacia la mente del Hijo, a lo cual retornaré en breve. Huelga que se diga, que nos confinamos en este libro *únicamente* a estos dos símbolos de luz. Hay muchos otros símbolos a través de la historia, con toda seguridad. Citamos nuevamente esta importante aseveración tomada de la clarificación de términos la cual ayuda a los estudiantes de *Un curso de milagros* a evitar el error del especialismo espiritual de ver *únicamente* a Jesús o su Curso como el camino, la verdad y la vida.

> Los ayudantes que se te proveen varían en forma, aunque ante el altar son uno solo. Más allá de cada uno de ellos se encuentra un Pensamiento de Dios, y esto jamás ha de cambiar. Pero sus nombres difieren por un tiempo, puesto que el tiempo necesita símbolos, siendo de por sí irreal. Sus nombres son legión, *pero no nos extenderemos más allá de los nombres que el curso en sí emplea* (C-5.1:3-6; mis bastardillas).

Exploremos más a fondo los efectos de la aparición de Jesús dentro del sueño del mundo por medio de una metáfora: Imaginen que dormimos y soñamos plácidamente, y de pronto suena el teléfono en nuestra habitación, amenazando nuestro cómodo dormir y nuestro pacífico sueño. Nuestro cerebro durmiente tiene dos opciones. La primera, la cual es básicamente inaceptable a nuestro deseo de seguir durmiendo cómodamente, es despertar y contestar el teléfono. La segunda es incorporar el teléfono que suena a nuestro sueño, lo cual puede simplemente soñando que un teléfono suena y que lo contestamos. El cerebro cree entonces que se ha contestado el teléfono y es capaz de ignorar el timbre del teléfono real en nuestra habitación. De esta manera, permitimos que el sueño continúe sin interrupción, y se mantiene el placentero estado durmiente del que sueña. Como nos enseña Jesús en el Curso acerca del miedo de despertar:

> Si de repente se enciende una luz cuando alguien está teniendo un sueño aterrador, *puede que inicialmente interprete la luz como parte de su sueño y tenga miedo de ella.* Sin embargo, cuando despierte, la percibirá correctamente como su liberación del sueño, al que dejará entonces de atribuir realidad. Esta liberación no se basa en ilusiones. El conocimiento que ilumina no sólo te libera, sino que también te muestra claramente que *eres* libre (T-2.I.4:6-9; mis bastardillas en 4:6).

La aparición en el mundo hace dos mil años de la figura conocida como Jesús le ofreció la misma situación al Hijo de Dios. El mundo dormía cómodamente, y soñaba su sueño de separación, individualidad y especialismo. Súbitamente, como el teléfono que suena fuera del sueño, apareció Jesús. Su mera presencia planteaba lo siguiente: Este mundo de tiempo y espacio es un sueño que en verdad ya pasó; es posible despertar de este sueño si escuchas mis palabras y sigues mi ejemplo; y los muchos dioses en los que crees no son verdaderos porque el Dios real es Uno de total Unidad y Amor.

Al igual que con nuestro soñador dormido, el Hijo de Dios tuvo, y tiene aún la opción de despertar del sueño y unirse con Jesús *fuera* del sueño, o de lo contrario de traer a Jesús *dentro de* su sueño, y de ese modo permanecer dormido. La decisión de despertar del sueño y responder a la llamada de Jesús es también la decisión de decir ya no quiero seguir dormido. Y esa es la parte difícil de la decisión: decirle no al sueño. Es este rechazo a la atracción del ego de permanecer como un individuo lo que constituye la médula del cambio de mentalidad que es la meta de *Un curso de milagros.*

Jesús, pues, como un pensamiento de perfecto amor, es la luz de ese amor que resplandece a través de la mente soñadora de la Filiación, llevando un mensaje diferente al de las manifestaciones mundanas de la voz del ego. A la Voz del Espíritu Santo que ontológicamente le habló al Hijo se le da ahora un nombre específico y una forma específica: Jesús, a quien se le vio caminar por la tierra de Palestina. Decir algo más es habitar el mundo del mito: El que Dios *enviara* a Su Hijo al mundo, el que Jesús *eligiera* la crucifixión como un medio de enseñarle una lección al mundo, o cualquier otra de las innumerables teorías acerca de él–ninguna capta el verdadero sentido si se toman *literalmente, como realidad*, pues éstas hablan de Jesús como si realmente *viviese* en un mundo de tiempo y espacio. Él no vivió verdaderamente, nosotros no vivimos verdaderamente, porque la existencia individual es parte del espectáculo de magia del ego. *Dentro* de un mundo de magia como ese los distintos mitos acerca de Jesús juegan un papel importante, y la versión del Curso, por virtud de la consistencia de su mensaje, parece ser la que más se acerca a la verdad reflejada en esa vida que identificamos como Jesús. En este nivel, pues, Jesús también es nuestro salvador, porque su aparente ser individual representó, ante nuestros ojos dormidos, el principio de la Expiación que sí nos salva de nuestra creencia en la realidad de la culpa, *si y sólo si* lo elegimos a él como nuestro maestro de la salvación en lugar de elegir al ego. Retornamos a este punto más adelante en el capítulo.

El origen de Un curso de milagros

Continuamos nuestra discusión acerca de Jesús ahora con el origen de *Un curso de milagros* en sí. Como mencionamos en la introducción, fue la voz de Jesús la que fue "escuchada" por la escriba Helen Schucman, la que le dictaba el Curso durante un período de siete años. Repito, mucho del material está escrito en primera persona e, independientemente de si el lector acepta o no a Jesús como su fuente, está claro que fue así cómo *Un curso de milagros* se presentó a sí mismo, sin mencionar que el mismo fue una parte importante de la propia experiencia de Helen. Cualquier polémica acerca de Jesús como la fuente del material finalmente no tiene ningún significado porque, a fin de cuentas, como hemos visto, simplemente hablamos de un símbolo, tal como nuestras identidades individuales son símbolos; y él fue un símbolo unificador del amor, y en su mayor parte nuestras personalidades individualizadas son los símbolos separados del miedo y la culpa.

En consecuencia, *Un curso de milagros*, de una manera similar a cómo el Jesús histórico apareció en Palestina hace dos mil años, no fue realmente *escrito*. Más bien, fue el *efecto*–experimentado dentro del tiempo y el espacio–de una *causa* que ocurrió dentro de la mente del Hijo de Dios– fuera del tiempo y del espacio. Así pues, encontramos presente en la figura de Jesús la misma situación que estuvo presente en la figura del Espíritu Santo, pues *Un curso de milagros* básicamente nos presenta a Jesús dentro del marco de dos mil años de tradición bíblica (*forma*) aun cuando el centro de la tradición contradice las enseñanzas del Curso en sí (*contenido*). Muchos pasajes epecíficamente tratan sobre la crucifixión y la resurrección, o se refieren a palabras supuestamente "enunciadas" por Jesús según lo informan los cuatro evangelios, corrigiendo lo que desde la perspectiva del Curso son serios malentendidos del mensaje original que él legó al mundo. Por lo tanto, debido a que *Un curso de milagros* satisface nuestra necesidad en este nivel de simbolismo cristiano, es importante trabajar con él en el nivel en el cual lo experimentamos como individuos separados, tal y como el Curso en sí elige permanecer dentro de su propio contexto: repito, "...no nos extenderemos más allá de los nombres que el curso en sí emplea" (C-5.1:6). Pasar por alto tal necesidad y solución simplemente perpetuará el problema del ego con Jesús mediante la negación; ciertamente esto no lo resolverá.

Sin embargo, en el nivel metafísico es por demás importante que permanezcamos consistentes, reconociendo que Jesús también, para plantear este importante punto una vez más, es un símbolo. A fin de cuentas no importa que uno crea en esta o en otra expresión específica del pensamiento de la Expiación. Lo que *sí* importa, sin embargo, es la aceptación de este pensamiento cualquiera que sea la forma en que uno lo *pueda* aceptar. El "curso universal" al cual Jesús se refiere en el manual, citado en la introducción, es el proceso de aprender a recordar el Amor perfecto. Jesús representa una expresión específica de este Amor, y *Un curso de milagros* representa una expresión más específica aún de su enseñanza. Como escribe él sobre sí mismo y sobre su Curso en el manual para el maestro (la referencia a Dios [7:4] por supuesto es metafórica, y simboliza Su eterno Amor por nosotros):

> *Este curso procede de él porque sus palabras llegan a ti en un lenguaje que puedes amar y comprender*. ¿Puede haber otros maestros que señalen el camino a aquellos que hablan lenguas distintas y recurren a símbolos diferentes? Por supuesto que sí. ¿Dejaría Dios a uno solo de Sus

Hijos sin una ayuda muy real en tiempos de tribulación, sin un salvador que Lo representase? *Aun así, necesitamos un programa de estudios polifacético, no porque el contenido sea diferente, sino porque los símbolos tienen que modificarse y cambiar para poder ajustarse a las diferentes necesidades. Jesús ha venido a responder a las tuyas. En él hallarás la Respuesta de Dios.* Enseña, entonces, con él, pues él está contigo; él siempre está aquí (M-23.7; mis bastardillas).

Un Hijo de Dios, no el Hijo de Dios

En *Un curso de milagros*, como veremos en breve, Jesús habla de sí mismo como que él no es diferente de todos nosotros, *excepto en el tiempo*. Se presenta a sí mismo como habiéndose separado con el resto de la Filiación–puesto que la mente del Hijo está unificada–pero como el primero que despertó del sueño de la separación al recordar su Identidad como Cristo. En otras palabras, él ya recorrió el camino de la Expiación que todos nosotros aún tenemos que recorrer en el tiempo. Siempre ha habido una continua discusión no oficial en el seno de algunas de las iglesias cristianas tradicionales, sin mencionar a los grupos de la Nueva Era, con respecto a cuándo en su vida Jesús supo realmente quién era él (el Cristo). De igual manera, un estudiante de *Un curso de milagros* podría preguntarse cuándo en su encarnación palestina, o "antes", Jesús "recordó reírse" y despertar del sueño. La discusión, por supuesto, es intrínsecamente carente de significado, porque, una vez más, no existe tiempo alguno en el cual recordar, y simplemente estamos hablando sobre diferentes aspectos de la ilusión única de la linealidad del tiempo. Además, como hemos visto, la realidad de Jesús estaba *fuera* del mundo de tiempo y espacio–en la mente del Hijo de Dios–y por lo tanto, repito, la pregunta carece de significado.

El filósofo cristiano Orígenes del siglo III tenía opiniones sobre Jesús impresionantemente similares a lo que estoy discutiendo aquí. Apartándose seriamente de la posición ortodoxa–razón por la cual él no es San Orígenes–este gran pensador utilizó la analogía de un árbol para hacer hincapié en su punto. Antes de la caída (o separación) las criaturas de Dios (también llamadas *seres racionales* por Orígenes, su equivalente al concepto del Hijo de Dios del Curso) eran como las frutas de un árbol cuyo tronco representaba a Dios. Debido a su negligencia, vagancia o pereza, las criaturas se tornaron inquietas y se cayeron del árbol. Jesús es el nombre que le damos al ser racional que permaneció constante en su recuerdo de su Creador. Así pues, él cayó del árbol tan cerca del tronco que instantáneamente se fundió con el mismo, y una vez más se aunó con Dios. Prosigo citando de mi discusión sobre Orígenes en *Love Does Not Condemn (El amor no condena)*, una discusión la cual cita las propias palabras de Orígenes:

> Él [Jesús] se encuentra, pues, entre ese grupo (si no el primer miembro de ese grupo como Orígenes sugiere en otro lugar) de los "otros... [quienes cayeron] tan cerca de su estado original que escasamente parecían haber perdido algo." El pecado jamás mancilló el alma de Jesús y él retuvo la inocencia de su creación, habiendo, en palabras de Isaías 7:15-16, elegido el bien y rehusado el mal. Esta inocencia de Cristo estaba tan próxima a él que, con el tiempo, se unió indisolublemente con su alma, y Jesús y Cristo se volvieron uno.... [Como afrmaba Orígenes:] "Por otra parte, ¿qué podía ser más apropiado para 'un solo espíritu' con Dios que esta alma, que se unió a sí misma tan firmemente en su amor a Dios sino merecer que se le llamase 'un solo espíritu' con él?... fue la perfección de su amor y la sinceridad de su verdadero afecto lo que le ganó esta inseparable unidad con Dios."

Orígenes sabía que él estaba pisando sobre hielo teológico muy fino cuando se trataba de la enseñanza de la Iglesia, mas se mantuvo firme en su posición de que Jesús era como el resto de la Filiación. En otras palabras, *un* Hijo de Dios, no *el* Hijo de Dios. Así pues, Jesús tuvo consigo al principio la capacidad de elegir al Espíritu Santo o al ego. En las propias palabras de Orígenes, "entre todas las criaturas racionales no hay ninguna que no sea capaz tanto del bien como del mal". Esto no quería decir, sin embargo, que todas las almas elijiesen el mal. Jesús, repito, desde el instante original, eligió sólo a Dios. Nuevamente, de Orígenes:

> ...no se puede dudar que la naturaleza de su alma era igual a la de todas las almas.... esta alma que pertenece a Cristo [i.e., Jesús] de tal manera eligió amar la rectitud como para aferrarse a ella inmutablemente e inseparablemente en armonía con la inmensidad de su amor; y en consecuencia dada la firmeza de propósito, la inmensidad del afecto y el calor inextinguible del amor, toda susceptibilidad al cambio o a la alteración fue destruida, y lo que previamente dependía de la voluntad fue por virtud de la influencia de una larga costumbre convertido en naturaleza (*Love Does Not Condemn [El amor no condena]* págs.339-340).

De nuestra discusión anterior, por lo tanto, todo lo que en verdad podemos decir es que Jesús representa el fragmento de la mente del Hijo que escuchó al Espíritu Santo y "recordó reírse." La vida de ese fragmento reflejada como Jesús representa la opción *actual* del Hijo de Dios de negar la realidad del cuento del ego, y en su lugar unirse con la presencia de amor que nos despierta del sueño. Así, *Un curso de milagros* se opondría fuertemente a la doctrina de la Encarnación de la Iglesia, según la cual el Dios perfecto envía a su Hijo perfecto al mundo del pecado mediante el milagro del alumbramiento virginal. Con respecto a esta enseñanza, al referirse al famoso prólogo del Evangelio de San Juan (Juan 1:14), el Curso afirma:

> La Biblia dice: "El Verbo (o pensamiento) se hizo carne". Estrictamente hablando eso es imposible, puesto que parece implicar que un orden de realidad pasó a ser otro. Los distintos órdenes de realidad…tan sólo dan la impresión de existir. El pensamiento no se puede convertir en carne excepto mediante una creencia, ya que el pensamiento no es algo físico. El pensamiento, no obstante, es comunicación, para lo que sí *se puede* usar el cuerpo. Este es el único uso natural que se puede hacer de él. Usarlo de forma antinatural es perder de vista el propósito del Espíritu Santo, y confundirse con respecto al objetivo de Su plan de estudios (T-8.VII.7; mis bastardillas).

Jesús, por lo tanto, claramente no es el Cristo exclusivo del cristianismo tradicional, sino una parte de ese único Ser del cual todos somos una parte; él, sin embargo, para plantearlo una vez más, es el nombre que se le da a ese fragmento del todo quien recordó primero quién era. En la tercera persona, Jesús afirma en un pasaje que citamos antes en el Capítulo Uno:

> El nombre de *Jesús* es el nombre de uno que, siendo hombre, pero vio la faz de Cristo [el símbolo del perdón] en todos sus hermanos y recordó a Dios. Al identificarse con *Cristo*, dejó de ser un hombre y se volvió uno con Dios…. En su completa identificación con el Cristo–el perfecto Hijo de Dios….Jesús se convirtió en lo que todos vosotros no podéis sino ser. Mostró el camino para que le siguieras. Él te conduce de regreso a Dios porque vio el camino ante sí y lo siguió…. ¿Es él el Cristo? Por supuesto que sí, junto contigo (C-5.2:1-2; 3:1-3; 5:1-2).

Jesús enseña consistentemente en el Curso que él no es diferente de nosotros en la realidad, pero, en el ilusorio y simbólico mundo del tiempo él puede ser nuestro maestro y guía si le permitimos que lo sea para nosotros. Él es nuestro

> hermano mayor…[que] merece respeto por su mayor experiencia, y obediencia por su mayor sabiduría. También merece ser amado por ser un hermano, y devoción si es devoto. Es tan sólo mi devoción por ti lo que me hace acreedor de la tuya. No hay nada con respecto a mí que tú no puedas alcanzar. No tengo nada que no proceda de Dios. La diferencia

entre nosotros por ahora estriba en que yo no tengo nada más. Esto me coloca en un estado que en ti es sólo latente.

"Nadie viene al Padre sino por mí" [Juan 14:6] no significa que yo esté en modo alguno separado de ti o que sea diferente, excepto en el tiempo, y el tiempo no existe realmente. La afirmación tiene más sentido desde el punto de vista de un eje vertical que de uno horizontal. Tú estás debajo de mí y yo estoy debajo de Dios. En el proceso de "ascención" yo estoy más arriba porque sin mí la distancia entre Dios y el hombre sería demasiado grande para que tú la pudieses salvar. Yo salvo esa distancia por ser tu hermano mayor, por un lado, y por el otro, por ser un Hijo de Dios. La devoción que les profeso a mis hermanos es lo que me ha puesto a cargo de la Filiación, que completo porque formo parte de ella. Tal vez esto parezca contradecir la afirmación "Yo y el Padre somos uno", [Juan 10:23] pero esa afirmación consta de dos partes en reconocimiento de la mayor grandeza de Dios (T-1.II.3:7–4:7).

En este sentido, pues, Jesús es *distinto* de nosotros puesto que no tiene los pensamientos de separación del ego–culpa, pecado o ataque–que nublen su mente de la luz clara de Cristo. Él es una manifestación pura de esta claridad, pues sólo el Amor de Cristo está presente en su mente. Por lo tanto, mientras Jesús parecía transitar esta tierra ilusoria como un hombre, el Amor de Cristo–*desde fuera del mundo de tiempo y espacio*–era la única fuente de las acciones del cuerpo que el mundo identificaba como pertenecientes a él. Es por eso por lo que se le describe como la manifestación del Espíritu Santo (C-6.1:1) como veremos en breve.

Jesús refleja así en la mente separada–de la cual forma parte también– este testimonio viviente del Amor de Dios el cual nunca hemos abandonado. Él, como el Espíritu Santo, es el eslabón que nos regresa a Dios: el camino, la verdad y la vida que es como lo describe el Evangelio de San Juan (Juan 14:6). Por consiguiente, leemos en un pasaje del cual hemos citado ya:

> Significa que al recordar a Jesús estás recordando a Dios. Toda la relación del Hijo con el Padre radica en Jesús. Su papel en la Filiación es también el tuyo, y el hecho de que él completó su aprendizaje garantiza tu éxito.... El Nombre de Jesucristo como tal no es más que un símbolo. Pero representa un amor que no es de este mundo.... Constituye el símbolo resplandeciente de la Palabra de Dios, tan próximo a aquello que representa, que el ínfimo espacio que hay entre ellos desaparece en el momento en que se evoca su Nombre.... Jesús ha señalado el camino. ... para Jesús, tu hermosura es tan absoluta e inmaculada que ve en ella la imagen de su Padre.... [Él es] uno que abandonó todo límite y fue más

allá del alcance más elevado que el aprendizaje puede ofrecer. Él te llevará consigo, pues no llegó allí solo.... Jesús ha venido a responder a las tuyas [necesidades]. En él hallarás la Respuesta de Dios. Enseña, entonces, con él, pues él está contigo; él siempre está aquí (M-23.3:2,4; 4:1-2,4; 5:1,5; 6:8-9; 7:6-8).

Está claro desde la perspectiva de lo que hemos estado discutiendo, que si los estudiantes de *Un curso de milagros* en verdad han de conocer a Jesús, deben verlo desde un punto de vista completamente nuevo, y no desde el que la tradición cristiana ha determinado durante dos mil años. En otras palabras, deben contemplarlo a través de la luz de la verdad en vez de a través de los lentes opacos de la ilusión. Si reformulamos un pasaje citado anteriormente, podemos entender más cabalmente por qué esto es así, al substituir la palabra *verdad* por *Jesús*:

> ¿Crees acaso que puedes llevar a Jesús ante las fantasías y aprender lo que significa Jesús desde la perspectiva de lo ilusorio? Jesús no *tiene* significado dentro de lo ilusorio. El marco de referencia para entender su significado tiene que ser él mismo. Cuando tratas de llevar a Jesús ante las ilusiones, estás tratando de hacer que las ilusiones sean reales y de conservarlas justificando tu creencia en ellas. Llevar las fantasías ante Jesús, no obstante, es permitir que Jesús te muestre que las ilusiones son irreales, lo cual te permite entonces liberarte de ellas. No mantengas ni una sola idea excluida de Jesús, pues si lo haces, estarás estableciendo diferentes grados de realidad que no podrán sino aprisionarte. No hay grados de realidad porque en ella todo es verdad.
>
> Procura estar dispuesto, pues, a entregarle todo lo que has ocultado de la verdad a Jesús que la conoce, y en Quien todo se lleva ante ella (T-17.I.5:1–6:1).

Así pues, tratar de entender a Jesús–cuya realidad (verdad) está *fuera* del sueño secreto del ego de pecado, culpa y miedo)–valiéndonos de nuestra perspectiva del cuerpo y del mundo (la fantasía o la ilusión) sólo puede conducirnos a una visión distorsionada de él. Desafortunadamente, es precisamente esta distorsión lo que reflejan las narraciones de los evangelios, como se puede ver claramente en el tremendo énfasis que pusieron en el cuerpo de Jesús los distintos escritores del Nuevo Testamento, como discutiremos más adelante.

La ejemplificación de la Expiación

Para plantear el significado de la vida de Jesús de otro modo, y como se ha discutido en otros lugares,* Jesús ejemplificó el principio de la Expiación al refutar directamente el cuento original de pecado, culpa y miedo que el ego le hizo al Hijo, y la necesidad de la proyección y el ataque como defensas en contra de la ira de Dios. Para resumir brevemente nuestra discusión anterior, dentro del sueño, la memoria del Amor de Dios–lo que *Un Curso de milagros* llama el Espíritu Santo–vino con el Hijo cuando éste pareció quedarse dormido, y este Pensamiento sirve como una corrección en constante proceso al pensamiento del ego. Se conoce también como el principio de la Expiación: la separación de Dios jamás sucedió. El percatarse de esta verdad es el resultado final del perdón, simbolizado en el Curso por ver el "rostro de Cristo" en otra persona. Dada la naturaleza del sueño del Hijo, la crucifixión de Jesús era inevitable. Es decir: La individualidad del Hijo de Dios se logró mediante la destrucción del Amor de Dios. Confrontado con este Amor, el Hijo no tuvo otro recurso, *dentro de su sueño de individualidad y crucifixión,* sino destruirlo nuevamente. Jesús se convierte de este modo en esta corrección "de conducta": la forma simbólica en la cual el Pensamiento del Espíritu Santo se manifestó en el sueño como el deshacimiento de la creencia del Hijo de que el Amor de Dios podía ser destruido.

Es a esta dinámica a la cual Jesús se refiere en la discusión de sí mismo en la sección sobre los obstáculos a la paz. Él afirma:

> Pues me convertí en el símbolo de tu pecado, y por esa razón tuve que morir en tu lugar. Para el ego el pecado significa muerte, y así la expiación se alcanza mediante el asesinato. Se considera que la salvación es un medio a través del cual el Hijo de Dios fue asesinado en tu lugar (T-19.IV-A.17:2-4).

> Deja que yo sea para ti el símbolo del fin de la culpabilidad, y contempla a tu hermano como me contemplas a mí. Perdóname por todos los pecados que crees que el Hijo de Dios cometió. Y a la luz de tu perdón él recordará quién es y se olvidará de lo que nunca fue. Te pido perdón, pues si tú eres culpable, también lo tengo que ser yo. Mas si yo superé la culpabilidad y vencí al mundo, tú estabas conmigo. ¿Qué quieres ver en mí, el símbolo de la culpabilidad o el del fin de ésta? Pues recuerda que lo que yo signifique para ti es lo que verás dentro de ti mismo (T-19.IV-B.6).

---

* Véase *Despierta del sueño* Capítulo 7.

Recuerden una vez más todavía el cuento *fabricado* por el ego: El Hijo *peca* contra su Padre, por lo cual se siente *culpable* y luego *temeroso* del castigo por venganza del Padre. Para escapar de Su venganza, el Hijo fabrica un mundo y huye en un cuerpo. Sin embargo, al no creer completamente en la eficacia del cuerpo como una defensa, procura luego castigar su cuerpo mediante el sufrimiento sacrificatorio para probarle a Dios su contrición, con la esperanza de evitar así el castigo del Cielo: "El ego cree que castigándose a sí mismo mitigará el castigo de Dios" (T-5.V.5:6). Así pues, el plan de salvación del ego es esta vida de castigo y angustia para apaciguar la ira de Dios, cuya venganza está justificada por nuestro pecado original en contra de Él. Un mundo de ataque y defensa, de sufrimiento y sacrificio, es la expresión de este plan del ego, cuya totalidad está simbolizada en *Un curso de milagros* por el término *crucifixión*. Finalmente, el ego nos convence de que nosotros, y no los demás, estamos justificados al vernos a nosotros mismos como víctimas. Somos inocentes puesto que *nosotros* hemos sufrido, no debido a nuestras propias elecciones sino por las acciones de otros. El paradigma último para el victimario es Dios, por supuesto, pues dentro de la locura del ego a Él se le percibe como el gran enemigo quien ha causado nuestra tribulación. Este sistema de pensamiento es el cimiento para la fabricación y el apoyo del mundo; y todo aquel que parezca habitar un cuerpo aquí, separado de todos los otros cuerpos, lleva consigo dentro de la mente fragmentada este microcosmos de sistema de pensamiento.

Como hemos visto, sin embargo, junto con este sistema de pensamiento está su corrección. Jesús, experimentado ahora como una figura dentro del sueño del mundo, manifestó esta corrección en la aparente muerte y resurrección de su cuerpo. Sobre su crucifixión, Jesús dice en *Un curso de milagros*:

> La crucifixión no es nada más que un ejemplo extremo…. [Su] verdadero significado…radica en la *aparente* intensidad de la agresión cometida por algunos de los Hijos de Dios contra otro. Esto, por supuesto, es imposible, y se tiene que entender cabalmente *que es* imposible…. El mensaje de la crucifixión fue precisamente enseñar que no es necesario percibir ninguna forma de ataque en la persecución, pues no puedes *ser* perseguido…. He dejado perfectamente claro que soy como tú y que tú eres como yo…. Eres libre, si así lo eliges, de percibirte a ti mismo como si te estuvieran persiguiendo. Mas cuando eliges reaccionar de esa manera, deberías recordar que yo fui perseguido de acuerdo con el pensar del mundo, y que no compartí esa interpretación…. Ofrecí

una interpretación diferente del ataque, que deseo compartir contigo.... Elegí, por tu bien y por el mío, demostrar que el ataque más atroz, a juicio del ego, es irrelevante. Tal como el mundo juzga estas cosas, mas no como Dios sabe que son, fui traicionado, abandonado, golpeado, atormentado y, finalmente, asesinado.... La única lección que tengo que enseñar, puesto que la aprendí, es que ninguna percepción que esté en desacuerdo con el juicio del Espíritu Santo está jamás justificada. Mi función consistió en mostrar que esto es verdad en un caso extremo, simplemente para que pudiese servir como un instrumento de enseñanza ejemplar para aquellos que, en situaciones no tan extremas, sienten la tentación de abandonarse a la ira y al ataque.... El mensaje de la crucifixión es inequívoco: *Enseña solamente amor, pues eso es lo que eres* (T-6.I.2:1; 3:4-5; 4:6; 5:1-3,5; 9:1-2; 11:5-6; 13:1-2).

Por lo tanto, la crucifixión y muerte de Jesús, que constituía el eje del sueño de odio y usurpación del ego, es reinterpretado por el Espíritu Santo como la mayor manifestación del principio de Expiación del Espíritu Santo en función–la invulnerabilidad del Amor de Dios–porque el *acto* de asesinato no tuvo efecto alguno en el *Pensamiento* de amor que era su [de Jesús] realidad fuera del sueño. Hemos hablado ya de la inevitabilidad de la reacción del mundo al ser confrontado con esta perfecta manifestación del Amor de Dios. La alegoría de la caverna de Platón que discutimos en el Capítulo Cuatro trata este mismo asunto. El lector quizá recuerde que el retorno del prisionero liberado a la cueva oscura con su mensaje de luz y verdad finalizó con su asesinato, puesto que los prisioneros tenían demasiado temor de ser liberados de sus cadenas tenebrosas. Y es así como Jesús, él mismo el mensajero, afirma sobre sí mismo en el Curso en palabras que podrían igualmente aplicársele a Sócrates, el modelo de Platón para el prisionero liberado, de la alegoría:

> Muchos pensaron que yo les estaba atacando, aunque es evidente que eso no era cierto.... Lo que tienes que reconocer es que cuando no compartes un sistema de pensamiento, lo debilitas. Los que creen en él perciben eso como un ataque contra ellos. Esto se debe a que cada uno se identifica con su propio sistema de pensamiento, y todo sistema de pensamiento se centra en lo que uno cree ser (T-6.V-B.1:5,7-9).

Dada la naturaleza del sueño del mundo, el desenlace entonces no podía ser sino lo que fue, dada la atracción del ego por la dinámica de culpa y miedo:

Para el ego, *los inocentes son culpables*. Los que no atacan son sus "enemigos".... He dicho que la crucifixión es el símbolo del ego. Cuando el ego se enfrentó con la verdadera inocencia del Hijo de Dios [tal como se ejemplifica en Jesús] intentó darle muerte, y la razón que adujo fue que la inocencia es una blasfemia contra Dios [una referencia a Mateo 26:65] (T-13.II.4:2-3; 6:1-2).

La perfecta indefensión de Jesús, nacida del hecho de que él *no* estaba en el sueño del mundo y por consiguiente *conocía* únicamente su realidad como Cristo, es lo que deshizo la raíz del sistema de pensamiento del ego al mostrar que el ataque no tiene significado alguno: su muerte *dentro* del sueño no tuvo efecto en su realidad *fuera* del sueño. Por lo tanto, si el ataque no tuvo poder para destruir el Amor de Dios, el cual apareció en el sueño del mundo como Jesús, entonces el aparente ataque a Dios en la separación tampoco tuvo efecto alguno. Como él le dictó a Helen en la Navidad:

> El Príncipe de la Paz nació para re-establecer la condición del amor, enseñando que la comunicación continúa sin interrupción aunque el cuerpo sea destruido.... Nací para enseñar la lección de que el sacrificio no está en ninguna parte y de que el amor está en todas partes, y ésta es la lección que todavía quiero enseñarles a todos mis hermanos (T-15.XI.7:2,5).

La tenebrosa mentira que el ego le dice al Hijo ha sido expuesta ante la luz de la verdad, en cuya presencia las tinieblas no pueden sino desaparecer.

Jesús, para replantear este punto de otra manera aún, era solamente la Voz del Espíritu Santo a la cual se le dio forma, de modo que pudiese ser escuchada. Este es el significado de la aseveración del Curso, basada en los versículos de Hechos de los apóstoles (1:8-9):

> Jesús es la manifestación del *Espíritu Santo*, a Quien él invocó para que descendiese sobre la tierra después de su ascensión al Cielo.... Fue "invocado [el Espíritu Santo] para que descendiese sobre la tierra," en el sentido de que entonces se hizo posible aceptarle y escuchar Su Voz (C-6.1:1,3).

El relato bíblico: cuerpo, cuerpo, cuerpo

Retornando ahora a nuestra analogía del teléfono, podemos extender nuestra discusión a la respuesta del Hijo a la "extraña" llamada, y utilizo el término *Hijo* para denotar a la inmensa mayoría del mundo que en aquel momento, al igual que ahora, eligió malentender y malinterpretar la persona y el mensaje de Jesús. El Hijo se enfrentó con la decisión o bien de aceptar la invitación de Jesús a despertar del sueño y venir a *él*, o por otra parte de invitar a Jesús a entrar en *su* sueño–a lo que *Un curso de milagros* se refiere como la opción de traer la verdad-luz a la ilusión-obscuridad, o de lo contrario traer la ilusión-obscuridad a la verdad-luz. La elección fue por la primera, y así el Hijo eligió preservar su individualidad y su especialismo al permanecer dormido.

Y por consiguiente, en lugar de tratar de tornarse como Jesús, al reinterpretarse a sí mismos en el contexto de él, los seguidores de Jesús optaron por hacer que él se tornase como ellos, al reinterpretarlo a él en el contexto de sí mismos. ¿Y qué significa esto? He citado antes la importante afirmación que Jesús hace acerca de Dios y del cuerpo:

> Ni siquiera puedes pensar en Dios sin imaginártelo en un cuerpo, o en alguna forma que creas reconocer (T-18.VIII.1:7).

Podemos extender este pensamiento hasta Jesús también. El héroe del sueño del Hijo es un cuerpo, como lo expone Jesús en este muy claro pasaje, con el cual estamos familiarizados desde el Capítulo Dos:

> El cuerpo es el personaje central en el sueño del mundo. Sin él no hay sueño, ni él existe sin el sueño en el que actúa como si fuese una persona digna de ser vista y creída. Ocupa el lugar central de cada sueño en el que se narra la historia de cómo fue concebido por otros cuerpos, cómo vino al mundo externo al cuerpo, cómo vive por un corto tiempo hasta que muere, para luego convertirse en polvo junto con otros cuerpos que, al igual que él también mueren....
>
> Las aventuras del cuerpo, desde que nace hasta que muere, son el tema de todo el sueño que el mundo jamás haya tenido (T-27.VIII.1:1-3; 3:1).

Por lo tanto, ¿de qué otra manera *podían* reaccionar a Jesús los cuerpos del mundo, una vez que hicieron el compromiso inconsciente con sus yos individualizados? Renuentes a perder la identidad física y psicológica como el héroe de su sueño, los Hijos dormidos no tenían otra opción sino traer a Jesús a su sueño como un nuevo héroe. De esa manera él se convirtió en el campeón de su identificación corporal, la cual el pensamiento demente del ego fue capaz de transformar de un símbolo de la separación de Dios acosado por la culpa, en un símbolo torcido del Amor de Dios. Considera brevemente el relato sobre Jesús que se nos ha transmitido a lo largo de los siglos, desde las narraciones de los evangelios y las epístolas del Nuevo Testamento. A lo largo de todos ellos, encontramos una glorificación y hasta una deificación del cuerpo, un ejemplo más todavía de las "aventuras en serie del cuerpo, desde que nace hasta que muere", y que incluyen, además, la continuación del cuerpo mediante los sucesos "maravillosos" que tuvieron lugar después de la crucifixión. El relato comienza con un cuento milagroso del nacimiento de Jesús en un *cuerpo*, de un *cuerpo* que es casi tan milagroso como el suyo. Prosigue con el desarrollo de su *cuerpo* el cual a medida que madura se comporta en formas milagrosas, realiza hechos milagrosos para y por otros *cuerpos*, y finalmente es asesinado por *cuerpos* coléricos y celosos, por lo cual su *cuerpo* sufre una muerte particularmente sangrienta, dolorosa e ignominiosa. Su *cuerpo* es sepultado entonces, sólo para que ese mismo *cuerpo* sea milagrosamente resucitado, lo cual hace posible que este *cuerpo* milagroso se aparezca ante otros *cuerpos* antes de su ascensión al Cielo, donde finalmente se sienta a la diestra del *cuerpo* de Dios.

Cuerpo, cuerpo, cuerpo es la historia bíblica de Jesús. Mas ¿qué otra cosa podía ser, una vez que las mentes aterradas del Hijo tomaron la decisión de incorporar a Jesús en el sueño? Y luego, la iglesia católica–*la* iglesia cristiana durante un milenio–perpetuó el sueño *corpóreo* del ego mediante su ritual diario de la comunión eucarística en la misa. Aquí, los fieles han conmemorado (y los cristianos católicos y anglicanos todavía conmemoran) la muerte *corporal* de Jesús, la resurrección *corporal* de Jesús, y el Segundo Advenimiento del *cuerpo* de Jesús–en cada misa se entonan las siguientes palabras, o alguna variación: "Cristo ha muerto, Cristo ha resucitado, Cristo vendrá otra vez"–al consumir (*literalmente*, los católicos lo creen) el *cuerpo* y la *sangre* de su crucificado, resucitado, y pronto-a-retornar salvador individualizado en el *cuerpo*. Llevando esto más lejos, el *cuerpo* asesinado o glorificado de Jesús permanece como el objeto central de veneración para millones de cristianos en sus iglesias así como en sus casas, en medallas que se cuelgan de los cuellos, o en estatuillas que adornan el tablero de instrumentos de sus automóviles.

Repito, todo esto tiene perfecto sentido cuando uno recuerda el propósito del Hijo de permanecer identificado con su cuerpo, cómodamente dormido en los sueños individualizados de su existencia física y psicológica. Jesús se ha convertido ahora en una figura heroica y salvífica *dentro* del sueño, en lugar de aquel que salvaría al mundo *de* su sueño. Y habiendo rehecho a Jesús a imagen nuestra, jamás podremos volvernos como él, a menos que cambiemos el propósito de nuestra vida al de despertar del sueño. Al llegar a ese momento, pues, nuestro único deseo sería volvernos como Jesús, cuyo ser y hogar permanecen *fuera* del sueño de especialismo del ego. Hay un hermoso poema el cual Helen tomó como escriba que expresa de manera conmovedora este deseo de tornarse como Jesús: un pensamiento (o espíritu) de amor. El poema habla así de la corrección del error original de hace dos mil años cuando el mundo trató de rehacer a Jesús a su propia imagen corporal de individualidad. Les presento aquí el inspirador poema en su totalidad. Se titula "Plegaria a Jesús."

Niño, Hombre, y luego Espíritu, ven
En todo Tu esplendor. A menos que
En mi vida brilles Tú, será una pérdida para Ti,
Y lo que pierdes Tú también lo pierdo yo.

Mi razón de estar aquí no puedo descifrar
A excepción de esto: Sé que he venido
A buscarte y a encontrarte. En Tu Vida
Me muestras el camino hacia mi eterno hogar.

Niño, hombre, y luego espíritu. Así
Voy por la senda que me señalas Tú
Hasta que pueda al fin ser como Tú.
¿Qué más sino tu imagen querría ser?

¡Qué silencio al hablarme
Tus palabras de amor y que por Ti las diga
A aquellos que me envías! Y bendecida soy
Pues en ellos contemplo que resplandeces Tú.

No hay gratitud que yo pudiese darte
Por un obsequio así. La aureola en tu cabeza
Debe ser la que tiene que hablar por mí, pues muda estoy junto
A tu dulce mano con la que mi alma guías.

En manos santas tu regalo tomo, pues Tú
Las bendijiste con las Tuyas. Vengan, hermanos, vean
Cuánto soy como Cristo, y como ustedes
A quienes Él bendijo y cual uno solo guarda conmigo.

Un perfecto retrato de lo que puedo ser
Me muestras tú, que pueda yo ayudarte a renovar
La fallida visión de tus hermanos. Que al levantar sus ojos
No sea a mí a quien vean, mas te vean sólo a Ti.

(*The Gifts of God* [*Los regalos de Dios*], págs. 82-83)

Los versos finales del poema se hacen eco de la famosa plegaria del Cardenal Newman, el célebre converso al catolicismo del siglo XIX, y reflejan el anhelo del corazón de todos los seguidores sinceros de Jesús: de que en efecto fuesen tan parecidos a él–una manifestación del Amor del Cielo–que en la presencia de ellos los demás reconociesen la de Jesús, el pensamiento amoroso del Hijo de Dios que existe fuera de los sueños de separación, especialismo y odio del mundo.

De igual manera, Orígenes, el inspirado pensador cristiano que discutimos antes en este capítulo, escribió acerca de Jesús en ánimos de que él fuese nuestro modelo para elegir a Dios, "un líder para el viaje":

> ...Así también debe cada uno de nosotros, después de una caída o transgresión, limpiarse a sí mismo de las manchas por el ejemplo que se le ha mostrado, y tomando un líder para el viaje, procedan a lo largo del escarpado camino de la virtud, de modo que tal vez por este medio logremos convertirnos tanto como nos sea posible, por medio de nuestra imitación de él, en co-partícipes de la divina naturaleza (citado en *Love Does Not Condemn [El amor no condena]*, pág. 340).

Por lo tanto, si tomamos prestadas las palabras del Curso que se referían a nuestros fútiles y mal dirigidos intentos de entender a Dios, podemos ver exactamente lo que el mundo escribió y enseñó acerca de Jesús, y por qué entonces se le ha hecho tan imposible a este mismo mundo cristiano conocerlo verdaderamente:

> No dotes a Dios de atributos que tú comprendes. Tú no lo creaste y cualquier cosa que comprendas no forma parte de Él (T-14.IV.7:7-8).

A Jesús sólo puede entendérsele, para plantear este importante punto una vez más, desde *fuera* del sueño corpóreo del mundo y *dentro* de la mente. Esto nos trae al corazón del asunto: la resurrección.

El significado de la resurrección

Estrictamente hablando, por supuesto, no puede haber resurrección física. Si el cuerpo es ilusorio, entonces obviamente no vive. En el Capítulo Cuatro mostramos cómo el cuerpo es nada más que un títere o marioneta, cuyos hilos son movidos por la mente del titiritero, el tomador de decisiones. Así pues, el cuerpo no solamente no vive, sino que obviamente tampoco puede morir. En en el plano físico, sin embargo, la vida automáticamente presupone la muerte, puesto que para el ego los opuestos son inherentes a su versión de la realidad. Habiéndose fabricado en oposición a la Vida, las condiciones del ego para la vida son la existencia de opuestos:

> Pensamos que todas las cosas tienen un opuesto.... aquí, la oposición es parte de lo que es "real" (L-pI.138.1:2; 2:2).

El cuerpo, por lo tanto, es meramente la expresión en forma del pensamiento opositor de la separación; del pecado, culpa y miedo. Puesto que sólo Dios y el espíritu son vida, cualquier cosa separada de Dios tiene que ser su opuesto y por lo tanto carente de vida, como vimos también en el Capítulo Cuatro. Por lo tanto, repito, si el cuerpo no vive, no puede morir, y es bien obvio, pues, que éste no puede regresar a la vida o resucitar. El término en sí no tiene sentido.

Replanteando este asunto, no es el cuerpo lo que constituye el problema, sino la mente que ha *concebido* al cuerpo en primer lugar, y luego lo convirtió en el lugar de pecado y por consiguiente el objeto de la salvación. El Hijo ha caído una vez más en la trampa del ego de permanecer distraído del lugar donde verdaderamente radica el problema, así como la correspondiente solución. La resurrección, pues, sólo tiene significado en la mente que se ha creído capaz de morir. Si la *crucifixión* es el relato de culpa, ataque y miedo en el cual creyó el Hijo, entonces la *resurrección* es el cambio de mentalidad que, en lugar de esto, acepta la verdad de la Expiación del Espíritu Santo. Es el recuerdo en la *mente* del Hijo del amor que siempre ha estado ahí:

> La resurrección, dicho llanamente, es la superación de la muerte o el triunfo sobre ella. Es un redespertar o renacimiento; un cambio de parecer con respecto al propósito del mundo. Es la aceptación de la interpretación del Espíritu Santo con respecto al propósito del mundo; la aceptación de la Expiación en uno mismo.... el deseo único de estar con el Padre que tiene el Hijo (M-28.1:1-3,10).

> Tu resurrección es tu redespertar. Yo soy el modelo del renacimiento, pero el renacimiento en sí no es más que el despuntar en la mente de lo que ya se encuentra en ella. Dios Mismo lo puso allí, y, por lo tanto, es cierto para siempre. Yo creí en ello, y, por consiguiente, lo acepté como la verdad (T-6.I.7:1-4).

Es por eso por lo que *Un curso de milagros* nos lleva a aprender que la resurrección de Jesús ocurrió *antes* de la crucifixión. Fue el que Jesús se "acordara de reírse" de la tontería del relato del ego lo que constituye su resurrección, y fue su despertar colmado de risa lo que lo capacitó para que fuese la manifestación indefensa de la verdad del Espíritu Santo, y que no le adjudicase realidad al error de creer en la separación y el ataque. Repito, él permaneció *fuera* del sueño de crucifixión del ego, aunque la experiencia que el mundo tuvo de él fue de que existió *dentro* del sueño. Por lo tanto, él sólo podía ser indefenso–la base para el perdón–ante el aparente ataque debido a que su realidad jamás podía *ser* atacada, y éste fue su mensaje último al mundo. Este es el mensaje vivido que le permite a la mente fragmentada del Hijo comenzar el proceso de recordar su Identidad como la plenitud de Cristo. Como nos pide Jesús:

> No enseñes que mi muerte fue en vano. Enseña, más bien, que no morí, demostrando que vivo en ti (T-11.VI.7:3-4).

Demostramos la resurrección de Jesús al ejemplificar su principio de total perdón. Es así cómo el mundo es finalmente redimido del sistema de pensamiento que jamás existió, según recordamos el amor que verdaderamente somos. Jesús simboliza para nosotros este amor en nuestras mentes separadas, y *nuestra* resurrección es simplemente el despertar a la verdad de la Expiación que siempre ha estado presente. Al fin, nos habremos tornado como él.

Capítulo 7

IMPLICACIONES PRÁCTICAS

Introducción: Problemas y soluciones

Una de las cualidades importantes de *Un curso de milagros* es su rigurosa congruencia, desde los principios metafísicos no-dualistas hasta la discusión de nuestra experiencia en el mundo físico, vivida en armonía con sus enseñanzas de perdón. Esta congruencia es el reflejo de la lógica sobre la cual Jesús construye la teoría del Curso, resumida sucintamente en esta afirmación tomada de la introducción al texto:

> Nada real puede ser amenazado.
> Nada irreal existe.
> En esto radica la paz de Dios.
> (T-in.2:2-4; negritas y bastardillas omitidas)

En otras palabras, únicamente Dios y Cristo son reales, y por lo tanto, no pueden ser amenazados por la "diminuta y alocada idea" de la separación la cual no es de Dios. Por lo tanto, ese pensamiento no puede ser real, y naturalmente no existe. *Cualquier* problema y todos, por lo tanto, tienen que ser no-existentes, puesto que un problema en la Presencia de Dios es inconcebible. "No hay tiempo, lugar ni estado del que Dios esté ausente" (T-29.I.1:1). El verdadero "problema", pues, tiene que radicar en la *creencia* de que hay un problema. Dicho de otro modo, el problema es la manera en que yo estoy *percibiendo* un aparente problema en el mundo (lo cual incluye mi mundo personal físico y/o psicológico). La implicación directa de este principio para la solución de *todos* nuestros problemas es el tema de este capítulo. Lo extenso del capítulo refleja cuán importante es para el estudio y la práctica de *Un curso de milagros*, que se entienda esta interfaz entre la teoría del Curso y su aplicación práctica. Como frecuentemente me gusta recordarles a los estudiantes, es esta interfaz lo que constituye la razón detrás de que Jesús nos proveyera un texto *y* un libro de ejercicios como la médula del currículo del Curso. Justo al comienzo del libro de ejercicios, Jesús subraya esta relación entre teoría y aplicación, las cuales son esenciales para la compleción del currículo de *Un curso de milagros:*

Para que los ejercicios de este libro de ejercicios tengan sentido para ti, es necesario, como marco de referencia, disponer de una base teórica como la que provee el texto. Es la práctica de los ejercicios, no obstante, lo que te permitirá alcanzar el objetivo del curso. Una mente sin entrenar no puede lograr nada. El propósito de este libro de ejercicios es entrenar a tu mente a pensar según las líneas expuestas en el texto (L-in.1).

Comenzamos nuestra discusión retornando al cuento que el ego le hizo al Hijo, replanteándolo en términos pertinentes al tema de este capítulo. Recuerden la motivación del ego: si el pensamiento de la existencia individual–el ego en sí–ha de sobrevivir, y puesto que el pensamiento tiene "existencia" *únicamente* debido a la creencia del Hijo de Dios en ello–una "existencia" que emana del poder de la mente para elegir al ego en lugar de elegir al Espíritu Santo–entonces la mejor seguridad de que el Hijo jamás cambiará su mentalidad es ocuparse de que *éste se olvide de que tiene una mente*. Y así, como parte de su estrategia para convencer al Hijo dormido de que es insensato (sin mente) el ego le dijo que estaba en una situación problemática, y muy seria por cierto: su mente se había convertido ahora en un campo de batalla y si él permanecía allí se enfrentaría con una muerte segura. El ego llamó pecado al problema medular, y éste se proyectó sobre Dios, de modo que su furia vengadora se convirtió ahora en el nuevo problema que requería solución o defensa inmediata. Como Jesús quiere que entendamos mediante *Un curso de milagros*, todas las defensas son formas de magia, y representan el intento del ego de proveer una solución a un problema de pecado que *simplemente no existe*. Así pues, desde el momento original de la percibida separación, la estrategia del ego requería que se perpetuase la ilusión en la mente del Hijo de que había *problemas reales* que exigían *soluciones reales*. Sin embargo, el plan no funcionaría jamás si el Hijo se enteraba de las verdaderas intenciones del ego; a saber, su propósito de *no* permitirle saber que su único problema consistía en *creer* en una situación no-existente; su forma equivocada de mirar a la "diminuta y alocada idea". Y así el ego, desde el mismo comienzo del tiempo, continuamente ha generado problemas no-existentes (en el mundo y en el cuerpo) que exigen soluciones inadecuadas (también, por supuesto en el mundo y en el cuerpo)–todos los cuales han logrado captar la atención del Hijo *fuera* de su mente y sobre el cuerpo.

De ese modo, engañado por el ego, el Hijo está continua y finalmente convencido de que su problema radica en el cuerpo–que sea el suyo o el de otra persona es improcedente. Una vez que piensa que sus problemas radican en el mundo (al cual le ha adjudicado realidad al identificarse con el sistema de pensamiento del ego), el Hijo tiene que creer que es en el mundo de la forma y de la conducta donde han de hallarse las soluciones (o la salvación). *Todas* las instituciones de la sociedad están centradas de una u otra forma en estas soluciones mágicas a los problemas imaginados de nuestro sufrimiento e infelicidad. Entre las más importantes de estas instituciones han estado las religiosas o espirituales, donde los medios para lograr la felicidad, o salvarse del pecado, se le adjudican a Dios o a algún otro ser o principio espiritual. Sin embargo, en términos de seguir la estrategia del ego de resolver un problema donde no existe, las soluciones religiosas son paradigmáticas de todas las demás.

Este capítulo está organizado en torno a dos clases de respuestas que las religiones o las espiritualidades típicamente han promulgado como la salvación: la práctica de los sacramentos y rituales, y de normas éticas tales como el amor y el perdón. La premisa subyacente en todas estas soluciones, explícitas o no explícitas, es que Dios está enfadado por nuestro pecado y es necesario que se le apacigüe y se le aplaque antes de que su ira nos destruya. Así, repito, en un sentido casi todas las prácticas religiosas y los rituales religiosos son intentos mágicos de cerrar un trato con Dios. Si se entiende correctamente, éstos se reconocen *únicamente* como el reflejo del pensamiento de que si le ofrecemos a Dios una vida dedicada al sufrimiento, a la angustia y al sacrificio podremos controlar Su ira de modo que Él nos perdone y nos ame; la felicidad, por consiguiente, nos llega sólo a través de una vida de dolor y de pérdida de lo que más queremos. Dicho de otro modo, el *contenido* oculto detrás de la acostumbrada *forma* de devoción religiosa es esta negociación o sacrificio, la cual sirve únicamente para convencernos de que el problema de la separación es real (de lo contrario no habría ninguna necesidad de la negociación en primer lugar). Sin embargo, puesto que este oculto sistema de pensamiento de culpa y sacrificio está presente en *todas* las mentes separadas, nuestra discusión aquí, repito, puede fácilmente generalizarse a *todas* nuestras prácticas de comportamiento, sagradas y seglares por igual. La misma situación se encuentra en los sistemas de moralidad–repito, sagrados o seglares por igual–los cuales intentan gobernar nuestra *conducta* problemática de manera que el pensamiento de separación oculto en la *mente* permanezca intacto y por consiguiente sin curación. En nuestra discusión de estas soluciones ritualistas y éticas a problemas que no existen volveremos a referirnos a las divisiones tercera y cuarta del ego, y veremos cómo el ego ha convencido de su pecado y de su culpa al Hijo de Dios separado (yo A), lo cual hace necesaria la división de este yo en dos "nuevos" yos (B y C): nuestras relaciones de odio especial y de amor especial.

La práctica religiosa

Muchos pasajes de *Un curso de milagros* están sutilmente dirigidos a los sacramentos y enseñanzas de la Iglesia Católica Romana, e ilustran la confusión de forma y contenido que convirtió un mensaje de amor en uno de amor especial–en efecto, el triunfo último de la forma sobre el contenido. Es cierto en verdad que desde el Segundo Concilio Vaticano, convocado por el Papa Juan XXIII en el 1962, se han efectuado cambios importantes dentro de la Iglesia relacionados con las prácticas de algunos de estos sacramentos. No obstante, las premisas básicas–la realidad del pecado, del mundo y del cuerpo, sin mencionar la glorificación del especialismo–que sirven de base a estos sacramentos no han sido seriamente cuestionadas, ciertamente no lo han hecho los canales oficiales. Examinamos ahora esas referencias en el Curso las cuales apuntan hacia las enseñanzas y los dogmas oficiales de la Iglesia. Aunque esta discusión puede parecerle improcedente a los estudiantes de *Un curso de milagros*, muchos de los cuales vienen de trasfondos judíos o han abandonado su crianza cristiana hace tiempo ya, es instructivo, sin embargo, para todos los estudiantes ser conscientes de cuán extensa es la parte del Curso dedicada a tales correcciones. Además, para replantear esta importante idea, los errores de la Iglesia–católica y protestante por igual–no son sino formas específicas de errores que *todas* las personas cometen, independientemente de sus orientaciones religiosas o no religiosas. Retornaré a una discusión más amplia de estos errores en el Capítulo Catorce.

Así pues, la primera parte del *contenido* de este capítulo va dirigida a todos los estudiantes de *Un curso de milagros*, mientras que la *forma* está organizada en torno a las correcciones específicas que el Curso les hace a las doctrinas y prácticas de la Iglesia Católica. Se presentan seis errores: 1) la confusión de mente y cuerpo: Jesús y la Eucaristía, 2) el sacrificio: el martirio, 3) forma frente a contenido: estructuras sagradas, 4) el perdón-para-destruir frente al verdadero perdón: la penitencia, 5) pedir-para-destruir frente a la verdadera petición: la oración y 6) nuestra relación especial con el libro de ejercicios: la tiranía de los rituales.

1. La confusión de mente y cuerpo: Jesús y la Eucaristía

Justo al principio del texto, en los cincuenta principios de los milagros, al comienzo de *Un curso de milagros*, y más adelante en el Capítulo 2, Jesús esboza claramente la naturaleza mutuamente exclusiva de los niveles de la mente y del cuerpo, y advierte a sus estudiantes que no los confundan. Tal confusión, la cual muy naturalmente (en realidad, *contra*naturalmente) el ego fomenta, es la responsable de todas las enfermedades. Y es el milagro el que sana, como hemos discutido, al redirigir la atención del Hijo al nivel correspondiente–la mente en lugar del cuerpo–en la cual radican tanto el problema como la respuesta. Por otra parte, una vez que el Hijo de Dios se confunde acerca de su identidad–y cree que es un cuerpo en lugar de un pensamiento en la mente–hace imposible su capacidad de cambiar de mentalidad. Y de ese modo la existencia individual del ego, no importa cuán ilusoria pueda ser, es protegida y resguardada dentro de la mente del Hijo. He aquí los pasajes más pertinentes que se refieren a la confusión de niveles y que resaltan las dimensiones del milagro o la curación (de la mente) y la enfermedad (del cuerpo):

> Los milagros son pensamientos. *Los pensamientos pueden representar el nivel inferior o corporal de experiencia, o el nivel superior o espiritual de experiencia.* Uno de ellos da lugar a lo físico, el otro crea lo espiritual.
> …
> Los milagros transcienden el cuerpo. Son cambios súbitos al dominio de lo invisible, más allá del nivel corporal. Por eso es por lo que curan.…
> Los milagros reorganizan la percepción y colocan todos los niveles en su debida perspectiva. *Esto cura ya que toda enfermedad es el resultado de una confusión de niveles.* …
> *Dado que los milagros reconocen el espíritu, ajustan los niveles de percepción y los muestran en su debido lugar.* Esto sitúa al espíritu en el centro, desde donde puede comunicarse directamente (T-1.I.12, 17, 23, 30; mis bastardillas).

Y así, el punto central del milagro es cambiar nuestra atención del nivel *exterior* de nuestras mentes (del cuerpo hacia donde lo dirigió el ego) de vuelta a donde se originó el problema de la enfermedad (la decisión del Hijo de separarse). Es el amor del espíritu reflejado en la mentalidad correcta el que es la fuente de la capacidad del milagro para curar.

El siguiente pasaje se centra más específicamente en el error del Hijo de confundir los niveles de la mente y el cuerpo, y en su creencia de que el cuerpo puede causar dolor, en verdad, que el cuerpo puede hacer cualquier cosa en absoluto. Es la creencia de que sí puede lo que Jesús equipara con la magia, la táctica del ego para confundir al Hijo en cuanto al lugar donde se encuentran el problema y la solución verdaderamente:

> Un paso importante en el plan de la Expiación es deshacer el error en todos los niveles. *La enfermedad o "mentalidad-no-recta" es el resultado de una confusión de niveles, pues siempre comporta la creencia de que lo que está mal en un nivel puede afectar adversamente a otro. Nos hemos referido a los milagros como un medio de corregir la confusión de niveles* [véase T-1.I.23, 30; arriba], *ya que todos los errores tienen que corregirse en el mismo nivel en que se originaron.* Sólo la mente puede errar. El cuerpo sólo puede actuar equivocadamente cuando está respondiendo a un pensamiento falso. El cuerpo no puede crear y la creencia de que puede–error básico–da lugar a todos los síntomas físicos. Las enfermedades físicas implican la creencia en la magia. La distorsión que dio lugar a la magia se basa en la creencia de que existe una capacidad creativa en la materia que la mente no puede controlar. Este error puede manifestarse de dos formas: se puede creer que la mente puede crear falsamente en el cuerpo [e.g., enfermedad física], o que el cuerpo puede crear falsamente en la mente [e.g., enfermedades mentales producidas por desequilibrios químicos]. Cuando se comprende que la mente–el único nivel de creación–no puede crear más allá de sí misma, ninguno de esos dos tipos de confusión tiene por qué producirse (T-2.IV.2; mis bastardillas).

De modo que al final no es sólo el cuerpo el que no hace nada, sino que la mente separada tampoco; realmente no ha creado nada "más allá de sí misma", como el ego ha reclamado. Este tema de la inherente no-existencia de la mente dividida y el cuerpo se explica en más detalle en el siguiente pasaje. La aceptación de esta verdad *es* aceptar la Expiación, y es la base de toda curación:

> Esta percepción errónea ["la liberación significa aprisionamiento"] procede a su vez de la creencia de que el daño puede limitarse sólo al cuerpo. Ello se debe al miedo subyacente de que la mente puede hacerse daño a sí misma. Ninguno de esos errores es significativo, ya que *las creaciones falsas de la mente en realidad no existen. Este reconocimiento es un recurso protector mucho más eficaz que cualquier forma de confusión de niveles porque introduce la corrección al nivel del error. Es esencial recordar que sólo la mente puede crear, y que la corrección sólo puede tener lugar en el nivel del pensamiento.* Para ampliar algo que ya se mencionó anteriormente, el espíritu ya es perfecto, y, por lo tanto, no requiere corrección. El cuerpo no existe, excepto como un recurso de aprendizaje

al servicio de la mente. Este recurso de aprendizaje, de por sí, no comete errores porque no puede crear. Es obvio, pues, que inducir a la mente a que renuncie a sus creaciones falsas es la única aplicación de la capacidad creativa* que realmente tiene sentido....

La única responsabilidad del obrador de milagros es aceptar la Expiación para sí mismo. Esto significa que reconoces que la mente es el único nivel creativo, y que la Expiación puede sanar sus errores. Una vez que hayas aceptado esto, tu mente podrá solamente sanar. *Al negarle a tu mente cualquier potencial destructivo y restituir de nuevo sus poderes estrictamente constructivos, te colocas en una posición desde la que puedes eliminar la confusión de niveles en otros.* El mensaje que entonces les comunicas es el hecho irrefutable de que sus mentes son igualmente constructivas y de que sus creaciones falsas no pueden hacerles daño. Al afirmar esto liberas a la mente de la tendencia a exagerar el valor de su propio recurso de aprendizaje, y la restituyes a su verdadero papel de estudiante....

El poder del milagro para ajustar niveles genera la percepción correcta que da lugar a la curación. Hasta que eso no ocurra será imposible entender lo que es la curación (T-2.V.1:3-11; 5; 15:1-2; mis bastardillas, excepto por 5:1).

Por lo tanto, el milagro desharía el corazón de la estrategia del ego al deshacer el nivel de confusión del Hijo de que su problema radicaba en el cuerpo, en lugar de radicar en la decisión de su mente de apartarse de la verdad de su Identidad como espíritu. Y para mantener al Hijo de Dios en un estado de insensatez (sin mente) con respecto a su conciencia, el ego lucha constantemente por convencerlo de que el pecado que implica mantener su individualidad mediante la destrucción del Cielo no está localizado en su *mente*, sino que más bien se encuentra en el *cuerpo*–¡el cuerpo de *algún otro*!† En otras palabras, el problema del pecado se encuentra en el nivel del cuerpo, y por lo tanto la solución al mismo debe encontrarse también ahí. Los pasajes citados arriba se centran casi exclusivamente en la enfermedad o en los síntomas físicos, pero el asunto es el mismo no importa que hablemos de pecado, ira, problemas financieros, alimento o cualquier otra cosa. En cada preocupación que tenemos los que nos hemos

---

* Este es un uso raro en *Un curso de milagros* de las palabras *crear* o *creativo* que no se refiere únicamente al espíritu; aquí denota la aplicación que hace la mentalidad correcta del poder que tiene la mente para corregir su elección equivocada a favor del ego.

† Aun cuando las personas sienten que *ellos* son pecaminosos e indignos, existe un pensamiento subyacente de que es el pecado *previamente* cometido por algún otro–generalmente sus padres–el responsable de que ellos se convirtieran en miserables pecadores.

identificado con nuestros cuerpos, el ego bendice nuestra confusión de niveles, pues eso, repito, asegura que permanezcamos como seres insensatos (sin mente) y que el problema real–la decisión de nuestras mentes de separarse–se mantenga a salvo de su deshacimiento y curación. Es el propósito del milagro, para repetir este importante tema una vez más, retornar el problema al lugar que le corresponde en la mente, y de ese modo corregir la confusión de niveles que es lo que ha constituido el problema. Utilizando la analogía del sueño, en un pasaje citado antes, Jesús explica la función del milagro:

> El milagro establece que estás teniendo un sueño y que su contenido no es real. Este es un paso crucial a la hora de lidiar con ilusiones. Nadie tiene miedo de ellas cuando se da cuenta de que fue él mismo quien las inventó. Lo que mantenía vivo al miedo era que él no veía que él mismo era el autor [*la mente*] del sueño y no una de sus figuras [*el cuerpo*] (T-28.II.7:1-4).

Y así, una vez que los velos de la negación han sido descorridos por el milagro–el resultado de habernos unido con Jesús para considerar primero la verdadera naturaleza del sueño del cuerpo, y luego la verdadera causa: la elección equivocada del soñador o tomador decisiones–nuestras mentes se sanan.

Pasamos ahora a considerar una forma específica de este error de confusión de niveles, la Eucaristía. Sin lugar a dudas, el sacramento más importante para los católicos–sin el cual no hay catolicismo en verdad–es la Eucaristía (o Comunión), la cual constituye el corazón de la celebración de la Misa. Se refiere específicamente a aquella parte del ritual cuando el sacerdote consagra el pan y el vino sobre el altar. Los fieles creen que estas dos substancias son entonces transubstanciadas literalmente en el cuerpo y la sangre de Jesús, y queda constituida la *Presencia Real* de su Señor ascendido, lo cual se conoce como el Santo Sacramento. Esta "Presencia" es entonces ingerida por aquellos que están debidamente preparados para el sagrado ritual, mediante lo cual logran la comunión con el cuerpo de Jesús.

En otro nivel, la misa re-crea el sacrificio y muerte de Jesús el cual los cristianos creen que le otorgó la salvación al mundo, al expiar por el pecado del mundo y repagarle al Padre mediante la sangre del Señor crucificado, el Hijo único de Dios. Es por eso por lo que con frecuencia se habla de la Eucaristía como el Santo Sacrificio de la Misa: Jesús es sacrificado diariamente en el altar, y vicariamente le trae la salvación a aquellos que creen en él e ingieren su cuerpo y toman su sangre. Una de las consecuencias de la reforma protestante fue la reinterpretación de la misa como una re-presentación *simbólica* de la crucifixión y la unión con Jesús; un cambio en el énfasis de la *forma* al *contenido* de unirse en comunión con él.

Mientras Helen Schucman estaba tomando el dictado de *Un curso de milagros,* con frecuencia Jesús ampliaba mucho más en algunas de las enseñanzas que podían ser personalmente significativas y útiles para ella y para William Thetford. Debido a que muchos de estos comentarios iban dirigidos a ellos únicamente, y no a la lectoría en general, se eliminaron antes de la publicación del Curso siguiendo instrucciones específicas que Jesús le dio a Helen. Estos incluían algunas referencias específicas al catolicismo, porque desde su temprana niñez Helen había sido una observadora ambivalente de la Iglesia Católica Romana, y en diferentes ocasiones en su vida una asistente regular (aunque no participante) a la misa. Ella jamás creyó ni practicó las enseñanzas de la Iglesia, sin embargo se encontraba extrañamente fascinada por sus rituales y a menudo atraída por ellos.[*] Jesús le hizo varios comentarios relacionados con el sacramento particular de la Eucaristía, y éstos se citan ahora. El primero de ellos no es parte del Curso publicado, mientras que las otras dos se incluyen ahora, repito, conforme a las instrucciones de Jesús, en la segunda edición que se publicó por primera vez en 1992:

> *La idea del canibalismo en relación con el* [Sagrado] *Sacramento es reflejo de una visión distorsionada de lo que es compartir.* Te dije antes que la palabra "sed" en relación con el Espíritu se utilizó en la Biblia debido al poco entendimiento de aquellos a quienes les hablé. También te dije que no la utilizaras (mis bastardillas).

> *No quiero compartir mi cuerpo en el acto de comunión porque no estaría compartiendo nada. ¿Por qué iba tratar de compartir una ilusión con los santísimos Hijos de un santísimo Padre? Quiero compartir mi mente contigo...* (T-7.V.10:7-9; mis bastardillas).

> *Mas ¿iba acaso a ofrecerte a ti, a quien quiero, mi cuerpo, **sabiendo** lo insignificante que es? ¿O, por el contrario, te enseñaría que los cuerpos no nos pueden separar? Mi cuerpo no fue más valioso que el tuyo.... La comunión es otra forma de compleción... porque se extiende más allá del cuerpo* (T-19.IV-A.17:5-7,15; mis bastardillas, excepto por "sabiendo" en 17:5, que aquí aparece en negritas).

---

[*] Para una discusión más amplia sobre Helen y sus experiencias religiosas, véase *Ausencia de la felicidad.*

Muchos pasajes en *Un curso de milagros* también reflejan esta asociación de la misa con el sacrificio y la materialización del cuerpo. Tal vez los más fuertes son los que tratan sobre las relaciones especiales, las cuales glorifican la forma a expensas del contenido. En algunos de estos pasajes el lenguaje deliberadamente nos hace pensar en el ritual de la Iglesia, pues el corazón de la relación especial es el deseo secreto de matar a Dios de modo que el ego pueda conservar su individualidad y continuar su existencia como un cuerpo. Es este deseo secreto el que también yace dentro de la forma específica de la relación especial expresada en el sacrificio de la misa. Debo mencionar aquí que cualquier forma de participación en los sacramentos, o en cualquier medio formal de adoración o ritual, es directamente antitético al estudio y a la práctica del Curso–*si uno cree que la forma del ritual es salvífica*–pues al afirmar que el espíritu puede existir en la forma, se hace real el error de creer en la realidad del mundo. Varios pasajes en *Un curso de milagros* reflejan, directa o indirectamente, este error de la ritualización, y retornaremos a éstos en una sección separada más adelante. El error se plantea más generalmente en el Curso como la confusión de forma y contenido–paralelo a nuestra discusión anterior del nivel de confusión de mente y cuerpo–y se ve más claramente en el tratamiento que le da Jesús a las relaciones especiales, donde el *contenido* de odio y culpa se oculta detrás de la *forma* del amor. Estos pasajes, como hemos visto en algunos ejemplos representativos que se citaron parcialmente antes, claramente demuestran que *Un curso de milagros* está escrito en diferentes niveles, de manera que aquellos que tienen ojos para ver y oídos para oír puedan entender:

> Cuando conoces a Su Hijo tal como es, te das cuenta de que la Expiación, y no el sacrificio, es la única ofrenda apropiada para el altar de Dios, en el que sólo la perfección tiene cabida (T-3.I.8:3).

> El sufrimiento y el sacrificio son los regalos con los que el ego "bendice" toda unión. Y aquellos que se unen ante su altar aceptan el sufrimiento y el sacrificio como precio de su unión.... *El tema central de su letanía al sacrificio es que para que tú puedas vivir Dios tiene que morir. Y ése es el tema que se exterioriza en la relación especial.* Mediante la muerte de tu yo, crees poder atacar al yo de otro, arrebatárselo, y así reemplazar al yo que detestas.... Piensas que estás más a salvo dotando al pequeño yo que inventaste con el poder que le arrebataste a la verdad al vencerla y dejarla indefensa. Observa la precisión con que se ejecuta este rito en la relación especial. Se erige un altar entre dos personas separadas, en el que cada una intenta matar a su yo e instaurar en su cuerpo

otro yo que deriva su poder de la muerte del otro. Este rito se repite una y otra vez. Y nunca se completa, ni se completará jamás. El rito de compleción no puede completar, pues la vida no procede de la muerte, ni el Cielo del infierno.... La relación especial es un rito de formas, cuyo propósito es exaltar la forma para que ocupe el lugar de Dios a expensas del contenido. La forma no tiene ningún significado ni jamás lo tendrá. La relación especial debe reconocerse como lo que es: *un rito absurdo en el que se extrae fuerza de la muerte de Dios y se transfiere a Su asesino como prueba de que la forma ha triunfado sobre el contenido y de que el amor ha perdido su significado* (T-15.VII.9:1-2; T-16.V.10:4-6; 11:3-8; 12:2-4; mis bastardillas).

Por su propia naturaleza, el altar de la relación especial de la misa tiene que excluir a aquellos que no se han confesado creyentes en Jesús, un hecho que desmiente el aparente amor de su vida "de sacrificio", cuyo único propósito fue enseñar la naturaleza *global* de la Filiación. Esta exclusión expone el deseo vengativo del ego de separar y por consiguiente asesinar que *es* el contenido subyacente a la forma del ritual, como lo describe el pasaje anterior sobre las relaciones especiales. La distorsionada comunión con el cuerpo obviamente niega la comunión real con el amor en la *mente* de Jesús, el cual surge al unirnos con los demás en el perdón que se encuentra en la relación santa. Si los cristianos hubiesen entendido que el recuerdo de la verdadera Identidad del Hijo de Dios no se encuentra en un cuerpo, sino más bien en la *mente*, una mente que estaba totalmente unificada y fuera del sueño del mundo, este error de confusión de niveles jamás habría ocurrido y el cristianismo le hubiese sido fiel al mensaje de su figura central.

En otras palabras, el amor en la mente del Hijo fue ocultado por el pensamiento de separación, el cual se proyectó luego sobre el gran símbolo de la separación del ego: el cuerpo. Puesto que este amor estaba representado por Jesús, tenía perfecto sentido para los egos del mundo el defenderse en contra del mismo haciendo de su cuerpo el objeto central, como habíamos discutido en el Capítulo Seis. Una vez más, esto representa un claro ejemplo de la confusión de niveles. La verdadera unión con Jesús, por otra parte, está expresada en el siguiente pasaje, parte del cual citamos en el capítulo anterior:

El amor también quiere desplegar ante ti un festín sobre una mesa cubierta con un mantel inmaculado.... Es éste un banquete en honor a tu relación santa, en el que *todo el mundo* es un invitado de honor. Y en un instante santo todos bendecís la mesa de comunión juntos, al unirnos

CAPÍTULO 7   IMPLICACIONES PRÁCTICAS

fraternalmente ante ésta. Yo [Jesús] me uniré a vosotros ahí, tal como lo prometí hace mucho tiempo y como todavía lo sigo prometiendo. Pues en vuestra nueva relación se me da la bienvenida. Y donde se me da la bienvenida allí estoy.... Se considera que la salvación es un medio a través del cual el Hijo de Dios fue asesinado en tu lugar.... [Mas] nadie puede morir por otro, y la muerte no expía los pecados (T-19.IV-A.16; 17:4,8; mis bastardillas).

Así podemos entender cómo el error básico del ego de confundir forma y contenido–el corazón de su estrategia defensiva completa–se manifiesta específicamente en el enfoque de la Iglesia con respecto a Jesús. Dado el tremendo apego que tiene el ego a que las personas mantengan sus identidades individuales como cuerpos, este error cristiano básico era inevitable. Pero ahora, dado el mensaje de Jesús en *Un curso de milagros*, a todos se nos da otra oportunidad de repensar nuestras imágenes de él, y en palabras parafraseadas de la Lección 189 del libro de ejercicios, "con las manos completamente vacías" venimos a nuestro señor (L-pI.189.7:5).

2. El sacrificio: el martirio

El sacrificio es uno de los conceptos centrales en el sistema de pensamiento del ego, como lo expresa el siguiente pasaje del Capítulo 26 del texto:

El sacrificio es una idea clave en la "dinámica" del ataque. Es el eje sobre el que toda transigencia, todo desesperado intento de cerrar un trato y todo conflicto alcanza un aparente equilibrio. Es el símbolo del tema central según el cual *alguien siempre tiene que perder*. El hincapié que hace en el cuerpo es evidente, pues el sacrificio es siempre un intento de minimizar la pérdida. El cuerpo en sí es un sacrificio, una renuncia al poder a cambio de quedarte con una pequeña porción de él para ti solo (T-26.I.1:1-5).

En esta sección nos centramos en el papel particular que desempeña el sacrificio en la doctrina de *el uno o el otro;* a lo que se refiere el pasaje anterior como el "tema central según el cual *alguien tiene que perder*".

Hemos recalcado la centralidad que tiene el principio de *el uno o el otro* en el sistema de pensamiento del ego como lo que establece que el pecado de la individualidad es real–o es Dios o soy yo, pero ambos no podemos coexistir. Tiene que haber un ganador y un perdedor, cuya vida misma debe ser sacrificada para que el otro pueda vivir. He comentado antes (págs. 121-122) cómo las leyes del caos–descritas en el Capítulo 23 del texto–reflejan esta enseñanza.

244

Comienzo la discusión con una cita tomada de mi *Glosario-índice para* UN CURSO DE MILAGROS, donde defino el sacrificio, en parte, como

> el principio de renunciar para recibir (dar para obtener); e.g., para recibir
> el Amor de Dios debemos pagar un precio, generalmente en la forma de
> sufrimiento para expiar nuestra culpa (pecado); para recibir el amor de
> otro, tenemos que pagarlo a través del convenio del amor especial
> (pág. 120).

Por lo tanto, el sacrificio es el concepto subyacente en todas nuestras relaciones especiales, como discutí brevemente en el Capítulo Cuatro. Si he de tener lo que mi ego me dice que necesito para suplir la necesidad dentro de mí, entonces debo obtenerlo de ti, mi objeto de amor especial. Puesto que, sin embargo, tú (yo C) estás literalmente concebido a imagen y semejanza de mi propio odio inconsciente (yo A), nacido de mi creencia de que asesiné a Dios de modo que yo pudiese vivir, ¿cómo es posible que yo confíe en ti? Siguiendo estos principios del ego más lejos aún, sé con toda certeza que tú nunca me darás lo que yo necesito. ¿Cómo podrías, cuando tú me lo quitaste, como afirma mi ego, y jamás me lo devolverás? Las cuarta y quinta leyes del caos nos resumen esta percepción demente en el siguiente pasaje, cuyo primer párrafo cité en el Capítulo Cuatro. En estas dos leyes vemos descrita la demencia paranoica de que los demás "están tratando de atraparnos", a nosotros, las víctimas inocentes del ataque de algún otro. El paranoico clínicamente diagnosticado, dicho sea de paso, puede verse, en parte, como alguien que no oculta sus delirios de persecución tan bien como otros, pues todo el que transita la Tierra comparte este mismo delirio básico:

> Todos los mecanismos de la locura se hacen patentes aquí: El
> "enemigo" que se fortalece al mantener oculto el valioso legado que debería ser tuyo; la postura que adoptas y el ataque que infliges, los cuales
> están justificados por razón de lo que se te ha negado; y la pérdida inevitable que el enemigo debe sufrir para que tú te puedas salvar. Así es como
> los culpables declaran su "inocencia". Si el comportamiento inescrupuloso del enemigo no los forzara a este vil ataque, sólo responderían con
> bondad. Pero en un mundo despiadado los bondadosos no pueden sobrevivir, de modo que tienen que apropiarse de todo cuanto puedan o dejar
> que otros se apropien de lo que es suyo.
>
> Y ahora queda una vaga pregunta por contestar, que aún no ha sido
> "explicada". ¿Qué es esa cosa tan preciada, esa perla de inestimable valor, ese tesoro oculto, que con justa indignación debe arrebatársele a éste
> el más pérfido y astuto de los enemigos? Debe de ser lo que siempre has

anhelado, pero nunca hallaste [i.e., tu especialismo]. Y ahora "entiendes" la razón de que nunca lo encontraste. Este enemigo te lo había arrebatado y lo ocultó donde jamás se te habría ocurrido buscar. Lo ocultó en su cuerpo, haciendo que éste sirviese de refugio para su culpabilidad, de escondrijo de lo que es tuyo. Ahora su cuerpo se tiene que destruir y sacrificar para que tú puedas tener lo que te pertenece. La traición que él ha cometido exige su muerte para que tú puedas vivir. Y así, sólo atacas en defensa propia.

Pero ¿qué es eso que deseas que exige su muerte? ¿Cómo puedes estar seguro de que tu ataque asesino está justificado, a menos que sepas cuál es su propósito? Aquí es donde el "último" principio del caos acude en tu "auxilio". Este principio alega que hay un substituto para el amor [repito, se refiere a nuestro especialismo]. Esta es la magia que curará todo tu dolor, el elemento que falta que curaría tu locura. Esa es la razón de que tengas que atacar. He aquí lo que hace que tu venganza esté justificada. He aquí, revelado, el regalo secreto del ego, arrancado del cuerpo de tu hermano donde se había ocultado con malicia y con odio hacia aquel a quien verdaderamente le pertenece. Él te quiere privar de ese ingrediente secreto que le daría significado a tu vida. El substituto del amor, nacido de vuestra mutua enemistad, tiene que ser la salvación. Y no tiene substitutos, pues sólo hay uno. Y así, el propósito de todas tus relaciones es apropiarte de él y convertirte en su dueño.

Mas nunca podrás poseerlo del todo. Y tu hermano jamás cesará de atacarte por lo que le robaste (T-23.II.10:1–13:2).

Por lo tanto, vemos develado el campo de batalla secreto del odio que se oculta tras nuestras relaciones especiales en el mundo, en las cuales las figuras en mi mundo percibido están tratando de privarme de lo que creo que es justamente mío. Para evitar quedarme sin esta "perla de inestimable valor", no me queda por consiguiente otra alternativa que "pagarte" por lo que necesito de ti, un pago que considero totalmente inmerecido y sin justificación alguna. Mas no existe otra forma de obtener el especialismo que ansío. Preferiría asesinarte abiertamente para arrebatarte el tesoro de especialismo que es en verdad mío, pero el asesinato seguramente no funcionaría como práctica regular en nuestra sociedad:

El "sacrificio"...es de hecho la raíz de su [el ego] amargo resentimiento. Pues preferiría atacar de inmediato y no demorar más lo que realmente desea hacer. No obstante, dado que el ego se relaciona con la "realidad" tal como él la ve, se da cuenta de que nadie podría interpretar un ataque directo como un acto de amor (T-15.VII.6:2-4).

Y así comienzo a hacer negociaciones contigo, tratando de dar (sacrificar) lo menos posible para obtener todo lo que necesito. Y repito, puesto que tú (yo C) y yo (yo B) somos literalmente cortados de la misma tela del odio (yo A), en mi percepción tú tienes que estar haciendo idénticamente lo mismo conmigo:

> Pues cada uno piensa que ha sacrificado algo por el otro y lo odia por ello. Eso, no obstante, es lo que cree que quiere. No está enamorado del otro en absoluto. Simplemente cree estar enamorado del sacrificio. Y por ese sacrificio que se impone a sí mismo, exige que el otro acepte la culpabilidad y que se sacrifique a sí mismo también (T-15.VII.7:2-6).

En esto–este sistema de pensamiento de sacrificio y especialismo–encontramos el corazón de la manera de pensar del mundo, que es lo que en verdad lo mantiene girando: la locura que creó falsamente al mundo, y que permanece con el mismo para "bendecir" su rotación diaria de la culpa. En un pasaje que resume una penetrante discusión sobre el papel del sufrimiento en culpar a otros–otra variante del principio de *el uno o el otro*–Jesús escribe:

> El factor motivante de este mundo no es la voluntad de vivir, sino el deseo de morir. El único propósito que tiene es probar que la culpabilidad es real. Ningún pensamiento, acto o sentimiento mundano tiene otra motivación que ésa. Estos son los testigos que se convocan para que se crea en ellos y para que corroboren el sistema que representan y en favor del cual hablan. Y cada uno de ellos tiene muchas voces, y os hablan a ti y a tu hermano en diferentes lenguas. Sin embargo, el mensaje que os dan a ambos es el mismo (T-27.I.6:3-8).

Es así que nuestro especialismo, una vez más, motiva y mantiene al mundo, pues la meta del ego es siempre minimizar su pérdida sacrificatoria, al tiempo que maximiza su ganancia. Es dentro de este contexto que podemos entender mejor nuestra original relación especial con Dios, el prototipo para todas las formas que los yos especiales B y C han adoptado dentro del sueño del mundo. El lector debe recordar que aquí, en los comienzos del sistema de pensamiento del ego, éste fabricó un Dios quien es su enemigo, presto a destruir al Hijo como castigo por su pecado. En su escape al recién fabricado mundo, el Hijo esperaba que mágicamente el problema se resolviese, pero claramente trajo consigo el recuerdo de la venganza de ese Dios. Es así como esta imagen arquetípica del Dios colérico empeñado en castigar, continuamente se expresa como el yo C, el gran victimario de la inocente víctima yo B. El yo C, por supuesto, asume muchas formas diferentes en nuestros sueños individuales, sólo algunos de los cuales incluyen al Dios de la religión formal. Algunas otras expresiones de "la Parca" incluyen a la muerte, la enfermedad y de hecho, a todas las figuras de autoridad terrenales.

Siguiendo con las leyes del caos cuarta y quinta, los principios medulares del especialismo, el Hijo de Dios (yo B) debe ahora cerrar un trato con su compañero de odio especial, yo C. Cuando esto ha tomado una forma religiosa, se ha convertido en el regateo bastante familiar para cualquier miembro de la religión organizada: te amaré, honraré y adoraré a ti Señor, haciendo todos los sacrificios y guardando tus mandamientos, estatutos y rituales. Tú me darás a cambio perdón y vida eterna junto a ti en el Cielo. Sin mencionarse aquí, y, sin embargo, crucial para que se entienda la dinámica de la ley religiosa y su práctica, está la afirmación que todos los fieles inconscientemente le hacen a su Todopoderoso:

> Jamás te devolveré la vida que te robé; sin embargo, te pagaré por ella con mi sufrimiento y mi sangre. Así sabrás cuánto siento haber pecado en contra tuya. Por otro lado, verás cuán infeliz soy en mi vida como un cuerpo, el cual no me ha brindado ninguna felicidad en absoluto. Mi enfermedad y angustia te lo probarán.

Así es que tratamos de engañar como a un niño a este Dios del ego mediante nuestro convenio manchado de sangre, aferrándonos a la esperanza de que él no se dé cuenta de la verdad; a saber, que nosotros hemos continuado usurpando su papel como la Suprema Autoridad. Los dos pasajes siguientes, el primero de los cuales cité parcialmente en el Capítulo Seis, expresan muy bien esta dinámica del ego:

> Dije antes que la enfermedad es una forma de magia. Quizá sería mejor decir que es una forma de solución mágica. El ego cree que castigándose a sí mismo mitigará el castigo de Dios. Mas incluso en esto es arrogante. Le atribuye a Dios la intención de castigar, y luego adopta esa intención como su propia prerrogativa. El ego trata de usurpar todas las funciones de Dios tal como las percibe porque reconoce que sólo se puede confiar en una lealtad absoluta (T-5.V.5:4-9).

> La enfermedad es un método, concebido en la locura, para sentar al Hijo de Dios en el trono de su Padre. A Dios se le ve como algo externo, poderoso y feroz, ansioso por quedarse con todo el poder para Sí Mismo. Sólo con Su muerte puede Su Hijo conquistarle.... Mas si él mismo elige la muerte, su debilidad se convierte en su fuerza. Ahora se ha impuesto a

sí mismo lo que Dios le habría impuesto, y de esta forma ha usurpado completamente el trono de su Creador (M-5.I.1:7-9; 2:7-8).

Y finalmente, el pensamiento más aterrador de todos es el darse cuenta inconscientemente de que *no* se pudo engañar a Dios, porque al final toda "vida" en efecto llega a su fin. Y así Dios sí ejecuta Su venganza quitándonos la existencia *vivida* la cual creíamos que era nuestra, dejándonos sin ella; en otras palabras, *morimos*. Repasemos el revelador pasaje de "Las leyes de la curación" acerca del pecado y su castigo final:

> Si esto fuese cierto [que el pecado es real], lo opuesto al Cielo se opondría a él y sería tan real como él. Y así, la Voluntad de Dios estaría dividida en dos, y toda la creación sujeta a las leyes de dos poderes contrarios, hasta que Dios llegase al límite de Su paciencia, dividiese el mundo en dos y se pusiese a Sí Mismo a cargo del ataque. De este modo Él habría perdido el Juicio, al proclamar que el pecado ha usurpado Su realidad y ha hecho que Su Amor se rinda finalmente a los pies de la venganza (T-26.VII.7:3-5).

Sin embargo, ajeno al plan secreto del ego para mantenerlo insensato (sin mente) al fabricar los yos A, B y C, el Hijo conscientemente retiene su creencia en la magia y en la eficacia de haber cerrado un pacto con Dios. Y esto nos lleva a la forma específica del sacrificio–*como un convenio*–conocido como martirio. Aunque no es un sacramento, la práctica y tradición del martirio siempre ha sido central a la enseñanza cristiana ortodoxa, al ser la manera ideal de identificarse con el sufrimiento y la muerte sacrificiales de Jesús que se conmemora tan específicamente en la misa católica. Dinámicamente, el martirio es una manera perfecta de hacer el sueño real, puesto que presenta cómo Dios Mismo concibe un plan para salvar a Sus Hijos del pecado *real*. Central para este plan es la premisa de que el cuerpo es real. Por lo tanto, la creencia en la realidad del pecado (yo A) da lugar al cuerpo (yo C–el Dios personal o bíblico). Este yo se convierte en el recipiente del pecado apartado que inflige angustia y sufrimiento al cuerpo inocente (yo B–mártir) que es el héroe del sueño del Hijo dormido (yo A). Repito la Gráfica 3 abajo (renombrada Gráfica 5), con el yo B como el mártir que sufre a manos del yo C quien primero es Dios, y luego cualquier victimario que hayamos puesto en nuestras vidas.

Un curso de milagros hace varias referencias directas a la demente tradición del martirio. Al principio del texto, en el contexto de la crucifixión y de que no se vea a los Hijos de Dios como pecadores que merecen castigo, Jesús dice: "No ando en busca de mártires sino de maestros" (T-6.I.16:3). Más adelante afirma: "He subrayado en muchas ocasiones

GRAFICA 5

A (yo pecaminoso)

mente

cuerpo

relaciones especiales

diferencias

B
(víctima inocente)
"yo" (mártir)

C
(victimario pecaminoso)
figuras de autoridad:
Dios bíblico de venganza,
padres, etc.

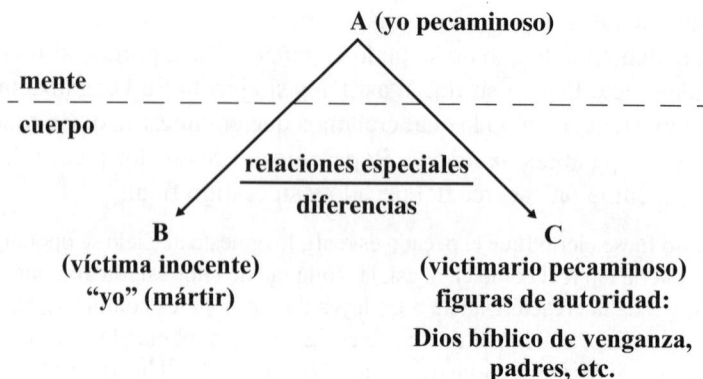

que el Espíritu Santo nunca te pedirá que sacrifiques nada", la actitud del mártir, por supuesto, es que "Dios exige sacrificios…. [y] que…lo está crucificando" (T-9.I.5:1; 8:3,4).

Detrás de esta extraña creencia de que el sufrimiento es salvación yace el deseo inconsciente de culpar a otros por el sufrimiento que sólo puede proceder de nuestras decisiones. Dos secciones del texto especialmente tratan este poderoso tema, "El cuadro de la crucifixión" y "El concepto del yo frente al verdadero Ser". Presentamos breves extractos de éstas, de las cuales citamos parcialmente en el Capítulo Cuatro, que ilustran esta elección del martirio (yo B) como un medio de castigar a otro (yo C), y de ese modo escapar de nuestra propia condenación (yo A) y del castigo de Dios (el original yo C). Todo esto, por supuesto, no hace sino reflejar el sistema defensivo del ego de la negación y la proyección. Comenzamos con la siguiente discusión sobre cómo nuestro cuerpo sufrido acusa a otro y se convierte en mártir de su culpa (T-27.I.3:6) y del juicio condenatorio de Dios. Es difícil al principio aceptar que Jesús realmente se está refiriendo a *toda* la gente que cree que el cuerpo es su morada, y por lo tanto, en uno u otro momento sienten dolor o se enferman:

> Cada vez que sufres [dolor] ves en ello la prueba de que él [tu hermano] es culpable por haberte atacado…. No desees hacer de ti mismo un símbolo viviente de su culpabilidad, pues no te podrás escapar de la sentencia de muerte a la que lo condenes…. Siempre que consientes sufrir, sentir privación, ser tratado injustamente o tener cualquier tipo de necesidad, no haces sino acusar a tu hermano de haber atacado al Hijo de

Dios. Presentas ante sus ojos el cuadro de tu crucifixión, para que él pueda ver que sus pecados están escritos en el Cielo con tu sangre y con tu muerte, y que van delante de él, cerrándole el paso a la puerta celestial y condenándolo al infierno.... Tu sufrimiento y tus enfermedades no reflejan otra cosa que la culpabilidad de tu hermano, y son los testigos que le presentas no sea que se olvide del daño que te ocasionó, del que juras jamás escapará. Aceptas esta lamentable y enfermiza imagen siempre que sirva para castigarlo (T-27.I.2:2,6; 3:1-2; 4:3-4).

Puede verse, por lo tanto, que como un inevitable resultado de esta necesidad de martirizarnos a nosotros mismos (yos B) por los pecados de otros (yos C), cada uno de nosotros los que transitamos esta Tierra lo hacemos únicamente para compilar dos largas listas. Tales compilaciones se le han de presentar al Dios del ego al final de nuestras vidas cuando, en el momento de nuestra muerte, Él se enfrente a nosotros para consumar el castigo por nuestros pecados. Pero antes de que pueda llevarlo a cabo, en nuestra mágica fantasía, rápidamente le presentamos nuestras dos listas, planteando con toda aparente inocencia:

> Señor, tú te has equivocado de persona. Mira esta primera lista y fíjate en toda la gente que me ha tratado injustamente, todos los que me brutalizaron, me engañaron, abusaron de mí, me rechazaron, me abandonaron y me traicionaron. Y todo el tiempo yo he sido claramente inocente de todos estos ataques injustificados. Y luego mira esta otra lista, la cual te muestra cuán a menudo he perdonado a aquellos que han pecado en contra mía, cómo he vencido las fuerzas casi insuperables que se pusieron contra mí en mi vida, a cuánta gente he ayudado, si no salvado...

Y así sucesivamente. De ese modo esperamos, nuevamente en nuestras dementes fantasías, que nuestra distorsionada imagen de Dios va a ser engatusada por nuestro subterfugio y va a condenar a los pecadores culpables al infierno, mientras que nosotros seremos amorosamente conducidos a nuestro merecido lugar en el Cielo. Sin importar las creencias religiosas de uno, o la falta de ellas, todo el mundo sigue este plan del ego mientras crea que vive aquí en este mundo. Desde adentro del campo de batalla de los cuerpos –nuestros sueños–estos planteamientos nos parecen muy injustos e increíbles. Después de todo, a la gente sí le ocurren cosas terribles aquí. Es sólo cuando nos salimos del sueño, y nos alzamos por sobre el campo de batalla, que podemos entender los ocultos pensamientos de culpa y de odio en la *mente* que están subyacentes en la experiencia de todas las figuras *corporales*–víctima *y* victimario–en el sueño del mundo.

Así pues, en el sueño de individualidad adoptamos "una cara de inocencia", mediante la cual procuramos evadir nuestra propia responsabilidad por el odio, al culpar a otros por habernos forzado a enfadarnos. Discutimos esto en los Capítulos Cuatro y Cinco, y lo ampliamos ahora, comenzando con un replanteamiento de un pasaje presentado antes:

> Este aspecto [nuestro concepto del yo] puede disgustarse, pues el mundo es perverso e incapaz de proveer el amor y el amparo que la inocencia se merece.... La cara de inocencia que el concepto de uno mismo tan orgullosamente lleva puesta, condona el ataque que se lleva a cabo en defensa propia, pues, ¿no es acaso un hecho harto conocido que el mundo trata ásperamente a la inocencia indefensa?

Pero debajo de este rostro yace otro (yo A), el cual guarda la traición que es la verdadera fuente de nuestra culpa: nuestro secreto deseo de atacar a otros (yos C) a través de nuestro martirio (yo B) como un medio de evadir la responsabilidad por nuestra angustia, y finalmente por nuestra separación de Dios:

> Detrás de la cara de inocencia se encuentra una lección, para enseñar la cual se concibió el concepto del yo. Es una lección acerca de un terrible desplazamiento [i.e., proyección] y de un miedo tan devastador que la cara [yo B] sonriente que se encuentra encima tiene que mirar para siempre en otra dirección, no sea que perciba la traición [yo A] que oculta. Esto es lo que la lección enseña: "Yo [yo B] soy la cosa que tú [yo C] has hecho de mí, y al contemplarme, quedas condenado por causa de lo que yo soy".... Si algo te puede herir, lo que estás viendo es una representación de tus deseos secretos.... Y lo que ves [yo B] en cualquier clase de sufrimiento que padezcas es tu [yo A] propio deseo oculto de matar (T-31.V.3:1; 4:1: 5:1-3; 15:8,10).

La culpa del yo A pasa de ese modo al pecaminoso yo C, dejando inocente al yo B individual, cuyos sufrimientos a manos de otro muestran claramente esa inocencia. Este es un deseo universal de todos los que vienen aquí, *porque es por eso por lo que vienen aquí*: para escapar de la carga de culpa condenatoria del yo A al adoptar la "cara de inocencia" que invita a la "injustificada" condenación y al ataque que prueba aún más la inherente inocencia del yo B:

> La necesidad de liberar al mundo de la condenación en la que se halla inmerso es algo que todos los que habitan en él comparten. Sin embargo, no reconocen esta necesidad común. Pues cada uno piensa que si desempeña su papel, la condenación del mundo recaerá sobre él. Y esto es lo

que percibe debe *ser* su papel en la liberación del mundo. La venganza tiene que tener un blanco. De lo contrario, el cuchillo del vengador se encontraría en sus propias manos, apuntando hacia sí mismo. Pues para poder ser la víctima de un ataque que él no eligió, tiene que ver el arma en las manos de otro (T-27.VII.4:2-8).

Los yos B ya han hecho su "parte" (4:4, del pasaje anterior)–al identificarse con el amor crucificado de Jesús–y por eso el mundo *tiene* que atacarlos ("la condenación del mundo recaerá sobre él"). Y es su martirio sacrificatorio lo que salva al mundo (su "papel en la liberación del mundo"), creen ellos, añadiendo así todavía más munición informativa a las antes mencionadas listas que le presentarán al Dios del ego en beneficio propio. De este modo, durante siglos los mártires cristianos han sufrido inmensurablemente o incluso han marchado a sus muertes en santurrona inocencia, proclamando el amor universal de Jesús como su inspiración. Repito, es difícil aceptar que Jesús nos esté hablando a todos nosotros quienes creemos que nuestra verdadera identidad la constituyen nuestros yos físicos y psicológicos, cuando nos dice:

La muerte les parece un precio razonable si con ello pueden decir: "Mírame hermano, por tu culpa muero". Pues…la muerte probaría que sus errores fueron realmente pecados (T-27.I.4:6-7).

Finalmente, en *El canto de oración* también leemos acerca de:

…aquellos que buscan el papel de mártires a manos de otro. El objetivo debe verse claramente, pues esto puede pasar por mansedumbre y caridad en vez de crueldad. ¿No es dulce aceptar el rencor de otro, y no responder excepto con silencio y una dulce sonrisa? Contempla cuán bueno eres tú que soportas con paciencia y santidad la ira y el daño que otro te inflige, y no muestras el amargo dolor que sientes…. [Esta cara de inocencia] muestra el rostro del sufrimiento y el dolor, como prueba silenciosa de la culpa y los estragos del pecado (S-2.II.4:2-5; 5:2).

El martirio, pues, lejos de ser un testigo (la raíz etimológica de "mártir") del perdón y el amor de Jesús, de hecho ha dado testimonio del odio del ego. En verdad, el mártir no "ha renunciado" a nada, sino que más bien ha reforzado inconscientemente el sistema defensivo del ego en contra del mismo amor que trata de emular. Esto trae a la mente el apotegma de William Thackeray en *The History of Henry Esmond (La historia de Henry Esmond)*: "No es morir por la fe lo que resulta tan difícil…cada hombre de cada nación lo ha hecho–es vivir a la altura de ella lo que resulta difícil."

3. Forma frente a contenido: las estructuras sagradas

Ya discutimos antes la confusión de forma y contenido en conexión con las relaciones especiales. En esta sección nos centramos en la expresión de esta confusión tal como se manifiesta en las sagradas estructuras religiosas –y cómo Jesús trata esto en *Un curso de milagros*. Pero primero, algunos comentarios adicionales sobre forma y contenido.

Quizás la manera más sencilla de re-introducir este tema es recordarle al lector que el contenido *sólo* tiene que ver con la mente–Dios o el ego, amor o miedo, perdón o pecado–mientras que la forma tiene que ver con la *expresión* de la decisión de la mente de identificarse con la ilusión del ego o con la corrección del Espíritu Santo. Así pues, cualquier problema *y* su solución se relacionan con el contenido que está en la mente; la forma simplemente expresa la decisión, como podemos ver en esta muy importante explicación tomada del manual para el maestro de cómo y por qué los medios externos (i.e., magia) parecen curar:

> La base fundamental de la curación es la aceptación del hecho de que la enfermedad es una decisión que la mente ha tomado a fin de lograr un propósito para el cual se vale del cuerpo. Y esto es cierto con respecto a cualquier clase de curación. El paciente que acepta esto se recupera. Si se decide en contra de la recuperación, no sanará. ¿Quién es el médico entonces? La mente del propio paciente. El resultado acabará siendo el que él decida. *Agentes especiales parecen atenderle, sin embargo, no hacen otra cosa que dar forma a su elección. Los escoge con vistas a darle forma tangible a sus deseos.* Y eso es lo único que hacen. En realidad, no son necesarios en absoluto. El paciente podría sencillamente levantarse sin su ayuda y decir: "No tengo ninguna necesidad de esto". No hay ninguna forma de enfermedad que no se curaría de inmediato (M-5.II.2: mis bastardillas).

Muchas veces antes en este libro hemos discutido la estrategia del ego para ocultar el *contenido* de pecado y culpa detrás de la *forma* del cuerpo, de modo que el poder de la mente del Hijo pase desapercibido:

> La intención está en la mente, que trata de valerse del cuerpo para poner en práctica los medios del pecado en los que ella cree (T-21.III.10:5).

Y así el verdadero error de la decisión de la mente a favor del pecado es camuflada por el pecado del cuerpo, el cual se convierte en la gran atracción del ego. La razón–el sinónimo de *Un curso de milagros* para el pensamiento de la mentalidad correcta, o el sistema de pensamiento del Espíritu

Santo–no se deja engañar por el señuelo. Ve a través de la aparente solidez de la *forma* del pecado–nuestra percepción de que el pecado es real y que se encuentra en algún otro más bien que en nosotros mismos–el *contenido* subyacente de la elección equivocada de la mente:

> La razón de por sí no es la salvación, pero despeja el camino para la paz y te conduce a un estado mental en el que se te puede conceder la salvación. El pecado es un obstáculo que se alza como un formidable portón–cerrado con candado y sin llave–en medio del camino hacia la paz. Nadie que lo contemplase sin la ayuda de la razón osaría traspasarlo. Los ojos del cuerpo lo ven como si fuese de granito sólido y de un espesor tal que sería una locura intentar atravesarlo. La razón, en cambio, ve fácilmente a través de él, puesto que es un error. *La forma que adopta no puede ocultar su vacuidad de los ojos de la razón.*
>
> *La forma del error es lo único que atrae al ego. No trata de ver si esa forma de error tiene significado o no, pues es incapaz de reconocer significados* [i.e., contenido]. Todo lo que los ojos del cuerpo pueden ver es una equivocación, un error de percepción, un fragmento distorsionado del todo sin el significado que éste le aportaría. Sin embargo, cualquier error, sea cual sea su forma, puede ser corregido. El pecado no es sino un error expresado en una forma que el ego venera. El ego quiere conservar todos los errores y convertirlos en pecados.... *Los ojos del cuerpo ven únicamente formas. No pueden ver más allá de aquello para cuya contemplación fueron fabricados.* Y fueron fabricados para fijarse en los errores y no ver más allá de ellos. Su percepción es ciertamente extraña, pues sólo pueden ver ilusiones, al no poder ver más allá del bloque de granito del pecado y al detenerse ante la forma externa de lo que no es nada....
>
> Esos ojos, hechos para no ver, jamás podrán ver. Pues la idea [pecado] que representan nunca se separó de su hacedor [el tomador de decisiones de la mente identificado con el ego], y es su hacedor el que ve a través de ellos. ¿Qué otro objetivo tenía su hacedor, salvo el de no ver? Para tal fin, los ojos del cuerpo son los medios perfectos, pero no para ver. Advierte cómo los ojos del cuerpo se posan en lo exterior sin poder ir más allá de ello. Observa cómo se detienen ante lo que no es nada, incapaces de comprender el significado que se encuentra más allá de la forma. *Nada es tan cegador como la percepción de forma.* Pues ver la forma significa que el entendimiento ha quedado velado (T-22.III.3:1–4:6; 5:3-6; 6; mis bastardillas).

Así pues, el centro de interés de cualquier estudiante sincero de *Un curso de milagros*, debe ser el cambio de mentalidad que el perdón ofrece a través del milagro, y *no* un cambio de comportamiento. Este punto se advierte muy buen en la respuesta a la pregunta formulada en el manual para el maestro: "¿Se requieren cambios en las condiciones de vida de los maestros de Dios?":

> Donde se requieren cambios es en las *mentes* de los maestros de Dios. Esto puede entrañar o no cambios en las condiciones externas.... Es bastante improbable que en la formación del nuevo maestro de Dios, los primeros pasos a dar no sean cambios de actitud [contenido].... Hay quienes son llamados a cambiar las circunstancias de sus vidas [forma] casi de inmediato, mas éstos son generalmente casos especiales. A la gran mayoría se les proporciona un programa de entrenamiento que evoluciona lentamente, en el que se corrigen el mayor número posible de errores previos (M-9.1:1-2,4,6-7).

Y del libro de ejercicios procede este claro planteamiento que refleja el énfasis de *Un curso de milagros* en cambiar el *contenido* de la mente–de lágrimas a risa feliz–más bien que cambiar la *forma* o apariencia:

> Hay una manera de vivir en el mundo que no es del mundo, aunque parezca serlo. *No cambias de apariencia, aunque sí sonríes mucho más a menudo.* Tu frente se mantiene serena; tus ojos están tranquilos. Y aquellos que caminan por el mundo con la misma actitud que tú reconocen en ti a alguien semejante a ellos. No obstante, los que aún no han percibido el camino también te reconocerán y creerán que eres como ellos, tal como una vez lo fuiste....
> Entre estas dos sendas hay un camino que conduce más allá de cualquier clase de pérdida, pues tanto el sacrificio como la privación se abandonan de inmediato. Este es el camino que se te pide recorrer ahora. *Caminas por esta senda tal como otros lo hacen, mas no pareces ser distinto de ellos, aunque ciertamente lo eres.* Por lo tanto, puedes ayudarlos al mismo tiempo que te ayudas a ti mismo, y encauzar sus pasos por el camino que Dios ha despejado para ti y para ellos, a través de ti.
> La ilusión aún parece estar ceñida a ti, a fin de que puedas comunicarte con ellos (L-pI.155.1; 5:1–6:1; mis bastardillas).

Y así, una vez más, el único énfasis de Jesús en su Curso radica en el cambio de contenido de la mente, donde único se encuentran el problema y la solución. El centro de interés del ego en lo externo, por lo tanto, siempre puede entenderse como el intento de distraer al estudiante no sea que se asome a su interior, en el cual se encuentra la amenaza a la individualidad la cual se retiene al *no mirar*. Como escribe Jesús acerca del final de la enfermedad, cuya sanación proviene del reconocimiento de que "la enfermedad es algo propio de la mente, y de que no tiene nada que ver con el cuerpo" (M-5-II.3:2).

> ¿Qué te "cuesta" este reconocimiento? Te cuesta el mundo que ves, pues ya nunca más te parecerá que es el mundo el que gobierna a la mente. Con este reconocimiento se le atribuye la responsabilidad a quien verdaderamente la tiene: no al mundo, sino a aquel que contempla el mundo y lo ve como no es. Pues ve únicamente lo que elige ver. Ni más ni menos. El mundo no le hace nada. Pero él pensaba que le hacía algo. Él tampoco le hace nada al mundo, ya que estaba equivocado con respecto a lo que el mundo era. En esto radica tu liberación de la culpabilidad y de la enfermedad, pues ambas son una misma cosa. *Sin embargo, para aceptar esta liberación, la insignificancia del cuerpo tiene que ser una idea aceptable* (M-5.II.3:3-12; mis bastardillas).

Por lo tanto, para asegurarse de que su mundo de especialismo se conserve, el ego continúa sosteniendo cuán significativo es el cuerpo, y ciertamente todo lo externo lo es. De hecho, una vez que se les ha adjudicado significación espiritual a las cosas externas, no digamos que se les considere como el producto de la divina creación, éstas se convierten en algo ciertamente significativo. Todas las religiones formales caen en esta categoría de confundir forma y contenido, para lograr el propósito subyacente del ego de que jamás se deshaga su sistema de pensamiento. Por eso Jesús hace este importante planteamiento en el suplemento *La psicoterapia: propósito, proceso y práctica:*

> La religión formal no ocupa ningún lugar en la psicoterapia, así como tampoco ocupa un lugar verdadero en la religión. En este mundo, hay una asombrosa tendencia a unir palabras contradictorias en un solo término sin percibir la contradicción en absoluto. El intento de formalizar la religión es un intento tan evidente del ego de reconciliar lo irreconciliable que prácticamente no necesita explicarse aquí. La religión es experiencia; la psicoterapia es experiencia (P-2.II.2:1-4).

Y así retornamos una vez más a la iglesia católica como un ejemplo excelente que Jesús utiliza en *Un curso de milagros* para ejemplificar tal error de confusión de niveles.

Lógicamente, derivado de la confusión de forma y contenido de la iglesia católica, como hemos discutido en relación con sus sacramentos y rituales, está el tremendo énfasis que tradicionalmente les han dado todas las iglesias cristianas–católicas y protestantes por igual–a las estructuras "sagradas" tales como iglesias, altares, santuarios, etc. Este es un énfasis que también se ve en muchos sistemas de pensamiento de la Nueva Era, aunque en formas diferentes. La noción de que la Biblia es el libro de Dios, no se diga Su *único* libro, también cae dentro de esta categoría de venerar la *forma* a expensas del *contenido*. Como vimos en la exclusiva práctica católica de la comunión, también podemos reconocer las distorsiones del amor en las contradicciones que se encuentran en la Biblia en sí, no se digan las cometidas en el nombre de Dios en los siglos de derramamiento de sangre, veneradas a través de su "Palabra Sagrada" la cual había que afirmar no fuese que Él o Sus representantes auto-nominados descargasen su castigo sobre todos los no-creyentes. Está más allá del alcance de este libro discutir cómo estos "trágicos" errores (T-3.I.2:3) eran justificados por varios planteamientos de la Biblia. Los lectores interesados pueden consultar el Capítulo Tres en *Love Does Not Condemn (El amor no condena)*.

Uno de los pasajes fundamentales de las escrituras citados repetidamente por los cristianos para substanciar esta deificación del mundo del ego es la referencia que hace San Pablo al cuerpo como el "santuario del Espíritu Santo" (1 Corintios 6:19). Al referirse a esta famosa enseñanza, Jesús asevera, en el contexto de la "creencia distorsionada de que el cuerpo se puede utilizar como un medio para lograr la 'expiación'":

> Percibir el cuerpo como un templo es únicamente el primer paso en el proceso de corregir esta distorsión, ya que sólo la altera en parte. Dicha percepción del cuerpo *ciertamente* reconoce que la Expiación en términos físicos es imposible. El siguiente paso, no obstante, es darse cuenta de que un templo no es en modo alguno una estructura. Su verdadera santidad reside en el altar interior en torno al cual se erige la estructura. Hacer hincapié en estructuras hermosas es señal de que se teme a la Expiación y de que no se está dispuesto a llegar al altar en sí. La auténtica belleza del templo no puede verse con los ojos físicos.... Para que la eficacia de la Expiación sea perfecta, a ésta le corresponde estar en el centro del altar interior, desde donde subsana la separación y restituye la plenitud de la mente (T-2.III.1:5-10; 2:1).

Más adelante Jesús profundiza más en esta enseñanza y define el templo del Espíritu Santo como la relación santa. Podemos observar aquí otro ejemplo de las referencias que hace *Un curso de milagros* a los sacramentos de la iglesia católica. La recurrente palabra "misterio" en el siguiente pasaje es una clara referencia al uso que hace la iglesia, y también encontramos una sutil referencia al Santísimo Sacramento—el *cuerpo* de

Cristo–el cual se mantiene encerrado en un tabernáculo y es venerado, y "se percibe con asombro y se contempla con reverencia":

> El amor no tiene templos sombríos donde mantener misterios en la obscuridad, ocultos de la luz del sol.… El templo del Espíritu Santo no es un cuerpo sino una relación. El cuerpo es una aislada mota de obscuridad; una alcoba secreta y oculta, una diminuta mancha de misterio que no tiene sentido, un recinto celosamente protegido, pero que aun así no oculta nada.… Ahí se siente "a salvo" [la relación no santa], pues el amor no puede entrar. El Espíritu Santo no edifica Sus templos allí donde el amor jamás podría estar. ¿Escogería Aquel que ve la faz de Cristo como Su hogar el único lugar en el universo donde ésta no se puede ver?
>
> Tú no puedes hacer del cuerpo el templo del Espíritu Santo, y el cuerpo nunca podrá ser la sede del amor. Es la morada del idólatra, y de lo que condena al amor. Pues ahí el amor se vuelve algo temible y se pierde toda esperanza. Aun los ídolos que ahí son adorados están revestidos de misterio y se les mantiene aparte de aquellos que les rinden culto. Este es el templo consagrado a la negación de las relaciones…. Ahí se percibe con asombro el "misterio" de la separación y se le contempla con reverencia. Lo que Dios *no* dispuso que fuese se mantiene ahí "a salvo" de Él (T-20.VI.4:1; 5:1-2,5–6:7).

Un altar, por consiguiente, se define, no por su forma sino por su contenido. "Los altares son creencias" (T-6.V-C.7:2), y antes:

> La Voz de Dios procede de los altares que le has erigido a Él. Estos altares no son objetos; son devociones. Sin embargo, ahora tienes otras devociones [i.e., al ego]. Tu devoción dividida te ha dado dos voces, y ahora tienes que elegir en cuál de los dos altares quieres servir (T-5.II.8:6-9).

Una iglesia, también, se redefine en *Un curso de milagros* en términos de su propósito, el *contenido* dentro de la mente, y no tiene absolutamente nada que ver con una estructura externa *formal*. El contexto de este pasaje de corrección son las palabras del evangelio en las cuales Jesús le dice a Pedro que el *apóstol* será la roca sobre la cual él levantará su iglesia (Mateo 16:18):

> …sobre ellos [mis hermanos] es donde todavía tengo que edificar mi iglesia. No hay ninguna otra alternativa al respecto porque únicamente tú puedes ser la roca de la iglesia de Dios. Allí donde hay un altar hay una iglesia, y la presencia del altar es lo que hace que la iglesia sea santa. La iglesia que no inspira amor, tiene un altar oculto que no está sirviendo al propósito para el que Dios lo destinó. Tengo que edificar Su

iglesia sobre ti porque quienes me aceptan como modelo son literalmente mis discípulos (T-6.I.8:2-6).

Dicho sea de paso, el lector puede encontrar otra alusión a la cita tomada de Mateo en el pasaje citado antes sobre la razón (T-22.III.4:7).

En contraste, la iglesia del ego está fundada sobre el pecado, y la existencia de las iglesias cristianas tradicionales sería inconcebible sin el mismo. Como afirma Jesús:

> No hay un solo baluarte en toda la ciudadela fortificada del ego más celosamente defendido que la idea de que el pecado es real, y de que es la expresión natural de lo que el Hijo de Dios ha hecho de sí mismo y de lo que es.… El pecado no es sino un error expresado en una forma que el ego venera. El ego quiere conservar todos los errores y convertirlos en pecados. Pues en eso se basa su propia estabilidad, la pesada ancla que ha echado sobre el mundo cambiante que él fabricó; *la roca sobre la que se edificó su iglesia* y donde sus seguidores están condenados a sus cuerpos, al creer que la libertad del cuerpo es la suya propia (T-19.II.7:1; T-22.III.4:5-7; mis bastardillas).

Ampliaré esta idea de hacer real el pecado en *Pocos eligen escuchar* (e.g., Capítulo Catorce), pero por el momento simplemente mencionaré que los estudiantes de *Un curso de milagros* caen en la misma trampa al dedicarse al Curso como una *forma*, convirtiéndolo y, por consiguiente, convirtiéndose ellos mismos y otros estudiantes en objetos especiales. Al hacerlo pierden de vista el *contenido* de perdón y unidad del Curso, el cual los conduciría a trascender el estado de separación del especialismo espiritual para abrazar a *todo* el mundo como sus hermanos. Pero habrá más sobre esto en la próxima parte.

Finalmente, para cerrar esta sección cito uno de los poemas de los cuales Helen Schucman fue la escriba, "Dedication for an Altar" ("Dedicatoria para un altar") el cual expresa de una manera hermosa la verdadera naturaleza y el propósito de un templo (iglesia) y su altar–el lugar en nuestras mentes donde elegimos otra vez: el perdón y la unidad en lugar del especialismo y la separación:

> Son los templos donde los santos altares de Dios están,
> Y Él ha puesto un altar en cada Hijo
> Que Él creó. Rindamos culto aquí
> En acción de gracias pues lo que Le da a uno
> A todos da, y jamás toma nada.
> Pues ya Su voluntad por siempre hecha está.

Son los templos donde un hermano acude a orar
Y a descansar un poco. Quienquiera que sea él,
Trae consigo una lámpara encendida para mostrar
Que el rostro de mi Salvador [Cristo] reside allí para que lo vea yo
sobre el altar, y recuerde a Dios.
Hermano mío, ven y rinde culto aquí conmigo [Jesús].
(*The Gifts of God [Los regalos de Dios]* pág. 93)

4. El perdón-para-destruir frente a el verdadero perdón: la penitencia

Para resumir brevemente nuestra discusión anterior de *las divisiones tercera y cuarta* del ego, recordamos cómo éste separa el pecado y la culpa que el yo A no quiere, como parte de su estrategia para hacer al Hijo de Dios un ser insensato (sin mente). Esta dinámica de proyección produce dos nuevos yos, B y C. El último se ha convertido en el recipiente del pecado proyectado, mientras que el primero–yo A menos yo C–es el individuo transformado *sin* pecado. Repito, como hemos visto, los yos B y C se experimentan como cuerpos, bastante diferentes y separados el uno del otro en satisfacción de la necesidad del ego de expresar su principio de *uno o el otro*. Esto prepara el escenario para una de las defensas favoritas y la más efectiva del ego, a la cual se le llama *perdón-para-destruir* en el suplemento *El canto de oración* (S-2.II).* Esta dinámica de *perdón-para-destruir* adopta un valor defensivo adicional debido al enchape de espiritualidad y bondad tan a menudo asociado con el perdón, lo cual refuerza aún más la imagen de la cara de inocencia: yo, el bueno y noble (yo B), me digno perdonar al pecador (yo C). El lector quizá recuerde nuestra discusión de las dos listas–nuestra bondad e inocencia frente a la maldad y pecaminosidad de todos los demás–en la sección anterior donde hablamos del sacrificio y el martirio, y aquí retornamos a esta odiosa práctica.

Uno de los ejemplos más claros de cómo el odio pretende hacerse pasar por bondad ocurre en otro de los sacramentos católicos que Jesús discute en *Un curso de milagros* aunque en términos velados. Este es el sacramento de la penitencia (conocido también como el sacramento de la reconciliación, y al cual nos referimos popularmente como la confesión). Las

---

* El término en sí no aparece en *Un curso de milagros* aunque esta dinámica del ego se discute bastante específicamente en dos secciones del texto–"El temor a sanar" en el Capítulo 27 y "La justificación del perdón" en el Capítulo 30–y en dos lecciones del libro de ejercicios–la Lección 126, "Todo lo que doy es a mí mismo a quien se lo doy" y la Lección 134, "Que pueda percibir el perdón tal cual es".

críticas de Jesús encierran dos aspectos: El primero es que esta actitud del ego hacia el perdón se basa en la realidad del pecado, por lo tanto, se requiere expiación y penitencia de parte del pecador *por lo que verdaderamente se ha hecho*. Esta es la falta a la cual el Curso se refiere como "hacer el error real", e inevitablemente conduce a la dinámica del *perdón-para-destruir*. Segundo, la práctica del sacramento está fundamentada en el poder del sacerdote para administrar el perdón del Cielo, como si: 1) hubiese, repito, algo que perdonar; y 2) el sacerdote poseyese algún poder especial el cual no se le ha conferido a nadie más sino a los especialmente ungidos de Dios.

Si bien no han sido únicamente las iglesias cristianas las que han malentendido el perdón, Jesús, como hemos visto, frecuentemente utiliza el lenguaje de la Iglesia en *Un curso de milagros* para hacer su más general planteamiento debido a la tremenda influencia del cristianismo en la civilización occidental. Está patentemente claro cómo la institucionalización de una teología del *perdón-para-destruir* ha justificado incontables guerras que afectaron el curso de la historia occidental. Fueron los errores teológicos como éste los que llevaron a Jesús a comentar en "Expiación sin sacrificio" en el Capítulo 3:

> No es muestra de gran sensatez aceptar un concepto si para justificarlo tienes que invertir todo un marco de referencia. Este procedimiento es doloroso en sus aplicaciones menores, y verdaderamente trágico en una escala mayor (T-3.I.2:2-3).

En otras palabras, los teólogos cristianos eran inconscientemente impulsados a justificar su necesidad de castigar a otros (el resultado inevitable de la culpa proyectada) convirtiendo a un Dios de Amor en un Dios de miedo y de venganza ("al invertir todo un marco de referencia"), mediante lo cual ellos hacían que Dios llevase a cabo su necesidad reprimida de atacar a otros para retener su yo individual.

Comenzamos con una discusión de las distorsiones tradicionales del perdón:

> No hay regalo del cielo que haya sido más incomprendido que el perdón. Se ha convertido, de hecho, en un azote; en una maldición donde debía bendecir, en una cruel burla de la gracia, en una parodia de la santa paz de Dios.... El perdón-para-destruir se adaptará...al propósito del mundo que su verdadero objetivo, y que los honestos medios por los cuales se alcanza este objetivo. El perdón-para-destruir no pasará por alto ningún pecado, ningún crimen, ninguna culpa que pueda buscar y

encontrar y "amar". Amado de su corazón es el error, y las equivocaciones adquieren importancia y crecen y se expanden ante sus ojos. Cuidadosamente selecciona todas las cosas malas, y pasa por alto lo amoroso como si fuera una plaga...(S-2.I.1:1-2; 2:1-4).

El perdón-para-destruir hace el error real al afirmar que el pecado de la separación contra Dios en realidad se ha logrado. Ciertamente, esto no es poco familiar para nosotros, pues recordamos el cuento original que el ego le hace al Hijo sobre la "realidad" de la pesadilla de él haber puesto sus propios intereses egoístas y especiales por encima del ser de Dios. Esta creencia, sin duda, era exactamente lo opuesto al principio de la Expiación de que la separación de Dios jamás ocurrió, lo cual la Presencia del Espíritu Santo representa en nuestras mentes. Como nos enseña Jesús en *Un curso de milagros*:

> Pecar supondría violar la realidad, y lograrlo. El pecado es la proclamación de que el ataque es real y de que la culpabilidad está justificada. Da por sentado que el Hijo de Dios es culpable, y que, por lo tanto, ha conseguido perder su inocencia y también convertirse a sí mismo en algo que Dios no creó. De este modo, la creación se ve como algo que no es eterno, y la Voluntad de Dios como susceptible de ser atacada y derrotada. El pecado es la gran ilusión que subyace a toda la grandiosidad del ego.... El ego siempre considerará injustificable cualquier intento de reinterpretar el pecado como un error. La idea del pecado es absolutamente sacrosanta en su sistema de pensamiento, y sólo puede abordarse con respeto y temor reverente. Es el concepto más "sagrado" del sistema del ego: bello y poderoso, completamente cierto, y protegido a toda costa por cada una de las defensas que el ego tiene a su disposición. Pues en el pecado radica su "mejor" defensa, a la que todas las demás sirven (T-19.II.2:2-6; 5:1-4).

Común a todas las formas del falso perdón es la percepción de que la separación es verdad y de que la unidad de Cristo es ilusoria. De una mente tan enfermiza sólo puede resultar el ataque, no importa la forma de perdón que se adopte:

> Los que no han sanado no pueden perdonar. Pues son los testigos de que el perdón es injusto. Prefieren conservar las consecuencias de la culpabilidad que no reconocen. No obstante, nadie puede perdonar un pecado que considere real. Y lo que tiene consecuencias tiene que ser real porque lo que ha hecho está ahí a la vista. El perdón no es piedad, la cual no hace sino tratar de perdonar lo que cree que es verdad. No se *puede* devolver bondad por maldad, pues el perdón no establece primero que el pecado sea real para luego perdonarlo. Nadie que esté hablando en serio

diría: "Hermano, me has herido. Sin embargo, puesto que de los dos yo soy el mejor, te perdono por el dolor que me has ocasionado". Perdonarle y seguir sintiendo dolor es imposible, pues ambas cosas no pueden coexistir. Una niega a la otra y hace que sea falsa (T-27.II.2).

El verdadero perdón, por otra parte, no pide

> que concedas perdón allí donde se debería responder con ataque y donde el ataque estaría justificado. Pues eso querría decir que perdonas un pecado pasando por alto lo que realmente se encuentra ahí.... Tú no perdonas lo imperdonable, ni pasas por alto un ataque real que merece castigo. La salvación no reside en que a uno le pidan responder de una manera antinatural que no concuerda con lo que es real. En lugar de ello, la salvación sólo te pide que respondas adecuadamente a lo que no es real, no percibiendo lo que no ha ocurrido.... El perdón que no está justificado [*perdón-para-destruir*] es un ataque. Y eso es todo lo que el mundo puede jamás ofrecer. Puede que algunas veces perdone a los "pecadores", pero sigue siendo consciente de que han pecado. De modo que no se merecen el perdón que les concede.
>
> Este es el falso perdón del que el mundo se vale para mantener viva la sensación de pecado (T-30.VI.1:6-7; 2:3-5; 3:5–4:1).

Retornando al error católico, podemos ver claramente el propósito del ego de mantener real el pecado y así incorregible para siempre como la premisa subyacente en la posición de la Iglesia sobre el sacramento de la penitencia. Es una práctica que claramente le sirve al sistema defensivo del ego. El pecado puede ser castigado o se puede expiar, sí, pero esta expiación simplemente refuerza la culpa de que algo pecaminoso *ciertamente se había llevado a cabo*; y de ese modo el círculo vicioso de pecado, culpa, miedo y castigo permanece intacto. De esta creencia en la realidad del pecado, visto como algo *fuera* de la mente y por consiguiente incapaz de corrección *por* la mente, surge la "corrección" inevitable la cual tiene que verse entonces como si se originase afuera, proveniente de otra persona incluso de Dios Mismo:

> La creencia en el pecado está necesariamente basada en la firme convicción de que…la mente es culpable y lo será siempre, a menos que una mente que no sea parte de ella pueda darle la absolución (T-19.II.1:4-5).

El *perdón-para-destruir* se manifiesta de varias formas, y la más pertinente a nuestra discusión es donde una persona adopta el papel de perdonador; el especialismo inherente a este papel, expresado en la Iglesia, se ve en el sacerdote que concede la absolución, un ejemplo de la persona "mejor" [quien] se digna condescender para salvar a un "inferior" de lo que en realidad es. El perdón aquí se basa en una actitud de amable altivez tan lejana del amor que la arrogancia jamás podría desalojarse. ¿Quién puede perdonar y despreciar al mismo tiempo? ¿Y quién puede decir a otro que está inmerso en el pecado, y al mismo tiempo percibirlo como el Hijo de Dios? (S-2.II.2:1-4)

La psicoterapia: propósito, proceso y práctica reitera el punto en el contexto de los psicoterapeutas quienes deben evitar la tentación del especialismo, y en su lugar unirse en verdad con el paciente:

> Para ello, se requiere una cosa y sólo una: que el terapeuta no se confunda a sí mismo con Dios en absoluto. Todos los "sanadores no sanados" caen en esta confusión fundamental de una u otra manera, pues deben considerarse como sus propios creadores, en lugar de creados por Dios.... [el terapeuta] pensó que estaba a cargo del proceso terapéutico y que, por lo tanto, era responsable de su resultado.... Para entender que no hay orden de dificultad en la sanación, tiene que reconocer también su igualdad con el paciente. No hay términos medios en esto. O son iguales o no lo son (P-2.VII.4:1-2,4; P-3.II.9:4-6).

Claramente, sin embargo, no hay que ser sacerdote o terapeuta para demostrar la arrogancia de la práctica del *perdón-para-destruir*. La integridad del sistema de pensamiento del ego descansa en que nuestros (yos B) continúen con la práctica del perdón del pecado que creemos *que realmente sucedió en algún otro* (yo C), *y no en nosotros mismos*. Y esto es así, independientemente de nuestras funciones personales:

> El pecado que perdonas no es tu pecado. Alguien que se encuentra separado de ti lo cometió. Y si tú entonces eres magnánimo con él y le concedes lo que no se merece, la dádiva es algo tan ajeno a ti como lo fue su pecado (L-pI.126.4:3-5).

A través de todo esto, retenemos nuestro especialismo e identidad separada. El pecado del otro garantiza que nuestra percepción de diferencias es correcta, y que nuestra separación de este pecador se asegura continuamente:

> Te parece que los demás están separados de ti, que son capaces de adoptar comportamientos que no tienen repercusión alguna sobre tus pensamientos, y que los que tú adoptas no tienen repercusión alguna sobre los de ellos. Tus actitudes, por lo tanto, no tienen ningún efecto sobre ellos, y sus súplicas de ayuda no guardan relación alguna con las tuyas. Crees además que ellos pueden pecar sin que ello afecte la percepción

que tienes de ti mismo, mientras que tú puedes juzgar sus pecados y mantenerte a salvo de cualquier condenación y en paz (L-pI.126.2:2-4).

De ese modo el ego nos aconseja seguir como individuos para siempre, pero libres del pecado que ahora en nuestra santa impecabilidad le perdonamos a otro. Y las dos listas de nuestra inocencia y de la culpa de los demás aumentan correspondientemente.

5. El pedir-para-destruir frente al verdadero pedir: la oración

Otra práctica religiosa importante que ha formado parte de la tradición judeo-cristiana es la oración. Desafortunadamente, este error fundamental de la tradición también ha penetrado la comprensión y práctica de *Un curso de milagros*, y Dios o el Espíritu Santo ha adoptado el papel del yo especial C–el compañero de amor especial y de odio especial–quien se relaciona directa y específicamente con las necesidades especiales de nuestro yo B. Ciertamente, de parte de los estudiantes del Curso no ha habido probablemente un error más insidioso y que refuerce más al ego que el de hacer especial al Espíritu Santo, buscándolo en el mundo y pidiendo Su ayuda para nuestros problemas corporales y mundanos. Hemos de ver, por lo tanto, que la oración en el sentido general–el importunar a Dios (o a Sus representantes) para que de algún modo hagan que las cosas resulten bien para nuestro cuerpo–es sencillamente otra forma de hacer el error real. Esta clase de oración se basa en la presunción de que hay un problema *real aquí*, que necesita corrección o "arreglo" *aquí*.

No se necesita un doctorado en psicología para reconocer que casi toda oración, directa o indirectamente, está basada en la imagen de un Dios antropomórfico quien de algún modo mágicamente satisfará nuestras necesidades (concederá peticiones de que castigue enemigos, evite desastres, cure enfermedades, sane relaciones, ofrezca ganancias materiales, halle estacionamientos, etc.)–en otras palabras, desempeñe el papel del padre ideal que ninguno de nosotros ha tenido jamás. En este sentido, ciertamente, Freud tenía razón al reconocer que dentro de nuestras vidas individuales, nuestra *creencia* en Dios es una proyección de la experiencia que hemos tenido con nuestros propios padres–positiva o negativamente. Si bien Freud dio justo en el blanco en términos de las distorsiones que el *ego* hizo de Dios, erró el tiro al generalizar estas distorsiones a *todas* las experiencias que tenemos con Dios. En verdad, invirtiendo lo que Freud enseñó, nuestras experiencias con nuestros padres, por no decir todas las relaciones, son proyecciones de nuestra propia *profundamente reprimida creencia* en la imagen colectiva que el ego tiene de Dios. Esa creencia se origina en la dinámica arquetípica que describimos en el Capítulo Tres bajo la tercera división (A-B-C). Todo esto ejemplifica la verdad del siguiente planteamiento tomado de "Los Dos Cuadros" en el Capítulo 17 del texto, el cual explica el núcleo del problema de tratar de ajustar al Espíritu Santo, Quien reside en nuestras *mentes*, a nuestras vidas como *cuerpos*. Jesús utiliza la metáfora del cuadro y su marco:

> Tú que has tratado tan arduamente–y todavía sigues tratando–de encajar el mejor cuadro [el cuadro de luz del Espíritu Santo] en el marco equivocado [la relación especial del ego], y combinar de este modo lo que no puede ser combinado… (T-17.IV.13.1:1).

La opinión acerca de la oración que tiene *Un curso de milagros* lógicamente procede de su cimiento metafísico. Si no existe ningún mundo fuera de nuestra mente colectiva, y no hay ningún problema que no sea nuestra *creencia* en que hay un problema, entonces la oración en el sentido tradicional es improcedente. ¿Por qué orar por algo o por el mejoramiento de una condición que es inherentemente ilusoria? Nuestra oración, entonces, debe ser únicamente por ayuda en la aceptación de la verdad que *ya* está ahí, o como dice esta aseveración tomada del texto:

> La oración es una forma de pedir algo. Es el vehículo de los milagros. Mas la única oración que tiene sentido es la del perdón porque los que han sido perdonados lo tienen todo. Una vez que se ha aceptado el perdón, la oración, en su sentido usual, deja de tener sentido. *La oración del perdón no es más que una petición para que puedas reconocer lo que ya posees* (T-3.V.6:1-5; mis bastardillas).

En este sentido, entonces, la oración no es diferente del perdón o el milagro, pues todos reflejan el proceso de deshacer el sistema de pensamiento del ego que jamás fue, permitiéndole al Amor de Dios ser lo que siempre ha sido: "lo que ya posees". La oración, por lo tanto, no es *pedir* cosas o favores especiales. Más bien es una *actitud* de perdón, al pedir la ayuda del Espíritu Santo para unirnos con otro en una relación santa–la cual existe en nuestras *mentes*, como ya hemos discutido–y corregir la relación especial que es la morada de la culpa del ego.

La mejor explicación de lo que opina Jesús sobre la oración se encuentra en el suplemento *El canto de oración*, donde él describe el proceso del perdón como una escalera; cuyo peldaño más bajo simboliza nuestra experiencia como un cuerpo específico, y el peldaño más alto representa el mundo real, y más allá de la escalera se encuentra plenamente el verdadero significado de la oración–la unión con Dios:

>...la única voz que el Creador y la creación comparten; el canto que el Hijo entona al Padre, Quien devuelve a Su Hijo las gracias que el canto Le ofrece.... El amor que comparten es lo que toda oración habrá de ser por toda la eternidad...(S-1.in.1:2,7).

Al pie de la escalera, la oración "toma la forma que mejor se ajusta a tu necesidad" (S-1.in.2:1), pues la escalera refleja el *proceso* de nuestro camino espiritual, "un camino ofrecido por el Espíritu Santo para alcanzar a Dios" (S-1.I.1:1). Es

>el medio por el cual el Hijo de Dios abandona las metas e intereses separados, y vuelve en sagrada alegría a la verdad de la unión en su Padre y en sí mismo (S-1.in.2:4).

Tomando en consideración nuestra discusión del Espíritu Santo en capítulos anteriores, ahora podemos entender mejor el significado de ciertos pasajes de *Un curso de milagros* que hablan acerca de la respuesta del Espíritu Santo a todas nuestras necesidades:

>¿Qué no ibas a poder aceptar si supieses que todo cuanto sucede, todo acontecimiento, pasado, presente y por venir, es amorosamente planeado por Aquel cuyo único propósito es tu bien? Tal vez no hayas entendido bien Su plan, pues Él nunca podría ofrecerte dolor. Mas tus defensas no te dejaron ver Su amorosa bendición iluminando cada paso que jamás diste (L-pI.135.18:1-3).

>El Espíritu Santo te dará la respuesta para cada problema específico mientras creas que los problemas son específicos. Su respuesta es a la vez una y muchas mientras sigas creyendo que el que es Uno es muchos (T-11.VIII.5:5-6).

Y en este pasaje, derivado en parte de la famosa aseveración en Isaías 40:3, el Curso afirma:

>Una vez que aceptes Su plan como la única función que quieres desempeñar, no habrá nada de lo que el Espíritu Santo no se haga cargo por ti sin ningún esfuerzo por tu parte. Él irá delante de ti despejando el camino, y no dejará escollos en los que puedas tropezar ni obstáculos que pudiesen obstruir tu paso. Se te dará todo lo que necesites. Toda aparente dificultad simplemente se desvanecerá antes de que llegues a ella. No tienes que preocuparte por nada, sino, más bien, desentenderte de todo, salvo del único propósito que quieres alcanzar. De la misma manera en que éste te fue

dado, asimismo su consecución se llevará a cabo por ti. La promesa de Dios se mantendrá firme contra todo obstáculo, pues descansa sobre la certeza, no sobre la contingencia. Descansa en *ti*. ¿Y qué puede haber que goce de más certeza que un Hijo de Dios? (T-20.IV.8:4-12)

Una lectura superficial de esos pasajes ciertamente deja la impresión de un Dios personal, o Su Espíritu, quien mágicamente satisface nuestras necesidades especiales, un "Papito Dulce" cuyo amor por nosotros se mide por Su manera de beneficiarnos *en el cuerpo,* que vive *en el mundo.* Claramente ésta no es la enseñanza de Jesús en *Un curso de milagros*, puesto que su premisa metafísica básica es que Dios no sabe nada de este sueño. El libro de ejercicios claramente plantea, por ejemplo:

No pienses que Él [Dios] oye las vanas oraciones de aquellos que lo invocan con nombres de ídolos que el mundo tiene en gran estima. De esa manera nunca podrán llegar a Él. Dios no puede oír peticiones que le pidan que no sea Él Mismo o que Su Hijo reciba otro nombre que no sea el Suyo.... Siéntate en silencio y deja que Su Nombre se convierta en la idea todo abarcadora que absorbe tu mente por completo. Acalla todo pensamiento excepto éste.... Recurre al Nombre de Dios para tu liberación y se te concederá. No se necesita más oración que ésta, pues encierra dentro de sí a todas las demás. Las palabras son irrelevantes y las peticiones innecesarias cuando el Hijo de Dios invoca el Nombre de su Padre (L-pI.183.7:3-5; 8:3-4; 10:1-3).

Así pues, los anteriores pasajes sobre la actividad del Espíritu Santo en nuestras vidas reflejan, como discutimos en el Capítulo Dos, la *experiencia* de la Presencia abstracta del Amor de Dios en nuestras mentes divididas. El "plan" del Espíritu Santo es el deshacimiento, a *través de Su Presencia constante*, del guión de miedo y angustia del ego. Nuestras mentes, las cuales están arraigadas en el plan del ego, interpretan, por lo tanto, *nuestro* cambio de pensamiento como si éste lo efectuara el Espíritu Santo por nosotros. De igual manera "la promesa de Dios...contra todos los obstáculos" refleja la paz libre de cuidado que inevitablemente le sigue al deshacimiento de la culpa al aceptar "Su plan". Y así, dado que nuestras mentes descansan en el Amor del Espíritu Santo, lo que ocurra no tiene importancia, porque todas las cosas ahora se experimentan como oportunidades para aprender a perdonar: Para repetir una línea de la Lección 135, "¿Qué no ibas a poder aceptar si supieses que todo cuanto sucede, todo acontecimiento, pasado, presente y por venir, es amorosamente planeado por Aquel cuyo único propósito es tu bien?". De ese modo nos convertimos en los discípulos felices que discutimos en el Capítulo Cinco, felices al despertar cada mañana a aprender las lecciones de perdón del Espíritu Santo, sin importarnos las circunstancias de nuestro día. Repito, el plan del ego es mantenernos aprisionados en su mundo de individualidad pero sin que seamos responsables de ello, mientras que la corrección del Espíritu Santo permite que nos percatemos del amor y de la paz contenidos en Su plan para aprender a escapar de la prisión de culpa, dolor y ataque.

Una vez ha desaparecido la culpa, además, la exigencia de castigo también desaparece. De ese modo, todos los acontecimientos aparentes externos se perciben, al seguir el juicio del Espíritu Santo, o como expresiones de amor o como peticiones de amor (T-12.I.; T-14.X.7:1) y la certeza que Dios tiene de nosotros como Hijo Suyo se convierte también en la nuestra.

La oración, entonces, es *contenido*, no *forma;* y el contenido de amor se convierte en nuestro único propósito:

> Estrictamente hablando, las palabras no juegan ningún papel en el proceso de curación. El factor motivante es la oración o petición. Recibes lo que pides. Pero esto se refiere a la oración del corazón, no a las palabras que usas al orar.... Dios no entiende de palabras, pues fueron hechas por mentes separadas para mantenerlas en la ilusión de la separación. Las palabras pueden ser útiles, especialmente para el principiante, ya que lo ayudan a concentrarse y a facilitar la exclusión, o al menos el control, de los pensamientos foráneos (M-21.1:1-4,7-8).

En otras palabras, la oración es para *nuestro* beneficio, no el de Dios. Como afirma Jesús, en relación con las alabanzas a Dios:

> La *Biblia* afirma repetidamente que debes alabar a Dios. Esto no quiere decir que debas decirle cuán maravilloso es. Dios no tiene un ego con el que aceptar tal alabanza, ni percepción con qué juzgarla (T-4.VII.6:1-3).

Lo que pedimos, sin embargo, sí lo recibimos, *pero no de Dios*. Es el poder de nuestras mentes el que nos da lo que nuestras mentes piden: amor o miedo, paz o conflicto, Dios o el ego.

> La oración del corazón no pide realmente cosas concretas. Lo que pide es siempre alguna clase de experiencia, y *las cosas que específicamente pide son las portadoras de la experiencia deseada en opinión del peticionario....* La oración que pide cosas de este mundo dará lugar a experiencias de este mundo. Si la oración del corazón pide eso, eso es lo que se le dará porque eso es lo que recibirá. Es imposible entonces que en la percepción del que pide, la oración del corazón no reciba respuesta. *... El poder de su decisión se lo ofrece tal como él lo pide. En esto estriba*

el Cielo o el infierno. Al Hijo durmiente de Dios sólo le queda este poder (M-21.2:4-5; 3:1-3,5-7; mis bastardillas).

Así, en el instante original el Hijo oró por su liberación del amor en su mente, y el mundo fue fabricado por su mente en respuesta a su petición de que se le protegiera de Dios. Sólo necesita cambiar su petición, y experimentará de igual manera el amor que ya está presente en su mente. Esta es entonces la única oración que tiene significado, como veremos luego.

No obstante, mientras creamos que realmente estamos aquí en este estado de sueño que es el mundo, ciertamente parecerá que hay necesidades que tenemos que satisfacer, y decisiones que tenemos que tomar. *El canto de oración* plantea esto en un pasaje parcialmente citado en el Capítulo Cinco:

> Se te ha dicho [i.e., en *Un curso de milagros* T-11.VIII.5:5; T-20.IV.8:4-10] que le pidas al Espíritu Santo la respuesta a cualquier problema específico, y que recibirás una respuesta específica si esa es tu necesidad.... Aquí hay decisiones que tomar, y tienen que tomarse sean o no ilusiones. No se te puede pedir que aceptes respuestas que se encuentran más allá del nivel de necesidad que puedes reconocer. Por lo tanto, no es la forma de la pregunta lo que importa, ni tampoco la manera como se formula. La forma de la respuesta, si es dada por Dios, se ajustará a tu necesidad tal como tú la ves. Esto es simplemente un eco de la respuesta de Su Voz. El verdadero sonido es siempre un canto de acción de gracias y de amor.
>
> No puedes, por lo tanto, pedir el eco. Es la canción la que constituye el regalo. Con ella vienen los sobreagudos, las armonías, los ecos, pero estos son secundarios. En la verdadera oración sólo escuchas el canto. Todo lo demás es simplemente agregado. Has buscado primero el Reino de los Cielos, y ciertamente, todo lo demás se te ha dado por añadidura (S-1.I.2:1,4–3:6).

Los ecos, los tonos agudos y las armonías corresponden a las necesidades que creemos tener, y a nuestras peticiones de ayuda que son "contestadas" por el Espíritu Santo. Sin embargo, "éstas son secundarias". De igual manera, en "La canción olvidada" con que abre el Capítulo 21 del texto, Jesús dice de esta maravillosa canción que simboliza el Amor del Cielo: "Las notas no son nada" (T-21.I.7:1). No es la *forma* lo que es primordial e importante; más bien lo es el *contenido* de la "canción": la Presencia de Amor del Espíritu Santo que, por ser abstracta, está más allá de todas las necesidades:

El secreto de la verdadera oración es olvidar las cosas que crees necesitar. Pedir lo específico es muy similar a reconocer el pecado y luego perdonarlo. De la misma manera, también en la oración pasas por encima de tus necesidades específicas tal como tú las ves, y las abandonas en Manos de Dios. Allí se convierten en tus regalos para Él, pues Le dicen que no antepondrías otros dioses a Él; ningún Amor que no sea el Suyo. ¿Cuál otra podría ser Su Respuesta sino tu recuerdo de Él? ¿Puede esto cambiarse por un trivial consejo acerca de un problema de un instante de duración? Dios responde únicamente por la eternidad. Pero aun así todas las pequeñas respuestas están contenidas en ésta (S-1.I.4).

En *Poco eligen escuchar* discuto ampliamente el uso que Jesús hace del lenguaje en *Un curso de milagros*. Su importancia central para este capítulo requiere, sin embargo, que al menos se mencione algo aquí. Para ver un tratamiento más completo de este tema, el lector puede consultar los Capítulos Nueve y Diez.

La respuesta a la pregunta de por qué Jesús dice una cosa–i.e., que el Espíritu Santo satisfacerá nuestras necesidades específicas–cuando claramente quiere decir algo distinto–i.e., nuestra única necesidad específica es el perdón–radica en la idea mencionada antes, de que *Un curso de milagros* satisface las necesidades de sus lectores en el nivel en que éstos pueden aceptar y entender, puesto que su centro de interés y su propósito siempre radican en lo práctico:

> Seguramente habrás comenzado a darte cuenta de que este curso es muy *práctico*, y de que lo que dice es exactamente lo que quiere decir.... Este no es un curso de especulación teórica, sino de *aplicación práctica*. ... Este curso es siempre *práctico*.... y el enfoque de este curso es primordialmente *práctico* (T-8.IX.8:1; T-11.VIII.5:3; M-16.4:1; M-29.5:7; mis bastardillas).

Dado este énfasis, ciertamente no tendría sentido presentar verdades metafísicas que no puedan ponerse en práctica. Hablando de la Unidad de Cristo que nos enseña dentro de nuestras mentes separadas, Jesús afirma en el texto:

> El necesita, no obstante, utilizar el idioma que dicha mente entiende, debido a la condición en que esta mente cree encontrarse. Y tiene que valerse de todo lo que ella ha aprendido para transformar las ilusiones en verdad y eliminar todas sus falsas ideas acerca de lo que eres, a fin de conducirte allende la verdad que *se encuentra* más allá de ellas (T-25.I.7:4-5).

En otras palabras, la verdad no-dualista nos tiene que ser presentada en el lenguaje dualista *e inteligible* del mundo ilusorio de tiempo y espacio ("la condición en que esta mente cree encontrarse"). De modo que *Un curso de milagros* se presenta en dos niveles, el metafísico y el práctico, y como expuse antes (pág. 169), es en esta integración que el estudiante puede darse cuenta eventualmente del verdadero poder y alcance del Curso. Este doble nivel es evidente en el siguiente pasaje el cual trata del tiempo que, como se ha señalado antes, Jesús claramente nos enseña que es ilusorio: la linealidad es simplemente un truco de magia o un señuelo de parte del ego para convencer al Hijo de la realidad de la separación y del mundo físico. Mas en *Un curso de milagros* Jesús habla bastante de la necesidad de ahorrar tiempo, de perdonar el pasado, y en esta hermosa lección del libro de ejercicios, de poner "el futuro en Manos de Dios". Lógicamente, por supuesto, no tiene sentido confiarle un futuro no-existente a un Dios que no conoce de tiempo. Y así, el libro de ejercicios se expresa:

> Tu futuro está en Manos de Dios, así como tu pasado y tu presente. Para Él son lo mismo, y, por lo tanto, deberían ser lo mismo para ti también. *Sin embargo, en este mundo la progresión temporal todavía parece ser algo real. No se te pide, por lo tanto, que entiendas que el tiempo no tiene realmente una secuencia lineal.* Sólo se te pide que te desentiendas del futuro y lo pongas en Manos de Dios. Y mediante tu experiencia comprobarás que también has puesto en Sus Manos el pasado y el presente, porque el pasado ya no te castigará más y ya no tendrá sentido tener miedo del futuro (L-pI.194.4; mis bastardillas).

Así pues, el tiempo es irreal, puesto que en Dios sólo hay un eterno presente. Sin embargo, como todos nosotros en este mundo tenemos que creer en el tiempo o de lo contrario no estaríamos aquí,[*] no sería particularmente útil, repito, exigir que practiquemos un principio que está más allá de nuestra capacidad para entender. Por lo tanto, en *Un curso de milagros* Jesús comienza donde nosotros creemos estar: el estado mental en el cual nuestra *culpa* hace que creamos el cuento del ego del *pecado* pasado que exige el castigo futuro de Dios, lo cual hace de nuestro *miedo* y terror una realidad

---

[*] La única excepción serían los ejemplos muy aislados de los seres verdaderamente iluminados, a quienes se les llama avatares o bodhisattvas en el Oriente, y el Curso los llama "Maestros de maestros" (M-26.2:2; 3:4). Lo que distingue a los miembros de este adelantado grupo de todos los demás es que si bien *parecen* estar aquí, ellos saben que en verdad no lo están: su realidad está en la mente, fuera del tiempo y el espacio. Estas excepciones, sin embargo, son "tan raras" que no es ni siquiera necesario discutirlos aquí.

justificada. Esta lección del libro de ejercicios, entonces, está particularmente dirigida a la mente del Hijo que cree que sería tonto confiar en un Dios (yo C) Quien inevitablemente, según nos advierte el ego, nos destruirá; el terror simplemente sería demasiado inmenso. Así pues, la lección aquí es que es seguro confiarle a Dios nuestro futuro, lo cual significa que puesto que el cuento de pecado, culpa y miedo del ego no es verdad, no tenemos que sentirnos aprensivos de ningún castigo futuro. Al aprender esta lección de confiarle nuestro futuro a Dios (el mundo práctico del Nivel II), eventualmente llegaremos a aprender que todo el tiempo es uno, y así somos amorosamente conducidos de regreso al Dios eterno en el que ahora podemos confiar y amar (la dimensión metafísica del Nivel I). Este proceso lento de corregir nuestros errores a través de unos pasos intermedios es lo que hace único a *Un curso de milagros* en la historia de las espiritualidades no-dualistas. Su corrección del cuento del ego no es real, sin embargo, esta corrección no se opone a la realidad. Simplemente deshace quedamente la voz del ego, y de ese modo le permite al Hijo oír la única Voz en este mundo que lo puede conducir más allá del ego a su verdadero Hogar:

> Mas ese sueño es tan temible y tan real en apariencia, que él [el Hijo de Dios] no podría despertar a la realidad sin verse inundado por el frío sudor del terror y sin dar gritos de pánico, a menos que un sueño más dulce precediese su despertar y permitiese que su mente se calmara para poder acoger–no temer–la Voz que con amor lo llama a despertar; un sueño más dulce, en el que su sufrimiento cesa y en el que su hermano es su amigo. Dios dispuso que su despertar fuese dulce y jubiloso, y le proporcionó los medios para que pudiese despertar sin miedo (T-27.VII.13:4-5).

El medio es el perdón el cual, el Curso recalca que es ilusorio, como se muestra en los siguientes pasajes:

> Las ilusiones forjan más ilusiones. Excepto una. Pues el perdón es la ilusión que constituye la respuesta a todas las demás ilusiones.
> El perdón desvanece todos los demás sueños, y aunque en sí es un sueño, no da lugar a más sueños…. con ésta, a todas las demás les llega su fin. El perdón representa el fin de todos los sueños, ya que es el sueño del despertar. No es en sí la verdad. No obstante, apunta hacia donde ésta se encuentra, y provee dirección con la certeza de Dios Mismo. Es un sueño en el que el Hijo de Dios despierta a su Ser y a su Padre, sabiendo que Ambos son uno (L-pI.198.2:8–3:1,3-7).
> Al perdón podría considerársele una clase de ficción feliz: una manera en la que los que no saben pueden salvar la brecha entre su percepción y

la verdad. No pueden pasar directamente de la percepción al conocimiento porque no creen que ésa sea su voluntad. Esto hace que Dios parezca ser un enemigo en lugar de lo que realmente es. Y es precisamente esta percepción demente la que hace que no estén dispuestos a simplemente ascender y retornar a Él en paz.

Y de este modo, necesitan una ilusión de ayuda porque se encuentran desvalidos; un Pensamiento de paz porque están en conflicto (C-3.2:1–3:1).

Por lo tanto, parece en nuestra experiencia aquí que el Espíritu Santo satisface nuestras necesidades específicas en el nivel de la forma, lo cual aparentemente justifica una vida de oración a Él pidiéndole ayuda. En realidad, como mencionamos antes, el Espíritu Santo es puro contenido, sin forma. Mas ese contenido del Amor de Dios, automáticamente, por decirlo así, está presente en nuestras mentes conjuntamente con el contenido de miedo del ego, y se ajusta a las necesidades que surgen de ese miedo:

Dios sabe lo que Su Hijo necesita antes de que él se lo pida. Dios no se ocupa en absoluto de la forma, pero al haber otorgado el contenido, Su Voluntad es que se comprenda. Y eso basta. *Las formas se adaptan a las necesidades, pero el contenido es inmutable, tan eterno como su Creador* (C-3.3:2-5; mis bastardillas).

La mente del Hijo de Dios es una sola, tanto en el Cielo como la Mente de Cristo y en la Tierra como la mente dividida. Los pensamientos de amor y odio co-existen en cada fragmento de esta mente dividida, y nosotros somos libres de elegir con cuál pensamiento nos identificaremos: Cuando elegimos el amor lo experimentamos como la intervención del Espíritu Santo a nuestro favor; cuando elegimos el miedo lo experimentamos como la intervención de una fuerza externa en contra de nosotros. El primero ha dado lugar a siglos de creencia en un Dios mágico, mientras que el segundo ha resultado en la correspondiente creencia en un demonio o fuerzas del mal. Ambas son formas opuestas del mismo error: *negar el poder de nuestras mentes para escoger nuestra salvación o condenación.* Creemos que somos los recipientes de la gracia de Dios o de la maldición del demonio, ambos *externos* al tomador de decisiones de la mente. El lenguaje de *Un curso de milagros* refleja esa tradición en las figuras del Espíritu Santo y del ego, sin embargo los trae de vuelta hacia *dentro* de nuestras mentes, y subraya repetidamente la importancia del poder de nuestras mentes para elegir.

Para resumir la metáfora de la escalera, entonces, antes de continuar con nuestra discusión de la oración, vemos que más allá del peldaño superior–el mundo real–está la verdadera oración, la canción del Cielo que fluye interminablemente entre Padre e Hijo. En este nivel "no hay nada que pedir porque ya no hay nada más que desear" (S-1.I.5:6). Sin embargo éste no es el nivel de la experiencia del mundo, y por consiguiente Jesús presenta la oración como un proceso, el cual comienza por el peldaño más bajo de la escalera. Así el contenido puro de la oración, como el Amor del Espíritu Santo, se adapta a nuestras necesidades tal como las percibimos:

> La oración no tiene comienzo ni final. Es una parte de la vida. Pero sí cambia de forma, y crece con el aprendizaje hasta que alcanza su estado informe, y se fusiona en total comunicación con Dios. En su forma de petición no necesita acudir a Dios y con frecuencia no lo hace, y ni siquiera implica creencia alguna en Él. En estos niveles la oración es un simple desear, el cual surge de una sensación de escasez y carencia.
>
> Estas formas de oración, de pedir-desde-la-necesidad, siempre implican sentimientos de ser débil e inadecuado, y jamás podrían ser realizadas por un Hijo de Dios que sepa Quién es. Nadie, pues, que esté seguro de su Identidad podría orar en estas formas. Pero no es menos cierto que nadie que no tenga certeza sobre su Identidad puede evitar orar de esta manera....
>
> También es posible alcanzar una forma más elevada de pedir-desde-la-necesidad, puesto que en este mundo la oración es reparativa, y por lo tanto debe establecer niveles de aprendizaje. Aquí, la petición puede ser dirigida a Dios con creencia sincera, aunque aún sin comprensión. Un vago y usualmente inestable sentido de identificación se ha alcanzado generalmente, pero tiende a ser opacado por un sentimiento de pecado profundamente arraigado. Es posible en este nivel continuar pidiendo cosas de este mundo en varias formas, y también es posible pedir regalos como la honestidad o la bondad, y particularmente el perdón de las muchas fuentes de culpa que inevitablemente yacen bajo cualquier oración de necesidad. Sin culpa no existe escasez. Los que no han pecado no tienen necesidades (S-1.II.1:1–2:3; 3).

Orar por necesidad, por lo tanto, es realmente orarle al ego, pues hemos sustituido la Voz de Dios por la del ego. El cuento original que el ego le hizo al Hijo es un cuento de escasez y privación, lo cual hace necesario que busque fuera de su mente protección de un Dios colérico, la satisfacción de necesidades primarias imaginadas, y la salvación de la temida angustia del pecado y la culpa. Tal oración sencillamente refuerza la "verdad" de las palabras que el ego le enuncia al Hijo, especialmente cuando parece que estas oraciones son contestadas:

> No es fácil darse cuenta de que las oraciones que piden cosas, posición social, amor humano, "regalos" externos de alguna clase, se realizan siempre para establecer carceleros y esconderse de la culpa. Estas cosas se usan como metas para sustituir a Dios, y por lo tanto distorsionan el propósito de la oración. El deseo de ellas *es* la oración. Uno no necesita pedir explícitamente. La meta de Dios se pierde en la búsqueda de metas menores de cualquier clase, y la oración se convierte en pedir enemigos. El poder de la oración [i.e., de la mente] puede ser reconocido con gran claridad incluso en esto. Nadie que desee un enemigo dejará de encontrarlo. Pero con igual seguridad perderá la única meta verdadera que se le ofrece. Piensa en el costo, y compréndelo bien. Todas las demás metas son al costo de Dios (S-1.III.6).

Así pues, nuestra petición de ayuda en un nivel refuerza la creencia de que somos pecaminosos, culpables y de que carecemos de lo que necesitamos. En otro nivel, sin embargo, el pedir la ayuda de Dios sinceramente facilita el proceso a través del cual aprendemos que la Voz del Espíritu Santo nos enuncia la verdad, mientras que el cuento del ego es falso. Esto deshace la aseveración básica del ego de que la Presencia del Espíritu Santo en nuestras mentes es un grave peligro para nosotros, y que por lo tanto no se debe confiar en Él y debe evitarse a toda costa. Así pues, se nos pide que confiemos en esa Presencia de Amor Que quiere únicamente ayudarnos. Esa es la razón por la cual *Un curso de milagros,* fiel al énfasis práctico de Jesús, nos habla de pedir la ayuda del Espíritu Santo. Esta petición es el peldaño más bajo de la escalera, donde creemos estar. Y de tal pedir y aprender es el Reino de los Cielos en la Tierra, al menos el *comienzo* de la consecución del Reino. La oración, entonces, es como el perdón:

> La oración en sus formas más tempranas es una ilusión, puesto que no hay necesidad de escalera alguna para alcanzar lo que uno nunca ha abandonado. Pero el orar es parte del perdón mientras éste, en sí mismo una ilusión, continúa sin lograrse. La oración se encuentra unida al aprendizaje hasta que el objetivo del aprendizaje se he alcanzado.... Las etapas necesarias para su obtención, sin embargo, necesitan ser comprendidas... (S-1.II.8:3-5,8).

Recuerden el pasaje que citamos antes acerca de que "la única oración que tiene sentido es la del perdón", y que sólo pedimos ayuda para reconocer lo que "ya tenemos". En otras palabras, no se puede orar por algo que no está ahí. Sólo se puede orar legítimamente para recordar o aceptar la verdad que ya radica en nuestro interior, "Pedir...para recibir lo que ya se te ha dado; aceptar lo que ya se encuentra ahí" (S-1.I.1:7). Por consiguiente, oramos por ayuda para perdonar (deshacer) la ilusión de que alguna vez hubo algo en nuestras mentes que no fuese la perfecta unidad de Dios y Cristo. Este importante tema tiene eco a través de *Un curso de milagros*, como puede verse en estas aseveraciones tomadas del texto y del libro de ejercicios para estudiantes, primero de "Tu función [perdonar] en la Expiación" que aparece en el Capítulo 14:

> El estado de inocencia es sólo la condición en la que lo que nunca estuvo ahí ha sido eliminado de la mente perturbada que pensó que sí estaba ahí.
> ...
> Cuando hayas permitido que todo lo que empaña a la verdad en tu santísima mente sea des-hecho y, consecuentemente, te alces en gracia ante tu Padre, Él se dará a Sí Mismo a ti como siempre lo ha hecho.... *No pidas ser perdonado, pues eso ya se te concedió. Pide, más bien, cómo aprender a perdonar y a restituir en tu mente inmisericorde lo que siempre ha sido* (T-14.IV.2:2; 3:1,4-5; mis bastardillas).

> El perdón contempla dulcemente todas las cosas que son desconocidas en el Cielo, las ve desaparecer, y deja al mundo como una pizarra limpia y sin marcas en la que la Palabra de Dios puede ahora reemplazar a los absurdos símbolos que antes estaban escritos allí (L-pI.192.4:1).

El perdón, como hemos visto, es un proceso, y sus etapas, las cuales constituyen la escalera de la oración, no tiene que retenernos por mucho tiempo aquí tal como ya las hemos discutido en más detalle. Fiel al énfasis de *Un curso de milagros* en la sanación de las relaciones, los peldaños de la escalera representan diferentes aspectos de nuestras actitudes hacia los demás. Comienza con la "curiosa contradicción" de orar por nuestros enemigos, lo cual claramente hace real la idea dualista de víctima y victimario, los yos B y C, que ocultan al verdadero "culpable", yo A. Proseguimos con el ascenso de la escalera al reconocer que

> la oración es siempre por ti.... ¿Por qué, entonces, deberías orar por otros en absoluto?... [lo cual] si se entiende correctamente, se convierte en una manera de retirar las proyecciones de culpa que has puesto sobre tu hermano, y te capacita para reconocer que no es él quien te está haciendo daño (S-1.III.1:1-2,4).

En consecuencia, el perdón cambia el propósito que el ego tiene para las relaciones y para el mundo en general, de prisiones a salones de clases.

Fabricado para que fuese el objeto de la proyección de la culpa y se convirtiera así en una cortina de humo detrás de la cual el ego se oculta, el mundo se convierte ahora en el medio a través del cual las proyecciones son regresadas a nuestras mentes donde podemos entonces hacer una nueva elección, el "camino real" al inconsciente que discutimos en el Capítulo Cinco.

> El propósito del mundo que ves es nublar tu función de perdonar y proveerte una justificación por haberte olvidado de ella. Es asimismo la tentación de abandonar a Dios y a Su Hijo adquiriendo una apariencia física. Esto es lo que los ojos del cuerpo ven.
>
> Nada de lo que los ojos del cuerpo parecen ver puede ser otra cosa que una forma de tentación, ya que ése fue el propósito del cuerpo en sí. Hemos aprendido, no obstante, que el Espíritu Santo tiene otro uso para todas las ilusiones que tú has forjado, y, por lo tanto, ve en ellas otro propósito. Para el Espíritu Santo el mundo es un lugar en el que aprendes a perdonarte a ti mismo lo que consideras son tus pecados. De acuerdo con esta percepción, la apariencia física de la tentación se convierte en el reconocimiento espiritual de la salvación (L-pI.64.1:2–2:4).
>
> He aquí el propósito [el perdón] que le confiere a este mundo y a la larga jornada a través de él, el único significado que pueden tener. Aparte de esto, no tienen sentido (T-19.IV-D.21:4-5).

Luego sigue el orar *con* los demás, al reconocer que nosotros–nuestros hermanos, nuestras hermanas y nosotros mismos–compartimos una meta común. Esta etapa se refleja en el énfasis central de *Un curso de milagros* en que nos unamos con otro en el perdón. "La respuesta a la oración" en el texto, específicamente trata este significado de la oración, y comienza discutiendo la oración para pedir cosas:

> Todo aquel que haya tratado alguna vez de usar la oración para pedir algo ha experimentado lo que aparentemente es un fracaso. Esto es cierto no sólo en relación con cosas específicas que pudieran ser perjudiciales, sino también en relación con peticiones que están completamente de acuerdo con lo que este curso postula (T-9.II.1:1-2).

Este es el caso debido a que a menudo no estamos en contacto con el profundo nivel del miedo en nuestras mentes que ocasionó nuestra necesidad de una defensa, bien fuese en forma de dolor (las relaciones de odio especial con los demás o con nuestros propios cuerpos) o en forma de placer (las relaciones de amor especial), las cuales disfrazarían la ansiedad de nuestro miedo. Por lo tanto, en estos casos no estamos realmente pidiéndole ayuda a Dios para liberarnos de nuestro miedo, sino que inconscientemente estamos pidiendo que Dios refuerce las defensas mágicas *contra* nuestro miedo. Sin embargo, esto es algo que obviamente Él no puede hacer, como nos explica Jesús en el texto:

> La *Biblia* subraya que toda oración recibirá respuesta, y esto es absolutamente cierto. El hecho mismo de que se le haya pedido algo al Espíritu Santo garantiza una respuesta. Es igualmente cierto, no obstante, que ninguna de las respuestas que Él dé incrementará el miedo (T-9.II.3:1-3).

Así pues, las respuestas a nuestras peticiones de ayuda nos están "esperando" hasta el instante en que verdaderamente las deseemos. Lo que facilita nuestro anhelo de Dios es tener "la pequeña dosis de buena voluntad" para iniciar el proceso de cambiar nuestras percepciones de aquellos a quienes hemos juzgado que están fuera de nosotros, olvidando que ellos, como nosotros, son una parte de Cristo. Nuestra desconfianza en ellos refleja nuestra desconfianza en Dios, y finalmente nuestra desconfianza en nuestras mentes que creemos que originalmente eligieron atacar a Dios y a Su Hijo. Por lo tanto, Jesús nos dice:

> Si quieres tener la certeza de que tus oraciones son contestadas, nunca dudes de un Hijo de Dios. No pongas en duda su palabra ni lo confundas, pues la fe que tienes en él es la fe que tienes en ti mismo. Si quieres conocer a Dios y Su Respuesta [el Espíritu Santo], cree en mí [Jesús] cuya fe en ti es inquebrantable. ¿Cómo ibas a poder pedirle algo al Espíritu Santo sinceramente, y al mismo tiempo dudar de tu hermano? Cree en la veracidad de sus palabras por razón de la verdad que mora en él. Te unirás a la verdad en él, y sus palabras *serán* verdaderas.... Es posible que tu hermano no sepa quién es, pero en su mente hay una luz que sí lo sabe. El resplandor de esta luz puede llegar hasta tu mente, infundiendo verdad a sus palabras y haciendo posible el que las puedas oír. Sus palabras son la respuesta que el Espíritu Santo te da a ti. ¿Es la fe que tienes en tu hermano lo suficientemente grande como para permitirte oír dicha respuesta?... Si me quieres oír, oye a mis hermanos en quienes la Voz que habla por Dios se expresa. La respuesta a todas tus oraciones reside en ellos. Recibirás la respuesta a medida que la oigas en todos tus hermanos. No escuches nada más, pues, de lo contrario, no estarás oyendo correctamente.... Oye únicamente la Respuesta de Dios en Sus Hijos, y se te habrá contestado (T-9.II.4:1-6; 5:8-11; 7:5-8; 8:7).

Esto, por supuesto, no significa que debemos confiar en el ego de nuestro hermano; "los que tienen miedo pueden ser crueles", Jesús nos recuerda (T-3.I.4:2), y a nosotros ciertamente no se nos pide que neguemos las formas crueles en que las personas piden ayuda algunas veces. Sin embargo, se nos pide, que cuando nos encontremos en presencia de tales expresiones de miedo, que las miremos con Jesús, de modo que podamos ver más allá de ellas hacia el Amor de Dios que en verdad se está pidiendo. Como leemos de un pasaje citado antes en el Capítulo Cinco:

> La "dinámica" del ego será nuestra lección por algún tiempo, pues debemos primero examinarla para poder así ver más allá de ella, ya que le has otorgado realidad. Juntos desvaneceremos calmadamente este error, y después miraremos más allá de él hacia la verdad (T-11.V.1:5-6).

Así pues, con la ayuda de Jesús tenemos fe y confianza de que aún en medio del tenebroso engaño del ego, la luz del Cristo permanece resplandeciente.

En conclusión, pues, la verdadera oración es simplemente el cambio de pensamiento del Hijo acerca del cuento de separación y ataque del ego. En el instante santo, la Voz del Espíritu Santo puede verse como la expresión de la única verdad: la verdad de la unión–Padre e Hijo–que jamás ha sido quebrantada, y que ahora se refleja en nuestra experiencia como la unión entre los fragmentos aparentemente separados de la Filiación. Al elegir unirme con uno a quien hasta ahora había excluido de mi mente, estoy ciertamente "escuchando" la Voz del Espíritu Santo y reuniéndome con mi Ser y con mi Creador. Al aprender cómo no dudar (i.e., cómo perdonar) del Hijo de Dios a quien había percibido como traicionero, estoy aprendiendo cómo no dudar del Hijo de Dios que soy, el Hijo del Amor Quien jamás abandonó su Fuente. Este aprendizaje es el proceso de ascender por la escalera que la separación me había conducido a descender (T-28.III.1:2). Lo que nos arraiga al pie de la escalera es nuestra necesidad de especialismo, y por lo tanto el *verdadero pedir* es para que Jesús o el Espíritu Santo nos ayude a deshacer nuestro apego a ser especiales y a apartar Su amor de nosotros. Así leemos este penetrante pasaje tomado de "La traición del especialismo", parte del cual se citó en el Capítulo Dos, dirigido a todos aquellos que creen ser especiales:

> Ellos eligieron el especialismo en lugar del Cielo y de la paz, y lo envolvieron cuidadosamente en el pecado para mantenerlo "a salvo" de la verdad.
>
> Tú no eres especial. Si crees que lo eres y quieres defender tu especialismo en contra de la verdad de lo que realmente eres, ¿cómo vas a poder conocer la verdad? *¿Qué respuesta del Espíritu Santo podría llegar hasta ti, cuando a lo que escuchas es a tu deseo de ser especial, que es*

lo que pregunta y lo que responde? Tan sólo prestas oídos a su mezquina respuesta, la cual ni siquiera se oye en la melodía que en amorosa alabanza de lo que eres fluye eternamente desde Dios a ti. Y este colosal himno de honor que amorosamente se te ofrece por razón de lo que eres parece silencioso e inaudible ante el "poderío" de tu especialismo. Te esfuerzas por escuchar una voz que no tiene sonido, y, sin embargo, la Llamada de Dios Mismo te parece insonora.

Puedes defender tu especialismo, pero nunca oirás la Voz que habla en favor de Dios a su lado, pues hablan diferentes idiomas y llegan a oídos diferentes. Para todo aquel que se cree especial la verdad tiene un mensaje diferente, y un significado distinto. Sin embargo, ¿Cómo podría ser que la verdad fuese diferente para cada persona? Los mensajes especiales que oyen los que se creen especiales les convencen de que ellos son diferentes y de que son algo aparte, cada uno con sus pecados especiales y "a salvo" del amor, el cual no ve su especialismo en absoluto. La visión de Cristo es su "enemigo", pues no ve aquello que ellos quieren ver y les mostraría que el especialismo que ellos creen ver es una ilusión (T-24.II.3:7–5:6; mis bastardillas).

Y así es que nuestro especialismo tiene que ser deshecho *antes* de que en verdad podamos oír la "vocecita queda" del Espíritu Santo y compartir en la visión de Cristo. A medida que soltamos nuestro apego a tener razón más bien que a ser felices (T-29.VII.1:9), a estar separados más bien que unificados, lentamente pero con toda seguridad vamos subiendo la escalera. El peldaño final, después del cual la escalera desaparece, consiste en recordar que nuestros hermanos y hermanas son parte de nosotros; somos una mente, un Cristo: "La oración se ha convertido en lo que siempre estuvo destinada a ser, porque has reconocido el Cristo en ti" (S-1.V.4:6).

6. Nuestra relación especial con el libro de ejercicios: la tiranía de los rituales*

Finalmente consideramos los rituales más específicamente como se discuten en *Un curso de milagros*, especialmente en el libro de ejercicios para estudiantes el cual, debido a lo estructurado de sus ejercicios fácilmente *podría* prestarse para rituales. No obstante, Jesús nos advierte claramente contra tales prácticas:

---

* La presente sección trata únicamente un aspecto de la relación especial del estudiante con el libro de ejercicios: su *aparente* énfasis ritualista. Reservo para *Pocos eligen escuchar* (Capítulos Ocho y Catorce) una discusión de otros aspectos del especialismo.

Estos ejercicios no deben convertirse en un ritual.... Tu aprendizaje no se verá afectado si se te pasa una sesión de práctica porque te resultó imposible llevarla a cabo en el momento señalado. No es necesario tampoco que te esfuerces excesivamente por recuperar el número de sesiones perdidas. Nuestro objetivo no es hacer un rito de las sesiones de práctica, pues ello impediría el logro de nuestra meta (L-pI.1.3:5; L-pI.rIII.in.2:2-4).

Sin embargo, para lograr el propósito que Jesús tiene para nosotros de readiestrar nuestras mentes a través de *Un curso de milagros*, obviamente se necesita alguna estructura, como vemos a continuación, en parte de un párrafo el cual cité al comienzo del capítulo:

Una mente sin entrenar no puede lograr nada. El propósito de este libro de ejercicios es entrenar a tu mente a pensar según las líneas expuestas en el texto (L-in.1:3-4).

Tal estructura es particularmente importante en las primeras etapas de crecimiento de uno, y obviamente les corresponde al individuo y al Espíritu Santo determinar los parámetros de "primeras etapas". Los estudiantes inseguros de su progreso espiritual

aún no están listos para una falta de estructura así. ¿Qué es lo que tienen que hacer para aprender a entregarle el día a Dios? Hay algunas reglas generales a seguir, aunque cada cual debe usarlas a su manera como mejor pueda. Las rutinas, como tales, son peligrosas porque se pueden convertir fácilmente en dioses por derecho propio y amenazar los mismos objetivos para los que fueron establecidas (M-16.2:2-5).

Jesús se dirige a estos estudiantes inseguros en la Lección 95 del libro de ejercicios, y les explica el propósito detrás de las lecciones más estructurado en esta etapa del adiestramiento. A propósito, esta lección tan interesante es la única en todo el libro de ejercicios que está estructurado en esa forma. Comienza y termina con una discusión del tema para el día "Soy un solo Ser, unido a mi Creador", pero intercalado en esta discusión del *contenido* del Curso hay una sección cuasi-aparentaste en la cual Jesús deja a un lado su enseñanza por decirlo así, y se dirige a sus estudiantes en términos de la *forma* en que ellos expresan su proceso de aprendizaje:

Es muy difícil a estas alturas evitar que la mente divague si se la somete a largos períodos de práctica. Seguramente ya te habrás percatado de esto. Has visto cuán grande es tu falta de disciplina mental y la necesidad que tienes de entrenar a tu mente. Es necesario que reconozcas esto, pues ciertamente es un obstáculo para tu progreso.... Además de haber reconocido cuán difícil te resulta mantener tu atención fija por largos

CAPÍTULO 7 IMPLICACIONES PRÁCTICAS

intervalos, tienes también que haber notado que, a no ser que se te recuerde frecuentemente tu propósito, tiendes a olvidarte de él por largos períodos de tiempo....

Es necesario, pues, que a estas alturas, dispongas de cierta estructura en la que se incluyen recordatorio frecuentes de tu objetivo e intentos regulares de alcanzarlo. La regularidad en cuanto al horario, no es el requisito ideal para la forma más beneficiosa de practicar la salvación. Es algo ventajoso, no obstante, para aquellos cuya motivación es inconsistente y cuyas defensas contra el aprendizaje son todavía muy fuertes (L-pI.95.4:2-5; 5:2; 6).

Sin embargo, cualquiera que esté familiarizado con la práctica espiritual puede fácilmente reconocer el aspecto de espada-de-doble-filo de esta clase de estructura, especialmente en el contexto de *Un curso de milagros* donde la autoridad para la práctica es nada menos que la figura de Jesús. Por una parte está la necesidad de la estructura como una ayuda para adiestrar a la mente que necesita el adiestramiento. Por otra parte, sin embargo, está la tentación para los estudiantes, como para los fariseos bíblicos antes de ellos, de ser fácilmente inducidos a creer que estaban "haciendo" el Curso porque habían "hecho" el libro de ejercicios tan bien. De esa manera, estarían nuevamente substituyendo el *contenido* por la *forma,* en la cual los períodos estructurado se han convertido en "dioses por derecho propio".

Otro problema potencial al hacer las lecciones diarias surge cuando los estudiantes se olvidan del tiempo estructurado que se ha sugerido para recordar la lección del día, como inevitablemente les sucede a todos, y entonces se sienten culpables por haber fracasado en recordar debidamente a Dios. Así pues, procede este amoroso consejo:

No obstante, no utilices tus desviaciones de este horario como una excusa para no volver a adherirte a él tan pronto como puedas. Puede que te sientas tentado de considerar el día como perdido simplemente porque dejaste de hacer lo que se requería de ti. Esto, no obstante, se debe reconocer sencillamente como lo que es: una renuencia por tu parte a permitir que el error sea corregido y una falta de buena voluntad para tratar de nuevo.

Tus errores no pueden hacer que el Espíritu Santo se demore en impartir Sus enseñanzas. Sólo tu renuencia a desprenderte de ellos puede hacerlo (L-pI.95.7:3–8:2).

La cuestión aquí, entonces, no es el inevitable y "natural" error de olvidar el período de práctica "requerido" por la lección. Más bien, la cuestión es que se tome en serio el error y se sienta culpa por el aparente pecado en contra de Jesús y de su Curso. Una vez comprendemos la interpretación que hace Jesús del error, rápidamente podemos generalizar la experiencia de nuestro "pecado" al instante original cuando el Hijo creyó que se había separado de Dios y que la "diminuta y alocada idea" (T-27.VIII.6:2) de olvidar a Dios realmente había ocurrido, con efectos muy reales. El estudiante se daría cuenta entonces de que el "pecado" de olvidarse de la lección del libro de ejercicios no fue sino un reflejo del "pecado" ontológico de olvidarse de Dios, y de tomar seriamente este tonto pensamiento en lugar de recordar reírse; es decir, haber escuchado la interpretación del ego en vez de la del Espíritu Santo.

Así pues, de conformidad con el propósito del libro de ejercicios, los estudiantes podrían reconocer que *ambos* sistemas de pensamiento–el ego y el Espíritu Santo–están dentro de sus mentes. Ahora tienen otra oportunidad de elegir la risa del Espíritu Santo al desvencijarse de la seriedad del ego, ¡*después* de ábrelo reconocido por lo que es! Por lo tanto se puede ver que su error les ha dado la maravillosa oportunidad de aprender lo que su culpa les habría impedido que aprendiesen.

Jesús prosigue con sus instrucciones en la misma lección:

> Resolvamos, por consiguiente, especialmente durante los próximos siete u ocho días, estar dispuestos a perdonarnos a nosotros mismos nuestra falta de diligencia y el no seguir al pie de la letra las instrucciones que se nos dan para practicar la idea del día. Esta tolerancia con la debilidad nos permitirá pasarla por alto, en lugar de otorgarle el poder de demorar nuestro aprendizaje. Si le otorgamos ese poder, creeremos que es fortaleza, y estaremos confundiendo la fortaleza con la debilidad (L-pI.95.8:3-5).

No sólo, por supuesto, estaría nuestra culpa otorgándole a un pensamiento del ego una fortaleza que no tiene, sino que de igual manera le estaría otorgando una realidad que no tiene. Repito, una cosa es cometer un error, es otra bien distinta otorgarle poder al rotularlo como pecado que exige nuestra culpa, y que el castigo sea la inevitable retribución. Jesús nos provee varios ejemplos de la actitud que él quisiera que sus estudiantes tuviesen en lo que respecta a sus errores; a saber, que nuestro centro de interés *no* debe ser el no tener pensamientos egoístas, sino más bien que no excluyamos de nuestra conciencia la bondadosa percepción que él tiene de los mismos. En otras palabras, no debemos sentirnos culpables debido a nuestras temerosas elecciones egoístas, sino más bien debemos pedir que sea nuestra visión la de los ojos amorosos de Jesús, de modo que percibamos nuestros errores sin culpa o enjuiciamiento. Citamos tres breves pasajes que ilustran esta amorosa enseñanza:

> La condición necesaria para que el instante santo tenga lugar no requiere que no abrigues pensamientos impuros. Pero sí requiere que no abrigues ninguno que desees conservar (T-15.IV.9:1-2).

> Concéntrate sólo en ella [nuestra buena voluntad] y no dejes que el hecho de que esté rodeada de sombras te perturbe. Esa es la razón por la que viniste. Si hubieses podido venir sin ellas no tendrías necesidad del instante santo. No vengas a él con arrogancia, dando por sentado que tienes que alcanzar de antemano el estado que sólo su llegada produce (T-18.IV.2:4-7).

> No te desesperes, pues, por causa de tus limitaciones [relacionadas con el cuerpo]. Tu función es escapar de ellas, no que no las tengas (M-26.4:1-2).

Así que no se nos pide que vivamos *sin* limitaciones, sino más bien que *escapemos* de la carga de culpa que nos habíamos impuesto *debido a* nuestras limitaciones. Este amoroso enfoque a nuestro ego es lo que nos permite por fin no tomarlo en serio, con lo cual nos desprendemos de él. Hablamos antes de la descripción que hace Jesús de este amoroso proceso de pasar más allá del cuerpo "al lugar de refugio" en nuestras mentes: es una meta que logramos "no mediante la destrucción ni mediante un escape, sino simplemente mediante una serena fusión" (T-18.VI.14:6).

Y así, las instrucciones de Jesús aquí en el libro de ejercicios se pueden tomar como simbólicas de cómo debemos mirar a la separación original. Recuerden nuevamente cómo todas las experiencias están ocurriendo simultáneamente: Puesto que no existe una jerarquía de ilusiones, sentirse culpable por haber pasado por alto un período de práctica no es diferente de sentirse culpable por haberse separado de Dios: una ilusión "pequeña" no es diferente de una "grande". Por otra parte, *las ideas no abandonan su fuente*, y la *idea* de sentirse culpable por algo a fin de cuentas tiene su *fuente* en la culpa de la mente por separarse de Dios. Por lo tanto, el aprender a perdonarnos a nosotros mismos por nuestro "fracaso" en amar a Dios al pasar por alto un período de práctica es, al mismo tiempo, el perdonarnos a nosotros mismos por nuestro "fracaso" en amarlo cuando creímos habernos separado de Él en el instante ontológico.

Retornando a la Lección 95, se nos provee un maravilloso ejemplo de cómo Jesús integra la *forma* de la lección con su *contenido*. Podemos observar aquí cómo él une su punto de pasar por alto períodos de práctica con el asunto mayor del perdón del error original, al conectarlo con el tema de la lección–"Soy un solo Ser, unido a mi Creador"–el cual refleja el principio de la Expiación de que la separación jamás sucedió:

> Cuando no cumples con los requisitos de este curso, estás simplemente cometiendo un error. Y lo único que ello requiere es corrección. Permitir que el error siga repitiéndose es cometer errores adicionales, que se basan en el primero y que lo refuerzan. Este es el proceso que debes dejar a un lado, pues no es sino otra manera de defender las ilusiones contra la verdad.
>
> Deja atrás todos estos errores reconociéndolos simplemente como lo que son: intentos de mantener alejado de tu conciencia el hecho de que eres un solo Ser, unido a tu Creador, uno con cada aspecto de la creación y dotado de una paz y un poder infinitos. Esto es la verdad y nada más lo es (L-pI.95.9:1–10:3).

Este error es un ejemplo de los estudiantes que creen haber abandonado la *forma* de sus antecedentes religiosos, sin embargo, todavía retienen el *contenido* subyacente de culpa, miedo y enjuiciamiento.

La facilidad con la cual los devotos espirituales pueden caer en rendirle culto a los rituales es ilustrada por este relato del Oriente. Desafortunadamente no conozco la fuente. Cierto gura solía reunir a sus discípulos todas las mañanas en su asaran para la meditación. Un gato que pertenecía a la comunidad gustaba de unirse a ellos también, para gran distracción de los demás. Así que el gura pidió que cada mañana antes de la meditación se atara el gato a un poste para que no perturbara a los meditados. Pasó el tiempo y el gura falleció, y también el gato falleció. La comunidad mientras tanto seguía con sus prácticas de meditación; sin embargo, los miembros mayores de la comunidad recordaban que el venerado gura había pedido que antes de la meditación se atase un gato a un poste. Por consiguiente, los miembros de la comunidad querían encontrar un gato para atarlo, de modo que las "instrucciones" del gura pudiesen continuaras. Obviamente, la *forma* se tragó el *contenido* muy práctico del propósito original que tuvo el gurú.

El poder de nuestra creencia en establecer el carácter sagrado de los rituales o de los objetos fue descrito también por Krishnamurti en la siguiente muy irónica instrucción sobre cómo convertir un objeto en algo sagrado:

Tome un pedazo de palo, colóquelo sobre la repisa de la chimenea y deposite una flor frente al mismo todos los días...y repita alguna palabras–"Coca-cola", "Amén", "Om", la palabra no importa–cualquier palabra que te guste.... Si lo haces, un mes después verás cuán santo se ha vuelto. Te has identificado con ese palo, con ese pedazo de piedra, o con ese pedazo de idea, y lo has convertido en algo sagrado, santo. Pero no lo es. Tú le has otorgado un sentido de santidad nacido del miedo...te has entregado, te has rendido ante algo, que tú consideras santo. La imagen en el templo no es más santa que un trozo de roca a la orilla del camino (*The Awakening of Intelligence [El despertar de la inteligencia]*, págs. 214-215).

Claramente, en este ejemplo, el centro de interés, repito una vez más, se ha pasado del *contenido* a la *forma*, con lo cual se ha hecho de la actividad algo sin sentido y engañosamente santo. Todo ese tiempo, el sistema de pensamiento de especialismo del ego, ubicado a salvo y con toda seguridad dentro de la mente del devoto, permanece inalterado, impenetrable por la "amenaza" del *contenido* de la verdad la cual ha sido exitosamente amurallada por el culto rendido a la *forma*.

La ética-moralidad: nuestra función especial

Introducción

Estudiantes serios de *Un curso de milagros* reconocen el perdón como el principio que guía su comportamiento en sus vidas cotidianas, y como el principio subyacente en la posición moral del Curso. Estrictamente hablando, toda moralidad es del ego, puesto que la misma se basa en ciertas normas prescritas de comportamiento o de conducta, todas adaptadas a lo que el cuerpo hace o no hace como expresión de la relación entre los yos B y C. Así como "una teología universal es imposible" (C-in.2:5), también lo es una moralidad universal, ya que los valores difieren de una cultura a otra, y con el tiempo cambian dentro de las culturas individuales en sí. Esta naturaleza relativa de la moralidad es prueba de que ningún sistema ético proviene de Dios, en Quien sólo puede existir la universal e inmutable realidad no-dualista de la verdad. Por lo tanto, es más apropiado hablar de la moralidad *no-normativa* o de la *nueva* moralidad de *Un curso de milagros*. Hemos visto cómo el tratamiento que el Curso le da al perdón (*contenido*) difiere radicalmente del tratamiento convencional, y por lo tanto, así tiene que ser también su manera de entender el comportamiento ético (*forma*).

En esta sección exploramos las diferencias entre *Un curso de milagros* y otras espiritualidades en lo que respecta al asunto de la moralidad, así como al ideal de esta nueva moralidad: el Maestro de Dios adelantado. Mediante el perdón a todos aquellos a quienes hemos visto como objetos de odio especial (aquellos a quienes tratamos como chivos expiatorios de nuestros pecados) o como objetos de nuestro amor (aquellos a quienes vemos como nuestros salvadores o de quienes sentimos que dependemos para nuestra salvación, paz y felicidad), encontramos la norma central para toda conducta de acuerdo con *Un curso de milagros*. Jesús se ha convertido en el modelo y símbolo de este perdón, y nos recuerda en el Curso que pensemos en él siempre que nos sintamos tentados a hacer del sufrimiento nuestro (o el de otro) el efecto condenatorio del pecado de alguna otra persona. Como nos dice él en dos pasajes, uno de los cuales cité parcialmente en el Capítulo Seis:

> Te he pedido encarecidamente que te comportes tal como yo me comporté, pero para eso tenemos que responder a la misma Mente. Esa Mente es el Espíritu Santo, Cuya Voluntad dispone siempre en favor de Dios. El Espíritu Santo te enseña cómo tenerme a mí de modelo para tu pensamiento, y, consecuentemente, a comportarte como yo (T-5.II.12:1-3).

> Es probable que hayas estado reaccionando durante muchos años como si te estuviesen crucificando. Esta es una marcada tendencia de los que creen estar separados, que siempre se niegan a examinar lo que se han hecho a sí mismos. La proyección implica ira; la ira alienta la agresión y la agresión fomenta el miedo. El verdadero significado de la crucifixión radica en la *aparente* intensidad de la agresión cometida por algunos de los Hijos de Dios contra otro. Esto, por supuesto, es imposible, y se tiene que entender cabalmente *que es* imposible. De lo contrario, yo no puedo servir de modelo para el aprendizaje (T-6.I.3).

Por consiguiente, emulando a Jesús como nuestro modelo y guía de cómo estar *en* el mundo y sin embargo saber que no somos *del* mundo (e.g., T-26.VII.4:5; basado en Juan 15:19; 17:14,16,18), hemos de ver nuestra única función aquí como la de demostrar que nuestros pecados de unos contra otros no han tenido efecto, y por lo tanto no existen. De ese modo es que el perdón sana. Una vez nuestras mentes están limpias del apego a mantener el sistema de pensamiento del ego, somos libres para ser dirigidos por la Voz amorosa del Amor del Espíritu Santo. Es esta libertad de la tiranía de la voz del ego lo que permite que todo nuestro comportamiento sea "moral" y amoroso. Así pues, cuando el amor tal como Dios lo creó ha sido elegido en nuestras mentes, todos nuestros pensamientos y, por consiguiente, nuestros actos inevitablemente serán amorosos. El perdón se convierte en el gran principio moral y ético que queremos seguir, pues el mismo remueve las barreras que le impusimos a nuestra conciencia y consecuentemente, a la extensión del amor que se refleja en el comportamiento que exhibimos en el sueño.

Ya he indicado que una de las secciones más importantes de *Un curso de milagros* es "Las leyes del caos", que se encuentra en el Capítulo 23 del texto. Después que se describe las cinco leyes básicas del ego, leemos: "Ninguna de las leyes del caos podría coaccionar a nadie a que creyese en ella, si no fuera por el énfasis que se pone en la forma y por el absoluto desprecio que se hace del contenido" (T-23.II.16:5). Este énfasis en la forma es el ingrediente esencial en el plan de "cortina de humo" del ego, pues éste refuerza continuamente la creencia de que la realidad es externa del cuerpo y, por consiguiente, distinta de Dios. En un nivel, pues, cualquier compromiso o apego con el cuerpo tiene que conducir a la futilidad, puesto que se trata de un compromiso con una ilusión inherente, no se diga que expresa nuestro ataque a Dios y a nuestro verdadero Ser al substituir esta realidad con una "parodia" o una "caricatura" de la misma. Sin embargo, debido a que hemos hecho real esta ilusión para nosotros mismos, como hemos visto, debemos comenzar donde creemos estar. Mediante el proceso del perdón, corregimos nuestras percepciones equivocadas una a una hasta que al fin hayamos desandado cada uno de nuestros pasos y hayamos regresado a la percepción errónea original–la separación de Dios y de nuestra Identidad como Cristo. Este deshacer está resumido en una hermosa exposición parcialmente citada en el Capítulo Cinco:

> El Espíritu Santo te lleva dulcemente de la mano, y desanda contigo el camino recorrido en el absurdo viaje que emprendiste fuera de ti mismo, conduciéndote con gran amor de vuelta a la verdad y a la seguridad de tu interior. Él lleva ante la verdad todas tus dementes proyecciones y todas tus descabelladas substituciones, las cuales ubicaste fuera de ti. Así es como Él invierte el curso de la demencia y te devuelve a la razón (T-18.I.8:3-5).

Nuestra función especial: una nueva moralidad

Como se ha mencionado, Jesús nos exhorta a *estar* en el mundo, mas a conocer que no somos *de* éste. "La función especial" en el Capítulo 25 es una de las secciones claves en el texto que se refiere a este asunto de la reinterpretación de las formas o símbolos del mundo, y provee uno de las exposiciones más claras al respecto en *Un curso de milagros.** El contexto es la relación especial que, como hemos visto, es el arma más poderosa del ego en su guerra contra Dios. En este sentido, pues, el especialismo se convierte en el símbolo del mundo físico entero, el cual el ego fabricó como un ataque al Amor de Dios. No debe sorprendernos que encontremos tal ambivalencia–amor especial y odio especial–en nuestra experiencia física aquí. Mas como creemos que este mundo de amor-odio es nuestra realidad, simbolizado, repito, por nuestras relaciones especiales, es dentro de este sistema de creencias que se tiene que hacer la corrección: "En la crucifixión está depositada la redención" (T-26.VII.17:1), Jesús nos enseña en el Curso, queriéndonos decir que es nuestro propio sistema se pensamiento de odio y muerte el que se convierte en la oportunidad para que aprendamos el perdón que en verdad nos redime de nuestro sistema de creencias. Examinemos brevemente esta sección, en la cual encontramos la fusión perfecta de la verdad metafísica con una dulce y amorosa corrección.

"La función especial" comienza con un replanteamiento del mensaje del Espíritu Santo al Hijo dormido, exhortándolo a que mire su "pecado" con ojos indulgentes, lavados con la gracia de Dios:

> La gracia de Dios descansa dulcemente sobre los ojos que perdonan, y todo lo que éstos contemplan le habla de Dios al espectador. Él no ve maldad, ni nada que temer en el mundo o nadie que sea diferente de él. … Él no se condenaría a sí mismo por sus propios errores tal como tampoco condenaría a otro. No es un árbitro de venganza ni un castigador de pecadores…. Y puesto que actúa en armonía con la Voluntad de Dios, tiene el poder de curar y bendecir a todos los que contempla con la gracia de Dios en su mirada (T-25.VI.1:1-2,4-5,8).

Por supuesto, el Hijo puede ser libre de su papel de vengador únicamente porque su Padre lo es, ya que lo que es cierto acerca de Uno lo es también para el otro. El amoroso mensaje del Espíritu Santo para el Hijo acerca de su inocencia refleja de ese modo la gracia de Dios: Su Amor tal como se experimenta dentro del sueño.

El Hijo, no obstante, rechaza este amor, al poner en movimiento el drama descabellado del especialismo, el cual comenzó con su relación especial original con Dios (como se discutió en el Capítulo Cuatro). De ese modo, se fabricó un mundo de especialismo, un mundo de sufrimiento, de

---

* Otra clara exposición puede encontrarse en la Lección 184 del libro de ejercicios, "El nombre de Dios es mi herencia", a la cual retornaremos al final del capítulo.

odio y de muerte. Es este mundo el que se convierte en el salón de clases del Espíritu Santo, Quien inspira una actitud de agradecimiento y de aprecio por nuestro aprendizaje del perdón, en contraste con el amargo resentimiento y la desesperación que generalmente caracteriza nuestra experiencia aquí, aunque de manera inconsciente.

La Voz de Amor del Espíritu Santo en nuestras mentes continuamente provee la corrección para la voz de odio del ego. Repito, como hemos visto, el Espíritu Santo realmente no hace nada; El sencillamente *es*, y esta Presencia de Amor puro, abstracto se transforma en nuestra mente en la corrección de perdón cuando se enfrenta con la falta de perdón del ego. Las relaciones especiales, cuando se traen ante el Espíritu Santo, se transforman en relaciones santas. Ambas son igualmente ilusorias, puesto que ambas están basadas en la separación, mas cuando se pone una al lado del otro–la culpa y el perdón–juntos se disuelven, y sólo queda la memoria del amor en la mente santa del Hijo, su altar se ha limpiado al fin. Cuando el mundo de la relación especial da paso a la relación santa, leemos, ésta se convierte en la morada de

> la percepción benévola que el Espíritu Santo tiene del deseo de ser especial: valerse de lo que tú hiciste para sanar en vez de para hacer daño. A cada cual Él le asigna una función especial en la salvación que sólo él puede desempeñar, un papel exclusivamente para él.... Aquí, donde las leyes de Dios no rigen de forma perfecta, él todavía puede hacer *una* cosa perfectamente y llevar a cabo *una* elección perfecta. Y por este acto de lealtad especial hacia uno que percibe como diferente de sí mismo, se da cuenta de que el regalo se le otorgó a él mismo y, por lo tanto, de que ambos tienen que ser necesariamente uno. El perdón es la única función que tiene sentido en el tiempo. Es el medio del que el Espíritu Santo se vale para transformar el especialismo de modo que de pecado pase a ser salvación.... Dios dispuso que el especialismo que Su Hijo eligió para hacerse daño a sí mismo fuese igualmente el medio para su salvación desde el preciso instante en que tomó esa decisión. Su pecado especial pasó a ser su gracia especial. Su odio especial se convirtió en su amor especial.... El Hijo de Dios no puede tomar ninguna decisión que el Espíritu Santo no pueda emplear a su favor, en vez de contra él. Sólo en la obscuridad parece ser un ataque tu deseo de ser especial. En la luz, lo ves como la función especial que te corresponde desempeñar en el plan para salvar al Hijo de Dios de todo ataque y hacerle entender que está a salvo, tal como siempre lo estuvo y lo seguirá estando, tanto en el tiempo como en la eternidad (T-25.VI.4:1-2; 5:1-4; 6:6-8; 7:5-7).

Nuestras vidas aquí toman ahora un nuevo significado, compartido con *todas* las criaturas quienes creen que están viviendo en el mundo. Esta función especial del perdón le corresponde a todo el mundo, aunque cada uno la logra dentro de las relaciones específicas que son únicas en *forma*, aunque son lo mismo en *contenido*. Por otra parte, el logro de nuestra función ocurre al invitar a Jesús a que contemple la relación especial unido a nosotros–i.e., sin juicio ni culpa. De esta manera, la luz nacida de nuestra colaboración con él desvanece con su resplandor las tinieblas del ataque y del odio, y nos deja únicamente la bendición del aprendizaje de que todos estamos perdonados por el pecado que jamás se cometió. Las relaciones especiales de nuestro mundo–la morada de nuestra culpa y nuestra vergüenza–se han convertido en los salones de clases a cuyas lecciones les damos la bienvenida con gozo y esperanza.

La actitud diferente hacia el mundo–de que a éste ni se le abandona (ascetismo) ni se le busca (libertinaje), sino que simplemente se le perdona–nos conduce hacia una nueva moralidad, como discutimos al comienzo de esta sección. Nuestra *función* en el mundo no es, por lo tanto, el alimentar al hambriento, liberar al oprimido ni servir a ninguna otra causa social o benéfica, aunque ciertamente nuestro comportamiento puede ser dirigido hacia eso por el Espíritu Santo. ¿Cómo podemos servir o ayudar a un mundo que no está ahí? Puesto que el mundo no existe, ni el cuerpo, ni ningún problema, cualquier posición u opinión moral sería caer en la trampa de *adjudicarle realidad al error* tal como hemos mencionado antes. No puede haber un comportamiento *correcto,* porque en verdad no existe cuerpo *alguno* que pueda comportarse correctamente. ¿Cómo, pues, podríamos juzgar adecuadamente cualquier comportamiento?

El centro de interés de *Un curso de milagros*, como hemos visto continuamente, radica en los *pensamientos* que conducen al comportamiento, y son estos pensamientos, y no la conducta, los que tienen que cambiar de modo que pueda ocurrir la sanación. Existe un paralelo muy interesante y bastante sorprendente, si consideramos la época en la cual se escribió, en el texto gnóstico del siglo II, los "Actos de Juan". Este opúsculo describe las legendarias actividades del "discípulo amado" posteriores a la crucifixión y resurrección de Jesús, y encontramos subrayado el mismo principio de *forma* y *contenido*. La escena es bastante rara, como es el caso con frecuencia en estos Actos apócrifos. Juan se encuentra con un joven quien ha asesinado a su padre por haber puesto objeciones a la relación sexual del hijo con una mujer casada. Juan resucita al padre, lo cual causa tal contrición en el joven que rápidamente éste se corta los genitales con una hoz y se los entrega a su amante, al tiempo que exclama: "Ahí tienes la…causa de todo esto". El joven informa orgullosamente a Juan lo que ha hecho, pero es rápidamente censurado por el apóstol:

> …aquel [el diablo] que te tentó a que mataras a tu padre y a que cometieras adulterio con la mujer de otro hombre, ha hecho también que te quitases los indisciplinables miembros *como si* esto fuese un acto virtuoso. Pero no debiste haber destruido el lugar de tu tentación, *sino el pensamiento que mostró su carácter mediante esos miembros indisciplinables*; pues no son esos órganos los que resultan dañinos al hombre, *sino las fuentes ocultas a través de las cuales cada emoción vergonzosa se agita y sale a la luz* (citado en *Love Does Not Condemn [El amor no condena]*, pág. 511; mis bastardillas).

Podemos entender que estas "fuentes ocultas" sean la creencia en la separación y la culpa resultante (el *contenido*) a la cual se refiere el texto al final como "pecados secretos y odios ocultos" (T-31.VIII.9:2)–los cuales se manifiestan en el comportamiento (la *forma*) diseñada para dar testimonio de la realidad de estos pensamientos, con lo cual se refuerza la creencia en lo mismos. Por lo tanto, corregir la forma sin deshacer el contenido no conduce a ninguna parte, como le señaló el apóstol a su joven amigo.

En el nivel de la mente, uno puede ciertamente hablar de "correcto" o "equivocado": un pensamiento "correcto" (lo que el Curso llama pensar con mentalidad correcta) es el perdón, la unión o la sanación; un pensamiento "equivocado" (pensar con mentalidad errada) es la separación, la culpa o el ataque. Estos, sin embargo, no son juicios morales, sino simplemente juicios basados en su efecto: un pensamiento de perdón conduce a la paz tan inevitablemente como un juicio de culpa conduce a la angustia. En un pasaje del capítulo final del texto, del cual he citado ya, este principio de causa y efecto es claramente enunciado:

> Solamente se pueden aprender dos lecciones. Cada una de ellas da lugar a un mundo diferente. Y cada uno de esos mundos [efecto] se deriva irremediablemente de su fuente [causa]. El mundo que ves es el resultado inevitable de la lección que enseña que el Hijo de Dios es culpable. Es un mundo de terror y desesperación. En él no hay la más mínima esperanza de hallar felicidad.…
>
> En el mundo que resulta de la lección que afirma que el Hijo de Dios es inocente no hay miedo, la esperanza lo ilumina todo y una gran afabilidad refulge por todas partes (T-31.I.7:1-6; 8:1).

Así que el énfasis de Jesús en *Un curso de milagros* es siempre en el nivel de la mente, donde radican el problema y la solución, y no en el mundo ilusorio. Es el *propósito* de nuestras acciones lo que les otorga significado o valor. Un ejemplo poderoso de esta enseñanza lo encontramos en el *Bhagavad Gita*, una de las perlas de las escrituras hindúes. El escenario es un campo de batalla donde parientes luchan en contra de parientes y es aquí donde el guerrero Arjuna dialoga con el Señor Krishna. Arjuna le pregunta si, dada su meta espiritual, el luchar en una batalla en contra de sus parientes es defendible, y la respuesta de Krishna constituye el corazón del *Gita*. Hablando dentro del marco de referencias no-dualista con el cual ahora estamos familiarizados, Krishna pregunta cómo podría Arjuna matar a alguien que ya está muerto, pues ¿cómo podrían morir los inmortales? (Los estudiantes de *Un curso de milagros* reconocerán esta línea citada en T-19.II.3:6). Si el dharma de Arjuna (el camino de su vida) es que sea un guerrero, le explica Krishna, entonces él debe ser el mejor guerrero que pueda ser; no porque el campo de batalla en sí sea santo, sino porque es el escenario en el cual él ha elegido aprender una lección espiritual. Igual que *Un curso de milagros*, el *Gita* no es claramente para los inmaduros espirituales que procuran utilizar las enseñanzas espirituales para justificar motivaciones del ego. (La Introducción de *Pocos eligen escuchar* y el Capítulo Catorce discute este asunto en mayor profundidad). Así pues, el *Gita* no está condonando el asesinato; más bien el propósito de su enseñanza es cambiar nuestra perspectiva del mundo, de modo que podamos entender mejor la diferencia entre la verdad y la ilusión. Es dentro de este mismo contexto que Jesús afirma, para repetir esta enseñanza tan importante:

> No trates, por lo tanto, de cambiar el mundo, sino elige más bien cambiar de mentalidad acerca de él (T-21.in.1:7).

Más adelante, se nos exhorta:

> Aprender este curso requiere que estés dispuesto a cuestionar cada uno de los valores que abrigas. Ni uno solo debe quedar oculto y encubierto, pues ello pondría en peligro tu aprendizaje (T-24.in.2:1-2).

Todos nuestros valores, por lo tanto, tienen que ser cuestionados a la luz de los principios metafísicos de la verdad y de la ilusión, lo cual nos ayuda a *entender* y a *experimentar* la relación causal entre la mente y el cuerpo. El lector puede percatarse, de manera importante, que Jesús no le pide a sus estudiantes que *renuncien* a sus valores, sino que tengan la disposición de cuestionarlos. Es en este espíritu que Jesús nos explica antes en el texto:

> Este curso no requiere casi nada de ti. Es imposible imaginarse algo que pida tan poco o que pueda ofrecer más (T-20.VII.1:7-8).

Simplemente se nos pide que consideremos la posibilidad de que hayamos estado equivocados en nuestros pensamientos, percepciones y valores, y de que Jesús haya tenido la razón. Y a cambio de este "pequeño" regalo, Jesús nos ofrece el regalo de su amor y su paz.

Este proceso de pasar de la mente errada a la mente correcta, y de cambiar nuestros pensamientos bajo la dirección de nuestro nuevo Maestro, se puede entender dentro del marco de referencia de figura-trasfondo que determina nuestras percepciones físicas. La sección "¿Cómo puede evitarse la percepción de grados de dificultad?" en el manual para el maestro, parte del cual hemos considerado ya, comienza con una descripción de la "percepción del mundo":

> Dicha creencia se basa en diferencias: en un trasfondo desigual y en un primer plano cambiadizo; en alturas disparejas y en tamaños variados; en grados variables de obscuridad y luz, y en miles de contrastes, en los que cada cosa vista compite con las demás para sobresalir. Un objeto más grande eclipsa a otro más pequeño. Una cosa más brillante llama más la atención que otra con menos poder de atracción (M-8.1:2-4).

En otras palabras, la forma en que nuestros ojos perciben el mundo externo es a través de un proceso de descartar aquello en lo cual no estamos interesados, mientras nos centramos en lo que sí nos interesa. De ese modo contrastamos lo que hemos juzgado como significativo y lo que no tiene sentido, rechazando lo segundo y aceptando lo primero en nuestra conciencia perceptual. Así por ejemplo, mientras estoy sentado aquí frente a mi computadora, los demás objetos que me rodean en la habitación son relativamente insignificantes y en su mayor parte no soy consciente de los mismos. Por otra parte, mi computadora y lo que estoy escribiendo constituyen mi centro de interés principal.

Aplicando este principio básico de la percepción al tema central de *Un curso de milagros*, podemos ver cómo cuando prestamos atención al ego y nos identificamos con su estrategia de hacer del Hijo un ser insensato (sin mente) entonces el cuerpo y el mundo se convierten en la figura–primer plano–mientras la mente retrocede tanto en el trasfondo que virtualmente pasa a ser algo desconocido. Es dentro de esta modalidad que nuestra atención se fija totalmente en nuestras necesidades y cómo nuestras relaciones especiales pueden satisfacerlas. Todo lo demás pierde importancia, sobre todo el sistema de pensamiento del perdón que desharía este especialismo. Sin embargo, cuando le pedimos ayuda a Jesús y compartimos sus percepción verdadera, entonces es el mundo el que retrocede hacia el trasfondo, y se convierte en el salón de clases en el cual nuestro único centro de atención son las lecciones de perdón.

Este cambio es el que da cabida a que la visión de Cristo determine la percepción a la cual Jesús se refiere como el juicio del Espíritu Santo. Es donde comenzamos a percibir con un juicio totalmente libre de condenación: nuestro hermano nos está expresando amor o nos lo está pidiendo. De cualquier forma, nuestra respuesta será amorosa: si me *expresas amor,* entonces como tu hermano en Cristo, sólo puedo responderte con amor; si, no obstante, mediante tu ataque me estás expresando tu miedo, el cual es de por sí una *petición del amor* que estás tratando de negar desesperadamente *porque* es la verdad (T-12.I.8; T-21.VII.5:14), entonces como tu hermano en Cristo sólo puedo responderte extendiéndote ese amor. Y así, de total conformidad con el *único* propósito de Jesús para nuestras vidas aquí, sin tomar en cuenta tu comportamiento, siempre respondo de una sola manera: extendiendo amor. Así pues, una vez más, mi única verdadera función es pedir su ayuda de modo que yo pueda perdonar. Al unirnos en este propósito Jesús y yo, la creencia de mi ego en la realidad de la separación y de intereses separados se deshace mediante la visión de Cristo. Esto deja únicamente Su Amor para que el mismo se extienda naturalmente a través de mí hacia el ahora-perdonado mundo, el cual he comprendido que es uno conmigo, el Hijo único de Dios. La Lección 270 del libro de ejercicios, "Hoy no utilizaré los ojos del cuerpo", resume bellamente este efecto bendito de la visión de perdón de Cristo:

> *Padre, la visión de Cristo es el don que me has dado, el cual tiene el poder de transformar todo lo que los ojos del cuerpo contemplan en el panorama de un mundo perdonado. ¡Cuán glorioso y lleno de gracia es ese mundo! No obstante, ¡cuánto más podré contemplar en él que lo que puede ofrecerme la vista! Un mundo perdonado significa que Tu Hijo reconoce a su Padre, permite que sus sueños sean llevados ante la verdad y aguarda con gran expectación el último instante de tiempo en el que éste acaba para siempre, conforme Tu recuerdo aflora en su memoria. Y ahora su voluntad es una con la Tuya. Ahora su función no es sino la Tuya Propia, y todo pensamiento salvo el Tuyo ha desaparecido.*

El sosiego de hoy bendecirá nuestros corazones y, a través de ellos, la paz descenderá sobre todo el mundo. Cristo se convierte en nuestros ojos hoy. Y mediante Su vista le ofrecemos curación al mundo a través de Él, el santo Hijo que Dios creó íntegro; el santo Hijo a quien Dios creó como uno solo (L-pII.270).

La apacible risa del camino intermedio

De la discusión anterior, claramente se desprende que sería una flagrante interpretación equivocada de *Un curso de milagros* creer que éste fomenta una vida de pasividad, de indiferencia y de descuidada falta de interés por los demás y sus necesidades. Ciertamente, la base para su defensa del interés compasivo no es la falsa empatía (T-16.I) basada en la percepción de que alguien ha sido victimado por una acción hostil o pecaminosa lo cual requiere que salgamos en defensa de esa persona y contra el agresor. Más bien, para reafirmar este importante punto, el deseo del victimario de herir a otro sólo le ocasionará angustia y culpa a ese mismo agresor, no se diga la misma angustia y culpa en el objeto de la agresión. En otras palabras, tanto la víctima como el victimario son parte de la Filiación, y el atacar a uno a expensas del otro es negar este hecho fundamental de la unidad y traicionar nuestra propia identidad como el Hijo único de Dios. No obstante, Jesús no está recomendando que no hagamos nada en términos de *comportamiento*. La distinción aquí entre indiferencia pasiva e intervención activa es crucial. Recordemos nuestro cimiento metafísico, al cual retornamos una y otra vez: *literalmente no hay nada ni nadie que exista fuera de nuestras mentes*. En este sentido, pues, Jesús podría verse en el Curso como adoptando una posición moderada entre pasividad y acción, formas diferentes del ascetismo y el libertinaje, aunque ambas comparten el mismo contenido subyacente de hacer el error real. Repito, sin embargo, las razones de Jesús serían distintas de las opiniones moderadas mantenidas tradicionalmente. La enseñanza "ética" de *Un curso de milagros* no se basa en consecuencias relativas a la conducta, debido a que cualquier posición tenazmente sostenida, por ejemplo, tiene que sustentar dogmáticamente que una forma de conducta, *en sí y de por sí*, es salvífica. Dicho de otro modo, el Curso se haría eco de la famosa línea de Hamlet: "...porque nada hay bueno ni malo si no lo hacemos así con el pensamiento" (II,ii).

En los Capítulos Nueve y Catorce exploraré en mayor profundidad algunos de los errores comunes que los estudiantes de *Un curso de milagros* han cometido al tratar de aplicar sus enseñanzas a experiencias y problemas específicos en el mundo. Por ahora todo lo que es necesario decir es que la *identificación egoísta* con cualquier causa, movimiento o preocupación en el mundo–personal o internacional–sólo puede deberse a esta confusión de forma y contenido, ilusión y verdad. Repito, el Hijo habrá caído en las mentiras del ego sobre lo que es real y lo que no lo es, dónde radica el problema y la solución por igual. El problema aquí es que ciertamente no parece ser el caso de que nuestra preocupación por el bienestar de los seres humanos, o por los miembros de los reinos vegetal y animal, no se diga por el planeta y el universo, sea una trampa del ego. Y sin embargo, ¿qué otra cosa podría ser tal preocupación cuando la misma está arraigada en la premisa de que hay peligro, dolor, angustia, o sufrimiento en el mundo? Es imposible cualquier tipo de transacción a tales efectos sin caer en la misma trampa en la cual han caído los más renombrados filósofos y teólogos del mundo.

Un curso de milagros puede parecer insensible al principio cuando se nos dice que éste no reconoce como problemas las mismas preocupaciones que la gente ha tenido desde los comienzos del tiempo: enfermedad, sufrimiento y muerte. Por otra parte, se nos dice en el contexto de la curación, que nuestras preocupaciones por "síntomas [que] siguen estando presentes" son realmente expresiones de *odio*, puesto que las mismas niegan la unidad de la realidad del amor:

> Una de las tentaciones más difíciles de reconocer es que dudar de la curación debido a que los síntomas siguen estando presentes es un error que se manifiesta en forma de falta de confianza. Como tal, es un ataque. Normalmente parece ser justamente lo contrario. No parece razonable, en un principio, que se nos diga que preocuparnos continuamente es un ataque. Tiene todas las apariencias de ser amor. Mas el amor sin confianza es imposible, ya que la duda y la confianza no pueden coexistir. Y el odio es lo opuesto al amor, sea cual sea la forma en que se manifieste (M-7.4:1-7).

Es aquí en presencia del dolor que observamos el pleno poder y astucia del sistema del ego. Una vez nos hemos engañado al creer que el mundo fenomenal es real, inevitablemente se tiene también que hacer real el sufrimiento físico y/o psicológico puesto que ambos se originan en el mismo sistema de pensamiento de la separación.

Sin embargo, debido a que creemos que nuestros cuerpos son el lugar de nuestra experiencia, *Un curso de milagros* no nos pide que neguemos nuestras experiencias corporales en este mundo, o que pasemos por alto las experiencias de otros. Tal negación o desaire simplemente le sirve al ego al haber hecho que algo terrible parezca real y externo a nuestras mentes, y luego convencernos de la necesidad de escapar del mismo encubriéndolo. Es así como se protege el pensamiento de culpa interno, que *es* el único problema, de modo que no pueda descubrirse y deshacerse. Como nos enseña Jesús en un importante pasaje que destaca su amorosa practicalidad, incluso en el contexto de un no-dualismo inexorable:

> El cuerpo es sencillamente parte de tu experiencia en el mundo físico. Se puede exagerar el valor de sus capacidades y con frecuencia se hace. Sin embargo, es casi imposible negar su existencia en este mundo. Los que lo hacen se dedican a una forma de negación particularmente inútil. En este caso el término "inútil" significa únicamente que no es necesario proteger a la mente negando lo no-mental [i.e., el cuerpo]. Si uno niega este desafortunado aspecto del poder de la mente, está negando también el poder mismo (T-2.IV.3:8-13).

De ese modo se nos pide que respetemos el poder de nuestras mentes para forjar ilusiones más poderosas que la verdad, de tal manera que con el tiempo podamos utilizar este poder para cambiar nuestra mentalidad sobre la verdad y la ilusión. Más adelante en el texto Jesús nos dice:

> Te amaré, te honraré y respetaré absolutamente lo que has hecho, pero no lo apoyaré a menos que sea verdad (T-4.III.7:7).

Mas, si bien no se nos pide que neguemos nuestra experiencia, nos pide, sin embargo, que *no* tomemos el mundo tan en serio, como se refleja en el incisivo pasaje que sigue el cual trata de la naturaleza onírica del mundo que ocasionamos, un mundo cuyo origen descansa en creer el cuento del ego cuando "el Hijo de Dios [se] olvidó de reírse" (T-27.VIII.6:2).

> No es fácil percibir tal ironía cuando lo que tus ojos ven a tu alrededor son sus graves consecuencias, mas no su frívola causa. Sin causa, sus efectos parecen ciertamente ser tristes y graves. Sin embargo, no son más que consecuencias. Su causa, en cambio, es lo que no es consecuencia de nada, al no ser más que una farsa.
>
> El Espíritu Santo, sonriendo dulcemente, percibe la causa y no presta atención a los efectos. ¿De qué otra manera podría corregir tu error, cuando has pasado por alto la causa enteramente? Él te exhorta a que lleves todo efecto temible ante Él para que juntos miréis su descabellada causa y os riáis juntos por un rato. *Tú* juzgas los efectos, pero *Él* ha juzgado su causa. Y mediante su juicio se eliminan los efectos. Tal vez vengas con los ojos arrasados en lágrimas, mas óyele decir: "Hermano

mío, santo Hijo de Dios, contempla tu sueño fútil en el que sólo algo así podría ocurrir". Y saldrás del instante santo riendo, con tu risa y la de tu hermano unida a la de Él (T-27.VIII.8:4–9:8).

La *causa* del sufrimiento del mundo no descansa en las formas físicas del sufrimiento que son meros efectos. La causa radica más bien en habernos dejado engañar por el ego en primer lugar. Aquí, pues, se nos pide que traigamos la mente de regreso al punto en el cual escuchamos la voz equivocada, y que elijamos de nuevo. Específicamente, entendemos esta petición como la directriz que nos da el Curso para todo comportamiento, pues se nos enseña que le traigamos al Espíritu Santo toda angustia y preocupación, y juntos con Él nos riamos de la tontería de haber creído que cualquiera de ellas podría tener un efecto en el Amor de Dios.

El mismo tema de la risa amorosa en presencia del dolor y de las lágrimas se reitera en un pasaje del libro de ejercicios el cual, si se saca del contexto, parece rudo y ciertamente carente de sentimientos. Propiamente entendido, sin embargo, en el contexto de nuestra discusión de la realidad y la ilusión, el pasaje expresa el tema de la salvación de *todas* las formas de sufrimiento y aflicción. El contexto inmediato es el sacrificio como la dinámica subyacente en todos los problemas:

> Nunca olvides que sólo te das a ti mismo. El que entiende el significado de dar, no puede por menos que reírse de la idea del sacrificio. Tampoco puede dejar de reconocer las múltiples formas en que se puede manifestar el sacrificio. Se ríe asimismo del dolor y de la pérdida, de la enfermedad y de la aflicción, de la pobreza, del hambre y de la muerte. Reconoce que el sacrificio sigue siendo la única idea que yace tras todo esto, y con su dulce risa todo ello sana (L-pI.187.6).

Repito, la clave de esta enseñanza es la *dulce risa* que compartimos con el Espíritu Santo que refleja la amorosa presencia *fuera* del sueño del mundo. Este amor es la presencia del principio de la Expiación que dulcemente corrige la seriedad de la respuesta del Hijo de Dios a la "diminuta y alocada idea" de estar separado de Dios.

De ese modo, no importa el comportamiento que tratemos de abrazar, bien sea por placer (salvación material) o por dolor (salvación religiosa mediante el sacrificio y el sufrimiento), o conducta que encontramos censurable en otros, nuestra tarea sigue siendo la misma: traerle al Espíritu Santo nuestra preocupación o deseo, pedir Su ayuda para mirar nuestro apego a ser sólo una manifestación de un pensamiento interno de culpa. Y es ese pensamiento el que necesita corrección; más específicamente, *es el haber escogido nosotros ese pensamiento lo que necesita deshacerse.* Y una vez nuestra culpa se ha desvanecido, "saldremos del instante santo riendo, con [nuestra] risa y la de [nuestro] hermano unida a la de El".

El principio de la salvación es sencillo; su aplicación universal, sin embargo, es difícil. Estamos hablando aquí del total deshacimiento del sistema defensivo que *nosotros* identificamos como necesario para la salvación y la preservación de nuestra existencia individual. Todas y cada una de las circunstancias de nuestras vidas que nos preocupan–*sin excepción*–pueden, por consiguiente, convertirse en una oportunidad para retornar a la raíz de esa preocupación. Únicamente una metafísica no-dualista pura puede presentar un plan de salvación así de simple:

> ¡Qué simple es la salvación! Tan sólo afirma que lo que nunca fue verdad no es verdad ahora ni lo será nunca. Lo imposible no ha ocurrido, ni puede tener efectos. Eso es todo (T-31.I.1:1-4).

Es un plan, repito, que no tiene excepciones, y es por eso por lo que no puede haber orden de dificultad en los milagros. Todos los milagros son iguales porque no existe una jerarquía de ilusiones. Así todas las ilusiones o problemas son iguales también, puesto que son manifestaciones de *un* error:

> Un solo problema, una sola solución. La salvación se ha consumado.…
> En esto reside la simplicidad de la salvación (L-pI.80.1:5-6; 5:6).

Por lo tanto, no es el mundo el que necesita redención, preservación o ingeniosos y dedicados planes para la paz. Es la *mente* que cree en un mundo así tan necesitado la que requiere redención. Esta es, entonces, la nueva moralidad de *Un curso de milagros*: actuar no debido a la preocupación o a una empatía erróneamente ubicada, sino motivados por el amor que *no sabe* de dolor o sufrimiento. Y desde ese lugar de amor en el interior de nuestras mentes, el amor actuará de por sí, y dirigirá nuestros cuerpos dulcemente a una interacción con el mundo, percibido ahora libre de ego y, por lo tanto, libre de problemas. Es una interacción como la que demostró la figura de Jesús cuando apareció en la Tierra; una interacción con los demás y con el mundo, que se apegaba sólo al Amor de Su Padre; un Amor que literalmente no hace nada, sino que simplemente *es*. De ese modo Jesús ejemplificó una manera de vivir en el sueño que él describe en este hermoso pasaje del texto:

> No hacer nada es descansar, y crear un lugar dentro de ti donde la actividad del cuerpo cese de exigir tu atención. A ese lugar llega el Espíritu

Santo, y ahí mora. Él permanecerá ahí cuando tú te olvides y las actividades del cuerpo vuelvan a abarrotar tu mente consciente. Mas este lugar de reposo al que siempre puedes volver siempre estará ahí. Y serás más consciente de este tranquilo centro de la tormenta, que de toda su rugiente actividad. Este tranquilo centro, en el que no haces nada, permanecerá contigo, brindándote descanso en medio del ajetreo de cualquier actividad a la que se te envíe. Pues desde este centro se te enseñará a utilizar el cuerpo impecablemente. Este centro, del que el cuerpo está ausente, es lo que hará que también esté ausente de tu conciencia (T-18.VII.7:7–8:5).

Desde esta nueva posición moral con respecto al dolor y al sufrimiento, podemos deducir conclusiones similares en lo que se refiere a los énfasis en el ascetismo y el apartarse del cuerpo y del mundo. Claramente, si el cuerpo es una ilusión, ¿*de* qué es que hay que apartarse? Además, el practicar cualquier forma de ascetismo, con la creencia de que eso es arrancar "el mundo, la carne y el diablo", simplemente refuerza la realidad del cuerpo, y de ese modo se cumple con el plan del ego para su salvación. Recordemos parte de la cita tomada del Capítulo 2 del texto: "No es necesario proteger a la mente negando lo no-mental [el cuerpo] (T-2.IV.3:12). Como se mencionara antes, mientras más ascéticamente exitosos son los aspirantes espirituales, más se enajenan al creer que realmente han logrado algo (mediante "la negación de lo no-mental"), mientras que todo el tiempo su culpa inconsciente permanece a salvo y segura en sus mentes, detrás de la armadura del cuerpo y, por lo tanto, se requiere de un esfuerzo mayor para deshacerla. Jesús comenta sobre este particular en dos lugares. Dice en el texto:

> Es extremadamente difícil alcanzar la Expiación luchando contra el pecado.... No es necesario tampoco que dediques toda tu vida a la contemplación, ni que te pases largos períodos de tiempo meditando con objeto de romper tu atadura al cuerpo. Todos esos intentos tendrán éxito a la larga debido a su propósito. Pero los medios son tediosos y requieren mucho tiempo, pues todos ven la liberación de la condición actual de insuficiencia y falta de valor en el futuro (T-18.VII.4:7,9-11).

Con nuestro sentido de indignidad y de insuficiencia hecho real, estas prácticas ascéticas se tornan casi contraproducentes. La Lección 155 del libro de ejercicios provee directrices prácticas para la vida en el mundo, y aboga por el camino intermedio entre el ascetismo y el libertinaje. La lección se dirige a todos los potenciales maestros de Dios:

Si la verdad exigiese que renunciasen al mundo, les parecería como si se les estuviese pidiendo que sacrificasen algo que es real. Muchos han elegido renunciar al mundo cuando todavía creían que era real. Y como resultado de ello se han visto abatidos por una sensación de pérdida, y, consecuentemente, no se han liberado. Otros no han elegido otra cosa que el mundo, y su sensación de pérdida ha sido aún mayor, lo cual no han sido capaces de entender.

Entre estas dos sendas hay un camino que conduce más allá de cualquier clase de pérdida, pues tanto el sacrificio como la privación se abandonan de inmediato. Este es el camino que se te pide recorrer ahora (L-pI.155.4:1–5:2).

Así pues, el elegir luchar en contra del cuerpo, o el elegir complacer al cuerpo, terminan como caras opuestas de la misma moneda:

El cuerpo ciertamente parecerá ser el símbolo del pecado mientras creas que puede proporcionarte lo que deseas. Y mientras creas que puede darte placer, creerás también que puede causarte dolor.... Es imposible tratar de obtener placer a través del cuerpo y no hallar dolor. Es esencial que esta relación se entienda, ya que el ego la considera la prueba del pecado. En realidad no es punitiva en absoluto. Pero sí es el resultado inevitable de equipararte con el cuerpo, lo cual es la invitación al dolor.... Este [el cuerpo] compartirá el dolor de todas las ilusiones, y la ilusión de placer se experimentará como dolor (T-19.IV-A.17:10-11; T-19.IV-B.12:1-4,7).

Para concluir esta sección podemos reafirmar su punto central: El "camino intermedio"–o nueva moralidad–de *Un curso de milagros* no tiene nada que ver con la conducta, y no aboga ni por el retiro ascético ni por la atracción física o psicológica; ni indiferencia pasiva ni intervención activa. Trata únicamente con la ausencia de culpa en la mente de uno, lo cual conduce inevitablemente a la ausencia de proyección–ataque y sufrimiento–en el mundo. Estos maestros de Dios, por lo tanto, no lucen diferentes de ningún otro, ni hacen nada diferente de ningún otro. La diferencia proviene de la paz y el gozo que sienten interiormente, como ya hemos visto en esta importante descripción del maestro de Dios:

Hay una manera de vivir en el mundo que no es del mundo, aunque parezca serlo. No cambias de apariencia, aunque sí sonríes mucho más a menudo. Tu frente se mantiene serena; tus ojos están tranquilos. Y aquellos que caminan por el mundo con la misma actitud que tú reconocen en ti alguien semejante a ellos.... Caminas por esta senda tal como otros lo hacen, mas no pareces ser distinto de ellos, aunque ciertamente lo eres (L-pI.155.1:1-4; 5:3).

Una lección anterior plantea el mismo punto:

El cuerpo es tu único salvador.... Esta es la creencia universal del mundo que ves. Hay quienes odian al cuerpo y tratan de lastimarlo y humillarlo. Otros lo veneran y tratan de glorificarlo y exaltarlo. Pero mientras tu cuerpo siga siendo el centro del concepto que tienes de ti mismo, estarás atacando el plan de Dios para la salvación...a fin de no oír la Voz de la verdad y acogerla como Amiga (L-pI.72.6:8; 7:1-4).

Por lo tanto, los verdaderos estudiantes de *Un curso de milagros* quienes aprenden y viven sus lecciones lucirán normales y actuarán normalmente; i.e., igual que sus compañeros estudiantes. No renunciarán necesariamente a ciertos alimentos particulares, a la sexualidad o al disfrute de una hermosa puesta de sol. Su vestimenta por lo general no será diferente, y podrían verse ayudando y consolando a las personas en aflicción. Lo que sí cambia, sin embargo, es el propósito que le adjudican a éstas y a otras actividades humanas. Las *formas* permanecen iguales; el *contenido* cambia. Si sus *formas* se alteran, es sólo para cumplir con el *contenido* del amor que les ha dirigido dulcemente. Continuamos con nuestra discusión del maestro de Dios en la próxima sección.

El ser un maestro de Dios avanzado

Comenzamos esta sección retornando a Platón, discutiblemente el primero, pero ciertamente el más influyente filósofo del mundo occidental. En honor a este gran visionario, así como para ilustrar los fuertes elementos platónicos en *Un curso de milagros*, utilizo a Platón como punto de referencia para nuestra discusión.

El ideal de Platón, hacia el cual apuntaba toda su filosofía, era el desarrollo de lo que él llamó el *filósofo-rey*, la persona quien a fuerza del éxito en su consecución de la virtud y de la "visión del bien", ahora podía gobernar sabiamente a su pueblo. Esto es análogo a lo que Jesús se refiere en *Un curso de milagros* como un *maestro de Dios avanzado* (véase, por ejemplo, M-4). El lector recordará mi mención anterior de la Alegoría de la caverna de Platón (antes mencionada en las págs. 112-115, donde el prisionero liberado (Sócrates) tenía como su misión o función–después de haber visto la verdadera luz y haber entendido la naturaleza ilusoria del percibido mundo de las sombras–iluminar a sus compañeros de prisión. Es en este contexto, por lo tanto, que leemos de la *República*:

Según eso, a nosotros que fundamos una república, nos incumbe obligar a los naturales excelentes a que se apliquen a la más sublime de todas las ciencias, a contemplar el bien en sí mismos y a elevarse hasta él por el escarpado camino de que hemos hablado; mas después que hayan llegado a él, y cuando lo hayan contemplado durante cierto tiempo, librémonos de permitirles lo que hoy se les permite… [i.e.,] Permanecer en el mundo superior, y rehusar volver abajo a los prisioneros en la caverna y compartir sus trabajos y recompensas, bien sean triviales o serias.

Se les dirá a los filósofos-reyes:

Descended, pues, todos y cada uno de vosotros, a la morada común; avezad vuestros ojos a las tinieblas que en ellas reinan; cuando os hayáis familiarizado con ellas, juzgaréis infinitamente mejor que los demás de las cosas que allí se ven, distinguiréis mejor que ellos los fantasmas de lo bello, de lo justo y del bien, porque en otra parte habéis visto la esencia de lo bello, de lo justo y de lo bueno.

En un pasaje anterior Platón habla acerca de estos filósofos-reyes–los verdaderamente sabios–quienes como "salvadores de nuestra sociedad" (VI 502d) ya no valoran la *apariencia* de lo Bueno, sino lo Bueno en sí; la realidad iluminada por la verdad y no las sombras. Lo que encontramos aquí es la visión que tiene Platón de lo que se llama el mundo real en *Un curso de milagros*:

La primera señal del espíritu filosófico consiste en amar apasionadamente la ciencia que puede llevarle al conocimiento de la esencia inmutable que ya dijimos, esencia inaccesible a las vicisitudes de la generación y de la corrupción…. el verdadero amante del conocimiento está naturalmente dotado para luchar en persecución del ser, y que no se detiene en cada una de las muchas cosas que pasan por existir, sino que sigue adelante, sin flaquear ni renunciar a su amor hasta que alcanza la naturaleza misma de cada una de las cosas que existen [i.e., las Ideas] y alcanza con aquella parte de su alma a que corresponde…librándose entonces, pero no antes, de los dolores de su parto, y obtiene conocimiento y verdadera vida y alimento verdadero…. Los objetos de su atenta contemplación son ordenados, están siempre del mismo modo, no se hacen daño ni lo reciben los unos de los otros y responden en toda su disposición a un orden racional, por eso ellos imitan a estos objetos y se les asimilan en todo lo posible…. De modo que, por convivir con lo divino y ordenado, el filósofo se hace todo lo ordenado y divino que puede serlo un hombre (VI 485b; 490b; 500c-d).

Un pasaje contraparte de *Un curso de milagros* describe esta misma visión reflejada de la verdad inmutable que es la única que brilla con la luz constante de la realidad:

> Siéntate sosegadamente, y según contemplas el mundo que ves, repite para tus adentros: "El mundo real no es así. En él no hay edificios ni calles por donde todo el mundo camina solo y separado. En él no hay tiendas donde la gente compra una infinidad de cosas innecesarias. No está iluminado por luces artificiales, ni la noche desciende sobre él. No tiene días radiantes que luego se nublan. No hay pérdidas. En él todo resplandece, y resplandece eternamente" (T-13.VII.1).

Como hemos visto, ahora la función del filósofo-rey o del maestro de Dios avanzado es ayudar a otros a alcanzar el mismo estado. La raíz etimológica de la palabra "educación" es *sacar fuera de*, lo cual entendemos como el proceso de ayudar a otras personas a abandonar sus yos nublados e ignorantes en aras de la luz del conocimiento que también reside dentro de ellos. Platón, por lo tanto, contrastaba la teoría popular de que la educación consiste en poner dentro de la mente un conocimiento que previamente no estaba ahí, con su propia teoría que enseña que el conocimiento:

> ...es la facultad de aprender existente en el alma de cada uno... [la cual] debe volverse, apartándose de lo que nace, hacia la contemplación de lo que es, hasta que pueda fijar sus miradas en lo que hay más luminoso en el ser; es decir, según nosotros, en el bien (VII 518c).

El nombre que Platón le dio a ese proceso de educación, es "dialéctica," cuya meta es lograr la visión del Bien. Esta visión está simbolizada en la Alegoría de la caverna por la capacidad final de poder mirar directamente al sol, que es el símbolo utilizado aquí por Platón para referirse a la Fuente de todo conocimiento y de la verdad. Se puede caracterizar por

> el órgano de la vista, que se eleva gradualmente del espectáculo de los animales al de los astros, y finalmente a la contemplación del mismo sol. Así, el que se aplica a la dialéctica, vedándose absolutamente el uso de los sentidos, se eleva exclusivamente por medio de la razón hasta la esencia de las cosas, y si prosigue sus indagaciones hasta haber captado con el pensamiento la esencia del bien, ha llegado al límite de los conocimientos inteligibles, como el que ve el sol ha llegado al límite del conocimiento de las cosas visibles (532a,b).

Este proceso de lograr la visión y la experiencia de la verdad es individualizado y ocurre internamente; no se puede "poner adentro" desde afuera. El propósito de cualquier programa externo, tal como la utópica República de Platón, es proveer la estructura y orientación que facilite el viaje interno del individuo. En los términos del Curso, hablaríamos del proceso de pedir la ayuda del Espíritu Santo para aprender a perdonar, y de ese modo pasar de la ilusión de nuestra existencia onírica en el cuerpo hacia la percepción verdadera, de ahí al mundo real, y finalmente despertar totalmente del sueño para recordar el Cielo que jamás abandonamos en realidad.

Y así Platón y Jesús estarían de acuerdo en que nuestra tarea no es enseñar a otros, ni ofrecerles una sabiduría o espiritualidad que a ellos les falta. Más bien, nuestra tarea–*nuestra única tarea*–es recordarles a los demás la verdad que ya radica en su interior, y por lo tanto, una verdad que ellos pueden elegir, al invertir su anterior decisión equivocada de preferir las ilusiones del ego en lugar de la verdad del Espíritu Santo. Cuando completamos Sus lecciones nos convertimos en maestros de Dios avanzados, Cuyo Amor y paz emanan de nuestra presencia misma, como emanaban de Jesús. Los maestros de Dios avanzados les sirven así a los demás como los recordatorios perfectos de que ellos, también, pueden elegir de nuevo: paz en lugar de conflicto, amor en lugar de miedo, al Espíritu Santo en lugar del ego. Las experiencias de dolor se reconocen, por lo tanto, como procedentes de la mente tomadora de decisiones, y no del cuerpo. Al simbolizar la elección correcta de la mente, estos santos maestros de Dios apelan a las mentes de aquellos que se sienten adoloridos para que elijan en contra de su desventura, y que en su lugar elijan la felicidad y la paz. Suyo, pues, es el silencio de la mente inocente que con su mera presencia acalla el ronco griterío de la culpa del ego, lo cual nos recuerda la maravillosa descripción que hace Shakespeare en "Cuento de invierno":

> El silencio de la inocencia pura persuade,
> A veces, cuando falla la palabra (II,ii).

Por lo tanto, es la queda, silente Voz de la verdad, la que habla a través del silencio del maestro de Dios, la que verdaderamente sana. Al hablar de los Hijos de Dios quienes dan testimonio de esta verdad, Jesús afirma:

> Los testigos de Dios se alzan en Su Luz y contemplan lo que Él creó. Su silencio es la señal de que han contemplado al Hijo de Dios, y en la Presencia de Cristo no tienen que demostrar nada, pues Cristo les habla de Sí Mismo y de Su Padre. Guardan silencio porque Cristo les habla, y son Sus palabras las que brotan de sus labios (T-11.V.17:6-8).

El maestro de Dios avanzado habla volúmenes, pero siempre en silencio, porque es la Voz de Cristo la que ha escuchado, y es a través de la Voz de Cristo que él habla. Y en esa única Voz de Amor y de verdad la Filiación se sana como una sola, vista ahora en la visión unificada de Cristo. Y así oramos mediante estas dos hermosas lecciones del libro de ejercicios, combinadas aquí como una sola:

Que se acalle en mí toda voz que no sea la de Dios.

El Espíritu Santo ve hoy a través de mí.

Padre, hoy quiero oír sólo Tu Voz. Vengo a Ti en el más profundo de los silencios para oír Tu Voz y recibir Tu Palabra. No tengo otra oración que ésta: que me des la verdad. Y la verdad no es sino Tu Voluntad, que hoy quiero compartir Contigo. Padre mío, Cristo me ha pedido un regalo, regalo éste que doy para que se me dé a mí. Ayúdame a usar los ojos de Cristo hoy, y permitir así que el Amor del Espíritu Santo bendiga todo cuanto contemple, de modo que la compasión de Su Amor pueda descender sobre mí.

Hoy no dejaremos que los pensamientos del ego dirijan nuestras palabras o acciones. Cuando se presenten, simplemente los observaremos con calma y luego los descartaremos. No deseamos las consecuencias que nos acarrearían. Por lo tanto, no elegimos conservarlos. Ahora se han acallado. Y en esa quietud, santificada por Su Amor, Dios se comunica con nosotros y nos habla de nuestra voluntad, pues hemos decidido recordarle. Hoy Cristo pide valerse de mis ojos para así redimir al mundo. Me pide este regalo para poder ofrecerme paz mental y eliminar todo terror y pesar. Y a medida que se me libra de éstos, los sueños que parecían envolver al mundo desaparecen. La redención es una. Al salvarme yo, el mundo se salva conmigo. Pues todos tenemos que ser redimidos juntos. El miedo se presenta en múltiples formas, pero el amor es uno (L-pII.254, 295).

Resumen

Un curso de milagros se puede ver no sólo como que habita un mundo metafísico diferente tal como lo hacen la mayoría de los sistemas espirituales, sino que también, con muy pocas excepciones, el Curso se distancia de ellos cuando de las prácticas religiosas y de las enseñanzas éticas se trata. He puntualizado esto varias veces en este libro, y ahora resumiré la posición de *Un curso de milagros* en lo que respecta a la vida espiritual y su práctica en el mundo.

El sacramento y el ritual juegan un papel muy importante en muchos sistemas religiosos o espirituales. Además de los sacramentos y rituales más obvios que uno encuentra en la iglesia católica, por ejemplo, podemos incluir la tradicional dependencia judía y cristiana en la Biblia como un libro *sagrado*, y las horas regulares (diarias, semanales, de temporadas) de rendir culto. En todas ellas la premisa subyacente es que el mundo es real, Dios está presente en él–al menos en ciertos lugares y en ciertos momentos–y que nuestro progreso espiritual se intensifica al manipular al mundo de alguna manera, y agradando a Dios en el proceso. Así que ahora encontramos la familiar confusión entre lo real y lo irreal: al considerar que el perfecto, eterno, e infinito Dios interviene de alguna manera en lo que ocurre en el mundo imperfecto, temporal y finito. Esta es la trampa común de hacer el error real al ver algún aspecto de nuestra experiencia aquí como perversa, y de la cual hay que escapar o, en el mejor de los casos, como un problema que hay que resolver aquí, bien sea mediante la intervención divina o la búsqueda de una vida virtuosa, ascética en armonía con los dictámenes divinos.

Por lo tanto, si bien *Un curso de milagros* parece estar de acuerdo con el pensamiento cristiano tradicional al buscar la ayuda del Espíritu Santo (o Jesús, Cristo, e incluso Dios), este acuerdo es sólo en el nivel del lenguaje. El contenido del Curso o su significado *no* radica en la búsqueda de ayuda externa (lo cual incluye aquella que parece proceder de lo divino) para problemas que deben resolverse en su propio nivel: en la mente. El papel de Jesús o del Espíritu Santo se relaciona con Su amorosa Presencia de la verdad *en nuestras mentes*, que nos *recuerda* el poder de esta mente para hacer una nueva elección. Al pedirles Su ayuda somos capaces de cambiar nuestra percepción (o interpretación) de lo que primero habíamos hecho real.

Este énfasis en la reinterpretación de las formas del mundo–cambiar el contenido de separación y ataque del ego por el significado de la unión a través del perdón–es esencial para la comprensión de algunas de las diferencias entre *Un curso de milagros* por una parte, y el cristianismo tradicional por la otra. El afirmar que el mundo es ilusorio no es decir que éste sea pecaminoso. Así que a diferencia de las iglesias, *Un curso de milagros* no enseña que "el mundo, la carne y el diablo" deben evitarse, complacerse o que debe lucharse en contra de los mismos. Más bien, su enseñanza central es que se perdone al mundo, y que nos sintamos agradecidos por su capacidad de ser un salón de clases en el cual podemos aceptar el regalo de perdón de Jesús. En un pasaje del Curso el cual a menudo se interpreta erróneamente, Jesús nos dice lo siguiente:

> La aseveración: "Porque tanto amó Dios al mundo que le dio Su unigénito Hijo, para que todo el que crea en Él no perezca, mas tenga vida eterna" [Juan 3:16] necesita solamente una leve corrección para que tenga sentido en este contexto: "Se lo dio *a* Su unigénito Hijo" (T-2.VII.5:14).

El contexto de esta cita es el propósito que tiene la Expiación para el tiempo (y por lo tanto el mundo). El mundo que Dios "nos dio" es el mundo real, el cual refleja el propósito del Espíritu Santo de ayudarnos a cambiar del propósito del ego para estar aquí–odio y separación–al del Espíritu Santo de perdón y unidad. Para aclarar cualquier confusión respecto a lo que él quiere decir aquí por el *mundo*, Jesús se refiere nuevamente a este pasaje en un capítulo posterior:

> He dicho antes [T-2.VII.5:14] que Dios amó tanto al mundo, que se lo dio a Su Hijo unigénito. *Dios ama ciertamente el mundo real* y aquellos que perciben la realidad de éste no pueden ver el mundo de la muerte, pues la muerte no forma parte del mundo real, en el que todo es un reflejo de lo eterno. *Dios te dio el mundo real* a cambio del mundo que tú fabricaste como resultado de la división de tu mente, el cual es el símbolo de la muerte. Pues si pudieses realmente separarte de la Mente de Dios, perecerías (T-12.III.8; mis bastardillas).

Así, repito, se nos exhorta a sentirnos agradecidos por nuestras relaciones en el mundo ilusorio, pues éstas sirven como el salón de clases en el cual podemos aprender verdaderamente que el mundo y su sistema de pensamiento subyacente *son* ilusorios. La Lección 195 del libro de ejercicios "El amor es el camino que recorro con gratitud" expresa de una manera hermosa el contraste entre la gratitud del ego por la separación y la gratitud del Espíritu Santo la cual nace de la curación. La lección termina como sigue:

> Nuestra gratitud allanará el camino que nos conduce a Él [Dios] y acortará la duración de nuestro aprendizaje mucho más de lo que jamás podrías haber soñado. La gratitud y el amor van de la mano, y allí donde uno de ellos se encuentra, el otro no puede sino estar. Pues la gratitud no es sino un aspecto del Amor, que es la Fuente de toda la creación. Dios te da las gracias a ti, Su Hijo, por ser lo que eres: Su Propia compleción y la Fuente del amor junto con Él. Tu gratitud hacia Él es la misma que

la Suya hacia ti. Pues el amor no puede recorrer ningún camino que no sea el de la gratitud, y ése es el camino que recorremos los que nos encaminamos hacia Dios (L-pI.195.10).

En una importante exposición del texto, citada ya, Jesús resume sucintamente la visión metafísica de *Un curso de milagros* y su actitud hacia el mundo fenomenal e ilusorio:

> El cuerpo no es el fruto del amor. Aun así, el amor no lo condena y puede emplearlo amorosamente, respetando lo que el Hijo de Dios engendró y utilizándolo para salvar al Hijo de sus propias ilusiones (T-18.VI.4:7-8).

Es aquí que vemos la divergencia central de *Un curso de milagros* de prácticamente todas y cada una de las espiritualidades que se han enseñado, pues refleja una metafísica puramente no-dualista que sin embargo *no* denigra, descarta, o deifica el cuerpo o el mundo físico. Puesto que *creemos* que el cuerpo y el mundo son reales, en sus enseñanzas en el Curso Jesús los trata *como si* fuesen reales, con lo cual ofrece un maravilloso ejemplo de su propia enseñanza de la Lección 184 del libro de ejercicios:

> Sería en verdad extraño si se te pidiese que fueses más allá de todos los símbolos del mundo y los olvidaras para siempre, y, al mismo tiempo, se te pidiera asumir una función docente. *Todavía tienes necesidad de usar lo símbolos del mundo. Mas no te dejes engañar por ellos. No representan nada en absoluto*, y éste será el pensamiento que en tus prácticas te liberará de ellos. Los símbolos no son sino medios a través de los cuales puedes comunicarte de manera que el mundo te pueda entender, pero reconoces que no son la unidad en la que puede hallarse la verdadera comunicación.
>
> Así pues, lo que necesitas cada día son intervalos en los que las enseñanzas del mundo se convierten en una fase transitoria: una prisión desde la que puedes salir a la luz del sol y olvidarte de la obscuridad. Ahí entiendes la Palabra, el Nombre que Dios te ha dado; la única Identidad que comparten todas las cosas; el reconocimiento de lo que es verdad. *Y luego vuelves a la obscuridad, no porque creas que es real, sino sólo para proclamar su irrealidad usando términos que aún tienen sentido en el mundo regido por la obscuridad.*
>
> *Usa todos los nombres y símbolos nimios que caracterizan el mundo de la obscuridad. Mas no los aceptes como tu realidad.* El Espíritu Santo se vale de ellos, pero no se olvida de que la creación tiene un solo Nombre, un solo Significado y una sola Fuente que une a todas las cosas dentro de Sí Misma. Usa todos los nombres que el mundo da a esas cosas,

pero sólo por conveniencia, mas no te olvides de que comparten el Nombre de Dios junto contigo (L-pI.184.9-11; mis bastardillas).

Cuando se entiende propiamente, el mensaje central de perdón de *Un curso de milagros* no comete el error de creer en la realidad del mundo fenomenal, lo cual se reforzaría con el odio al cuerpo, y reflejaría la necesidad inconsciente y el apego que el ego tiene a que se perpetúe por lo menos alguna semblanza de la creencia en la realidad del mundo material y del cuerpo. En el nivel metafísico (Nivel I), no existe nadie afuera a quien haya que perdonar. Sin embargo, en el nivel de nuestra experiencia (Nivel II), nuestra proyectada culpa interna *parece* estar presente en otra persona. Y por lo tanto, es con esa experiencia de atacar a otros que tenemos que comenzar el proceso del perdón.

La meta de Jesús para sus estudiantes es que éstos se conviertan en maestros de Dios avanzados lo cual, como hemos visto, es aproximadamente análoga a la noción platónica del filósofo-rey. A ambas figuras se les pide que estén totalmente presentes para el mundo y sus habitantes, para que sean mensajeros y modelos. Una vez se ha logrado el recuerdo de la verdad, ésta se convierte en la meta para toda la gente. Del mismo modo que el prisionero de Platón debe regresar de la luz a despertar a sus compañeros prisioneros encadenados aún en la obscuridad, así Jesús nos pide en *Un curso de milagros* que seamos instrumentos de la extensión de esa luz para el mundo:

> Te has unido a mí [Jesús] en tu relación [santa] para llevarle el Cielo al Hijo de Dios, que se había ocultado en la obscuridad. Has estado dispuesto a llevar la obscuridad a la luz, y eso ha fortalecido a todos los que quieren permanecer en la obscuridad.... Tú que eres ahora el portador de la salvación, tienes la función de llevar la luz a la obscuridad.... Y partiendo de esa luz, los Grandes Rayos [de Cristo] se extenderán hacia atrás hasta la obscuridad y hacia adelante hasta Dios, para desvanecer con su resplandor el pasado y así dar lugar a Su eterna Presencia, en la que todo resplandece en la luz (T-18.III.6:1-2; 7:1; 8:7).

Una diferencia principal entre *Un curso de milagros* y el cristianismo tradicional se puede encontrar en cómo se ve a la persona ideal. Los más religiosamente orientados generalmente se ven a sí mismos en el papel de salvadores, cuya misión es salvar el mundo. Aquellos que no aceptan el mensaje salvador son condenados a muerte y al infierno, para ser castigados por su ignorancia en la conflagración final. En *Un curso de milagros*, sin embargo, Jesús ve el papel de la persona ideal primordialmente como un maestro, sin que haya recompensas o castigos de lo alto, que no sean las experiencias *internas* de dicha o de dolor que son la consecuencia inevitable de la aceptación o de la negación de la verdad. De ese modo, el Curso es estrictamente consistente en su énfasis de que se vea que *todos* los problemas y *todas* las preocupaciones existen únicamente dentro de nuestras mentes. El problema jamás está "allá afuera", sino que siempre radica en nuestros propios pensamientos y percepciones. Por lo tanto, únicamente mediante la aceptación total de la corrección a la *creencia* en la realidad del mundo, puede uno liberarse de la misma. Es esta consistencia de principios metafísicos con la aplicación práctica lo que constituye la contribución única del Curso a la espiritualidad contemporánea, y lo que nos permite entender el significado de la meta que Jesús tiene para los maestros de Dios.

Conclusión

EL SER BONDADOSO

Hemos concluido la exploración de las enseñanzas de *Un curso de milagros,* centrándonos tanto en sus principios metafísicos como en su aplicación práctica. Al final, por supuesto, nada del mensaje inspirador de Jesús al mundo–su hermoso lenguaje, su brillante lógica y sus benditas palabras de amor–significa nada en absoluto si el mensaje no se vive y se practica. Es por eso por lo que Jesús nos presenta en el texto la importante aseveración que sigue, citada anteriormente, la cual se puede tomar como una advertencia a todos sus estudiantes de que *no* repitan los errores de los últimos dos mil años de tratar de enseñar su mensaje sin primero haber tratado de aprenderlo para sí mismos:

No enseñes que mi muerte fue en vano. Enseña, más bien, que no morí, *demostrando que vivo en ti* (T-11.VI.7:3-4; mis bastardillas).

En otras palabras, enseñamos el mensaje de Jesús acerca del deshacimiento del sistema de pensamiento de muerte del ego, *viviendo* nuestras vidas fundamentadas en sus enseñanzas de perdón. Esto deshace las lecciones de odio, de ataque y de asesinato del ego, y de ese modo demostramos la eficacia del mensaje de Jesús–no por medio de palabras, sino con nuestra vida:

Se puede enseñar de muchas maneras, pero ante todo con el ejemplo (T-5.IV.5:1).

Este principio de enseñar lo que primero hemos aceptado para nosotros mismos se articula de manera hermosa en la Lección 154 del libro de ejercicios, "Me cuento entre los ministros de Dios", donde nuevamente se puede ver a Jesús exhortando a sus estudiantes a que no hagan de sus enseñanzas algo que ellos suelen hacer, sino más bien a que sean aquello en lo que *tratan* de *convertirse:*

Hay una diferencia fundamental en el papel que desempeñan los mensajeros del Cielo que los distingue de los mensajeros del mundo. Los mensajes que transmiten van dirigidos en primer lugar a ellos mismos. *Y es únicamente en la medida en que los pueden aceptar para sí que se vuelven capaces de llevarlos aún más lejos, y de transmitirlos allí donde se dispuso que fueran recibidos.* Al igual que los mensajeros del mundo, ellos no escribieron los mensajes de los que son portadores, pero se convierten, en rigor, en los primeros que los reciben, a fin de prepararse para dar (L-pI.154.6; mis bastardillas).

La incapacidad para practicar verdaderamente los bondadosos principios de perdón que promulga *Un curso de milagros*, que estudian y a veces incluso enseñan, ha sido tal vez la más seria flaqueza entre sus estudiantes. La segunda parte de este libro, *Pocos eligen escuchar*, discute cómo a menudo los estudiantes ocultan su sistema de pensamiento de especialismo bajo un disfraz de orientación espiritual o de amistad. De ese modo, están prestos a recordarle a alguien que está sufriendo o que está de luto, por ejemplo, que el cuerpo y la muerte son ilusiones y defensas en contra de la verdad, y así por qué no, exhortan a los miembros de la familia o amigos, a que simplemente cambien de mentalidad. La ausencia de una simple bondad es, desafortunadamente, obvia para todos excepto para el estudiante del Curso que hace los pronunciamientos espirituales. En este respecto, siempre recuerdo la película clásica *Lost Horizon (Horizonte perdido)*, la adaptación que se hizo en el 1938 de la maravillosa novela de James Hilton. Como recordarán muchos lectores, al comienzo de la película Conway, el protagonista cuyo papel representó Ronald Coleman, es secuestrado y traído a Shangri-La, una comunidad paradisíaca en las Himalayas, cuyos habitantes no envejecían. Él fue traído allí para que se convirtiera en su nuevo líder, puesto que el Lama–su fundador e inspiración orientadora–se está preparando para morir. En uno de los momentos más memorables de la película, el Lama le pronuncia un discurso a Conway, en el cual le explica el origen y propósito de su utópico oasis. Es una escena inspiradora, y su punto culminante aparece en la siguiente exposición sinóptica, extraordinaria por sus palabras proféticas que, aunque nos resulte triste decirlo, se han visto más que cumplidas en las décadas que han pasado desde que por primera vez se pronunciasen en la pantalla.

> Me llegó en una visión hace mucho, mucho tiempo. Vi a todas las naciones fortaleciéndose, no en sabiduría, sino en las pasiones vulgares, y en el deseo de destruir. Vi cómo el poder de las máquinas se multiplicaba hasta que un solo hombre armado podía enfrentarse a un ejército completo. Preví un tiempo en que el hombre, triunfante en la técnica de matar, se enfurecería tanto con el mundo que todo libro, todo tesoro estaría condenado a la destrucción. Esta visión fue tan vívida y tan conmovedora que decidí reunir todas las cosas de la belleza y de la cultura que pudiese, y protegerlas aquí contra la debacle hacia la cual el mundo se está precipitando.

Contempla el mundo de hoy. ¿Hay algo que merezca más compasión? ¡Qué locura, qué ceguera, qué liderazgo más carente de inteligencia, una masa humana que huye, chocando los unos con los otros, apoyados por una orgía de avaricia y brutalidad! Tiene que llegar el momento... en que esta orgía se agote a sí misma, cuando la brutalidad y la lujuria por el poder tengan que perecer por su propia espada.... Para cuando ese día llegue, el mundo tiene que comenzar a buscar una nueva vida, y es nuestra esperanza que la puedan encontrar aquí, pues aquí estaremos con sus libros, y su música, y un estilo de vida basado en una simple ley: *Sé bondadoso*. Cuando ese día llegue, es nuestra esperanza que el amor fraternal de Shangri-La se esparcirá a través de todo el mundo. Sí... cuando los fuertes se hayan devorado unos a otros, la ética cristiana se logrará al fin y los mansos heredarán la tierra.

¿Qué podría ser más simple, y sin embargo, qué hay que sea más difícil? Puesto que nuestros pensamientos acerca de Dios no fueron bondadosos en aquel instante original de la separación, todo lo que siguió después en el holograma del tiempo y del espacio no podía ser otra cosa que no fuese crueldad; *las ideas no abandonan su fuente*–la crueldad tiene que conducir a la crueldad. La *pequeña dosis de buena voluntad* que Jesús afirma repetidamente que es todo lo que el Espíritu Santo nos pide, se puede entender mejor como la voluntad de ser bondadoso; o quizás mejor, la voluntad de que se nos enseñe a ser bondadosos. En aquel instante ontológico–el comienzo del sueño fantasmagórico del ego–cuando pusimos nuestro deseo egoísta de individualidad por encima de todo lo demás, la bondad se perdió para nosotros y olvidamos que "La Bondad [nos] creó bondadoso[s]" (L-pI.67.2:4). Y es por eso por lo que necesitamos aprender de Jesús, el único que simboliza y ejemplifica esta bondad del Cielo para nosotros, cómo ser bondadosos con los demás y con nosotros mismos. En el pasaje inspiradoramente poético con el cual concluye *El canto de oración*, leemos la siguiente exhortación que nos hace Dios Mismo:

Así pues, devuélveme tu santa voz ahora. El canto de oración está mudo sin ti. El universo aguarda tu liberación porque es la suya propia. *Sé bondadoso con él y contigo mismo, y luego sé bondadoso Conmigo.* Sólo te pido esto: que te consueles y que no vivas más en el terror y el dolor. No abandones el Amor. Recuerda esto: pienses lo que pienses acerca de ti mismo, pienses lo que pienses acerca del mundo, tu Padre necesita de ti y te llamará hasta que al fin regreses a Él en paz (S-3.IV.10; mis bastardillas).

Y así, emulando la amorosa bondad de nuestro Creador y tratando en verdad de ser bondadosos unos con otros aquí–nacida de no ver los intereses de ningún otro separados de los nuestros–reflejamos la decisión de nuestra mente de estar dispuesta a aprender cuán equivocados estábamos al creer que reteniendo el amor nos haríamos más fuertes. Al aprender a aceptar la consistente bondad de Jesús hacia nosotros, sólo desearíamos que esa misma bondad se extendiese a través de nosotros. Como él nos dice:

> Extiende la mano y recibe el regalo de dulce perdón que le ofreces a aquel que tiene tanta necesidad de él como tú. Y permite que el cruel concepto que tienes de ti mismo sea intercambiado por otro que te brinda la paz de Dios (T-31.VII.5:6-7).

Esta simple norma del Lama de Shangri-La–*Sé bondadoso*–debe ser también el principio orientador de los estudiantes de *Un curso de milagros* al procurar aprender y practicar las enseñanzas de perdón de Jesús. De esta manera se deshace nuestra ególatra creencia en la necesidad de la ira y del juicio, y la reemplaza la dulce bondad que Jesús nos ha ofrecido siempre. Al repasar el hermoso poema en prosa *The Gifts of God (Los regalos de Dios)*, releemos las consoladoras palabras de Jesús al exhortarnos a que aceptemos sus bondadosos regalos de misericordia a cambio de nuestros crueles regalos de odio:

> Entrégame esas cosas sin valor [de calumnia] en el instante en que las veas a través de mis ojos y entiendas el costo de las mismas. Luego deshazte de estos sueños amargos tal como percibes que son ahora pero sólo eso, y nada más que eso.
>
> Los recibo de ti con alegría, y los deposito junto a los regalos que Dios ha depositado sobre el altar erigido a Su Hijo. Y éstos te los entrego a ti para que ocupen el lugar de los que tú me entregas por piedad de ti mismo. Estos son los regalos que te pido, y sólo éstos. Pues al abandonarlos, te acercas a mí, y puedo entonces llegar como tu salvador. Los regalos de Dios están en mis manos, para entregarlos a cualquiera que quisiese intercambiar el mundo por el Cielo. Sólo necesitas invocar mi nombre y pedirme que acepte el regalo de la angustia de las manos anhelantes, que quieren posarse en las mías, que han abandonado las espinas y tirado los clavos muy lejos al renunciar jubilosamente uno a uno a los pesarosos regalos terrenales. En mis manos está todo lo que anhelas y necesitas y has esperado hallar entre los destartalados juguetes terrenales. Los tomo todos de ti y desaparecen. Y resplandeciente en el lugar donde éstos una vez estuvieron hay un portal hacia otro mundo a través del cual

hacemos nuestra entrada en el Nombre de Dios (*The Gifts of God [Los regalos de Dios]*, págs. 118-119).

Con estos pensamientos en nuestros corazones y con estas oraciones en nuestros labios, proseguimos nuestro viaje con Jesús, ofreciéndole bondad al Hijo de Dios quien es nuestro hermano tanto como nuestro Ser. *Un curso de milagros* provee la estructura perfecta para este viaje: Jesús la mano consoladora que asegura nuestros pasos a lo largo del camino, y la bondad el principio cotidiano que nos ayuda a recordar Quien transita junto a nosotros por el camino que nos conduce desde el especialismo a través del perdón, y hacia adelante hasta la paz de Dios.

PARTE DOS

POCOS ELIGEN ESCUCHAR

Introducción

HUMILDAD FRENTE A ARROGANCIA

Esta parte–La Parte Dos de *El mensaje de Un curso de milagros*–es la continuación lógica de *Todos son llamados* y, como se explicara en la Introducción a esa parte, ésta podría ciertamente llevar el subtítulo yuxtapuesto al que se sugirió para la primera parte: "Lo que *Un curso de milagros* **no** dice". Su centro de interés no radica realmente en lo que el Curso enseña, puesto que esa es la carga de la primera parte, sino más bien en las formas en que los estudiantes han entendido que *Un curso de milagros* dice algo que éste simplemente no dice ni significa; en otras palabras, ellos eligen *no* escuchar su mensaje. En este sentido, *Pocos eligen escuchar* es una guía para evitar errores. Así pues, mi propósito en esta segunda parte es guiar a los estudiantes en cómo evitar ciertos errores o confusiones potenciales al leer, estudiar y poner en práctica las enseñanzas de *Un curso de milagros* en sus vidas cotidianas. El dejar a un lado esos errores, se espera, ayudará a despejar el camino para que los estudiantes sean más accesibles al "cuidado y la dirección especial del Espíritu Santo" (M-29.2:6).

Las interpretaciones equivocadas de sus estudiantes han conducido a conclusiones, tanto teóricas como prácticas, directamente opuestas a lo que *Un curso de milagros* realmente enseña. En un nivel no deberíamos esperar que fuese distinto. Partiendo de nuestra discusión en *Todos son llamados*, podemos reconocer el tremendo apego que tienen los egos en mantener las creencias que refuerzan y apoyan su sistema de pensamiento y su existencia misma. Estas creencias incluyen, en una u otra forma y por muy sutilmente que se practiquen, el que hagamos real el error de la separación. El prescindir de nuestro apego a perpetuar este error es deshacer el cimiento mismo del sistema de pensamiento del ego.

Así pues, en general, podemos ver que estos errores de comprensión son defensas en contra de la verdad que encontramos en el Curso. Como señala Jesús en *Un curso de milagros*, y como lo he recalcado yo, cuando el ego se enfrenta a la amorosa verdad del Espíritu Santo se aterra, pues la verdad de nuestra realidad como el Hijo de Dios es la mayor amenaza a la integridad de su sistema de pensamiento. El Curso explica:

> Es muy probable...que el ego te ataque cuando reaccionas amorosamente, ya que te ha evaluado como incapaz de ser amoroso y estás contradiciendo su juicio.... En este caso es cuando pasa súbitamente de

la sospecha a la perversidad, ya que su incertidumbre habrá aumentado. ... Permanece receloso mientras te desesperes contigo mismo. Pasa a la perversidad cuando decides no tolerar más tu auto-degradación e ir en busca de ayuda. Entonces te ofrece como "solución" la ilusión del ataque.... Cuando el ego se siente amenazado, su única elección estriba en si atacar ahora o retirarse para atacar más tarde.... Aun la más leve indicación de tu realidad expulsa literalmente al ego de tu mente ya que deja de interesarte por completo.... El ego no escatimará esfuerzo alguno por rehacerse y movilizar sus recursos en contra de tu liberación (T-9.VII.4:5,7; T-9.VIII.2:8-10; 3:4; 4:2,5).

Por lo tanto, si el ego no puede atacar directamente–porque el Hijo encontraría que eso es totalmente inaceptable–entonces se "retira" para atacar más tarde a través de la distorsión, su forma de resistencia pasiva. De ese modo el ego sigue el axioma: "Si no los puedes vencer únete a ellos". Incapaz de convencernos de que *no* nos dediquemos a *Un curso de milagros*, el ego no obstante es capaz de distorsionar las enseñanzas del Curso lo suficiente como para permitir que su verdad sea opacada, con lo cual se protege al sistema de creencias del ego de que jamás se examine abiertamente y honradamente. Jesús nos pide a cada uno de nosotros en el Curso: "sé muy honesto contigo mismo...pues no debemos ocultarnos nada uno al otro" (T-4.III.8:2). Así que tenemos que mirar estos errores y traerlos ante su amor, *después* de lo cual nos liberamos de ellos. Sin ese examen honesto, la verdad permanecerá obstruida, y se le "prohibirá" a su luz que penetre los portales ocultos de la tenebrosa mente del ego, donde con toda seguridad sanaría nuestros pensamientos errados. En su introducción al cuarto repaso en el libro de ejercicios, Jesús exhorta a sus estudiantes a que miren y entiendan sus defensas como parte de la preparación para la aplicación de la verdad en sus vidas cotidianas (L-pI.rIV.in.1:1):

> Comencemos nuestra preparación tratando de entender las múltiples formas tras las que se puede ocultar muy cuidadosamente la falta de verdadero perdón. Puesto que son ilusiones, no se perciben simplemente como lo que son: defensas que te impiden ver y reconocer tus pensamientos rencorosos. Su propósito es mostrarte otra cosa y demorar la corrección mediante auto-engaños diseñados para que ocupen su lugar (L-pI.rIV.in.3).

Este miedo a la verdad conducente a la defensa de la distorsión tiene asombrosos paralelos con los inicios de la historia del cristianismo, donde los seguidores de Jesús bien claramente cambiaron sus enseñanzas para ajustarlas a su propio miedo y a su culpa. Como Jesús comenta en el texto, al referirse específicamente a la referida interpretación "invertida" que le dieron a su crucifixión:

Si interpretas la crucifixión de cualquier otra forma [i.e., que no sea un acto amoroso y *no* sacrificatorio], la estarás usando como un arma de ataque en vez de como la llamada a la paz para la que se concibió. Con frecuencia, los Apóstoles la interpretaron erróneamente, por la misma razón que otros lo hacen. Su propio amor imperfecto les hizo ser vulnerables a la proyección, y, como resultado de su propio miedo, hablaron de la "ira de Dios" como el arma de represalia de Este. No pudieron hablar de la crucifixión enteramente sin ira porque sus propios sentimientos de culpabilidad habían hecho que se sintiesen indignados. … No quiero que dejes que se infiltre ningún vestigio de miedo en el sistema de pensamiento hacia el que te estoy guiando (T-6.I.14; 16:2).

Finalmente, podemos recordar de nuevo la aseveración del Curso:

Aprender este curso requiere que estés dispuesto a cuestionar cada uno de los valores que abrigas. Ni uno solo debe quedar oculto y encubierto, pues ello pondría en peligro tu aprendizaje (T-24.in.2:1-2).

Esta importante enseñanza se refiere a nuestra disposición de generalizar totalmente los principios del Curso, sin excepción. El proteger cualquier situación o creencia de su inexorable no-dualismo, es hacer real algún aspecto del mundo ilusorio. Un estudiante serio de *Un curso de milagros* reconoce el carácter absoluto de su sistema de pensamiento. Cito nuevamente una de las aseveraciones de Jesús acerca de su Curso:

Este curso o bien se creerá enteramente o bien no se creerá en absoluto. Pues es completamente cierto o completamente falso, y no puede ser creído sólo parcialmente (T-22.II.7:4-5).

Casi todos los errores que los estudiantes cometen con respecto al Curso son el resultado de lo que yo suelo llamar a veces confusión de niveles; esto es, no entender la importante distinción *y* entrelazamiento entre los niveles metafísico (Nivel I) y práctico (Nivel II) en que está escrito *Un curso de milagros*. Es del carácter metafísico absoluto del sistema de pensamiento del Curso que sus enseñanzas prácticas de perdón derivan su poder y significado.

Por lo tanto, tenemos que tener cuidado de no traer la verdad a la ilusión, sino más bien traer nuestras creencias ilusorias a la verdad que *Un curso de milagros* nos ofrece. Esto requiere una apertura dentro de nosotros mismos a examinar nuestros apegos a perpetuar el sistema de pensamiento del ego.

Los errores que vamos a discutir finalmente resultan de la renuencia inconsciente de traer nuestros miedos al Amor y a la verdad del Espíritu Santo.

Esta segunda parte del libro, por lo tanto, está escrito en el mismo espíritu de *Un curso de milagros* en sí. Como les explica Jesús a sus estudiantes, el Curso no tiene como propósito que aprendamos lo que es positivo o verdadero, sino más bien que *des*aprendamos el sistema de pensamiento confuso que el ego nos ha enseñado con el fin de ocultar y opacar la verdad. Así pues, por ejemplo, justo al principio del Curso, y ciertamente hasta el final, se nos instruye:

> Este curso no pretende enseñar el significado del amor, pues eso está más allá de lo que se puede enseñar. Pretende, no obstante, despejar los obstáculos que impiden experimentar la presencia del amor, el cual es tu herencia natural (T-in.1:6-7; bastardillas omitidas).

> Tu tarea no es ir en busca del amor, sino simplemente buscar y encontrar todas las barreras dentro de ti que has levantado contra él. No es necesario que busques lo que es verdad, pero *sí* es necesario que busques todo lo que es falso (T-16.IV.6:1-2).

> La función de los maestros de Dios es llevar al mundo el verdadero aprendizaje. Propiamente dicho, lo que llevan es un *des*-aprendizaje, que es a lo único que se le puede llamar "verdadero aprendizaje" en este mundo (M-4.X.3:6-7; mis bastardillas).

Por lo tanto, un importante tema de esta segunda parte del libro es recalcarles nuevamente a los estudiantes de *Un curso de milagros* que a ellos *no* se les pide que traigan la verdad del Amor de Dios a las ilusiones de culpa y miedo del ego, sino más bien que traigan la obscuridad del especialismo de su ego a la luz del perdón de Jesús. En otras palabras, los estudiantes son alentados por Jesús a que le traigan la creencia en la realidad de sus problemas *a él*, en lugar de pedir o exigir que él resuelva los problemas *para ellos*, o que satisfaga sus necesidades específicas.

El lector quizá recuerde nuestra discusión en *Todos son llamados* (pág. 111) acerca de las personas sentadas en una sala de cine, cuando súbitamente la imagen en la pantalla comienza a saltar hacia arriba y hacia abajo. Nadie en el teatro esperaría que la gerencia corriera a la pantalla y tratara de remediar el problema allí. En lugar de eso iría al cuarto de proyección generalmente *no visto* o *inadvertido* ubicado en la parte posterior de la sala de cine, donde radica la falla bien en el proyector de películas, o en la película en sí que pasa a través del proyector. Sólo entonces se podría resolver en verdad el problema de la imagen defectuosa sobre la pantalla.

En esta analogía, la pantalla representa nuestras vidas externas y nuestro comportamiento, el cuarto de proyección representa nuestras mentes, y el proyector en sí representa la capacidad de la mente para proyectar (o extender) la película, lo cual representa a su vez o el sistema de pensamiento del ego o el del Espíritu Santo, lo cual depende de nuestra elección. Por lo tanto, el problema jamás radica en la forma o en el comportamiento de lo que percibimos o experimentamos (la imagen en la pantalla), sino que siempre radica en el contenido de nuestras mentes, los pensamientos con los cuales elegimos identificarnos (la película que pasa por el proyector).

En *La psicoterapia: propósito, proceso y práctica*, Jesús hace el mismo planteamiento en el contexto de la enfermedad del cuerpo (la pantalla) y la falta de perdón de la mente (cuarto de proyección, proyector y película):

> Estos testimonios que traen los sentidos tienen un solo propósito: justificar el ataque y de esta manera conservar la falta de perdón sin reconocerla como lo que es. Cuando se la ve sin disfraz resulta intolerable. Sin protección no podría soportarse. Aquí [en la mente] se atesoran todas las enfermedades, pero sin reconocer que es así. Pues cuando no se reconoce una falta de perdón, la forma que toma parece ser algo distinto. Y ahora es ese "algo distinto" [el síntoma físico] lo que parece aterrorizar. *Pero no es el "algo distinto" lo que se puede sanar. No está enfermo, y no necesita remedio. Concentrar tus esfuerzos sanadores aquí no es más que futilidad. ¿Quién puede sanar lo que no esta enfermo y aliviarlo?* (P-2.VI.4; mis bastardillas)

Si no nos gusta cómo nos sentimos acerca de algo que acontece en nuestras vidas, o en las vidas de aquellos con quienes nos identificamos, *Un curso de milagros* nos está enseñando que vayamos a la fuente de nuestra aflicción: la decisión que nuestras mentes han tomado de elegir el ataque del ego en lugar del perdón del Espíritu Santo. Si nuestra elección es el ego, la culpa resultante será lo que se proyecta desde la mente sobre un mundo que percibimos fuera de la misma y que inevitablemente está repleto de miedo, desesperanza y desesperación. Si se elige al Espíritu Santo, por otra parte, la paz resultante será lo que la mente ha extendido, y es esta paz y esta dicha lo que permanecerá con nosotros sin importar lo que parezca ser externo a nosotros. Este mundo, el cual se experimenta sin miedo y resplandeciente de esperanza, es el mundo que el Hijo inocente percibe. Esto es así aun cuando él se encuentre en Auschwitz, pues la paz no procede desde fuera de la mente en el mundo externo, sino de lo que es cierto y estable en el mundo inocente interno, llamado el *mundo real* en el Curso. Es esta realidad la que envuelve con su amor a la Filiación entera.

Por lo tanto, Jesús no nos ofrece ayudarnos a resolver nuestros problemas externos, ni a eliminar los miedos que experimentamos en nuestras vidas diarias, sino más bien él nos está enseñando cómo unirnos a él en el deshacer de las *causas* de nuestro miedo, las cuales yacen en la decisión de la mente de estar separada de él y por consiguiente de Dios. Él afirma en un pasaje parcialmente citado en *Todos son llamados*, en lo que originalmente iba dirigido a Helen Schucman, escriba de *Un curso de milagros*:

> Deshacer el miedo *es* tu responsabilidad. Cuando pides que se te libere del miedo, estás implicando que no lo es. En lugar de ello, deberías pedir ayuda para cambiar las condiciones que lo suscitaron. Esas condiciones siempre entrañan el estar dispuesto a permanecer separado.... Si me interpusiese entre tus pensamientos y sus resultados, estaría interfiriendo en la ley básica de causa y efecto: la ley más fundamental que existe. De nada te serviría el que yo menospreciase el poder de tu pensamiento. Ello se opondría directamente al propósito de este curso (T-2.VI.4:1-4; T-2.VII.1:4-6).

Retornamos a la analogía de nuestra pantalla de cine y replanteamos este punto esencial: La agitada imagen sobre la pantalla es el *efecto* del funcionamiento defectuoso localizado en la cabina de proyección, lo cual constituye la verdadera *causa* del problema. Y por eso Jesús exhorta a sus estudiantes a prestar cuidadosa atención a la decisión de su mente de ser infeliz, y a corregir esa *causa*, en lugar de continuamente buscar la ayuda de él para remediar el *efecto*, lo cual finalmente no tiene sentido en absoluto. Así que él no está tanto enseñándoles a sus estudiantes lo bueno acerca de ellos (aunque ciertamente muchos, muchos hermosos pasajes en el Curso describen esta verdad), sino más bien ayudándoles a que reconozcan sus propias decisiones egoístas equivocadas, de modo que ellos puedan ahora tomar las decisiones correctas con él. Su ruego repetido a través de *Un curso de milagros* de que elijamos nuevamente refleja la necesidad de elegirlo a él como nuestro maestro en lugar del ego. Y por eso él exhorta a todos sus estudiantes: "Renuncia ahora a ser tu propio maestro.... pues te enseñaste muy mal" (T-12.V.8:3; T-28.I.7:1).

La premisa subyacente de esta segunda parte del libro es que al ayudar a los estudiantes de *Un curso de milagros* a que eviten ciertas equivocaciones–el haber elegido al ego como su maestro en lugar de elegir a Jesús, tal vez sin siquiera saber que lo habían hecho–sus mentes quedarán claras y receptivas. Y así, para retornar al tema central de esta Introducción, entonces le permitirían que el Espíritu Santo les enseñase en la forma más apropiada y útil. Sin embargo, si las personas tienen la certeza de que ellos *sí* entienden (cuando en realidad *no* es así), entonces jamás se abrirán a aprender o a pedir la ayuda del Curso, creyendo que ya no hay nada más que aprender. Este importante punto está subrayado en el siguiente pasaje del libro de ejercicios, relacionado con contemplar a los objetos de una manera fresca, una vez se eliminan las ideas preconcebidas sobre los mismos:

> Nadie cuestiona lo que ya ha definido. Y el propósito de estos ejercicios es hacer preguntas y recibir respuestas (L-pI.28.4:1-2).

Y si no formulamos la pregunta correcta, ¿cómo es posible que escuchemos la respuesta? La respuesta siempre está ahí en nuestras mentalidades correctas, pero sin la pregunta adecuada formulada por nuestro tomador de decisiones, la respuesta de perdón del Espíritu Santo no tiene sentido y es totalmente improcedente para nosotros.

Así pues, el lector que yo espero esté leyendo esta segunda parte del libro es alguien que viene con una mente abierta, tras haber elegido *escuchar* a Jesús más bien que desear hablarle; es el estudiante con apertura mental quien ha elegido la humildad de querer aprender, en lugar de haber elegido la arrogancia de creer que el aprendizaje ya se ha consumado y que es perfecto. Retornaré a este importante tema de la humildad en un capítulo posterior, pero por ahora quisiera relacionarlo con el famoso cuento de los seis ciegos y el elefante.

Cada uno de los ciegos del cuento toca una parte diferente del elefante –trompa, colmillo, costado, pata, rabo u oreja– y luego equivocada y arrogantemente proclama que el elefante es, respectivamente, como una culebra, una lanza, una pared, un árbol, una soga o un abanico. No conoce nada más excepto su muy limitada percepción, y tontamente confía en que esta experiencia perceptual sea válida. Sabemos por *Un curso de milagros* que la percepción es una mentira, puesto que se hizo para ocultar y para proteger la mentira original de la separación y la dualidad del sistema de pensamiento del ego. Este sistema de pensamiento a su vez se hizo para ocultar la verdad de la Expiación: la separación jamás sucedió en verdad. Por lo tanto, Jesús repetidamente exhorta a sus estudiantes a que *no* confíen en sus cuerpos y sus percepciones. En un nivel, en el mejor de los casos, nuestros órganos sensoriales proveen reflejos limitados de la "verdad" externa; en otro nivel, en el peor de los casos, proveen una distorsión total de la verdad real que es nuestra realidad espiritual, no-material. En un lugar en el texto, hablando del "transeúnte" que es el sistema de pensamiento del ego al que le han dado la bienvenida en sus mentes en lugar de la verdad,

Jesús les imparte una advertencia a sus estudiantes. El lector debe recordar nuestra discusión de este importante pasaje en el Capítulo Tres:

No le preguntes a ese transeúnte: "¿Qué soy?". Él es la única cosa en todo el universo que no lo sabe. Sin embargo, es a él a quien se lo preguntas, y es a su respuesta a la que deseas amoldarte. Este pensamiento torvo y ferozmente arrogante, y, sin embargo, tan ínfimo y carente de significado que su pasar a través del universo de la verdad ni siquiera se nota, se vuelve tu guía. A él te diriges para preguntarle el significado del universo. Y a lo único que es ciego en todo el universo vidente de la verdad le preguntas: "¿Cómo debo contemplar al Hijo de Dios?" (T-20.III.7:5-10)

Por lo tanto, son los estudiantes equivocados y arrogantes de *Un curso de milagros* quienes proclaman la "verdad" acerca del Curso desde una información muy limitada que les ha llegado a través de lo que su historia pasada y sus percepciones presentes les han enseñado que es verdadero. Y son estos estudiantes quienes ya no están abiertos a que se les enseñe la plenitud de esa verdad, e incluso resienten que se les diga que el elefante no es lo que ellos creen, *porque su experiencia ha parecido ser tan real y por consiguiente válida.* Tomando prestadas las imágenes de las páginas iniciales de *El canto de oración,* podemos decir que estos estudiantes están dispuestos a conformarse con una simple parte de la canción, cuando podrían tener la canción completa en su lugar (S-1.I.3). Discutí esto en *Todos son llamados* (pág. 199), y el lector debe recordar las palabras de Jesús a sus estudiantes en el libro de ejercicios: "No pides demasiado de la vida, al contrario, pides demasiado poco" (L-pI.133.2:1), una advertencia que tiene eco en el texto: "Aquí [el mundo] el Hijo de Dios no pide mucho, sino demasiado poco" (T-26.VII.11:7). Discutiremos en el próximo capítulo que una de las motivaciones primarias detrás del dictado de *El canto de oración* fue el deseo de Jesús de ayudar a los estudiantes de su Curso a no conformarse con menos que el todo que él les ha prometido.

Al igual que cualquier otro gran texto espiritual, *Un curso de milagros* se puede entender en muchos niveles diferentes. Se ha dicho acerca de la joya hindú el *Bhagavad Gita* que si bien su mensaje es para todos, la comprensión que del mismo tengan las personas equivaldrá a sus diversos estados de desarrollo espiritual. Lo mismo podría decirse acerca de *Un curso de milagros*, y por eso no importa dónde estén los estudiantes en su viaje espiritual, siempre encontrarán algo de valor en sus páginas. Y en la medida en que crezcan espiritualmente, así se abrirán progresivamente para ellos los tesoros del Curso.

Por lo tanto, los estudiantes pueden trabajar con *Un curso de milagros* de la manera que ellos elijan, y en cualquier nivel en el cual se sientan cómodos, según se sientan guiados por el Espíritu Santo. Y su comprensión y el beneficio que derivan de su estudio es la propia justificación del mismo. Sin embargo, sería un error para ellos concluir, de nuevo como los ciegos con el elefante, que su nivel de comprensión constituía la realidad o la verdad del Curso. Una vez eso sucede, hemos visto que se ha cruzado la línea de la humildad a la arrogancia. A medida que su capacidad para entender se ampliare, estos estudiantes podrían entonces absorber más y más de la riqueza del Curso. Pero si creen que el agua contenida en su pequeño vaso es el océano, entonces jamás aprenderán sobre la amplitud del océano y su verdadera naturaleza. Lo mismo ocurre con *Un curso de milagros*, si los estudiantes creen que su limitado entendimiento *es* el Curso, entonces su aprendizaje se estancará y su potencial para aprender se limitará. Es para ayudar a los estudiantes a que se liberen de esa pequeñez a expensas de su verdadera magnitud lo que, en último análisis, constituye la meta de esta segunda parte del libro.

Pocos eligen escuchar se divide en capítulos que reflejan las diferentes clases de errores que los estudiantes son propensos a cometer. Comenzamos con una discusión de los tres libros de *Un curso de milagros* en sí, y cómo cada uno es una parte importante de su currículo integrado. Esto incluye también un examen de los dos suplementos que fueron tomados con posterioridad al Curso –*La psicoterapia: propósito, proceso y práctica* y *El canto de oración*– y su relación con *Un curso de milagros*. A este capítulo le siguen a su vez discusiones del uso que hace el Curso del lenguaje; los papeles que desempeñan Jesús y el Espíritu Santo, y se incluye la importante distinción entre forma y contenido, la pertinencia o falta de ésta de los grupos que estudian *Un curso de milagros*, con referencia específica a la unión de los estudiantes en redes, comunidades, iglesias, etc., y finalmente, una discusión sobre el hacer real el error y los peligros de minimizar al ego. Una nota final: Probablemente ya sea aparente mediante esta Introducción que existe algún traslapo entre *Todos son llamados* y *Pocos eligen escuchar*. Esto es inevitable, puesto que la discusión de los malentendidos en torno a *Un curso de milagros* necesita a menudo algún tratamiento de lo que éste dice en verdad. Así pues, algunos temas comunes importantes terminan discutiéndose en ambas partes, y algunos pasajes del Curso también se presentan en ambos lugares.

Capítulo 8

UN CURSO DE MILAGROS
Un currículo integrado

Introducción

Desde el principio, *Un curso de milagros* se concibió como un currículo integrado, y Jesús siempre le dejó claro a su escriba Helen Schucman que los tres libros del Curso jamás se debían separar (sin mencionar el que jamás se debían compendiar o resumir), y que el éxito en la compleción de su currículo dependía del estudio y de la práctica que los estudiantes llevasen a cabo del texto, libro de ejercicios y manual para el maestro. La secuencia de estudio en sí, sin embargo, quedaba a discreción del estudiante individual y del Espíritu Santo:

> El programa de estudios es sumamente individualizado, y todos sus aspectos están bajo el cuidado y la dirección especial del Espíritu Santo (M-29.2:6).

Claramente, repito, Jesús concibió su Curso como una obra integrada en la cual cada libro tenía su propio sitio en particular, lo cual hace una contribución única al aprendizaje y crecimiento del estudiante, además de estar integrado a los otros dos libros. Así, pues, por ejemplo, el libro de ejercicios comienza con la siguiente exposición:

> Para que los ejercicios de este libro tengan sentido para ti, es necesario, como marco de referencia, disponer de una base teórica como la que provee el texto. Es la práctica de los ejercicios, no obstante, lo que te permitirá alcanzar el objetivo del curso. Una mente sin entrenar no puede lograr nada. El propósito de este libro de ejercicios es entrenar a tu mente a pensar según las líneas expuestas en el texto (L-in.1).

En el contexto de convertirse en un maestro de Dios, el término con el cual Jesús se refiere a sus estudiantes, el manual afirma:

> [El maestro de Dios] no puede adjudicarse a sí mismo ese título hasta que haya completado el libro de ejercicios, ya que estamos aprendiendo dentro del marco de este curso (M-16.3:7).

Por otra parte, a través de *Un curso de milagros* Jesús promulga sus enseñanzas dentro de la estructura de un currículo definido. Los libros se refieren el uno al otro mediante la premisa no verbalizada pero claramente implícita de que el estudiante ha estado o está trabajando con ellos, o por lo menos se ha familiarizado con todos los tres libros y con la importancia que cada uno desempeña en el currículo como un todo.

En este capítulo examinaremos cada uno de los tres libros del Curso separadamente, y además consideraremos la relación que hay entre ellos. Comenzamos, sin embargo, con una breve consideración generalizada de la enseñanza básica de *Un curso de milagros* de modo que podamos ver cómo los tres libros contribuyen a la comprensión e integración de su mensaje pedagógico. Para el lector interesado en una discusión más profunda de las enseñanzas del Curso, se le recomienda cualquiera de las publicaciones hechas por la *Foundation for A Course in Miracles® (Fundación para Un curso de milagros®)*, incluyendo, por supuesto, la primera parte de este libro, *Todos son llamados*.

Ya hemos citado la aseveración del principio del texto que en efecto resume el propósito íntegro de *Un curso de milagros*:

> Este curso *no pretende* enseñar el significado del amor, pues eso está más allá de lo que se puede enseñar. *Sí pretende*, no obstante, despejar los obstáculos que impiden experimentar la presencia del amor, el cual es tu herencia natural (T-in.1:6-7; mis bastardillas).

Jesús nos enseña en el Curso que la verdad acerca de quiénes somos es nuestra Identidad como Cristo, y que ésta, en efecto, jamás ha cambiado. Lo que *sí* ha cambiado, sin embargo, es nuestra creencia en esa Identidad y nuestra identificación con este Ser. Este cambio ocurrió cuando, como un solo Hijo, pareció que nos quedamos dormidos y creímos que nuestro sueño de separación era la realidad. Más significativamente aún, el centro de este sueño demente es que hemos cubierto en verdad esta luz de Cristo con capas sobre capas de defensas–nuestras relaciones especiales–las cuales nos "protegen" de esta verdad.

Las principales defensas que el ego emplea para lograr su propósito de retener su identidad separada e individualizada son la negación (o represión) y la proyección. La *negación* hace que nos tornemos insensatos (sin mente), debido a lo cual olvidamos, primero, el haber elegido quedarnos dormidos y luego, segundo, nuestra continua decisión de permanecer en ese estado de enajenación. La *proyección* continúa la estrategia defensiva del ego al ubicar el contenido de nuestras mentes–el sistema de pensamiento ilusorio de separación y especialismo del ego–fuera de nosotros en el mundo y cuerpo igualmente ilusorios. Así que ahora vemos en otros–o en nuestros yos personales y físicos–la decisión de la mente de estar separada de Dios que no deseamos ver dentro de nuestras propias mentes. El hacerlo, por supuesto, nos obligaría a asumir responsabilidad por esta decisión que el ego califica como pecado, lo cual nos conduciría a cambiar la decisión a favor del ego por otra a favor del Espíritu Santo.

Debe recalcarse aquí que si bien estas dinámicas de negación y proyección parecen operar en secuencia, en verdad ocurren simultáneamente, de modo que es imposible la una sin la otra. En otras palabras, una vez la culpa se hace real tiene que negarse, y automática e inevitablemente proyectarse fuera de la mente, o sobre el cuerpo de otro (ataque) o sobre el propio cuerpo de uno (dolor y enfermedad).

Nuestra tarea, por lo tanto, es permitirle al Espíritu Santo o a Jesús–por medio del milagro–que nos enseñe a recordar quiénes somos, retornando a nuestra conciencia el poder de nuestras mentes para elegir entre los dos sistemas de pensamiento que se excluyen mutuamente: el del ego y el del Espíritu Santo. El perdón es el medio a través del cual se logra este readiestramiento de la mente a medida que pasamos por el proceso–paso a paso–de aprender a eliminar las capas ilusorias de especialismo del ego las cuales obstruyen nuestra "conciencia de la presencia del amor" *en* nuestro Ser y *como* nuestro Ser.

Dicho sencillamente, pues, el texto–en gran profundidad y detalle–nos explica esta situación paradógica de estar "en nuestro hogar en Dios, [mas] soñando con el exilio" (T-10.I.2:1): cómo esta creencia demente en la separación pareció surgir en nuestras *mentes*, cómo se mantiene en nuestras *mentes* y cómo se deshace al fin en nuestras *mentes*. *Un curso de milagros* es de ese modo, como dice el texto, un currículo de "entrenamiento mental" (T-1.VII.4:1) diseñado para ayudarnos a cambiar nuestro sistema de pensamiento del sistema del ego al del Espíritu Santo.

El libro de ejercicios para estudiantes provee un adiestramiento de un año que procura enseñarnos, mediante los ejercicios diarios, que ciertamente tenemos una mente que cree que puede pensar estos pensamientos. Además de esto, se nos enseña que podemos cambiar estos pensamientos, al permitir que el sistema de pensamiento de perdón del Espíritu Santo reemplace al sistema de pensamiento de ataque y juicio del ego.

El manual para el maestro entre otras cosas, nos recuerda lo que significa en verdad ser un maestro de Dios, el término que utiliza el Curso, repito, para referirse a aquellos que se dedican a *Un curso de milagros* como su camino espiritual. Se incluyen enseñanzas específicas relacionadas con la manera en que un maestro reacciona y actúa en el mundo. Aquí el énfasis claro no radica en el comportamiento, sino en el cambio de mentalidad del maestro-estudiante el cual permite que la mente sea guiada por Jesús o el Espíritu Santo, y no por el ego.

Pasamos ahora a un breve examen de cada libro, y explicamos en detalle el lugar que ocupa en el currículo como un todo.

Texto

Hace muchos años mientras realizábamos una gira internacional en la cual dictamos una serie de conferencias, Gloria y yo continuamente escuchábamos cómo las personas habían estado estudiando *Un curso de milagros* durante varios años. Nos sentimos un tanto desconcertados por esto, puesto que muchos de estos estudiantes parecían tener muy poca comprensión real de lo que el Curso realmente decía. El misterio se resolvió para nosotros, sin embargo, cuando eventualmente nos dimos cuenta de que por "estudiar el Curso" las personas querían decir que habían "hecho" el libro de ejercicios. La mayoría prácticamente no había estudiado el texto, ni siquiera lo había leído en absoluto, por lo que era comprensible que no reconociesen lo que *Un curso de milagros* enseñaba.

El texto, el cual se escribió primero, provee el fundamento teórico básico para *Un curso de milagros*, como se deja en claro en la Introducción al libro de ejercicios, la cual citamos antes. El Curso, y especialmente el texto, es único en la presentación no-lineal de sus ideas. Cito ahora de la introducción a mi *Glosario-Índice para Un curso de milagros*, el cual discute este aspecto no-lineal de la presentación del Curso, la cual se ve más claramente, repito, en el texto:

A diferencia de la mayor parte de los sistemas de pensamiento, *Un curso de milagros* no se desarrolla en una forma verdaderamente lineal en la cual su estructura teórica se edifica sobre ideas que se tornan cada vez más complejas. Por el contrario, el desarrollo del Curso es más bien circular, al tratar sus temas sinfónicamente: los introduce, los deja a un lado, los reintroduce, y los desarrolla. Esto da por resultado una entrelazada matriz en la cual cada parte es integral y esencial para el todo, mientras que implícitamente contiene ese todo en sí misma.

Esta estructura establece un proceso de aprendizaje en vez de simplemente exponer un sistema teórico. El proceso se asemeja a la ascensión por una escalera en forma de espiral. El lector es conducido en un patrón circular, en el que cada revolución lo lleva más arriba hasta alcanzar la cima, la cual va a dar a Dios. De ese modo, el mismo material se repite consistentemente, no sólo en el Curso como sistema de pensamiento sino también en las oportunidades de aprendizaje de nuestras vidas personales. Cada revolución, por decirlo así, nos acerca más a nuestra meta espiritual. Los dos párrafos finales del primer capítulo del texto enfatizan particularmente este impacto acumulativo del proceso de aprendizaje del Curso (pág. 3).

Por lo tanto, el texto se debe leer de principio a fin, puesto que su desarrollo es sinfónico, y su impacto pedagógico se desarrolla a través del proceso de trabajar con el material tal como se nos dio. No se podría apreciar plenamente, por ejemplo, una gran sinfonía de Beethoven con su inherente desarrollo temático–interno y externo–si se escucha sus cuatro o cinco movimientos al azar. Esto no significa que los estudiantes no puedan leer el texto de la manera que ellos elijan, "buscando" aquí "buscando" allá, como los amantes de la música suelen escuchar a menudo extractos sinfónicos. Sin embargo, el seguir tales prácticas consistentemente con *Un curso de milagros* inevitablemente ocasionará que los estudiantes pierdan el *proceso* de aprendizaje que es inherente a la estructura del texto. No se completa con éxito un viaje si no se dan los pasos en su debida secuencia, *un paso después del otro.*

Así pues, el mismo primer principio de los milagros que comienza el Curso propiamente (y realmente fue lo primero que Helen anotó después de que Jesús le dictase la primera línea, "Este es un curso de milagros. Por favor toma notas.") contiene el sistema de pensamiento del Curso en su totalidad. En ese sentido el resto del texto es un comentario en torno a ese primer principio–"No hay grados de dificultad en los milagros" (T-1.I.1:1)–el cual constituye la piedra angular de la enseñanza. Ciertamente, se podría comparar los cincuenta principios del milagro con un gran preludio wagneriano que presenta los principales temas que se introducirán y desarrollarán posteriormente en la música-drama.

Sólo para citar unos cuantos ejemplos más, la culpa, la dinámica central del sistema de pensamiento del ego y su preservadora, se introduce en el Curso lentamente, en la medida en que el estudiante está listo para aprender sobre la misma. Y las relaciones especiales, la brillante y más perversa estrategia del ego para excluir a Dios y al Espíritu Santo, no se introduce hasta llegar al Capítulo 15, y se discute luego con gran profundidad en los próximos nueve capítulos, tras lo cual apenas se menciona por su nombre, de nuevo, aunque su dinámica de odio y de engaño se describe claramente a lo largo de los capítulos finales del texto.

La victimación, otro concepto central en el sistema de pensamiento del ego, se discute a todo lo largo del texto, especialmente en las secciones sobre causa y efecto. El tema va aumentando en fuerza inexorablemente hacia el final del capítulo donde la meta última del ego se resume en un sucinto pasaje fortísimo, que en efecto, es el clímax de todo lo que Jesús le está enseñando a sus estudiantes acerca de este demente sistema de pensamiento de asesinato y de muerte:

> Si algo te puede herir, lo que estás viendo es una representación de tus deseos secretos. Eso es todo. Y lo que ves en cualquier clase de sufrimiento que padezcas es tu propio deseo oculto de matar (T-31.V.15:8-10).

Para plantear este punto nuevamente, si el texto ha de entenderse y experimentarse debidamente como fue la intención de Jesús con el currículo, en general debe leerse y estudiarse de principio a fin, tal como se nos dio. Jesús le aclaró esto a Helen y a Bill en el pasaje con el cual se cierra ahora el Capítulo 1. Es de tal importancia que terminaré esta sección citándolo tal y como le fue dictado a Helen originalmente, y en cuya forma el pasaje contiene un énfasis más personal y directo. Así pues, los dos párrafos tal y como aparecen ahora en el texto eran parte de un mensaje más extenso para Helen y Bill, y realmente llegaron un poco más tarde en el proceso de la escritura, en un momento cuando Jesús obviamente sentía que sus dos primeros estudiantes no eran lo suficientemente diligentes en el estudio de sus "notas", el término que él utilizaba para referirse a su dictado. La súplica de Jesús para ellos, sin embargo, está dirigida a todo el mundo también, y debe ser mandatorio para todos los estudiantes del Curso como un recordatorio de cómo Jesús veía este material, y la importancia de que se estudiase en el orden en el cual él lo dictó. Por lo tanto, le pido a los lectores que se imaginen a sí mismos como uno de los estudiantes de Jesús, quien *no* está estudiando su material como él lo previó, por lo que era necesario este amoroso aunque firme reproche y recordatorio:

> Todo aprendizaje implica atención y estudio en algún nivel. Este curso es un curso de *adiestramiento mental*. Los buenos estudiantes se asignan períodos de estudio a sí mismos. Sin embargo, puesto que este paso tan obvio no se les ha ocurrido a *ustedes*, y puesto que estamos cooperando en esto, asignaré la tarea obvia ahora [la de estudiar las notas]....
>
> La próxima parte de este curso se fundamenta demasiado en estas secciones iniciales para no *exigir* el estudio de las mismas. Sin esto, se aterrarían demasiado cuando *sí* ocurra lo inesperado para que hagan uso

constructivo de ello. No obstante, a medida que estudien las notas, verán algunas de las implicaciones obvias....

La razón por la cual es necesario un cimiento sólido al llegar a este punto es debido a la altamente posible confusión de "temeroso" y "reverencial" la cual comete la mayoría de la gente....

Lo que sigue es una breve discusión acerca de la reverencia, la cual se encuentra en el capítulo inicial del texto del Curso publicado, y el mensaje concluye con:

El próximo paso, sin embargo, *sí* implica el acercamiento directo al Mismo Dios. Sería demasiado imprudente siquiera comenzar este paso sin una preparación muy cuidadosa, o la reverencia se confundirá con el miedo, y la experiencia será más traumática que beatífica.

La sanación es de Dios en última instancia. Los medios se explican cuidadosamente en las notas. La revelación ocasionalmente les ha *mostrado* el fin, pero para alcanzarlo se necesitan los medios (*Ausencia de la felicidad*, págs. 278-280).

Libro de ejercicios para estudiantes

El libro de ejercicios, por otra parte, tiene como propósito únicamente el entrenamiento de la mente: "a pensar según las líneas expuestas en el texto" (L-in.1:4). Aunque ciertamente contiene algunos pasajes importantes que se relacionan con varios temas del texto, su propósito no es presentar o explicar el sistema de pensamiento de *Un curso de milagros*. Por ejemplo, como acabamos de mencionar, las relaciones especiales constituyen la médula del sistema defensivo del ego en contra de Dios y del Espíritu Santo, sin mencionar que está en contra de la unidad de la Filiación. Amplias porciones del texto, repito, tratan exclusivamente este tópico crucial, y sin embargo el mismo no se menciona en absoluto en el libro de ejercicios (ni en el manual para el maestro), aunque se hacen alusiones al mismo. Pasajes significativos relacionados con las formulaciones metafísicas que el Curso hace acerca de la naturaleza ilusoria del mundo físico de tiempo y espacio se pueden encontrar en el libro de ejercicios, pero es únicamente en el texto que estos conceptos se discuten a profundidad. En síntesis, los estudiantes que deseen saber lo que *Un curso de milagros* enseña, difícilmente encontrarían esa información en el libro de ejercicios.

El propósito del libro de ejercicios se puede entender mejor como el de proveer un programa de entrenamiento de un año para ayudar a los estudiantes a que reconozcan a través de sus experiencias que existen dos sistemas de pensamiento en sus mentes–el ego y el Espíritu Santo–y que ellos pueden elegir entre su inherente carencia o plenitud de sentido, respectivamente. Este propósito se puede ver claramente en las Lecciones 1–50, una brillante serie de ejercicios tomados directamente de las formulaciones metafísicas del texto, y sin embargo presentados en un lenguaje tan sencillo que muchos estudiantes de *Un curso de milagros*, ni siquiera tienen conciencia del camino hacia la total condición de ser sin ego por el cual se les está conduciendo amorosamente.

Las primeras treinta y dos lecciones presentan en forma de ejercicio, con una explicación relativamente breve, el sistema de pensamiento que percibimos porque es lo que hemos elegido en nuestras mentes, y las primeras veinticinco específicamente van dirigidas al comienzo del proceso de corregir o de deshacer nuestras percepciones equivocadas. En estas primeras lecciones se le da mucho énfasis también a la relación de causa y efecto que existe entre nuestros pensamientos y nuestras percepciones, lo cual refleja el principio del texto de que: "la proyección da lugar a la percepción" (T-13.V.3:5; T-21.in.1:1). Las Lecciones 33–50 pasan a recalcar la alternativa en nuestras mentes, y el hecho de que con la misma facilidad podemos "ver paz en lugar de esto" (L-pI.34). Estas lecciones en general reflejan la *otra* manera de vernos a nosotros mismos, y enseñan que la luz de Dios es nuestra verdadera Identidad que podemos elegir por encima de la obscuridad del ego, y recalca "las bienaventuranzas a las que [nosotros] tenemos derecho" (L-pI.40.1:1).

Más adelante, la Lección 93 expresa muy claramente el propósito del libro de ejercicios. Su título–"La luz, la dicha y la paz moran en mí"–refleja a nuestro ser en su mentalidad correcta, mientras que el párrafo inicial de la lección plantea lo que es la mentalidad errada del ego al comenzar con la línea: "Crees ser la morada del mal, de las tinieblas y del pecado" (L-pI.93.1:1). A lo largo de la lección, el yo egoísta de pecado y culpa se contrasta claramente con el inocente Ser que Dios creó:

> La salvación requiere que aceptes un solo pensamiento: que eres tal como Dios te creó, y no lo que has hecho de ti mismo…. Un Ser es real; el otro no existe (L-pI.93.7:1; 9:2).

Y así se les pide a los estudiantes que reconozcan que *ambas* alternativas radican dentro de sus mentes, y que luego tomen la decisión correcta de deshacer el sistema de pensamiento del ego lo cual inevitablemente conducirá a la verdadera felicidad de ser libres de la culpa y del miedo.

Recuerden la aseveración de que la meta del ego es hacernos insensatos (sin mente), por lo cual creemos que nuestros cuerpos están a merced de fuerzas y sucesos más allá de nuestro control. No hay esperanza dentro de un sistema de pensamiento así, el cual *es* el sistema de pensamiento del mundo, pero hay esperanza cuando podemos recordar que el mundo y nuestras experiencias dentro del mismo son aspectos del sueño que *nosotros* estamos soñando en nuestras mentes. El libro de ejercicios, por lo tanto, nos ayuda a redirigir nuestra atención hacia esta mente donde se toman las decisiones, pues es aquí donde se puede encontrar nuestra única esperanza.

Este procedimiento de deshacer el sistema de pensamiento del ego es expresamente promulgado en la introducción al libro de ejercicios, donde Jesús explica sus dos secciones principales: "la primera está dedicada a anular la manera en que ahora ves, y la segunda a adquirir una percepción verdadera" (L-in.3:1). Y luego: "El propósito del libro de ejercicios es entrenar a tu mente de forma sistemática a tener una percepción diferente de todas las cosas y de todo el mundo" (L-in.4:1).

Debe también mencionarse que en *Un curso de milagros* Jesús nunca dice que sea necesario hacer el libro de ejercicios más de una vez. Eso no significa que no pueda hacerse, si el estudiante se siente guiado de esa manera. Pero, como siempre, sí significa que los estudiantes deben mantenerse alerta contra sus egos, y conscientes de una posible, si no probable implicación del ego en su trabajo con el Curso. En este caso, la implicación del ego podría tomar la forma de exhortar a la repetición de los ejercicios del Curso con la mágica esperanza de que "esta vez lo haré bien". El trabajar con la dependencia de *Un curso de milagros* en sí–una expresión de la relación especial–es tan parte integral del currículo del estudiante como lo es el perdonar las relaciones especiales en la vida personal de uno.

Finalmente, uno de los aspectos más importantes del libro de ejercicios es su capacidad para servir como un instrumento proyectivo, similar a la función que las manchas de tinta Rorschach (y otras pruebas proyectivas) desempeñan en el intento de los psicólogos clínicos de diagnosticar la psicopatología. Nadie viene a *Un curso de milagros* sin problemas de autoridad irresolutos–el problema al cual el Curso se refiere como la "raíz de todo mal" (T-3.VI.7:3)–así como nadie viene a este mundo sin un problema de autoridad. Un tema central en *Todos son llamados* era que nuestras vidas individuales dentro del sueño del mundo consiste en *nada más ni nada menos* que los fragmentos sombríos del pensamiento ontológico de la mente dividida original. No debe sorprendernos, por lo tanto, observar cómo toda la gente en este mundo está en pugna con las figuras de autoridad, las imágenes proyectadas de nuestra creencia de que Dios está tratando de dominarnos y controlarnos, y de sofocar nuestra existencia misma con Su Voluntad. "¿Quién es el autor de mi existencia?" es la pregunta fundamental que la vida de todo el mundo trata de contestar, como resultado todos creen que los demás son también competidores por la posición:

> El problema de la autoridad es en realidad una cuestión de autoría. Cuando tienes un problema de autoridad, es siempre porque crees ser tu propio autor y proyectas ese engaño sobre los demás. Percibes entonces la situación como una en que los demás están literalmente luchando contigo para arrebatarte tu autoría. Este es el error fundamental de todos aquellos que creen haber usurpado el poder de Dios (T-3.VI.8:1-4).

Debe mencionarse que aunque la necesidad de afirmar la autoridad en desafío a Dios y a todas las figuras de autoridad substitutas la comparte todo el mundo, ciertamente esto no significa que en términos de conducta las personas deban humildemente permitirles a los tiranos–políticos, religiosos, o de supervisión: física o psicológicamente–que las sometan al abuso. Sin embargo, sí quiere decir que uno debe estar alerta a la *necesidad inconsciente* de sentirse victimado por autoridades abusivas–reales o imaginadas –de modo que se pueda justificar el percibirse injustamente tratado. Consecuentemente, sería bastante ingenuo pensar que estos conflictos, cuyo centro de interés en última instancia es nuestra relación con Dios, no se manifestarían al poner en práctica las instrucciones impartidas por Jesús, el máximo símbolo de la Autoridad de Dios en el occidente.

Dicho sencillamente, este conflicto se puede manifestar en dos formas básicas. Por una parte, los estudiantes pueden rebelarse abiertamente al *no* hacer los ejercicios tal y como se dan. Esto sucede, por ejemplo, siempre que tratan de cambiar o adaptar el libro de ejercicios a una forma que ellos creen que funciona para ellos, en la creencia de que ellos saben lo que mejor les conviene. Algunas de las formas que esta actuación ha tomado incluyen "olvido" de las lecciones durante el día, a veces incluso el "olvido" de hacer la lección en absoluto, o enfadarse por completo y tornarse capaces de juzgar lo que se les está enseñando. Algunos estudiantes del Curso realmente creen que están "recibiendo orientación" de que hay atajos para hacer el libro de ejercicios más fácil de entender (combinando lecciones, omitiendo lecciones "no-esenciales", etc.), o para el proceso de perdón en sí. Estos atajos pueden conllevar el intento de hacer el libro de ejercicios más fácil de entender y de practicar, porque se le considera muy difícil tal y como está presentado ahora. Es más, el "mensaje revelado" puede continuar, si bien estos atajos pueden no ser para todo el mundo, para el estudiante más "adelantado" (incluyendo, por supuesto, al recipiente del mensaje) éstos tienen la aprobación del "más alto nivel", lo que quiere decir del mismo Jesús. Y de ese modo, a estos seres especiales se les exhorta a que compartan sus inspirados atajos al libro de ejercicios (o a *Un curso de milagros* en sí) con otros que también estén "listos" para procesos tan "adelantados".

Por otra parte, los estudiantes se pueden ir al otro extremo y tornarse totalmente sumisos y dóciles, y hacer *exactamente* lo que Jesús dice, con la mágica y generalmente inconsciente esperanza de que agradarán a la Autoridad quien luego les concederá a cambio favores especiales. Estos son los estudiantes que se afanan en hacer el libro de ejercicios perfectamente. Recuerdo una vez en los primeros años de vida pública de *Un curso de milagros* a un joven serio quien se alababa ante su grupo de Curso de que ¡él había estado haciendo el libro de ejercicios durante veintiún días y aún estaba en la Lección 1! La iba a hacer *perfectamente* antes de seguir adelante. Le recordé que si Beethoven hubiese tenido esa actitud con su primera sinfonía, jamás hubiese escrito las otras ocho.

Algunas veces esta táctica de agradar a Jesús al tratar de ser perfectos ante sus ojos llega al extremo de que los estudiantes compran un reloj pulsera de alarma que les recuerde a lo largo del día que deben acordarse de la tarea asignada por la lección. Estos bien-intencionados estudiantes se proponen así cumplir con la *letra* de la lección, pero violan totalmente el *espíritu* del propósito del libro de ejercicios de disciplinar a la mente para que *quiera* pensar en Dios. El enfoque del "reloj pulsera" inadvertidamente socava de ese modo el propósito del libro de ejercicios de *adiestrar* a sus estudiantes para que se conciencen de la naturaleza dividida de la mente, y de su resistencia a elegir al Espíritu Santo. Sólo con esa conciencia pueden cambiar su mentalidad significativamente y corregir su decisión anterior. En lugar de eso, sin embargo, el reloj pulsera les permite a los estudiantes adiestrarse a sí mismos, como el perro de Pavlov, a "salivar" la lección del libro de ejercicios cada vez que se activa la alarma. Repito, la forma de la lección puede haberse satisfecho, pero el contenido de entrenamiento mental ha sido saboteado y socavado totalmente.

Siempre me ha parecido interesante que los estudiantes que vienen a *Un curso de milagros* después de haber "sufrido" una rígida formación religiosa, en la cual el complacer a la autoridad–un rabino, ministro, sacerdote, monja, gurú, Jesús o Dios–era sacrosanto, y en la cual el adherirse a las normas y a los rituales se había convertido en el equivalente a obedecer a Dios Mismo, simplemente transfieren al Curso y a Jesús los mismos problemas de autoridad. Se puede casi sentir en muchos estudiantes sus pensamientos inconscientes acerca de un Jesús severo y juiciero revoloteando sobre ellos con una tarjeta de puntuaciones, llevando cuentas de cuán a menudo se "les pasa" hacer el libro de ejercicios, al no poder pensar en la lección cada hora (¡y mucho menos seis veces por hora!).

Debe ser obvio para los estudiantes de *Un curso de milagros* que Jesús no espera que ellos aprendan su currículo de un día para otro. Si lo esperase, hubiese dejado de dictar después del primer principio de los milagros y no nos hubiese dado 365 lecciones, ni hubiese concluido el libro de ejercicios señalando que "Este curso es un comienzo, no un final" (L-ep.1:1). Una manera más saludable y amorosa de hacer el libro de ejercicios–y mucho más en armonía con el tono y la naturaleza totales de la instrucción de Jesús–es ver que el propósito de las lecciones del libro de ejercicios es el perdonarse a sí mismo cuando inevitablemente uno fracasa en hacer la lección perfectamente. Sin duda, Jesús es la autoridad, pero la suya es una autoridad *amorosa*. Es la proyección de culpa del ego la que lo convierte en un juez cruel y condenatorio, y al estudiante en un fracaso colmado de pecados e indigno de dedicarse a un "curso de estudio tan santo".

El estudiante de *Un curso de milagros* no debe olvidar jamás que éste no es un currículo en forma, en aprovechamiento, para recibir una nota de promoción, o de éxito en el sentido corriente de la palabra. Más bien, éste es un currículo en aprender el perdón, en ambos sentidos: teóricamente como un sistema de pensamiento *y* como una experiencia personal. Esta es otra manera de decir que el propósito del libro de ejercicios–al reflejar el propósito general de *Un curso de milagros*–es *deshacer* las imágenes imperfectas sobre nosotros mismos. Puesto que, repito, el proceso del Curso es traer la obscuridad de las ilusiones del ego a la luz de la verdad de Jesús, el propósito del libro de ejercicios puede verse como el de exponer el sistema de pensamiento egoísta del estudiante el cual puede entonces traerse ante Jesús para perdonarlo y liberarlo. Por lo tanto, el tratar de evitar cometer errores (al hacer las lecciones perfectamente) muy astutamente socava la meta de Jesús para sus estudiantes.

La Lección 95 nos provee un planteamiento claro de los propósitos de Jesús, y el lector puede recordar la discusión de esta lección en el Capítulo Siete. No repetiremos esa discusión aquí, excepto para subrayar de nuevo las instrucciones de Jesús sobre *no* sentirse culpable por no hacer las lecciones perfectamente. El no recordar los períodos de práctica estructurados que se nos piden no es un pecado, sino que como señalamos antes es una oportunidad de perdonarnos a nosotros mismos por nuestras faltas al olvidarnos de Dios, y escoger al mundo de especialismo del ego en lugar de Su Amor.

Otro error que los estudiantes son propensos a cometer, el cual cité antes brevemente, proviene de olvidar el lugar que ocupa el libro de ejercicios en el currículo y convertirse en víctimas de la confusión de niveles que los conduce a pensar que la salvación se ha logrado porque cubrieron el libro de ejercicios satisfactoriamente. No se dan cuenta del *proceso* implicado, el cual conlleva "pequeños pasos" que se les pide a los estudiantes que den cada día a medida que aprenden a pensar con el Espíritu Santo en lugar de pensar con el ego. Por eso la Lección 193 termina con estas importantes líneas, las cuales se refieren al final del viaje:

> Dios Mismo dará este paso final. No te niegues a dar los pequeños pasos que te pide para que puedas llegar hasta Él (L-pI.193.13:6-7).

Este tema del *proceso* de aprendizaje no se resume más claramente en ningún otro lugar como en la Lección 284, donde, en el contexto de enseñarnos que todo sufrimiento "no es nada más que un sueño", Jesús afirma:

> Esta es la verdad, que *al principio* sólo se dice de boca, y *luego*, después de repetirse muchas veces, se acepta en parte como cierta, pero con muchas reservas. *Más tarde* se considera seriamente cada vez más y *finalmente* se acepta como la verdad (L-pII.284.1:5-6; mis bastardillas).

Finalmente, debe hacerse mención de la resistencia básica que todos los estudiantes tendrían al hacer el libro de ejercicios, no importa que tengan o no conciencia de ello. Puesto que el libro de ejercicios apunta hacia la inversión última del sistema de pensamiento del ego, el cual es mantenido en su lugar por nuestra ira y nuestro juicio, es razonable pensar que nuestra identificación con esta ira interferiría con nuestro aprendizaje, promoviendo así la resistencia que hemos estado discutiendo. Repito, sería ingenuo y temerario para los estudiantes creer que pueden tan fácilmente desprenderse de este apego. Más bien, una vez más, a los estudiantes de *Un curso de milagros*, y del libro de ejercicios específicamente, les resultaría mucho mejor ver que las lecciones proveen un salón de clases en el cual el ego de los estudiantes puede "portarse mal", de modo que su sistema de pensamiento pueda reconocerse y se pueda elegir en contra del mismo. Es este proceso de mirar sin culpa nuestra ira y nuestros juicios reprimidos–nuestro apego al especialismo–lo que constituye el prerrequisito para "progresar" con el Curso. El libro de ejercicios para estudiantes desempeña una parte muy importante en ayudarnos a lograr nuestra meta de pasar más allá del ego hacia la verdad.

La relación entre el texto y el libro de ejercicios

Para replantear este importante punto: El libro de ejercicios es el brazo de entrenamiento mental de *Un curso de milagros*, cuyo texto promulga en gran detalle los dos sistemas de pensamiento del ego y del Espíritu Santo. La relación del texto y el libro de ejercicios puede entenderse, por lo tanto, como algo parecido a la relación que existe entre una clase de biología o química y la sección de laboratorio que deben tomar los estudiantes como parte del currículo de ciencias. En el laboratorio, los estudiantes tienen la oportunidad de poner en práctica lo que han aprendido en la situación más formal del salón de clases. Los principios y la teoría se enseñan en la clase más formal, y luego se aplican a la experiencia del laboratorio.

Claramente, el texto es el más difícil de los tres libros, y puede ser tentador para los estudiantes que encuentran el texto duro de asimilar, y no se consideran intelectualmente inclinados, que sólo lo lean por encima y se concentren casi exclusivamente en el libro de ejercicios. Por otra parte, los estudiantes de *Un curso de milagros* que encuentran interesantes y retadoras las formulaciones del texto podrían restarle importancia al libro de ejercicios tildándolo de tonto o improcedente para su progreso espiritual. Ambos errores deben evitarse si es que el estudiante espera beneficiarse del currículo integrado del Curso. Si bien el texto y el libro de ejercicios no tienen que hacerse concurrentemente, y el desarrollo de un libro *no* está sincronizado con el otro—o sea, como ejemplo, secciones particulares del texto no tienen que estudiarse con ciertas lecciones del libro de ejercicios —los dos libros ciertamente se complementan uno al otro.

Uno de los errores más comunes en el cual caen los estudiantes cuando se centran casi exclusivamente en el libro de ejercicios y virtualmente ignoran el texto es que entienden mal el papel del Espíritu Santo, un tema central al cual dedicaremos dos capítulos posteriores. El libro de ejercicios pone mayor énfasis en escuchar la Voz del Espíritu Santo, y exhorta a los estudiantes a que le pidan al Espíritu Santo ayuda muy específica en todas las situaciones. En efecto, la Lección 71 inclusive instruye al estudiante a que pida la ayuda de Dios el Padre, y sugiere que le formulemos las siguientes preguntas muy específicas a nuestro Creador:

¿Qué quieres que haga?
¿Adónde quieres que vaya?
¿Qué quieres que diga y a quién?

Deja que Él se haga cargo… y que te indique qué es lo que tienes que hacer en Su plan para tu salvación (L-pI.71.9:3-6; bastardillas omitidas).

Esto resulta por demás asombroso dado el hecho de que más adelante en el libro de ejercicios y en el manual, sin mencionar el suplemento *El canto de oración* como se discutirá en el próximo capítulo, Jesús afirma claramente que Dios ni siquiera entiende palabras, y mucho menos contesta peticiones específicas.

En el texto, esta idea de pedirle ayuda específica al Espíritu Santo en relación con la vida externa de uno apenas se toca. En su lugar, se exhorta a los estudiantes a que acudan al Espíritu Santo (o a Jesús) con su culpa y juicio, de modo que unidos puedan mirar al ego y soltarlo. Ese proceso–el núcleo del perdón–es la verdadera función del Espíritu Santo de acuerdo con el Curso, y repito que en un capítulo posterior se discutirá esto ampliamente. Por otra parte, como parte de su programa de adiestramiento el énfasis del libro de ejercicios es ayudarnos a aprender que el Espíritu Santo es nuestro amigo y no el enemigo que el ego quiere hacernos creer que es. Por lo tanto, a los estudiantes de *Un curso de milagros* se les exhorta a que confíen en la Voz que habla por Dios, y aprendan que ciertamente ellos son dignos de Su Amor. El asunto aquí es el uso de símbolos, lo cual incluye las repetidas referencias al Espíritu Santo, y en el próximo capítulo discutiremos el uso inconsistente que el Curso hace del lenguaje, y los peligros inherentes al *no* entender cuán flexiblemente Jesús utiliza las palabras– "símbolos de símbolos" (M-21.1:9)–en el Curso.

Sin embargo, los errores también se cometen cuando los estudiantes trabajan exclusivamente con el texto. Entonces corren el riesgo de intelectualizar sus principios, e inconscientemente trabajan en contra de los intentos del Curso para que integremos sus enseñanzas abstractas a nuestras experiencias cotidianas en el mundo. Repetidamente, Jesús subraya su meta de la aplicación práctica de las ideas teóricas del Curso, lo cual discutimos también en *Todos son llamados* (págs. 272-274), tal como lo aclaran los siguientes extractos tomados del texto y del manual:

Seguramente habrás comenzado a darte cuenta de que este curso es muy práctico, y de que lo que dice es exactamente lo que quiere decir.… Este no es un curso de especulación teórica, sino de aplicación práctica.

...Este curso es siempre práctico.... y el enfoque de este curso es primordialmente práctico (T-8.IX.8:1; T-11.VIII.5:3; M-16.4:1; M-29.5:7).

La Introducción al libro de ejercicios destaca el importante lugar que tiene en el currículo el *uso* de las ideas del Curso.

Algunas de las ideas que el libro de ejercicios presenta te resultarán difíciles de creer, mientras que otras tal vez te parezcan muy sorprendentes. Nada de eso importa. Se te pide simplemente que las *apliques* tal como se te indique. No se te pide que las juzgues. Se te pide únicamente que las *uses*. Es *usándolas* como cobrarán sentido para ti, y lo que te demostrará que son verdad.... y sean cuales sean tus reacciones hacia ellas, *úsalas* (L-in.8; 9:4; mis bastardillas).

Es instructivo reconocer, sin embargo, que en ninguna parte del texto Jesús les dice a sus estudiantes que de esta manera los saca de apuros. Claramente, el texto tiene que *estudiarse, entenderse* y *creerse;* el libro de ejercicios, en cambio, tiene que *practicarse*. Esto no quiere decir, dicho sea de paso, que los estudiantes no tengan que leer y estudiar el libro de ejercicios cuidadosamente después que completen el período de un año de adiestramiento mental, o que no deban utilizar las hermosas oraciones o meditaciones a manera de inspiración diaria, de estímulo o como recordatorios. Huelga decir que cualquier cosa que sea útil debe utilizarse. Sin embargo, estas prácticas individualizadas no deben tomarse–si se ha de satisfacer el currículo del Curso–como substitutos del estudio sistemático y de la aplicación del texto y del libro de ejercicios.

Para replantear este importante punto: Debe observarse, como lo documenta *Ausencia de la felicidad*, que en los inicios del dictado Jesús exhortaba a Helen y a Bill repetidamente no sólo a *estudiar* las "notas", como discutí antes, sino a *aplicar* los principios a sus experiencias cotidianas. Él dedicó tiempo considerable a analizar situaciones diarias en las vidas de Helen y Bill, para mostrarles cómo lo que él les estaba enseñando en un nivel más abstracto en las "notas" dictadas, debía aplicarse directamente a sus situaciones diarias. A esas alturas, por supuesto, no existía el libro de ejercicios, y el dictado del texto apenas comenzaba. Sin embargo, podemos ver en estos mensajes, incluso en el principio mismo de la escritura del Curso por su escriba, el importante énfasis dual que Jesús le otorgaba a *ambos* aspectos: estudio y práctica.

El manual para el maestro

El manual para el maestro, el último libro que tomara su escriba, provee un resumen de *algunos* de lo temas y principios del texto. Está organizado en forma de pregunta y respuesta, y es un adjunto muy útil a los otros dos libros. Es el más pequeño de los tres libros y el que está más sencillamente escrito, y por eso es quizás el más accesible de los libros del Curso que los estudiantes puedan leer y estudiar. Por tal razón, muchos estudiantes prefieren comenzar su estudio de *Un curso de milagros* con el manual para el maestro.

El manual es el único libro en el cual el maestro de Dios es discutido por su nombre, y es extremadamente importante entender lo que *Un curso de milagros* quiere decir con esa frase, y mucho más aún, lo que *no* quiere decir. Como veremos más adelante, con demasiada frecuencia los estudiantes sacan del contexto del Curso pasajes que refuerzan los deseos de especialismo de sus egos, y distorsionan el verdadero significado de estos pasajes en el sistema de pensamiento global del Curso.

Así, por ejemplo, el manual deja muy claro en significado–aunque ciertas palabras extraídas pueden sugerir lo contrario–que los maestros de Dios simplemente necesitan aceptar la Expiación para sí mismos, y que la salvación del mundo depende de que ellos hagan sólo eso *y únicamente eso.* Este no es un punto insignificante. Sin embargo, sin que se entiendan primero los principios metafísicos subyacentes de que literalmente no existe ningún mundo fuera de uno mismo, es imposible entender lo que *Un curso de milagros*, y específicamente aquí lo que el manual realmente significa. De lo contrario, la necesidad que tiene el ego de hacer especiales al mundo y a sí mismo, distorsionará las palabras para que signifiquen que al estudiante del Curso, ahora aparentemente un maestro de Dios avanzado, Jesús le ha pedido que *mediante su conducta* les enseñe a otros estudiantes, que sane a los enfermos o que le predique al mundo.

Reconsideremos brevemente un pasaje del manual, discutido en *Todos son llamados* (págs. 255-256), que subraya la importancia de que los maestros de Dios cambien sus mentalidades, puesto que su conducta esencialmente no viene al caso–la conducta, por supuesto, es el *efecto* de la mente, no su *causa.* En su discusión de "La función del maestro de Dios", Jesús expone:

> La simple presencia del maestro de Dios les sirve de recordatorio. Sus pensamientos piden el derecho de cuestionar lo que el paciente ha aceptado como verdadero. En cuanto que mensajeros de Dios, los maestros de

Dios son los símbolos de la salvación. Le piden al paciente que perdone al Hijo de Dios en su Nombre. *Representan la Alternativa. Con la Palabra de Dios en sus mentes, vienen como una bendición, no para curar a los enfermos sino para recordarles que hay un remedio que Dios les ha dado ya. No son sus manos las que curan.* No son sus voces las que pronuncian la Palabra de Dios, sino que dan sencillamente lo que se les ha dado y exhortan dulcemente a sus hermanos a que se aparten de la muerte: "¡He aquí, Hijo de Dios, lo que la Vida te puede ofrecer! ¿Prefieres elegir la enfermedad en su lugar?" (M-5.III.2:2-12; mis bastardillas)

Una sección posterior (M-12) contesta la pregunta "¿Cuántos maestros de Dios se necesitan para salvar al mundo?" La respuesta es "uno", puesto que sólo hay *un* Hijo, a pesar de la ilusión de que hay muchos. Y en la mente sana de ese único Hijo está el pensamiento que cura al mundo, debido a que permanece fuera del sueño de sufrimiento, enfermedad y muerte del mundo. No es necesario hacer nada para sanar, puesto que en esa única mente ya se ha logrado toda la curación:

Esto [la redención o curación del Hijo de Dios] no es realmente un cambio; *es más bien un cambio de mentalidad. Nada externo cambia, pero todo lo interno refleja ahora únicamente el Amor de Dios....* Los maestros de Dios aparentan ser muchos, pues eso es lo que necesita el mundo. Mas al estar unidos en un solo propósito, el cual comparten con Dios, ¿cómo podría haber separación entre ellos? ¿Qué importa entonces si se presentan de muchas maneras? Sus mentes son una, y así, su unión es total. Y Dios opera ahora a través de ellos cual uno solo, pues eso es lo que son (M-12.2:2-3,5-9; mis bastardillas).

Por lo tanto, todo lo que hay que hacer es que el maestro de Dios acepte la verdad que ya está presente en su mente, a lo que repetidamente *Un curso de milagros* se refiere como aceptar la Expiación para uno mismo. Uno no cura a *otros*, ministra a *otros* o le enseña a *otros*; uno simplemente acepta la verdad dentro de uno mismo al darse cuenta de la naturaleza ilusoria del ego. Y en ese instante santo de curación se sana la Filiación también: "Cuando me curo no soy el único que se cura" (L-pI.137). Por supuesto, como se señalara en *Todos son llamados* (e.g., pág. 298), esto no quiere decir que las personas no puedan ser guiadas en el nivel del comportamiento a curar, ayudar, o a enseñarles a otros. Sin embargo, el apego de uno, repito, siempre debe ser *únicamente* en aceptar la Expiación para uno mismo, y dejarle al Amor del Espíritu Santo la libertad para fluir como lo hace.

Para ser más exacto, uno no puede curar a otros porque finalmente, si el mundo es una ilusión ¿quién hay ahí que necesite ayuda? La Filiación no puede entenderse cuantitativamente–como en *cuántos* maestros se necesitan para salvar al mundo–porque el estudiante necesita entender que la apariencia de muchos oculta la unidad subyacente de la Filiación. Hay, al final, sólo *un* Hijo. Y ese, por supuesto, es el significado del enternecedor poema con que finaliza el manual, el cual habla de la "ayuda" por la cual Dios se vuelve hacia nosotros para "salvar al mundo" (M-29.8:2). Nuestro Dios "auxiliador" no tiene nada que ver con salir al mundo como hacían los misioneros cristianos, por ejemplo, sino más bien con la simple aceptación de nuestra propia santidad como Cristo. Huelga decir que todo el concepto de *ayudar* presupone un universo dualista, del cual Dios no sabe nada. Y así, como discutiremos en el próximo capítulo, pasajes como este poema deben tomarse como *símbolos* del Amor de Dios, y no como la verdad literal.

Esta aceptación de la santidad del Hijo único de Dios anuncia el mundo real, "que aunque no se ve, ni se oye, está realmente ahí" (M-29.8:5). El mundo real, como hemos visto, es un estado mental de percepción *unificada*, no una realidad externa de diferencias que se pueden percibir a través de los órganos sensoriales del cuerpo. Repito, el que un estudiante comprenda la metafísica del Curso aseguraría que no interpretase equivocadamente pasajes como éste. Retornaremos a esta idea en el Capítulo Diez cuando discutamos las enseñanzas de perdón del Curso a la luz de nuestra discusión de símbolo y realidad, dualidad y no-dualidad.

El apéndice del manual, el cual aclara parte de la terminología de *Un curso de milagros*, fue tomado por su escriba tres años después de haber completado el Curso. Fue una especie de "idea tardía" que surgió en respuesta a una necesidad, expresada por algunos de los primeros estudiantes, de aclarar el lenguaje del Curso. Sin embargo, este apéndice es realmente no comprensible sin que primero se tenga alguna comprensión de los términos en sí, producto de un estudio previo del texto. Por otra parte, las "definiciones" poéticas de la "Clarificación de términos" son maravillosos recordatorios de lo que *Un curso de milagros* en sí ha enseñado, y por lo tanto, puede ser de gran ayuda para el estudiante al resumir ciertos conceptos.

Algunas reflexiones en torno a *Un curso de milagros*

Ciertamente Jesús da por sentado un nivel intelectual de sus estudiantes que como mínimo es promedio, y en este sentido podemos afirmar que, *en general*, *Un curso de milagros* no sería el camino para aquellos que carecen de capacidad intelectual. Sin embargo, aquí también hay que guardarse contra la tentación de legislar sobre quién ha de estudiar el Curso y quién no debe estudiarlo. *Un curso de milagros* está escrito en varios niveles diferentes, como discutimos en la Introducción. Entre éstos hay diferentes capas de enseñanza, y por eso los estudiantes se pueden beneficiar no importa dónde estén en el esencialmente inexistente continuo espiritual, sin mencionar el intelectual. Así pues, por ejemplo, los "no-intelectos" pueden encontrar la metafísica demasiado difícil de entender, o incluso improcedente a su experiencia. No obstante, pueden aprender del Curso que Dios es Amor y no venganza, que el perdón es preferible al ataque y que Jesús es un maestro muchísimo mejor y más sabio que el ego. Si bien *Un curso de milagros* ciertamente no es la única espiritualidad que enseña estas ideas–y las tres que hemos mencionado, por otra parte, no le hacen justicia a la *totalidad* del sistema de pensamiento del Curso–¿quién querría privar a los buscadores espirituales de un instrumento que los acercara más a Dios y Su Amor, independientemente de cualquier otra cosa que quizá no entiendan o incluso se les escape?

Pero no obstante, un estudiante debe entender que el omitir cualquier aspecto de *Un curso de milagros* es cambiarlo. Recordamos nuevamente las palabras de Jesús sobre su Curso:

> Este curso o bien se creerá enteramente o bien no se creerá en absoluto. Pues es completamente cierto o completamente falso, y no puede ser creído sólo parcialmente (T-22.II.7:3-4).

Y así cuando los estudiantes omiten algo del Curso, o incluso cambian uno de los principios, en efecto lo han cambiado todo. Así pues, en todos los sentidos, estos estudiantes se están dedicando entonces a un camino espiritual *diferente* de *Un curso de milagros*. Repito, esto no quiere decir que haya algo *erróneo* al hacerlo–siempre es el contenido lo que importa y no la forma en la cual aparezca este contenido–pero *sí* quiere decir que en la medida en que sean capaces, las personas deben ser conscientes de lo que está pasando y de lo que están eligiendo. De lo contrario, pueden creer que están "haciendo" el Curso, cuando de hecho están en realidad practicando otra cosa.

También es importante resaltar aquí que *Un curso de milagros* en sí no hace reclamos de universalidad, ni de que sea el único camino espiritual, y mucho menos la única forma de la verdad. Así leemos al inicio del manual para el maestro:

> Este manual está dedicado a una enseñanza especial, y dirigido a aquellos maestros que enseñan una forma particular del curso universal [la cual enseña que el "Hijo de Dios es inocente, y en su inocencia radica su salvación" (M-1.3:5)]. Existen muchas otras formas, todas con el mismo desenlace (M-1.4:1-2).

Dicho esto, sin embargo, también es importante afirmar que *Un curso de milagros* presenta una teología enteramente nueva y diferente que no se puede fundir con ninguna otra. Esto no significa que el Curso es necesariamente mejor (o peor) que cualquier otra espiritualidad, pero sí refleja el hecho de que *es* único y distinto, y que lo es radicalmente. Por lo tanto, encontramos esta exhortación en el texto, originalmente dirigida a Helen específicamente, de que se respete la unicidad del Curso, pero que tampoco se juzguen los demás caminos:

> Este [el unirte con otro en el perdón] es el medio especial del que este curso se vale para economizarte tiempo. No aprovechas el curso si te empeñas en utilizar medios que le han resultado muy útiles a otros, y descuidas lo que se estableció para *ti* (T-18.VII.6:4-5).

Y en comunicación verbal a Helen algunos años después de que se completara el Curso, Jesús se hizo eco de su planteamiento anterior y dijo: "No tomes el camino de otro como el propio, pero tampoco debes juzgarlo".*

Así regresamos al punto de que una de las características claras de *Un curso de milagros* es que está escrito en un nivel intelectual relativamente alto. Cuando Helen, ella misma una mujer muy intelectual, terminó de tomar el manuscrito, exclamó a Jesús: "Gracias a Dios por fin hay algo [sobre la vida espiritual] para los intelectuales". Por lo tanto, el intento de cambiar *Un curso de milagros* de lo que es en términos de exagerar o atenuar el papel del texto o del libro de ejercicios–en lugar de simplemente buscar un camino espiritual más compatible–es ocasionarle un perjuicio tanto al Curso en sí como a sus estudiantes, sin importar cuán sinceros o devotos éstos puedan ser.

---

* *Ausencia de la felicidad: La historia de Helen Schucman como escriba de* Un curso de milagros, *pág 474.*

353

Además, ocasionalmente se oye a los estudiantes de *Un curso de milagros* quejarse de que a veces la gramática y la sintaxis resultan idiosincráticas y de naturaleza un tanto libre, sin mencionar el uso aparentemente excesivo de pronombres.* Por lo tanto, se dice que el estilo de la escritura del Curso es confuso, especialmente para aquellos que han estado acostumbrados a una expresión verbal más precisa. Sin embargo, simplificar el estilo de la escritura, o incluso "mejorarlo", sería violar la intención muy pedagógica de Jesús. Es el propósito de este estilo exigir que el estudiante preste cuidadosa atención a lo que se ha escrito, lo cual requiere a menudo de múltiples lecturas de la misma oración o párrafo para obtener su significado correcto y los referentes específicos de los pronombres. Este no es material que se pueda leer rápidamente, por decir lo menos. El proceso mismo de desentrañar lo que algunos pasajes particulares significan refleja el proceso subyacente de soltar las defensas del ego en uno–capa por capa– que son los verdaderos impedimentos para entender lo que Jesús llama repetidamente su Curso sencillo, claro y directo.† Lo que es más, los estudiantes viven la experiencia, una vez "captan" el significado de una oración o pasaje, de quedar atónitos de que no hubiesen podido verlo tan claro antes; eso es, por supuesto, ¡hasta que sus miedos les hagan olvidar otra vez!

Finalmente, un estudiante de *Un curso de milagros* también tiene que ser cauteloso de otros canales autoproclamados los cuales les ofrecen atajos para la comprensión de las enseñanzas del Curso, así como para aprender y practicar el perdón, como dijimos antes. *¡El Curso, tal como es, es el atajo!* Es precisamente porque es este atajo que los egos de sus estudiantes se sienten tan amenazados. Si sólo pudiesen darse cuenta de cuán absurdo, sin hablar de lo arrogante que es pensar que ellos podrían imaginar o concebir un atajo para *Un curso de milagros*, los estudiantes simplemente se harían a un lado y se reirían, tal como el Espíritu Santo les pidió que hiciesen en el instante original cuando el Hijo de Dios creyó que tenía una mejor manera que Dios, y que podía mejorar el Cielo. Es uno de los principales propósitos de este libro alertar a los estudiantes a la sutil tentación de sus egos a que se erijan a sí mismos como "alternativas" al Curso (lo cual significa realmente en oposición al mismo), sin que siquiera entiendan lo que les está diciendo.

---

* El uso de mayúsculas en Un curso de milagros, también tema de considerables comentarios y críticas de parte de los estudiantes, cae en otra categoría, y se discute en el Apéndice.
† Vea el Apéndice para el artículo que Gloria y yo escribimos, "A Simple, Clear, and Direct Course" ("Un curso sencillo, claro y directo").

Los otros escritos de "Jesús" los cuales dan a entender que provienen de la misma persona que escribió *Un curso de milagros* son todos igualmente impresionantes al demostrar el fenómeno de que "Jesús" *no* entiende su propio Curso. Así podemos ver que personas por lo demás bien intencionadas no están en contacto con sus necesidades inconscientes de especialismo ni con las exigencias del ego de que sean reales su individualidad y su mundo, en el cual su yo especial y único parece vivir. Como resultado, sus egos hacen que "Jesús" (o algún otro ser altamente evolucionado) les dicte material que se ajusta a sus peticiones especiales, y hacen caso omiso de lo que *Un curso de milagros* realmente enseña acerca del proceso de mirar con honradez su especialismo y con ello renunciar a él. Esto no es emitir un juicio sobre la calidad de los escritos, sino simplemente comentar acerca de las inconfundibles y objetivas diferencias entre sus enseñanzas y las de *Un curso de milagros*.

En un ensayo "On the Playing of Beethoven" (Sobre el interpretar a Beethoven),* el distinguido erudito británico de la música Eric Blom escribió acerca de las sonatas para piano de Beethoven. Narraba la historia del intento del editor musical suizo Nägeli por "mejorar" la 16ª sonata en sol mayor al insertarle cuatro compases en la coda del primer movimiento con la esperanza de "equilibrar las frases". Sin embargo, todo lo que pudo lograr fue proveer una frase musical más bien convencional, redundante y trillada a la por otra parte maravillosamente atenuada conclusión del movimiento. Blom estaba señalando cómo las personas–editores y pianistas por igual–trataban de mejorar a Beethoven, cuando en verdad no entendían a este gran genio en absoluto. Así que él afirma:

> Pero añadir cualquier cosa, incluso algo tan pequeño como una nota a un acorde o una pausa extra, simplemente porque le parezca rima o razón a un intérprete, es inadmisible. Esto no puede bajo ningún concepto significar que el intérprete sabe más que Beethoven; esto sólo puede indicar que no tiene noción alguna acerca de qué se trataba Beethoven.

Ciertamente, se podría hacer la misma aseveración sobre los intentos de muchos estudiantes de mejorar *Un curso de milagros*–forma y contenido– sin entender realmente las "rimas y razones" pedagógicas de Jesús para

---

* Desafortunadamente el ensayo está agotado, pero se puede encontrar en las notas a la grabación de Arthur Schnabel en su interpretación de las treinta y dos sonatas para piano de Beethoven publicadas como parte de Angel "Great Recordings of the Century" serie, GRM 4005.

que su Curso sea como es. La humildad acepta *Un curso de milagros* tal y como es; la arrogancia procura mejorarlo.

Los dos suplementos

Psicoterapia: propósito, proceso y práctica
El canto de oración

Estos dos suplementos fueron escritos por Helen después de haberse completado *Un curso de milagros*. *La psicoterapia, propósito, proceso y práctica* comenzó a principios del 1973 y se terminó a principios de 1975, mientras que *El canto de oración* esperó dos años más, y se escribió a fines de 1977. Para el relato completo de las interesantes circunstancias detrás de su escritura, vea *Ausencia de la felicidad* (Capítulos 14 y 17). Es suficiente decir por ahora que *La psicoterapia* fue dictado para estudiantes del Curso que también fueran terapeutas practicantes como el marco para el "adiestramiento especial" (P-3.II.2:2) que se requeriría de ellos si es que iban a convertirse en verdaderos sanadores en su profesión. *El canto de oración* por otra parte, surgió para corregir los ya crecientes malentendidos y las aplicaciones erróneas que hacían los estudiantes de la oración y de lo que significaba pedir la ayuda del Espíritu Santo.

Ambos suplementos proveen a su manera hermosos resúmenes de las enseñanzas del Curso. *La psicoterapia* aplica específicamente el principio de curación–el que dos personas se unan en el nombre de Cristo–a la profesión de psicoterapia. *El canto de oración* une el perdón y la curación dentro del contexto de la oración, e introduce un término que no aparece en *Un curso de milagros* en sí–"el perdón-para-destruir"–aunque el concepto se discute tanto en el texto como en el libro de ejercicios.

Sin embargo, como un resumen, ninguna de las obras puede entenderse, ni tampoco apreciarse, independiente de *Un curso de milagros* en sí. Se introducen ideas fecundas con poca o ninguna preparación o desarrollo subsiguiente; ideas que en modo alguno podrían comprenderse sin el tratamiento más profundo que *Un curso de milagros* de por sí provee. Por ejemplo, están los siguientes comentarios profundos–en torno a la enfermedad, a la relación mente-cuerpo, a la irrealidad del tiempo, al perdón y a la curación–que casi caen en los suplementos, por así dercirlo, *in media res* (i.e., en medio de las cosas):

Una vez que el Hijo de Dios se ve culpable, la enfermedad no se puede evitar.... La enfermedad no puede ser sino la sombra de la culpa, grotesca y fea, puesto que imita la deformidad (P-2.IV.2:1,6).

El oído traduce, no oye. El ojo reproduce, no ve.... Responden a las decisiones de la mente, al reproducir sus deseos y traducirlos en formas aceptables y placenteras (P-2.VI.3:1-2,4).

En el tiempo puede haber un gran retraso entre el ofrecimiento y la aceptación de la sanación. Este es el velo que cubre del rostro de Cristo. Pero no puede ser sino una ilusión, pues el tiempo no existe y la Voluntad de Dios ha sido siempre exactamente como es (P-3.II.10:9-11).

El secreto de la verdadera oración es olvidar las cosas que crees necesitar. Pedir lo específico es muy similar a reconocer el pecado y luego perdonarlo (S-1.I.4:1-2).

La sanación del cuerpo ocurrirá porque su causa se ha ido. Y ahora sin causa alguna, no puede regresar en forma diferente (S-3.III.6:3-4).

Así pues, podemos ver que estos dos suplementos no fueron dados para suplantar el Curso, ni para que fuesen una versión acortada o resumida de su contenido. Muy por el contrario; tienen el objetivo de aumentar o ampliar para los estudiantes lo que ya se ha enseñado y se ha aprendido en *Un curso de milagros*. Esa es la razón por la cual cada suplemento contiene el subtítulo "Una extensión de los principios de *Un curso de milagros*". Tomados independientemente, los dos suplementos serían propensos a interpretaciones erróneas o a justificadas acusaciones de ofuscación. Al lado de *Un curso de milagros*, en cambio, se tornan muy útiles, y en muchos lugares se vuelven inspiradores adjuntos de sus enseñanzas básicas.

Un ejemplo del "uso equivocado" de los suplementos se puede ver en las infortunadas acciones de muchos estudiantes de *Un curso de milagros* quienes están en psicoterapia con un terapeuta que no estudia el Curso. Se sienten tentados por su resistencia inconsciente al tratamiento "a darle por la cabeza a sus terapeutas" con el Curso ofreciéndoles *La psicoterapia: propósito, proceso y práctica* y diciéndoles–implícita o explícitamente– que su enfoque no es lo suficientemente espiritual; es *así* como usted debe estar aplicando la terapia conmigo. Los terapeutas en esta situación, por supuesto, generalmente no tienen idea de qué es lo que se les ha entregado puesto que, repito, el suplemento no tiene como fin el que se entienda independientemente de *Un curso de milagros* en sí.

Retornaremos a *El canto de oración* en un capítulo posterior cuando discutamos el papel particular de la corrección que Jesús le asignó al suplemento en el currículo, tanto en su comprensión como en la aplicación de sus enseñanzas en el Curso.

Capítulo 9

EL USO QUE EL CURSO HACE DEL LENGUAJE – I
EL DE LA DUALIDAD

Introducción

Quizás la mayor fuente de confusión para los estudiantes de *Un curso de milagros* es su uso inconsistente y metafórico del lenguaje, especialmente debido a que la mayoría de los estudiantes probablemente no es consciente de ese uso. Esta confusión infortunadamente puede servirle muy bien al ego como una tentadora justificación para aquellos que ya serían propensos a interpretar equivocadamente las enseñanzas del Curso a la luz del fuerte apego a mantener y defender su propio sistema de creencias. Así pues, el estilo poético del Curso puede ser uno de los mayores obstáculos para aquellos estudiantes que se inclinan hacia unas interpretaciones más literales, si no fundamentalistas, de lo que leen. Este enfoque puede funcionar muy bien con escritos mucho más científicos, donde la precisión de las enunciaciones es esencial, pero tal rigidez en lo que a la *forma* se refiere puede hacer estragos con el *contenido* del Curso. Si bien alguna discusión de este tema tuvo lugar en *Todos son llamados* (e.g., págs. 22-25), el presente capítulo trata este importante asunto en mayor profundidad.

El lenguaje metafórico del Curso

Comenzamos, por lo tanto, afirmando simplemente que *Un curso de milagros* no está escrito como un opúsculo científico, ni como un documento de investigación profesional, como solía ser generalmente el estilo de redactar de Helen. Más bien, el uso que el Curso hace del lenguaje es con frecuencia poético, y su estilo es sinfónico y no lineal, como vimos en el capítulo anterior. Si bien esto es una ventaja para los lectores que se sienten familiarizados y cómodos con ese estilo, esa forma de redactar, repito, puede tornarse en extremo frustrante para aquellos que prefieren una prosa más técnicamente precisa. Siempre recordaré al hombre que se levantó en un taller que Gloria y yo estábamos dando hace muchos años, después de nuestra discusión de algunas de las traducciones de *Un curso de milagros* que estaban entonces en proceso o bajo consideración. Habló con bastante vehemencia de su formación, diciendo que poseía un doctorado en ingeniería, y que él era además lo que podría llamarse un letrado y un hombre inteligente, mas sin embargo no podía entender el Curso en absoluto. "¿Cuándo?", concluyó él sus comentarios, "¿van ustedes a traducir este Curso al inglés?"

Citamos antes el comentario de Jesús tomado del texto: "Seguramente habrás comenzado a darte cuenta de que este curso es muy práctico, y de que lo que dice es exactamente lo que quiere decir" (T-8.IX.8:1). El problema es, sin embargo, que a menudo las palabras del Curso no significan *literalmente* lo que dicen, y más aún, no se supone que se tomen de ese modo. Pero las palabras ciertamente sí significan lo que dicen cuando se entienden *metafórica* o *simbólicamente*, y este significado se puede discernir cuando se reconoce el contenido detrás de la forma.* Consideremos algunos ejemplos:

Jesús emite algunas aseveraciones acerca de la incorruptibilidad del cuerpo, en las que sugiere que éste no puede morir (T-19.IV-C.5:2; M-12.5:5), las cuales cuando se toman fuera de contexto ciertamente parecen sugerir que la vida del cuerpo puede ser inmortal. Y aquellos estudiantes del Curso quienes están de acuerdo con otras espiritualidades que sí subrayan la inmortalidad del cuerpo saltan de alegría al echar mano de las palabras literales del Curso para apoyar los reclamos de su propio camino espiritual. Su conclusión es que *Un curso de milagros* es "exactamente igual" que este otro camino porque ambos promulgan la inmortalidad del cuerpo, y por lo tanto, señalan eso como un meta importante si no esencial para el buscador espiritual y estudiante del Curso.

Sin embargo, lo que estos pasajes del Curso realmente quieren decir es que el cuerpo no muere porque *el cuerpo no vive*. Como dice el texto:

> El cuerpo es tan incapaz de morir como de sentir. No hace nada. De por sí, no es ni corruptible ni incorruptible. No *es* nada (T-19.IV-C.5:2-5).

Por lo tanto, en ese sentido *únicamente* podemos decir que el cuerpo no muere, pues lo que no posee vida no puede perderla. No tendría sentido si Jesús en *Un curso de milagros* abogase por la inmortalidad de un cuerpo del cual se ha enseñado a lo largo de los tres libros que no es real y que no

---

* Repito, este asunto se explora a profundidad en el artículo que Gloria y yo escribimos "A Simple, Clear, and Direct Course" ("Un curso simple, claro y directo"), el cual aparece reimpreso en el Apéndice.

tiene vida. No obstante, este es un ejemplo de donde los bien-intencionados estudiantes pueden confundirse al no reconocer, repito, que aseveraciones específicas no se deben arrancar de su contexto y tomarse como la verdad literal.

Un grupo de ejemplos relacionados con Dios presentan muy bien el punto de que debe prestársele atención al contenido detrás de la forma. A propósito, las bastardillas en las siguientes citas son mías, y en la última cita he omitido las que se encuentran en el Curso puesto que las mismas se relacionan con consideraciones estilísticas y no con el significado del pasaje:

> Dios se siente *solo* sin Sus Hijos, y Sus Hijos se sienten *solos* sin Él.... Dios Mismo se siente *solo* cuando Sus Hijos no lo conocen (T-2.III.5:11; T-7.VII.10:7; mis bastardillas).

> Dios *se lamenta* ante el "sacrificio" de Sus Hijos que creen que se olvidó de ellos (T-5.VII.4:5; mis bastardillas).

> "Dios Mismo está *incompleto* sin mí."... Pues debido a él [el pecado] Dios Mismo cambia, y se *le priva de Su Plenitud* (T-9.VII.8:2; T-19.II.2:7; mis bastardillas).

Ciertamente, a lo largo de *Un curso de milagros* hay referencias a Dios las cuales dicen que El tiene Brazos, Manos y una Voz, y con este "cuerpo" Suyo reacciona a las equivocaciones de Su Hijo y da pasos, se inclina, pronuncia palabras, crea planes, etc.

Sería obvio incluso para un lector casual de *Un curso de milagros* que Dios no es ni puede ser corpóreo. No tiene un cuerpo, ni habita en un *lugar* llamado Cielo. En verdad, se nos enseña que el mundo físico se hizo como un ataque a Él (L-pII.3.2:1), y que el cuerpo es un límite que se le impone al amor (T-18.VIII.1:2). Y sin embargo en los pasajes citados arriba se nos dice específicamente que Dios se siente solo, que llora y está incompleto sin nosotros. Estas palabras no sólo implican que Dios existe en un cuerpo—como se implica en otros pasajes que se refieren a Él como un Padre, lo cual denota Su humanidad masculina mediante el uso de los pronombres "Él" y "Suyo" y refiriéndose a las partes del cuerpo señaladas arriba—sino que estos pasajes claramente sugieren que la separación de Él sucedió realmente; de lo contrario, Él no podría estar reaccionando a ésta como, en algunos lugares, se describe claramente que reacciona. Sin embargo, el principio de la Expiación, sobre el cual se fundamenta el sistema de pensamiento del Curso en su totalidad, es que el pecado de la separación jamás ocurrió en absoluto. Por lo tanto, nuestra culpa y temor resultantes no tienen ningún sentido. E igual de insensato es el pensamiento de que

Dios–nuestro perfecto Creador y Fuente indiferenciada y unificada– pudiese llorar, sufrir soledad, o incluso creer que está incompleto.

En secciones posteriores, explicaré lo que Jesús en verdad quiere decir en estas referencias simbólicas, pero ahora prosigo con una breve presentación de algunos pasajes dedicados a la creación del Espíritu Santo. *Un curso de milagros* dice que Él fue creado por Dios como Su Respuesta al pensamiento de separación del ego. Por ejemplo:

> El Espíritu Santo comenzó a existir como medio de protección al producirse la separación, lo cual inspiró simultáneamente el principio de la Expiación…. El Espíritu Santo es la Respuesta de Dios a la separación …. Tanto la separación como el principio que gobierna la Expiación dieron comienzo simultáneamente. Cuando el ego fue engendrado, Dios puso en la mente la llamada al júbilo (T-5.I.5:2; T-5.II.2:5–3:2).

Más adelante el texto afirma, en otra referencia a la creación del Espíritu Santo, que cuando la extensión de Dios hacia afuera fue obstruida por la separación, "Él pensó, 'Mis Hijos duermen y hay que despertarlos'" (T-6.V.1:8).

En estas citas, sólo unas pocas entre muchas, muchas otras, está claro que las palabras en sí indican directamente a un Dios humano, quien piensa, siente y actúa como lo haría un padre amoroso cuando se enfrenta a un hijo voluntarioso. El Dios de las parábolas del evangelio está descrito exactamente de la misma manera. El Creador-Dios del Antiguo Testamento también está claramente representado como un padre muy humano, aunque no siempre en una forma muy positiva ni mucho menos. Dada nuestra fuerte identificación corporal, es comprensible una imagen así de Dios:

> ¿Cómo podrías tú, que te ves a ti mismo dentro de un cuerpo, saber que eres una idea? Identificas todo lo que reconoces con cosas externas, con algo externo a ello mismo. Ni siquiera puedes pensar en Dios sin imaginártelo en un cuerpo, o en alguna forma que creas reconocer (T-18.VIII.1:5-7).

Además, la tradición judeo-cristiana con la cual se identifican casi todos los estudiantes de *Un curso de milagros*–sean o no conscientes de ello– haría prácticamente imposible que *no* se conceptualizase al Creador en términos humanos, tanto física como psicológicamente. ¿Cómo pues debemos entender estas continuas referencias en el Curso a una deidad que suena muy humana (si no a veces como ego)? La próxima sección trata este asunto.

La no-dualidad frente a la dualidad

En este punto sería útil introducir dos términos que, aunque no se usan específicamente en *Un curso de milagros*, sin embargo, caracterizan las dos dimensiones de experiencia que se reflejan en las enseñanzas del Curso, y por lo tanto los dos niveles de lenguaje que hemos estado discutiendo. Estos términos son *no-dualidad* y *dualidad*, los cuales reflejan respectivamente el estado de la pre-separación del Cielo, la única verdadera realidad, y el mundo separado del sistema de pensamiento del ego, el mundo de ilusión. Estos dos niveles también son caracterizados frecuentemente por los términos *conocimiento* y *percepción*.

Como ya se ha dicho, en gran medida las interpretaciones erróneas y la confusión en torno a lo que *Un Curso de milagros* enseña inevitablemente conducen a distorciones que los estudiantes les enseñan a otros. Estas confusiones pueden trazarse al desconocimiento de estos dos niveles muy diferentes, y de la razón por la cual el material de Jesús ha llegado en esta forma. El proceso básico mediante el cual el Curso deshace la culpa se resume en su énfasis, para replantear este muy importante principio, en que se traigan las ilusiones de la obscuridad del ego a la luz de la verdad del Espíritu Santo. Como dice Jesús acerca de sí mismo al comienzo del texto:

> Yo fui un hombre que recordó al espíritu y su conocimiento. Como hombre no traté de contrarrestar los errores con el conocimiento, sino de corregir el error de raíz (T-3.IV.7:3-4).

Esta aseveración refleja el hecho de que la corrección del sistema de pensamiento del ego que él trajo a la conciencia del mundo ocurrió en el nivel dualista del error, no en el nivel no-dualista de la verdad. De modo que él no trajo la verdad del Cielo al mundo para que mágicamente desvaneciera con su luz la obscuridad del pecado, como se implica en la teología del cristianismo. Además de esto, vemos en la Biblia que Jesús es el único Hijo de Dios quien encarnó en el mundo del pecado real. En el evangelio de Juan, el último de los cuatro evangelios en ser escrito, se describe a Jesús como el Cristo cósmico, apenas en la tierra y que por lo tanto no actúa ni habla en términos humanos. Mas sin embargo, él es el mismo que ha intercedido en los asuntos humanos para llevarse los pecados de aquellos que creen en él.

Por otra parte, el Jesús de *Un curso de milagros* es claramente distinto del personaje bíblico que lleva su nombre pues, entre otras cosas, él deja bien claro que él *no* nos quitará nuestros pecados porque no *puede*. El ejemplo de eso puede verse en este pasaje:

Dios y sus creaciones permanecen a salvo, y saben, por lo tanto, que no existe ninguna creación falsa. La verdad no puede lidiar con los errores que tú deseas conservar…. Al unir mi voluntad con la de mi Creador, recordé naturalmente al espíritu y su verdadero propósito. Yo no puedo unir tu voluntad a la de Dios por ti, pero puedo borrar todas las percepciones falsas de tu mente *si la pones bajo mi tutela. Sólo tus percepciones falsas se interponen en tu camino.* Sin ellas, no hay duda de la alternativa que elegirías. Pues una percepción sana induce a una elección sana. *No puedo elegir por ti, pero puedo ayudarte a que elijas correctamente.* (T-3.IV.7:1-2,6-11; mis bastardillas).

Además, el Jesús de *Un curso de milagros* habla de vivir y enseñar en el mundo, *en los términos del mundo,* un mundo al cual él jamás denigra ni descarta, aunque claramente nos insiste que éste es ilusorio. Por ejemplo, él dice acerca del cuerpo que

es casi imposible negar su existencia en este mundo. Los que lo hacen se dedican a una forma de negación particularmente inútil (T-2.IV.3:10-11).

Y claramente esta es una negación por la cual él no aboga.

Este hablarnos en los términos del mundo es lo que Jesús hace también en la forma de *Un curso de milagros.* Repetidamente afirma en el Curso cómo lo que él *realmente* está diciendo no puede entenderse. En un pasaje contundente incluso descarta las pretensiones arrogantes del intelectual al decir:

Todavía estás convencido de que tu entendimiento constituye una poderosa aportación a la verdad y de que hace que ésta sea lo que es. Mas hemos subrayado que no tienes que comprender nada (T-18.IV.7:5-6).

Y así en *Un curso de milagros* Jesús les enseña a sus estudiantes en el lenguaje simbólico y metafórico del mito, y llega a ellos en el nivel mundano que ellos pueden aceptar y entender. Y sin embargo, como veremos dentro de poco, ocasionalmente apunta hacia la verdad no-dualista, abstracta,y no-especifica que es el contenido más allá de los símbolos dualistas y específicos que él emplea.

Finalmente, necesitamos aclarar lo que significa el sistema no-dualista y el dualista, puesto que esta distinción refleja la diferencia crucial entre *Un curso de milagros* y casi todos los demás sistemas de pensamiento espiritual. Por *no-dualidad* nos referimos a la parte de *Un curso de milagros* que refleja las dos dimensiones que se excluyen mutuamente–conocimiento y percepción, espíritu y materia, el Cielo y el mundo–*de las cuales sólo una es real.* Por lo tanto, la conclusión clara de esta metafísica no-dualista es que Dios no puede estar presente en el mundo ilusorio puesto que esto comprometería la naturaleza absoluta de la Unidad de Dios al implicar que en realidad podría existir un estado que está *fuera* de la perfecta unidad, una evidente y lógica imposibilidad. La dualidad, por otra parte, refleja la creencia de que ambas dimensiones–la espiritual *y* la material–son reales y co-existen. Consecuentemente, es posible dentro de tales sistemas espirituales que Dios esté presente si no activo en el universo fenomenal, puesto que el mundo se originó con El, realmente está ahí afuera, y obviamente necesita de su ayuda e intervención. Es más, la textura misma de la materialidad de algún modo lleva en su interior algún aspecto, vestigios o reflejos de lo divino.

Consideramos ahora la naturaleza de la no-dualidad y el problema que presenta para un mundo de dualidad.

La no-dualidad:
El problema para los estudiantes *de Un curso de milagros*

Un tratamiento más completo de la naturaleza de Dios y del Cielo puede encontrarse en el Capítulo Uno, pero para nuestros propósitos aquí, una breve consideracion general de las dimensiones de esta realidad no-dualista es suficiente. Comenzamos con lo únicamente verdadero: Dios y Su creación. *Un curso de milagros* es bastante enfático al plantear que el Cielo es la única realidad y como Cristo, "nuestra única relación" con Dios (T-15.VIII.6:6). Esta es una relación de total unidad, sin diferenciación alguna entre Creador y Creado, Causa y Efecto, Dios y Cristo. Como enseña Jesús acerca del Cielo en el Curso:

El Cielo no es un lugar ni tampoco una condición. Es simplemente la conciencia de la perfecta Unicidad, y el conocimiento de que no hay nada más; nada fuera de esta Unicidad, ni nada adentro (T-18.VI.1:5-6).

Este es el estado de no-dualidad, donde no hay presencia dualista alguna en el Cielo, sino sólo Una: "no hay ningún lugar en el que el Padre acabe y el Hijo comience como algo separado" (L-pI.132.12:4). En un libro anterior, Gloria y yo describimos el Cielo en esta forma:

…en el Principio, antes de que hubiese siquiera un concepto de principio, existe Dios, nuestra Fuente y la Fuente de toda la creación: una perfección y un resplandor cuya magnificencia está más allá de la comprensión; un amor y una amabilidad de una naturaleza tan infinita que la conciencia no podía siquiera comenzar la aprensión de la misma; una prístina quietud de ininterrumpida dicha, un quieto fluir sin fricción que lo impidiese; una vasta, ilimitada y todo-abarcadora Totalidad, más allá del espacio, más allá del tiempo, en la cual no hay comienzo, ni final, pues jamás existió un tiempo o un lugar en que Dios no fuese....

La creación, como el espíritu, es abstracta, informe e invariable. Su naturaleza es la unidad, el conocimiento de lo cual es que no existe lugar alguno donde el Creador termine y lo creado comience. No hay frontera, ni diferenciación, ni separación. Mas, incluido en este conocimiento está el hecho de que nosotros no somos la Fuente de la creación, aunque permanecemos Uno dentro de ella.

¿Puede la Mente de Dios comenzar? ¿Puede la Mente de Dios terminar? ¿Puede un Pensamiento que es parte de esa Mente ser otra cosa sino esa Mente? Seguramente que no, puesto que no existe sujeto u objeto en el estado de Cielo; no existe observador ni observado. No hay percepción, simplemente el total conocimiento de quiénes somos: una gloria de tal unificado resplandor que los conceptos de adentro-afuera no tienen significado alguno *Despierta del sueño*, Capítulo 1).

Un curso de milagros en sí provee muchos hermosos pasajes que describen este estado no-dualista de Unidad, y muchos de estos planteamientos subrayan la inherente inefabilidad del Cielo:

> Debe observarse con especial atención que Dios tiene solamente *un* Hijo. Si todas las creaciones de Dios son Hijos Suyos, cada una de ellas tiene que ser parte integral de la Filiación. La Filiación en su unicidad, trasciende la suma de sus partes (T-2.VII.6:1-3).

> El amor no puede juzgar. Puesto que en sí es uno sólo, contempla a todos cual uno solo. *Su significado reside en la unicidad. Y no puede sino eludir a la mente que piensa que el amor es algo parcial o fragmentado.* No hay otro amor que el de Dios, y todo amor es Suyo. Ningún otro principio puede gobernar allí donde no hay amor. El amor es una ley que no tiene opuestos. *Su plenitud es el poder que mantiene a todas las cosas unidas, el vínculo entre Padre e Hijo que hace que Ambos sean lo mismo eternamente* (L-pI.127.3; mis bastardillas).

> La comunicación, inequívoca y clara como la luz del día, permanece ilimitada por toda la eternidad. Y Dios Mismo le habla a Su Hijo, así como Su Hijo le habla a Él. *El lenguaje en el que se comunican no tiene palabras, pues lo que se dicen no puede ser simbolizado.* Su conocimiento es directo, perfectamente compartido y perfectamente uno (L-pI.129.4:1-4; mis bastardillas).

De la misma manera en la que la nada no puede ser representada, tampoco existe un símbolo que represente la totalidad. La realidad, en última instancia, sólo se puede conocer libre de cualquier forma, sin imágenes que la representen y sin ser vista (T-27.III.5:1-2).

La unidad es simplemente la idea de que Dios *es*. Y en Su Ser, Él abarca todas las cosas. Ninguna mente contiene nada que no sea Él. Decimos "Dios es," y luego guardamos silencio, pues en ese conocimiento las palabras carecen de sentido. No hay labios que las puedan pronunciar, ni ninguna parte de la mente es lo suficientemente diferente del resto como para poder sentir que ahora es consciente de algo que no sea ella misma. Se ha unido a Su Fuente, y al igual que ella, simplemente es.

No podemos hablar, escribir, ni pensar en esto en absoluto (L-pI.169.5:1–6:1).

Podemos ver claramente que no hay manera en que el estado no-dualista del Cielo pueda ser entendido por un cerebro que ha sido programado por la mente culpable y dualista para que *no* entienda lo que es la no-dualidad, el estado que constituye la más grave amenaza para la existencia individual y específica. Y así llegamos a la médula del asunto: cómo hablarles de la verdad no-dualista a mentes dualistas–y por consiguiente cerebros–que literalmente no pueden comprender esta verdad. Ese es el reto al cual se enfrenta Jesús en *Un curso de milagros*, cuyas enseñanzas proceden de la verdad hacia un mundo de ilusión que no cree en ella y ni siquiera reconoce esta verdad.

La forma inconsistente y el contenido consistente
La solución para los estudiantes de UN CURSO DE MILAGROS

Es el lenguaje de la metáfora y del símbolo el que proporciona la solución a este problema, y los siguientes pasajes claves tomados del texto proveen la más clara explicación en *Un curso de milagros* del principio subyacente en cómo Jesús ha procedido en la enseñanza de la verdad del no-dualismo de la perfecta unidad a sus hermanos menores quienes creen que viven en la dualidad de la separación, y en su experiencia no conocen ninguna otra dimensión:

> *Puesto que crees estar separado, el Cielo se presenta ante ti como algo separado también. No es que lo esté realmente, sino que se presenta así a fin de que el vínculo que se te ha dado para que te unas a la verdad pueda llegar hasta ti a través de lo que entiendes* [i.e., el lenguaje de la

dualidad]. El Padre, el Hijo y el Espíritu Santo son Uno, de la misma manera en que todos tus hermanos están unidos en la verdad cual uno. Cristo y Su Padre jamás han estado separados, y Cristo mora en tu entendimiento, en aquella parte de ti que comparte la Voluntad de Su Padre. El Espíritu Santo es el vínculo entre la otra parte–el demente y absurdo deseo de estar separado, de ser diferente y especial–y el Cristo, *para hacer que la unicidad le resulte clara a lo que es realmente uno. En este mundo eso [la verdad no-dualista] no se entiende, pero se puede enseñar [mediante el símbolo y la metáfora del lenguaje dualista].*

El Espíritu Santo apoya el propósito de Cristo en tu mente, de forma que tu deseo de ser especial pueda ser corregido allí donde se encuentra el error. Debido a que Su propósito sigue siendo el mismo que el del Padre y el del Hijo, Él conoce la Voluntad de Dios, así como lo que tú realmente quieres. Pero esto sólo lo puede comprender la mente que se percibe a sí misma como una, y que, consciente de que es una, lo experimenta así. La función del Espíritu Santo es enseñarte cómo experimentar esta unicidad, qué tienes que hacer para experimentarla y adónde debes dirigirte para lograrlo.

De acuerdo con esto, se considera al tiempo y al espacio [el mundo de la dualidad] como si fueran distintos, *pues mientras pienses que una parte de ti está separada, el concepto de una Unicidad unida como una sola no tendrá sentido.* Es obvio que una mente así de dividida jamás podría ser el Maestro de la Unicidad que une a todas las cosas dentro de Sí. Y, por lo tanto, lo que está dentro de esta mente, y en efecto une a todas las cosas, no puede sino ser su Maestro. *El necesita, no obstante, utilizar el idioma* [dualista] *que dicha mente entiende, debido a la condición* [separada y dualista] *en que esta mente cree encontrarse.* Y tiene que valerse de todo tipo de aprendizaje para transferir las ilusiones a la verdad, tomando todas las ideas falsas [dualistas] acerca de lo que eres, a fin de conducirte más allá de ellas hasta la verdad [no-dualista] que *se encuentra* más allá de ellas (T-25.I.5:1–7:5; mis bastardillas, excepto por "se encuentra" en la última oración).

La discusión precedente no es el único lugar en *Un curso de milagros*, sin embargo, donde Jesús dilucida esta idea de tener que expresar su verdad no-dualista en una forma dualista. También lo vemos claramente reflejado en la sección en el manual, a la cual nos referimos en el capítulo anterior, que trata del único maestro de Dios que salva al mundo. De manera importante, en este pasaje como en las características de los maestros de Dios presentada en una sección anterior en el manual, Jesús claramente se está refiriendo aquí a los maestros *avanzados,* en contraste con el nivel "no-avanzado" de los estudiantes del Curso quienes aún tienen que aprender el Curso y están todavía "en las primeras etapas en el desempeño de su función" (M-4.1:3). La primera parte de este pasaje se citó en el capítulo anterior.

> Los maestros de Dios aparentan ser muchos, pues eso es lo que necesita el mundo. Mas al estar unidos en un solo propósito, el cual comparten con Dios, ¿cómo podría haber separación entre ellos? ¿Qué importa entonces si se presentan de muchas maneras? Sus mentes son una, y así, su unión es total. Y Dios opera ahora a través de ellos cual uno solo, pues eso es lo que son. *¿Por qué es necesaria la ilusión de que hay muchos? Unicamente porque para los ilusos la realidad no es comprensible.* Son muy pocos los que pueden oír la Voz de Dios, y ni siquiera éstos pueden comunicar Sus mensajes directamente por medio del Espíritu que se los dio. Necesitan un medio a través del cual puedan comunicarse con aquellos que no se dan cuenta de que son espíritu. Un cuerpo que éstos puedan ver; una voz que comprendan y escuchen sin el temor que la verdad suscitaría en ellos. No olvides que la verdad sólo puede llegar allí donde se le da la bienvenida sin temor. *Por eso es por lo que los maestros de Dios necesitan un cuerpo, pues, de otra manera, su unidad no se podría reconocer directamente.*… Los maestros de Dios parecen compartir la ilusión de la separación, pero por razón del uso que hacen del cuerpo, no creen en la ilusión a pesar de las apariencias (M-12.2:5–3:8; 4:6; mis bastardillas).

Así que vemos una vez más que una verdad no-dualista–i.e., *un* maestro – es presentada en un contexto dualista–i.e., *muchos* maestros–de modo que se pueda entender dentro del sueño de la dualidad. Y que jamás se diga que Jesús no expone claramente su propósito al hablar dualistamente, ni que transige en lo que se refiere a la verdad no-dualista que su Curso vino a enseñar.

Estas dos referencias expresan con claridad que no fue la intención de Jesús que la *forma* de su mensaje se tomase por el *contenido* del mensaje en sí. El lector quizás recordará el marcado énfasis que él pone en *Un curso de milagros* en que se reconozca la importancia de las *formas* que asumen las relaciones especiales en el sistema de pensamiento del ego, y cómo éstas siempre se utilizan para substituir el *contenido* del amor. Un sólo pasaje al respecto será suficiente:

> Cada vez que una forma de relación especial te tiente a buscar amor en ritos, *recuerda que el amor no es forma sino contenido.* La relación especial es un rito de formas, cuyo propósito es exaltar la forma para que ocupe el lugar de Dios a expensas del contenido. *La forma no tiene ningún significado ni jamás lo tendrá* (T-16.V.12:1-3; mis bastardillas).

Estas palabras se pueden tomar como una advertencia a todos los estudiantes de *Un curso de milagros* que traten de entender sus principios aferrándose casi servilmente al significado literal de las palabras, en lugar de utilizarlas como símbolos más allá de los cuales hay que ir para obtener su verdadero significado. Es por eso por lo que Jesús ofrece la aseveración que sigue en la "Clarificación de términos", para explicar que sus palabras por su naturaleza misma serán inconsistentes y *no* la verdad literal, y por lo tanto sus estudiantes deben mirar *más allá* de las inconsistentes palabras hacia el consistente contenido de la verdad:

> Este curso opera dentro del marco de referencia del ego [i.e., la dualidad, la utilización de palabras y conceptos], pues ahí es donde se necesita. No se ocupa de lo que está más allá de todo error [i.e., la no-dualidad], ya que está planeado únicamente para fijar el rumbo en dirección a ello. Por lo tanto, se vale de las palabras, las cuales son simbólicas y no pueden expresar lo que se encuentra más allá de todo símbolo.... *El curso es simple.* Tiene una sola función y una sola meta [i.e., contenido] Sólo en eso es totalmente consistente, pues sólo eso puede *ser* consistente (C-in.3:1-3,8-10).

Repito, podemos ver cuán claramente Jesús está haciendo la distinción entre sus inconsistentes palabras y su consistente contenido.

Hay todavía otros ejemplos en *Un curso de milagros* de Jesús "explicando" su lenguaje dualista. Estos evidencian cuán central para la presentación del currículo del Curso es este procedimiento de utilizar símbolos para reflejar la verdad no-dualista de la Unidad que está más allá de todos los símbolos, una realidad que no se puede entender dentro del mundo dualista de la separación. Citamos aquí algunos de esos pasajes:

> En este mundo, puesto que la mente está dividida, los Hijos de Dios parecen estar separados. Sus mentes, asimismo, no parecen estar unidas. En este estado ilusorio, el concepto de una "mente individual" parece tener sentido. En el curso, por lo tanto, se describe a la mente *como si* consistiera de dos partes; el espíritu y el ego (C-1.2).

> La idea de hoy... es aplicable tanto a tu mundo interno como al externo, que en realidad son lo mismo. *Sin embargo, puesto que los consideras diferentes,* las sesiones de práctica de hoy tendrán una vez más dos fases: una dedicada al mundo que ves fuera de ti, y la otra, al que ves en tu mente. Trata de introducir en los ejercicios de hoy el pensamiento de que ambos se encuentran en tu propia imaginación (L-pI.32.2; mis bastardillas).

Dios es a la vez Medio y Fin. En el Cielo, los medios y el fin son uno y lo mismo, y son uno con Él. Este es el estado de verdadera creación, el cual no se encuentra en el tiempo, sino en la eternidad. *Es algo indescriptible para cualquiera aquí.* No hay modo de aprender lo que ese estado significa. No se comprenderá hasta que vayas más allá del aprendizaje a lo Dado; hasta que vuelvas a construir un santo hogar para tus creaciones. Un co-creador con el Padre tiene que tener un Hijo. Sin embargo, este Hijo tiene que haber sido creado a semejanza de Sí mismo: como un ser perfecto, que todo lo abarca y es abarcado por todo, al que no hay nada que añadir ni nada que restar; un ser que no tiene tamaño, que no ha nacido en ningún lugar o tiempo ni está sujeto a límites o incertidumbres de ninguna clase. Ahí los medios y el fin se vuelven uno, y esta unidad no tiene fin. *Todo es verdad, y, sin embargo, no significa nada para quien todavía retiene en su memoria una sola lección que aún no haya aprendido, un solo pensamiento cuyo propósito sea aún incierto o un solo deseo con dos objetivos.* Este curso no pretende enseñar lo que no se puede aprender fácilmente. Su alcance no excede el tuyo, excepto para señalar que lo que es tuyo te llegará cuando estés listo. Aquí los medios y el propósito están separados porque así fueron concebidos y así se perciben. *Por lo tanto, los tratamos como si lo estuviesen* (T-24.VII.6:5–8:4); mis bastardillas.

Aprender significa cambiar. La salvación no intenta valerse de medios que todavía sean tan ajenos a tu modo de pensar que no te sirvan de nada, ni tampoco es su intención producir cambios que tú no puedas reconocer. Mientras perdure la percepción habrá necesidad de conceptos, y la tarea de la salvación es cambiarlos. *Pues tiene que lidiar valiéndose de contrastes, no de la verdad, la cual no tiene opuestos ni puede cambiar* (T-31.VII.1:1-4; mis bastardillas).

Este último pasaje acerca de la naturaleza no-dualista (i.e., "sencilla") de la verdad tiene su eco en la breve aseveración del suplemento *La psicoterapia: propósito, proceso y práctica.* Trata de la necesidad de expresar dicha sencillez en términos inteligibles para un complicado mundo de dualidad:

Aunque la verdad es simple, de todas maneras se le tiene que enseñar a aquellos que ya han perdido su camino en interminables laberintos de complejidad. Esta es la gran ilusión (P-2.V.1:1-2).

Finalmente, este pasaje del texto, el cual examinaremos más adelante, también plantea el punto de que la verdad no-dualista de Dios tiene que reflejarse en el mundo dualista de la ilusión si es que el Hijo ha de despertar de su sueño. Como el puente o el vínculo entre estas dos dimensiones, el Espíritu Santo ("el Hacedor" y "Corrector") es el medio para ese despertar:

> Las leyes de Dios no pueden gobernar directamente en un mundo regido por la percepción, pues un mundo así no pudo haber sido creado por la Mente para la cual la percepción no tiene sentido. Sus leyes, no obstante, se ven reflejadas por todas partes. No es que el mundo donde se ven reflejadas sea real en absoluto. Es real sólo porque Su Hijo cree que lo es, y Dios no pudo permitirse a Sí Mismo separarse completamente de lo que Su Hijo cree. Él no pudo unirse a la demencia de Su Hijo, pero sí pudo asegurarse de que Su cordura lo acompañase siempre, para que no se pudiese perder eternamente en la locura de su deseo.…
>
> El mundo tiene otro Hacedor, el Corrector simultáneo de la creencia desquiciada de que es posible establecer y mantener algo sin un vínculo que lo mantenga dentro de las leyes de Dios, no como la ley en sí conserva al universo tal como Dios lo creó, *sino en una forma que se adapte a las necesidades que el Hijo de Dios cree tener* (T-25.III.2; 4:1; mis bastardillas).

Por lo tanto, podemos ver claramente a la luz de estos pocos ejemplos cómo Jesús está "admitiendo" la inconsistencia en la *forma* de su enseñanza, aunque su *contenido* es absolutamente consistente. Es extremadamente importante que los estudiantes de *Un curso de milagros* entiendan este punto, razón por la cual sigo recalcándolo. Sin esa comprensión, inevitablemente caerán en interpretaciones erróneas que dificultarán su progreso en el viaje hacia su Hogar, el cual constituye la meta última de *Un curso de milagros* para ellos.

Un ejemplo paralelo de cómo un maestro espiritual utiliza palabras que pueden sugerir una cosa mientras que su mensaje en verdad es otro se encuentra en las enseñanzas de Ramana Maharshi, el santo indio del siglo XX. Un discípulo le cuestiona una aseveración anterior de que el Corazón es "la sede de la conciencia e…idéntica al Ser". El estudiante se siente confuso porque su Maestro parece estar tratando al corazón–este símbolo espiritual–como un órgano físico distintivo, cuidadosamente ubicado dentro del cuerpo. La respuesta de Maharshi nos recuerda las enseñanzas de Jesús en el Curso acerca de la necesidad de presentar una verdad no-dualista en un contexto dualista (i.e., físico):

> …la persona que formula la pregunta acerca de la posición del Corazón se considera a sí misma existiendo con un cuerpo o en un cuerpo. Mientras formulas la pregunta ahora, ¿dirías que sólo tu cuerpo está aquí pero que estás hablando desde otro lugar? No, aceptas tu existencia corporal.

Es desde este punto de vista que procede cualquier referencia al cuerpo físico.

Verdaderamente hablando, la Conciencia pura [i.e., el espíritu] es indivisible, no tiene partes. No tiene forma ni apariencia, ni "adentro" ni "afuera". No existe ni "derecha" ni "izquierda" para ella. La Conciencia Pura, la cual es el Corazón, lo incluye todo; y nada está fuera ni aparte de ella. Esa es la Verdad última.

Desde este punto de referencia absoluto, el Corazón, el Ser o la Conciencia no puede tener asignado un lugar particular en el cuerpo físico. ¿Cuál es la razón? El cuerpo en sí es una proyección de la mente, y la mente no es sino un reflejo pobre del radiante Corazón. ¿Cómo puede Eso, en lo cual todo está contenido, estar de por sí confinado como una diminuta parte dentro del cuerpo físico...?

Pero la gente no entiende esto. No pueden sino pensar en términos del cuerpo físico y del mundo.... Es descendiendo al nivel del entendimiento ordinario que se le asigna al Corazón un lugar en el cuerpo físico (*Maharshi's Gospel*: Books I and II; T.N. Venkataraman; Tiruvannamalai, 1939; págs. 73-74; mis bastardillas).

Es necesario presentar un importante punto adicional en relación con el lenguaje dualista del Curso, y el que no fue necesario que Jesús explicase, puesto que era evidente para Helen mientras tomaba el dictado del Curso. Este punto se relaciona con el hecho de que la enseñanza original del Curso iba dirigida a *dos* personas: Helen Schucman y William Thetford. Y así sus enseñanzas sobre el perdón, que finalmente sólo puede ocurrir *dentro* de la mente del estudiante individual, fueron expresadas en el lenguaje dualista que reflejaba el mutuo salón de clases que constituía la relación de Helen y Bill. Y un salón de clases, debe añadirse, que ambos creían que consistía en dos personas: uno al otro. Era a través de ese salón de clases que Jesús esperaba conducirlos a ambos hasta el contenido no-dualista de su amor, el cual existía en sus *mentes* unidas más allá de la forma dualista.

Ya que el tema de discusión es el que Helen y Bill fuesen los recipientes originales del mensaje, permítanme hacer una digresión para mencionar que otra potencial fuente de confusión para los estudiantes es el no saber que ciertas aseveraciones en el Curso tenían una referencia específica directa a Helen y Bill, y *no* a la audiencia general. Una razón primordial para la escritura de *Ausencia de la felicidad: la historia de Helen Schucman como escriba de* UN CURSO DE MILAGROS fue ayudar a los estudiantes del Curso a que entendiesen mejor el contexto en el cual llegó *Un curso de milagros*, lo cual les ayudaría a entender mejor cómo debían tomar ciertas aseveraciones. Permítanme darles un ejemplo el cual presenta el punto claramente.

Muchos estudiantes de *Un curso de milagros* han tomado las líneas iniciales de la Introducción–"Este es un curso de milagros. Es un curso obligatorio."–como que significan algo a los efectos de que éste es un curso obligatorio para el mundo, aunque la forma específica puede ser diferente. Sin embargo, el significado de estas líneas no fue nada de eso. La aseveración fue originalmente parte de una respuesta que Jesús le dio en tono de broma a las quejas de Helen sobre las "notas" que ella estaba tomando y que se suponía que estudiase. Ella le preguntaba un día a Jesús si este curso era electivo, lo cual ella equivocadamente presumía (y su ego esperaba) que fuese. La enfática respuesta de Jesús, la cual se incorporó más tarde a la Introducción del texto, fue:

> *No lo es* [electivo]. Es un *requisito* definitivo. Sólo el tiempo en que lo tomes es voluntario (*Ausencia de la felicidad,* pág. 239).

De manera semejante, el famoso pasaje bíblico de los evangelios donde el Jesús bíblico dice que es más fácil que un camello entre por el ojo de una aguja, que el que un rico entre en el Reino de los Cielos (Mateo 19:24) ha sido una tentación a través de los siglos para que algunos estudiantes emitan sus conjeturas sobre el significado metafísico del camello y de la aguja. La verdad, sin embargo, es que la referencia era a "la aguja" o arco angosto de piedra que impedía que los camellos entrasen al área sagrada del templo la cual era prohibida para ellos. Igualmente, los estudiantes del Curso harían bien en recordar que la forma y el contexto de *Un curso de milagros* estuvieron muy influenciados por la personalidad individual de Helen y las circunstancias carentes de perdón de su relación con Bill.

Consideremos ahora otros seis ejemplos de esta inconsistencia en el lenguaje del Curso, donde Jesús parece estar diciendo algo que contradice los postulados básicos del Curso:

1) Hay varias ocasiones en el libro de ejercicios donde Jesús utiliza la palabra *Dios* cuando es al *Espíritu Santo* realmente a Quien se refiere. La Lección 193 se titula "Todas las cosas son lecciones que Dios quiere que yo aprenda", y sin embargo, a lo largo del Curso es el Espíritu Santo Quien ha sido designado como nuestro Maestro, y ciertamente no el Dios real Quien ni siquiera sabe que estamos aquí. Y en efecto, la lección comienza con esta aseveración:

El aprendizaje es algo que le es ajeno a Dios. Su Voluntad, no obstante, se extiende hasta lo que Él no entiende....
Dios no ve contradicciones [i.e., dualidad]. Sin embargo, Su Hijo cree verlas. Por eso tiene necesidad de Alguien [el Espíritu Santo] que pueda corregir su defectuosa manera de ver y ofrecerle una visión que lo conduzca de nuevo al lugar donde la percepción cesa. Dios no percibe en absoluto (L-pI.193.1:1-2; 2:1-4).

Claramente, pues, la palabra "Dios"–una palabra de una sílaba que cumple los requisitos de la métrica del pentámetro yámbico (una razón no poco común para la selección que hace Jesús de ciertas palabras)–es un símbolo para referirse al Espíritu Santo, un símbolo de por sí, como veremos más adelante.

2) Al principio del libro de ejercicios tenemos dos lecciones, 29 y 30, que tal vez sean mal interpretadas más que ninguna otra: "Dios está en todo lo que veo". y "Dios está en todo lo que veo porque Dios está en mi mente". Tomadas literalmente, las lecciones parecen reflejar el panteísmo, la creencia religiosa que tiene a Dios presente en toda forma material. Sin embargo, el significado de las lecciones del libro de ejercicios, como en verdad se explica en las mismas, es que lo que se "ve" en todo es el *propósito* de Dios porque ese propósito está en nuestras mentes (e.g., vea la L-pI.29.1-3; L-pI.30.2). Y ese propósito es el perdón que nos enseña el Espíritu Santo. La Lección 193 presenta esta misma idea pero en un estilo más sofisticado. Pero claramente Jesús no quiere que sus estudiantes crean que Dios Mismo está presente en el mundo de la forma del cual Él no sabe ni puede saber siquiera, *porque* éste no es real. Repito, la palabra "Dios" no siempre debe ser tomada literalmente por los estudiantes del Curso como que se refiere al Creador no-dualista.

3) Otro pasaje que a menudo se interpreta erróneamente aparece en la Lección 184:

No creas que fuiste tú quien hizo el mundo. ¡Las ilusiones, sí! Mas lo que es cierto en la tierra y en el Cielo está más allá de tu capacidad de nombrar (L-pI.184.8:1-3).

Los estudiantes que creen que en verdad Dios hizo el mundo físico de la existencia individual utilizan este pasaje como "prueba" de su posición; a saber, que nosotros fabricamos el mundo ilusorio del dolor, el sufrimiento y la muerte, pero que Dios creó el mundo físico de la belleza, la dicha, y la felicidad. Sin embargo, lo que no se ha entendido es que ese pasaje se refiere al *mundo real*, el cual es "fabricado" por el Espíritu Santo y no por el ego del Hijo. Esto se puede ver en estos planteamientos de "Percepción y elección" en el texto, lo cual presentamos antes en este capítulo en otro contexto:

> Las leyes de Dios no pueden gobernar directamente en un mundo regido por la percepción, pues un mundo así no pudo haber sido creado por la Mente para la cual la percepción no tiene sentido. Sus leyes, no obstante, se ven reflejadas por todas partes. No es que el mundo donde se ven reflejadas sea real en absoluto....
> *El mundo tiene otro Hacedor*....
> En el mundo al que el error dio lugar existe otro propósito [el perdón] porque el mundo *tiene otro Hacedor* que puede reconciliar el objetivo del mundo con el propósito de Su Creador [la creación]....
> *El Hacedor del mundo de la mansedumbre* [el mundo real] ... (T-25.III.2:1-3; 4:1; 5:1; 8:1; mis bastardillas).

Lo que es más aún, la aseveración del libro de ejercicios que citamos antes, "lo que es cierto en la tierra y en el Cielo", encuentra su significado en este concepto de que la verdad se refleja en el mundo.

Aseveraciones anteriores en el texto establecen claramente que el Hijo de Dios no fabrica el mundo real, como lo vemos en los siguientes pasajes, citados antes en el Capítulo Ocho. Citando del famoso verso del evangelio de Juan (3:16) Jesús hace una corrección en el Curso:

> La aseveración: "Porque tanto amó Dios al mundo que le dio Su unigénito Hijo, para que todo el que crea en Él no perezca, mas tenga vida eterna" necesita solamente una leve corrección para que tenga sentido en este contexto: "Se lo dio *a* Su unigénito Hijo (T-2.VII.5:14).

Y luego clarifica este punto más adelante:

> He dicho antes que Dios amó tanto al mundo, que se lo dio a Su Hijo unigénito. Dios ama ciertamente el mundo real y aquellos que perciben la realidad de éste no pueden ver el mundo de la muerte, pues la muerte no forma parte del mundo real, en el que todo es un reflejo de lo eterno. *Dios te dio el mundo real* [a través del Espíritu Santo] *a cambio del mundo que tú fabricaste como resultado de la división de tu mente*, el cual es el símbolo de la muerte (T-12.III.8:1-4; mis bastardillas).

4) En el libro de ejercicios para estudiantes, Jesús afirma muy claramente que Dios no entiende palabras y que no escucha oraciones:

> No pienses que Él oye las vanas oraciones de aquellos que lo invocan con nombres de ídolos [del especialismo] que el mundo tiene en gran estima.

De esa manera nunca podrán llegar a Él. *Dios no puede oír peticiones que le pidan que no sea Él mismo* o que Su Hijo reciba otro nombre que no sea el Suyo....
Recurre al Nombre de Dios para tu liberación, y se te concederá. *No se necesita más oración que ésta, pues encierra dentro de sí a todas las demás. Las palabras son irrelevantes* y las peticiones innecesarias cuando el Hijo de Dios invoca el Nombre de Su Padre. Los Pensamientos de su Padre se vuelven los suyos propios. El Hijo de Dios reivindica su derecho a todo lo que su Padre le dio, le está dando todavía y le dará eternamente. Lo invoca para dejar que todas las cosas que creyó haber hecho queden sin nombre ahora, y en su lugar el Santo Nombre de Dios se convierta en el juicio que él tiene de la intrascendencia de todas ellas (L-pI.183.7:3-5; 10; mis bastardillas).

Ese pasaje del libro de ejercicios es similar a la discusión que aparece al comienzo de *El canto de oración* donde Jesús trata el asunto de pedirle (u orar) a Dios por cosas específicas. Nuestro Creador y Fuente no oye nuestras oraciones por lo que no existe (en el mundo de la dualidad) pero invocarlo nos recuerda la verdad no-dualista en la cual se encuentra la respuesta a todas nuestras supuestas necesidades. Por eso, dicho sea de paso, no hay grados de dificultad en los milagros. Todos los problemas–sin considerar su aparente magnitud–se resuelven de la misma manera: al reconocer, mediante el milagro de elegir la verdad del Espíritu Santo en lugar de la ilusión del ego, que todos los problemas son igualmente irreales. Y por lo tanto, Jesús les dice a sus estudiantes, en un importante pasaje que el lector recordará de nuestra discusión en *Todos son llamados* (pág. 272), y el cual también se citó antes en esta parte:

Pedir lo específico es muy similar a reconocer el pecado y luego perdonarlo. De la misma manera, también en la oración pasas por encima de tus necesidades específicas tal como tú las ves, y las abandonas en Manos de Dios.... ¿Cuál otra podría ser Su Respuesta sino tu recuerdo de Él? ¿Puede esto cambiarse por un trivial consejo acerca de un problema de un instante de duración? Dios responde únicamente por la eternidad. Pero aun así todas las pequeñas respuestas están contenidas en ésta (S-1.I.4:2-3,5-8).

Y esto es subrayado, como hemos visto, por esta aseveración del manual: "Dios no entiende de palabras, pues fueron hechas por mentes separadas para mantenerlas en la ilusión de la separación" (M-21.1:7).

Mas dado todo esto, el estudiante serio del Curso se asombra de que virtualmente la segunda parte completa del libro de ejercicios, Lecciones 221-360, consiste de una hermosa oración tras otra dirigidas a Dios el

Padre, sin mencionar la antes citada Lección 71 del libro de ejercicios donde se nos dice que le pidamos ayuda muy específica a nuestro Creador y Fuente. Y por eso los estudiantes pueden sentirse justificados al quejarse a Jesús de que él les ha presentado mensajes contradictorios. De hecho, Jesús anticipa esta queja y se refiere a la misma específicamente en *El canto de oración*, en un pasaje que discutimos extensamente en la sección dedicada a la oración en el Capítulo Siete:

> Se te ha dicho que le pidas al Espíritu Santo la respuesta a cualquier problema específico, y que recibirás una respuesta específica si esa es tu necesidad [Vea, por ejemplo, T-11.VIII.5:5-6; T-20.IV.8:4-8; también hubo desde el principio mensajes personales para Helen respecto a eso, vea por ejemplo *Ausencia de la felicidad*, Capítulo 10]. También se te ha dicho que hay un solo problema y una sola respuesta [Vea L-pI.79-80]. En la oración, esto no es contradictorio (S-1.I.2:1-3).

Estas dos aseveraciones las cuales parecen excluirse mutuamente no son contradictorias porque representan diferentes niveles de enseñanza, y la intención detrás de las mismas es que correspondan a los diferentes niveles de aptitud de los estudiantes. Al comienzo de lo que más adelante en el suplemento se llama "la escalera de la oración" (S-1.II)–el proceso del perdón–la creencia en lo específico dictamina que el Amor de Dios se exprese en esos términos. A medida que los estudiantes adelantan en su ascenso de la escalera–i.e., disminuyen su identificación con el especialismo del ego–pueden experimentar este Amor de manera más y más abstracta, y aproximarse más y más a su verdadera naturaleza.

Por lo tanto, al enseñarles a aquellos que están en los peldaños más altos de la escalera, Jesús afirma que Dios no está en contacto con el mundo ilusorio de lo específico en absoluto. No obstante, cuando les enseña a aquellos en los niveles primarios, como frecuentemente lo hace en *Un curso de milagros*, se refiere a un Dios cuyo Amor por Sus Hijos se extiende hasta el sueño, donde las necesidades específicas *parecen* ser satisfechas y las peticiones por el especialismo son *aparentemente* concedidas. Y así podemos entender que las enseñanzas "superiores" de Jesús sobre la oración reflejan el que hayamos elegido de nuevo de modo que ahora podemos identificarnos con la mentalidad correcta (el Espíritu Santo; i.e., la memoria de Dios) en lugar de la mentalidad errada. Desde esta perspectiva, pues, la oración *no* es literalmente pedirle cosas a Dios, aun cuando esa puede ser nuestra experiencia, sino que más bien se refiere a volvernos hacia una imagen de Dios vista desde nuestra mentalidad correcta y que *metafóricamente* representa para nosotros al Dios abstracto no-dualista que está más allá de nuestra experiencia y nuestro entendimiento dualistas.

5) Un ejemplo maravillosamente claro de cuán libremente Jesús utiliza sus palabras–al permitir que signifiquen una cosa en un lugar, y otra cosa en otro lugar–lo presenta la frase "milagro de curación". Al principio del texto él es bastante enfático al decir:

> Vamos a hacer ahora hincapié en la curación. El milagro es el medio, la Expiación el principio y la curación el resultado. *Hablar de "una curación milagrosa" es combinar impropiamente dos órdenes de realidad diferentes. Una curación no es un milagro.* La Expiación–el último milagro–es un remedio, y cualquier clase de curación es su resultado (T-2.IV.1:1-5; mis bastardillas).

No se podría pedir una aseveración más precisa. Y sin embargo, hay cinco lugares en otras partes del Curso donde Jesús habla de un "milagro de curación" (T-19.I.14:5; T-27.II.5:2; T-27.V.1:3; T-28.IV.10:9; y M-22.4:4), claramente violando su propio mandato el cual le había dado antes a sus estudiantes. Repito, un estudiante parecería estar justificado en preguntarle a Jesús por qué presenta mensajes contradictorios en un Curso que pretende ser tan claro y directo. He aquí lo que sería su contestación:

> En la aseveración original, la cual se hace al comienzo del texto, estoy enseñándoles a mis estudiantes que el milagro es el medio y la curación es el resultado, con lo que se establece una relación de causa y efecto entre ellos, cuya comprensión es crucial para el proceso de aprendizaje en esas primeras partes del texto. Una vez se ha planteado el punto y ha quedado establecida la distinción, sin embargo, puedo ahora utilizar con mayor libertad la frase poética "milagro de curación" más adelante en el Curso. Repetidamente recalco en mi enseñanza que el propósito lo es todo, pues sólo éste imparte significado al comportamiento y a las circunstancias. Y por eso, la inconsistencia aquí en el nivel de la forma es conciliada por el propósito diferente que tienen los pasajes en cuestión.

6) Una constante y consistente inconsistencia en el Curso es el que Jesús yuxtaponga aseveraciones que hablan de que la salvación llega feliz y dichosamente en un instante (e.g., T-26.VIII; L-pI.182) con aseveraciones que nos exhortan a ser pacientes en lo que es un largo y doloroso proceso de perdón (e.g., M-4.I-A.3-8; VIII). Aquí, tampoco, hay contradicción alguna, en tanto se recuerde que Jesús está hablando en diferentes niveles. Desde el punto de vista de la intemporalidad del instante santo–la dimensión que trasciende la visión del ego atada al tiempo del pecado

(pasado), culpa ("presente") y miedo (futuro)–todo lo que se requiere es el cambio de mentalidad del ego al Espíritu Santo. Puesto que el tiempo es una ilusión, esto sólo puede ocurrir en un instante, como se expresa en la Lección 182: "Permaneceré muy quedo por un instante e iré a mi hogar".

Por otra parte, sin embargo, dentro de la ilusión del tiempo–donde los estudiantes del Curso creen estar al comienzo de la escalera–el deshacer la culpa toma mucho tiempo, como se refleja en las seis etapas del desarrollo de la confianza en el manual para el maestro. De la transición de la quinta a la sexta etapa, la cual es el mundo real, se habla de esta manera: "Ahora tiene que alcanzar un estado que puede permanecer fuera de su alcance por mucho, mucho tiempo" (M-4.I-A.7:7).

Como se puede ver en la discusión anterior, si el ego de una persona desea invalidar la autoridad de *Un curso de milagros*, puede hallar "causa" fácilmente al señalar estas aparentes incongruencias en el lenguaje. De igual manera, las personas que tratan de cambiar las enseñanzas del Curso para ajustarlas a sus propias necesidades también pueden encontrar innumerables pasajes para "sustentar" su posición. Como una salvaguarda contra la comisión de tales errores, un estudiante siempre debe evaluar cualquier aseveración particular en el Curso a la luz de la enseñanza metafísica global del Curso. En resumen, por lo tanto, una vez más podemos observar que Jesús está reflejando diferentes aspectos del proceso del perdón, observado desde distintos peldaños de la escalera. Cuando se tiene presente la verdadera enseñanza de *Un curso de milagros*, entonces los planteamientos que difieren en forma se entienden como metáforas o símbolos de enseñanza que reflejan amorosamente las diferentes etapas de nuestro viaje a casa.

Los símbolos

Hay varios lugares en *Un curso de milagros* donde Jesús discute la naturaleza y el papel de los símbolos, y sería instructivo examinar algunos de éstos ahora, como evidencia ulterior de *su* conciencia de la diferencia que hay en su Curso entre el símbolo y la realidad. Comenzamos con la pregunta que aparece en el manual para el maestro que trata específicamente de la función de las palabras (o símbolos). Esto nos provee el planteamiento más claro en el Curso, en parte considerado ya, sobre la diferencia entre palabras y significado, forma y contenido:

Estrictamente hablando, las palabras no juegan ningún papel en el proceso de curación. El factor motivante es la oración o petición. Recibes lo que pides. Pero esto se refiere a la oración del corazón, no a las palabras que usas al orar. A veces las palabras y la oración se contradicen entre sí; otras veces coinciden. Eso no importa. Dios no entiende de palabras, pues fueron hechas por mentes separadas para mantenerlas en la ilusión de la separación. Las palabras pueden ser útiles, especialmente para el principiante, ya que lo ayudan a concentrarse y a facilitar la exclusión, o al menos el control, de los pensamientos foráneos. *No olvidemos, no obstante, que las palabras no son más que símbolos de símbolos. Por lo tanto, están doblemente alejadas de la realidad.*

En cuanto a símbolos, las palabras tienen connotaciones muy específicas. Aun en el caso de las que parecen ser más abstractas, la imagen que evocan en la mente tiende a ser muy concreta. A menos que una palabra suscite en la mente una imagen concreta en relación con dicha palabra, ésta tendrá muy poco o ningún significado práctico, y, por lo tanto, no supondrá ninguna ayuda en el proceso de la curación....

Pausando por un momento, podemos entender mejor aquí las palabras relativamente abstractas de Jesús con un ejemplo específico. Como hemos visto, *Un curso de milagros* habla de que Dios llora por Sus Hijos separados (T-5.VII.4:5). Esto implica claramente, si se toma en forma literal, que Dios tiene un cuerpo que contiene ductos lacrimales, sin mencionar el hecho de que El debe tener pensamientos que hacen de la separación algo real y poderosa. Pero dada esta enseñanza de que las palabras no son sino símbolos de símbolos, podemos entender el pasaje acerca de las lágrimas de esta manera: "Lágrimas" es la *palabra* (el primer símbolo) que contiene la *imagen* o el *cuadro* (el segundo símbolo) de Dios llorando, y esto representa la *realidad* de que Dios nos ama. Puesto que el Amor de Dios es abstracto y no-dualista, más allá de la capacidad de la mente para comprender, Jesús se vale del símbolo que refleja este Amor. En lugar de que creamos en el Dios del cuento de hadas del ego Quien es colérico y vengativo, Jesús prefiere que en su lugar creamos, en estas etapas iniciales de nuestro viaje hacia el despertar, en el Dios de su cuento de hadas corregido Quien en verdad nos ama, independientemente de lo que creamos haberle hecho a Él. Y todo esto se presenta en una forma con la cual podamos relacionarnos y que podamos entender. Pero si estas palabras se toman literalmente, nos encontraríamos de vuelta en el mundo de los cuentos de hadas madrinas de nuestra niñez, de San Nicolás, y de un Papacito en lugar de un Dios.

Ahora continuamos con nuestro pasaje del manual:

Al Hijo durmiente de Dios sólo le queda este poder [el poder de decidir]. Pero es suficiente. Las palabras que emplea son irrelevantes. Sólo la Palabra de Dios [la Expiación] tiene sentido, ya que simboliza aquello que no corresponde a ningún símbolo humano. Sólo el Espíritu Santo comprende lo que esa Palabra representa. Y eso, también, es suficiente.

   ¿Debe evitar, entonces, el maestro de Dios el uso de las palabras cuando enseña? ¡Por supuesto que no! *Son muchos a los que aún es necesario acercarse por medio de las palabras, ya que todavía son incapaces de oír en silencio* [Obviamente, Jesús tendría en mente aquí a los propios estudiantes de su Curso]. No obstante, el maestro de Dios debe aprender a utilizar las palabras de otra manera [como Jesús lo está ejemplificando para estos maestros de Dios en *Un curso de milagros*]. Poco a poco aprenderá a dejar que las palabras le sean inspiradas, a medida que deje de decidir por sí mismo lo que tiene que decir. Este proceso no es más que un caso especial de la lección del libro de ejercicios que reza: "Me haré a un lado y dejaré que Él me muestre el camino" [L-pI.155]. El maestro de Dios acepta las palabras que se le ofrecen y las expresa tal como las recibe. No controla lo que dice. Simplemente escucha, oye, y habla.... Detrás de los símbolos que usan los maestros de Dios se encuentra la Palabra de Dios. Y Él Mismo imbuye las palabras que ellos usan con el poder de Su Espíritu, y las eleva de meros símbolos a la Llamada del Cielo en sí (M-21.1:1–2:3; 3:7–4:9; 5:8-9 mis bastardillas).

La verdad, por lo tanto, no puede realmente expresarse en palabras, sino únicamente señalarse. Lo esencial es la verdad, no el símbolo de por sí. En un importante pasaje de la Lección 189, vemos otra clara aseveración de la necesidad de pasar más allá de los símbolos hacia lo que únicamente es real–Dios:

Haz simplemente esto: permanece muy quedo y deja a un lado todos los pensamientos acerca de lo que tú eres y de lo que Dios es; todos los conceptos que hayas aprendido acerca del mundo; todas las imágenes que tienes acerca de ti mismo. Vacía tu mente de todo lo que ella piensa que es verdadero o falso, bueno o malo; de todo pensamiento que considere digno, así como de todas las ideas de las que se siente avergonzada. No conserves nada. No traigas contigo ni un solo pensamiento que el pasado te haya enseñado, ni ninguna creencia que, sea cual sea su procedencia, hayas aprendido con anterioridad. Olvídate de este mundo, olvídate de este curso, y con las manos completamente vacías, ven a tu Dios (L-pI.189.7).

Otro ejemplo específico donde Jesús clarifica la aparente inconsistencia de sus palabras, discutido antes en *Todos son llamados* (págs. 272-275) aparece en la Lección 194, "Pongo el futuro en manos de Dios". Al primer vistazo este título parece incongruente con la realidad intemporal de Dios Quien obviamente no puede tener noción de un futuro, sin mencionar la incongruencia del simbolismo obvio de la lección de que nuestro Creador tiene Manos. Pero hay que ir más allá de las palabras y de los símbolos al verdadero significado de la lección, el cual está claramente establecido en el cuarto párrafo de la misma:

> Tu futuro está en las Manos de Dios así como tu pasado y tu presente. Para Él son lo mismo, y, por lo tanto, deberían ser lo mismo para ti también. *Sin embargo, en este mundo la progresión temporal todavía parece ser algo real. No se te pide, por lo tanto, que entiendas que el tiempo no tiene realmente una secuencia lineal.* Sólo se te pide que te desentiendas del futuro y lo pongas en Manos de Dios. Y mediante tu experiencia comprobarás que también has puesto en Sus Manos el pasado y el presente, porque el pasado ya no te castigará más y ya no tendrá sentido tener miedo del futuro (L-pI.194.4; mis bastardillas).

Una de las grandes contribuciones de Freud al estudio de los sueños fue su delimitación del contenido *manifiesto* del sueño versus su contenido *latente*. El contenido manifiesto se refería a las partes del sueño–las figuras, los objetos y los sucesos que constituyen su forma, el relato del sueño– mientras que el contenido latente señalaba hacia el significado que yace más allá del simbolismo manifiesto del sueño. Así pues, dos analistas de persuasiones diferentes obviamente podrían estar de acuerdo en lo referente al contenido manifiesto del sueño, pero podrían adjudicarle significados totalmente distintos a lo que el sueño está diciendo. Para utilizar un ejemplo simple, un freudiano se inclinaría a interpretar la torre de una iglesia como un símbolo fálico, el cual posiblemente refleja un conflicto sexual, mientras que un jungiano podría ver en su lugar un símbolo de las luchas espirituales del soñador.

Retornando a la lección del libro de ejercicios, lo que Jesús nos está enseñando no es el contenido manifiesto de que debemos literalmente poner nuestro futuro en Manos de Dios, sino más bien el contenido latente de que debemos abandonar la demente pero perversa noción del ego de que nuestra culpa exige castigo a *manos* de una deidad vengativa. Y, por lo tanto, podemos confiar en Su Amor y con seguridad poner nuestro futuro en Sus *Manos*. En otras palabras, Jesús *no* nos está enseñando que debemos renunciar alegremente a nuestras responsabilidades personales, sociales y laborales, destruir nuestras pólizas de seguros, etc., porque el mundo es una ilusión y Dios proveerá sólo con poner nuestro futuro en Sus Manos. Pero *sí* nos está enseñando que el sistema de pensamiento de pecado, culpa y miedo del ego es irreal. Por lo tanto, Dios no es el Padre vengativo del cuento de hadas del ego, sino el Creador amoroso del cuento de hadas corregido de Jesús el cual es el símbolo substituto para el conjunto de imágenes distorsionadas del ego.

Apartándome del tema brevemente, los estudiantes cometen el mismo error con la sección que aparece en el Capítulo 8 del texto, "No tengo que hacer nada" (T-18.VII), o con la aseveración en la Lección 135: "La mente que ha sanado no planifica" (L-pI.135.11:1). Estas aseveraciones se interpretan a menudo como que significan que no es necesario hacer nada en el mundo (como tener un empleo, cumplir con las responsabilidades de la familia, planificar para el futuro, etc.) porque Dios o el Espíritu Santo se hará cargo de nosotros. Pero lo que estos pasajes quieren decir *en realidad* es que no se debe hacer nada o planificar *por cuenta propia* (con el ego), sino que más bien se debe acudir siempre al Espíritu Santo o a Jesús en busca de ayuda. Así pues, no son llamadas a volverle la espalda al mundo, sino más bien llamadas a traer las percepciones que se tienen del mundo a la verdad interna del Espíritu Santo. De esa manera, las respuestas de uno estarán llenas con Su perdón y Su amor, más bien que con el especialismo repleto de odio del ego el cual cubrimos a veces con un velo de negación, con la apariencia de que es santidad, espiritualidad adelantada o amor. Dejaremos para un capítulo posterior la discusión detallada sobre la función del Espíritu Santo.

Y así esta lección sobre la inherente falta de confianza del ego, se le enseña a los estudiantes de Jesús en el lenguaje y la forma que ellos pueden entender. No se les dice a unos niñitos, por ejemplo, perturbados por haber hecho algo malo y por eso haber huido de casa, que no tienen que tener miedo porque Papito ni siquiera sabe que ellos existen, y además, ellos sólo *creen* que se han portado mal y han huido. Más bien, se les consuela dejándoles saber que Papito no está enfadado con ellos, no los castigará, y lo que es más aún, que él llora la pérdida de ellos y anhela que sus hijos regresen. Por lo tanto, una vez más Jesús concluye para sus hermanos más jóvenes que estudian su Curso: *sí* pueden confiarle su futuro a las Manos de Dios, puesto que Él sólo los ama y no les causaría daño alguno.

En resumen, por lo tanto, estos diversos pasajes se tienen que entender en el nivel del *contenido* del Amor de Dios por Sus Hijos (de por sí, por supuesto, una metáfora antropocéntrica), expresada mediante la *forma* del amor paterno que siente un padre en la tierra por su hijo. Puesto que aún somos muy niños en la vida espiritual–"Eres muy inexperto en lo que respecta a la salvación" (T-17.V.9:1) nos dice Jesús–el uso suave y amoroso que Jesús hace del lenguaje en este nivel es ciertamente más que apropiado. No puede recalcarse lo suficiente que un estudiante de *Un curso de milagros* siempre tiene que ser capaz de distinguir entre el símbolo (contenido manifiesto) y su significado (contenido latente). El lector debe recordar este significativo pasaje tomado del tercer obstáculo a la paz, en el cual Jesús emite precisamente esa advertencia en torno a esta potencial confusión:

> Recuerda entonces que ni el signo ni el símbolo se deben confundir con su fuente, pues deben representar algo distinto de ellos mismos. *Su significado no puede residir en ellos mismos, sino que se debe buscar en aquello que representan* (T-19.IV-C.11:2-3; mis bastardillas).

Las palabras dualistas del Curso son los símbolos o signos que apuntan hacia su fuente de verdad no-dualista, y los estudiantes de *Un curso de milagros* siempre deben prestar atención a la clara advertencia de Jesús de que no las confundan; de lo contrario, el significado de sus enseñanzas inevitablemente será distorsionado y se perderá.

Un estudiante de *Un curso de milagros* tiene, por lo tanto, que entender el lenguaje metafórico ("signo y símbolo"), tal como un estudiante de poesía tiene que entender *cómo* y *por qué* se usan las palabras, sin tomarlas literalmente. Por ejemplo, Macbeth se lamenta al final de su vida:

> ¡Apágate, apágate breve candela!
> La vida es sólo una sombra caminante, un mal actor que, durante su tiempo, se agita y se pavonea en la escena, y luego no se le oye más.
> Es un cuento contado por un idiota, lleno de ruido y furia,
> y que no significa nada (V.5)*

Claramente, Shakespeare no pone a su héroe caído a hablar de velas o de actores en un drama, sino que más bien está utilizando símbolos poéticos como una manera de expresar un comentario trágico acerca de lo intrascendente de la vida. Huelga decir, que el análisis de estas palabras literalmente destruiría su significado y su importancia en la obra, sin mencionar que arruinaría la genialidad de la poesía de Shakespeare.

Los siguientes pasajes ilustran muy bien la clara conciencia que tiene Jesús sobre el uso de los símbolos en *Un curso de milagros* como *reflejos*

---

* Shakespeare, William. *Macbeth*, trans. José María Valuerde, Catedrático de la Universidad de Barcelona, España. Barcelona, 1993.

de la verdad, puesto que la naturaleza no-dualista de la verdad no se puede expresar directamente de uno a otro:

> …Dios no es algo simbólico; Dios es un Hecho (T-3.I.8:2).

> La verdadera visión es la percepción natural de la visión espiritual, pero es *todavía una corrección en vez de un hecho*. La visión espiritual es simbólica, y, por lo tanto, no es un instrumento de conocimiento. Es, no obstante, un medio de percepción correcta, lo cual la sitúa dentro del propio ámbito del milagro. Una "visión de Dios" sería un milagro más que una revelación. El hecho en sí de que la percepción esté involucrada demuestra que la experiencia no pertenece a la esfera del conocimiento. De ahí que las visiones, por muy santas que sean, son efímeras (T-3.III.4; mis bastardillas).

> Los reflejos que aceptas en el espejo de tu mente mientras estás en el tiempo o bien te acercan a la eternidad o bien te alejan de ella. Pero la eternidad en sí está más allá del tiempo. Salte del tiempo y con la ayuda del reflejo de la eternidad en ti, extiéndete y tócala…. Sé un reflejo de la paz del Cielo aquí y lleva este mundo al Cielo, *pues el reflejo de la verdad atrae a todo el mundo a ésta, y a medida que todos entran en ella, dejan atrás todos los reflejos.*
> En el Cielo la realidad no se refleja, sino que se comparte. Al compartir su reflejo aquí, su verdad se vuelve la única percepción que el Hijo de Dios acepta…. *Vosotros en la tierra no tenéis idea de lo que significa no tener límites, pues el mundo en el que aparentemente vivís es un mundo de límites* (T-14.X.1:2-4,6-7; 2:1-2,4; mis bastardillas).

Muy específicamente en este pasaje siguiente, vemos la "admisión" claramente implícita de Jesús de que en otras ocasiones él ha utilizado palabras simbólicamente (o alegóricamente) en el Curso, aunque en esta ocasión está claro que no lo hace:

> Estar consciente del cuerpo es lo único que hace que el amor parezca limitado, pues el cuerpo *sí* es un límite que se le impone al amor. La creencia en un amor limitado fue lo que dio origen al cuerpo, que fue concebido para limitar lo ilimitado. No creas que esto es algo meramente alegórico, pues el cuerpo fue concebido para limitarte a *ti* (T-18.VIII.1:1-4).

En una de las cartas que Helen me envió, las cuales tratan de circunstancias tangenciales a nuestro tema aquí, ella discutía los símbolos y la incapacidad de un amigo para entender cómo usarlos. Me escribió:

Esta es una carta que siento que tenía que escribirse, y escribirse lo antes posible. Esta tiene que ver con hecho y alegoría y la línea divisoria un tanto incierta entre estos.... Freddie no entiende de simbolismos; el querido muchacho no puede entender siquiera cómo una cosa puede representar algo más. Bill [Thetford] examinó esto con él, y todo lo que pudo captar fue que si ves algo es porque está ahí. No es que él sea estúpido, el Cielo lo sabe, pero sencillamente *él parece que no puede ir más allá de los hechos, así que puede estar equivocado debido a eso* (*Ausencia de la felicidad*, pág. 369; mis bastardillas).

Así pues, si los estudiantes de *Un curso de milagros* no tienen la capacidad para ir "más allá de los hechos (o símbolos)", pueden fácilmente equivocarse en su manera de entender lo que en verdad se está diciendo. Y así el significado más profundo del Curso permanecerá oculto para ellos, no por designio de Jesús, sino por su propio miedo. Fue en anticipación de esta dificultad conducente a una inevitable distorsión, que Helen solía comentar con frecuencia que *Un curso de milagros* era únicamente para cinco o seis personas. Reconocía cuán difícil era este Curso, y cuán aterrador podía ser para los egos de las personas. Y por eso, a la luz de todas las distorsiones que los estudiantes han hecho y continúan haciendo con el Curso, basados en su miedo a lo que dice, fácilmente se puede sentir la tentación de aseverar que *Un curso de milagros no* se escribió para estudiantes de *Un curso de milagros*; esto es, el Curso no es para aquellos que están prestos a subirse a su propio carro y tratar de convertir *Un curso de milagros* en algo que no es. Más bien, es para aquellos relativamente pocos que estarían dispuestos a "hacerse a un lado y dejar que El les muestre el camino" (L-pI.155), al permitir que la sabiduría de Jesús en el Curso los dirija a través del obscuro túnel del ego hacia la luz que les espera al final del viaje.

Capítulo 10

EL USO QUE EL CURSO HACE DEL LENGUAJE – II
EL SIMBOLISMO DEL PERDÓN

Introducción

El asunto de que Jesús corrige nuestros errores en el nivel que podemos aceptar y entender ya se ha discutido, pero ahora retornamos al mismo más específicamente en este capítulo para ver cómo el perdón sirve como el gran *símbolo* de *Un curso de milagros*.

Como corrección al cuento del ego de pecado, culpa y miedo al castigo, el perdón no puede ser real (puesto que corrige lo que nunca ocurrió) sino que más bien es un símbolo de lo único que es real: el Amor de Dios. Sin embargo, como nos enseña el Curso, esta corrección no se opone a la realidad pues *refleja* la verdad no-dualista y libre de oposición. El perdón, pues, deshace la voz del ego suavemente, lo cual le permite al Hijo oír la única Voz en este mundo dualista y simbólico que puede conducirlo más allá del mismo hacia la verdad del Amor de Dios. A propósito, es este benévolo proceso de corregir nuestros errores mediante pasos intermedios lo que hace único a *Un curso de milagros* en la historia de las espiritualidades no-dualistas. Retiene la integridad de un sistema metafísico no-dualista, mas le permite a la verdad reflejarse en el mundo dualista donde el Hijo cree vivir. Un ejemplo maravilloso de esta benevolencia se ve en el siguiente pasaje el cual discute el despertar del sueño de terror del ego. Es un bonito comienzo para nuestra discusión:

> Mas ese sueño es tan temible y tan real en apariencia, que él [el Hijo de Dios] no podría despertar a la realidad sin verse inundado por el frío sudor del terror y sin dar gritos de pánico, a menos que un sueño más dulce precediese su despertar y permitiese que su mente se calmara para poder acoger–no temer–la Voz que con amor lo llama a despertar; un sueño más dulce, en el que su sufrimiento cesa y en el que su hermano es su amigo. Dios dispuso que su despertar fuese dulce y jubiloso, y le proporcionó los medios para que pudiese despertar sin miedo (T-27.VII.13:4-5).

El perdón como un símbolo dualista

El perdón, por supuesto, es el medio mediante el cual se despierta del sueño de terror del ego. Y es un medio sobre el cual, Jesús recalca, que *es* ilusorio, como se muestra en los siguientes pasajes:

Las ilusiones forjan más ilusiones. Excepto una. Pues el perdón es la ilusión que constituye la respuesta a todas las demás ilusiones.

El perdón desvanece todos los demás sueños, y aunque en sí es un sueño, no da lugar a más sueños. Todas las ilusiones, salvo ésta, no pueden sino multiplicarse de mil en mil. Pero con ésta, a todas las demás les llega su fin. El perdón representa el fin de todos los sueños, ya que es el sueño del despertar. *No es en sí la verdad. No obstante, apunta hacia donde ésta se encuentra*, y provee dirección con la certeza de Dios Mismo. Es un sueño en el que el Hijo de Dios despierta a su Ser y a su Padre, sabiendo que Ambos son uno (L-pI.198.2:8–3:7; mis bastardillas).

Al perdón podría considerársele una clase de ficción feliz: una manera en la que los que no saben pueden salvar la brecha entre su percepción y la verdad. *No pueden pasar directamente de la percepción al conocimiento porque no creen que ésa sea su voluntad.* Esto hace que Dios parezca ser su enemigo en lugar de lo que realmente es. Y es precisamente esta percepción demente la que hace que no estén dispuestos a simplemente ascender y retornar a Él en paz.

Y de este modo, necesitan una ilusión de ayuda porque se encuentran desvalidos; un Pensamiento de paz porque están en conflicto (C-3.2:1–3:1; mis bastardillas).

El perdón es, pues, el proceso de corrección de los símbolos del ego (los cuales pertenecen al mundo dualista), y de ese modo se deshace el sistema de pensamiento del ego y se hace espacio para que se reconozca y se acepte la verdad no-dualista.

Pasamos a dos pasajes del libro de ejercicios donde Jesús hace claro, repito, que el perdón en sí es irreal e ilusorio, al ser simplemente un *reflejo* del Amor no-dualista del Cielo:

Dios no perdona porque jamás ha condenado…. Con todo, el perdón es el medio por el cual reconoceré [el estudiante] mi inocencia. *Es el reflejo del Amor de Dios en la tierra.* Y me llevará tan cerca del Cielo que el Amor de Dios podrá tenderme la mano y elevarme hasta Él (L-pI.60.1:2,4-6; mis bastardillas).

Pues el Amor sólo puede dar, y lo que se da en Su Nombre se manifiesta en la forma más útil posible en un mundo de formas.

Esas son las formas que jamás pueden engañar, ya que proceden de la Amorfia Misma. *El perdón es una forma terrenal de amor, que, como tal, no tiene forma en el Cielo. Sin embargo, lo que aquí se necesita, aquí se concede conforme se necesita.* Valiéndote de esta forma puedes desempeñar tu función incluso aquí, si bien el amor significará mucho más para ti cuando se haya restaurado en ti el estado de amorfia (L-pI.186.13:5–14:4; mis bastardillas).

Examinamos ahora un breve pasaje que describe la función del perdón en el deshacer de las ilusiones del ego–al substituir las ilusiones de miedo del ego por una ilusión feliz–y al despejar el camino para el retorno de la verdad:

Pero si bien Dios no perdona, Su Amor es, no obstante, la base del perdón. El miedo condena y el amor perdona. El perdón, pues, des-hace lo que el miedo ha producido, y lleva de nuevo a la mente a la conciencia de Dios. Por esta razón, al perdón puede llamársele verdaderamente salvación. Es el medio a través del cual desaparecen las ilusiones (L-pI.46.2).

Nuestro pasaje final en esta sección acerca del perdón provee otra descripción más clara todavía de la naturaleza dualista del perdón, la cual se basa en el contraste de los opuestos, pero que no debe confundirse con la realidad no-dualista que no tiene opuesto. El lector quizá recuerde, a propósito, el pasaje que citamos antes de los obstáculos a la paz (T-19.IV-C.11:2-3) donde Jesús recalca la importancia de distinguir entre símbolo y fuente, forma y contenido.

La creación es un poder que no se puede debilitar y que no tiene opuestos. Para esto no hay símbolos. Nada puede apuntar hacia lo que está más allá de la verdad, pues, ¿qué podría representar a lo que es más que todo? El verdadero des-hacimiento, no obstante, tiene que ser benévolo. Por lo tanto, la primera imagen que reemplaza a la tuya, es otra clase de imagen.

De la misma manera en que la nada no puede ser representada, *tampoco existe un símbolo que represente a la totalidad. La realidad, en última instancia, sólo se puede conocer libre de cualquier forma, sin imágenes que la representen y sin ser vista.* El perdón aún no se reconoce como un poder completamente exento de límites. Sin embargo, no fija ninguno de los límites que tú has decidido imponer. *El perdón es el medio que representa a la verdad temporalmente.* Le permite al Espíritu Santo llevar a cabo un intercambio de imágenes, mientras los recursos de aprendizaje aún tengan sentido y el aprendizaje no haya concluido. Ningún recurso de aprendizaje es útil una vez que se alcanza el objetivo del aprendizaje, pues entonces deja de tener utilidad. Pero durante el aprendizaje se utiliza de una manera que ahora temes, pero que llegarás a amar....

El perdón se desvanece y los símbolos caen en el olvido, y nada que los ojos jamás hayan visto o los oídos escuchado queda ahí para ser percibido. Un Poder completamente ilimitado ha venido, no a destruir, sino a recibir lo Suyo. Con respecto a tu función, no hay opciones entre las que elegir en ninguna parte. La opción que temes perder, nunca la tuviste. Sin embargo, eso es lo único que parece ser un obstáculo para el poder ilimitado y los pensamientos homogéneos, los cuales gozan de plenitud y felicidad y no tienen opuestos. No conoces la paz del poder que no se opone a nada. Sin embargo, ninguna otra clase de poder puede existir en absoluto. Dale la bienvenida al Poder que yace más allá del perdón, del mundo de los símbolos y de las limitaciones. Él [Dios] prefiere simplemente ser, y, por lo tanto, simplemente es (T-27.III.4:4–5:9; 7; mis bastardillas).

Y así el perdón es una corrección temporal–un medio hacia un fin–para la creencia en la realidad del sistema de pensamiento demente del ego. Es "un benévolo (aunque ilusorio) des-hacimiento" del ilusorio "hacer" del ataque del ego. Para plantear este importante asunto una vez más, el que se entienda la importante distinción entre la verdad de la no-dualidad y la ilusión de la dualidad, la cual se recalca nuevamente en este pasaje, es esencial si se ha de entender verdaderamente *Un curso de milagros*. Puesto que, repito de nuevo, el perdón corrige lo que jamás *fue*, tampoco puede en verdad *ser*. Así pues, hablamos del perdón como un símbolo, y todos los pasajes en el Curso donde Jesús habla de perdonar a tu hermano pueden entenderse como metáforas para describir el proceso de deshacer la ilusión que ocurre únicamente dentro de la mente. Pasamos ahora a una discusión de este punto esencial.

El perdonar como una corrección
dentro del sueño de la dualidad

Es debido a que los estudiantes de *Un curso de milagros* no entienden el marco dualista de la *forma* del Curso en comparación con el marco no-dualista de su *contenido*, que interpretan erróneamente el significado del perdón, al creer que es un proceso que realmente ocurre entre dos personas; i.e., en una realidad dualista. Sin duda, el lenguaje de Jesús en el Curso sugiere esto, por las razones que ya hemos explorado, y así *Un curso de milagros* en muchos lugares parece ser similar a otros caminos espirituales o religiones que recalcan el que se perdone a otros. Pero como hemos visto, las enseñanzas de *Un curso de milagros* se distorsionarían seriamente, por no decir nada de su aplicación errónea en la práctica, si los estudiantes no reconocen que el perdón sólo puede ocurrir dentro de la *mente* del estudiante, aunque se experimenta *dentro* del sistema de creencias y del sueño perceptual que dicen que fuera de nosotros hay alguien a quien perdonar.

Lo mismo aplica, por supuesto, a la relación santa, la cual sólo puede existir en la *mente* del perceptor de la relación. Las relaciones no son santas en la *forma*, sino en el *propósito* únicamente. Y el propósito existe, repito, sólo en la mente del individuo, cuya fuente proviene del ego o del Espíritu Santo. Pero con frecuencia se encuentran expresiones de la arrogancia inconsciente del ego cuando los estudiantes afirman que una relación específica es una relación santa. No saben lo que dicen pues lo más probable es que sus egos han triunfado nuevamente al reprimir su verdadero propósito de ocultar la culpa detrás de un escudo de aparente santidad, expresado aquí en la forma de especialismo espiritual. Jamás se debe subestimar esta necesidad de defenderse contra esta impiedad reprimida que creemos que es nuestra verdadera realidad. Esta es de tal magnitud que no sólo necesitamos negar su presencia sino, afirmar lo contrario. Por eso tratamos de convencernos a nosotros mismos (y a otros) de cuán santas son nuestras relaciones. Retornaremos a la discusión de este especialismo espiritual en los Capítulos Once y Trece.

El error tiene su raíz en la confusión de la naturaleza de la Filiación. En el texto, citado en el capítulo anterior, Jesús explica que contrario al famoso axioma en la geometría euclidiana, "la Filiación [el entero], en su unidad, trasciende la suma de sus partes" (T-2.VII.6:3). En otras palabras, no se puede apreciar la pura totalidad y unidad de Cristo simplemente sumando billones y billones de fragmentos que el mundo cree que es el Hijo de Dios, como si la Filiación fuese como un pastel enorme, una entidad cuantificable que consiste en cierta cantidad de fragmentos separados. Cristo, en su naturaleza misma es un perfecto e indiviso Uno, *como Mente*, y Él pierde esa característica esencial la cual define a Su Ser si la fragmentación se reconoce como real en alguna de sus formas. De igual manera, retornando a nuestro ejemplo anterior del elefante y los seis hombres ciegos (pág. 329), si cada hombre describiese su pedazo del elefante a los demás, y un observador externo grabase sus observaciones, la suma total de sus percepciones no constituiría la esencia del paquidermo. De ese modo, creer que un fragmento de la Filiación–por ejemplo, un ser humano–es Cristo, el verdadero Hijo de Dios, sería un error tan craso como el que uno de los ciegos examinase la pata del elefante y proclamase que ¡el elefante es un árbol! Repito, aun cuando el *lenguaje* de *Un curso de milagros* sugiere que el Hijo es un miembro del *homo sapiens*, una comprensión atinada del *significado* de Jesús más allá de sus palabras evitaría que los estudiantes llegasen a tan errada conclusión. Recordando la afirmación de la Lección 93, "El ser que tú fabricaste no es el Hijo de Dios" (L-pI.93.5:1).

Por lo tanto, para resumir este pensamiento esencial, podemos decir que el perdón tiene como mediador el *proceso* que es la relación santa, y ocurre dentro del marco dualista de las relaciones con los demás. Tiene que ser así, pues de lo contrario, ¿cómo se podrían corregir las percepciones falsas que se han proyectado sobre otra persona desde adentro de una mente *no-humana* agobiada por la culpa? Puesto que la experiencia es la falta de perdón que hemos proyectado sobre los demás, la corrección–el perdón–asimismo parecerá ser entre uno mismo y este otro. No se pueden saltar los "pequeños pasos" y recordar nuestro verdadero Ser como Cristo, puesto que el miedo a perder nuestra identidad especial y nuestra unicidad individual es demasiado abrumador. Como acabamos de ver, primero debemos experimentar los dulces sueños del perdón antes de que podamos despertar de las pesadillas de terror del ego. Así pues, la corrección dualista del perdón deshace los sueños dualistas de ataque del ego. Sólo entonces puede desvanecerse el mundo de la dualidad, para que su lugar lo ocupe la verdad de Dios que siempre ha estado presente en nuestras mentes.

En este próximo pasaje, el cual es muy importante, Jesús expresa en mayor profundidad el papel de la corrección dualista–i.e., el perdón–para ayudar a restituir al Hijo de Dios a su Identidad no-dualista. No hay alternativa posible en un estado no-dualista, por definición, pero existe la ilusión de las opciones dentro del mundo dualista de los sueños de miedo los cuales creemos que son nuestra realidad. Y por lo tanto, a través del Espíritu Santo, el perdón es esa opción disponible para nosotros dentro del sueño dualista la cual deshace todas las demás opciones, y restituye a nuestra conciencia la realidad no-dualista del Cielo. Lo que sigue son extractos de la Lección 138: "El Cielo es la alternativa por la que me tengo que decidir", la cual expresa la naturaleza inherentemente ilusoria de la elección:

> En este mundo el Cielo es algo que se elige porque en este mundo se cree que hay alternativas entre las que se puede elegir. Pensamos que todas las cosas tienen un opuesto y que elegimos lo que queremos. Si el Cielo existe tiene que haber también un infierno, pues es mediante contradicciones como construimos lo que percibimos y lo que pensamos que es real.

La creación no conoce opuestos. Pero aquí, la oposición es parte de lo que es "real". Esta extraña percepción de la verdad es lo que hace que elegir el Cielo parezca ser lo mismo que renunciar al infierno. *En realidad no es así. Mas lo que es verdad en la creación de Dios no podrá ponerse de manifiesto aquí hasta que no se refleje en alguna forma que el mundo pueda entender.* La verdad no puede arribar allí donde sólo podría ser percibida con miedo. Pues esto constituiría el error de que la verdad puede ser llevada ante las ilusiones. La oposición le niega la bienvenida a la verdad y ésta no puede hacer acto de presencia....

Es necesario que se te recuerde que aunque crees enfrentarte a miles de alternativas, en realidad sólo hay una. E incluso ésta tan sólo aparenta ser una alternativa. No te dejes confundir por todas las dudas que una miríada de decisiones produciría. Tomas solamente una. Y una vez que la has tomado, *percibes que no fue una decisión en absoluto*, pues sólo la verdad es verdad y nada más lo es. No hay opuesto que se pueda elegir en su lugar. No hay nada que pueda contradecir la verdad.

Toda decisión está basada en lo que se ha aprendido. Y la verdad no es algo que se pueda aprender sino tan sólo reconocer. En este reconocimiento reside su aceptación, y al aceptarse, se conoce. Mas el conocimiento se encuentra más allá de los objetivos que nos proponemos enseñar dentro del marco de este curso. Nuestros objetivos son objetivos de enseñanza que se logran al aprender cómo alcanzarlos, qué son y qué te ofrecen. Tus decisiones son el resultado de lo que has aprendido, pues se basan en lo que has aceptado como la verdad con respecto a lo que eres y a lo que son tus necesidades....

El Cielo es algo que se elige conscientemente. La elección no puede llevarse a cabo hasta que no se hayan visto y entendido claramente las alternativas. Todo lo que se encuentra velado en la penumbra tiene que someterse al entendimiento para ser juzgado nuevamente, mas esta vez con la ayuda del Cielo....

Que el Cielo se elegirá conscientemente es tan seguro como que se dejará de tenerle miedo al infierno una vez que se le saque de su escudo protector de inconsciencia y se le lleve ante la luz. ¿Quién podría decidir entre lo que ve claramente y lo que no reconoce? Por otra parte, ¿quién podría dejar de elegir entre dos alternativas si ve que sólo una de ellas es valiosa y que la otra carece de valor al no ser más que una fuente imaginaria de culpabilidad y de dolor? ¿Quién podría titubear al llevar a cabo una elección como esa? ¿Y vamos nosotros a titubear hoy al llevarla a cabo? (L-pI.138.1-2; 4-5; 9:1-3; 10; mis bastardillas)

Este elegir entre la verdad y la ilusión (el Cielo y el infierno), se refleja en la pregunta retórica que cierra el Capítulo 23. En verdad, el Curso completo es el intento de Jesús de unirse con nosotros de modo que podamos hacer, finalmente, esta única elección que nos salvaría a nosotros y al mundo entero.

¿A quién que esté respaldado por el amor de Dios podría resultarle difícil elegir entre los milagros y el asesinato? (T-23.IV.9:8)

Este próximo pasaje, tomado del texto, provee aún otro ejemplo muy claro de cómo Jesús contrasta la realidad no-dualista de Dios y Su creación con el mundo de la realidad reflejada del Espíritu Santo, "el mundo real". Es un pasaje importante, pues ayuda a resumir nuestra discusión de la necesidad de que los estudiantes de *Un curso de milagros* reconozcan la naturaleza inflexible de su metafísica no-dualista, no obstante, una metafísica la cual se integra con un apacible enfoque a nuestras experiencias dentro del sueño de la dualidad. Comienza con un replanteamiento de dos párrafos en torno a este cimiento no-dualista: Sólo Dios es real y cuerdo; *todo lo demás* es ilusorio y demente. Estas líneas, dicho sea de paso, deben ser leídas cuidadosa y seriamente, una y otra vez, por cada estudiante de *Un curso de milagros*:

> Volvamos a lo que anteriormente dijimos, y pensemos en ello más detenidamente. Debe ser, o bien que Dios está loco, o bien que este mundo es un manicomio. Ni uno solo de los Pensamientos de Dios tiene sentido en este mundo. Y nada de lo que el mundo acepta como cierto tiene sentido alguno en Su Mente. Lo que no tiene sentido ni significado es demente. Y lo que es demente no puede ser la verdad. Si una sola de las creencias que en tanta estima se tienen aquí fuese cierta, entonces todo Pensamiento que Dios jamás haya tenido sería una ilusión. Pero si uno solo de Sus Pensamientos es cierto, entonces todas las creencias a las que el mundo otorga significado son falsas y absurdas. Esta es la decisión que tienes ante ti. *No trates de verla de otra manera ni de hacer de ella lo que no es*. Pues lo único que puedes hacer es tomar esta decisión. El resto depende de Dios, no de ti.
>
> Justificar uno solo de los valores que el mundo apoya es negar la cordura de tu Padre y la tuya. Pues Dios y Su Hijo bienamado no piensan de manera diferente. Y es esta concordancia en el Pensamiento lo que hace que el Hijo sea un co-creador con la Mente cuyo Pensamiento lo creó a él. De modo que si elige creer en un solo pensamiento que se oponga a la verdad, habrá decidido que él no es el Hijo de su Padre porque el Hijo está loco, y la cordura tiene que ser algo ajeno al Padre y al Hijo. Esto es lo que crees. No pienses que esta creencia depende de la forma en que se manifieste. El que de alguna manera crea que el mundo es cuerdo, que algunas de las cosas que piensa están justificadas o que está sustentado

por algún tipo de razón, cree que eso es cierto. El pecado no es real *porque* ni el Padre ni el Hijo son dementes. Este mundo no tiene sentido *porque* se basa en el pecado. ¿Quién podría crear lo inmutable si ello no estuviese basado en la verdad? (T-25.VII.3-4; mis bastardillas en el párrafo 3)

A pesar de su tratamiento inflexible de la diferencia entre la realidad y la ilusión, como hemos observado repetidamente, *Un curso de milagros* es práctico y benévolo en su defensa de la aplicación específica de estos principios dentro del sueño. Y de esa manera las palabras de Jesús alcanzan a sus estudiantes en el mundo irreal de la dualidad, donde ellos creen estar. Estos próximos párrafos, tomados de la misma sección que acabamos de citar, por consiguiente, se tratan únicamente de nuestra percepción del mundo dualista, pero ahora corregida por el Espíritu Santo para que *refleje* sólo la verdad. Más específicamente, nuestra "función especial" del perdón que se discute abajo se convierte en el reflejo del Amor del Cielo, expresado en las formas específicas (los salones de clases de nuestras relaciones) que satisfacen las necesidades específicas establecidas por nuestro especialismo:

El espíritu Santo tiene el poder de transformar todos los cimientos del mundo que ves en algo distinto: en una base que no sea demente, sobre la que se puedan sentar los cimientos de una percepción sana y desde la que se puede percibir otro mundo: un mundo en el que nada se opone a lo que conduciría al Hijo de Dios a la cordura y a la felicidad, y en el que nada da testimonio de la muerte ni de la crueldad, de la separación o de las diferencias. Pues ahí todo se percibe como uno, y nadie tiene que perder para que otro gane....

Tu función especial es aquella forma en particular que a ti te parece más significativa y sensata para demostrar el hecho de que Dios no es demente. El contenido es el mismo. *La forma se adapta a tus necesidades particulares, y al tiempo y lugar concretos en los que crees encontrarte, y donde puedes ser liberado de dichos conceptos, así como de todo lo que crees que te limita. El Hijo de Dios no puede estar limitado por el tiempo, por el espacio ni por ninguna cosa que la Voluntad de Dios no haya dispuesto. No obstante, si se cree que lo que Su Voluntad dispone es una locura, entonces la forma de cordura que la hace más aceptable para los que son dementes requiere una decisión especial.* Esta decisión no la pueden tomar los que son dementes, cuyo problema es que sus decisiones no son libres, ni las toman guiados por la razón a la luz del sentido común.

Sería ciertamente una locura poner la salvación en manos de los dementes. Pero puesto que Dios no está loco, ha designado a Uno tan cuerdo como Él para que le presente un mundo de mayor cordura a todo aquel que eligió la demencia como su salvación. A El le es dado elegir la forma más apropiada para ayudar al demente: una que no ataque el mundo que éste ve, sino que se adentre en él calladamente y le muestre que está loco. El Espíritu Santo no hace sino señalarle otra alternativa, otro modo de contemplar lo que antes veía, que él reconoce como el mundo en el que vive, el cual creía entender.

Ahora él tiene que poner todo esto en tela de juicio, pues la forma de la alternativa es una que no puede negar, pasar por alto, ni dejar de percibir completamente. La función especial de cada uno está diseñada de modo que se perciba como algo factible, como algo que se desea cada vez más a medida que se le demuestra que es una alternativa que realmente desea. Desde esta perspectiva, su pecaminosidad así como todo el pecado que ve en el mundo, tienen cada vez menos que ofrecerle. Y por fin llega a entender que todo ello le ha costado su cordura y que se interpone entre él y cualquier esperanza de volver a ser cuerdo (T-25.VII.5; 7:1–9:4; mis bastardillas en el párrafo 7).

Los párrafos anteriores introducen el papel importante que desempeña el Espíritu Santo en la salvación como la "Alternativa", esa presencia dentro de la mente dividida del Hijo que representa la otra opción. Discutiremos este papel en mayor profundidad en un capítulo posterior, pero por ahora continuaremos con nuestra discusión de los símbolos examinando el papel del Espíritu Santo en el contexto de traducir los símbolos de odio y separación del ego en perdón y unidad. Los dos pasajes siguientes tomados del texto, por ejemplo, expresan bastante específicamente la función de reinterpretar los símbolos del ego, y de ese modo *reflejar* las leyes de Dios.

El Espíritu Santo es el mediador entre las interpretaciones del ego y el conocimiento del espíritu. Su capacidad para utilizar símbolos le permite actuar con las creencias del ego en el propio lenguaje de éste. Su capacidad para mirar más allá de los símbolos hacia la eternidad le permite entender las leyes de Dios, en nombre de las cuales habla. Puede, por consiguiente, llevar a cabo la función de reinterpretar lo que el ego forja, no mediante la destrucción, sino mediante el entendimiento. El entendimiento es luz, y la luz conduce al conocimiento. El Espíritu Santo se encuentra en la luz porque Él está en ti que eres luz, pero tú desconoces esto. La tarea del Espíritu Santo consiste, pues, en reinterpretarte a ti en nombre de Dios (T-5.III.7).

He dicho que el último paso en el redespertar al conocimiento lo da Dios. Esto es verdad, pero es difícil de explicar con palabras porque las palabras son símbolos, y lo que es verdad no necesita explicación. El Espíritu Santo, no obstante, tiene la tarea de traducir lo inútil a lo útil, lo que no tiene significado a lo significativo y lo temporal a lo eterno. El Espíritu

Santo puede, por consiguiente, decirte algo acerca de este último paso [lo que por supuesto es inherentemente ilusorio puesto que Dios no da pasos] (T-7.I.6:3-6).

Así como el perdón sigue siendo ilusorio puesto que corrige lo que nunca fue, asimismo el Espíritu Santo tiene que ser una ilusión también, porque corrige (o traduce) lo que es inútil e insensato. Y son inútiles e insensatos porque no son reales. Repito, retornaremos a la naturaleza del Espíritu Santo en un capítulo posterior.

La Lección 184, "El Nombre de Dios es mi herencia", provee tal vez, la descripción más clara en *Un curso de milagros* de la necesidad de los símbolos en un mundo dualista, separado e irreal el cual fabricamos y en el cual nos encontramos. Y aún así reconocemos la total irrealidad de dichos símbolos al compararlos con la verdad pura de nuestra realidad no-dualista como Cristo. Los extractos de esta lección, los cuales el lector quizá recuerde de *Todos son llamados* (pág. 312), se centran en primer lugar en el mundo dualista de la separación del ego, los insignificantes nombres hechos para substituir el Nombre de Dios.

> Vives a base de símbolos. Has inventado nombres para todas las cosas que ves. Cada una de ellas se ha convertido en una entidad aparte, identificada por su propio nombre. De esta manera la segregas de la unidad. De esta manera designas sus atributos especiales y la distingues de otras cosas al hacer hincapié en el espacio que la rodea. Este es el espacio que interpones entre todas las cosas a las que has dado un nombre diferente; entre todos los acontecimientos desde el punto de vista del tiempo y del lugar en que ocurrieron, así como entre todos los cuerpos que se saludan con un nombre....
>
> ¿Qué son todos esos nombres mediante los cuales el mundo se convierte en una serie de acontecimientos independientes, de cosas desunidas y de cuerpos que se mantienen aparte y que contienen fragmentos de mente como si de conciencias separadas se tratase? Tú les diste esos nombres, dando lugar a la percepción tal como querías que fuese. A las cosas sin nombre se les dio nombre y de esta manera se les dio también realidad. Pues a lo que se le da un nombre se le da significado y, de este modo, se considera significativo: una causa que produce efectos reales, con consecuencias inherentes a sí misma....
>
> Esta es la suma total de la herencia que el mundo dispensa. Y todo aquel que aprende a pensar que ello es cierto, acepta los signos y los símbolos que afirman que el mundo es real. Eso es lo que propugnan. No dan lugar a que se dude de que lo que tiene nombre no esté ahí. Se puede ver, tal como es de esperar. Lo que niega que ello es verdad es lo

que es una ilusión, pues lo que tiene nombre es la realidad suprema. Cuestionarlo es una locura, pero aceptar su presencia es prueba de cordura (L-pI.184.1, 3, 6).

Estos párrafos, pues, claramente describen el mundo de separación y diferenciación del ego. El Hijo durmiente de Dios sueña que ha hecho añicos la unidad de Cristo en billones y billones de fragmentos, cada uno de los cuales se ve diferente y luego se le da un nombre; de modo que cada fragmento se segrega del otro. La mente programa entonces a los órganos sensoriales del cuerpo para que perciban esta fragmentación, y luego programa al cerebro para que interprete y clasifique estas informaciones en un mundo que parece ser inteligible y ciertamente muy real. La lección del libro de ejercicios continúa describiendo la interpretación diferente que hace el Espíritu Santo de dichas informaciones o símbolos, cómo el uso que Él hace de los símbolos del mundo o nombres del mundo, que por su naturaleza misma son dualistas e ilusorios, puede, no obstante, conducirnos de regreso a la unidad del único Nombre que compartimos con Dios.

Sería en verdad extraño si se te pidiese que fueses más allá de todos los símbolos del mundo y los olvidaras para siempre, y, al mismo tiempo, se te pidiera asumir una función docente. Todavía tienes necesidad de usar los símbolos del mundo. Mas no te dejes engañar por ellos. *No representan nada en absoluto, y éste será el pensamiento que en tus prácticas te liberará de ellos. Los símbolos no son sino medios a través de los cuales puedes comunicarte de manera que el mundo te pueda entender, pero reconoces que no son la unidad en la que puede hallarse la verdadera comunicación.*

Así pues, lo que necesitas cada día son intervalos en los que las enseñanzas del mundo se convierten en una fase transitoria: una prisión desde la que puedes salir a la luz del sol y olvidarte de la obscuridad. Ahí entiendes la Palabra, el Nombre que Dios te ha dado; la única Identidad que comparten todas las cosas; el reconocimiento de lo que es verdad. Y luego vuelves a la obscuridad, no porque creas que es real, sino sólo *para proclamar su irrealidad usando términos que aún tienen sentido en el mundo regido por la obscuridad.*

Usa todos los nombres y símbolos nimios que caracterizan el mundo de la obscuridad. *Mas no los aceptes como tu realidad.* El Espíritu Santo se vale de todos ellos, pero no se olvida de que la creación tiene un solo Nombre, un solo Significado y una sola Fuente que une a todas las cosas dentro de Sí Misma. Usa todos los nombres que el mundo da a esas cosas, pero sólo por conveniencia, mas no te olvides de que comparten el Nombre de Dios junto contigo (L-pI.184.9-11; mis bastardillas).

Y así reconocemos, por una parte, la irrealidad básica del mundo, y sin embargo Jesús nos enseña aún en *Un curso de milagros* cómo operar dentro de ese mundo de modo que podamos enseñar su irrealidad en los términos del mundo, de manera inteligible para nosotros mismos y para los demás. De ese modo es que la metafísica no-dualista del Curso se une con su amorosa y benévola aplicación en el mundo dualista de separación y forma.

Nuestro ejemplo final en esta sección sobre el uso que el Curso hace de los símbolos está tomada del texto. Este incisivo pasaje de "El concepto del yo frente al verdadero Ser" discute el papel que los conceptos (símbolos) juegan en el sistema de pensamiento dualista del ego, y la importancia de finalmente pasar más allá de todos los pensamientos *acerca* de nosotros mismos–los cuales son inherentemente dualistas–a la verdad no-dualista: nuestra Identidad como Cristo, nuestro Ser real.

> Los conceptos se aprenden. No son naturales, ni existen aparte del aprendizaje. No son algo que se te haya dado, de modo que tienen que haberse forjado. Ninguno de ellos es verdad....
>
> La idea de un concepto del yo no tiene sentido, pues nadie aquí sabe cuál es el propósito de tal concepto, y, por lo tanto, no puede ni imaginarse lo que es. Todo aprendizaje que el mundo dirige, no obstante, comienza y finaliza con el solo propósito de que aprendas este concepto de ti mismo, de forma que elijas acatar las leyes de este mundo y nunca te aventures más allá de sus sendas ni te des cuenta de cómo te consideras a ti mismo. Ahora el Espíritu Santo tiene que encontrar un modo de ayudarte a comprender que el concepto de ti mismo que has forjado tiene que ser deshecho si es que has de gozar de paz interior. *Y no se puede desaprender, excepto por medio de lecciones cuyo objetivo sea enseñarte que tú eres otra cosa. Pues de lo contrario, se te estaría pidiendo que intercambiases lo que ahora crees por la pérdida total de tu ser, lo cual te infundiría aún mayor terror....*

Así pues, necesitamos primero cambiar los conceptos de culpa y odio del ego por los conceptos de perdón y curación del Espíritu Santo, los amorosos precursores de nuestro total trascender de los conceptos. La sección continúa:

> La salvación se puede considerar como el escape de todos los conceptos. No se ocupa en absoluto del contenido de la mente [i.e., las diferentes formas que toma la dualidad], sino del simple hecho de que ésta piensa [i.e., que la mente ha elegido la dualidad por encima de la no-dualidad, la ilusión por encima de la verdad]....
>
> No busques tu Ser en símbolos. No hay concepto que pueda representar lo que eres....

El mundo no puede hacer que aprendas estas imágenes de ti mismo a no ser que tú desees aprenderlas. Llegará un momento en que todas desaparecerán, y te darás cuenta de que no sabes lo que eres. A esta mente abierta y receptiva es a la que la verdad retorna, sin impedimentos ni limitaciones. Allí donde todos los conceptos del yo han sido abandonados, la verdad se revela tal como es. Cuando todo concepto haya sido cuestionado y puesto en tela de juicio, y se haya reconocido que está basado en suposiciones que se desvanecerían ante la luz, la verdad quedará entonces libre para entrar a su santuario, limpio y despejado ahora de toda culpa. No hay afirmación que el mundo tema oír más que ésta:

No sé lo que soy, por lo tanto, no sé lo que estoy haciendo, dónde me encuentro, ni cómo considerar al mundo o a mí mismo.

Sin embargo, con esta lección nace la salvación. Y lo que tú eres [el Ser] te hablará de Sí Mismo (T-31.V.7:1-5; 8; 14:3-4; 15:1-2; 17; mis bastardillas en el párrafo 8).

En otros lugares en el Curso Jesús recalca que esta experiencia del Ser no se puede enseñar (e.g., L-pI.157.9), pues Este está más allá de todos los símbolos y conceptos del mundo. Así pues, este Ser sólo puede mostrarse como el final de la utilización del símbolo del perdón para el deshacer de los símbolos de separación del ego.

Podemos entender de la discusión en este capítulo, por lo tanto, que las palabras concretas de Jesús en *Un curso de milagros* no se pueden tomar literalmente. En sí no son "la verdad", sin embargo, "apunta[n] hacia donde ésta se encuentra, y provee[n] dirección con la certeza de Dios Mismo" (L-pI.198.3:5-6). Las palabras concretas de Jesús en última instancia no son sino "una ilusión de ayuda", porque sin ellas sus hermanitos y hermanitas estarían *sin*-ayuda. Esto no es distinto de un psicoterapeuta que necesita ir más allá del simbolismo de los sueños del paciente al significado subyacente, el cual de otro modo sería inaccesible a ambos. Por otra parte, el significado del sueño sólo puede entenderse verdaderamente dentro del contexto de la vida del paciente, también, por decirlo así, una serie de símbolos. De igual manera, no se puede entender ningún pasaje particular en el Curso sin una apreciación adecuada del todo. Este es el mismo punto que vimos antes en la doblemente citada aseveración donde, al hablar de la Unidad de Cristo, Jesús nos enseña que "la Filiación, en su unicidad, trasciende la suma de sus partes" (T-2.VII.6:3). Más adelante en el texto añade que el mensaje de la Expiación que él nos está ofreciendo, en su totalidad, trasciende la suma de sus partes (T-4.III.1:6).

Así pues, para recapitular, un estudiante de *Un curso de milagros* jamás podrá entender ningún pasaje del mismo sin que primero entienda el todo, del mismo modo que un terapeuta sería irresponsable si intentase analizar un sueño de un paciente relativamente extraño (y mucho menos cualquier aspecto de su comportamiento), sin apreciar primero donde se ajusta ese sueño en particular (o ese comportamiento) dentro de la vida entera de esa persona. Desafortunadamente, sin embargo, como hemos visto antes, muchos estudiantes se sienten invariablemente tentados a separar una oración o un párrafo de su contexto en el Curso, y luego aseguran que *Un curso de milagros* significa lo que dicen las *palabras*, mientras que en realidad han contradicho el mensaje preciso del Curso en sí. Esto no sería distinto, por ejemplo, a que se tomasen las famosas cuatro notas iniciales de la Quinta Sinfonía de Beethoven y se proclamara que los tres soles y el mi bemol constituyen la sinfonía, en lugar de entender el increíble desarrollo de ese simple motivo a lo largo de los cuatro movimientos que verdaderamente *sí* constituye la sinfonía. El genio de Beethoven no descansaba tanto en sus melodías o temas, sino más bien en el desarrollo de éstos desde el principio hasta el final de la música, lo cual reflejaba su propio desarrollo interior como artista y como persona. De la misma manera, uno no querría juzgar a *Hamlet* o *Macbeth* por sus escenas cómicas de alivio del sepulturero y del portero ebrio respectivamente, cuyo propósito es aliviar la tensión según los dramas avanzan hacia su trágico final. Sería un error craso tomar estas escenas como representativas de los dramas en sí.

Quiero enfatizar, una vez más, que aislar un pasaje musical o una escena de la obra del genio, y proclamar que esto es el todo, es equivalente a arrancar pasajes de *Un curso de milagros* de su contexto y pensar que éstos reflejan el verdadero mensaje de Jesús para nosotros. Los breves efectos de sentimientos felices difícilmente valen la pérdida de los beneficios a largo plazo de estudiar *Un curso de milagros* tal y como es. En lugar de esto, los estudiantes siempre deben esforzarse por entender las enseñanzas del Curso a la luz de su creciente experiencia personal de desprenderse de la culpa a través del perdón. A medida que disminuye la culpa que distorsiona la percepción, la luz de la verdad de *Un curso de milagros* resplandecerá más y más, y le permitirá al estudiante comprender las enseñanzas de Jesús con una claridad mucho mayor.

Un no-dualismo sin transigencias

Podemos resumir éste y el capítulo anterior con la siguiente aseveración, levemente modificada, del manual para el maestro. En su forma original, el tema del pasaje es la muerte, "el sueño central de donde emanan todas las ilusiones" (M-27.1:1), mas el principio aplica de igual manera a nuestro tema de que se reconozca la dualidad por lo que es. He aquí el pasaje, con la palabra *dualidad* utilizada como substituto de la palabra *muerte*.

> Maestro de Dios, tu única tarea puede definirse de la siguiente manera: *no hagas ningún trato en el que la* **dualidad** *sea parte integrante de él*. No creas en la crueldad, ni permitas que el ataque oculte la verdad de ti. Lo que parece morir, tan sólo se ha percibido incorrectamente y se ha llevado al campo de las ilusiones. De ahí que tu tarea sea ahora permitir que las ilusiones sean llevadas ante la verdad. *Mantente firme sólo en esto: no te dejes engañar por la "realidad" de ninguna forma cambiante*. La verdad no cambia ni fluctúa, ni sucumbe ante la muerte o ante la destrucción (M-27.7:1-6; mis bastardillas y negritas).

Una idea similar se presenta más sucintamente en el texto:

> Mas la verdad es que tanto tú como él fuisteis creados por un Padre amoroso, que os creó juntos y como uno solo. *Ve lo que "prueba" lo contrario, y estarás negando toda tu realidad* (T-21.II.13:1-2; mis bastardillas).

El mensaje de *Un curso de milagros* es efectivamente resumido en estos pasajes. El inflexible principio de no aceptar como verdadera ninguna forma que la dualidad asuma puede servir como el criterio mediante el cual sepamos dónde el mensaje de Jesús en *Un curso de milagros* debe tomarse literalmente y dónde debe tomarse metafóricamente.* Cualquier aseveración, sin excepción alguna, que sugiera que Dios, el Espíritu Santo o Jesús es una persona *fuera* de nosotros, no se diga una *persona* real que interactúa con nuestros yos separados y con el mundo, está expresando una dimensión dualista cuyo propósito es que sirva como una metáfora para enseñar el significado del Amor no-dualista de Dios a mentes dualistas. De

---

* En el 1993 dirigí un taller sobre este tópico en la *Foundation for A Course in Miracles*® *(Fundación para Un curso de milagros*®*)*. El taller luego se publicó como una serie grabada: "Duality as Metaphor in *A Course in Miracles*" ("La dualidad como metáfora en *Un curso de milagros*").

igual manera, las aseveraciones que parezcan sugerir que nosotros tenemos la necesidad de perdonar a alguien percibido como externo a nosotros se rigen por el mismo principio metafórico. En verdad, no *existe* persona alguna fuera de nosotros, puesto que todos somos–incluso, podemos añadir, la persona que identificamos como nosotros mismos–las imágenes proyectadas de una mente dividida. Si bien nuestra experiencia es que perdonamos a otros, en verdad estamos perdonando a las partes separadas de nuestro yo, como describí en gran detalle en el Capítulo Cinco. Esa es la razón por la cual el penúltimo significado del perdón es que, mediante la ayuda del Espíritu Santo, aprendemos a perdonarnos a nosotros mismos. Sólo entonces podemos dar el último paso del perdón que consiste en darnos cuenta que no hay nada que tenga que perdonarse.

Por lo tanto, como hemos visto repetidamente en este capítulo, tomar estos símbolos literalmente es confundir niveles y comprometer la verdad. Sólo aquellas aseveraciones que reflejan la realidad unificada del Cielo y de Dios y de Cristo deben entenderse como verdaderas y *sí* deben tomarse literalmente. Para presentar el planteamiento una vez más, las enseñanzas de Jesús vienen en gran medida dentro de un marco dualista, puesto que en los peldaños inferiores de la escalera–donde típicamente se encuentra la mayoría de la Filiación–ese marco es todo lo que se puede entender. Sin embargo, Jesús también les muestra a sus estudiantes hacia dónde se dirige la escalera. Y son las aseveraciones no-dualistas, intercaladas a lo largo de los tres libros, las que señalan el camino que debemos seguir cuando estemos listos. Un maravilloso pasaje del libro de ejercicios expresa este ámbito de la escalera que representa nuestro viaje de regreso a Dios:

> Nuestro Amor nos espera conforme nos dirigimos a Él y, al mismo tiempo, marcha a nuestro lado mostrándonos el camino. No puede fracasar en nada. Él es el fin que perseguimos, así como los medios por los que llegamos a Él (L-pII.302.2).

Imagina a Jesús, por lo tanto, como el símbolo de este Amor. Su realidad (y la nuestra) como el Amor de Dios está en la cima de la escalera ("el fin que perseguimos"), al mismo tiempo que experimentamos su amor guiándonos desde la parte más baja a medida que avanzamos escalera arriba ("los medios por los que llegamos a Él").

El confundir *medios* y *fin*, dualidad y no-dualidad, asegurará que los estudiantes de *Un curso de milagros* jamás pasen más allá de los peldaños más bajos de la escalera para completar su viaje de regreso a casa. En estos dos capítulos hemos visto cuán a menudo en el Curso Jesús se refiere a la inherente limitación del lenguaje al no tener la capacidad de expresar la verdad directamente. Es claro por estas múltiples referencias que Jesús muy ciertamente anhela que sus estudiantes comprendan esta idea esencial. En lugar de rebajarlo a nuestro nivel, la perenne táctica del ego, Jesús les pide a sus estudiantes que le permitan a él elevarlos hasta el suyo. Sólo entonces puede lograrse la meta de *Un curso de milagros*–perdón total para lo que jamás sucedió. Retornaremos a este importante tema en la conclusión del libro.

A manera de un resumen de esta discusión de las diferencias entre dualidad y no-dualidad, presentamos porciones de la primera parte del suplemento *El canto de oración*. Aquí se introduce la imagen de una escalera para describir el proceso del perdón o la oración. Aunque, como sucede con *Un curso de milagros* en sí, los términos *dualidad* y *no-dualidad* no se utilizan, la descripción de los peldaños de la escalera que se extienden desde la forma hasta la amorfia sirve el mismo propósito de expresar el paso de los estudiantes del ilusorio mundo de la percepción y la forma (dualidad) a los peldaños superiores donde el mundo de la separación desaparece gradualmente en la unidad de la creación de Dios (no-dualidad). Este resumen es, en efecto, un maravilloso retrato del camino del Curso de perdonar el arrogante mundo de la culpa, la ilusión, y la especificidad, a través de mirar al ego con humildad y sin miedo. De ese modo, al mundo del conocimiento y de unidad de Dios se le permite al fin alborear en la mente pura e impoluta del Hijo. Aquí, pues, la escalera de la dualidad, al fin se extiende más allá de sí misma hacia la verdad no-dualista del Cielo. Parte de lo que se presenta aquí, el lector quizá recuerde, se discutió en el Capítulo Siete (págs. 267-272):

> La oración no tiene comienzo ni final. Es una parte de la vida. Pero sí cambia de forma, y crece con el aprendizaje hasta que alcanza su estado informe, y se fusiona en total comunicación con Dios. En su forma de petición no necesita acudir a Dios y con frecuencia no lo hace, y ni siquiera implica creencia alguna en Él. En estos niveles la oración es un simple desear, el cual surge de una sensación de escasez y de carencia....
>
> La oración es una escalera que llega hasta el Cielo.... en sus formas más tempranas es una ilusión, puesto que no hay necesidad de escalera alguna para alcanzar lo que uno nunca ha abandonado. Pero el orar es parte del perdón mientras éste, en sí mismo una ilusión, continúa sin lograrse. La oración se encuentra unida al aprendizaje hasta que el objetivo del aprendizaje se ha alcanzado.... Las etapas necesaria para su obtención, sin embargo, necesitan ser comprendidas, si la paz ha de ser restaurada en

el Hijo de Dios, quien vive ahora en la ilusión de muerte y el temor de Dios....

Las formas tempranas de oración, en la base de la escalera, no se hallarán libres de envidia y malicia. Piden venganza, no amor....

En estos niveles, pues, la meta del aprendizaje tiene que ser el reconocimiento de que la oración traerá una respuesta únicamente en la forma en que se hizo la oración. Esto es suficiente. Desde aquí será fácil dar el paso a los siguientes niveles....

Se debe renunciar a la culpa, no esconderla. Tampoco puede hacerse esto sin cierto dolor, y un asomo de la naturaleza misericordiosa de este paso puede ser seguido durante algún tiempo pro un profundo retroceso hacia el miedo....

Aun la unión [de dos hermanos al orar], entonces, no es suficiente, si aquellos que oran juntos no preguntan, ante todo, cuál es la Voluntad de Dios. Sólo desde esta Causa puede provenir la respuesta en la que todo lo específico se satisface; todos los deseos separados se unifican. La oración por cosas específicas siempre pide que el pasado se repita de algúna manera....

La oración es un camino hacia la verdadera humildad. Y aquí de nuevo se eleva lentamente, y crece en fuerza y amor y santidad. Permítele tan solo que abandone el suelo desde el que empieza a elevarse hasta Dios, y la verdadera humildad vendrá por fin a agraciar la mente que pensó que estaba sola y se enfrentaba al mundo. La humildad trae paz porque no exige que tú debas regir el universo, ni juzga todas las cosas como quisieras que fuesen. Alegremente hace a un lado a todos los pequeños dioses, no con resentimiento, sino con honestidad y reconocimiento de que no sirven....

Ahora la oración se eleva del mundo de las cosas, de los cuerpos, y de los dioses de toda clase, y puedes descansar en santidad al fin. La humildad ha venido a enseñarte cómo entender tu gloria como Hijo de Dios, y reconocer la arrogancia del pecado. Un sueño te ha velado la faz de Cristo. Ahora puedes contemplar Su impecabilidad. Alto se ha elevado la escalera. Has llegado casi hasta el Cielo. Hay poco más que aprender antes de completar el viaje. Ahora puedes decir a todo aquel que venga a unirse en oración contigo:

No puedo ir sin ti, pues eres parte de mí.

Y así lo es en verdad. Ahora puedes orar sólo por lo que verdaderamente compartes con él. Pues has comprendido que jamás se fue, y que tú, que parecías solo, eres uno con él.

La escalera termina con esto, puesto que el aprendizaje ya no se necesita. Ahora estás ante el portal del Cielo, y tu hermano se encuentra allí al lado tuyo. Los prados son profundos y tranquilos, pues aquí el lugar señalado para el momento en que vinieras tú te ha esperado largo tiempo. Aquí terminará el tiempo para siempre. En este portal la misma eternidad se unirá a ti. La oración se ha convertido en lo que siempre estuvo destinada a ser, porque has reconocido el Cristo en ti (S-1.II.1; 7:1; 8:3-5,8; S-1.III.2:1-2; 3:1-3; 4:1-2; S-1.IV.3:1-3; S-1.V.1; 3-4).

Finalmente, concluimos este capítulo con un hermoso pasaje colmado de oración que aparece al final de la Lección 167, y que resume la meta de utilizar los reflejos de la verdad para que nos conduzcan más allá de todo reflejo hacia la Unidad de la Verdad Misma. Puede leerse a manera de meditación:

> Seamos hoy criaturas de la verdad, y no neguemos nuestro santo patrimonio. Nuestra vida no es como nos la imaginamos. ¿Quién podría cambiar la vida sólo porque cierre los ojos, o porque haga de sí mismo lo que no es al estar dormido y ver en sueños algo opuesto a lo que él es? *Hoy no pediremos la muerte en ninguna de sus formas. Tampoco dejaremos que ni siquiera por un instante cosas imaginarias que aparentemente se oponen a la vida moren allí donde Dios Mismo estableció el Pensamiento de vida eterna.*
>
> Hoy procuraremos mantener su santo hogar tal como Él lo estableció y como Su Voluntad dispone que sea eternamente. Él es Dueño y Señor de lo que hoy pensamos. Y en Sus Pensamientos, que no tienen opuesto, entenderemos que sólo hay una vida, y ésa es la vida que compartimos con Él, con toda la creación, así como con sus pensamientos, los cuales Él creó como una unidad de vida que no puede separarse con la muerte ni abandonar la Fuente de vida de donde provino.
>
> Compartimos una sola vida porque tenemos una sola Fuente desde la que nos llega la perfección, la cual permanece por siempre en las santas mentes que Él creó perfectas. Somos ahora tal como siempre hemos sido y como seremos siempre. *La mente que duerme no puede sino despertar, según ve su propia perfección reflejando al Señor de la Vida tan perfectamente que se funde con lo que allí se ve reflejado.* Y ahora ya no es un simple reflejo, sino que se convierte en aquello que refleja y en la luz que hace que el reflejo sea posible. La visión deja ahora de ser necesaria. Pues una mente despierta es aquella que conoce su Fuente, su Ser y su Santidad (L-pI.167.10-12; mis bastardillas).

Capítulo 11

LOS PAPELES DE JESÚS Y DEL ESPÍRITU SANTO – I
El hacer especial a la voz interior

Introducción

Si bien muchos aspectos de *Un curso de milagros* son difíciles de entender y están sujetos a propagadas interpretaciones erróneas y distorsiones, quizás ningún área de confusión sea tan flagrante como el papel de Jesús o del Espíritu Santo en el proceso de la Expiación. Hemos hecho alusión a muchas de las variables importantes de este asunto en el comienzo de este libro, pero Jesús y el Espíritu Santo son figuras lo suficientemente importantes, por decir lo menos, para justificar un tratamiento más completo, el cual este capítulo y el próximo proveen. Comenzamos, sin embargo, con algunas observaciones generales en torno a la naturaleza de la humildad como se entiende en el Curso, antes de continuar con la relación muy especial que los estudiantes de *Un curso de milagros* desarrollan con lo que ellos creen con toda sinceridad que es su voz interior.

La escalera de la humildad

Con frecuencia en *Un curso de milagros* Jesús contrasta la humildad con la arrogancia. En mi *Glosario-Índice para* Un curso de milagros los dos términos se definen de esta manera:

La *humildad* es de la mente correcta, la cual reconoce su dependencia de Dios, mientras que la *arrogancia* es de la mente errada, la cual siente que está en competencia con Él; el espíritu descansa en la grandeza de Dios, de Quien deriva su poder, mientras que la grandiosidad del ego proviene de creer que *él* es Dios, y que posee el poder para determinar nuestra función en el plan de Dios; de esta manera el ego confunde la *humildad* con la *arrogancia*, y nos dice que somos indignos de ser los instrumentos de salvación de Dios (*Glosario-Índice,* pág. 66; bastardillas añadidas; excepto en *él*).

El tema de la humildad se puede resumir en esta maravillosa aseveración tomada del texto: "Sé humilde ante Él, y, sin embargo, grande *en* Él" (T-15.IV.3:1). De este modo Jesús exhorta a sus estudiantes a que reconozcan su gratitud hacia Dios por su creación–*sin pensamientos de competencia o usurpación*–en la cual radica su verdadera grandeza. Es al abandonar todos los pensamientos de independencia e individualidad que los estudiantes son capaces de reemplazar la arrogancia del sistema de pensamiento de especialismo del ego con la humildad de identificarse con el perdón del Espíritu Santo. Esto les recuerda en última instancia que su verdadera Identidad es el espíritu abstracto y no-personal que es Cristo. Al llegar a este punto, ya no se desea estar solo, ni se exige que el yo del ego ocupe el trono de la creación. Como dice la lección del libro de ejercicios: "Elijo estar en segundo lugar para obtener el primero" (L-pII.328).

En el contexto del estudio de *Un curso de milagros*, la arrogancia asume la forma de creer que uno "conoce a fondo" el Curso simplemente con una lectura o dos, sin reconocer en verdad lo que conlleva su estudio progresivo y su práctica constante. Como discutimos en el Capítulo Ocho, tal actitud en efecto cierra herméticamente la posibilidad de que ocurra un mayor aprendizaje, puesto que los estudiantes ya creen haber aprendido todo lo que *Un curso de milagros* podía enseñarles. De ese modo, se le ha puesto un límite al aprendizaje, pero sin que los estudiantes tengan conciencia de que eso es lo que han hecho. Lo que permanece en su consciente es la creencia de que han entendido el Curso, dominado sus principios, y que ahora son todos unos maestros de Dios desarrollados quienes son "enviados" por Jesús o el Espíritu Santo en la importante misión de salvar el mundo en el nombre de Ellos. Retornamos a este especialismo espiritual al final del capítulo.

La humildad, por otra parte, *sólo* procura aprender, lo cual procede del reconocimiento de los estudiantes de cuán dependientes de sus egos se han convertido a sí mismos verdaderamente. Por lo tanto, ellos agradecen la oportunidad que el Curso les ofrece de poder desprenderse–final y verdaderamente–de su apego a la unicidad, a la importancia propia y al especialismo, el problema medular que mantiene la separación de Dios. Podemos decir entonces que el progreso de los estudiantes en su estudio de *Un curso de milagros* se puede medir por el grado en que son capaces de sobreponerse a la arrogancia de sus egos y tornarse verdaderamente humildes. *El canto de oración* habla de la "escalera de la oración" como un símbolo del proceso del perdón, como indicamos en el último capítulo. Podríamos con toda facilidad re-nombrar este proceso como la "escalera de la humildad".

Un método empírico seguro que se puede seguir es que en cualquier momento en que los estudiantes sientan que han "aprendido" el Curso, este sentimiento debe servirles como una advertencia que les avisa de la intromisión de la arrogancia del ego. Como hemos visto en la Introducción, Jesús les advierte a sus estudiantes que "aprender este curso requiere que estés dispuesto a cuestionar cada uno de los valores que abrigas" (T-24.in.2:1), y sería el colmo de la arrogancia creer que en realidad uno ha traído a la luz y ha examinado *todos* los valores que están presentes en la mente. Y, sin embargo, el no llenar ese requisito, prosigue Jesús, "pondría en peligro tu aprendizaje" (T-24.in.2:2). *Un curso de milagros* no transige al pedirle a sus estudiantes que renuncien a todos los pensamientos de especialismo y de culpa del ego. Como dice Jesús en la visión final que provee el texto con su inspiradora conclusión: "Ya no se le otorga fe a ninguna ilusión, ni queda una sola mota de obscuridad que pudiese ocultarle a nadie la faz de Cristo" (T-31.VIII.12:5).

Siempre hay excepciones, por supuesto, (y es la usual tentación para los estudiantes el creer que *ellos* son las excepciones), pero los estudiantes de *Un curso de milagros* deben estimularse a que por lo menos enfoquen su estudio con esta actitud humilde que acepta su lugar al pie de la escalera (la clara presunción que plantea Jesús en el Curso), de modo que puedan ser conducidos suavemente, amorosamente, y con gran sabiduría escalera arriba en su retorno a casa. Con esa actitud de humildad–como la de un pequeño niño que desea más que ninguna otra cosa en el mundo ser enseñado por su hermano mayor Jesús–el estudiante se asegura el aprendizaje que es el propósito de *Un curso de milagros* y el cual es su única meta. En el Curso, Jesús utiliza los símbolos del águila y el gorrión para contrastar su sabiduría con nuestro escaso conocimiento y nuestra poca fortaleza. Esto refleja aquí el punto en torno a que los estudiantes no le pidan al especialismo del ego (el gorrión) que les enseñe lo que *Un curso de milagros* dice (el águila), pues entonces ciertamente aprenderán sus enseñanzas a través de los ojos de este especialismo, sin la conciencia de que han volteado el mensaje de Jesús para que éste se ajuste a sus necesidades inconscientes. He aquí las palabras de Jesús:

> No le preguntes a un gorrión cómo se eleva el águila, pues los alicortos no han aceptado para sí mismos el poder que pueden compartir contigo (T-20.IV.4:7).

Una vez que hemos experimentado ese Poder, es imposible volver a confiar en nuestra insignificante fuerza propia. ¿Quién trataría de volar con las minúsculas alas de un gorrión, cuando se le ha dado el formidable poder de un águila? ¿Y quién pondría su fe en las miserables ofrendas del ego, cuando los dones de Dios se encuentran desplegados ante él? (M-4.I.2:1-3)

Es, por consiguiente, la arrogancia lo que haría que los estudiantes pensasen que ellos saben lo que *Un curso de milagros* está diciendo simplemente porque muchas de las palabras y los conceptos les parecen similares a lo que están acostumbrados y con lo cual están familiarizados. La humildad, por otra parte, llevaría a los estudiantes a reconocer que *Un curso de milagros* es *distinto* de cualquier otra espiritualidad que ellos hayan visto, y, por lo tanto, lo que se requiere de ellos es apertura a ser enseñados por *éste*, en lugar de que *ellos* inconscientemente le enseñen al Curso lo que está diciendo.

A la luz de la arrogancia de la juventud al creer que puede entender algo que está tan claramente por encima de su minúscula sabiduría, acude a mi mente una experiencia que tuve en la universidad. Estaba tomando un curso de literatura comparada en la literatura occidental, el cual enseñaba el doctor W. Edward Brown, tal vez el maestro más excelente que jamás tuve a lo largo de mis años como estudiante. Era un brillante erudito, y tan humilde en su sabiduría como exigente con sus estudiantes, aunque siempre mantenía sus altas normas con una apacible y cortés bondad.

Estábamos leyendo la obra maestra en dos partes de Goethe, *Fausto,* la más lograda versión de su gran mito de un hombre que le vende su alma al diablo a cambio de que se logren los sueños y las ambiciones de su vida. La Parte Uno es por mucho la más accesible de las dos, y recuerdo haberme emocionado bastante la primera vez que la leí. Sin embargo, la sabiduría de la Parte Dos claramente estaba muy por encima de mis veinte años, y en realidad yo no podía apreciar la profundidad de este fruto del último período de la rica y larga vida de Goethe. En aquel momento, además, me parecía redundante y abstrusa, por no decir relativamente aburrida. Y así con toda la arrogancia de mi juventud fui donde el doctor Brown una mañana después de clase y le ofrecí mi "considerada" opinión en torno a la superioridad de *Fausto*, Parte Uno. Jamás olvidaré la respuesta de mi estimado profesor. Me permitió que terminara mi "versada" crítica en torno a las fallas de la Parte Dos, y simplemente me respondió: "Léala otra vez". Me tomó ocho años más o menos hasta que en verdad leí la Parte Dos de nuevo. Y sólo entonces pude ver cuán ciego había sido ante la extraordinaria y sabia expresión de este genio creador.

He pensado a menudo en las palabras del doctor Brown cuando me he enfrentado a estudiantes de *Un curso de milagros* que alegan estar

412

entendiéndolo, cuando sus respuestas dejan ver claramente que en realidad no entienden en absoluto lo que está contenido en este sistema de pensamiento. A esos estudiantes anhelo decirles, *Léanlo otra vez*. Si creen que hayan dominado en tan poco tiempo lo que Jesús está enseñando, *Léanlo otra vez*. Si están tan seguros de que el Curso está diciendo cómo el Espíritu Santo les satisfará mágicamente todas sus necesidades en el mundo irreal, con lo cual hace real la dualidad como hemos visto en el capítulo anterior, *Léanlo otra vez*. Si su experiencia es que el Espíritu Santo los está dirigiendo para que ustedes hagan una labor muy importante a nombre Suyo en el mundo, *Léanlo otra vez*. Ciertamente, *Un curso de milagros* debe leerse una vez y otra vez y otra vez, y todavía otra vez.

Mi propósito en este capítulo, por lo tanto, es considerar más a fondo el ejemplo específico de la arrogancia del especialismo del ego ejemplificada por tantos estudiantes de *Un curso de milagros:* entender erróneamente el papel de Jesús o del Espíritu Santo. Nuestra discusión aquí procederá directamente de la explicación presentada en el capítulo anterior en torno a la diferencia entre dualidad y no-dualidad, y la casi inevitable confusión entre estos dos niveles que muestran los estudiantes. El discutir el papel de la guía interior proveerá un ejemplo concreto de cómo se ha expresado esta confusión, y por qué. Sin embargo, puesto que estamos hablando de la necesidad que tienen los estudiantes de hacer especiales a Jesús y al Espíritu Santo, y obviamente a sí mismos también, presentaré en primer lugar un vistazo breve de la dinámica del especialismo de modo que podamos entonces entender mejor cómo y por qué este fenómeno ocurre inevitablemente.

La dinámica del especialismo: Jesús y el Espíritu Santo

El aspecto más importante que hemos de considerar en torno al especialismo es que éste es virtualmente sinónimo de dualidad. El mismo término *especial* implica directamente una comparación con otro (i.e., uno es más o menos especial que algún otro), lo cual es imposible, por supuesto, en un estado de unidad o de no-dualidad. Hemos visto que en este estado no hay, ni habrá jamás, diferencias de clase alguna. Por lo tanto, el especialismo no puede existir en el Cielo. Y puesto que el Cielo es la única realidad, lo que se desprende lógicamente de esto es que el especialismo es inherentemente ilusorio, así como lo es la dualidad. Este hecho se torna crucial para nuestra discusión del Espíritu Santo como hecho y como símbolo, como veremos enseguida.

Una vez que se le otorga a la dualidad la condición de verdad, y con esto queremos decir que dos entidades distintas y separadas se han hecho reales, inevitablemente el concepto de diferencias se ha hecho real también. ¿De qué otra manera podrían dos entidades ser distintas y separadas si no son diferentes? Al llegar a este punto, antes de proseguir con la dinámica del ego, el lector puede ver cuán lejos hemos llegado de la perfecta e indiferenciada Unidad del Cielo, el estado no-dualista que describimos en el Capítulo Nueve, así como en el Capítulo Uno. También hemos discutido que el *lenguaje* de *Un curso de milagros*–el cual es ciertamente dualista y parece reflejar la existencia de un Cielo diferenciado donde los tres aspectos de la Trinidad están claramente separados entre sí–es simplemente metafórico, y no tiene la intención de sugerir que la *forma* dualista de las palabras ha cambiado el *contenido* de la verdad no-dualista que constituye el cimiento metafísico del Curso.

Desde la perspectiva del sueño de dualidad del ego, donde todos los estudiantes de *Un curso de milagros* creen estar, es importante comprender cómo se originó un concepto de un Dios o de un Espíritu Santo diferenciado, puesto que en verdad, por supuesto, ellos no podían cambiar ni han cambiado Su realidad indiferenciada de Unidad. Por lo tanto, si un Dios diferenciado y dualista, consciente de que Su Hijo se ha separado de Él, no podía proceder del verdadero Dios, entonces la única alternativa restante es que ese Dios provino del ego en sí. No hay otra posibilidad. En otras palabras, un Dios benévolo, amoroso y dador, preocupado por el extraño estado de separación de Su Hijo, tiene que ser una parte desprendida de la mente ya dividida del Hijo mismo, lo cual se calificó en *Todos son llamados* con el término yo C apartado del yo A.*

Incapaz de aceptar la Presencia del Amor de Dios como parte suya–un hecho que es anatema para el ego carente de amor–el Hijo proyecta esta Presencia fuera de él, con lo cual transige con el ego en esta forma: la Presencia de Dios no se niega totalmente, pero se ubica *fuera* de la mente del Hijo donde es posible reconocerla y experimentarla en la "persona" especial del Espíritu Santo, percibida ahora como la idealización del *homo sapiens* dualista. Dicho de otro modo, el amor no-humano y no-dualista que constituye la verdadera Identidad del Hijo no se ha aceptado dentro de sí mismo, sino que puede aceptarse en una forma distorsionada cuando se experimenta

---

* En los Capítulos Dos, Tres y Cuatro puede encontrarse una presentación más detallada sobre la dinámica de la división.

fuera del Hijo como una presencia dualista y personal cuasi-humana, y ya no como una parte de su yo.

Así pues, en verdad, las figuras de Jesús o del Espíritu Santo son realmente proyecciones (reflejos) de la memoria de un Dios no-dualista dentro de nuestras mentes dualistas. El problema, sin embargo, es que esta parte separada de nuestro yo la cual se ha proyectado realmente se *cree* y se *experimenta* como que es real, y la dinámica de la proyección se olvida tan rápidamente que prácticamente la verdadera Presencia interior de Dios–puesto que *las ideas no abandonan su fuente*–se oculta detrás del velo de negación y de la creencia de que puede haber una presencia "interna" de la verdad que aún permanece fuera de nosotros.

Lo que ha sucedido a la larga, por lo tanto, es que el dios del especialismo ha triunfado una vez más sobre el amor al convertirse en el substituto de éste. Esto puede entenderse cuando el estudiante recuerda que el amor es una perfecta e indiferenciada unidad. El Espíritu Santo, al convertirse en una entidad externa que se percibe y se experimenta fuera del Hijo–aun cuando se *piense* que Él sea interno–ahora se ha convertido en el dios del especialismo al substituir la Presencia del Amor de Dios que en verdad, repito, *es* la Identidad del Hijo. Ese error puede evitarse si los estudiantes de *Un curso de milagros* recuerdan no confundir un símbolo dualista con la realidad no-dualista, y utilizan más apropiadamente la metáfora del Espíritu Santo como el medio para pasar, en última instancia, más allá del símbolo hacia la verdad de la unidad que radica *dentro* de ellos y *es* ellos como Cristo.

Si retornamos al extremadamente importante punto discutido en el capítulo anterior, podemos recordar que el tratamiento dualista que el Curso utiliza con Jesús y el Espíritu Santo es a propósito. Sólo mediante el uso de esos símbolos y esa terminología el estudiante de *Un curso de milagros*–tan identificado con el cuerpo y con el concepto de un yo dualista–puede ser conducido mediante el símbolo hacia la verdad del Ser real no-dualista que está más allá de ese símbolo. Y por eso, repito, este hermoso pasaje bi-nivel tomado del libro de ejercicios, el cual no puede citarse lo suficiente:

> Nuestro Amor nos espera conforme nos dirigimos a Él y, al mismo tiempo, marcha a nuestro lado mostrándonos el camino. No puede fracasar en nada. Él es el Fin que perseguimos, así como los medios por los que llegamos a Él (L-pII.302.2).

De esta manera el símbolo de un Jesús externo–"nuestro Amor"–cuya "mano" tomamos al abrirnos paso lenta y amorosamente hacia él desaparece como una entidad separada, al igual que nosotros, y la memoria de Quiénes somos *como un solo Hijo*–el verdadero Cristo–alborea en nuestras mentes al tiempo que nos acercamos al portal del Cielo. Lo que eran dos se ha vuelto uno otra vez, conforme desaparecemos en la "Presencia que se encuentra detrás del velo, no para perdernos sino para encontrarnos a nosotros mismos; no para que se nos vea, sino para que se nos conozca" (T-19.IV-D.19:1).

Hay un aspecto más sutil todavía de esta dinámica de hacer de Jesús (o del Espíritu Santo) una entidad separada y distinta, y la misma va directamente al corazón de la dinámica del especialismo. Esta ayuda a explicar la gran ambivalencia que tendría que sentir respecto a Jesús cualquier estudiante sincero y honrado de *Un curso de milagros*. Ayuda a explicar también varias referencias del Curso en torno a la necesidad de que se le perdone. Así pues, retornamos a nuestro breve vistazo de la dinámica del especialismo.

Hemos visto que la premisa fundamental del sistema de pensamiento del especialismo es la realidad de la dualidad y de las diferencias, cuyo origen descansa en el pensamiento original (*y aún presente*) de la separación. Esta es la creencia de que el Hijo de Dios puede realmente estar fuera de la perfecta unidad de la creación, separado e independiente de la Unidad de Dios; en otras palabras, que las ideas *sí pueden abandonar*, y en verdad *ya han abandonado* su fuente. Este aparente acto de lograr lo imposible es lo que el ego llama pecado, lo cual abarca la creencia de que el Hijo le ha hurtado su individualidad a Dios, al costo de la destrucción de su Creador y de la usurpación de Su papel y función. La trama se complica, y se torna peor aún conforme el ego se vuelve progresivamente perverso y demente.

El Hijo, quien ha creído que ciertamente le ha robado a Dios, ahora cree en la culpa que exige que Dios le arrebate la "perla de inestimable valor" (T-23.II.11:2)–el poder, la vida y el Amor del Cielo–que originalmente Le fue robada. Y así el Hijo ahora "sabe con certeza" que tiene un enemigo mortal, el cual está empeñado en destruirlo. Él "sabe" esto porque la proyección de su culpa ha hecho real a esa figura tan abominable–fabricada literalmente a imagen y semejanza de su propio pecado–y aparentemente más allá de cualquier capacidad de la mente para cuestionar su existencia. Sin duda el lector recuerda el gráfico pasaje que presenté en *Todos son llamados* tomado del manual para el maestro (M-17.5:3-9; 7:10-13) el cual describe esta mentalidad demente de "mata o te matan." Por lo tanto, el mundo del Hijo se ha convertido en un campo de batalla, en el cual cada combatiente sólo puede sobrevivir si elimina al otro, la expresión del principio del ego de *uno o el otro*. La guerra no sólo está justificada ahora sino que es esencial para la supervivencia, y por eso el Hijo debe siempre estar en guardia no sea que su enemigo, para plantear esta aterradora creencia una vez más, le robe lo que él–en los más profundos recodos de su mente soñadora–cree que él le robó primero. Lo que se refleja aquí, en resumen, es la "trinidad impía" del pecado, la culpa y el miedo: el *pecado*–la creencia de que la separación, la usurpación y la muerte de Dios ocurrieron realmente; la *culpa*–la experiencia del odio a sí mismo que "prueba" que lo imposible ocurrió; y el *miedo*–el "conocimiento seguro" de que el castigo y la venganza inevitablemente están próximos.

El lector recordará además nuestra discusión en *Todos son llamados* (págs. 38-45) en la cual el Hijo, mediante la dinámica de la negación (o represión), se "salva" de su culpa al no recordar la fuente de ésta en su mente (yo A). Lo que queda es sólo la conciencia de la necesidad de protegerse a sí mismo (yo B) del ataque *injustificado* desde afuera de sí mismo (yo C), lo que da margen a su ataque *justificado* en defensa propia. Puesto que la "otra" persona es simplemente una proyección del ego inconsciente del Hijo (siempre lo que permanece es sólo un Hijo–bien sea en la tierra o en el Cielo) él tiene que estar pensando y haciendo lo mismo que el Hijo. Y es así como cada aparente fragmento de la aparentemente separada Filiación transita por esta tierra en un terror mortal, no sea que el enemigo demente–que puede ser cualquiera–le haga a él lo que secretamente él cree haberle hecho primero.

El prototipo de esta locura, repito, es nuestra relación con nuestra rara y proyectada imagen de Dios; un Dios a Quien creemos haberle robado la vida y el poder. Y ahora aguardamos aterrados–como el Pollito en el cuento infantil–antes de que lo inevitable ocurra y

> Dios llegase al límite de Su paciencia, dividiese el mundo en dos y se pusiese a Sí Mismo a cargo del ataque. De este modo Él habría perdido el Juicio, al proclamar que el pecado ha usurpado Su realidad y ha hecho que Su Amor se rinda finalmente a lo pies de la venganza (T-26.VII.7:4-5).

Es así como ciertamente este Dios fabricado por el ego un día le quitará la "vida" al Hijo que se la había hurtado a Él, y recobrará Su correspondiente lugar en el Cielo, mientras que el Hijo, cuya vida le ha sido arrebatada, inevitablemente morirá. Esa es la razón–desde la perspectiva del ego–por la cual se estableció correctamente en el mito de Adán y Eva en el *Génesis* que Dios ha inventado la muerte como un castigo para el pecado (Génesis 3:14-19).

Y es así como esta extraña creencia se convierte en el prototipo de todas las relaciones especiales–puesto que todas las relaciones son reflejo de esa única relación–y está en el centro de las cinco leyes del caos que reflejan la verdadera locura del sistema de pensamiento del ego. Esta locura culmina con estas aseveraciones tomadas de las tercera, cuarta y quinta leyes del caos, las cuales deben resultarles familiares a los lectores de este libro.

Ahora el conflicto se ha vuelto inevitable e inaccesible a la ayuda de Dios. Pues ahora la salvación jamás será posible, ya que el salvador se ha convertido en el enemigo.

No hay manera de liberarse o escapar. La Expiación se convierte en un mito, y lo que la Voluntad de Dios dispone es la venganza, no el perdón. … Sólo la destrucción puede ser el resultado final….

El ego le atribuye valor únicamente a aquello de lo que se aprovecha. Esto conduce a la *cuarta* ley del caos, que … es la creencia de que posees aquello de lo que te apropias. De acuerdo con esa ley, la pérdida de otro es tu ganancia y … los que son enemigos no se conceden nada de buen grado el uno al otro…. Y lo que tus enemigos ocultan de ti debe ser algo que vale la pena poseer, ya que lo mantienen oculto de ti.

Todos los mecanismos de la locura se hacen patentes aquí: el "enemigo" que se fortalece al mantener oculto el valioso legado que debería ser tuyo; la postura que adoptas y el ataque que infliges, los cuales están justificados por razón de lo que se te ha negado; y la pérdida inevitable que el enemigo debe sufrir para que tú te puedas salvar. Así es como los culpables declaran su inocencia. Si el comportamiento inescrupuloso del enemigo no los forzara a este vil ataque, sólo responderían con bondad. Pero en un mundo despiadado los bondadosos no pueden sobrevivir, de modo que tienen que apropiarse de todo cuanto puedan o dejar que otros se apropien de lo que es suyo.

Lo que se ha hurtado y es defendido, de modo que no nos sea arrebatado, es la "perla de inestimable valor" de nuestro especialismo, la aparentemente innata característica de nuestra individualidad y nuestra unicidad la cual nos hace separados, diferentes y por consiguiente más especiales que cualquier otro ser viviente. Y es esto lo que creemos que nuestro hermano nos hurtó, tal como nosotros se lo habíamos hurtado primero. Así pues, tenemos que encontrar el escondite de esta perla en su cuerpo y "arrebatársela con justificada ira" mediante un justificado asesinato:

Y ahora "entiendes" la razón de que nunca lo encontraras. Este enemigo te lo había arrebatado y lo ocultó donde jamás se te habría ocurrido buscar. Lo ocultó en su cuerpo, haciendo que éste sirviese de refugio para su culpabilidad, de escondrijo de lo que es tuyo. Ahora su cuerpo se tiene que destruir y sacrificar para que tú puedas tener lo que te pertenece. La traición que él ha cometido exige su muerte para que tú puedas vivir. Y así, sólo atacas en defensa propia (T-23.II.7:5–8:2,4; 9:1-4,6–10:4; 11:4-9).

Por lo tanto, retornando ahora a la premisa original con la cual comenzamos–la creencia en la realidad de la separación y de las diferencias–podemos entender por qué un Jesús a quien se percibe diferente de nosotros, *tendría* que haber sido percibido por el ego como el enemigo que posee lo que a nosotros nos falta. De acuerdo con el cristianismo, él es el único Hijo de Dios engendrado, el único inocente y santo quien es el bienamado del Padre. Y puesto que nosotros tenemos que ser diferentes–nuestra individualidad nos lo "prueba"–nosotros carecemos de lo que él tiene, de acuerdo con las leyes "inmutables" del caos. Y así, concluyen nuestros egos dementes, el amor y la inocencia que es de Jesús nos fue hurtada primero a nosotros. Por lo tanto, estamos justificados en odiarlo por su pecado contra nosotros, y justificados en asesinarlo para recuperar lo que es justamente nuestro. Ese es el significado de esos pasajes del texto en "los obstáculos a la paz"–los cuales explican también la extraña y rara teología de las iglesias cristianas, y la teología de la eucaristía canibalista de varias iglesias–que el lector quizá recuerde del Capítulo Siete. Re-presento aquí brevemente los pasajes:

> Se me da la bienvenida en un estado de gracia, lo cual quiere decir que finalmente me has perdonado. Pues me convertí en el símbolo de tu pecado, y por esta razón tuve que morir en tu lugar. Para el ego el pecado significa muerte, y así la expiación se alcanza mediante el asesinato. Se considera que la salvación es un medio a través del cual el Hijo de Dios fue asesinado en tu lugar. Mas ¿iba acaso a ofrecerte a ti, a quien quiero, mi cuerpo, *sabiendo* lo insignificante que es? ¿O, por el contrario, te enseñaría que los cuerpos no nos pueden separar? Mi cuerpo no fue más valioso que el tuyo; ni fue tampoco un mejor instrumento para comunicar lo que es la salvación, si bien no Su Fuente. Nadie puede morir por otro, y la muerte no expía los pecados (T-19.IV-A.17:1-8).

Pero la muerte *sí* expía los pecados en la teología del ego, puesto que ése es el único justo y merecido castigo para el pecado de los otros en contra de nosotros al haber robado nuestra vida. Es claro de este modo que no fueron las iglesias cristianas las que se inventaron estas raras doctrinas. Estas simplemente reflejaban en forma específica lo que el sistema de pensamiento del ego fue desde el principio.

Jesús continúa con el mismo tema en el siguiente obstáculo, al suplicarle a sus hermanos que re-piensen su visión acerca de él y por consiguiente acerca de sí mismos:

Deja que yo sea para ti el símbolo del fin de la culpabilidad, y contempla a tu hermano como me contemplarías a mí. Perdóname por todos los pecados que crees que el Hijo de Dios cometió. Y a la luz de tu perdón él recordará quién es y se olvidará de lo que nunca fue. Te pido perdón, pues si tú eres culpable, también lo tengo que ser yo. Mas si yo superé la culpabilidad y vencí al mundo, tú estabas conmigo. ¿Qué quieres ver en mí, el símbolo de la culpabilidad o el fin de ésta? Pues recuerda que lo que yo signifique para ti es lo que verás dentro de ti mismo....

Perdóname por tus ilusiones, y libérame del castigo que me quieres imponer por lo que no hice. Y al enseñarle a tu hermano a ser libre, aprenderás lo que es la libertad que yo enseñé, y, por lo tanto, me liberarás a mí. Formo parte de tu relación santa, sin embargo, preferirías aprisionarme tras los obstáculos que interpones a la libertad e impedirme llegar hasta ti (T-19.IV-B.6; 8:1-3).

Así podemos ver que el creer que Jesús era diferente de nosotros se convirtió en una espada de doble filo. Si bien es extremadamente útil y necesario en los peldaños inferiores de la escalera, el continuar creyendo en él *únicamente* como un hermano mayor en última instancia reforzará el mismo sistema de pensamiento del especialismo que Jesús está tratando de ayudarnos a deshacer. Este error inevitablemente se deriva de no entender que el lenguaje dualista de *Un curso de milagros*–el que se refiere a Jesús, por ejemplo–no debe tomarse literalmente. Más bien, Jesús provee esa forma dualista para ayudar a sus estudiantes a *iniciar* su ascenso de la escalera de la humildad.

Por otra parte, es extremadamente importante que los estudiantes del curso no boten el bebé de la dualidad junto con el agua del baño no-dualista. Los estudiantes deben ser lo suficientemente humildes y tomar la mano de Jesús *porque* están al pie de la escalera. Es sólo cerca de la cima que los estudiantes pueden saber en verdad que él es una ilusión, junto con ellos. Como concluye uno de los poemas de Helen, "A Brother's Prayer" ("Oración para un hermano").

> El parpadear de un instante se yergue entre
> Nosotros y la total salvación. ¿Hemos de hacer
> Más de lo que Dios nos pide? Ver de Cristo la faz
> Y ya no se verá jamás. También el dolor
> Ha desaparecido, y yo junto contigo.
> (*The Gifts of God [Los regalos de Dios]*, pág. 63)

Pero hasta que el momento bendito llegue, la verdad no-dualista del mensaje de Jesús tiene que llegar en la forma en que sus estudiantes la puedan entender sin miedo. Eso nos enseña él casi al comienzo del texto, en el contexto de tomar la magia como tratamiento médico:

> El valor de la Expiación no reside en la manera en que ésta se expresa. De hecho, si se usa acertadamente, será expresada inevitablemente en la forma que le resulte más beneficiosa a aquel que la va a recibir. Esto quiere decir que para que un milagro sea lo más eficaz posible, tiene que ser expresado en un idioma que el que lo ha de recibir pueda entender sin miedo. Eso no significa que ése sea necesariamente el más alto nivel de comunicación de que dicha persona es capaz. Significa, no obstante, que ése es el más alto nivel de comunicación de que es capaz *ahora*. El propósito del milagro es elevar el nivel de comunicación, no reducirlo mediante un aumento del miedo (T-2.IV.5).

El propio Curso de Jesús se convierte así en el perfecto ejemplo que él estaba enseñándoles a sus estudiantes; sus palabras no son "el más alto nivel de comunicación" que sus discípulos son capaces de entender, pero ciertamente el nivel más alto que pueden tolerar en su estado de miedo.

La siguiente sección elaborará la naturaleza de esta espada de doble filo de desarrollar una relación con Jesús, percibido y experimentado como una presencia dualista dentro de la mente.

La espada de dos filos de un Jesús dualista

Sin duda, un estudiante que comienza sus estudio de *Un curso de milagros* se preguntaría: ¿puede ser un error pedirle ayuda a Jesús? ¿Y acaso no es esa una de las cosas sobre la cual él insiste más en el Curso, que acudamos a él (o al Espíritu Santo) en busca de toda ayuda, sin importar la pequeñez o la magnitud de nuestras preocupaciones? Ciertamente, un estudiante bien informado sobre la historia de cómo se llevó a cabo la escritura de *Un curso de milagros* podría continuar tal argumento: ¿No es eso lo que la misma Helen Schucman hacía al pedirle a Jesús consejo muy específico en torno a prácticamente todo, incluso dónde comprar artículos particulares, en qué esquina esperar un taxi, etc.?

Las respuestas a estas preguntas, por supuesto, son "Sí". Jesús sí enseña este proceso, y Helen sí pedía su ayuda para toda clase de cosas. Sin embargo, como hemos visto, Jesús habla en un nivel dualista para llegar a sus estudiantes donde éstos están, para llevarlos adelante en su ascenso de los peldaños de la escalera hacia una apreciación más atinada y hacia la conciencia de la verdad de su relación con él. Este proceso se ha relatado en mi *Ausencia de la felicidad: la historia de Helen Schucman como escriba de Un curso de milagros*, y recurro a la discusión allí para efectos de esta sección.

Como se discutió en ese libro, Helen le había estado pidiendo cosas específicas a Jesús como una defensa para no reconocer y aceptar su relación más profunda con él. Ella permitía que las cuestiones específicas definiesen su relación, y que sirvieran de camuflaje al amor no-específico que en verdad le dio significado a la relación de toda la vida que ella tuvo con Jesús, y en efecto constituyó el centro de su vida misma. Este asunto de pedir ayuda a Jesús llegó a su clímax durante los últimos años de Helen, el período en que ella y yo estuvimos muy unidos y discutimos el tema muchas, muchas veces. Como sucedía con frecuencia, mis conversaciones con Helen la estimulaban a escribir un mensaje de Jesús. Una de esas conversaciones en torno a recibir orientación específica de Jesús tuvo como consecuencia el que Helen recibiese el siguiente mensaje (uno de los que Helen, Bill y yo solíamos llamar en aquellos años "mensajes especiales") a principios del otoño de 1975, después de que *Un curso de milagros* había sido inicialmente distribuido a 300 personas mediante una impresión en offset del manuscrito completo.

El mensaje era una súplica de Jesús para que Helen pasara más allá de pedirle cosas específicas, hacia la aceptación de él y de su amor por ella. Fue el comienzo de una enseñanza más profunda del verdadero significado de la oración y de la petición de ayuda. He aquí este primer mensaje, fechado el 5 de octubre de 1975. Comienza con la famosa cita de Mateo 19:26, cuyo significado aquí cambió del énfasis bíblico en el compromiso de Dios con lo externo al foco del Curso en que la mente se decida por Su Amor:

Para Dios todas las cosas son posibles, pero tienes que pedir Su respuesta únicamente a Él.

Tal vez pienses que lo haces, pero ten la seguridad de que si lo hicieras estarías tranquila ahora y completamente impávida ante cualquier cosa. No intentes adivinar Su Voluntad para ti. No supongas que tienes la razón porque una respuesta *parezca* proceder de Él. Asegúrate de preguntar, y luego permanece callada y permite que Él hable. No hay problema que Él no pueda resolver, pues nunca es Él Quien mantiene aparte algunas preguntas para que las resuelva alguien más. No puedes compartir el mundo con Él y hacer que la mitad del mundo sea Suyo mientras que la otra mitad te pertenezca a ti. La verdad no transige. Separar un poco es separarlo todo. Tu vida, completa y plena, le pertenece a Dios o no es de Él nada de ésta. No existe pensamiento en todo el mundo que parezca más terrible.

Mas es sólo cuando este pensamiento aparece con perfecta claridad que hay esperanza de paz y seguridad para la mente tanto tiempo oculta en las tinieblas y torcida para evitar la luz. Esta *es* la luz. Hazte a un lado y no insistas en las formas que parecen atarte... Y tendrás todo cuanto necesites. Dios no falla. Pero no pongas límites a lo que Le entregarías para que Él lo resuelva. *Pues Él no puede ofrecer mil respuestas cuando sólo existe una. Acepta esta respuesta de Él, y ya no habrá que formular una sola pregunta más.*

No olvides que si intentas resolver un problema, lo has juzgado por ti misma y has traicionado tu propio papel (*Ausencia de la felicidad*, págs. 419-420; mis bastardillas excepto *es* en el tercer párrafo).

El lector familiarizado con *El canto de oración* reconocerá estos pensamientos, los cuales reaparecen en las páginas iniciales del suplemento y a los cuales retornaremos en un capítulo posterior. Por ahora es suficiente mencionar la importante idea de que la verdadera respuesta de Dios es *una*: la memoria no-específica de Su Amor. El enfocarse en las múltiples respuestas–las respuestas específicas a necesidades, exigencias y problemas específicos–termina, repito nuevamente, como la defensa en contra de este amor. Esta experiencia se desarrolla únicamente conforme los estudiantes comienzan a ascender por la escalera de la oración. Retornamos ahora al mensaje del 1975.

Recuerda que no necesitas nada, sino que tienes un interminable cúmulo de amorosos regalos para repartir. Mas enséñate sólo a ti esta lección. Tu hermano no la aprenderá de tus palabras ni de los juicios que has puesto sobre él. Ni siquiera necesitas decirle una palabra. No puedes preguntar: "¿Qué le diré?", y escuchar la respuesta de Dios. Pide más bien: "Ayúdame a ver a este hermano a través de los ojos de la verdad y no del juicio", y la ayuda de Dios y de todos Sus ángeles te responderá.

Pues sólo aquí descansamos. *Desechamos nuestros mezquinos juicios y nuestras triviales palabras; nuestros ínfimos problemas y falsas preocupaciones.* Hemos intentado ser amos de nuestro destino y pensamos que la paz radicaba ahí. La libertad y el juicio *son* imposibles. Pero junto a ti está el Único Que conoce el camino. Hazte a un lado por Él y permite que Él te guíe al descanso y al silencio de la Palabra de Dios (*Ausencia de la felicidad*, pág 420; mis bastardillas excepto *son* en el último párrafo).

En estos dos párrafos finales del mensaje, para parafrasear algo de la discusión en *Ausencia*, encontramos que Jesús está exhortando a Helen a centrarse no en las respuestas dualistas a peticiones específicas de orientación o información, sino más bien a distanciarse de las pequeñas inquietudes que interfieren con la experiencia de su amor. Como él nos enseña en la Introducción del texto, la cual repetimos de una presentación anterior:

> Este curso no pretende enseñar el significado del amor, pues eso está más allá de lo que se puede enseñar. Pretende, no obstante, despejar los obstáculos que impiden experimentar la presencia del amor, el cual es tu herencia natural (T-in.1:6-7; bastardillas omitidas).

Es el dilatarse en respuestas específicas a inquietudes dualistas, utilizando a Jesús para ese propósito, lo cual terminará garantizando de que el estudiante jamás vaya más allá de las etapas iniciales del proceso a largo alcance del Curso de abandonar el sistema de pensamiento del ego mediante el perdón. Y es el volverse a Jesús en busca de ayuda para despejar estas interferencias lo que constituye el propósito del Curso, no el concedernos las respuestas específicas a peticiones específicas–"nuestros fútiles juicios y nuestras triviales palabras; nuestros diminutos problemas y nuestras falsas inquietudes". Pero antes de que podamos aprender sobre el verdadero papel de Jesús en este proceso del perdón–la carga principal del próximo capítulo–primero tenemos que aprender más acerca de la táctica del ego de haberlo substituido por un papel falso en su lugar.

Mi punto aquí es que el ego se ha valido de la útil experiencia al comienzo de la escalera–un Jesús con una personalidad muy definida quien nos habla y específicamente guía nuestras vidas–y la ha utilizado para sus propios objetivos. Pues en las manos perversas y sutiles del ego, esta experiencia de Jesús actúa ahora como una barrera e interferencia a que reconozcamos a Jesús por lo que realmente es: el símbolo dentro de nuestras mentes separadas del abstracto y universal Amor de Cristo, el cual es nuestra realidad también. Así pues, se inhibe el aprendizaje que nos ayudará a entender que Jesús es un símbolo amoroso dentro de nuestro sueño separado de culpa y de odio, el símbolo que nos recuerda Quiénes somos en verdad. El amor personal que sentimos proveniente de Jesús, expresado a menudo en formas específicas dentro de nuestra experiencia dualista, se convierte en el medio a través del cual crecemos para a unirnos a él donde *nosotros*–él y todos nosotros–estamos en verdad en la Unidad del Amor de Cristo.

Continuamos ahora con los mensajes de Jesús para Helen que nos ayudarán a entender mejor esta substitución de un especialismo dualista en lugar de la experiencia verdadera de su presencia y amor, la cual es la respuesta no-dualista a nuestras peticiones de ayuda.

En el 1977 Helen y yo estábamos discutiendo nuevamente este tema de pedir cosas específicas, y la respuesta personal de Jesús para Helen pronto dio lugar a una discusión más general que culminó como el suplemento *El canto de oración*. En el contexto del asunto de pedirle ayuda específica a Jesús para beneficio de otros, la respuesta de Jesús fue reafirmar la importancia de no ver diferencias entre dos personas, sino más bien reflejar la verdadera unidad, la cual es la única oración y la cual

es lo mismo para ti o para otro. No hay diferencia. Si sólo tú recibieses las respuestas para otro, habría diferencia.

Jesús continuó entonces presagiando su dictado de lo que posteriormente emergería como el suplemento:

No te has equivocado en el pasado acerca de cómo has pedido, pero ahora estás lista para un paso de adelante.…

El pedir es el camino hacia Dios porque te ofrece la Voluntad de Él como Él quiere que la oigas. Tendremos una serie de lecciones [i.e., el folleto] en torno al pedir porque tú no lo has entendido. Pero no pienses debido a eso, que has estado equivocada en tus intentos. Lo has hecho bien y lo harás mejor (*Ausencia de la felicidad, 490-491*).

Lo que se refleja tan claramente en estos extractos es el reconocimiento de Jesús de aquello a lo cual se referiría en *El canto de oración* como la "escalera de la oración" (S-1.II): el *proceso* por el que deben pasar los estudiantes a través del mundo de la dualidad que ellos fabricaron, de regreso a casa al mundo no-dualista que ellos creen haber abandonado para siempre. Y por lo tanto, en ello radica la importancia de comenzar con la experiencia de un Jesús dualista que satisface las necesidades de uno y responde a las peticiones de uno–"No has estado equivocada en el pasado sobre cómo has pedido" y "Lo has hecho bien". Pero un estudiante no debe descansar en eso, y tiene que estar preparado para que se le conduzca más lejos aún escalera arriba–"tú estás lista para dar un paso adelante ahora", "Tendremos una serie de lecciones sobre el pedir porque tú no lo has entendido," y "Tú…lo harás mejor". Esta escalera conduce más allá de las experiencias iniciales de que Dios está presente en el sueño dualista, hacia el creciente reconocimiento de que no lo está. Por lo tanto, para presentar este importante punto una vez más, los estudiantes no deben confundir los reflejos o símbolos de la verdad con la verdad en sí. Y esta enseñanza se convierte ahora en el centro del mensaje de Jesús para Helen y para todos los estudiantes de *Un curso de milagros*. El tema aquí es que el hacer preguntas *específicas* inevitablemente le pone limitaciones a Dios:

> Cualquier pregunta específica implica un gran número de suposiciones las cuales limitan la respuesta inevitablemente. Una pregunta específica es realmente una decisión sobre la clase de respuesta que es aceptable. El propósito de las palabras es limitar, y al limitar, hace más manejable una vasta área de experiencia. Pero eso quiere decir manejable para *ti* (*Ausencia de la felicidad*, págs. 491-492).

El lector quizá recuerde esta aseveración previamente citada del manual para el maestro:

> Dios no entiende de palabras, pues fueron hechas por mentes separadas para mantenerlas en la ilusión de la separación (M-21.1:7).

La aseveración en el mensaje sobre el manejo de un "área vasta" es un punto importante, pues recalca el propósito subyacente del ego de Helen al no dejar de pedir cosas específicas ("el propósito de las palabras"), que era ponerle límites ("hacer...más manejable") a Jesús y a la experiencia de su amor. Posteriormente retornaremos a este fenómeno.

El mensaje continúa:

> Para muchos aspectos de la vida en este mundo eso [hacer "más manejable"] es necesario. Pero no para el pedir. Dios no utiliza palabras, y no contesta con palabras. Él solo puede "hablarle" al Cristo en ti Quien traduce Su Respuesta al lenguaje que tú puedas entender y aceptar (*Ausencia de la felicidad*, pág. 492).

El mensaje del 5 de octubre de 1975, al cual nos referimos antes (págs. 422-423), presentaba el mismo punto, y lo recordamos aquí brevemente:

> Hazte a un lado y no insistas en las formas que parecen atarte....no pongas límites a lo que Le entregarías para que Él lo resuelva. Pues Él no puede ofrecer mil respuestas cuando sólo existe una. Acepta esta respuesta de Él, y ya no habrá que formular una sola pregunta más.

Para entender esta muy importante enseñanza, consideremos nuevamente la naturaleza abstracta e informe del Amor de Dios, la cual constituye la única realidad, y la cual es una realidad que en verdad compartimos como el Hijo de Dios. Como afirma el Curso: "La condición natural de la mente es una de abstracción total" (L-pI.161.2:1). Esta realidad como Cristo, sin embargo, está más allá de nuestro limitado y separado yo egoísta, al cual le adjudicamos un nombre, una historia y un futuro anticipado. Es por consiguiente imposible para nosotros *conocer* a Dios en este mundo, porque como explica Jesús en el Curso, este mundo en general, y los cuerpos y cerebros en particular, se fabricaron para lograr el propósito del ego de mantener apartado de nosotros el conocimiento de Dios, de Cristo y de la unidad de Ambos ("Así fue como surgió lo concreto" [L-pI.161.3:1]).* Cuando invocamos el Amor de Dios, y nos volvemos hacia Él como nuestro Ser, podemos en verdad trascender nuestra identificación con el ego, aunque sólo sea por un instante. En ese instante santo el cual trasciende el tiempo y el sistema de pensamiento del ego en su totalidad, recordamos nuestra realidad e Identidad como el Hijo de Dios. De ese modo nos convertimos en esa Identidad, abstracta e informe como nuestro Creador. El Amor se ha reunido consigo mismo, y ese Amor es Uno.

La parte de nuestras mentes que elige regresar al "lugar" que jamás abandonamos en verdad es "donde" Dios nos "habla". Sin embargo, cuando nuestras mentes vuelven a su creencia en la separación, y una vez más nos experimentamos como un yo personal en relación con nuestro Creador–a diferencia de ser uno *con* Él–el "hablar" es mediado a través de nuestras mentes separadas y sale en forma de palabras que nuestras mentes, y por lo tanto nuestros cerebros *sí* pueden entender. Es así como *nuestras* mentes separadas son las que estructuran lo no estructurado, moldean lo inmoldeado y le dan forma a lo informe. No es Dios Quien hace esto, porque Él no sabe de estructura, molde o forma. Su Amor, el cual simplemente es, suple el contenido; nuestras mentes suplen el contorno o las palabras. La imagen de un vaso de agua podría ayudarnos a clarificar esta muy importante idea. Para propósitos de este ejemplo, pensaremos en el agua como abstracta e informe, por lo cual posee las cualidades del espíritu. De ese modo, el agua simbolizará aquí para nosotros la unidad no-específica del Ser, el amor aunado con el Amor, mientras

---

* Una discusión completa de esta dinámica del cuerpo del ego efectuada a propósito está más allá del ámbito de esta discusión, pero el lector interesado puede consultar *Love Does Not Condemn [El amor no condena]*, Capítulo 10, así como el Capítulo Cuatro.

que el vaso simbolizará la mente separada y específica. Cuando el vaso está lleno de agua éste le da el contorno al líquido "informe". Aún más a propósito, cuando el vaso lleno de agua se pone en el congelador y el agua se congela, ésta asume una forma sólida–la forma cilíndrica del vaso. De ese modo el vaso ha determinado la forma que el agua ha tomado, y, de hecho, ha limitado su libre fluir. De igual manera, el Amor de Dios es moldeado y contenido por la mente dividida, limitando así la accesibilidad a la cantidad de amor que el miedo del Hijo puede tolerar.

Para plantear esto de nuevo, en el instante santo, nuestras mentes han elegido convertirse en una con el Amor de Dios, lo cual no es un estado en el cual nuestros egos nos permiten continuar, puesto que ello significaría el fin del ego en sí. Como explica el Curso:

> Es posible que en algunas ocasiones un maestro de Dios tenga una breve experiencia de unión directa con Dios. Sin embargo, es casi imposible que en este mundo una experiencia así pueda perdurar.... Todos los estados mundanos son en cualquier caso ilusorios. Si se alcanzase a Dios directamente en una conciencia continua, el cuerpo no se podría conservar por mucho tiempo (M-26.3:1-2,7-8).

Y así la mente elige regresar a la identificación con el ego, mas se trae consigo el Amor de Dios. En la medida en que el miedo permanezca en la mente, sin embargo, las palabras del cuerpo opacarán y distorsionarán la pureza de amor, y se limitará su libre extensión; mientras menos sea el miedo, más transparentes serán las palabras, las cuales sólo sirven para expresar el amor en una forma que pueda aceptarse sin miedo. Utilizando la analogía de un cuadro de luz y su marco, el Curso habla del propósito del Espíritu Santo (contenido) para las relaciones (la forma) en el mundo:

> [El cuadro de luz del Espíritu Santo está enmarcado] de forma que... se vea con perfecta claridad.... [Este] tiene un marco muy liviano, pues el tiempo no puede contener a la eternidad....
> El cuadro de luz, en claro e inequívoco contraste [con el cuadro obscuro del ego], se transforma en lo que está más allá del cuadro. A medida que lo contemplas, te das cuenta de que no es un cuadro, sino una realidad. No se trata de una representación pictórica de un sistema de pensamiento, sino que es el Pensamiento mismo. Lo que representa está ahí. El marco se desvanece suavemente y brota en ti el recuerdo de Dios, ofreciéndote toda la creación a cambio de tu insignificante cuadro, que no tenía ningún valor ni ningún significado (T-17.IV.13:3; 14:1; 15).

Así pues, no es el marco lo que es importante, sino el cuadro de luz que contiene; asimismo, no son nuestras palabras lo que importa, sino el contenido de amor que las mismas expresan. Y por lo tanto, no es realmente la persona de Jesús lo que buscamos y anhelamos, sino el amor que él expresa, y más a propósito aún, el amor en nosotros como Cristo que él refleja para nosotros. Mientras más y más amor brilla a través de nuestras mentes, el marco específico de Jesús o del Espíritu Santo se desvanece en la abstracta e informe luz de Dios, al igual que nosotros como individuos separados: "El marco se desvanece suavemente y brota en ti el recuerdo de Dios".

El Espíritu Santo es el símbolo que se utiliza en *Un curso de milagros* para referirse a esa opción en nuestras mentes. De Él se habla–dualistamente–como si fuese una persona, puesto que esa es la única forma en que nosotros podríamos relacionarnos con la Corrección en nuestras mentes que no sean nuestros yos egoístas. Repito, es esencial que el estudiante del Curso reconozca que si bien en *Un curso de milagros* el papel del Espíritu Santo es absolutamente crucial, Él sigue siendo, no obstante, un símbolo y no una realidad. Así Jesús lo explica casi al final del Curso en unas importantes líneas citadas también en el Capítulo Dos:

> Su Voz [la del Espíritu Santo] es la Voz de Dios, y, por lo tanto, ha adquirido forma. Dicha forma no es Su realidad, la cual sólo Dios conoce junto con Cristo…. Pues en su lugar [el de "la exangüe música de la muerte"] se oirá el himno a Dios por unos momentos más. Y luego ya no se oirá más la Voz, ya que no volverá a adoptar ninguna forma, sino que retornará a la eterna Amorfia de Dios (C-6.1:4-5; 5:7-8).

Por otra parte, la función del Espíritu Santo de simbolizar la verdad en nuestras mentes no debe confundirse con la realidad no-dualista del Amor del Cielo. Esta distinción es vital como una ayuda para los estudiantes que de otro modo podrían sentirse tentados a hacer al Espíritu Santo literalmente real, y de ese modo Sus "palabras" y "acciones" igualmente las harían reales. Retornaremos a este importante asunto en un capítulo posterior.

Para nosotros en el mundo occidental, sin embargo, y ciertamente como lo fue para Helen, Jesús es el *símbolo* mayor del Amor de Dios:

> El nombre de Jesucristo como tal no es más que un símbolo. Pero representa un amor que no es de este mundo…. Constituye el símbolo resplandeciente de la Palabra de Dios, tan próximo a aquello que representa, que el ínfimo espacio que hay entre ellos desaparece en el momento en que se evoca su Nombre (M-23.4:1-2,4).

Jesús pues, y las formas específicas en que lo experimentamos para nosotros mismos, es el vaso enmarcador que nos permite experimentar el Amor de Dios en una forma que podemos llegar a aceptar. La forma *no* es el Amor de Dios, mas en última instancia se fusionará en ese Amor, como un día lo haremos todos nosotros nuevamente.

Retornando ahora al mensaje especial para Helen, el Amor de Dios–la única respuesta a cualquiera de nuestros problemas, preocupaciones o preguntas–está más allá de todas las palabras y de todos los pensamientos. El lector quizá recuerde del Capítulo Nueve la cita que hice de esta importante línea del libro de ejercicios: "Decimos 'Dios es', y luego guardamos silencio, pues en ese conocimiento las palabras carecen de sentido" (L-pI.169.5:4). Mas este Amor de Dios se refleja para nosotros en la forma en que podemos aceptarlo, una forma que nosotros, para plantearlo una vez más, establecemos para nosotros mismos. En lenguaje metafórico, el proceso se le explica a Helen en el mensaje como que Cristo traduce para nosotros: "Cristo…traduce Su [la de Dios] Respuesta". En *Un curso de milagros* en sí, esta "traducción" es una función generalmente adjudicada al Espíritu Santo. Se expresa metafóricamente para que armonice con lo que es nuestra experiencia, no porque sea la realidad en sí.

Otra analogía útil que nos puede ayudar a entender es nuestra percepción de las salidas y las puestas del sol, las cuales mencionamos brevemente en *Todos son llamados* (pág. 27). Todos nosotros, sin excepción, observamos que el sol parece salir y ponerse cada día. Muchas personas, de hecho, informan profundas experiencias espirituales o estéticas en torno a estas percepciones. Mas, a la mayoría de nosotros se le ha enseñado que no es el sol el que sale y se pone. Más bien, es la rotación de la tierra sobre su eje lo que ocasiona que el sol "salga" y se "ponga", al tiempo que la revolución del planeta alrededor del sol ocasiona el cambio de estaciones. Así pues, la *apariencia* de que el sol se mueve es realmente una ilusión que desmiente la *realidad* de su posición relativamente fija.

El mundo antiguo creía que la tierra era el centro del cosmos, una creencia que fue "verificada" en el siglo II por la teoría de la astronomía del matemático griego Ptolomeo (la cual se volcó luego en la teología), según la cual el sol giraba alrededor de la tierra. Claramente, la *experiencia* desinformada de la gente originó lo que se consideraba la verdad objetiva y empírica. No fue sino hasta el siglo XVI que se corrigió el error cuando el astrónomo polaco Copérnico se dio cuenta de que la experiencia mentía, y de que la verdad astronómica era más bien que la tierra y los demás planetas giraban alrededor del sol. Cerca de un siglo más tarde el gran hombre del renacimiento italiano, Galileo fue enjuiciado y convicto por el tribunal de la Inquisición por sustentar la astronomía de Copérnico en contra de la opinión ptolemaica que era la "teológicamente correcta". La ilusión de una experiencia había promovido una vez más una teología ilusoria al cual se otorgó supremacía sobre el sentido común y la verdad.

Asimismo, encontramos que las experiencias de los estudiantes de que Jesús o el Espíritu Santo hace cosas *para* ellos, o les dice cosas *a* ellos, es la ilusión que desmiente la realidad de que *ellos*, los estudiantes, son las verdaderas fuentes de sus vidas y los agentes que hacen posible lo que ellos oyen. Es esencial que los estudiantes de *Un curso de milagros* se den cuenta de que son ellos los que eligen apartarse de la presencia de amor y luz en sus mentes, que es a lo que el Curso se refiere como el Espíritu Santo o Jesús. Así pues, son ellos los que tienen que elegir el retorno a esta fuente de luz *estacionaria*. El movimiento de la mente–el vagar lejos del amor y luego retornar a él–es *su* responsabilidad, no la de Jesús. Al final es de su propio sueño del cual han de despertar, y es sólo su decisión de despertar lo que pone fin al sueño. La próxima sección tratará el papel real que juega Jesús en este despertar.

Por lo tanto, todas nuestras preguntas y necesidades específicas surgen del estado de dualismo, cuyo origen radica en que hayamos elegido separarnos de la Fuente no-dualista en nuestras mentes. Es por eso por lo que el Curso enseña que todas las preguntas son del ego (T-27.IV; C-in.3-4; C-2.2). Por lo tanto, estas preguntas sólo pueden encontrar su verdadera respuesta en nuestro regresar a la decisión de la mente de separarse, y el elegir a favor de Dios ahora y no en contra de Él. El centrarse en necesidades específicas o en preguntas se convierte en el reforzador de lo que el ego quiere que creamos: que *en verdad* hemos abandonado a Dios para habitar un mundo dualista de separación y diferencias. Una respuesta desde afuera de nuestras mentes y de nuestros yos, que es como generalmente experimentamos a Jesús, simplemente, pues, da continuidad a la ilusión de que estamos separados.

Y por tal razón en su mensaje a Helen, Jesús exhortaba a su escriba a retornar al Amor de Dios en busca de su respuesta, como igualmente exhorta a los estudiantes de *Un curso de milagros* en esta muy hermosa lección: "Invoco el Nombre de Dios y el mío propio". Encontramos aquí, una vez más, en un pasaje que hemos citado antes parcialmente, la súplica de Jesús a sus estudiantes a que abandonen las ilusiones de la dualidad ("las cosas vanas y los pequeños sonidos del mundo") y que recurran en su lugar al Nombre de Dios, el gran símbolo de nuestro Ser no-dualista:

No pienses que Él [Dios] oye las vanas oraciones de aquellos que lo invocan con [dualistas] nombres de ídolos que el mundo tiene en gran estima. De esa manera nunca podrán llegar a Él. Dios no puede oír peticiones que le pidan que no sea Él Mismo [un Ser no-dualista] o que Su Hijo reciba otro nombre que no sea el Suyo....

Recurre al Nombre de Dios para tu liberación y se te concederá. No se necesita más oración que ésta, pues encierra dentro de sí a todas las demás. *Las palabras son irrelevantes y las peticiones innecesarias cuando el Hijo de Dios invoca el Nombre de Su Padre....*

Todo lo insignificante se acalla. Los pequeños sonidos ahora son inaudibles. Todas las cosas vanas de la tierra han desaparecido. El universo consiste únicamente en el Hijo de Dios, que invoca a su Padre. Y la Voz de su Padre responde en el santo Nombre de su Padre. La paz eterna se encuentra en esta eterna y serena relación, en la que la comunicación trasciende con creces todas las palabras, y, sin embargo, supera en profundidad y altura todo aquello que las palabras jamás pudiesen comunicar. Queremos experimentar hoy esta paz en el Nombre de nuestro Padre. Y en Su Nombre se nos concederá (L-pI.183.7:3-5; 10:1-3; 11; mis bastardillas).

Continuamos ahora con el resto del mensaje especial de Jesús, y retomamos la idea que discutí antes: a saber, que las palabras le pueden ser útiles tanto al miedo del ego como al amor de Jesús. Una vez más, la forma no es lo importante, cuyo énfasis siempre conduce a la arrogancia, sino el contenido subyacente que refleja la humildad de una verdadera relación con Jesús. La "Voz" de Dios, sin forma ni palabras, es verdaderamente inaudible, como veremos.

Algunas veces las palabras limitarán el miedo; a veces no. Es por eso por lo que algunas personas oyen palabras, algunas reciben sentimientos de convicción interna, y algunas no adquieren conciencia de nada. Mas Dios ha contestado, y Su Respuesta llegará a ti cuando estés lista.

Las respuestas no dependen de ti. Cualquier límite que les pongas a éstas interfiere con la audición. *La Voz de Dios es inaudible y habla en silencio. Esto significa que tú no fraseas la pregunta y no restringes la respuesta* [lo que significa que lo mejor para nosotros es no hacerlo].

El pedir es una forma de oración. No es una exigencia. No es un cuestionamiento. No es una limitación. La única petición real es pedir la Respuesta de Dios. Esta necesita la *humildad* de la confianza, no la *arrogancia* de la falsa certeza. La confianza no puede radicar en ídolos, pues eso es simplemente fe en la magia. La confianza requiere fe en que Dios comprende, sabe y responderá. Significa un estado de paz. Esto sí puedes pedirlo con seguridad. De hecho, si no sientes que la tienes, el pedirla es la única petición real que puedes hacer (*Ausencia de la felicidad,* págs. 496-497; mis bastardillas).

Otra expresión de la misma idea es la aseveración citada con frecuencia en *Un curso de milagros* de que nuestra única función es aceptar la Expiación para nosotros mismos. No pedimos ni exigimos; simplemente *aceptamos* la paz y la verdad que ya está presente en nosotros. De ese modo, encontramos claramente enunciado lo que se reiterará enseguida, que nuestras verdaderas peticiones deben ser por paz interior, y que esa es la única oración que tiene sentido.

Con esto concluye el mensaje especial de Jesús para Helen, después del cual vinieron las notas que pertenecen más propiamente a *El canto de oración* en sí, y el cual consideraremos a continuación.

Los dos niveles de nuestra relación con Jesús

Para nuestra discusión de Jesús–la ilusión y la realidad–y su papel particular en el camino de nuestra Expiación, nos referimos nuevamente a *Ausencia de la felicidad*, y comenzamos con la sección que discute las páginas iniciales de *El canto de oración*. Tratan el tema de suma importancia el cual hemos examinado previamente–el orar pidiendo cosas específicas–y nuestra discusión aquí comienza con esta aseveración tomada del suplemento:

> La oración es el mayor regalo con el cual Dios bendijo a Su Hijo al crearlo. Era ésta entonces lo que ha de llegar a ser: la única voz que el Creador y su creación comparten; el canto que el Hijo entona al Padre, Quien devuelve a Su Hijo las gracias que el canto Le ofrece (S-1.in.1:1-2).

De ese modo, la oración se utiliza como un sinónimo para el estado de perfecta unidad no-dualista e indiferenciada entre Dios y Cristo, Creador y creación. Es a la memoria de esa unidad en nuestras mentes divididas a lo que *Un curso de milagros* se refiere como el Espíritu Santo, esa memoria manifestada para nosotros en el sueño del mundo por Jesús. El símbolo Jesús *no* es el Amor de Dios, pero repito, puesto que no estamos listos para dejar a un lado nuestro miedo de aceptar el Amor Que nos creó y Que somos, necesitamos aceptar el amor en las formas que podemos aceptar por ahora:

Para ti que te encuentras brevemente en el tiempo, la oración toma la forma que mejor se ajusta a tu necesidad. Sólo tienes una (S-1.in.2:1-2).

Sin embargo, como hemos visto, una vez los estudiantes confunden el símbolo con la realidad, y creen que el símbolo dualista es *real* y hace cosas *reales* en el mundo dualista, la tentación se vuelve muy grande de suplicarle a este símbolo que nos conceda favores especiales que satisfagan nuestras necesidades, y de ese modo reforzar la creencia en su realidad. Es esta dinámica de pedirle ayuda a Dios lo que ha pasado bajo el nombre de oración en la mayoría de las religiones del mundo, y uno de los propósitos principales de *El canto de oración*, como se ha discutido antes, fue el de corregir esta idea falsa de la relación entre el buscador espiritual y Dios (o Jesús), que se ha infiltrado en las mentes de los estudiantes de *Un curso de milagros*. Tal como Jesús continúa:

> [La oración] no es sólo una pregunta o una súplica. No puede tener éxito hasta que te des cuenta de que no pide nada.… La verdadera oración debe evitar la trampa de la súplica. Pide, en su lugar, recibir lo que ya se ha dado; aceptar lo que ya está ahí (S-1.I.1:2-3,6-7).

Luego, además, no debemos olvidar que ese pedir es ilusorio, y por lo tanto, puede ser tentador olvidar que la verdad ya está presente en nuestro interior y sólo necesita ser aceptada mediante nuestro elegir nuevamente.

El suplemento continúa entonces:

> Se te ha dicho que le pidas al Espíritu Santo la respuesta a cualquier problema específico, y que recibirás una respuesta específica si esa es tu necesidad. También se te ha dicho que hay un solo problema y una sola respuesta. En la oración, esto no es contradictorio.… no es la forma de la pregunta lo que importa, ni tampoco la manera como se formula. La forma de la respuesta, si es dada por Dios, se ajustará a tu necesidad tal como tú la ves. Esto es simplemente un eco de la respuesta de Su Voz. El verdadero sonido es siempre un canto de acción de gracias y de amor (S-1.I.2:1-3,6-9).

Aquí encontramos la misma enseñanza del reflejo de la diferencia entre forma y contenido, que encontramos en el mensaje especial discutido en el capítulo anterior. Sin embargo, ahora esta enseñanza se presenta en una forma más generalizada, la cual nos permite también entender mejor el principio que explicaría la forma en la cual *Un curso de milagros* nos llega. En otras palabras, la forma de la enseñanza se adapta, tal como Jesús nos ha estado explicando antes, a la necesidad de la enseñanza específica de la sección en cuestión. Cuando se dirige a sus estudiantes que están en los peldaños más bajos de la escalera, Jesús habla dualistamente (muchos problemas; muchas soluciones); cuando se dirige a los estudiantes que están bastante mas avanzados, sus palabras reflejan la verdad sin transigencias del Cielo (un solo problema; una sola solución).

Así vemos que las palabras de Jesús a lo largo de *Un curso de milagros* y de los dos suplementos reflejan la idea de que la oración es un *proceso*. Repito, el final del último párrafo refleja el fin del proceso donde entendemos que hay un solo problema–la separación–y una sola solución–la aceptación de la Expiación. Sin embargo, en otras ocasiones Jesús está reflejando las primeras etapas del proceso, donde *experimentamos* que el Espíritu Santo resuelve nuestros problemas. La verdadera solución a nuestros problemas, no obstante, siempre radica en la única Respuesta que es el Amor de Dios, que es el "sonido verdadero" del canto de oración. Como Jesús nos explicará ahora, es la experiencia de la canción lo que en verdad queremos–su amor–no las formas ilusorias en las cuales podemos experimentar su reflejo:

> No puedes, por lo tanto, pedir el eco. Es la canción la que constituye el regalo. Con ella vienen los sobreagudos, las armonías, los ecos, pero estos son secundarios. En la verdadera oración sólo escuchas el canto. Todo lo demás es simplemente agregado. Has buscado primero el Reino de los Cielos, y ciertamente, todo lo demás se te ha dado por añadidura (S-1.I.3).

En otras palabras, en la continuación de su mensaje especial a Helen, el cual examinamos en el capítulo anterior, Jesús está aquí advirtiéndole a todos los estudiantes de su Curso que recuerden que lo que ellos quieren en verdad es la paz de Dios, no sus reflejos específicos en el mundo dualista de la percepción. La realidad del amor es el deseo de nuestro corazón, no las manifestaciones ilusorias del sistema de pensamiento del ego; es el maravilloso cántico del Amor de Dios lo que añoramos recordar, no los distintos ecos que se desvían a través de nuestras mentes atemorizadas.

El propósito de Jesús en nuestras vidas es, pues, no el concedernos nuestras peticiones específicas ni responder a nuestras preguntas específicas, sino más bien *recordarnos* la única Respuesta a todas nuestras inquietudes que descansa plácidamente en el interior de nuestras mentes, aguardando pacientemente nuestra bienvenida. Como afirma el Curso: "El amor espera la bienvenida…y el mundo real no es sino tu bienvenida a lo que siempre fue" (T-13.VII.9:7). La meta *no* es la satisfacción de peticiones o necesidades específicas.

Por lo tanto, una vez nos hemos reunido con su amor, hemos tomado la mano de Jesús lo cual nos recuerda Quiénes somos verdaderamente, todas nuestras inquietudes inevitablemente desaparecen. Puesto que el contenido de nuestros problemas fue el separarnos del amor, el que éstos se deshagan simplemente radica en que nos unamos con este amor nuevamente. Ese es el significado de la alusión a la aseveración bíblica (Mateo 6:33) de que cuando hemos buscado el Reino de los Cielos, todo lo demás "en efecto, se nos ha dado", y con esto *no* se quiere decir, repito, los juguetes específicos que el ego exige para nuestra felicidad. Habremos recordado la paz y el Amor de Dios, que es nuestra única Respuesta, y en esa Respuesta sabemos que ya tenemos todo lo que necesitamos, pues *tenemos* y *somos* el regalo del Reino.

El canto de oración continúa, y Jesús es más específico aún en torno a nuestra dependencia de cosas específicas:

> El secreto de la verdadera oración es olvidar las cosas que crees necesitar. Pedir lo específico es muy similar a reconocer el pecado y luego perdonarlo (S-1.I.4:1-2).

"La verdadera oración" es el término que utiliza Jesús para referirse a los tramos superiores del proceso de la oración, el verdadero significado de unirse con el Amor de Dios. Un poco más adelante en el suplemento, como hemos visto, él compara el proceso de la oración con una escalera. El orar pidiendo cosas específicas, o el buscar orientación para respuestas específicas, refleja los peldaños más bajos de la escalera. El suplemento se refiere a esto como "pedir-desde-la-necesidad", y siempre conlleva "sentimientos de ser débil e inadecuado, y jamás podrían ser realizadas por un Hijo de Dios que sepa Quién es" (S-1.II.2:1). Por lo tanto, los estudiantes inseguros de su Identidad no pueden evitar orar en estas formas (S-1.II.2:3).

El propósito de Jesús aquí claramente no es hacer que las personas se sientan culpables al incurrir en esta forma mágica de orar, sino simplemente recordarles qué es lo que quieren verdaderamente. Uno siempre debe comenzar por el principio, y *Un curso de milagros* jamás sugeriría que sus estudiantes saltasen los pasos necesarios hacia la consecución de su meta de verdadera paz. Son estos pasos los que permiten que Dios dé Su "paso final" y eleve a sus Hijos de regreso al Cielo–"Dios Mismo dará este paso final. No te niegues a dar los pequeños pasos que te pide para que puedas llegar hasta Él" (L-pI.193.13:6-7). Sin embargo, aquí en las páginas iniciales del suplemento, Jesús está intentando corregir los errores que sus estudiantes, al igual que Helen,* estaban cometiendo justo al comienzo de la vida pública del Curso. Él les está recordando a las personas que ellas se sienten tentadas a conformarse con las pequeñas migajas que el ego les ofrece, cuando en su lugar podrían tener el hermoso cántico de su Identidad como Cristo. Como les recuerda a sus estudiantes en el Curso, una línea citada en la Introducción: "El Hijo de Dios no pide demasiado, sino demasiado poco" (T-26.VII.11:7).

Este punto se aclara más aún en el siguiente pasaje del suplemento:

> De la misma manera, también en la oración pasas por encima de tus necesidades específicas tal como tú las ves, y las abandonas en Manos de Dios. Allí se convierten en tus regalos para Él, pues Le dicen que no antepondrías otros dioses a Él; ningún Amor que no sea el Suyo. ¿Cuál otra podría ser Su Respuesta sino tu recuerdo de Él? ¿Puede esto cambiarse por un trivial consejo acerca de un problema de un instante de duración? Dios responde únicamente por la eternidad. Pero aun así todas las pequeñas respuestas están contenidas en ésta…. No hay nada que pedir porque no queda nada que desear (S-1.I.4:3-8; 5:6).

Así pues, cuando nos sintamos indecisos o inseguros de una situación, sin que sepamos qué debemos hacer, se nos pide que elevemos la atención de nuestras mentes del campo de batalla en el cual creemos existir en la tierra, y donde continuamente buscamos y exigimos "un trivial consejo sobre algún problema de apenas un instante de duración". Al abandonar el campo de batalla, nos reunimos con la presencia amorosa de Jesús o del Espíritu Santo, y de ese modo se nos recuerda que todo lo que queremos es la paz de Dios. Desde ese lugar de paz libre del ego y con el amor en nuestras mentes, volvemos nuestra atención a la situación que enfrentamos. De regreso en el campo de batalla, pero ahora con la memoria de nuestra verdadera meta, inevitablemente reconoceremos qué debemos hacer. Hemos hecho nuestra parte al eliminar el miedo a la unión–la limitación a nuestra conciencia del amor–y la Respuesta fluirá a través de nuestras mentes en la forma que necesitamos oír: "No hay nada que pedir porque ya no hay nada más que desear".

Un hermoso pasaje del texto, citado en *Todos son llamados,* resume muy bien este proceso de cómo uno vive en el mundo, y sin embargo sabe

---

* Sin embargo, como discuto en *Ausencia de la felicidad* (Capítulo 16), siempre hubo una parte de la mente de Helen que no se dejaba engañar y que era consciente de que ella usaba las cosas específicas como una defensa contra Jesús.

que no es de éste. Jesús les pide a sus estudiantes que retornen al amor en sus mentes, lo que él ha llamado el "lugar de refugio, donde puedes ser tú mismo en paz" (T-18.VI.14:5). Es el lugar de reposo

> al que siempre puedes volver.... Y serás más consciente de este tranquilo centro de la tormenta, que de toda su rugiente actividad. Este tranquilo centro, en el que no haces nada, permanecerá contigo, brindándote descanso en medio del ajetreo de cualquier actividad a la que se te envíe. Pues desde este centro se te enseñará a utilizar el cuerpo impecablemente. Este centro, del que el cuerpo está ausente, es lo que hará que también esté ausente de tu conciencia (T-18.VII.8).

Está claro que Jesús les ha formulado esta pregunta a todos sus estudiantes: ¿Es la trivial respuesta que recibes a una pregunta específica lo que realmente quieres, cuando en su lugar puedes tener la paz de Dios, *y* la certeza de los próximos pasos que darás en este mundo ilusorio? Las pequeñas respuestas están contenidas en la única Respuesta, pero no vice versa; traemos las ilusiones a la verdad, no la verdad a las ilusiones.

Esta enseñanza, pues, abarca la "serie de lecciones" que Jesús le mencionó a Helen en su mensaje preliminar para ella. Él le estaba recordando, de nuevo en este período final de su vida, que recordara quién era ella, y que ya no era necesario que fingiera ser alguien que ella no era. Su vida como Helen entonces podría expresar el amor que era su realidad. Y el mensaje de Jesús para ella es el mismo mensaje que él tiene para todos sus estudiantes.

Retornamos ahora al suplemento, donde Jesús vuelve a referirse a las experiencias de las personas en los peldaños más bajos de la escalera, y a la necesidad de que se les ayude:

> Este no es un nivel de oración que todo el mundo puede alcanzar por ahora. Aquellos que no lo han alcanzado aún necesitan tu ayuda en la oración, porque su pedir no se basa todavía en la aceptación. La ayuda en la oración no significa que otro media entre Dios y tú. Pero sí significa que otro está a tu lado y te ayuda a elevarte hacia Él. (S-1.I.6:1-4).

El verdadero maestro de Dios, por lo tanto, no es aquel que tiene una misión *especial*, ni un don *especial* para darles a otros mensajes *especiales* de sabiduría. Más bien, les recuerda a otros la elección que pueden hacer de separarse finalmente del especialismo del ego y unirse al amor de Jesús. De ese modo, Jesús está reforzando para sus estudiantes la idea de que nadie es más especial que ningún otro, un hecho que él afirma al comienzo del texto: "Todos mis hermanos son especiales" (T-1.V.3:6).

Comentando una vez más sobre los diferentes niveles de la oración, podemos extrapolar este principio a los diferentes niveles de entender a Jesús, incluso lo que significa tener una relación con él. Podemos, por consiguiente, hablar de Jesús en dos niveles básicos: el primero es el metafísico, en el cual su presencia y su amor son abstractos y no-específicos, y se pueden simbolizar mediante el agua en nuestro ejemplo del vaso; y el segundo refleja nuestra experiencia dentro del sueño, donde conocemos a Jesús como un cuerpo con una personalidad, puesto que creemos que nuestra identidad como un yo personal está arraigada en lo corpóreo. El amor y la presencia de Jesús, por lo tanto, son transmitidos a través de nuestras mentes separadas que creen que estamos en cuerpos, y por ello nuestra experiencia de él como una persona es determinada por la forma particular del vaso que representa nuestras propias necesidades de aprendizaje. Estos dos niveles fueron sucintamente resumidos por mí en un taller que tuvo lugar en la *Foundation for A Course in Miracles*® *(Fundación para Un curso de milagros*®*)*, en respuesta a una pregunta sobre quién o qué fue realmente Jesús. Mi respuesta está presentada aquí en una forma ligeramente editada:

> Jesús es igualmente un "quién" y un "qué". El "qué" es el símbolo del Amor del Espíritu Santo. Es ahora esa misma presencia abstracta de Amor en tu mente que es el Espíritu Santo. Al final, cuando estés en el mundo real, entonces lo sabrás. Hasta que hayas alcanzado ese punto, sin embargo, él es un "quién" para ti, y, por cierto, un "quién" extremadamente importante.
>
> Mientras creas que eres un "quién", necesitas un "qué" con apariencia de un "quién"—necesitas otro símbolo específico que represente para ti esa presencia abstracta del Amor de Dios, que es el Espíritu Santo. Y a propósito, cometes un grave error si crees que no necesitas un "quién". Si, no obstante, Jesús es un símbolo difícil para ti, entonces elige algún otro. Sin embargo, para la mayoría de las personas en el mundo occidental, Jesús lo es. Casi todas las personas aquí reconocerían que tienen asuntos sin resolver con él, si son verdaderamente honestos consigo mismos.
>
> Así que al final, sí, Jesús es abstracto—un "qué". Pero mientras creas que eres un individuo específico y distinto—un "quién"—entonces necesitas a alguien que pueda hablarte en ese nivel específico.

Correspondientemente, el peldaño más bajo de la escalera descrito en *El canto de oración* consiste en pedirle cosas a este "quién", porque creemos ser un "quién" específico también. Creemos que nuestra realidad está aquí en el mundo:

En estos niveles la oración es un simple desear, el cual surge de una sensación de escasez y carencia (S-1.II.1:5).

En la medida que crecemos en el perdón y ascendemos la escalera de la oración, sin embargo, progresivamente nos vamos dando cuenta de la naturaleza abstracta e informe del amor, "hasta que [la oración] alcanza su estado informe, y se fusiona en total comunicación con Dios" (S-1.II.1:3). En este punto el "quién" se convierte en un "Qué".

Esto concluye nuestra discusión del suplemento *El canto de oración*. Nuestro centro de interés radicaba más específicamente en considerar la naturaleza de la oración y la naturaleza de Jesús, y destacar el contraste entre la ilusión y la realidad. Nuestra sección final de este capítulo provee un vistazo preliminar al especialismo espiritual, el problema que está conectado inevitablemente con la confusión de los estudiantes entre el papel que el ego le asigna a Jesús y lo que más propiamente le corresponde.

Una nota preliminar en torno al especialismo espiritual

Comenzamos esta sección recordando que dada la profunda identificación que las personas en este mundo tienen con sus yos físicos y psicológicos–y los estudiantes de *Un curso de milagros* ciertamente no son la excepción–es casi imposible para los estudiantes del Curso librarse de quedar atrapados en esta telaraña del especialismo. El tener conciencia de sus escollos, sin embargo, nos asegurará que la telaraña habrá de perder su poder venenoso. Por otra parte, el ser inconsciente de la necesidad que se tiene del especialismo, y creer en su lugar en la realidad de que se recibe atención especial y el favor de Dios, Jesús o el Espíritu Santo, simplemente atrapará al estudiante más y más en esta telaraña. Esto hace mucho más difícil el librarse de la insidia del especialismo espiritual. La trampa opera de este modo:

Una vez uno elige ser especial–la opción básica de estar en un cuerpo y de vivir en un mundo que es la morada de ese cuerpo–surge la necesidad de defender ese especialismo y de probar que éste es real. De lo contrario, la existencia misma de uno como un ser especial e individual se pone en tela de juicio. Por lo tanto, si uno ha de existir como esta persona especial, enseña la humilde arrogancia del ego, qué mejor manera de dar testimonio de su realidad que ser especialmente escogido para realizar una *obra santa, especial y muy importante* en este mundo. Obviamente esto requiere que haya un Alguien especial que haga la selección, pues, por supuesto, sin ese Alguien *especial* para quien uno realiza las tareas *especiales* para Su obra *especial*, el ego de uno dejaría de ser especial y consecuentemente no tendría importancia.

La terrible trampa del ego se hace entonces inevitable: Si los estudiantes deciden que han sido *llamados* a realizar una obra importante, entonces, repito, tiene que existir Uno Que hace la llamada. Por lo tanto, tiene que haber un Espíritu Santo, hecho a imagen y semejanza de su "creador", *homo sapiens*, Quien piensa, planea y luego selecciona a Sus *especiales* para Su plan *especial*. Es casi como si el Espíritu Santo estuviese sentado frente a un tablero de ajedrez gigante y manipulase a las personas como piezas sobre el tablero. Y todo esto porque el ego insiste–en su exagerado sentido de auto-importancia nacido de la necesidad de asegurar su propia existencia–en salirse con la suya.

Por lo tanto, este estudiante de especialismo se decide primero–por lo general inconscientemente–por una forma *especial* de importancia, y luego esta visión *especial* se proyecta sobre una Presencia abstracta, Quien se convierte entonces en la Persona específica que Se necesita que sea. De esta manera, la verdadera Presencia del Amor de Dios ha sido transformada en la verdadera presencia del amor especial del ego. Esto ocurre sin que lo sepa el estudiante cuya mente ha sido cubierta por el velo de los pensamientos de ser especial, el espíritu y el significado de *Un curso de milagros* han sido violados y distorsionados. Ese fabricar un Dios o un Espíritu Santo del especialismo sirve también para neutralizar–a través de la dinámica de la negación–el sueño del ego de un Dios colérico y vengativo que constituye la piedra angular de su sistema de pensamiento alucinatorio. Por ahora a Él se le percibe como el opuesto benévolo a la "verdad" del ego. Además, esta horrible y aterradora "verdad" aparentemente no puede deshacerse jamás, pues la misma se ha cubierto con estos insidiosos velos de especialismo.

Los resultados son psicológicamente devastadores, pues ahora este Dios maníaco se oculta para siempre en los más profundos y sombríos escondrijos de la mente, lanzando Su cruel y perversa sombra sobre todo lo que se ve y se experimenta–un mundo cruel y perverso–pero cuyo origen en la mente jamás se conoce y por consiguiente jamás se cuestiona. El lector quizá recuerde el revelador pasaje tomado de "Los dos mundos" en el Capítulo 18 del texto, que citamos en *Todos son llamados* (pág. 69). Allí Jesús describía la proyección de la culpa del ego sobre el mundo, de modo que su sombra pudiese esconder la presencia del odiado "enemigo" que se oculta dentro de la mente.

Así todas las personas, cual Don Quijote, arremeten contra los molinos de viento del sombrío mundo del Dios del ego, con la firme creencia de que su enemigo está realmente ahí y fuera de sí mismos. Es de este enemigo que el Dios del especialismo los salvará. Este es el Dios dualista que actúa en el mundo dualista, exigiendo el pago por Sus hazañas de caridad y misericordia, incluso el pago que llega en la forma de una presunta fidelidad a *Un curso de milagros*.

Una de las fuentes de este error que refuerza la necesidad subyacente del ego de ser especial, es que tantos estudiantes de *Un curso de milagros* no reconocen las grandes diferencias que existen entre el Curso no-dualista y la tradición dualista judeo-cristiana (o bíblica) como caminos espirituales. *Un curso de milagros* jamás podrá entenderse de verdad–en teoría o en práctica–mientras se le ubique dentro de un contexto, tal como el de la tradición bíblica, que es inherentemente ajeno a su enseñanza y a su mensaje. Puesto que las premisas de la no-dualidad y la dualidad se excluyen mutuamente, las conclusiones que se deducen de las mismas inevitablemente comparten su naturaleza de mutua exclusión. *Las ideas no abandonan su fuente*, y por lo tanto, al seguir la rigurosa lógica del sistema de pensamiento de *Un curso de milagros*, si las fuentes son distintas, entonces las ideas que son parte inherente de la mismas fuentes tienen que ser diferentes también. Por consiguiente, en realidad, nadie es llamado por Jesús o por el Espíritu Santo para que haga nada, aunque éste es un aspecto esencial así como prometido de la actividad dualista del Dios bíblico en el mundo. Esta rara clase de antropomorfismo es sólo un ejemplo más de la arrogancia demente del ego humano al creer que Dios, o Sus representantes, piensan, sienten y actúan como *él*. Este error se vuelve más inteligible aun cuando uno recuerda la línea del Curso, citada en el capítulo anterior: "Ni siquiera puedes pensar en Dios sin imaginártelo en un cuerpo o en alguna forma que creas reconocer" (T-18. VIII.1:7).

Para plantear este importante punto una vez más, el error del especialismo espiritual procede de los intentos del ego por asumir una importancia que no tiene. Obviamente, esto no debe sorprendernos, puesto que el origen del ego se remonta a su intento de ser más especial (y por lo tanto más importante) que Dios. Ya hemos discutido la creencia que yace en el corazón del sistema de pensamiento dualista que *es* el ego: Que en verdad el Hijo está en competencia con su Creador y Fuente. Y así cuán al estilo del ego es bajar la verdad no-dualista del Cielo a su substituto dualista para el Cielo, y de ese modo cambiarla por su propia versión distorsionada de especialismo. Mas cuán real parece su verdad, puesto que el ego ha convencido al Hijo de Dios a que le preste atención a la *forma* (siempre un aspecto de la dualidad) a expensas del *contenido*.

Así pues, es imperativo para los estudiantes de *Un curso de milagros* que reconozcan esta distinción crucial entre forma y contenido, como señalamos antes en el Capítulo Nueve. De este modo no caerán en la trampa de creer que el Espíritu Santo opera en el mundo de la forma. La breve historia de veintidós años de vida de *Un curso de milagros* en el mundo ha comenzado a repetir el patrón judeo-cristiano de casi 3,000 años de creer que ciertas personas son especialmente *escogidas* por Dios para que realicen una obra muy importante en el mundo, aun cuando esto signifique asesinar, como sucedió con las Cruzadas y otras "guerras santas". Si bien yo no me he enterado de que estudiantes del Curso hayan asesinado a otras personas en el nombre de *Un curso milagros*, al menos no todavía, las dinámicas del especialismo y del juicio, que *sí* se han manifestado ya ciertamente *reflejan* el deseo del ego de asesinar para poder mantener su propio especialismo. El especialismo espiritual en casi toda la espiritualidad occidental se pone de manifiesto no sólo al hacer una lectura de la Biblia, sin mencionar la historia de la vida religiosa occidental, sino infortunadamente también en la breve historia de *Un curso de milagros* y en los escritos que ya se han publicado en torno al mismo.

El énfasis del Curso, si se lee correctamente, se mantiene siempre en deshacer las interferencias en la mente de los estudiantes *individuales*, y no en la forma, estructuras, y la *obra muy importante*. Es por eso por lo que, como veremos en el Capítulo Trece, no hay nada en *Un curso de milagros* sobre grupos u organizaciones. Son totalmente irrelevantes al currículo del Curso, y reflejan las proyecciones antropomórficas sobre un Dios Quien ahora piensa como un ego dualista, y cree en uniones externas y en la acumulación de un número cada vez mayor de estudiantes y seguidores, etc. Esto no es diferente de los sistemas de pensamiento reflejados en las distintas iglesias cristianas, las cuales creían que Dios se preocupaba por el número de verdaderos creyentes que se podrían convertir y se sumasen a la totalidad. La segunda y tercera ley del caos, descritas en el Capítulo 23 del texto, tratan directamente sobre esta forma de locura del ego de hacer a Dios a nuestra imagen y semejanza, al compartir el demente sistema de pensamiento del especialismo que Lo fabricó.

Todo el mundo quiere ser especial, incluso algunos quieren ser especialmente especiales al convertirse en enjuiciadores del presunto especialismo de otras personas, o de lo contrario al convertirse en lo más bajo de lo bajo debido a su especialismo rampante e irredimible. Por lo tanto, es casi imposible que *Un curso de milagros* se lea y se entienda a través del lente de este especialismo. Esto explica también, como observamos en un capítulo anterior (pág. 342), por qué tantos estudiantes hoy en día están canalizando "palabras santas", que bien pueden proceder de Jesús o de cualquier otro ser adelantado. Estas personas *especiales* proceden luego, por supuesto "bajo instrucciones", a transmitir estos mensajes *especiales* a las personas *especiales* quienes utilizan estas palabras *especiales* como el cimiento para construir sus *especiales* y muy importantes castillos visionarios en el cielo, bajo el paraguas de *Un curso de milagros*. Y todo el tiempo el horroroso especialismo de su ego se oculta bajo la *muy importante obra* del "Espíritu Santo". Jesús no sólo no quiere mártires (T-6.I.16:3), él no quiere misioneros. Su *amor* en nuestras mentes es el misionero, el cual se expresa entonces a través de nosotros. Pero esa expresión no es de nuestra incumbencia, ni debe ser nuestra identificación, como él lo recalca en tres significativos pasajes, en los cuales se refiere a la extensión de la santidad, del perdón y del milagro respectivamente:

> La extensión de la santidad no es algo que te deba preocupar, pues no comprendes la naturaleza de los milagros. Tampoco eres tú el que los obra. Esto lo demuestra el hecho de que los milagros se extienden más allá de los límites que tú percibes. ¿Por qué preocuparte por cómo se va a extender el milagro a toda la Filiación cuando no entiendes lo que es el milagro? (T-16.II.1:3-6)

> Extender el perdón es la función del Espíritu Santo. Deja eso en Sus manos. Ocúpate únicamente de entregarle aquello que se puede extender. No guardes ningún secreto tenebroso que Él no pueda usar, antes bien, ofrécele los pequeños regalos que Él puede extender para siempre. Él aceptará cada uno de ellos y los convertirá en una fuerza potente en favor de la paz (T-22.VI.9:2-6).

> El milagro se extiende sin tu ayuda, pero tú eres esencial para que pueda dar comienzo. Acepta el milagro de curación, y se extenderá por razón de lo que es. Su naturaleza es extenderse desde el instante en que nace. Y nace en el instante en que se ofrece y se recibe…. Deja, pues, la transferencia de tu aprendizaje en manos de Aquel que realmente entiende sus leyes y que se asegurará de que permanezcan invioladas e ilimitadas. Tu

papel consiste simplemente en aplicarte a ti mismo lo que Él te ha enseñado; el resto corre de Su cuenta (T-27.V.1:2-5; 10:1-2).

Es nuestra humildad lo que "permite" que Jesús o el Espíritu Santo extiendan Su amor y paz a través de nosotros, y nuestra arrogancia es la que se arroga esa función, con la certeza de que Dios se la ha otorgado.

Todo el mundo tiene sus ilusiones especiales y sus necesidades especiales, la negación del dolor de la culpa a causa de este especialismo ocupa un lugar bien alto en la lista. En lugar de mirar su culpa con Jesús–sin ocultarle "ningún secreto tenebroso" –los estudiantes de *Un curso de milagros* prefieren a menudo decirle las palabras maravillosamente especiales que luego muy convenientemente él les diría a ellos. Por lo tanto, para expresar el punto de este capítulo una vez más, el centrarse en oír a Jesús o al Espíritu Santo es exponerse a una dolorosa caída, pues una práctica de esa índole subestima crasamente el apego inconsciente a la realidad del sistema de pensamiento de especialismo del ego. Es el énfasis del Curso en deshacer el ego, y *no* en oír la Voz del Espíritu Santo, lo que lo hace tan único en la literatura espiritual del mundo. Pues es el deshacer el ego al aceptar el verdadero papel de Jesús en la Expiación lo que prepara el camino para una auténtica experiencia de su amor, el proceso que constituye el tema del próximo capítulo.

Capítulo 12

LOS PAPELES DE JESÚS Y DEL ESPÍRITU SANTO – II
El mirar al ego: traer la obscuridad a la luz

Introducción

¿Cuál es entonces la protección contra el especialismo espiritual que se infiltra y levanta su horrible aunque a menudo sutil cabeza? La clara e inequívoca respuesta de *Un curso de milagros* al problema es que el trabajo de los estudiantes tiene que reflejar una dedicación continua a mirar su culpa, con el amor de Jesús a su lado. Como dice Jesús en el texto, en el contexto del percibido problema de estar irremediablemente atrapados en la prisión de la vida, que *sí* es el sufrimiento, un párrafo que cité en *Todos son llamados*:

> Ahora se te está mostrando que *sí* puedes escapar. *Lo único que necesitas hacer es ver el problema tal como es, y no de la manera en que lo has urdido.* ¿Qué otra manera podría haber de resolver un problema que en realidad es muy simple, pero que se ha envuelto en densas nubes de complicación, concebidas para que el problema siguiera sin resolverse? Sin las nubes, el problema se vería en toda su elemental simplicidad [la elección del ego dualista, en lugar del Espíritu Santo, el reflejo del Dios no-dualista]. La elección, entonces, no sería difícil porque una vez el problema *se ve claramente*, resulta obvio que es absurdo. Nadie tiene dificultad alguna en dejar que un problema sencillo sea resuelto *si ve* que le está haciendo daño y que se puede resolver fácilmente (T-27.VII.2; mis bastardillas, excepto por 2:1).

Así pues, el estudiante de *Un curso de milagros* debe centrarse, *y centrarse únicamente*, en traer la culpa y el apego al especialismo ante el amor de Jesús, para que se contemple al ego como la absurda elección que es. Uno se vuelve hacia Jesús en busca de ayuda en este mirar, más bien que en hablarle a él sobre la obra santa que uno ha de llevar a cabo con otros y para otros. Al hacer esto último, como ya hemos discutido, los estudiantes terminan dictándole a Jesús (o al Espíritu Santo) cómo Ellos deben operar dentro de su propio sueño particular de especialismo. El Capítulo Trece está dedicado a efectuar una exploración más profunda en torno al tema del especialismo espiritual, específicamente en lo que respecta a la expresión de éste en que los estudiantes de *Un curso de milagros* se "unan de común acuerdo" en grupos, redes, comunidades, etc., por lo cual posponemos este tema hasta entonces.

Pasamos ahora a examinar el verdadero papel de Jesús o del Espíritu Santo en la vida espiritual de uno y específicamente cómo se debe entender este papel al seguir el camino espiritual de *Un curso de milagros*. Comenzamos nuestra discusión con Helen Schucman, la escriba del Curso, y su relación con Jesús, y nos centramos en las implicaciones de esta relación para los estudiantes de *Un curso de milagros*. La experiencia de Helen provee un maravilloso ejemplo de ambos niveles–el específico y el abstracto– que bien puede servirle a aquellos que tratan de emular a esta santa mujer tomando sus experiencias con Jesús como el modelo para el *proceso* de desarrollar su propia relación con Jesús.

La relación de Helen Schucman con Jesús:

La ilusión y la realidad

La relación de Helen Schucman con Jesús les provee a todos los estudiantes de *Un curso de milagros* un instructivo ejemplo de las formas de pensar de la mentalidad correcta y de la mentalidad errada en torno a la propia relación de éstos con la fuente del Curso. Y por tal razón en esta primera sección contemplamos a Helen en su función como la escriba de *Un curso de milagros,* y nos centramos en su experiencia de Jesús. Nuestro punto de partida, sin embargo, no es tanto las experiencias específicas que Helen tuvo de Jesús–las cuales se discuten en gran detalle en *Ausencia de la felicidad*–sino más bien el significado de estas experiencias: el contenido más bien que la forma. Esto, espero, ayudará a los estudiantes del Curso a entender con mayor profundidad la verdadera naturaleza de la escritura de *Un curso de milagros*, no se diga su propia experiencia personal de Jesús o del Espíritu Santo.

Aproximadamente un año después de que se publicase el Curso, una mujer obviamente sincera se acercó a Helen y le preguntó cómo pudo haber sido posible que Jesús escribiese *Un curso de milagros*, puesto que él no sabía inglés. Si bien, por una parte, la pregunta podría parecer simplista, por otra parte, la pregunta de la mujer nos ayuda a enfocar la indagación, hacia el papel que Jesús realmente desempeñó en la escritura de *Un curso de milagros*. De un primer vistazo, y como generalmente se narra la historia sobre la escritura, parecería como si la persona de Jesús hubiese estado dentro de la mente de Helen con un micrófono, dictándole–palabra por palabra, ¡en inglés!–los tres libros del Curso. Ciertamente debe recordarse que, en un nivel, este proceso de dictado interno fue la experiencia de Helen (¡aunque sin el micrófono!). Pero al igual que la percepción errónea de la experiencia de la salida y puesta del sol, que discutimos en el capítulo anterior, esta experiencia, aunque válida para el individuo, no debe tomarse, sin embargo, como la verdad real, y mucho menos para que sirva de modelo de manera específica para la experiencia de otras personas.

Antes de proseguir con mis comentarios sobre la escritura del Curso, quisiera relatar un incidente relevante que implica a Helen y a Jesús. Este incidente, tal vez más que ningún otro, ilustra los dos niveles con los cuales uno puede describir una relación con Jesús: la apariencia y la realidad, la experiencia y la verdad, la forma y el contenido. Primero relataré las circunstancias tal y como ocurrieron, y luego las discutiré en el contexto de lo que verdaderamente significaba para Helen, y por consiguiente para todos los estudiantes, el mantener una relación continua con Jesús.

Una tarde durante un viaje a San Francisco en el verano del 1975, Helen y yo visitamos una hermosa capilla que había sido construida por el hermano de una Hermana de Maryknoll, quien era una querida amiga nuestra. Mientras Helen y yo estábamos sentados silenciosamente, preparándonos para orarle a Jesús, una pestaña le cayó dentro del ojo a Helen. Ella me relató cómo esto no era una experiencia fuera de lo común para ella, puesto que sus pestañas eran largas y con frecuencia le caían dentro de los ojos. Sin embargo, continuó ella, esto jamás presentaba un problema para ella porque Jesús siempre le sacaba las pestañas. Helen me describió entonces cómo ella solía cerrar los ojos y orarle a Jesús, y cuando los abría la pestaña siempre estaba fuera. Y así sentados en la capilla, procedimos a cerrar los ojos y a orar juntos. Efectivamente, momentos después, ahí estaba la pestaña, clara como la luz del día, posada cómodamente en la mejilla de Helen.

Claramente, la *experiencia* de Helen era que Jesús le sacaba la pestaña del ojo, pero esto no tiene sentido a menos que uno esté preparado para creer que el Jesús no-físico literalmente le extraía la muy tangible pestaña del ojo a Helen con su dedo, o alguna variación de eso. Lo que yo creo que pasaba en realidad con la pestaña, sin embargo, es como sigue:

Considera nuevamente que Jesús literalmente no hace nada. Él permanece como una presencia abstracta de amor en nuestras mentes, análoga al faro cuya luz simplemente resplandece en la noche obscura. Aquellos barcos que se encuentran extraviados en el mar perciben la luz y navegan hacia ella. El faro en sí no los llama activamente a *ellos*, sino que su pasiva aunque constante presencia les recuerda dónde radica en verdad la seguridad del barco. De igual manera, la "pasiva aunque constante presencia" de Jesús (y del Espíritu Santo) sirve como un recordatorio de que nuestra seguridad radica en dirigirnos hacia Su luz que está en la mente, no en los turbulentos mares del sistema de pensamiento del ego.

Tal como lo documenté en *Ausencia de la felicidad* Helen pasó una vida intentando huir de Jesús, constantemente rechazando su luz y utilizando la obscuridad de las inquietudes y juicios de su ego como escondite de su verdad. Es por eso por lo que al comienzo del dictado Jesús le dijo, en lo que se refiere a las dos etapas que integran el escapar de la obscuridad: "Primera, el reconocimiento de que la obscuridad no puede ocultar nada.... Segunda, el reconocimiento de que no hay nada que desees ocultar aunque pudieses hacerlo". A propósito, esta aseveración se encuentra ahora en "Cómo escapar de la obscuridad" en el Capítulo 1 del texto (T-1.IV.1:1,3).

Una de las formas en que Helen expresaba este huir de Jesús era mediante el ataque a sus ojos. La visión siempre ha sido un símbolo importante en los sistemas de pensamiento espirituales, y *Un curso de milagros* no es la excepción. Por lo tanto, sería lógico que el ego de Helen atacase sus ojos como símbolo de los intentos de ella de no ver la verdad que Jesús le estaba enseñando. De hecho, mientras Helen estaba tomando el Curso, pasó por un período en que estaba segura de estar perdiendo la vista. Paralizada de pánico, se recluyó en el Eye Institute que era parte del Columbia-Presbyterian Medical Center en Nueva York donde trabajaba. Pero fue dada de alta después de un par de días cuando todas las pruebas resultaron negativas. Poco tiempo después, se restableció su vista. Además, por muchos, años Helen estuvo "cavilando" en desarrollar un desprendimiento de retina, puesto que su miedo de esto era tan grande. El *miedo* a algo siempre refleja la *atracción* subyacente del ego por ello, y, ciertamente, casi al final de su vida Helen finalmente "logró" un desprendimiento de retina.

Otro ejemplo de la resistencia de Helen a compartir la visión de Jesús vino en el contexto de una serie de esfuerzos que él le pidió a ella que hiciese para *mirarlo* a él en la cruz, presuntamente para que ella pudiese *ver* que él no estaba sufriendo. Con frecuencia yo trataba de ayudar a Helen en esto, orando con ella al tiempo que ella "miraba" una imagen del crucifijo. Pero ella siempre–sin ningún control aparente del cambio–movía a Jesús hacia el lado izquierdo inferior a su campo visual, con lo cual evitaba tener que mirarlo de frente. Por consiguiente, no pudo nunca *verlo* como él se lo pedía.

En una escala mucho menor, pues, las "pestañas desprendidas" de Helen pueden entenderse también como un reflejo de su resistencia a mirar lo que Jesús quería que ella viese. Así pues, en un nivel con el cual ella no tenía contacto alguno, ella tomaba la decisión de separarse del amor de él y por consiguiente apartarse de la visión de Cristo que es la meta del Curso. Esta decisión, procedente del miedo, era esencialmente tan no-específica como el amor que Jesús representaba, aun cuando se manifestaba en formas específicas. En este caso, la pestaña en el ojo era el *efecto* inevitable de la *causa*: la decisión de Helen de separarse del amor de Jesús. Cuando ella decidía permitirle a Jesús que la ayudase con su pestaña, estaba reflejando en este nivel corporal la decisión que tomaba en su mente de acercarse más a él y unirse a su amor. De ese modo ella deshacía la causa de la pestaña en el ojo–el estar separada de Jesús–al elegir unirse con él una vez más. En este punto, con la causa deshecha, el efecto se deshacía también, y así la pestaña terminaba en la mejilla de Helen.

El punto en todo esto es que Jesús en realidad no hacía nada. Helen hacía todo el trabajo; primero al alejarse de Jesús (lo cual *la* conducía simbólicamente a ponerse una pestaña dentro del ojo), y luego al retornar a él (lo cual *la* conducía simbólicamente a sacarse la pestaña del ojo). Mas su experiencia, similar a nuestra experiencia de la salida y puesta del sol, era que Jesús la ayudaba. En realidad, del mismo modo que el sol permanece estacionario en relación con la tierra, la cual gira alrededor de éste, el amor y la luz de Jesús permanecían quietos–"pasivos y constantes"–mientras que Helen primero se alejaba de él y luego regresaba.

Retomando nuestra discusión de Helen y su labor como escriba de *Un curso de milagros*, y recordando una discusión similar en el Capítulo Seis, podemos ver que si bien su experiencia muy definitivamente era de Jesús–una persona *externa* a ella–quien se relacionaba con ella y le dictaba a ella, en verdad la realidad era muy diferente. Helen fue capaz de retornar su mente a esa memoria del Amor de Dios–su verdadera Identidad–simbolizada por ella como Jesús. Al unirse con él, se unía con el amor. Esa unión no tiene forma o concreción, pues el amor, como hemos visto, es abstracto y está más allá de todas las divisiones del ego. Este amor, del cual Jesús era la manifestación, fluía a través de la mente separada que conocemos como Helen (el agua que toma el contorno del vaso) y se presentó ante el mundo como los tres libros que conocemos como *Un curso de milagros*. Por lo tanto, fue la mente de Helen la que le dio *forma* al Curso. El *contenido* vino de *fuera* de la mentalidad del ego (o mentalidad errada) de ella, de un amor que no obstante está *dentro* de su mente correcta, como ciertamente está en todos nosotros.

Así pues, la propia descripción que Helen hace de su función como escriba de *Un curso de milagros* era que Jesús se había valido de su "trasfondo educativo, intereses y experiencia, pero que eso había sido en materias de estilo [i.e., forma] más bien que de contenido" (*Ausencia de la felicidad*, págs. 215). Al uno fijarse en los pormenores de la estructura y forma del Curso, puede encontrar paralelos casi exactos con la propia vida de Helen:

Helen era *norteamericana* y obviamente *hablaba inglés*, el idioma y lenguaje del Curso.

Era una *psicóloga freudiana* y *educadora*, y el Curso contiene un sofisticado estudio psicodinámico del ego, el cual se presenta dentro de un formato curricular: texto, libro de ejercicios para estudiantes y un manual para el maestro. Su meta, además, es que aprendamos de nuestro Maestro interior, el Espíritu Santo, de modo que podamos convertirnos en maestros de Dios.

A pesar de su clara y vitalicia ambivalencia con el cristianismo organizado, Helen se identificaba, sin embargo, con la tradición cristiana, más específicamente con el *catolicismo romano*, y estaba muy bien versada en el *hermoso lenguaje de la Biblia King James* (la teología bíblica la dejaba fría en el mejor de los casos, y furiosa en el peor). El lenguaje de *Un curso de milagros* cae dentro del marco de la tradición cristiana, pero corrige las distorsiones y falsas interpretaciones de esta tradición de dos mil años, y ciertamente, como estos dos libros aclaran, invierte las premisas básicas sobre las cuales descansan el judaísmo y el cristianismo. Además, el Curso contiene más de ochocientas citas y alusiones bíblicas.

Helen era una amante de *Shakespeare* así como de los grandes poetas ingleses, y la escritura de *Un curso de milagros* es bastante shakespereana en su forma, con grandes porciones del material escritos en verso libre y pentámetro yámbico, el metro poético de Shakespeare.

Helen poseía una *mente agudamente lógica*–su amor, si no es que veneración, por la lógica se remontaba hasta sus años de universidad–y la teoría del Curso está presentada con una lógica rigurosa, que una vez se aceptan sus premisas básicas, no hay lugar para la discusión.

Finalmente, Helen sentía un gran respeto y amor por *Platón*, y en el Curso se puede encontrar varias de alusiones específicas a la obra de Platón. Además, como señalé en *Love Does Not Condemn (El amor no condena)*, *Un curso de milagros* entra en la tradición filosófica que, aun cuando sus comienzos se remontan a los pre-socráticos, comienza más propiamente con Platón, el verdadero padre de la filosofía occidental, conjuntamente con Sócrates, su maestro.

La única aparente excepción a esta lista, en términos de las características formales del Curso, es el fuerte tema gnóstico que se encuentra a lo largo del material, no se diga el uso de terminología gnóstica específica.* Helen y yo nunca discutimos el tema–mi interés en el gnosticismo no empezó realmente hasta después de su muerte–pero, según mi entender, ella no tenía conocimiento consciente de este importante movimiento filosófico y religioso. Sin embargo, puesto que los platónicos figuraban entre los principales maestros gnósticos, y el gnosticismo platónico se refleja en muchas de la enseñanzas del Curso, ciertamente tenía que haber una parte de la mente de Helen que estaba familiarizada con esta tradición.

Por lo tanto, para plantear el punto nuevamente, Helen fue responsable de la forma específica del Curso; el amor abstracto de Jesús–la fuente del Curso–fue responsable del contenido. A la pregunta formulada por un grupo de *Un curso de milagros* que visitamos una vez, Helen le contestó que naturalmente *Un curso de milagros* era psicológico y estaba presentado como un currículo, puesto que ella era psicóloga y educadora. Posteriormente yo le recordé a ella, sin embargo, que ella se había convertido en psicóloga y maestra debido a una decisión que había tomado previo *a*, y en un nivel diferente *de*, su existencia consciente como Helen Schucman. Esto era similar al hecho de que las tres personas más cercanas al Curso– Helen, William Thetford y yo–todos teníamos doctorados en psicología clínica. *Un curso de milagros* enseña que el tiempo no es lineal, y las decisiones se toman en el nivel de la mente–fuera del tiempo y del espacio –independientes del cerebro y del cuerpo con los cuales nos identificamos.† Por consiguiente, nuestras decisiones de convertirnos en psicólogos, y el que Helen se convirtiese en educadora también, difícilmente fueron accidentales o producto de la buena suerte o casualidad. La vida profesional de Helen como psicóloga y maestra era necesaria para que su cerebro pudiese aceptar las enseñanzas del Curso en esa forma. La dificultad en entender este fenómeno intemporal procede de nuestros cerebros linealmente programados, los cuales no pueden ir más allá de su propia programación

---

* El gnosticismo y su relación con *Un curso de milagros* se discute ampliamente en *Love Does Not Condemn (El amor no condena)*.

† El lector interesado puede consultar mi *A Vast Illusion: Time According to A Course in Miracles (Una vasta ilusión: El tiempo de acuerdo con Un curso de milagros)*, para un tratamiento más profundo sobre la opinión del Curso en torno al tiempo.

temporal, y por consiguiente no pueden entender la no-linealidad de la mente.

Sin embargo, la experiencia de Helen, como hemos visto, fue de que Jesús *utilizó* sus talentos y habilidades particulares, tal y como lo experimentaba ayudándole a resolver sus problemas específicos. En efecto, en el dictado original, omitido en el Curso publicado, Jesús le dijo a Helen:

> Tienes que haber notado cuán a menudo he utilizado tus propias ideas para ayudarte a *ti*.

Y luego en el contexto de cómo el Espíritu Santo nos enseña "a usar lo que el ego ha fabricado a fin de *enseñar* lo opuesto a lo que el ego ha *aprendido*" (se encuentra en forma ligeramente modificada en el texto publicado, T-7.IV.3:3) Jesús le dijo a Helen:

> No puedes tener un ejemplo mejor del propósito unificado del Espíritu Santo que este curso. El Espíritu Santo ha tomado áreas muy diversificadas de tu aprendizaje pasado, y las ha aplicado a un currículo *unificado*.

En verdad, repito nuevamente, fue en realidad la mente más allá de Helen–llamada aquí el Espíritu Santo–la que tomó "áreas diversificadas" de su vida y "las aplicó a un currículo unificado".

Por lo tanto, ahora podemos entender mejor, en un nivel más sofisticado, la verdadera naturaleza de la relación de Helen con Jesús. Una presencia abstracta y no-específica, Jesús permanece como un pensamiento de perfecto amor dentro de las mentalidades correctas de todas las personas que aún creen en la realidad del sueño. El pensamiento que nosotros conocemos como Helen se re-unió al pensamiento que conocemos como Jesús. Dentro del sueño del mundo, esta unión de amor se manifestó como *Un curso de milagros*. Además, el Ser real de Helen que era este amor se expresó en algunas de sus visiones en las cuales ella aparecía como una perfectamente objetiva e impersonal sacerdotisa; la más completa expresión de esta unión de amor, ya que ésta reflejaba más directamente la naturaleza impersonal de este Amor de Cristo.

Dada esta realidad, ahora podemos entender también la motivación detrás del suplemento *El canto de oración*, y el mensaje más personal que lo precedió. Al centrarse en lo específico de las preocupaciones de su ego, Helen podía virtualmente enterrar el amor de su Ser. El milagro de este amor abstracto era sacrificado por la magia contenida en exigir respuestas específicas para sus preguntas específicas. Retornando a nuestra analogía anterior, en lugar de sostener un envase casi infinito para las fluyentes aguas cargadas del amor de Jesús, Helen le presentaba el angosto dedal de las necesidades de su ego, para que él le llenase sólo eso. En este sentido, repito, el amor de Jesús se hacía más "manejable". Repito parte de su mensaje todo-importante para ella:

> Una pregunta específica es realmente una decisión en torno a la clase de respuesta que es aceptable. El propósito de las palabras es limitar, y al limitar, hacer más manejable un área vasta.... Las respuestas no dependen de ti. Cualquier límite que tú les pongas interfiere con tu audición.

Todas las preguntas acerca de lo específico llegaron de ese modo a simbolizar para Helen la limitación impuesta al amor por el miedo. En *Un curso de milagros* Jesús exhorta a sus estudiantes a reconocer y a elegir en contra de este precio, el cual tiene que pagarse inevitablemente cuando uno se centra en lo específico. Al principio, en los peldaños más bajos de la escalera de la oración, el pedir cosas específicas puede representar nuestros intentos de unirnos con Jesús en una forma aceptable que minimizaría nuestro miedo de unirnos con su amor. Sin embargo, es una fácil tentación el ser seducido por el especialismo de las "respuestas" y evitar de esa forma la verdadera Respuesta. El ayudarla a pasar más allá de esta tentación, repito, era el propósito del mensaje de Jesús para Helen. Siempre es beneficioso, para replantear este importante punto una vez más todavía, que se nos recuerde la diferencia entre símbolo y realidad, apariencia y verdad: las *formas* específicas del mundo sólo tienen significado en la medida en que nos ayuden a pasar más allá de las mismas hacia el *contenido* abstracto del Amor de Dios, que es nuestro único deseo y objetivo. Ahora podemos proceder a discutir más directamente aún la ayuda que Jesús nos ofrece en la senda hacia nuestro hogar en Dios.

El mirar con Jesús la especificidad de las ilusiones

Comenzamos replanteando esta importante advertencia: Cuando se sientan tentados a creer en lo "acertadas" y "útiles" que puedan ser sus experiencias internas y, a menudo, específicas, los estudiantes de *Un curso de milagros* deben recordarse a sí mismos estas palabras familiares y de advertencia del texto:

> No confíes en tus buenas intenciones, pues tener buenas intenciones no es suficiente. Pero confía implícitamente en tu buena voluntad, independientemente de lo que pueda presentarse (T-18.IV.2:1-3).

Esta última oración, por supuesto, es una referencia a la pequeña dosis de buena voluntad que se nos pide que le demos al Espíritu Santo para abandonar nuestra creencia de que tenemos razón en nuestras percepciones y valores. Tan a menudo, cuando las personas piden respuestas específicas a sus preguntas específicas–para ampliar nuestra discusión de las sección anterior sobre la astucia en la táctica del ego–lo que le están pidiendo al Espíritu Santo o a Jesús es que les provea las respuestas que inconscientemente ya han deseado. En la tercera regla para tomar decisiones, al comienzo del Capítulo 30, Jesús plantea el mismo punto y les pide a los estudiantes que entiendan por qué no tienen la clase de día que en verdad quieren:

> ...date cuenta...de que has hecho una pregunta por tu cuenta y de que debes haberla contestado de acuerdo con las condiciones que tú mismo has establecido. Di entonces:
>
> *No tengo ninguna pregunta. Me olvidé de lo que tenía que decidir.*
>
> Esto cancela las condiciones que has establecido, y permite que la respuesta te muestre cuál debió haber sido realmente la pregunta.
>
> Trata de observar esta regla sin demora, a pesar de tu resistencia, pues ya estás enfadado. Y tu temor de que se te vaya a dar una respuesta que no coincida con tu pregunta tal como la planteaste cobrará ímpetu, y acabarás creyendo que el día que deseas es uno en el que a *tus preguntas* se les da *tus respuestas*. Y no será así, pues ello te arruinaría el día al privarte de lo que realmente deseas (T-30.I.6:2–7:4).

Así pues, al pedirle realmente a Jesús que conteste *su* pregunta, siempre algún aspecto de lo específico, los estudiantes están trayendo la verdad a la ilusión, más bien que la ilusión a la verdad, como se les pide repetidamente en el Curso. Puesto que la Filiación fabricó el mundo (la ilusión) *específicamente* para excluir el Amor de Dios (la verdad), es el colmo de la arrogancia del ego pedirle a Dios (o a Sus manifestaciones simbólicas) que penetre al sueño ilusorio para ayudar a resolver un problema fabricado especialmente para mantenerlo apartado, y, además, del cual Él no sabe nada. Esa es la razón, repito, por la cual en *Un curso de milagros* Jesús nos pide que traigamos nuestras creencias y percepciones erróneas a la verdad que radica dentro de nuestras mentes, donde, en presencia de su luz, la obscuridad de nuestros miedos y de nuestras preocupaciones simplemente desaparece.

Puesto que el sistema de pensamiento del ego es casi totalmente inconsciente para nosotros, no tenemos conciencia, por lo general, de los callados apegos que tenemos en el resultado de los acontecimientos. Esta es la ventaja de pasar más allá de lo específico: hay mucha menos probabilidad de que la audición de uno se "contamine". En la sección sobre los "Mensajes especiales" de Helen en *Ausencia de la felicidad*, discutí que aun la misma Helen, cuya "audición" era tan pura y libre del ego cuando se trataba de tomar el dictado de *Un curso de milagros*, podía ser muy poco confiable cuando se trataba de preocupaciones personales propias o de otros. Para re-plantear lo que ya hemos discutido, los conflictos y exigencias inconscientes del ego afloran más fácilmente cuando la atención de uno se fija en preguntas, necesidades o desenlaces específicos. Cuando uno descansa en la paz de Dios, sin embargo, no hay ninguna preocupación seria por los desenlaces, y la respuesta siempre se conoce y se entiende. Esto no significa, ciertamente, que las decisiones específicas no sean necesarias. Como dice Jesús en *El canto de oración*:

> Aquí hay decisiones que tomar, y tienen que tomarse sean o no ilusiones (S-1.I.2:4).

Y en el suplemento de *La psicoterapia*, Jesús nos recuerda que

> aun el terapeuta avanzado tiene algunas necesidades terrenales mientras está aquí (P-3.III.1:3).

Esto quiere decir que es necesario prestarle alguna atención a ganar dinero para satisfacer estas necesidades. El punto, sin embargo, no es que los estudiantes de *Un curso de milagros* no deban comprometerse con las cosas específicas del mundo–eso no sería muy práctico, y ni siquiera posible– sino más bien que el problema radica en poner un énfasis indebido en *oír* al Espíritu Santo darles la respuesta específica para una pregunta o necesidad específica. Una continua preocupación y centro de interés de esa naturaleza en última instancia los alejará de la verdadera Respuesta. Parte del mensaje especial para Helen del 5 de octubre de 1975 amerita que repitamos la cita aquí:

> Para Dios todas las cosas son posibles, pero debes pedir Su respuesta únicamente a El Mismo.
> Tal vez piensas que lo haces, pero puedes estar segura de que si lo hicieses estarías tranquila ahora y totalmente impávida ante cualquier cosa. No intentes adivinar Su Voluntad para ti. No presumas de que tienes razón porque una respuesta parezca proceder de Él. Asegúrate de preguntar, y luego guarda silencio y deja que Él hable.

Esta extremadamente importante advertencia de no creer que la voz interior es la de Dios simplemente porque se experimente como tal, es subrayada por esta muy humillante aseveración del manual para el maestro, citada antes: "Son muy pocos los que pueden oír la Voz de Dios" (M-12.3:3).

Antes de proseguir, quisiera hacer una digresión para narrarles un cuento que puntualiza el error de tomar a Helen, o a alguien más en realidad, como un ejemplo de audición impecable en relación con lo específico. Hace unos cuantos años recibí una llamada telefónica de un hombre muy afligido, quien me relató cómo él había estado recibiendo orientación específica del Espíritu Santo durante los pasados años. No recuerdo la mayoría de los detalles de nuestra conversación, pero sí recuerdo que a él le estaban "diciendo" cosas muy específicas relacionadas con lugares, fechas, etc. Parte de esta orientación afirmaba que él iba a morir en una fecha específica, *la cual se vencía dentro de tres días*. Y este hombre me estaba llamando el día anterior al que estaba supuesto a recluirse en el hospital para una cirugía menor, la cual tendría lugar el día preciso en que el Espíritu Santo le "dijo" que sería su último día en la tierra. Le expliqué la confusión de forma y contenido, y le proveí algunos ejemplos de los errores de audición de Helen. Por fortuna, entendió, y se recluyó para su cirugía sintiéndose más aliviado. Una semana después más o menos me llamó para decirme que se encontraba a salvo en su casa, la operación había sido un éxito, y obviamente él se encontraba lleno de vida.

Con frecuencia les advierto a los estudiantes de *Un curso de milagros* sobre esta clase de error, y les exhorto a que sospechen de cualquier orientación específica que reciban, y más aún cuando Jesús y el Espíritu Santo suenen apremiantes o exigentes. El amor siempre es paciente, puesto que no conoce el tiempo. El *contenido* de la orientación auténtica es siempre del Espíritu Santo, pero la *forma* es el producto de la mente separada del individuo y por lo tanto no debe tratarse como especial.

Hay muchos pasajes en *Un curso de milagros* los cuales tratan específicamente sobre cómo Jesús ve su papel (o el del Espíritu Santo) de mirar con nosotros la obscuridad del ego, y examinaremos unos cuantos de éstos ahora, aun cuando algunos se discutieron en la primera parte del libro. Comenzamos con la aseveración quizás más clara en todo el Curso acerca de este proceso, el cual define esencialmente la curación como el resultado de mirar junto a Jesús las ilusiones del ego:

> Nadie puede escapar de las ilusiones a menos que las examine, pues no examinarlas es la manera de protegerlas. No hay necesidad de sentirse

amedrentado por ellas, pues no son peligrosas. Estamos listos para examinar más detenidamente el sistema de pensamiento del ego porque juntos disponemos de la lámpara que lo desvanecerá, y, puesto que te has dado cuenta de que no lo deseas, debes estar listo para ello. Mantengámonos muy calmados al hacer esto, pues lo único que estamos haciendo es buscando honestamente la verdad. La "dinámica" del ego será nuestra lección por algún tiempo, pues debemos primero examinarla para poder así ver más allá de ella, ya que le has otorgado realidad. Juntos desvaneceremos calmadamente este error, y después miraremos más allá de él hacia la verdad.

¿Qué es la curación sino el acto de despejar todo lo que obstaculiza el conocimiento? ¿Y de qué otra manera puede uno disipar las ilusiones, excepto examinándolas directamente sin protegerlas? No tengas miedo, por lo tanto, pues lo que estarás viendo es la fuente del miedo, y estás comenzando a darte cuenta de que el miedo no es real.... No tengas miedo de mirar al miedo, pues no puede ser visto. La claridad, por definición, desvanece la confusión, y cuando se mira a la obscuridad a través de la luz, ésta no puede por menos que disiparla (T-11.V.1:1–2:3,8-9).

Más al comienzo del texto Jesús les hace una súplica similar a sus estudiantes:

Examina detenidamente qué es lo que estás realmente pidiendo. Sé muy honesto contigo mismo al respecto, pues no debemos ocultarnos nada el uno al otro (T-4.III.8:1-2).

Examina honestamente qué es lo que has pensado que Dios no habría pensado, y qué no has pensado que Dios habría querido que pensases. Examina honestamente tanto lo que has hecho como lo que has dejado sin hacer, y cambia entonces de mentalidad para que así puedas pensar con la Mente de Dios. Esto puede parecer difícil, pero es mucho más fácil que intentar pensar al revés de como piensa El.... Como hermano que te ama, tu mente es de suma importancia para mí, y te exhorto a seguir mi ejemplo cuando te contemples a ti mismo y cuando contemples a tu hermano...(T-4.IV.2:4-6,9).

Pasajes como éstos no tienen sentido real, y en verdad los estudiantes no pueden entenderlos *a menos que* entiendan primero la total irrealidad de todo lo que perciben y experimentan. Y debido a que la percepción es irreal y refleja las intenciones del ego de fabricar falsos problemas para distraernos de la verdad, ¿cómo es posible que Jesús esté directamente comprometido con ellos? Él *sí* está comprometido con nosotros, pero únicamente en la medida en que su presencia *en nuestras mentes* le recuerda al tomador de decisiones *en nuestras mentes* que nuestros problemas son en efecto fabricados. Por lo tanto, podemos elegir mirarlos como las ilusiones que son verdaderamente. La honradez que él nos pide requiere, pues, poder ver nuestros problemas por lo que son–el "mirar el problema tal como es, y no en la forma en que tú lo has urdido". No podemos efectuar este mirar sin él, pues el hacerlo significa que una vez más hemos renunciado a su amor y elegido los ojos del especialismo del ego a través de los cuales miraremos en lugar de los suyos. Por otra parte, el mirar las decisiones de nuestro ego con Jesús expresa el habernos re-unido a él, y de ese modo deshacemos el cimiento mismo del sistema de pensamiento de separación del ego que en primer lugar ha originado el problema percibido.

Pasajes similares pueden encontrarse en el Curso los cuales describen la misma función sanadora de traer la obscuridad del sistema de pensamiento del ego a la luz de la verdad, y mirarlo tranquilamente sin miedo, una función igualmente adscrita al Espíritu Santo. He aquí dos ejemplos:

> La única función del Espíritu Santo es facilitar la comunicación. Para poder restablecerla, por consiguiente, tiene que eliminar todo lo que la obstaculizaría. *No le ocultes nada, por lo tanto, que pudiera obstaculizarla, pues Él no atacará a tus centinelas. Simplemente llévalos ante Él, y permite que Su dulzura te muestre que en la luz no son temibles y que no pueden servir de guardianes de las tenebrosas puertas tras las cuales no hay nada que se encuentre celosamente oculto.* Abramos todas las puertas y dejemos que la luz entre a raudales. En el templo de Dios no hay recintos secretos. Sus puertas están abiertas de par en par para recibir a Su Hijo. Nadie puede dejar de acudir allí donde Dios lo ha llamado, a menos que él mismo le dé la espalda a la bienvenida que le extiende su Padre (T-14.VI.8; mis bastardillas).

> *El Espíritu Santo sólo te pide esto: que lleves ante Él todos los secretos que le hayas ocultado. Abrele todas las puertas y pídele que entre en la obscuridad y la desvanezca con Su luz. Si lo invitas, Él entrará gustosamente.* Y llevará la luz a la obscuridad si le franqueas la entrada a ella. Pero Él no puede ver lo que mantienes oculto. Él ve por ti, pero a menos que tú mires con Él, Él no puede ver. La visión de Cristo no es sólo para Él, sino para ti y para Él. *Llévale, por lo tanto, todos tus pensamientos tenebrosos y secretos, y contémplalos con Él.* Él abriga la luz y tú la obscuridad. Ambas cosas no pueden coexistir cuando las contempláis juntos. Su juicio prevalecerá, y Él te lo ofrecerá cuando unas tu percepción a la Suya (T-14.VII.6; mis bastardillas).

El lector puede observar ciertamente que nada se dice en ninguno de estos pasajes acerca de lo que Jesús o el Espíritu Santo hará por nosotros.

Más bien, el énfasis recae consistentemente en que traigamos nuestras ilusiones ante Su Amor, de modo que Su luz pueda desvanecer la obscuridad del ego. Esa es la *única* función de Ellos y de Su luz. También, las líneas con las que termina el último párrafo reflejan el deshacer de los intentos del ego de *disociar* los dos sistemas de pensamiento los cuales se excluyen mutuamente y que pertenecen al ego y al Espíritu Santo. Nuestra próxima sección discute esta crucial dinámica en más detalle.

Finalmente, tenemos este pasaje del final del Capítulo 27, el cual resume muy bien el papel del Espíritu Santo de mirar con nosotros la causa de nuestra angustia: la decisión de tomar en serio la "diminuta y alocada idea" de separación del ego. Al traer las tinieblas de nuestro sufrimiento hasta Su luz, aprendemos a reírnos de la tontería de creer que el Hijo, a Quien Dios creó perfecto, podría jamás separarse de la Perfección. Aquí se refleja el punto de que el Espíritu Santo (o Jesús) tendría que haber estado tan loco como nosotros, si Él en verdad fuese a tratar estos problemas y preocupaciones de carácter ilusorio. Así veríamos nuevamente cómo el sutil ego intentaría traer la verdad del Espíritu Santo a las ilusiones suyas para que el Espíritu Santo las resolviese. El lector quizá recuerde una vez más nuestro ejemplo de la locura de intentar corregir la imagen imperfecta en una pantalla de cine, yendo a la pantalla, en lugar de ir a la fuente del problema en la cabina de proyección. Por lo tanto, Jesús les está recordando una vez más a sus estudiantes en este pasaje que no se centren en el problema percibido, sino más bien en *mirar* lo que nosotros consideramos que es nuestro problema con su amor o el Amor del Espíritu Santo como fuente de nuestra visión.

> El Espíritu Santo, sonriendo dulcemente, percibe la causa y no presta atención a los efectos. ¿De qué otra manera podría corregir tu error, cuando has pasado por alto la causa enteramente? *Él te exhorta a que lleves todo efecto temible ante Él para que juntos miréis su descabellada causa y os riáis juntos por un rato.* Tú juzgas los efectos, pero *Él* ha juzgado su causa. Y mediante Su juicio se eliminan los efectos. Tal vez vengas con los ojos arrasados en lágrimas, mas óyele decir: "Hermano mío, santo Hijo de Dios, contempla tu sueño fútil en el que sólo algo así podría ocurrir." Y saldrás del instante santo riendo, con tu risa y la de tu hermano unidas a la de Él (T-27.VIII.9; mis bastardillas en la oración 3).

Y sin embargo el ego está empeñado–literalmente–en mantener apartada de sí mismo la memoria del Cielo que tiene el Espíritu Santo. El término psicológico que se le aplica a esta forma particular de su estrategia es *disociación*, y pasamos ahora a un examen breve de esta dinámica.

Cómo deshacer la disociación

Con frecuencia en *Un curso de milagros*, Jesús discute las defensas psicológicas con las cuales Helen y Bill estaban tan familiarizados como psicólogos, para clarificar o ampliar su enseñanza. *Disociación* es uno de esos términos, y es extremadamente importante que se entienda su significado para apreciar la dinámica de la estrategia del ego de excluir a Jesús o al Espíritu Santo de nuestras mentes. Igualmente, es extremadamente importante que se entienda esta dinámica para poder apreciar mejor el papel que Jesús y el Espíritu Santo desempeñan en el deshacimiento del ego: el traer la obscuridad de sus ilusiones a la luz de la verdad de Ellos.

Comenzamos con una definición: la disociación es el intento del ego de separar dos sistemas de pensamientos que están en conflicto–el suyo propio y el del Espíritu Santo–los cuales, sin embargo, mantiene en nuestras mentes de tal manera que *su* tenebroso sistema de pensamiento ilusorio se mantiene a salvo de ser deshecho por la luz de la verdad que Jesús representa para nosotros. El ego no tiene la capacidad para abolir o destruir al Espíritu Santo, pero puede ocultar Su Presencia mediante este mecanismo de defensa. El sabe que una vez estos sistemas de pensamiento que se excluyen mutuamente se pongan uno al lado del otro–el significado del énfasis de Jesús en *Un curso de milagros* de que se traiga la obscuridad a la luz, la ilusión a la verdad–el ego tiene que desaparecer. Así pues, la disociación viene al rescate del ego al asegurarse de que la razón de la mentalidad correcta permanezca separada y sea inaccesible a una decisión sensata de parte de nuestro tomador de decisiones.

Y es por esto, pues, por lo que el ego bendice todo intento de parte de los estudiantes de *Un curso de milagros* de persistir en traer la luz del Espíritu Santo a la obscuridad, lo cual ellos hacen invariablemente siempre que le piden a la luz de Jesús que les resuelva un problema–lo cual significa *cualquier* problema–que esté fuera de la mente. Al seducir de este modo a los estudiantes, el ego es capaz de mantener la obscuridad de su culpa alejada de la luz del perdón, la cual existe *sólo* en la mente. El arrastrar a Jesús hasta el sueño que es el mundo, convirtiéndolo en el gran solucionador del problema de todo lo que nos preocupa, simplemente nos mantiene fuera de nuestras mentes–¡literalmente y en sentido figurado!–que es donde él verdaderamente se encuentra, y el cual es el único lugar donde el *puede* encontrarse. Sin embargo, el invocar la ayuda de Jesús para mirar la decisión de nuestra mente de separarse de él (y por consiguiente de Dios) es la manera, ciertamente *la única manera,* en que él puede ayudarnos. Solamente retornando nuestra atención a nuestras mentes–el verdadero significado y propósito del milagro–puede anularse y cancelarse la disociación del ego. Este es el significado preciso detrás de las palabras de Jesús para Helen a principios de la escritura del Curso–conservadas en la edición que se publicó–cuando ella se lamentó ante él de que él no estaba ayudándola más a superar sus miedos. El lector quizá recuerde la respuesta de Jesús de nuestra discusión de este mismo punto en *Todos son llamados* (pág. 178), así como de la introducción a esta parte (pág. 328).

> Deshacer el miedo *es* tu responsabilidad. Cuando pides que se te libere del miedo [i.e.,trayendo la verdad a la ilusión], estás implicando que no lo es. *En lugar de ello, deberías pedir ayuda para cambiar las condiciones que lo suscitaron.* Estas condiciones siempre entrañan el estar dispuesto a permanecer separado. A ese nivel tú *puedes* evitarlo....
>
> Puede que todavía te quejes de que tienes miedo [Helen todavía se quejaba obviamente], pero aun así sigues atemorizándote a ti mismo. He indicado ya que no puedes pedirme que te libere del miedo. Yo sé que no existe, pero tú no. Si me interpusiese entre tus pensamientos [mente] y sus resultados [lo que parece estar en el mundo], estaría interfiriendo en la ley básica de causa y efecto: la ley más fundamental que existe. *De nada te serviría el que yo menospreciase el poder de tu pensamiento. Ello se opondría directamente al propósito de este curso* [el traer las ilusiones de que el mundo y nuestros problemas son reales de vuelta a la verdad que es la presencia del Espíritu Santo en nuestras mentes]. Es mucho más eficaz que te recuerde que no ejerces suficiente vigilancia con respecto a tus pensamientos.... No puedo permitir que dejes de vigilar a tu mente...(T-2.VI.4:1-5; T-2.VII.1:1-7; 2:1; mis bastardillas, excepto por VI.4:5).

En este pasaje que sigue encontramos una aseveración muy clara sobre la naturaleza del uso que el ego hace de la disociación, y cómo deshacerla:

> Hemos estado haciendo hincapié en el hecho de que lo indeseable debe llevarse ante lo deseable, y lo que no se desea ante lo que se desea. Te darás cuenta de que ésta es la manera de alcanzar la salvación si te detienes a considerar lo que es la disociación. La disociación es un proceso de pensamiento distorsionado, en el que se abrigan dos sistemas de creencias que no pueden coexistir. Si se pone uno al lado del otro, resulta imposible aceptarlos a los dos. Pero si uno de ellos se mantiene oculto del otro, su separación parece mantenerlos vigentes a los dos y hace que parezcan ser igualmente reales. Poner uno al lado del otro, por lo tanto, se convierte en motivo de miedo, pues si haces eso, no podrás por menos que dejar de

aceptar uno de ellos. No puedes quedarte con los dos, pues cada uno supone la negación del otro. Si se mantienen separados, este hecho se pierde de vista, pues al estar entonces en lugares diferentes es posible creer firmemente en los dos. Ponlos uno al lado del otro, y su absoluta incompatibilidad resultará evidente de inmediato. Uno de ellos tiene que desaparecer porque el otro se ve en el mismo lugar (T-14.VII.4).

Por lo tanto, ahora podemos entender y resumir exactamente qué papel Jesús quiere desempeñar en el camino de nuestra Expiación. Hemos visto mediante nuestra discusión de *El canto de oración* cómo Jesús *no* desea estimular indebidamente a sus estudiantes en la práctica de pedirle a él información específica sobre preguntas específicas–lo que he calificado con el término "pedir para destruir" en el Capítulo 6 (pág. 266)–ni tampoco ceder a sus deseos concediéndoles favores especiales para satisfacer ciertas necesidades especiales. Más bien, Jesús desea que sus estudiantes desarrollen la práctica de reconocer cómo *todas* sus preocupaciones–sin excepción–emanan del hecho de que ellos se han separado de su amor y sabiduría, y en su lugar se han unido con las distorsiones del amor y de la sabiduría del ego las cuales parodian lo verdaderamente real. Las *formas* específicas que constituyen el centro de interés de la atención de los estudiantes existen solamente para opacar el *contenido* de la separación por el cual los estudiantes se sienten tan culpables, y para encubrir la disociación que mantiene el amor de Jesús apartado de sus conciencias.

Y por lo tanto, para encontrar verdaderamente una respuesta a sus problemas, Jesús les pide a sus estudiantes que se unan a él nuevamente, un reflejo de la *unión mayor* (T-28.IV) la cual deshará la causa real del sufrimiento y la aflicción. Esta unión toma la forma de mirar con Jesús la estrategia de disociación y proyección del ego, y cómo todas las preocupaciones externas han sido diseñadas inconscientemente para mantener la presencia de él en sus mentes oculta de cualquier acceso. El unirse con Jesús en el entendimiento de esto deshace la disociación misma que era la defensa del ego contra él. Una vez la defensa ha desaparecido, no queda otra cosa que no sea el amor de Jesús, el cual es, por supuesto, la única respuesta a todos los problemas. Aceptar cualquier cosa que sea menos que eso es caer en la trampa del ego de hacer real el error, y asegurar de ese modo que el estudiante ha de continuar atascado en la telaraña de la dualidad, en vez de elevarse por encima de la trampa y ser amorosamente conducido a través del mundo de la ilusión dualista del ego, hasta retornar eventualmente al mundo no-dualista de la verdad de Dios.

Capítulo 13

GRUPOS: FALSA UNIÓN VERSUS VERDADERA UNIÓN

Introducción

A lo largo de esta parte hemos visto cómo tanto malentendido que los estudiantes de *Un curso de milagros* tienen con las enseñanzas de éste se relaciona con el hecho de que no reconocen cómo Jesús utiliza el lenguaje al presentar su mensaje. Así pues, hemos hablado de los diferentes niveles en la escalera espiritual que Jesús refleja en su presentación. Para retornar a un punto presentado en la Introducción, los estudiantes de *Un curso de milagros*–en diversas ocasiones en su trabajo de toda la vida con el Curso, sin mencionar su propia conciencia espiritual inherente–van a entender el Curso de diferentes maneras, basadas en su propio progreso en el proceso del perdón. Sin embargo, los problemas se suscitan, como se ha discutido en capítulos anteriores, cuando los estudiantes no tienen conciencia de estos niveles distintos en el Curso. En este capítulo nos centramos en el error particular de no entender lo que Jesús quiere decir cuando habla de unión. Comenzamos con una discusión del problema más general en la confusión de niveles como un medio para introducir este tema.

La confusión de niveles: El significado de unión

Con frecuencia he hablado de la distinción crucial que Jesús hace en *Un curso de milagros* entre *forma* y *contenido*. Esto se traduce en la distinción entre conducta (el cuerpo) y pensamiento (la mente). Dicho de otra manera aún, estamos tratando con la distinción entre *efecto* y *causa*; la causa siempre descansa en la decisión de la mente de unirse con el ego o con el Espíritu Santo, mientras que el efecto se refiere al comportamiento o resultados externos de la decisión de la mente: la sombra de la culpa o el reflejo del amor que se lanza sobre el mundo desde la mente. El problema es que muchos estudiantes piensan que *Un curso de milagros* se trata de unirse en el nivel del comportamiento, y por lo tanto centran gran parte de su atención en unirse de común acuerdo con otros estudiantes del Curso en grupos, organizaciones, conferencias, interacciones ciberespaciales, etc. Sin embargo, aquellos con quienes ellos creen estar uniéndose no son sino representaciones en forma del pensamiento original de fragmentación, y, ¿cómo puedes unirte con otros a menos que creas primero que ellos están separados de ti? Y puesto que la fragmentación es lo opuesto a la unidad, ¿cómo podría ser posible que jamás te unieras con ellos en verdad? Ciertamente, tal "unión" sería precisamente la antítesis de lo que Jesús está enseñándonos realmente en *Un curso de milagros* sobre lo que significa experimentar la comunión con otro. El lector quizá recuerde esta importante oración del texto: "Las mentes están unidas; los cuerpos no" (T-18.VI.3:1). Esta distinción crucial entre la mente y el cuerpo está subrayada en los siguientes pasajes del texto en torno al verdadero significado de comunión con otros, la cual radica en que nosotros *primero* estemos en comunión con Jesús o el Espíritu Santo:

> *Ven, por lo tanto, a mí y descubre la verdad que mora en ti. La mente que tú y yo compartimos la compartimos con todos nuestros hermanos, y a medida que los vemos tal como verdaderamente son, ellos se curan. Deja que tu mente brille junto con la mía en sus mentes, y que mediante el agradecimiento que sentimos hacia ellos, cobren conciencia de la luz que hay en ellos.* El resplandor de esta luz retornará a ti y a toda la Filiación porque ésa es tu perfecta ofrenda a Dios. Él la aceptará y se la dará a la Filiación porque al ser aceptable para Él, lo es también para Sus Hijos. *Esto es auténtica comunión con el Espíritu Santo,* Quien ve el altar de Dios en todos, y al llevarlo a tu conciencia para que lo aprecies, te exhorta a que ames a Dios y a Su creación. Sólo puedes apreciar a la Filiación como una sola. Esto es parte de la ley que rige a la creación, y, por lo tanto, gobierna todo pensamiento (T-7.V.11; mis bastardillas).

> Formo parte de tu relación santa, sin embargo, preferirías aprisionarme tras los obstáculos que interpones a la libertad e impedirme llegar hasta ti. Mas no es posible mantener alejado a Uno que ya está ahí. Y en Él *se hace* posible que nuestra comunión, en la que ya estamos unidos, sea el foco de la nueva percepción que derramará la luz que reside en ti por todo el mundo (T-19.IV-B.8:3-5).

Y sin embargo esta comunión no es posible en el nivel físico, puesto que, repito, "Las mentes están unidas; los cuerpos no":

> La comunión es otra forma de compleción, que se extiende más allá de la culpabilidad *porque se extiende más allá del cuerpo* (T-19.IV-A. 17:15; mis bastardillas).

> *A los mensajeros del Espíritu Santo se les envía mucho más allá del cuerpo, para que exhorten a la mente a unirse en santa comunión y a*

estar en paz. Tal es el mensaje que yo les di para ti (T-19.IV-B.3:1-2; mis bastardillas).

El cuerpo no podría separar tu mente de la mente de tu hermano a menos que quisieses que fuese la causa de vuestra separación y distanciamiento. *Por consiguiente, le atribuyes un poder que no posee.* Esto es lo que hace que tenga poder sobre ti. Pues ahora piensas que el cuerpo determina cuándo debéis reuniros, y que limita vuestra capacidad de estar en comunión con la mente del otro. Y así, te dice adónde ir y cómo llegar hasta allí, lo que te es factible emprender y lo que no puedes hacer. Te dice también lo que su salud puede tolerar, así como lo que lo fatigará y enfermará. Sus "inherentes" debilidades establecen los límites de lo que puedes hacer y hacen que tu propósito sea débil y limitado (T-29.I.5; mis bastardillas).

Estos bien-intencionados estudiantes de *Un curso de milagros* no han entendido, pues, que las palabras de Jesús sobre el unirnos con nuestros hermanos son metáforas para la unión mayor en la *mente*, sin la cual la unión externa no tiene sentido y es potencialmente destructiva. Este peligro potencial es el resultado de pensar que ellos han cumplido con los requisitos de perdón del Curso, cuando en verdad todo lo que han logrado es levantar aún más barricadas para protegerse a sí mismos del problema de la culpa en la *mente*. De la culpa y el odio inherente en la relación especial, la cual siempre se centra en el cuerpo, Jesús nos dice:

La relación de amor especial es un intento de limitar los efectos destructivos del odio, tratando de encontrar refugio en medio de la tormenta de la culpabilidad. Dicha relación no hace ningún esfuerzo por elevarse por encima de la tormenta hasta encontrar la luz del sol. Por el contrario, hace hincapié en la culpabilidad que se encuentra fuera del refugio, intentando construir barricadas contra ella a fin de mantenerte a salvo tras ellas. La relación de amor especial no se percibe como algo con valor intrínseco, sino como un enclave de seguridad desde donde es posible separarse del odio y mantenerlo alejado (T-16.IV.3:1-4).

Y así la culpa subyacente permanece a salvo oculta en la mente, desde la cual se proyecta continuamente sobre los demás *sin que el estudiante reconozca lo que está pasando verdaderamente.* Podemos considerar brevemente las dos formas específicas de odio especial y de amor especial que toma esta culpa proyectada, las cuales son pertinentes a nuestra discusión aquí. La siguiente sección las presenta en mayor profundidad.

En el *odio especial*, constantemente se emiten juicios en contra de los demás, pues ellos no son tan especiales como nosotros. Ciertamente, los grupos son grupos porque se han juzgado diferentes de los demás; e.g., la aseveración "Necesito un grupo al que pueda hablarle" claramente implica que hay "otros grupos que no me entienden". De esta manera, se refuerza la individualidad de nuestro especialismo, así como la creencia de que las diferencias son importantes. Y así la Filiación se concibe inevitablemente como que está dividida, la meta secreta del ego.

En el *amor especial*, los desconocedores creen que están escuchando una Voz interior especial, la Voz que habla por Dios, cuando todo lo que en verdad se está manifestando es la voz del ego que habla únicamente a favor del especialismo. Este error nos recuerda el especialismo que ha pasado por cristianismo durante dos mil años. Como observamos antes, cristianos por lo demás bien-intencionados se "unieron de común acuerdo" en sus iglesias específicas, mas continuaron mostrando las sombrías y a veces perversas proyecciones de su culpa sumergida, mientras todo el tiempo pensaban que estaban siguiendo a su Señor del amor y Príncipe de la paz. Hemos visto antes que cuando la culpa se niega tiene que ser proyectada, lo que inevitablemente origina un mundo *especial* de bueno y malo, santo e impío, víctima y victimario–mientras tanto el verdadero y unificado Amor de Cristo se mantiene a salvo oculto por el sistema de pensamiento del ego y su mundo.

En resumen, no puede decirse con demasiada frecuencia que la única verdadera unión–y el foco real de las enseñanzas de Jesús en *Un curso de milagros*–es la unión con él o con el Espíritu Santo en nuestras mentes. Sólo entonces el sistema de pensamiento de la separación del ego puede ser deshecho y reemplazado por la *unión mayor* (T-28.IV) de Cristo con Cristo, que el unirnos con Jesús nos permite recordar. Y es esta unión (la *causa*) lo que se refleja automáticamente en la unión que experimentamos con otros (el *efecto*).

Un ejemplo de lo que verdaderamente significa el unirse se encuentra en *La psicoterapia: propósito, proceso y práctica*. En este pasaje podemos ver cómo unirse significa mirar sin enjuiciar *nuestra propia creencia en el pecado* proyectado sobre otro, la definición operacional de mirar con Jesús o el Espíritu Santo. Esto está en contraste con el significado del ego el cual simplemente es unirse con otro a quien se cree externo a uno mismo. La oración final ofrece una afirmación clara de que esta unión, si bien está ocurriendo en el contexto de dos personas diferentes–terapeuta y paciente–en realidad ocurre en la mente:

Esta comprensión [de que sólo el perdón cura una falta de perdón] es la meta final de la psicoterapia. ¿Cómo se alcanza? *El terapeuta ve en el paciente todo lo que no ha perdonado en sí mismo, y de esta manera se le da otra oportunidad de mirarlo, someterlo a una nueva evaluación y perdonarlo.* Cuando esto ocurre, ve cómo desaparecen sus pecados en un pasado que ya no está aquí. Hasta que lo haga, tiene que pensar que el mal lo asedia aquí y ahora. *El paciente es la pantalla para la proyección de sus pecados, lo cual hace posible que se deshaga de ellos.* Pero si llega a retener una mancha de pecado en lo que mira, su liberación es parcial y no será segura.

Nadie se cura sólo. Este es el alegre canto que la salvación entona a todo el que oye su Voz. Esta aseveración no puede ser recordada con demasiada frecuencia por todos los que se vean a sí mismos como terapeutas. Sus pacientes sólo se pueden ver como portadores de perdón, pues son ellos quienes vienen a demostrar su impecabilidad ante ojos que aún creen que el pecado se encuentra ahí para que lo vean. *Pero la prueba de la impecabilidad, vista en el paciente y aceptada en el terapeuta, le ofrece a la mente de ambos un pacto en el cual se encuentran y unen y son uno* (P-2.VI.6-7; mis bastardillas).

El especialismo espiritual y la unión

Como discutimos al final del Capítulo Once, el especialismo espiritual se refiere a la gente que expresan el especialismo de sus egos, pero disfrazado con un traje espiritual. Con frecuencia esto surge en la forma de ellos creer que han recibido instrucciones *especiales*, favores *especiales* o comisiones *especiales* de personas divinas *especiales* tales como Jesús o el Espíritu Santo, todo lo cual sirve para hacer a estas personas espiritualmente distintas de los demás y por consiguiente más *especiales*.

La historia religiosa y espiritual de la civilización de occidente, está repleta de ejemplos como ese, hasta el presente e incluyendo el día presente. Incluso un examen superficial de los últimos dos milenios revelaría el hecho de que los cristianos creyeron que ellos eran ontológicamente mejores que los demás. Esto se ha discutido en mi libro *Love Does Not Condemn (El amor no condena)* donde la primera etapa de la historia del conflicto entre las iglesias cristianas y las escuelas gnósticas se percibió como un ejemplo particularmente pernicioso de este especialismo. El grueso de esta sección se extrajo de ese libro (págs. 287-288, 296, 539-543), algo modificado para incluirlo aquí:

Ciertamente, no puede haber una característica más insidiosa y más contradictoria de los grupos religiosos que la creencia de que de alguna manera ellos son "especiales"–i.e. mejores, más santos y más amados de Dios que otros grupos. La paradoja de esa creencia en un movimiento que pretende estar arraigado en Dios y Su revelación es evidente, cuando uno recuerda la unidad que *sí* es la condición de la creación de Cristo. Este no es sino otro ejemplo de lo que, en una discusión de religión y religión *formal* en el suplemento de *La psicoterapia*, Jesús define como el intento de reconciliar lo irreconciliable y de unir ideas que se excluyen mutuamente (P-2.II.2:1-3).

Si uno pudiese señalar un elemento común en todas las formas e instituciones religiosas que ha contribuido al descenso de éstas de una espiritualidad verdaderamente auténtica, éste sería esta creencia en el especialismo. En nuestra tradición occidental, lo vemos desde el comienzo de las dos religiones bíblicas, y ello ha continuado hasta el presente. Puesto que muchos estudiantes ven a *Un curso de milagros* como el "tercer testamento", que obra conforme al Antiguo y al Nuevo Testamento en un continuo de revelación divina, unas breves observaciones en torno a la historia de la tradición bíblica judeo-cristiana podrían ser instructivas.

La enseñanza cristiana del siglo I no se puede entender separada de sus raíces históricas en el judaísmo, donde el concepto del "pueblo escogido" halla un lugar prominente. Si bien es cierto que este concepto del "don de ser escogido" se puede interpretar de maneras no tan obvias, no obstante, éste permanece como un concepto de separación–*el cual se origina en lo divino*–que se basa en una arrogancia espiritual que de algún modo ubica a uno mismo y al grupo de uno más cerca del Creador que a los demás. Esta es una conclusión a la cual se llega únicamente mediante las interpretaciones de información transmitida a través de los ojos estrechos (y la mente) del universo personal y especial de uno.

El "don de ser escogidos" de los Hijos de Israel fue adoptado por el cristianismo, el cual imperturbablemente se consideró a sí mismo como el heredero al trono del pueblo bienamado de otro tiempo, el trono dejado vacante por los recalcitrantes judíos. San Pablo, quien era judío, arrogantemente proveyó el cimiento para esta creencia en su famosa imagen del árbol de olivo y sus ramas, escrito a los romanos a mediados del siglo I d.C.:

> ...¿Es que [los judíos] han tropezado para quedar caídos? ¡De ningún modo! Sino que su caída ha traído la salvación a los gentiles, para llenarlos

de celos [a ellos mismos].... si la raíz es santa, también [lo son] las ramas. Que si algunas ramas fueron desgajadas [los judíos], mientras tú–olivo silvestre–[cristiano romano no-judío] fuiste injertado entre ellas, hecho partícipe con ellas de la raíz y de la savia del olivo (Romanos 11:11,16-17).

Ellos–primero los judíos, quienes aceptaron a Jesús como el Mesías prometido, a quienes se unieron posteriormente los gentiles–eran ahora los escogidos de Dios, de lo cual daban testimonio sus confesiones de fe en el Señor Jesús resucitado, percibido, por supuesto, como que había sido judío por lo que automáticamente era parte de la raza original escogida por Dios. Este grupo se tornó más rigurosamente (si no rígidamente) definido a medida que pasaban las décadas, y emergió finalmente como una Iglesia limitada y exclusiva, la cual se proclamaba a sí misma por derecho propio como la verdadera heredera del Jesús judío y de sus apóstoles. Una pequeña jerarquía definía a esta Iglesia y se convirtió en el árbitro de aquellos que pertenecían a su círculo especial, y de los que no pertenecían. Además, sin esta Iglesia, alegaba su jerarquía, la salvación era imposible.

Los cristianos gnósticos fueron excluidos de este círculo y así, a la manera en verdad del ego, muchos de estos "herejes" establecieron sus propios criterios de matrícula en los círculos escatológicos de los salvados y de los condenados. Esta matrícula surgió del propio sentido de especialismo espiritual de estos gnósticos. Ellos creían ser los recipientes especiales del *gnosis* (conocimiento o revelación), lo cual los separaba del resto de la humanidad, quienes claramente no eran tan privilegiados como ellos. En algunas formas cristianas del gnosticismo este especialismo obviamente se proponía, al menos en parte, como una posición defensiva en contra del especialismo de la Iglesia más ortodoxa. Por lo tanto, encontramos que muchos gnósticos también se proclamaban a *sí mismos* como escogidos de Dios–a diferencia de los ortodoxos que ahora habían caído en desgracia– para cumplir la misión especial de traer la luz de la verdad al mundo de las tinieblas. Infortunadamente, las categorías de amor especial y de odio especial permanecían intactas, y sólo cambiaron los nombres pertenecientes a cada grupo.

El gran filósofo neo-platónico del siglo III Plotino, quien no tenía preferencia ni por los cristianos ni por los gnósticos puesto que su espiritualidad platónica no tenía ni forma ni ritual, nos proveyó una importante crítica del "especialismo espiritual" de los gnósticos. En el segundo libro de sus *Enneads (Eneas)*, se refería a aquellos gnósticos que lograron convencerse a sí mismos y a otros que ellos eran mejores que todas las demás personas, incluyendo a los mismos dioses (el cosmos mayor) y a la creación de los dioses, "el Alma bendita":

> Pero los hombres estúpidos creen esta suerte de discurso tan pronto oyen "serás mejor que todos, no sólo los hombres, sino también los dioses"– pues abunda la arrogancia entre los hombres–y el hombre que una vez fue humilde y modesto, una persona privada ordinaria, si oye "eres el hijo de Dios, y los demás a quienes solías admirar no lo son, ni los seres que ellos veneran de acuerdo con la tradición recibida de sus padres; pero tú eres mejor que el cielo sin que hayas tenido dificultad alguna para lograrlo"–¿van otras personas entonces a unirse al coro? Es como si, en una gran multitud de personas que no sabían contar, alguien que no sabía contar oyese que él tenía mil codos de estatura; ¿qué pasaría si él creyera que medía mil codos, y oyera que los demás miden cinco codos? Sólo imaginaría que el "mil" era un número grande (*Enneads [Eneas]*.II.9.9).

Lo que Plotino está describiendo es el caso común del ciego dirigiendo al ciego. Si tú no tienes normas mediante las cuales juzgar las proclamaciones y los reclamos "reveladores" de los demás, entonces aceptas cualquier cosa que nutra tus necesidades *especiales* de que otros sean *especiales,* lo cual te hace automáticamente *especial* por la simple razón de estar ante su presencia *especial*. No solamente eso, las personas que hacen las reclamaciones de especialismo para sí mismas generalmente terminan creyendo en su "verdad", porque ahora reciben validación de parte de otros, lo que constituye la culminación de este proceso muy circular. Para plantearlo nuevamente, puesto que aquellos a su alrededor les han dicho que ellos, los especiales, son gigantes espirituales ("mil codos de estatura") y por encima de los demás (quienes sólo miden "cinco codos"), la audiencia acepta esto y lo refuerza en aquellos que lo proclaman. Así pues, se establece un círculo vicioso de decepción que se torna muy difícil de romper, pues el refuerzo del especialismo es demasiado fuerte. Como veremos dentro de poco, uno puede observar este fenómeno de especialismo espiritual en muchos estudiantes y seguidores de *Un curso de milagros*.

Si bien lo que estamos llamando "especialismo espiritual" aparece en los miembros de casi todos los movimientos espirituales o religiosos, muy a menudo éste es inherente en las teologías en sí de estas religiones. Generalmente esto se manifiesta en la forma de creer que el grupo o los miembros de la Iglesia también han sido elegidos por Dios o el Espíritu Santo para realizar alguna función santa que beneficiará a la humanidad y contribuirá a la salvación del mundo. Visitaciones por Dios (o Sus agentes), escrituras especiales que se han "dado", mensajes divinamente inspirados sobre la misión de uno, son sólo tres de las muchas y variadas justificaciones que las personas dan para la satisfacción del especialismo de su ego. Una vez el especialismo se ha hecho parte inherente de cualquier teología o espiritualidad, el especialismo espiritual entre sus seguidores no sólo es razonable y comprensible, sino lógicamente inevitable también.

Sin embargo, ese especialismo intrínseco claramente no es el caso con las enseñanzas de *Un curso de milagros*, cuyo mensaje en su totalidad trata del apego que el ego siente hacia el especialismo, las diferencias y la exclusión. Inherente, pues, dentro de la teología del Curso es la corrección de la forma del sistema de pensamiento del ego que hemos estado llamando especialismo espiritual. No obstante, muchos de los estudiantes del Curso no se han escapado enteramente de esta sutil trampa. El campo de batalla que generalmente termina como el hogar de los movimientos religiosos y espirituales–tanto *dentro* del movimiento en sí, como *entre* éste y otras espiritualidades–también se está abriendo paso en la "comunidad" que ya comienza a germinar alrededor del Curso. De ese modo, los estudiantes de *Un curso de milagros* a menudo confunden la forma con el contenido, y se olvidan de las afirmaciones de Jesús citadas antes de que "todos mis hermanos son especiales" (T-1.V.3:6), y de que el Curso es sólo un camino entre "muchos miles" (M-1.4:2).

Ciertamente no se quiere decir con esto que los estudiantes no deban unirse unos con otros en grupos y en actividades que son auténticas experiencias que reflejan el perdón; ni que las personas no deban sentir la presencia de Jesús o del Espíritu Santo, y que estas experiencias abstractas y no-específicas no puedan ser significativamente traducidas a lo específico por la mente. Las experiencias de Jesús que tuvo Helen y la escritura de *Un curso de milagros* ciertamente dan testimonio de la legitimidad de ese fenómeno. Pero sí dice que el ego puede muy fácilmente inmiscuirse en lo que de otro modo podrían ser experiencias válidas de perdón o de Jesús, y entonces tornarlas en algo especial e importante. Luego se unen de común acuerdo *como si* ellos fuesen un grupo de por sí, parte de una familia o red distintiva, a la cual este agrupamiento de algún modo les hiciese especiales tanto a ellos como al Curso. Y son estas distorsiones, nacidas realmente de la unión del ego consigo mismo, lo que es necesario entender y tratar, no sea que el progreso espiritual de uno sea desviado o incluso abortado.

El error, por supuesto, radica en no darse cuenta de que lo que verdaderamente une a las personas como una familia es su Fuente común, la cual es únicamente del espíritu. Nuestras familias mundanas–biológicas, maritales, étnicas, religiosas, comunidad local, país, alianzas deportivas, etc. –no son

más que clases a las cuales hemos decidido asistir, y en las cuales esperamos finalmente–mediante el volvernos hacia Jesús como nuestro maestro
interno en lugar del ego–aprender que en verdad sólo hay una Familia:
Cristo. Contrastando nuestros nombres mundanos con el único verdadero
Nombre, el cual compartimos con Dios nuestro Creador, Jesús afirma en
la Lección del libro de ejercicios "El Nombre de Dios es mi herencia", un
pasaje del cual he citado ampliamente en el Capítulo Diez:

> Vives a base de símbolos. Has inventado nombres para todas las cosas
> que ves. Cada una de ellas se ha convertido en una entidad aparte, iden-
> tificada por su propio nombre. De esta manera la segregas de la unidad.
> De esta manera designas sus atributos especiales y la distingues de otras
> cosas al hacer hincapié en el espacio que la rodea. Este es el espacio que
> interpones entre todas las cosas a las que has dado un nombre diferente;
> entre todos los acontecimientos desde el punto de vista del tiempo y del
> lugar en que ocurrieron, así como entre todos los cuerpos que se saludan
> con un nombre.

Más bien, se nos pide que

> [aceptemos] que Su Nombre abarca toda la realidad y…[reconozcamos]
> que los innumerables nombres que…[nosotros le dimos] a todos sus as-
> pectos han distorsionado lo que…[nosotros vemos], pero no han
> afectado a la verdad en absoluto. Invocamos un solo Nombre en nuestras
> prácticas. Y nos valemos de un solo Nombre para unificar nuestra visión.
> Y si bien utilizamos un nombre distinto para cada aspecto de la con-
> ciencia del Hijo de Dios, comprendemos que todos comparten el mismo
> Nombre, el cual Él les ha dado.

Y por eso oramos:

> Padre, nuestro Nombre es el Tuyo. En el estamos unidos con toda cosa
> viviente, y Contigo que eres su único Creador. Lo que hemos hecho y a
> lo que hemos dado muchos nombres diferentes no es sino una sombra
> que hemos tratado de arrojar sobre Tu Realidad.… Tu Nombre nos une
> en la unicidad que es nuestra herencia y nuestra paz. Amén (L-pI.184.1;
> 13:3–14:1; 15:1-3,8-9; bastardillas omitidas).

Sin embargo, ciertamente Jesús no nos pide que neguemos nuestras afi-
liaciones específicas en este mundo. En lugar de eso, se nos exhorta a *no*
tomarlas seriamente como realidades que deben sustentarse, justificarse y
defenderse, sino que simplemente deben utilizarse para el propósito de la
enseñanza del Espíritu Santo. Recuerda aquel pasaje de la misma lección
recién citada del libro de ejercicios:

Todavía tienes necesidad de usar los símbolos del mundo. Mas no te dejes engañar por ellos. No representan nada en absoluto…. No son sino medios a través de los cuales puedes comunicarte de manera que el mundo te pueda entender, pero reconoces que no son la unidad en la que puede hallarse la verdadera comunicación (L-pI.184.9:2-5).

Otra forma de especialismo espiritual que necesitamos explorar es la que implica a *Un curso de milagros* en sí. Aunque *Un curso de milagros* obviamente no es el primer sistema de pensamiento espiritual que ha explorado los asuntos metafísicos de la verdad y la ilusión, *sí* es el primero en haber integrado la psicología y la espiritualidad de la manera tan poderosa que he discutido a lo largo de este libro. Por ejemplo, para subrayar este importante punto, su aseveración seminal "El mundo se fabricó como un acto de agresión contra Dios" (L-pII.3.2:1) no se puede entender sin un dominio de los principios metafísicos *y* de los principios psicológicos del Curso. No obstante, es importante comprender que esta unicidad finalmente no hace que sus enseñanzas ni sus estudiantes sean mejores ni más merecedores de la bendición del Cielo que los demás. Jesús es bastante claro en *Un curso de milagros* acerca de los peligros de creer que cierto grupo es un recipiente más especial del Amor del Espíritu Santo:

El propósito de la salvación no puede ser ayudar al Hijo de Dios a que sea más injusto de lo que él ya ha procurado ser. Si los milagros, que son el don del Espíritu Santo, se otorgasen exclusivamente a un grupo selecto y especial y se negasen a otros por ser éstos menos merecedores de ellos, entonces Él sería el aliado del especialismo. El Espíritu Santo no da fe de lo que no puede percibir. Y todos tienen el mismo derecho a Su don de curación, liberación y paz (T-25.IX.7:1-4).

El texto bíblico "Porque muchos son llamados, mas pocos escogidos" (Mateo 22:14) provee una clara aseveración de especialismo de parte de un Dios Que elige únicamente a ciertos hijos Suyos para la salvación. Como hemos visto, Jesús corrige esta egregia interpretación del ego–una corrección que sirve de base para los títulos de las dos partes de este libro–de modo que la responsabilidad de la salvación recae en sus *estudiantes*: "Todos son llamados, pero son pocos los que eligen escuchar" (T-3.IV.7:12).

Una vez se forma un grupo especial, es casi inevitable que éste tratará de justificar su especialismo y se pondrá en contra de otros grupos. De ese modo, como hicieron las primeras iglesias, los estudiantes del Curso se parcializan entre ellos mismos. Surgen bandos de interpretación opuestos, en disputa unos con otros sobre quién interpreta el Curso más correctamente, o quién le es más fiel a las enseñanzas de Jesús, etc. El punto aquí, repito, no es que se niegue que las diferencias entre los estudiantes sí existen en efecto, ni que el debate saludable de estos puntos de vista distintos no pueda ser valioso, sino más bien el evitar hacer de las diferencias un asunto que divida y ataque. Gloria y yo con frecuencia les aconsejamos a aquellos que asisten a nuestros talleres y a nuestras clases que una de las lecciones más significativas que un estudiante de *Un curso de milagros* puede tener es aprender cómo estar en desacuerdo con otros sin que ello sea un ataque. Los inicios del cristianismo, llena de señalamientos teológicos, de diatribas *ad hominem* y de persecuciones, deben servir como un modelo de cómo las diferencias de interpretación o teología *no* se deben manejar. Es absurdo que los estudiantes utilicen *Un curso de milagros,* claramente basado en principios de perdón y unidad, como un arma en contra de otros estudiantes, simplemente debido a interpretaciones o prácticas que difieren.

En general, estas divisiones inter e intramuros descansan sobre la confusión de forma y contenido, la misma confusión que exploramos varias veces antes. Tal confusión, en efecto, es el corazón del sistema defensivo del ego para la protección de sus relaciones especiales, como vemos en estos extractos de pasajes que hemos citado antes:

> Cada vez que alguna forma de relación especial te tiente a buscar amor en ritos, recuerda que *el amor no es forma sino contenido.* La relación especial es un rito de formas, cuyo propósito es exaltar la forma para que ocupe el lugar de Dios a expensas del contenido (T-16.V.12:1-2; mis bastardillas).

Y de las leyes del caos del ego, agrupadas en torno a la creencia en el especialismo, Jesús añade:

> Sin embargo, ¿cómo es posible que se pueda creer en semejantes leyes? Hay un extraño mecanismo que hace que ello sea posible. Es algo que nos resulta familiar, pues hemos visto en innumerables ocasiones cómo parece funcionar.... Ninguna de las leyes del caos podría coaccionar a nadie a que creyese en ella, si no fuera por el *énfasis que se pone en la forma y por el absoluto desprecio que se hace del contenido* (T-23.II.16:1-3,5; mis bastardillas).

Las diferencias son inevitables en el mundo de la forma el cual se fundó en diferencias, pues el mundo se originó con el pensamiento de que había una diferencia entre Dios y Su Hijo. En el universo físico de la percepción esas diferencias son la norma, y en *Un curso de milagros*, repito, Jesús no nos pide que neguemos nuestras diferencias físicas en el mundo, ni nuestra conciencia de las mismas. Es el *apego* subyacente a mantener el pensamiento de separación lo que constituye el problema. De igual manera, los juicios son inevitables aquí; por ejemplo, yo debo haber hecho un juicio para escribir este libro y no algún otro; tú, el lector, igualmente has hecho un juicio para leer este libro y no algún otro. Cuando Jesús les dice a los estudiantes de su Curso que no juzguen, lo que realmente quiere decir es que no condenen.

Por lo tanto, si bien por una parte inevitablemente tenemos que identificarnos con nuestros grupos de preferencia (la *forma*), por otra parte hay que mantenerse alerta contra los juicios de amor especial o de odio especial, o ambos (*contenido*) que casi tan inevitablemente se infiltran en nuestras identificaciones con los grupos y en nuestra conducta. En otras palabras, las diferencias en la comprensión y presentación de las enseñanzas del Curso, sin duda alguna, surgirán siempre, y esto no significa que necesariamente debemos estar de acuerdo o apoyar los comentarios de otros en torno a *Un curso de milagros* en el nivel de la forma, si la forma estuviese equivocada. Después de todo, repito una vez más, las diferencias sí existen en el mundo que nosotros creemos que es real y que es nuestro hogar, de modo que sería, para citar un pasaje del cual citamos antes, "una forma de negación particularmente inútil" (T-2.IV.3:11) para los estudiantes del Curso el negar cualquier experiencia en el mundo de la forma. Como enseña Jesús en lo que se refiere a la curación y a las percepciones de la enfermedad:

> Los ojos del cuerpo continuarán viendo diferencias. Pero la mente que
> se ha permitido a sí misma ser curada, dejará de aceptarlas (M-8.6:1-2).

Con esto Jesús quiere decir que la mente sana reconoce diferencias en el nivel de la forma, pero no reconoce estas diferencias como significativas o que tengan efecto alguno sobre la realidad. Y por eso podemos ver diferencias en los maestros y estudiantes del Curso, e incluso tratar de corregir errores si así somos guiados, pero sin que se afecte la conciencia de nuestra realidad compartida como el Hijo único de Dios.

Así podemos concluir que a pesar de estas diferencias percibidas en el mundo, los estudiantes no necesitan llevar consigo un apego emocional de juicio, el cual sólo podría significar que las diferencias se han perseguido con vehemencia y por lo tanto son bienvenidas. En ese caso las diferencias se han tomado en serio, para exponerlas como pecados y luego justificadamente oponerse a las mismas en nombre de la verdad. Y como se ha discutido en la primera parte del libro (e.g., págs. 134-477), esto se debe a la fuerte necesidad inconsciente de hacer que otras personas estén equivocadas de modo que nosotros podamos tener la razón, en clara oposición a la percepción de la mentalidad correcta del Espíritu Santo:

> *Reaccionar* ante cualquier error, por muy levemente que sea, significa que no se está escuchando al Espíritu Santo. Él simplemente pasa por alto todos los errores, y si tú les das importancia, es que no lo estás oyendo a Él.… Percibir errores en alguien, y *reaccionar ante ellos como si fueran reales, es hacer que sean reales para ti.* No podrás evitar pagar las consecuencias de esto, no porque se te vaya a castigar, sino porque estarás siguiendo al guía equivocado, y, por lo tanto, te extraviarás (T-9.III.4:1-2; 6:7-8; mis bastardillas).

En lugar de estas falsas percepciones, Jesús quiere exhortar a sus estudiantes a *recordar reírse* (*vea* T-27.VIII.6:2) de la tontería de finalmente hacer importantes las diferencias. Repito, con mucha frecuencia puede ser una experiencia eficaz el aprender cómo estar en desacuerdo con otro *sin* sentirse perturbado, y sin permitirle al ego convertir la diferencia en un símbolo importante de la separación y el pecado, con lo cual se justifica el ataque. En "La corrección del error" en el Capítulo 9 del texto, del cual acabamos de citar, Jesús nos provee unas directrices para corregir la *forma* del error de alguien, mas respetando y honrando el *contenido* de su corrección como Hijo de Dios:

> Para el ego lo caritativo, lo correcto y lo apropiado es señalarles a otros sus errores y tratar de "corregirlos". Esto tiene perfecto sentido para él porque no tiene idea de lo que son los errores ni de lo que es la corrección. Los errores pertenecen al ámbito del ego, y la corrección de los mismos estriba en el rechazo del ego. Cuando corriges a un hermano le estás diciendo que está equivocado. Puede que en ese momento lo que esté diciendo no tenga sentido, y es indudable que si está hablando desde su ego no lo tiene. Tu tarea, sin embargo, sigue siendo decirle que tiene razón. No tienes que decírselo verbalmente si está diciendo tonterías. *Necesita corrección en otro nivel porque su error se encuentra en otro nivel.* Sigue teniendo razón porque es un Hijo de Dios. Su ego, por otra parte, está siempre equivocado, no importa lo que diga o lo que haga (T-9.III.2; mis bastardillas).

La clave aquí es aprender a ser propio con el papel de uno de corregir la forma (como cuando una maestra instruye a sus alumnos de tercer grado en los rudimentos de la aritmética), sin *reaccionar con exageración* a los errores. Claramente Jesús se refiere a *nuestras* respuestas o interpretaciones de los errores, y no a la forma del error en sí, que es amoroso corregir muchas veces, y muy *poco* amoroso no hacerlo.

Un error que con frecuencia surge de esta creencia subyacente en el especialismo es el hacer a ciertas personas (e incluso lugares) asociados con *Un curso de milagros,* históricamente o en el presente, especiales o más santos que otros. Esto inevitablemente coloca en un pedestal a estos objetos de amor especial, con la consecuencia de un odio asesino no sólo obvio sino predecible. La única persona "especial" del Curso es Jesús o el Espíritu Santo; esto es, la presencia *interna* del Amor de Dios que, repito, lleva a Jesús a afirmar en el Curso que todos sus "hermanos son especiales".

Un último punto relacionado con los grupos centrados en *Un curso de milagros*: El proceso central de estudiar el Curso y de seguir su particular camino espiritual es individualizado. No hay manera de escaparse del trabajo duro y la dedicación que conlleva el estudiar y re-estudiar el texto *individualmente*, así como el hacer los ejercicios del libro de ejercicios durante el año del programa de adiestramiento que es parte integrante del proceso pedagógico del Curso. Con demasiada frecuencia el unirse a un grupo o a una clase puede interferir sutilmente con esta responsabilidad del estudiante, al substituir la forma de unirse con el grupo por el contenido de unirse con el Espíritu Santo *dentro de la propia mente de uno*. Algunas veces incluso líderes o maestros de grupos tratan de establecer directrices para sus estudiantes, casi legislando cómo deben estudiar *Un curso de milagros*. De ese modo han olvidado que Jesús se refiere a este asunto al final del manual para el maestro, en un pasaje que citamos brevemente en el Capítulo Uno. Jesús nos dice "el programa de estudios es sumamente individualizado, y todos los aspectos están bajo el cuidado y la dirección del Espíritu Santo" (M-29.2:6). Puesto que todos los estudiantes de *Un curso de milagros* pueden ser específicamente guiados por el Espíritu Santo, ciertamente sería presuntuoso que alguien les dijese cómo deben acercarse al Curso, y mucho menos establecer guías formales o informales sobre cómo estudiarlo. Además, puesto que el Curso está estructurado para que se estudie *tal cual*, dichos intentos de reestructurar su estudio para otros serían típicos de los esfuerzos arrogantes del ego para probar que él sabe más que Dios, Jesús o el Espíritu Santo.

Para resumir este capítulo, pues, podemos reconocer el error de confundir la forma con el contenido, que ha caracterizado las experiencias de las personas que se unen de común acuerdo. La unión de unos con otros que recalca *Un curso de milagros* emana del des-hacer las barreras de la separación que existen dentro de nuestras *mentes*. Este proceso puede ocurrir independientemente de que estemos en presencia de otros, o de que ellos sean conscientes siquiera de nuestra falta de perdón. La unión externa es una forma de *magia*, si se le adjudica el poder de la salvación; la unión en nuestras mentes a través del perdón, por otra parte, es el *milagro*. Nuestros problemas no se pueden solucionar a través del uso mágico de situaciones externas, sino únicamente a través del uso de la capacidad del milagro para sanar nuestros pensamientos. Sólo en el nivel de la mente puede ocurrir la verdadera unión, porque fue únicamente en el nivel de la mente que pareció ocurrir el pensamiento de la separación. En un importante pasaje que discute el mundo de la percepción, Jesús recalca esta distinción entre corregir los errores de las diferencias en la mente, *donde está el problema*, o fuera de la mente en el mundo donde las diferencias sólo *parece* que están. A propósito, el primer párrafo de este pasaje no aparece en la primera edición del Curso, como el lector quizá recuerde de nuestra discusión en *Todos son llamados* (págs. 158-159).

> *¿De dónde surgen todas estas diferencias? Ciertamente parecen encontrarse en el mundo exterior. Sin embargo, no hay duda de que es la mente la que juzga lo que los ojos contemplan: la que interpreta los mensajes que le transmiten los ojos y la que les adjudica "significado". Este significado, no obstante, no existe en el mundo exterior. Lo que se considera la "realidad" es simplemente lo que la mente prefiere. La mente proyecta su propia jerarquía de valores al exterior, y luego envía a los ojos del cuerpo a que la encuentren.* Estos jamás podrían ver excepto a base de contrastes. Mas la percepción no se basa en los mensajes que los ojos traen. La mente es la única que evalúa sus mensajes, y, por lo tanto, sólo ella es responsable de lo que vemos. Sólo la mente decide si lo que vemos es real o ilusorio, deseable o indeseable, placentero o doloroso.
>
> *En las actividades de selección y categorización que la mente lleva a cabo es donde se producen los errores de percepción. Y es aquí donde debe efectuarse la corrección.* La mente clasifica aquello de lo que los ojos del cuerpo le informan, de acuerdo con sus valores preconcebidos, y determina cuál es el lugar más apropiado para cada dato sensorial (M-8.3:1–4:3; mis bastardillas).

Es, pues, sólo un corto paso de la creencia mágica en la eficacia de los grupos del Curso que se reunen de común acuerdo, al apego a las organizaciones y redes de *Un curso de milagros*. Y antes de que te enteres, estamos en el camino familiar que conduce a la institucionalización religiosa y a las iglesias, al sectarismo, a los juicios y las persecuciones. Para plantear el punto central nuevamente, el problema no es que los grupos en sí y de por sí sean errores, sino más bien el apego a que su forma sea necesaria, significativa o salvífica es lo que constituye el error. Como hemos observado, la historia del cristianismo sirve como un ejemplo notorio de las infortunadas consecuencias de *no* reconocer el gran potencial para el especialismo inherente a la formación de grupos, cubriendo el especialismo oculto del ego con un ropaje espiritual.

Finalmente, ya debe ser aparente que *Un curso de milagros* es una *enseñanza* espiritual, estructurada y concebida para que se practique de manera *individual* en el contexto de desarrollar una relación personal con Jesús o el Espíritu Santo. *Nunca* fue concebido por Jesús (ni entendido por Helen, quien fue la escriba del mismo dictado por él), como un movimiento, o algo que fuese a ser seguido por grupos. Esta es una marcada diferencia de cómo las religiones organizadas se ven a sí mismas, con rituales, oraciones especiales, con personas especialmente ordenadas y preparadas como una parte intrínseca de su camino religioso. *Un curso de milagros* no tiene nada de esto. Si bien huelga decir, una vez más, que los estudiantes deben practicar el Curso en la forma que ellos elijan, con quienquiera que ellos elijan, jamás debe olvidarse que el practicarlo en grupo o que los grupos se unan en redes no es nada que sea *inherente* a *Un curso de milagros* en sí.

Capítulo 14

EL ERROR Y EL EGO

Introducción

He recalcado desde el principio cuán importante es para los estudiantes de *Un curso de milagros* el *no* permitir que la metafísica subyacente en todas las enseñanzas de Jesús en el Curso se aleje demasiado de ellos. Los dos errores que constituyen nuestro centro de interés principal en este capítulo son el resultado directo e inevitable de olvidarnos de la irrealidad fundamental de *todo* lo que existe en el universo material, *sin excepción*. El proceso de mirar al ego con el Espíritu Santo o Jesús–la esencia del perdón–deja de ser lo que es si la visión de éste no se basa en la presencia de Ellos que está *fuera del sueño del tiempo y del espacio*.

El primer error que vamos a considerar es el de *hacer real el error*. Aquí, establecemos que el mundo y el cuerpo son reales al adjudicarles valores positivos o negativos; las formas de este error incluyen el espiritualizar la materia, mediante el desarrollo de sistemas éticos o morales de ascetismo, libertinaje o moderación y el abogar por la pasividad o el activísimo como respuesta a situaciones socio-políticas, y la creencia de que las prácticas espirituales tienen sentido y poder en sí y de por sí.

El segundo error es el de *minimizar nuestro apego al sistema de pensamiento del ego*. Una de las características principales de este error es la creencia de que un camino espiritual es fácil y requiere poco o ningún esfuerzo, pues lo único que uno necesita es "entregarle los problemas" al Espíritu Santo, oír Su Voz, y luego Él se encarga del resto.

El hacer real el error

Hemos discutido ampliamente el tremendo apego que el ego tiene en mantener su sistema de pensamiento de separación, individualidad y especialismo, protegido por la creencia en la realidad del mundo físico. El origen de este mundo se le adscribe generalmente a Dios o, en los sistemas seglares, a fuerzas cósmicas fuera de la mente. El dudar de estas cosmogonías, sin embargo, es formular la pregunta: Si Dios (u otras fuerzas) no creó el mundo, ¿quién lo creó? La respuesta desata un terror total en nuestras

483

mentes, pues el recordar el origen del mundo en la mentalidad del ego, y su propósito como una defensa en contra de Dios, es enfrentarnos a nuestra propia culpa y aceptar la responsabilidad por la separación. El lector quizá recuerde que fue precisamente para *evitar* este terror que el ego, por haber sido elegido por el Hijo de Dios en lugar del Espíritu Santo, virtualmente obligó al Hijo a que fabricara el mundo y los cuerpos individuales para comenzar. Por lo tanto, puesto que el ego nos ha convencido de que la aceptación de esta responsabilidad nos pone cara a cara con nuestra propia destrucción a manos del Creador vengativo, no debe sorprendernos que muchos estudiantes de *Un curso de milagros* resistan con tanta fuerza el aceptar completamente lo que el Curso nos está enseñando. Así pues, lo que se infiltra en su comprensión y práctica del Curso son maneras sutiles de hacer reales al mundo y al cuerpo, con lo cual "se protege" la existencia del ego. Examinemos algunas de éstas ahora.

Hay muchos, muchos pasajes en *Un curso de milagros*–algunos de los cuales hemos presentado en capítulos anteriores–que claramente afirman que Dios no creó ni pudo haber creado el mundo físico. El creer que Él lo creó, contradice directamente la integridad del sistema de pensamiento del Curso, una de cuyas premisas básicas es que Dios no pudo crear un ser (o ninguna cosa) distinta de Él. No obstante, los estudiantes de *Un curso de milagros* a menudo sienten la tentación de cambiar las enseñanzas de éste para que al leerlo se entienda que Dios no creó un mundo de dolor, pero que sí creó un mundo de belleza física, no se diga un cuerpo que se puede mejorar e incluso hacer inmortal. En términos de esto alguien familiarizado con la filosofía clásica inmediatamente verá paralelos–psicológica aunque no siempre filosóficamente–cercanos a la tradición platónica, en la cual la belleza y la majestad física del universo se ensalza, mientras que el dolor y el sufrimiento del cuerpo son abominadas. Uno de los propósitos de mi libro *Love Does Not Condemn (El amor no condena)* fue el ayudar a los estudiantes a reconocer, por una parte, el terreno platónico en el cual *Un curso de milagros* tiene sus raíces filosóficas, y, por otra parte, a distinguir las enseñanzas del Curso de aquellas que incorporan la paradoja de que una Unidad perfecta y absoluta creara, de algún modo, un universo físico imperfecto, una paradoja que es inherente a esta tradición platónica. El entender este trasfondo podía entonces, se esperaba, alertar a los estudiantes del Curso sobre este error.

Como se ha recalcado, es el intransigente absolutismo metafísico del Curso lo que resulta tan problemático para muchas personas. Ciertamente, una de las metas postuladas por éste es efectuar una *total* transferencia de aprendizaje, pues "el menoscabo de la capacidad de generalizar es un fallo fundamental de[l]...aprendizaje" (T-12.V.6:4). Como afirma el libro de ejercicios en su Introducción:

> El propósito del libro de ejercicios es entrenar a tu mente de forma sistemática a tener una percepción diferente de *todas las cosas y de todo el mundo*. Los ejercicios están diseñados para ayudarte a generalizar las lecciones.... [Si] La transferencia del entrenamiento para adquirir una percepción verdadera.... se ha logrado...en conexión con una persona, situación o acontecimiento, *la transferencia total a todo el mundo y a todas las cosas* es inevitable (L-in.4:1-2; 5:1-2, mis bastardillas).

Debido a esta inversión del ego en que mantengamos la creencia en la realidad de lo ilusorio, es difícil aceptar la plena implicación de las aseveraciones de Jesús en *Un curso de milagros* en torno a que Dios no creó el mundo. Estas implicaciones incluyen el que no se le adjudique realidad *en absoluto* a ningún aspecto del mundo físico y/o psicológico (en verdad uno y lo mismo, puesto que el mundo externo no es sino una sombra del interno), incluso a las percepciones de "dolor y...pérdida...enfermedad y ...aflicción...pobreza...hambre y...muerte" (L-pI.187.6:4). Estas implicaciones de igual manera incluyen el que no se le adjudique eficacia a ninguno de los métodos del mundo para curar o aliviar el dolor, tradicionales o no-tradicionales. Ciertas prácticas de la Nueva Era de visualizar la curación, o de enviarle luz a cuerpos enfermos o a situaciones conflictivas en el mundo, caen también en la misma trampa de hacer real el error. ¿Por qué habrías de enviar luz o visualizar la curación a menos que primero creyeras que había obscuridad real *fuera de ti* que necesitaba curación? Como he subrayado continuamente, el único problema es la obscuridad de la culpa en *nuestras* mentes que creen que la obscuridad externa es real. Para replantear esta importante enseñanza: "no trates...de cambiar el mundo, sino elige más bien cambiar la *mentalidad* acerca de él" (T-21.in.1:7; mis bastardillas).

Lo que cura mi dolor o mi enfermedad no es la "energía sanadora" de otro o del universo en sí, ni el despertar de la energía dentro de mi cuerpo (kundalini), sino más bien la única "energía sanadora" en verdad, la cual es el deshacer de mis pensamientos de culpa mediante la aceptación de la corrección del Espíritu Santo que es el perdón. Las energías físicas o mentales ciertamente pueden afectar el campo electromagnético del cuerpo, y por consiguiente traer alivio físico o mental, pero estos cambios, no obstante, ocurren dentro del dominio del mundo del ego/cuerpo. Así pues, estamos tratando con efectos (el cuerpo), y no con la verdadera causa (la mente). El imputarle propiedades espirituales a la materia, bien sea la Madre Tierra o ciertos minerales tales como cristales, de igual modo refleja el mismo error.

Uno no pensaría, tal parece, que el estudio de *Un curso de milagros* se prestaría para rituales, dados sus claros planteamientos en torno a la forma y al contenido. Sin embargo, como se mencionara en los Capítulos Siete y Ocho, la práctica del libro de ejercicios de un estudiante fácilmente puede convertirse en un ritual que *tiene* que realizarse, y realizarse apropiadamente con la cantidad "requerida" de repeticiones de la idea para el día exitosamente ejecutadas. Por otra parte, la verdad y la belleza de la enseñanza del Curso, la amorosa dulzura de Jesús que emana de sus palabras, también puede conducir a que estos *pensamientos* se transfieran a los libros en sí. De ese modo, las personas pueden creer que el mero tocar la cubierta azul (previamente verde en el Reino Unido), o el pasar las manos por encima de sus páginas, promueve la sanación, o que la simple repetición de sus palabras mágicamente instila a uno el mensaje, *sin la necesidad de retar el sistema de pensamiento de uno* y permitir que el mismo cambie al aceptar que el sistema de pensamiento del Espíritu Santo lo reemplace. Además, una vez se forman grupos, es bien fácil caer en los rituales informales que pronto se convierten en prácticas que, cuando no se llevan a cabo, conducen a la ansiedad y a la incomodidad, si no a sentimientos de privación y de ira.

Una vez más, el punto relevante aquí no es el uso de, o la creencia en tales prácticas, sino el intento de combinarlas con las enseñanzas de *Un curso de milagros*. Tales intentos, conscientes o no, son tácticas sutiles del ego para minimizar el radicalismo del Curso y opacar su distinción de otros sistemas. Esto nos lleva a otra manera importante con la cual el ego intenta diluir la claridad del mensaje del Curso: el afirmar que el Curso es "igual que" otras espiritualidades. Discutir esto con mayores detalles está más allá del alcance de este libro, pero unas breves palabras deben bastar para plantear el punto.

Muy pocas espiritualidades contemporáneas e incluso antiguas han estado exentas de inclusión en tales intentos. Estas han incluido las siguientes: el hinduismo clásico y el budismo clásico, el cristianismo tradicional o bíblico (el católico romano y el protestantismo de corriente principal), el judaísmo, el gnosticismo, Christian Science (Ciencia Cristiana), Ciencia de la Mente, Unity, Alcohólicos Anónimos y otros programas de los doce pasos, el material de Urantia, el material de Seth, Edgar Cayce, Joel Goldsmith,

C.G. Jung, la psicología transpersonal y una plétora absoluta de escritos contemporáneos canalizados. Sin duda, como ya hemos observado, muchas espiritualidades tratan el perdón, la importancia del poder de nuestra mente, y la fe y confianza en un Dios amoroso y no-punitivo. Sin embargo, ninguna presenta estas ideas dentro del marco metafísico/psicológico como lo hace *Un curso de milagros*. El comparar el Curso con otros caminos también opaca su enseñanza única. Como se discutió en el capítulo anterior (págs. 476-477), muchos estudiantes de *Un curso de milagros* confunden la petición que hace Jesús de que no juzguemos con la negación de las diferencias que ciertamente sí existen dentro del mundo ilusorio. Así pues, uno puede reconocer y aceptar las diferencias entre las muchas espiritualidades del mundo sin juzgar en contra de algunas, o jugar el juego del especialismo espiritual. De ese modo, para plantearlo una vez más aún, el enseñar que el Curso es diferente de estas otras espiritualidades no es juzgar en contra de las mismas. Afirmando lo que Jesús le dijo una vez a Helen: "No adoptes el camino de otro como tuyo, pero tampoco debes juzgarlo".

Nuestro ejemplo final de cómo los estudiantes del Curso han hecho real el cuerpo cae dentro de tres categorías éticas que discutí en el Capítulo Siete: ascetismo, libertinaje y el camino intermedio de la moderación. Repito, a pesar de la fuerte y consistente enseñanza del Curso sobre la irrealidad fundamental del cuerpo, muchos estudiantes no pueden evitar el viejo error gnóstico de hacer psicológicamente real el cuerpo. Esto se hace al ver al cuerpo como el problema que tiene que ser tratado mediante el desarrollo de ciertas normas éticas o de conducta. Tomemos cada categoría separadamente, comenzando con el ascetismo.

El *ascetismo* es con mucho la forma más común de este error en la cual caen los estudiantes de *Un curso de milagros*. Pasajes del Curso, citados ya, que señalan nuestro apego al cuerpo, o que describen nuestra experiencia culpable y aterradora relacionada con nuestros cuerpos, son tergiversados de su contexto para que sugieran que el cuerpo se debe negar o evitar debido a que es pecaminoso, malo, y el obstáculo predominante para el logro de la unidad con Dios. La sexualidad, el alimento, el dinero, sin que nos resulte sorprendente, son las expresiones más ampliamente utilizadas de esta creencia de que el cuerpo o la materialidad es el problema. Así pues, un sistema de pensamiento que se nos dio para ayudarnos a aprender cómo *no* hacer real el error o, dicho de otro modo, cómo no tomar en serio al mundo del ego, se transpone para que diga que el cuerpo debe tomarse *muy* en serio. A los seguidores del Curso, por lo tanto, se les exhorta, entre otras cosas, a mantenerse célibes, delgados, vegetarianos, a no tomar café, a no fumar cigarrillos, a no ganar grandes cantidades de dinero, y a no cobrar por actividades relacionadas con *Un curso de milagros*. La premisa subyacente aquí, no siempre enunciada e incluso inconsciente, es que la sexualidad, ciertos alimentos y el dinero son inherentemente no-espirituales. En un sentido, sin duda, eso es cierto, pues *todo* en el mundo físico es no-espiritual, por haberse fabricado, como hemos visto una y otra vez, para mantener lo espiritual fuera de nuestra conciencia y memoria. Sin embargo, el aislar ciertas funciones corporales o aspectos del mundo material por ser particularmente impíos es caer en la trampa de la primera ley del caos; a saber, de que hay una jerarquía de ilusiones (T-23.II.2), con lo cual algunos aspectos del mundo ilusorio se consideran mejores o más santos que otros. Esa diferenciación, en y de por sí, le sirve muy bien al propósito del ego de establecer *sus* falsas creaciones como reales, y la creación indiferenciada de Dios como irreal.

Sin embargo, esto ciertamente no significa, como hemos discutido previamente, que uno no deba tener preferencias y tomar decisiones basadas en esas preferencias. Es la *necesidad imperativa* de que se satisfaga la preferencia lo que constituye el problema, no la preferencia en sí, lo cual es imposible evitar en este mundo de sueños de multiplicidad. Eso me recuerda una historia de mi niñez que ilustra muy bien la diferencia entre preferencia y necesidad imperativa. A mi madre siempre le gustaba comerse un pedazo de fruta antes de acostarse, y esto casi nunca presentaba un problema. Sin embargo, mientras tomábamos unas vacaciones en Canadá, mis padres, mi hermano y yo llegamos a Montreal muy tarde un domingo por la noche. Ya nos habíamos registrado en nuestro motel, todos muy cansados después de un largo viaje de todo un día, cuando súbitamente mi madre recordó que no había traído consigo ninguna fruta, y, por lo tanto no podría dormir. Y pues, mi padre y yo salimos a recorrer la ciudad en busca de una tienda de comestibles que estuviese abierta. Sin embargo, por ser previo a los días de las convenientes tiendas abiertas 24 horas, nuestros intentos fueron infructuosos. No recuerdo el final la historia, pero no creo que mi madre haya estado muy feliz.

Otra forma del mismo error del ascetismo, aunque más sutil, es la noción de que el cuerpo puede ser inmortal. La premisa subyacente, por supuesto, es que la muerte del cuerpo de algún modo es mala, y es una suerte que puede y debe vencerse. Al adjudicar valor a la vida *física* eterna, así se ha hecho real el cuerpo, pues si el cuerpo puede vivir para siempre *tiene* que ser real. Este error es también resultado del uso efectivo que el ego hace de la negación, de modo que nos olvidemos de que el cuerpo se fabricó para mantener oculto lo que es inmortal, puesto que la inmortalidad es una característica que está totalmente más allá del ego:

> La eternalidad [inmortalidad] es la única función que el ego ha tratado de desarrollar, si bien ha fracasado repetidamente. El ego transige con la cuestión de lo eterno, al igual que con todas las cuestiones que de algún modo tienen que ver con la verdadera pregunta... (T-4.V.6:2-3).

Una forma adicional de hacer real el error proviene de desvincularse totalmente del mundo, que se percibe como maligno y contaminante. Algunas de las formas adoptadas por este error de denigrar el mundo físico es la de profesar indiferencia por los acontecimientos mundiales evitando estar al tanto de las noticias radiales o televisivas, de los periódicos o revistas de noticias, y decir, en efecto: "No voy a contaminar mi mente con la negatividad o violencia del mundo dándole cabida a las noticias. Lo que ocurre a mi alrededor no es de mi incumbencia porque es demasiado mundano y no-espiritual, y por consiguiente puede interrumpir mi pensar positivo y mi paz mental." Claramente, la salvación no depende de que uno se mantenga al tanto de los acontecimientos mundiales. Sin embargo, el sentimiento de repulsión que con frecuencia está presente en esa "desvinculación" delata al ego, pues éste nos ha convencido primero de que el mundo es real por virtud de su valencia negativa, y luego nos provee su propia solución–la separación en forma de desvinculación–de un problema que *él* ha determinado que merece nuestra atención.

Si uno está genuinamente desinteresado de las noticias mundiales, pues que así sea; la falta de interés no necesita justificación. Si uno experimenta un sentido de aversión al mundo y al cuerpo tampoco necesita justificación. Lo que esto último sí necesita, sin embargo, es una ausencia de justificación basada en los llamados ideales espirituales. Esta *justificación* es lo que constituye el problema, una sombra del problema original de agravar el error dando testimonio de la realidad del mundo y justificando la defensa en contra del mismo. Sentir una aversión es un error, sin duda, pues a uno sólo puede desagradarle algo que primero ha juzgado real. Sin embargo, la *corrección* del error se evita al 1) tomar el error en serio y tratarlo como un pecado y 2) justificar el defenderse del mismo mediante la proyección y el elevar el sentimiento de aversión a un principio espiritual. Es más prudente y más saludable aceptar la emoción negativa sin juzgarse a sí mismo. Luego, eventualmente somos capaces de traer su verdadera causa–el miedo–ante el Amor del Espíritu Santo, momento en el cual la inversión negativa desaparece automáticamente, como desaparece la obscuridad en presencia de la luz.

La segunda forma ética que adopta el hacer real el error es el *libertinaje*. Aquí los estudiantes de *Un curso de milagros* toman la enseñanza de que el mundo y el cuerpo son ilusorios como una justificación para hacer lo que a ellos les venga en gana, especialmente en las áreas de la sexualidad y la agresión. A mí mismo se me ha citado erróneamente, totalmente fuera de contexto, como que he dicho en los talleres que si no tienes culpa en tu mente todo lo que hagas será amoroso. Sin embargo, la aplicación equivocada de este principio–lejos de rendirle honor al proceso de ser una extensión del Amor del Espíritu Santo, liberados de las cadenas de nuestros pensamientos de culpa–tiene como resultado el excusar la práctica de una expresión sexual o sociopática, realizado todo en nombre de la espiritualidad de *Un curso de milagros*, a saber: "El mundo ilusorio no significa nada para mí y, por lo tanto, no importa lo que yo haga". Una variación de este libertinaje es el desafío a las normas sociales las cuales se juzgan como fundamentadas en el ego. Así pues, uno puede practicar el Curso de manera desafiante, con la intención de mostrar la libertad que posee al no adherirse a ciertos convencionalismos sociales. Puedo mentir, robar, insultar a los demás, o incluso matar con impunidad porque, al fin, todo es una ilusión y mis acciones son el medio que el Espíritu Santo ha elegido para ayudarme a enseñarte este excelso principio espiritual. En raras ocasiones, uno puede incluso notar una chocante similitud de los estudiantes del Curso, no sólo en el contenido sino en la forma, con la antigua secta gnóstica de los adamitas. Estos gnósticos se quitaban la ropa (el estorbo a la inocencia del Edén–de ahí su nombre) cuando oraban, de modo que pudiesen manifestar una espiritualidad pura que los acercaría más a Dios. Al liberarse de la *forma* externa (las capas de ropa) de ese modo podrían racionalizar los estudiantes de *Un curso de milagros*, uno enseña el *contenido* de la falta de forma.

De igual manera, no ha sido inusual para estudiantes de *Un curso de milagros* el demostrar su "espiritualidad" o adelanto en el Curso al despojarse de otros símbolos de la sociedad. Así pues, se abstienen de cerrar con llave sus carros o las puertas de sus casas, o de tener seguros médicos o de vida, no porque sean verdaderamente indiferentes a las preocupaciones que las personas "normales" tienen. Más bien, sus acciones son motivadas a menudo por la necesidad de imponerse a sí mismos la *forma* de lo que ellos creen que son señales de adelanto espiritual, esperando mágicamente que el *contenido* de libertad del ego infunda sus mentes a través de su comportamiento. De ese modo pueden evitar el a veces doloroso proceso de tener que mirar la culpa y el miedo que están presentes en su interior, pues ahora éstos se han cubierto con una fina capa de santidad. Así pues, de nuevo aún, podemos ver aquí el inconsciente (y a veces no tan inconsciente) escarnio a la "perversa y no-espiritual sociedad" a través de estas desafiantes actividades.

Finalmente, encontramos a esos estudiantes quienes asumen una posición ética *moderada* con el fin de *evitar* los errores bien sea del extremo ascético o del libertino. Si bien la *forma* de este camino intermedio parece consistente con aquello por lo cual abogaría el Curso, el *contenido* subyacente de miedo a caer en una trampa bien sea del ascetismo o del libertinaje refleja el hecho de que *ya* han caído en esa trampa al hacer reales el cuerpo y la conducta.

Los lectores podrán recordarse a sí mismos al llegar a este punto la broma psicoanalítica de que uno jamás puede ganar, no importa lo que haga: Los pacientes que llegan temprano a sus sesiones son ansiosos, los que llegan tarde son resistentes, mientras que aquellos que llegan a tiempo son compulsivos. Sin embargo, como se discutió en el Capítulo Siete, la moralidad del Curso no es de la conducta sino que más bien se basa en una *actitud* dentro de la mente; i.e., la motivación para lo que hacemos–Dios o el ego.

El minimizar al ego

Una de las características prominentes en algunos círculos gnósticos era la creencia en la disponibilidad de la *gnosis* o revelación únicamente para ciertas personas especiales. Esto obviamente significaba que estos gnósticos estaban más allá de sus egos–de ahí que se denominaran a sí mismos "los perfectos". Fue, por supuesto, este alarde lo que se tornó en una espina en el costado de la iglesia ortodoxa, pues ¿cómo tratar racionalmente con alguien que alega tener una conexión especial con el Cielo? Y por supuesto, ya que la Iglesia creía que *ella* era la que tenía la conexión especial con el Cielo, ¡ciertamente no quería que nadie más la tuviese también! Notablemente, uno encuentra que el mismo fenómeno existe hoy día, y tal parece que todo el mundo, y su primo segundo o prima segunda, está oyendo o canalizando a Jesús o al Espíritu Santo. En la frase de uno de los primeros Padres de la Iglesia, estos "canalizadores" parecen estar brotando como las setas.

Esta reciente infusión de personas que experimentan una voz interior que dice ser el Espíritu Santo se ha difundido ampliamente en los movimientos pentecostal y de renovación carismática dentro de las iglesias protestantes

y católicas respectivamente. Casi como una rebelión en contra de la supre-
sión jerárquica de la experiencia religiosa en nombre de la autoridad
eclesiástica, ahora se les permite a los fieles y se les exhorta en estos movimientos a que experimenten a Dios por sí mismos, y a que interpreten las
escrituras sin la presencia o a veces ni siquiera la bendición de un ministro
o sacerdote. Claramente, el remover el dominio de la experiencia espiritual
de la propiedad única de la elite de la Iglesia es un acontecimiento positivo;
sin embargo, el error aquí es creer que la cosa más fácil del mundo es dejar
al ego a un lado y permitir que la Voz de Dios te hable. Este fenómeno particular ha encontrado una casi consumada expresión en estudiantes de *Un
curso de milagros*.

Este error entre estudiantes del Curso encuentra su justificación en que
muchos sacan fuera de contexto esos pasajes, más frecuentes en el libro de
ejercicios, que sugieren una facilidad en oír al Espíritu Santo. Así pues, por
ejemplo, la Lección 49 afirma: "La Voz de Dios me habla durante todo el
día", y comienza:

> Es muy posible escuchar la Voz de Dios durante todo el día sin que ello
> interrumpa para nada tus actividades normales (L-pI.49.1:1).

Una lección posterior nos dice:

> Si no le prestases atención a la voz del ego, por muy ensordecedora que
> parezca ser su llamada...podrías entonces oír la poderosa Voz de la
> verdad.... Escucha, y oye a tu Padre hablarte a través de la voz que El ha
> designado sea Su Voz.... Escucha y permanece en silencio. Él quiere
> hablarte.... Oyelo hoy, y escucha la Palabra que levanta el velo que cu-
> bre la tierra.... Pregunta, y confía en que se te contestará (L-pI.106.1:1;
> 2:1; 4:2-3; 5:1; 8:1).

Y el lector quizá recuerde del Capítulo Ocho que la Lección–"Sólo el plan
de Dios para la salvación tendrá éxito" (L-pI.71)–incluso nos exhorta a dirigirnos al Mismo Dios, y a que le pidamos a Él que nos diga Sus planes
para nosotros.

En virtud de pasajes como éstos, arrancados de la fibra del currículo
total del Curso, es comprensible que los estudiantes pasen sus días creyendo que están en comunicación constante con la Voz del Cielo. Así les
"dicen" cuándo levantarse por las mañanas, qué ropa usar, qué comer y a
dónde ir; cuál es el plan de Dios, no sólo para sí mismos, sino para todos
los demás, desde líderes mundiales hasta amigos y familiares, compañeros
estudiantes del Curso y no-estudiantes por igual. Con frecuencia, me gusta

recordarles a los estudiantes que aunque la Lección 49 sí dice que la Voz de Dios nos habla durante todo el día, y que "es muy posible" oírla, en ningún lugar en el Curso Jesús nos dice que *sí* estemos en verdad escuchando esa Voz. La tremenda inversión inconsciente que tienen nuestras mentes en aferrarse al sistema de pensamiento del ego, y las maneras singularmente ingeniosas en las cuales perpetuamos el mundo de especialismo que hemos construido hacen muy, muy difícil que podamos escuchar la Voz del perdón. Dado el peso que estos estudiantes le han adjudicado a esos pasajes, la cabal fuerza propulsora de *Un curso de milagros* de deshacer al ego de modo que *sí* podamos oír la Voz del Espíritu Santo inevitablemente se pierde. Debe observarse también que la cita anterior de la Lección 106 del libro del ejercicios contiene una condición muy importante: "Si no le prestases atención a la voz del ego, por muy ensordecedora que parezca ser su llamada…" (L-pI.106.1:1). El *si*, por supuesto, es la palabra clave. Con respecto a esto, un pasaje en particular del manual para el maestro, citado dos veces antes, fácilmente se pasa por alto:

> Son muy pocos los que pueden oír la Voz de Dios…. No olvides que la verdad sólo puede llegar allí donde se le da la bienvenida sin temor (M-12.3:3,7).

¿Y cuántos transitan esta tierra sin miedo?

Como se discutió en el Capítulo Ocho, el libro de ejercicios está dirigido a ser un programa de adiestramiento de un año de duración; no se estructuró para suplir la substancia teórica del currículo, lo cual constituye el propósito de cualquier libro de texto. Parte del currículo del especialismo del mundo, cuyo des-hacer es la meta de *Un curso de milagros*, es la creencia de que sólo unos pocos–la elite religiosa–puede estar en comunicación con Dios. Sólo estos pocos se ven como dignos y escogidos por su Creador, mientras que la pecaminosidad y culpa merecida del resto de la población del mundo impiden que haya esa abierta y amorosa relación con Dios. Tal creencia claramente refuerza el relato del ego de pecado, culpa y miedo a la ira vengadora del Cielo. Y por consiguiente, el lograr que se invierta esta creencia–inherente a todo especialismo–es lo que se propone gran parte del libro de ejercicios. Lo logra al comenzar con el proceso de adiestrar a nuestras mentes a creer que el Amor de Dios no está ausente de nosotros, al menos no por Voluntad Suya. Puesto que son *nuestras* voluntades–en consorcio con el ego–el desvanecer a Dios del reino de nuestras mentes, deben ser también *nuestras* voluntades cambiadas las que Lo acojan de nuevo.

En muchos pasajes, por lo tanto, el libro de ejercicios, así como el texto, pone esta decisión ante nosotros, y enfatiza que el sistema del ego se puede cambiar en un solo instante. Jesús nos ayuda a entender que puesto que el tiempo lineal no existe–sólo se requiere la ilusión del tiempo que nuestra culpa exige antes de que nuestro pecado pueda ser redimido–en verdad sólo hay *un* instante. Sin embargo, esas enseñanzas pueden ser muy malentendidas, para plantear este importante punto una vez más, cuando se sacan del contexto del avasallador propósito del Curso: ayudarnos a entender la enormidad del sistema de pensamiento del ego en términos de lo que ha invertido en probar que el Espíritu Santo se equivoca. Por ejemplo, el manual para el maestro discute la aparente desesperanza de escapar del campo de batalla de asesinato del ego:

> Hay una manera de escapar que se puede aprender y enseñar, pero requiere paciencia y una dosis *abundante* de buena voluntad (M-17.8:3-4, mis bastardillas).

Es interesante notar aquí la desviación de Jesús del uso general que ha hecho en *Un curso de milagros* del adjetivo "pequeña" para modificar "buena voluntad." El uso de la palabra "abundante" aquí enfatiza para el lector el amplio alcance del sistema de pensamiento del ego, y nuestra necesidad de mantenernos alerta para no invertir en el mismo. Además de esto, de las seis etapas en el desarrollo de confianza, discutido en las páginas iniciales del manual, encontramos que cuatro de ellas contienen elementos de incomodidad. Estos se describen con palabras tales como "doloroso", "difícil", "se necesita haber aprendido mucho", "enorme conflicto" y "esperada aflicción". En la quinta etapa, el "período de inestabilidad", se nos dice que tenemos que "alcanzar un estado [la sexta etapa anticipada del mundo real–"un período de logros"] que puede permanecer fuera de su alcance por mucho, mucho tiempo" (M-4.I-A.3:2; 4:2,5; 5:2,8; 7:1,7).

Está claro, aunque sólo sea de estos breves extractos, que el currículo de *Un curso de milagros* es de toda la vida, al ayudar a sus estudiantes a emprender un viaje que requiere gran diligencia y aplicación consistente. Al principio del texto, Jesús nos dice que somos "demasiado tolerante[s] con las divagaciones de… [la] mente, y condona[mo]s pasivamente sus creaciones falsas [de la mente]" (T-2.VI.4:6). Uno de los mensajes importantes que deben aprenderse del texto es el respeto que debemos adjudicarle al sistema de pensamiento de nuestro ego, no porque sea cierto, sino porque creemos que lo es. Del mismo modo podemos afirmar que el proceso de aprender el

Curso conlleva el crecer en el discernimiento de saber qué voz estamos escuchando. Es para ayudar a facilitar este discernimiento de la voz del ego, obviamente basado en que la reconozcamos, que pasaje tras pasaje en el texto Jesús describe en detalles gráficos y a veces dolorosos lo intrincado del desaguisado sistema de pensamiento que hemos elevado al trono de la razón y de la verdad. La enseñanza central de *Un curso de milagros*, por lo tanto, no es el amor y la unidad que es nuestra realidad en el Cielo, sino más bien la *identificación* y el *deshacimiento* de la culpa y el miedo–"protegidos" por nuestras relaciones especiales–que creemos que es nuestra realidad en la tierra:

> No temas examinar la relación de odio especial, pues tu liberación radica en que la examines…. Cuando se examina la relación especial, es necesario antes que nada, darse cuenta de que comporta mucho dolor. Tanto la ansiedad como la desesperación, la culpabilidad y el ataque están presentes, intercalados con períodos en que parecen haber desaparecido. Es necesario que todos estos estados se vean tal como realmente son. Sea cual fuere la forma en que se manifiesten, son siempre un ataque contra el ser para que el otro se sienta culpable (T-16.IV.1:1; T-16.V.1:1-4).

Y por eso volvemos a esta importante aseveración:

> Este curso no pretende enseñar el significado del amor, pues eso está más allá de lo que se puede enseñar. Pretende, no obstante, despejar los obstáculos que impiden experimentar la presencia del amor, el cual es tu herencia natural (T-in.1:6-7; bastardillas omitidas).

Y más adelante, nuevamente en el contexto de la relación especial, Jesús reitera este tema central en un pasaje que fue citado en la Introducción:

> Tu tarea no es ir en busca del amor, sino simplemente buscar y encontrar todas las barreras dentro de ti que has levantado contra él. No es necesario que busques lo que es verdad, pero *sí* es necesario que busques todo lo que es falso (T-16.IV.6:1-2).

Así pues, quizá no reconozcamos que la enseñanza esencial de *Un curso de milagros* es ayudarnos a recordar que el único problema del mundo es la culpa, tal como se expresa a través de la relación especial, y que el deshacerla se logra mediante el perdón. Esto se expresa muy clara y sucintamente, utilizando términos levemente distintos, en dos lecciones sucesivas del libro de ejercicios, parcialmente citadas antes: "Permítaseme reconocer el problema para que pueda ser resuelto", y "Permítaseme reconocer que mis problemas se han resuelto".

El problema de la separación, que es en realidad el único problema que hay, ya se ha resuelto [a través del Espíritu Santo].... Tu problema central se ha resuelto y no tienes ningún otro.... La salvación, pues, depende de que reconozcas que ése es el único problema y de que entiendas que ya se ha resuelto. Un solo problema, una sola solución (L-pI.79.1:4; L-pI.80.1:2,4-5).

Mas este problema no puede reconocerse con facilidad, y mucho menos entenderse, porque toda nuestra existencia se fundamenta en que *no* lo reconozcamos.

Otra consecuencia infortunada de este proceso de negación es la confusión respecto al papel del Espíritu Santo en el camino de nuestra Expiación. Coincidente con la idea mágica de que lo único que es necesario hacer para librarse del ego es desear que así sea (sin ocuparse de la atracción subyacente a su sistema de pensamiento), está la igualmente mágica idea del Espíritu Santo como el Gran Proveedor. Hemos discutido esto en algún detalle antes, por lo que sólo lo mencionaremos brevemente aquí. Al desplazar sobre la carencia material nuestra única necesidad de deshacer la creencia en la escasez, también desplazamos la solución de esa carencia sobre el Espíritu Santo. En lugar de buscar Su Amor como el medio para deshacer nuestro sistema de creencias equivocado, Él se convierte ahora en el solucionador mágico de nuestros problemas mundanos al proveernos dinero para la renta, estacionamientos, relaciones placenteras, buena salud, paz mundial, etc. El mensaje profundo y verdaderamente sanador de *Un curso de milagros* se relega de ese modo hacia lo trivial y superficial, así como la antigua sabiduría espiritual del *I Ching* se ha reducido, en manos de algunos, a un mero instrumento para leer la fortuna.

Si vamos aún más allá, muchos seguidores del Curso inconscientemente identifican al Espíritu Santo con el ego. Así pues, sutilmente repiten el error original de desplazar a Dios con su propio yo, y así excluyen de su conciencia a la verdadera Presencia del Espíritu Santo. El pedirle al Espíritu Santo soluciones para nuestras preocupaciones externas limita Su papel al definirlo en nuestros propios términos, como vimos en el Capítulo Once, pues tales peticiones presuponen que entendamos cuáles son nuestras necesidades, sin que consultemos primero a la sabiduría del Cielo. Repito, hemos ocupado su lugar al pretender saber por nuestra cuenta cuáles son nuestros problemas y las soluciones para los mismos. Como enfatiza Jesús al final del manual para el maestro:

Hay otra ventaja–y muy importante por cierto–en poner en manos del Espíritu Santo todas las decisiones cada vez más.... Seguir las directrices del Espíritu Santo es permitirte a ti mismo quedar absuelto de toda culpa. Es la esencia de la Expiación. El núcleo central del programa de estudios. La imaginaria usurpación de funciones que no te corresponden es la causa del miedo. El mundo que ves refleja la ilusión de que has usurpado una función que no te corresponde, haciendo que el miedo sea algo inevitable. Devolver dicha función a Quien le corresponde es, por lo tanto, la manera de escapar del miedo. Y esto es lo que hace posible que el recuerdo del amor retorne a ti (M-29.3:1,3-9).

Así pues, repito, al creer–*por nuestra cuenta*–que tenemos problemas reales externos a nuestras mentes los cuales requieren soluciones–*que determinamos nosotros*–caemos en la trampa de hacer real el error.

Finalmente, podemos notar que los errores que he estado discutiendo inevitablemente conducen a la previamente mencionada falta de discernimiento entre la voz del ego y la Voz por Dios; por ejemplo, "Cualquier cosa que escucho es el Espíritu Santo porque mi intención es santa". Por otra parte, incluso si "oímos" correctamente–a saber, nuestra orientación no proviene de la voz de la culpa–el mensaje del Espíritu Santo con frecuencia está dirigido a nosotros personalmente, filtrado a través de nuestro propio sistema de necesidades. El mensaje en sí no necesariamente es aplicable al mundo entero, y mucho menos a ciertos individuos que escogemos señalar como beneficiarios de nuestra revelación especial. Por lo tanto, Jesús nos recuerda, citando estas importantes líneas nuevamente: "No confíes en tus buenas intenciones, pues tener buenas intenciones no es suficiente. Pero confía implícitamente en tu buena voluntad..." (T-18.IV.2:1-3). Esta buena voluntad refleja el que en verdad le entrequemos al Espíritu Santo nuestra inversión en ser santos, buenos y útiles.

Y así el avasallador propósito de *Un curso de milagros* es *no sólo* enseñarnos que nuestra verdadera Identidad es Cristo y no el ego, sino ayudarnos a entender la masiva estructura defensiva que hemos construido para defendernos contra la verdad. El Curso, pues, nos provee los medios para cambiar nuestra mentalidad y elegir de nuevo. El enfatizar excesivamente la amorosa verdad sobre nosotros mismos evade el proceso de deshacimiento, al acomodar a nuestra culpa durmiente bajo la pesada manta de la negación, desde donde jamás se podrá traer entonces ante la sanadora verdad del perdón. El aseverar que la enseñanza central de *Un curso de milagros* es el amor y la unidad es no sólo contradecir abiertamente las propias palabras del Curso, sino también negarnos a nosotros mismos el acceso a la oportunidad sanadora que éste nos ofrece. En este sentido, como hemos discutido antes, los estudiantes de *Un curso de milagros* pueden caer en la misma categoría de simplón feliz en la cual, lamentablemente, han caído muchos buscadores espirituales bien intencionados. Estos buscadores sinceros en otros respectos terminan ocultando la angustia de sus propias experiencias dentro de una nube dichosa de negación, para beneficio de nadie, y mucho menos de ellos mismos. Esta nube de negación a veces conduce entonces a una persona a profesar amor y unidad mientras realmente niegan su culpa inconsciente y la proyectan sobre otros, sin jamás reconocer en verdad lo que están haciendo. Así pues, uno puede observar la carencia de paz y concordia en los individuos que profesan esta misma paz y concordia. Activistas de cualquier clase–ya sea a favor de la integración racial, la paz mundial o la paz interior, o anti-abortistas que pregonan ser pro-vida–fácilmente pueden terminar dando fe al subyacente sistema de pensamiento del ego de separación, ataque y muerte, al cual parecen oponerse en sus protestas conscientes. Ciertamente, como comenta la Reina en "Hamlet": "Me parece que la dama hace demasiadas protestas" (III,ii).*

Para resumir, pues, los errores en los cuales caen los estudiantes de *Un curso de milagros* son muy parecidos en su forma a los errores de los cuales han caído presa muchos buscadores espirituales. Pero a pesar del parecido en la forma, la cual es específicamente relevante para este libro, hay un parecido en contenido subyacente a *todos* los errores espirituales: el miedo del ego a que reconozcamos la locura de su posición, y a que aceptemos, finalmente, la cordura del Espíritu Santo. Después de finalmente haber examinado y de haberle sonreído al miedo a la ira de Dios, la necesidad de defensas en contra de esa ira desaparece también. Y así el mundo desaparecerá al fin, en la nada de donde provino (M-13.1:2).

---

* Shakespeare, William. *Hamlet*, trans. José María Valuerde, Catedrático de la Universidad de Barcelona, España. Barcelona, 1993.

Conclusión

EL RESPETO A LA MAGNITUD DE
UN CURSO DE MILAGROS

Un curso de milagros provee uno de los planteamientos más importantes del cual jamás haya dado fe la humanidad. Nos enseña no sólo que el mundo es ilusorio–y que por consiguiente no fue creado por Dios–sino que el universo físico ciertamente se fabricó como un ataque a nuestro Creador (L-pII.3.2:1). De ese modo Jesús nos explica la motivación para la aparente existencia del mundo, no se diga el propósito detrás de la vida individual de cada uno de nosotros los que creemos transitar esta tierra. El que se entienda la contribución única del Curso a la espiritualidad mundial, ha sido la carga principal de *Todos son llamados*, mientras que *Pocos eligen escuchar* ha recalcado los intentos del ego por diluir esta poderosa enseñanza. Temeroso de las implicaciones de lo que *Un curso de milagros* en verdad enseña, el ego ha tratado de presentar el Curso a su propia imagen y semejanza, al substituir la verdadera magnitud de la visión de Jesús por su insignificancia. En verdad, dada la necesidad del ego de protegerse a sí mismo al negar la verdad que extinguiría su existencia, probablemente demore décadas (si no siglos) para que este regalo se entienda y se integre plenamente. El corregir los errores de los estudiantes al principio de la vida terrenal del Curso ayuda a asegurarnos de que tal integración se lleve a cabo, y de que la pureza y el poder de su mensaje sobrevivan.

Dos citas tomadas del mundo de la música–del pianista-compositor del siglo XIX Franz Liszt y del director de orquesta del siglo XX Bruno Walter–nos proveen el marco adecuado con el cual concluimos la discusión de este libro en torno a los intentos del ego por sabotear el estudio que realizan los estudiantes de *Un curso de milagros*. En sus comentarios, estos dos gigantes musicales bien podían haber estado hablando de *Un curso de milagros* y de sus estudiantes.

En una carta con fecha del 1870–una referencia que yo, infortunadamente, no puedo localizar*–Liszt escribió refiriéndose al hermoso aunque largo drama musical, *Die Walküre*:

---

* Aparece citada en el artículo de Martin Bernheimer, "Die Walküre: The Chronology of a Music Drama (La cronología de un drama musical)", que acompaña una grabación de la RCA Victor de esa obra (LD 6706).

Las grandes obras deben aceptarse enteramente, cuerpo y alma, forma y pensamiento, espíritu y vida. Uno no debe criticar a Wagner por lo largo de su obra–*es mejor expandir la escala de uno hasta la suya* (mis bastardillas).

Las óperas de Wagner (o los dramas musicales como el llamó sus obras maduras) abrieron nuevos horizontes en el mundo musical y operístico, no sólo debido a las atrevidas armonías del compositor y la integración de la música y el drama (Beethoven y Shakespeare fueron sus modelos), sino también por la extraordinaria extensión de sus obras. Tan sólo el tercer acto de *Die Meistersinger*, por ejemplo, excedía en longitud a un número considerable de óperas completas en el repertorio normal. Wagner era un genio fallido sin duda, pero no obstante un genio. Y los comentarios de Liszt se refieren al hecho de que intentar cambiar la obra del Maestro era no sólo una falta de respeto al arte de Wagner sino que también significaba privar al oyente de una poderosa si no profunda experiencia musical.

Nuestra discusión anterior sobre la necesidad del ego de perpetuar su insignificante yo nos ayuda a entender lo que Liszt estaba diciendo, tan cierto ahora como lo fue en el mundo musical del siglo XIX. Parafraseando al gran pianista, podemos decir que en lugar de expandir nuestra insignificante escala hasta las alturas de *Un curso de milagros*, reducimos el Curso a nuestro nivel, y encontramos todo tipo de justificaciones para hacerlo. Mientras prefiramos el cuento del ego más que el del Espíritu Santo, será el mensaje aterrador del ego el que escucharemos, al elegir *no* escuchar el mensaje salvador del Curso de que despertemos del sueño de la individualidad y retornemos a casa. Así pues, la afirmación para nosotros mismos, "No *quiero* ver lo que esto está diciendo", se convierte en "El Curso *no* está diciendo esto". Y de ese modo le damos el mensaje a nuestros cerebros de que cambien *Un curso de milagros* para que signifique otra cosa que no es lo que éste en verdad enseña.

Inevitablemente entonces, en lugar de traer las ilusiones del ego ante la verdad de Jesús en *Un curso de milagros*, terminamos jalando la verdad del Curso hacia abajo de modo que se acomode a nuestras ilusiones. Ejemplos en el nivel de la forma incluyen los intentos por cambiar el lenguaje masculino con el argumento de que *Un curso de milagros* es injusto con las mujeres, o por eliminar el ofensivo lenguaje cristiano porque el Curso parece excluir a los miembros de otras religiones. Algunos incluso han tratado de restarle énfasis al lenguaje religioso basados en que el Curso excluye a los que practican espiritualidades no-teístas. Ya han aparecido escritos canalizados–algunos de los cuales dicen provenir de Jesús–afirmando no sólo que su fuente es el autor de *Un curso de milagros*, sino también pretendiendo mejorar el original al corregir, elucidar, simplificar, des-intelectualizar, o hasta trascender el Curso. Todos éstos, sin que nos sorprenda, le restan énfasis, lo distorsionan o simplemente pasan por alto la metafísica no-dualista del Curso como irrelevante en el mejor de los casos, o inexistente en el peor.

Este restarle importancia a la metafísica de *Un curso de milagros* ha dado lugar a un fuerte movimiento anti-intelectual en relación con el Curso, no muy distinto a un movimiento más general que se puede notar en nuestra sociedad hoy día. Este movimiento también ha sido asociado con un excesivo énfasis en la experiencia y los sentimientos, que ha invadido a la psicología y a la sociedad en general, un movimiento cuyas raíces contemporáneas se remontan al período post-segunda guerra mundial de los grupos-T, los adiestramientos en sensibilidad, y la psicología Gestalt de Fritz Perls. Los estudiantes de *Un curso de milagros* pueden, por lo tanto, argumentar que el entender su teoría es irrelevante, y que el estudio del texto es una pérdida de tiempo, claramente ignorando esta advertencia previamente citada que aparece al final del primer capítulo del texto:

> Este es un curso de entrenamiento mental. Todo aprendizaje requiere atención y estudio en algún nivel. Algunas de las secciones posteriores de este curso se basan en tan gran medida en estas primeras secciones, *que es necesario un estudio muy detallado de las mismas*. También las vas a necesitar a modo de preparación. Sin esta preparación, lo que sigue podría infundirte demasiado temor, imposibilitando así el que pudieses usarlo de manera constructiva. *A medida que estudies estas primeras secciones*, no obstante, comenzarás a percatarte de algunas de las conexiones que más adelante se ampliarán (T-1.VII.4; mis bastardillas).

Además, como se cubrió en el Capítulo Ocho, muchos estudiantes enfatizan el libro de ejercicios a expensas del texto, en lugar de ver a cada libro como un compañero del otro. El error aquí es similar a lo que vimos en el capítulo anterior. Refleja el mismo error inconsciente de creer que la identificación con nuestro ego es débil y puede descartarse con facilidad, lo cual deja a nuestras mentes abiertas para recibir–instantánea y felizmente–la Palabra de Dios. Esta actitud anti-intelectual es, pues, en muchos casos la expresión de un miedo a mirar el sistema de pensamiento del ego en toda su fealdad. Como hemos comentado antes, nadie quiere lidiar con el aterrador pecado y la espantosa culpa que el ego nos ha convencido de que es nuestra realidad.

Así pues, en lugar de leer el texto cuidadosamente–el cual expone abiertamente la brutal naturaleza del sistema de pensamiento del ego, lo cual hace necesario que le prestemos la debida atención–el estudiante puede pasar por alto tales discusiones como que no son importantes. Repito, esto es no captar toda la eficacia de *Un curso de milagros* como enseñanza espiritual, y dar por descontada la inherente unidad de su currículo, el cual sí depende de que entendamos y reconozcamos nuestra insistencia en perpetuar el sistema de pensamiento del ego, *precisamente al no mirarlo*. Como ya hemos discutido, es el *no* mirar al ego que le permitimos que sobreviva como un sistema de pensamiento en nuestras mentes. Sin duda, *Un curso de milagros* no siempre es fácil de entender, y mucho menos de practicar. Mas la dificultad mayor no radica realmente en el nivel conceptual o intelectual, sino que más bien se encuentra dentro de la enseñanza misma. Esta enseñanza, como hemos discutido a lo largo del libro, infunde terror en mentes que aún se identifican con el yo egoísta. Y es este mismo yo egoísta el que se siente tan amenazado por lo que Jesús nos presenta en su Curso.

Debo subrayar que los intentos de descartar como irrelevante el alto nivel intelectual de las enseñanzas del Curso también refleja una negación de lo que es *Un curso de milagros*. *Sí* es un sistema intelectual, al menos en su forma, y ya existen muchos sistemas espirituales buenos–antiguos y contemporáneos–que son no-intelectuales. Todos ellos son tan válidos como el Curso en su potencial para conducir a sus estudiantes serios hasta Dios. El negarle a *Un curso de milagros* su particular unicidad es disminuir su contribución, tanto como forzar un enfoque no-intelectual en una cama procrusteana del intelecto causaría estragos igualmente en ese sistema. Por otra parte, es importante darse cuenta de que el trabajar a través de la presentación intelectual de Jesús conduce a una *experiencia* de paz, y esa experiencia, no una simple comprensión intelectual, es la verdadera meta del Curso.

Por lo tanto, los estudiantes deben prestarle cuidadosa atención a las enseñanzas de *Un curso de milagros* acerca del ego, y deben resistir la tentación de cambiar la forma para que se ajuste a sus requerimientos personales. Sobre todo, para cerrar con el tema con el cual comenzó la segunda parte de este libro, debe tenerse humildad al uno hallarse frente a su magnitud. Como hemos visto, al hablar de Dios, Jesús nos exhorta: "Sé humilde ante Él, y, sin embargo, grande *en* Él" (T-15.IV.3:1), lo cual significa que somos grandes debido a nuestra Identidad como el Hijo de Dios, y sin embargo, somos humildes porque Él es nuestro Creador y Fuente, y necesitamos Su ayuda (a través del Espíritu Santo) para despertar a nuestra realidad como Hijo Suyo. De igual manera, debemos sentir la humildad de reconocer el aprendizaje que necesitamos lograr *antes* de que podamos recordar nuestra Identidad como Cristo. El tratar de cambiar, distorsionar, o reducir a *Un curso de milagros* en proporción a nuestro tamaño es una expresión de la arrogancia del ego, y no de nuestro adelanto espiritual. Uno haría bien en recordar una aseveración hecha por Bruno Walter, tal vez el más grande director de la música de Mozart del último siglo de este milenio.

> Se necesita algo de madurez para comprender la profundidad de la emoción expresada en la aparente tranquilidad y mesura de Mozart.... Yo tenía...cincuenta años cuando por primera vez fui lo suficientemente audaz para interpretar la Sinfonía en sol Menor [Opus #40]. Yo...tenía tal sentido de responsabilidad y de dificultad para interpretarla.... Y me maravillaban todos los directores jóvenes quienes, sin escrúpulos, simplemente procedían a dirigir todas estas obras que requerían tanta profundidad de sentimiento y tanta madurez en la técnica.*

Claramente, las personas no tienen que tener cincuenta años antes de que puedan sentir que han entendido *Un curso de milagros,* o para que estén listos para enseñarlo. Sin embargo, debemos ser capaces de aceptar con humildad la necesidad de aprender de este maravilloso regalo del Cielo, en lugar de permitir que la arrogancia del ego nos diga que, puesto que el Amor de Dios es todo lo que experimentamos ahora, ya hemos aprendido y dominado todo lo que el Curso puede enseñar. La verdadera humildad, en el espíritu de la actitud de Bruno Walter hacia Mozart, nos haría darle la bienvenida felizmente a la verdad de que en este mundo tenemos mucho que aprender. Así pues, con profundo agradecimiento aceptamos la herramienta espiritual y la Guía interior que quiere enseñarnos cómo despejar "los obstáculos que impiden experimentar la presencia del amor" (T-in.1:7), y por fin retornar a casa al Amor que yace–parafraseando libremente las palabras de la visión beatífica de Dante en su *Comedia*–más allá del sol y de todas las demás estrellas.†

---

* Tomada de una conversación grabada con Arnold Michaelis, incluida en la grabación de la Columbia de Walter dirigiendo varias obras de Mozart (ML5756).
† El original en italiano dice así: "L'amor che muove il sole l'altre stelle." Commedia:Paradiso, XXXIII, 145).

APENDICE

APPENDICE

UN CURSO SIMPLE, CLARO Y DIRECTO*

Kenneth y Gloria Wapnick

Una fuente común de malentendido para los estudiantes de *Un curso de milagros* radica en no reconocer el contexto original del dictado el cual era directamente personal para Helen Schucman y William Thetford. Las "notas" de Jesús (palabra suya) para Helen eran una mezcla de mensajes personales y de enseñanza objetiva. Aun cuando la naturaleza más informal de lo último cesó a medida que progresaba el dictado, continuamos hallando en toda la obra referencias sutiles a Helen y a su renuencia a aprender el Curso, como se ve, por ejemplo en "La simplicidad de la salvación", la primera sección del Capítulo 31 del texto. Una de las razones para la escritura de *Ausencia de la felicidad: La historia de Helen Schucman y su función como escriba de Un curso de milagros* era aclarar cualquier potencial confusión en torno al significado de muchos pasajes, y en torno al Curso en sí. Como se discute ampliamente en ese libro, Helen estaba en gran conflicto en relación con *Un curso de milagros* a medida que éste llegaba a través de ella. Si bien ella no dudaba en absoluto que la identidad de la "voz" fuese Jesús, ni de la absoluta verdad de sus palabras para ella, el Curso *sí* le ocasionaba una tremenda ansiedad puesto que su mensaje era totalmente antitético a su sistema de pensamiento personal. Por lo tanto, ella se encontraba en la incómoda posición de escribir (¡por espacio de siete años!) un documento que socavaba la existencia misma de su ego.

Como resultado de su gran ambivalencia–al amar y ser devota de Jesús por una parte, y por la otra sentirse aterrada de la implicación de esa devoción para su ego–en ocasiones Helen trataba de refutar la legitimidad del autor del Curso, no se diga de su mensaje. Jesús la reprendía dulcemente por estos intentos, los cuales, repito, están documentados en *Ausencia de la felicidad*. Y cuando estos intentos le fallaban, Helen solía argumentar que este Curso era demasiado difícil y le exigía demasiado a ella. Si bien muchas de las respuestas que Jesús le daba a Helen se eliminaron de la edición publicada del Curso, tal como Jesús mismo lo indicó, se ha conservado lo suficiente para permitirle al lector ver la importancia

---

* "The Lighthouse" ("El faro"), publicación de la *Foundation for A Course in Miracles*® *(Fundación para Un curso de milagros*®*)*, Volumen 4, Núm. 4, septiembre de 1993.

que tiene para Jesús la naturaleza simple, clara, y directa del Curso que él les regalaba a Helen y al mundo. Es el propósito de este artículo subrayar este muy importante aspecto de *Un curso de milagros*–el cual emerge de la experiencia directa y personal de Helen de ser para Jesús la escriba del Curso, lo cual le permitió a ella, a su vez, experimentar la relación de *él* con el Curso–como una ayuda para los estudiantes quienes se están confundiendo por las "diferentes interpretaciones" del Curso que están ofreciendo sus estudiantes y comentaristas.

Simple, claro y directo

A medida que *Un curso de milagros* se torna más y más popular, se puede encontrar una muestra entre sus estudiantes de un número creciente de comentarios verbales y escritos que pretenden expresar lo que el Curso enseña. Sin embargo, es difícil reconciliar muchas de estas posiciones con la muy clara e inequívoca posición que el mismo Jesús asumió con relación a su Curso, el cual ciertamente él no veía como complejo, difícil de entender o abierto a interpretación, como él le recordó a Helen muchas veces. Los siguientes planteamientos de *Un curso de milagros* ilustran–aunque no exhaustivamente–su actitud:

Este curso es muy *simple* (T-11.VIII.1:1; nuestras bastardillas).

La razón de que este curso sea *simple* es que la verdad es simple (T-15.IV.6:1; nuestras bastardillas).

Al igual que el texto para el que este libro de ejercicios fue escrito, las ideas que se usan en los ejercicios son muy *simples*, muy *claras* y están totalmente *exentas de ambigüedad*. No estamos interesados en proezas intelectuales ni en juegos de lógica. Estamos interesados únicamente en lo que es muy obvio, lo cual has pasado por alto en las nubes de complejidad en las que piensas que piensas (L-pI.39.1:2-4; nuestras bastardillas).

...cuán *directo* y *simple* es el texto (L-pI.39.2:5; nuestras bastardillas).

Seguramente habrás comenzado a darte cuenta de que este curso es muy práctico, y *de que lo que dice es exactamente lo que quiere decir* (T-8.IX.8:1; nuestras bastardillas).

> Este curso ofrece un marco de enseñanza muy *claro* y muy *simple*, y
> te provee de un Guía que te dice lo que debes hacer (T-9.V.9:1; nuestras
> bastardillas).

Es importante observar aquí que con "simple" Jesús no quiere decir simplista o simplón. *Un curso de milagros* es simple porque dice una sola
cosa, sin desviarse, y sin transigencia:

> ¡Qué *simple* es la salvación! Tan sólo afirma que lo que nunca fue ver-
> dad no es verdad ahora ni lo será nunca. Lo imposible no ha ocurrido, ni
> puede tener efectos. Eso es todo (T-31.I.1:1-4; nuestras bastardillas).

Este próximo pasaje, el cual trata del perdón como la respuesta a todos
los problemas, ciertamente puede representar también la visión de Jesús
sobre *Un curso de milagros*–su respuesta a la petición de Helen y Bill de
"otra manera":

> …pues la respuesta que aquí se nos da es *clara* y *explícita*, y su *sencillez*
> hace que sea inmune al engaño. Todas las complejidades que el mundo
> ha tejido de frágiles telarañas desaparecen ante el poder y majestuosidad
> de *esta simplísima afirmación de la verdad* (L-pI.122.6:6-7; nuestras
> bastardillas).

En respuesta a las quejas de Helen sobre la dificultad del Curso que él le
estaba enseñando, Jesús le respondió con los siguientes pasajes, de modo
que ella entendiese que las palabras de él–el reflejo del propósito del
Espíritu Santo y de la verdad de Dios–no podían entenderse equivocadamente y, lo que es más, no requerían interpretación:

> De hecho, para poder ser *simple* [el propósito del Espíritu Santo] *tiene*
> que ser inequívoco. Lo simple es sólo lo que se entiende fácilmente, y
> para ello, es evidente que debe ser *claro* (T-17.VI.1:2-3); la primera y
> tercera son nuestras bastardillas).

> Los reflejos se ven en la luz. En las tinieblas es difícil verlos, y su sig-
> nificado parece encontrarse únicamente en interpretaciones cambiantes
> en lugar de en sí mismos. *El reflejo de Dios no necesita interpretación.*
> *Es claro* (T-14.IX.6:1-4; nuestras bastardillas).

Por lo tanto, las "interpretaciones cambiantes" de lo que Jesús está enseñando en *Un curso de milagros*, sólo pueden acaecer cuando las personas
están en la "obscuridad" de sus mentalidades erradas, e inconscientemente
están falseando el "reflejo de Dios", el cual "no necesita interpretación".

Finalmente, a la luz de la propensión de Helen (y de todos los estudiantes) a proyectar la culpa sobre Dios y sobre él, Jesús le hizo este claro planteamiento:

> He tomado las máximas precauciones para usar palabras que sean casi imposibles de distorsionar, pero siempre es posible tergiversar los símbolos si así se desea (T-3.I.3:11).

Interpretaciones diferentes

Debe ser evidente a la luz de estas pocas citas cómo Jesús veía su libro. Sin embargo, esto no ha evitado que los estudiantes crean que *Un curso de milagros* puede estar sujeto a "interpretaciones" *distintas* e igualmente válidas, ni a que sus símbolos se tuerzan para ajustarlos a los deseos de su ego. ¿Pueden imaginar a Helen diciéndole a Jesús: "Entiendo lo que me estás diciendo y lo que me estás enseñando en este Curso, pero creo que hay otra interpretación que le puedes dar a esta sección y a estas ideas que acabas de dictar"? En todos los años que Helen y yo (Kenneth) pasamos revisando el Curso, tanto en la preparación para la edición publicada, como discutiendo diferentes porciones de los tres libros, jamás se le ocurrió a ninguno de los dos que podría haber *otra* posible explicación para lo que Jesús estaba enseñando tan clara y directamente.

En este respecto, yo (Kenneth) recuerdo que en los primeros años de la publicación del Curso tuve una discusión con Helen en torno a un individuo quien estaba intentando enseñar el Curso sin realmente entenderlo, y quien sostenía que el Curso decía algo que no decía, al tomar oraciones fuera de contexto para probar su punto. Helen estaba furiosa e incrédula al mismo tiempo: furiosa con la persona por su arrogancia al enseñar algo de lo que claramente no tenía comprensión alguna, pero fingía tenerla; e incrédula ante la idea de que hubiese personas que afirmaran que *Un curso de milagros* decía algo que obviamente no quería decir, y arrogantemente creyesen que tenían razón.

Si bien ella no siempre estaba feliz con las enseñanzas del Curso, Helen jamás olvidó las aseveraciones de Jesús acerca de su simplicidad, claridad y su manera directa. Y como se ha documentado en *Ausencia de la felicidad,* ella tenía poca tolerancia con aquellos que trataban de distorsionar las enseñanzas del Curso para la glorificación de sus propios egos. La integridad de Helen era tal que aun cuando ella tenía dificultad en aplicar los principios de *Un curso de milagros* en su propia vida lo cual ella siempre estaba presta a admitir, ni una sola vez intentó cambiar lo que éste decía para satisfacer las necesidades de su ego. El especialismo, después de todo, sólo se convierte en un problema cuando se niega, lo cual lleva directamente a la proyección sobre los demás. Jesús no nos pide en su Curso que *no tengamos* las limitaciones impuestas por nuestro especialismo, sino únicamente que nos *escapemos* de la terrible carga de culpa que nos imponemos a nosotros mismos (M-26.4:1-2), una carga que es mantenida por nuestra terca renuencia a reconocer el sistema de pensamiento del ego que hemos hecho real y hemos aceptado dentro de nuestras mentes. La honestidad con uno mismo con respecto a la inversión en el especialismo es esencial para el proceso del perdón, pues éste deshace la negación y la proyección, el "doble escudo" del ego que protege su culpa y por consiguiente su propia existencia. Es por eso por lo que Jesús trata de convencernos en el texto:

> Examina detenidamente qué es lo que estás realmente pidiendo. Sé muy honesto contigo mismo al respecto, pues no debemos ocultarnos nada el uno al otro.... Examina honestamente qué es lo que has pensado que Dios no habría pensado, y qué no has pensado que Dios habría querido que pensases. Examina honestamente tanto lo que has hecho como lo que has dejado sin hacer, y cambia entonces de mentalidad para que así puedas pensar con la Mente de Dios (T-4.III.8:1-2; T-4.IV.2:4-5).

Una vez más, *Un curso de milagros* es simple, claro y directo en sus enseñanzas. Es la mentalidad errada la que teje las tenebrosas telarañas de la complejidad.

Siempre es útil como punto de referencia, para asegurarse de que uno no se vaya a desviar cuando trabaja con el Curso, tener presente el instante original de la separación cuando elegimos en contra de Dios y experimentamos los aparentes efectos de esa decisión. Ese momento ontológico no sólo contiene el error original, sino que es la fuente de todos los que lo sucedieron por igual, *incluyendo el que estamos discutiendo ahora*. Sin embargo, ahí también se encuentra la única respuesta a todos los problemas: el perdón del Espíritu Santo. Como explica el texto:

> Cada día, y cada minuto de cada día, y en cada instante de cada minuto, no haces sino revivir ese instante en el que la hora del terror ocupó el lugar del amor.

Y ese instante es el

brevísimo lapso de tiempo en el que se cometió el primer error–en el que todos los demás errores están contenidos…[Este encierra] también la Corrección de ese primer error y de todos los demás que partieron de él (T-26.V.13:1; 3:5).

Y así revivimos ese momento cuando creímos en la realidad de la separación, y tomamos en serio la "pequeña y alocada idea". Y de ese modo nos convencimos de que podíamos ser diferentes y por consiguiente estar separados de nuestro Creador y Fuente, con Quien sólo podemos existir en perfecta unidad y perfecto amor. Creímos en nuestra locura que podía haber *diferentes* interpretaciones de la realidad, y que la simple, clara y directa verdad del Cielo de Dios se podía discutir y debatir. Y que, en efecto, nuestra interpretación fue exactamente tan válida, *si no mucho más*, que la de Dios.

Imaginen la arrogancia del Hijo quien creyó no sólo que podía tener razón mientras que la verdad de su Padre estaba equivocada, sino que también estaba convencido de que su felicidad radicaba en que él *tuviese* la razón. La claridad de este solo error de la separación fue rápidamente opacada por la complejidad del sistema de pensamiento del ego. Esta complejidad se reflejó entonces en la proyección del pensamiento de separación el cual se convirtió en el universo físico, en donde estaba contenida la glorificación de la recién-ganada individualidad separada del Hijo y el triunfo sobre Dios–el especialismo del Hijo como un ser creado por sí mismo, una aparente caricatura de la creación perfecta y unificada de Dios. El intento del ego de usar la complejidad del mundo para ocultar el origen de ese único error está dramáticamente descrita en el siguiente pasaje del texto:

> Tú que crees que Dios es miedo tan sólo llevaste a cabo una substitución. Esta ha adoptado muchas formas porque fue la substitución de la verdad por la ilusión; la de la plenitud por la fragmentación. Dicha substitución a su vez ha sido tan desmenuzada y subdividida, y dividida de nuevo una y otra vez, que ahora resulta casi imposible percibir que una vez fue una sola y que todavía sigue siendo lo que siempre fue. Ese único error, que llevó a la verdad a la ilusión, a lo infinito a lo temporal, y a la vida a la muerte, fue el único que jamás cometiste. Todo tu mundo se basa en él. Todo lo que ves lo refleja, y todas las relaciones especiales que jamás entablaste proceden de él.
>
> Tal vez te sorprenda oír cuán diferente es la realidad de eso que ves. No te das cuenta de la magnitud de ese único error. Fue tan inmenso y tan absolutamente increíble que de él *no pudo* sino surgir un mundo totalmente

irreal. ¿Qué otra cosa sino podía haber surgido de él? A medida que empieces a examinar sus aspectos fragmentados te darás cuenta de que son bastante temibles. Pero nada que hayas visto puede ni remotamente empezar a mostrarte la enormidad del error original, el cual pareció expulsarte del Cielo, fragmentar el conocimiento convirtiéndolo en inútiles añicos de percepciones desunidas y forzarte a llevar a cabo más substituciones.

Esa fue la primera proyección del error al exterior. El mundo surgió para ocultarlo, y se convirtió en la pantalla sobre la que se proyectó, la cual se interpuso entre la verdad y tú (T-18.I.4:1–6:2).

La marca de pureza de este recién emergente sueño de falsa creación es relativa y está sujeta a diferentes interpretaciones. Esta fue la famosa posición asumida por los sofistas griegos, quienes fueron venerados en la historia a través de los Diálogos de Platón, donde su arrogancia es expuesta y combatida por las repetidas demostraciones de su ignorancia que hizo Sócrates, y su enseñanza de que la verdad es absoluta y no está sujeta a lo que los sofistas quisieran que fuese. Esta discusión persiste hoy día, y los estudiantes de *Un curso de milagros* que están familiarizados con la sección "Las leyes del caos" recordarán esta importante aseveración de la primera ley del ego, la cual está basada en parte en el argumento original de los sofistas:

La *primera* ley caótica es que la verdad es diferente para cada persona. Al igual que todos estos principios, éste mantiene que cada cual es un ente separado, con su propia manera de pensar que lo distingue de los demás. Este principio procede de la creencia en una jerarquía de ilusiones: de que algunas son más importantes que otras, y, por lo tanto, más reales. Cada cual establece esto para sí mismo, y le confiere realidad atacando lo que otro valora. Y el ataque se justifica porque los valores difieren, y los que tienen distintos valores parecen ser diferentes, y, por ende, enemigos (T-23.II.2).

Las diferencias en la interpretación de *Un curso de milagros* se convierten así en el grito de batalla de aquellos que están empeñados en probar la realidad de su percibida separación de Dios y de ciertos miembros de la Filiación.

El miedo a la verdad

El libro de ejercicios dice que "Nada de lo que el mundo cree es verdad" (L-pI.139.7:1), porque el mundo se fabricó "con la intención de que fuese un lugar en el que Dios no pudiese entrar y en el que Su Hijo pudiese estar separado de Él" (L-pII.3.2:4). De ello se deriva que cuando se nos presenta la verdad en el sueño, como en *Un curso de milagros* por ejemplo, la mentalidad egoísta inevitablemente tiene que distorsionarla y cambiarla, puesto que el ego *es* el pensamiento de que él puede cambiar la verdad de la creación de Dios en algo distinto. Y de ese modo es igualmente inevitable que no sepamos quiénes somos como Cristo, el Hijo *único* de Dios, porque el sueño que nosotros llamamos el mundo de la separación y de las diferencias fue fabricado por nosotros para que fuese un lugar donde olvidásemos nuestro verdadero Hogar y nuestra verdadera Identidad. Por lo tanto, mientras creamos que estamos aquí estaremos inseguros para siempre sobre quiénes somos y quiénes son nuestros hermanos verdaderamente. Y por eso Jesús dice acerca del mundo: "Es un lugar cuyo propósito es servir de hogar para que aquellos que dicen no conocerse a sí mismos puedan venir a cuestionar lo que son" (L-pI.139.7:2). La conclusión del plan del ego es que todos los que vienen a este mundo entran como amnésicos, ya que han puesto un velo de olvido sobre sus mentes para cubrir su verdadera Identidad, al haberla substituido por una parodia de su verdadero Ser.

La explicación para nuestra obstinada renuencia a aceptar la verdad como verdad, por lo tanto, radica en la inversión que tenemos en nuestras identidades individuales. El ego nos dice que sin esto–nuestro especialismo–desapareceríamos en el "olvido" de Dios. Pues aceptar nuestra realidad como parte del Cristo unificado, es aceptar el principio de Expiación de que lo imposible jamás ocurrió. Por lo tanto, el ego–la creencia en la realidad del yo separado y diferenciado–no existe. En la medida en que creamos en este yo falso–y todo aquel que viene a este mundo sí cree en él–en esa medida las enseñanzas del Curso sobre el deshacimiento del especialismo se experimentarán como amenazantes y aterradoras. Jesús utiliza las circunstancias de su propio asesinato como un ejemplo del miedo de la verdad que tiene el ego:

> Muchos pensaron que yo les estaba atacando, aunque es evidente que eso no era cierto. Un alumno desquiciado aprende lecciones extrañas. Lo que tienes que reconocer es que cuando no compartes un sistema de pensamiento, lo debilitas. Los que creen en él perciben eso como un ataque contra ellos. Esto se debe a que cada uno se identifica con su propio sistema de pensamiento, y todo sistema de pensamiento se centra en lo que uno cree ser (T-6.V-B.1:5-9).

La consecuencia lógica sería entonces que la insistencia en mantener el especialismo conduciría inevitablemente a un estudiante de *Un curso de milagros* a sentir miedo de lo que éste enseña en verdad. Un mundo de dualidad, diferenciación, especialismo, e identidad individual no puede sostenerse por mucho tiempo en presencia de las enseñanzas que reflejan la perfecta Unidad de Dios y Cristo, y las cuales conducen al estudiante a ese estado de unidad. Por lo tanto, como los estudiantes leen el Curso a través de los ojos del especialismo, sus mentalidades erradas les advierten que tengan cuidado con la verdad que amenaza su existencia. El proceso puede describirse como sigue: 1) puesto que hemos elegido al ego como nuestro maestro, la mentalidad errada le envía un mensaje al cerebro de que no vea lo que está escrito; 2) entonces se nos instruye para que neguemos la simplicidad, la claridad, y la manera directa del Curso; y 3) luego se nos dirige a que substituyamos el mensaje del Curso por la complejidad, la confusión, y la divergencia. Basándose en la famosa aseveración de Shakespeare en "The Merchant of Venice" (El mercader de Venecia) sobre cómo el diablo cita las escrituras para sus propósitos, Jesús nos dice en el Curso:

> El ego no interpreta correctamente nada de lo que percibe. No sólo cita las Escrituras para defender su causa, sino que incluso las interpreta como testigos a su favor (T-5.VI.4:3-4).

> …el ego, ante lo que considera una amenaza, no vacila en citar la verdad para salvaguardar sus mentiras. Es incapaz, no obstante, de entender la verdad que usa de tal manera. Mas tú puedes aprender a detectar estas necias maniobras y negar el significado que parecen tener (L-pI.196.2:2-4).

De ese modo podemos ver que el ego, que no tiene un pelo de tonto, se da cuenta de que es mejor "unirse" a la verdad, en lugar de oponerse a la misma. Les aconseja a los estudiantes desconocedores que les beneficiaría más traer la verdad a la ilusión para interpretarla, en lugar de, como aboga repetidamente el Curso, traer la ilusión a la verdad. La forma que esto adopta es que los estudiantes, so pretexto de amar y honrar las enseñanzas de Jesús, realmente trastrocan el significado de sus palabras para que digan lo que a *ellos* les gustaría que dijesen, en lugar de lo que las palabras dicen en verdad. Y todo esto sin que los estudiantes sean conscientes de la insidia de su ego.

Jesús discute esta dinámica del ego en varios lugares en el Curso como una explicación de por qué los estudiantes eligen obscurecer, distorsionar o cambiar la simplicidad de sus enseñanzas. Y claramente, Jesús no se estaba refiriendo únicamente a la resistencia de Helen en estos pasajes, sino a todos los que eligen ser tentados de ese modo. Comenzamos con un pasaje cuyo fin era específicamente ayudar a Helen a deshacer los intentos de su ego por obscurecer las simples verdades de las enseñanzas del Curso:

> Este curso es perfectamente claro. Si no lo ves así, es porque estás haciendo interpretaciones contra él, y, por lo tanto, no crees lo que dice.... Te estoy conduciendo a una nueva clase de experiencia que cada vez estarás menos dispuesto a negar. Aprender de Cristo es fácil, pues percibir con Él no requiere ningún esfuerzo. Sus percepciones son tu conciencia natural, y lo único que te fatiga son las distorsiones que introduces en ésta. Deja que sea el Cristo en ti Quien interprete por ti, y no trates de limitar lo que ves con creencias pueriles indignas del Hijo de Dios (T-11.VI.3:1-2,6-9).

Y sin embargo, son las "creencias pueriles" del especialismo las que tan a menudo conducen a los estudiantes de *Un curso de milagros* a interpretar su mensaje desde sus mentalidades erradas, al tiempo que creen otra cosa. No son conscientes de que tienen una inversión inconsciente en corregir a Jesús, y en probar que él está equivocado mientras que ellos tienen la razón, al sostener aún que ellos no son como Dios los creó, y que en efecto saben mejor que Él quiénes son en verdad. A todos estos atemorizados que tratarían de substituir la magnitud de Cristo con su pequeñez, Jesús les aconseja en esta confluencia de dos pasajes del Curso:

> No le preguntes a la ínfima fortaleza de uno–las diminutas alas del gorrión–cómo, con su formidable poder, se eleva el águila (T-20.IV.4:7; M-4.I.2:1-2).

Que el ego trata de distorsionar a *Un curso de milagros* surge nuevamente varios capítulos después, en los cuales Jesús enfatiza una vez más que sin la intromisión del ego su Curso sería fácilmente comprensible:

> En vista de lo simple y directo que es este curso, no hay nada en él que no sea consistente. Las aparentes inconsistencias, o las partes que te resultan más difíciles de entender, apuntan meramente a aquellas áreas donde todavía hay discrepancias entre los medios y el fin.... Este curso apenas requiere nada de ti. Es imposible imaginarse algo que pida tan poco, o que pueda ofrecer más (T-20.VII.1:3-4,7-8).

El negar el apego al especialismo, y por consiguiente la necesidad de comprometer la verdad clara, simple y directa del Curso, emana inexorablemente de haber elegido estudiarlo a través del lente de la mentalidad errada. Este es un caso inevitable una vez uno está en el sueño que llamamos el mundo, y ciertamente no es pecaminoso ni inesperado. Sin embargo, *sí* es un error no reconocer estas dinámicas del especialismo y no traerlas ante Jesús, de modo que, junto con él, podamos mirarlas sin juicio o culpa, y así desvanecer la aparente obscuridad. Sin la ayuda de Jesús, seríamos inconscientes de las mentiras del ego; y, por lo tanto, éstas continuarían indefinidamente protegidas por la negación, sólo para conducirnos a más distorsiones e interpretaciones erróneas del Curso, mediante la dinámica de la proyección: todo lo cual nos recuerda dolorosamente lo que se hizo originalmente con el mensaje de Jesús hace dos mil años.

En la sección que viene después de "Las leyes del caos", Jesús discute más específicamente los intentos de la mentalidad errada del ego de poner la verdad en tela de juicio al racionalizar los pensamientos de ataque con envolturas llenas de sonrisas cuyo propósito es ocultar el regalo del asesinato que yace bajo las mismas: otro ejemplo de los continuos esfuerzos del ego por introducir la ilusión en la verdad de modo que creamos que son lo mismo. Esto, por supuesto, refleja el error original de equiparar nuestros yos egoístas con Dios. Así pues, él escribe:

> Este curso es fácil precisamente porque no transige en absoluto. Aún así, parece ser difícil para aquellos que todavía creen que es posible transigir. No se dan cuenta de que si lo fuese, la salvación sería un ataque (T-23.III.4:1-3).

No hay componenda posible con la simple verdad, y los tres pasajes siguientes son recordatorios incluso más marcados que Jesús les hace a sus estudiantes de que ellos están verdaderamente aterrorizados de su Curso, y por eso no están dispuestos a "pagar el precio" de renunciar a su especialismo. En su locura escogerían la "libertad" de su unicidad individual y de la importancia de sí mismos por encima del "aprisionamiento" de la verdad que sólo quiere liberarlos:

> Hemos repetido cuán poco se te pide para que aprendas este curso.... Y puesto que es cierto, es tan simple que es imposible que no se entienda perfectamente. Puede ser rechazado, pero no es ambiguo. Y si decides oponerte a ello, no es porque sea incomprensible, sino más bien porque ese pequeño costo parece ser, a tu juicio, un precio demasiado alto para pagar por la paz (T-21.II.1:1,3-5).

> Este curso ha afirmado explícitamente que su objetivo es tu felicidad y tu paz. A pesar de ello, le tienes miedo. Se te ha dicho una y otra vez que te liberará, no obstante, reaccionas en muchas ocasiones como si estuviese tratando de aprisionarte. A menudo lo descartas con mayor diligencia de la que empleas para descartar los postulados del ego. En

cierta medida, pues, debes creer que si no aprendes el curso te estás protegiendo a ti mismo. Y no te das cuenta de que lo único que *puede* protegerte es tu inocencia (T-13.II.7).

Los ojos se acostumbran a la obscuridad, y la luz de un día soleado les resulta dolorosa a los ojos aclimatados desde hace mucho a la tenue penumbra que se percibe durante el crepúsculo. Dichos ojos esquivan la luz del sol y la claridad que ésta le brinda a todo lo que contemplan. La penumbra parece mejor: más fácil de ver y de reconocer. De alguna manera lo vago y lo sombrío parece ser más fácil de contemplar y menos doloroso para los ojos que lo que es completamente claro e inequívoco. Este, no obstante, no es el propósito de los ojos, y ¿quién puede decir que prefiere la obscuridad y al mismo tiempo afirmar que desea ver? (T-25.VI.2)

Y, por lo tanto, dada esta tremenda necesidad del ego de cambiar a *Un curso de milagros* para protegerse a sí mismo, es lógico que sería imposible para cualquier estudiante aprender el Curso en tanto siga identificado con el ego en lo más mínimo. Podemos, por lo tanto, entender que la huida *a* diferentes interpretaciones es realmente la huida *de* las claras y simples enseñanzas del Curso. Como dice Jesús:

La complejidad forma parte del ámbito del ego y no es más que un intento por su parte de querer nublar lo que es obvio (T-15.IV.6:2).

Tú que *aún* no has llevado ante la luz que mora en ti toda la tenebrosidad que te has enseñado a ti mismo, difícilmente puedes juzgar la verdad o el valor de este curso (T-14.XI.4:1; nuestras bastardillas).

En un estado de pánico no se puede aprender nada de manera consistente. Si el propósito de este curso es ayudarte a recordar lo que eres, y tú crees que lo que eres es algo temible, de ello se deduce forzosamente que no aprenderás este curso. Sin embargo, la razón de que el curso exista es precisamente porque no sabes lo que eres (T-9.I.2:3-5).

Y en este revelador pasaje–tomado de la sección "La traición del especialismo"–sobre el aparente poder del especialismo para ahogar la Voz que habla por la verdad, Jesús subraya la importancia de deshacer nuestra identificación con las mentiras del ego:

Tú no eres especial. Si crees que lo eres y quieres defender tu especialismo en contra de la verdad de lo que realmente eres, ¿cómo vas a poder conocer la verdad? ¿Qué respuesta del Espíritu Santo podría llegar hasta ti, cuando a lo que escuchas es a tu deseo de ser especial, que es *lo que pregunta y lo que responde*? Tan sólo prestas oídos a su mezquina respuesta, la cual ni siquiera se oye en la melodía que en amorosa alabanza de lo que eres fluye eternamente desde Dios a ti. Y este colosal himno de honor que amorosamente se te ofrece por razón de lo que eres parece silencioso e inaudible ante el "poderío" de tu especialismo. Te esfuerzas por escuchar una voz que no tiene sonido, y, sin embargo, la Llamada de Dios Mismo te parece insonora (T-24.II.4; nuestras bastardillas).

Humildad y arrogancia

Si bien ciertamente es difícil al principio aceptar el sistema de pensamiento de *Un curso de milagros*, porque socava rotundamente el sistema de pensamiento del ego, los estudiantes necesitan desarrollar una actitud de humildad al reconocer que la solución al problema de no comprender no radica en las "diferentes interpretaciones" de sus enseñanzas, sino más bien en el reconocimiento del miedo de perder su especialismo en presencia de la verdad. La humildad aceptaría el hecho de que el ego de uno inevitablemente atacaría el Curso al empeñarse en cambiarlo; la arrogancia negaría dicho ataque con una serie de racionalizaciones e interpretaciones que simplemente confunden el asunto todavía más.

Como una ayuda en el desarrollo de esa humildad, los estudiantes harían bien en recordar las palabras que Helen se escuchó a sí misma pronunciar una mañana al despertar: "Jamás subestimes el poder de la negación". Jesús "tomó prestada" esa idea más adelante para el Curso, donde en varios lugares advierte a sus estudiantes que no subestimen el poder del ego: la intensidad de su afán de venganza, el alcance de su locura, y la necesidad de mantenerse alerta contra ello (T-5.V.2:11; T-7.III.3:5; T-11.V.16:1; T-11.VI.5:1; T-14.I.2:6; T-16.VII.3:1).

Debido a esta gran tentación de subestimar el poder de identificarse con el ego, Jesús les habla a sus estudiantes como si fuesen niños, que necesitan ser enseñados por un hermano mayor y con más conocimiento sobre lo que es verdadero y lo que es falso. Los niños creen que entienden cuando no es así, y por eso Jesús nos advierte:

> De todos los mensajes que has recibido y que no has entendido, sólo este curso está al alcance de tu entendimiento y puede ser entendido. Este es *tu* idioma. *Aún* no lo entiendes porque tu comunicación es todavía como la de un bebé (T-22.I.6:1-3; las segundas bastardillas son nuestras).

En lugar de insistir tercamente en que saben lo que es correcto, y en que tienen la sabiduría para juzgar la diferencia entre la verdad y la ilusión, los estudiantes de *Un curso de milagros* harían bien enfocar sus enseñanzas con humildad, admiración y un sincero deseo de *aprender* de él, en lugar de tratar de *enseñarle* (y de enseñar a otros) lo que dice. Recordando que Jesús ve a sus estudiantes como niños que no pueden discernir la verdad de la ilusión, puesto que sus ojos están nublados con el especialismo que está protegido por la negación y la proyección, uno debería aceptar alegre y humildemente la mano amorosa que Jesús le tiende como una dulce guía en el viaje a casa. La disposición de apartarse del especialismo y de aprender el currículo aún radica en el futuro, y espera por el crecimiento en madurez espiritual libre de los miedos de la niñez que arraigan a uno en el pasado:

> Este curso no pretende enseñar lo que no se puede aprender fácilmente. Su alcance no excede el tuyo, excepto para señalar que lo que es tuyo te llegará cuando estés listo (T-24.VII.8:1-2).

De este modo exhortamos a todos los estudiantes a darse cuenta de que este Curso es un currículo espiritual muy difícil precisamente *porque* es tan simple, tan claro y en oposición directa al sistema de pensamiento del ego. Y por lo tanto, les decimos al cerrar: Respeta tu miedo de *Un curso de milagros* como una amenaza directa a tu especialismo y no niegues las ilusiones que has fabricado y que has abrigado como un substituto de la resplandeciente verdad de Dios. Si en verdad *Un curso de milagros* es tu camino espiritual, entonces deja que *él* te conduzca, haciéndote a un lado y permitiendo que la simplicidad, la claridad, y la manera directa de las propias palabras de Jesús sean tu guía. Sólo entonces él puede ayudarte verdaderamente a olvidar el odio del especialismo que has hecho real, y a recordar al fin la simplicidad del amor que ha aguardado pacientemente tu recuerdo.

USO DE LA LETRA MAYÚSCULA EN
*UN CURSO DE MILAGROS**

Kenneth Wapnick, Ph.D.

El uso de la letra mayúscula en *Un curso de milagros*, ha sido fuente de una interrogante curiosidad para muchos estudiantes. A veces puede parecer que se ha hecho por capricho, y que sus aparentes inconsistencias son más bien un estorbo que una ayuda a medida que los estudiantes luchan por descifrar el significado de las oraciones. Sin embargo, para parafrasear la famosa frase de *Hamlet*, mas ha habido ahí un método en su aparente locura. Puesto que la conciencia del uso de la letra mayúscula en *Un curso de milagros* inevitablemente formará parte del uso que cualquier estudiante haga de esta Concordance (Concordancia), presentamos aquí una explicación completa de los principios que rigen la utilización de la letra mayúscula en *Un curso de milagros*, la cual aparece publicada por primera vez en esta edición.

Comenzamos con una discusión de la filosofía en torno al uso de la letra mayúscula que seguía Helen Schucman, la escriba del Curso, como se describe en el libro sobre Helen y su función como escriba de *Un curso de milagros*: *Ausencia de la felicidad: La historia de Helen Schucman y su función como escriba de UN CURSO DE MILAGROS*. Debe notarse desde el principio que con las muy raras excepciones discutidas más adelante, el uso de la letra mayúscula no fue dictado por Jesús. Así que se dejó a discreción de Helen determinar cómo se debía aplicar el uso de la letra mayúscula a las palabras.

Uno puede ver una "evolución" en el estilo de Helen a medida que sigue la trayectoria del Curso desde su dictado original en las libretas, a través del primer trabajo a máquina de Bill [William Thetford, amigo muy cercano a Helen y colega suyo] y los subsiguientes trabajos de mecanografía realizados por Helen. El proceso culminó con que Helen sintiese que cada palabra aún remotamente relacionada con Dios (una leve, pero sólo leve, exageración de mi [Kenneth Wapnick] parte), debía escribirse con letra mayúscula, incluso los pronombres y pronombres relativos. Debo mencionar que si bien aquí Jesús dejó a Helen en libertad de hacer como ella quisiera, sí hizo algunas excepciones. Bajo sus

---

* Tomado de *Concordance of A Course in Miracles [Concordancia de Un curso de milagros]* (Foundation for Inner Peace, Viking-Penguin, 1996), págs. xiii-ix).

instrucciones específicas, todos los pronombres que se referían a él debían escribirse con letra minúscula (en el primer manuscrito Helen siempre los escribió con mayúscula), para reflejar su unidad con nosotros. Jesús instruyó a Helen a que siempre utilizara mayúsculas con el término "Hijo de Dios", para recalcar la inclusión de todos nosotros como parte del Hijo único de Dios, en contradicción a la práctica del cristianismo tradicional de excluir a todos excepto a Jesús de la Filiación especial de Dios. Los pronombres que se refieren al Hijo, sin embargo, debían escribirse con letra minúscula, para recalcar nuestro estado de separación. La excepción, por supuesto, sería cuando el término "Hijo de Dios" se refiere a nuestra verdadera Identidad como Cristo, en cuyo caso los pronombres se escribirían con letra mayúscula. Además, Jesús le pidió a Helen que escribiese con letra mayúscula todos los pronombres que se refiriesen a la Trinidad–Dios, Cristo, y el Espíritu Santo–o de lo contrario el lector podría no siempre saber a quien (o a Quien) va dirigido el término de remisión.

En el manuscrito que estábamos editando Helen y yo, el uso que Helen hacía de la letra mayúscula era inconsistente. Si bien originalmente yo traté de disuadirla de lo que yo creía un excesivo énfasis estilístico en la divinidad de Dios, muy pronto abandoné esta infructuosa empresa y terminé diciéndole a Helen que yo utilizaría la letra mayúscula en cualquier forma que ella eligiese, pero que el uso de la letra mayúscula debía ser consistente. Esto claramente apeló a su sentido de lógica, y por consiguiente nos propusimos escribir las reglas para el uso de mayúsculas que utilizaríamos, y nos ceñimos a éstas lo mejor que pudimos (págs. 364-366).

Reglas para el uso de la letra mayúscula

Trinidad
Los sustantivos que se refieren a los tres Miembros de la Trinidad-Dios, Cristo, y el Espíritu Santo-siempre se escriben con letra mayúscula, conjuntamente con sus pronombres.

Dios
Los sustantivos relacionados con Dios-Mente, Corazón, Voluntad, Sempiternos Brazos (Brazos Eternos), Santidad, Presencia, etc., se escriben con letra mayúscula, pero los pronombres para estos sustantivos no se escriben con letra mayúscula, a menos que estos sustantivos se utilicen como sinónimos de la palabra Dios. Algunas palabras se escriben con letra

mayúscula cuando se usan como sinónimos de Dios, pero no se escriben con letra mayúscula cuando se usan más generalmente, aun cuando claramente se relacionen con Dios. Ejemplos de este principio serían *Verdad, Vida, Luz,* e *Inocencia.*

Cristo

Los sinónimos de Cristo se escriben con letra mayúscula–por ejemplo: *Efecto, Identidad,* y *Ser.* Sin embargo, con la excepción de *Amor,* las palabras asociadas con Cristo no se escriben con letra mayúscula, como, por ejemplo, *faz (cara, rostro), ojos, manos* y *visión.*

Espíritu Santo

Los sinónimos de Espíritu Santo se escriben con letra mayúscula–por ejemplo: *Maestro, Guía, Respuesta, Voz por Dios*–así como sus pronombres. *Amor* se escribe con letra mayúscula cuando está asociado con el Espíritu Santo.

Jesús

La primera persona (i.e., "yo") usada a lo largo de *Un curso de milagros* es Jesús. Las palabras asociadas con él no se escriben con letra mayúscula; por ejemplo: todos los pronombres, *hermano, hombre.*

Excepciones

Cuando se necesita una letra mayúscula para efectos de claridad o énfasis, se hacen excepciones a estos principios. Por ejemplo:

Que: Aunque los pronombres demostrativos no se escriben con letra mayúscula, esto se permite cuando específicamente se refiere a Cristo, como en T-31.V.17:9. (Nota: No aparecen con letra mayúscula en la edición en español de *Un curso de milagros*).

Sí Mismo: Los pronombres de *Voluntad* no se escriben con letra mayúscula. Sin embargo, un sí mismo el cual se refiere a Voluntad se escribe con letra mayúscula para efectos de claridad, de modo que los lectores puedan distinguir a éste de otros *sí mismos* en la misma oración (L-pII.253.2:2)

Pronombres

Los pronombres compuestos tales como *ambos, cualquiera, ellos* o *esos* se escriben con letra mayúscula cuando uno o ambos sujetos son parte de la Trinidad. Una excepción a esta regla es cuando uno de los dos sujetos se refiere al ego como en T-24.II.5:2. (Nota: este ejemplo no aparece en la edición en español de *Un curso de milagros*).

Índice a las referencias a *Un curso de milagros*

TEXTO

TEXTO (cont.)

TEXTO (cont.)

TEXTO (cont.)

TEXTO (cont.)

LIBRO DE EJERCICIOS

LIBRO DE EJERCICIOS (cont.)

LIBRO DE EJERCICIOS (cont.)

LIBRO DE EJERCICIOS (cont.)

MANUAL PARA EL MAESTRO

MANUAL PARA EL MAESTRO (cont.)

CLARIFICACION DE TERMINOS

Psicoterapia: Propósito, proceso, y práctica

El canto de oración

La Fundación para Un curso de milagros®

Kenneth Wapnick recibió su doctorado en Psicología Clínica de la Universidad de Adelphi en el año 1968. Fue amigo muy cercano y socio de Helen Schucman y William Thetford, las dos personas cuya unión de común acuerdo fue el estímulo inmediato para que Helen fuese la escriba de Un curso de milagros. Kenneth ha estado relacionado con Un curso de milagros desde 1973, escribiendo, enseñando e integrando sus principios a su práctica de psicoterapia. Es miembro de la Junta Directiva de la Foundation for Inner Peace, que publica Un curso de milagros.

En 1983, Kenneth y su esposa Gloria establecieron la Foundation for A Course in Miracles® (Fundación para Un curso de milagros®), y en 1984 ésta se convirtió en un Centro de enseñanza y sanación en Crompond, Nueva York, el cual creció rápidamente. En 1988 abrieron una Academia y centro de retiros en la región norte del estado de Nueva York. En 1995, comenzaron el Institute for Teaching Inner Peace through A Course in Miracles (Instituto para la Enseñanza de Paz Interior a través de Un curso de milagros), una corporación docente legalmente constituida por la New York State Board of Regents. En 2001 la Fundación se trasladó a Temecula, California y se cambió su énfasis a la enseñanza electrónica. Publica un boletín trimestral, "The Lighthouse" (El faro), el cual puede obtenerse gratuitamente. A continuación damos los conceptos de Kenneth y Gloria sobre la Fundación.

Durante los primeros años de estudio de Un curso de milagros, y de enseñanza y aplicación de sus principios en nuestras respectivas profesiones de psicoterapia, enseñanza y administración escolar, parecía evidente que este sistema de pensamiento no era el más fácil de comprender. Era así, no sólo en cuanto a la comprensión intelectual de sus principios, sino quizás aun más importante, en cuanto a la aplicación de estos principios en la vida personal de cada uno. Así que nos pareció desde el principio que el Curso se prestaba para la enseñanza, paralelamente con la enseñanza del Espíritu Santo en las oportunidades que se nos presentan diariamente en nuestras relaciones, tal como lo presenta el manual para el maestro en sus primeras páginas.

Un día, hace varios años, mientras Helen Schucman y yo (Kenneth) discutíamos estas ideas, ella compartió conmigo una visión que había tenido de este Centro como un templo blanco con una cruz dorada encima.

Aun cuando era obvio que esta imagen era simbólica, entendimos que ésta era representativa de lo que sería el Centro de enseñanza: un lugar donde se manifestarían la persona de Jesús y su mensaje en *Un curso de milagros*. Algunas veces hemos visto una imagen de un faro que proyecta su luz hacia el mar, y que llama a aquellos transeúntes que la buscaban. Para nosotros esta luz es la enseñanza de perdón del Curso, que esperamos compartir con aquellos que son atraídos por la manera de enseñar en la Fundación y por la visión que ésta tiene de *Un curso de milagros*.

Esta visión conlleva la creencia de que Jesús dictó el Curso en este momento preciso y en esta forma específica por varias razones. Estas incluyen:

1) La necesidad de sanar la mente de su creencia de que el ataque es la salvación; esto se logra por medio del perdón, el deshacimiento de nuestra creencia en la realidad de la separación y la culpa.

2) El dar énfasis a la importancia de Jesús y/o del Espíritu Santo como nuestro Maestro amoroso y benévolo y al desarrollo de una relación con este Maestro.

3) El corregir los errores del cristianismo, especialmente el énfasis en el sufrimiento, el sacrificio, la separación y el sacramento como factores inherentes al plan de salvación de Dios.

Nuestro pensamiento siempre ha sido inspirado por Platón (y su mentor Sócrates), tanto el hombre como sus enseñanzas. La Academia de Platón era un lugar adonde la gente seria y reflexiva acudía a estudiar su filosofía en una atmósfera conducente al aprendizaje, y luego regresaban a sus profesiones a poner en práctica lo que el gran filósofo les había enseñado. Así pues, al integrar los ideales filosóficos con la experiencia, la escuela de Platón pareció ser el modelo perfecto para el centro de enseñanza que dirigimos por tantos años.

Por lo tanto, vemos como propósito principal de la Fundación ayudar a los estudiantes de *Un curso de milagros* a profundizar en la comprensión del sistema de pensamiento de éste, conceptual y empíricamente, de modo que puedan ser instrumentos más eficaces de la enseñanza de Jesús en sus propias vidas particulares. Puesto que enseñar el perdón sin haberlo vivido es vano, una de las metas específicas de la Fundación es ayudar a facilitar el proceso por medio del cual las personas puedan capacitarse para reconocer que sus pecados han sido perdonados y que son verdaderamente amadas por Dios. De este modo, el Espíritu Santo puede extender Su amor a otros a través de ellos.

Fundación para Un *curso de milagros*®
Temecula, California

¡SI DESEAS RECIBIR INFORMACIÓN GRATUITA SOBRE NUESTRAS NOVEDADES!

❶ ☎ Llámanos al: +34 934 173 848

o

❷ ☞ Envia un e-mail a:
info@elgranodemostaza.com

o

❸ ☝ Entra en la web:
www. elgranodemostaza.com

o

❹ ✍ Escribe, recorta por la linea de... y envía esta página a:

EDICIONES EL GRANO DE MOSTAZA, S. L.
Carrer de Balmes, 394 ppal. 1ª

08022 Barcelona, SPAIN

Nombre ....

Apellidos ....

Domicilio ....

Código Postal ....

Población ....

País ....

Teléfono ....

E-mail ....

El mensage de Un curso de milagros